教員採用試験対策

ステップアップ問題集❻

専門教科

高校 理科

基礎から実践へ段階的に得点力を付ける！
合格レベルまでステップアップできる！
教員採用試験必携の問題集

東京アカデミー七賢出版

東京アカデミー｜編

はじめに

教員採用試験は，自治体ごとに実施され，その出題傾向は多種多様です。そのため，受験生にとっては対策を立てる上で大変困難を極めます。また，近年の試験では，人物試験を重視する傾向にあり，その対策にも多くの時間が必要となります。これらの状況を考えると，筆記試験においては，限られた時間の中でより的確かつ効率よく学習を進めていくことが求められます。

このオープンセサミシリーズは，全国に拠点をもつ東京アカデミーのネットワークを最大限に活かして過去の教員採用試験を徹底的に分析し，より効率よく，かつ合理的に，合格に必要な知識を身に付けることができるよう編集されたものです。

多くの受験生が見事合格を勝ちとり，晴れて教師としてご活躍されますよう，ご健闘を心からお祈り申し上げます。

本書が，受験生の皆さまの合格の一助となりましたら幸いです。

東京アカデミー編集部スタッフ一同

■本書の特徴と構成

本書は，教員採用試験の出題傾向を子細に研究・分析したうえで，頻出項目ごとにテーマ別に編集し，基礎・基本の知識確認から，実践的・即応的な合格力まで，段階的に実力がステップアップできるように構成しています。

▶STEP　1

各章に，頻出テーマの基礎事項確認・定着を図るための“例題”を掲載しています。

▶STEP　2

章末には，同章で学んだ知識を確認・反復するために“演習問題”を掲載しています。

▶STEP　3

編末には，各章で学んだテーマを横断的に扱った問題や，発展的な論点をカバーした問題などを，総合問題形式で“実践問題”として掲載しています。

※演習問題・実践問題は一部を除き，過去問題（及びその改題）を精選して掲載しています。

●表示説明：演習問題および実践問題に表示されている★印は，各問題の難度を示します。

★☆☆　普通　　★★☆　やや難しい　　★★★　難しい

Contents　高校 理科

第1編

学習指導要領

1 学習指導要領

傾向と対策

平成 30 年 3 月に新学習指導要領が告示されたが，本試験では，「理科の目標」「各科目（科学と人間生活・物理基礎・物理・化学基礎・化学・生物基礎・生物・地学基礎・地学）の目標」「内容」「内容の取扱い」「各科目にわたる指導計画の作成と内容の取扱い」から，まんべんなく出題される。特に，「理科の目標」「各科目（物理基礎・化学基礎・生物基礎・地学基礎）の目標」「各科目にわたる指導計画の作成と内容の取扱い」については，全文を暗記するぐらいの気持ちで取り組もう。「内容」や「内容の取扱い」については，過去問を分析し，ポイントとなる語句を中心に覚えておこう。また，自治体によっては，理科の科目の単位数，『学習指導要領解説』からの出題，実験を行う手順・指導，具体的な実験例，課題の設定，探究の方法等が出題されているので，受験する自治体の傾向を分析した上で計画をたて，それに基づき学習しておこう。

例題 1　教科の目標

次の文は，高等学校学習指導要領（平成 30 年 3 月告示）「理科」の「第 1 款　目標」である。文中の空欄に当てはまる語句を答えよ。

自然の事物・現象に関わり，理科の見方・考え方を働かせ，（　①　）をもって観察，実験を行うことなどを通して，自然の事物・現象を（　②　）に探究するために必要な資質・能力を次のとおり育成することを目指す。

(1)　自然の事物・現象についての理解を深め，（　②　）に探究するために必要な観察，実験などに関する（　③　）を身に付けるようにする。

(2)　観察，実験などを行い，（　②　）に探究する力を養う。

(3)　自然の事物・現象に（　④　）に関わり，（　②　）に探究しようとする（　⑤　）を養う。

解答　①　見通し　　②　科学的　　③　技能　　④　主体的　　⑤　態度

解説　この目標は，高校理科においてどのような資質・能力の育成を目指しているのかを簡潔に示したものである。初めに，どのような学習の過程を通してねらいを達成するかを示し，(1)では育成を目指す資質・能力のうち「知識及び技能」を，(2)では「思考力，判断力，表現力等」を，(3)では「学びに向かう力，人間性等」をそれぞれ示し，三つの柱に沿って明確化している。

目標(1)は，知識及び技能を育成するに当たっては，自然の事物・現象についての観察，実験などを行うことを通して，自然の事物・現象についての理解を図るとともに，科学的に探究するために必要な観察，実験などに関する技能を身に付けることが重要である。

目標(2)は，科学的に探究する力を育成するに当たっては，自然の事物・現象の中に問題を見いだし，見通しをもって観察，実験などを行い，得られた結果を分析して解釈するなどの活動を行うことが重要である。

目標(3)は，学びに向かう力，人間性等を育成するに当たっては，生徒の学習意欲を喚起し，生徒が自然の事物・現象に主体的に関わり，科学的に探究しようとする態度を育てることが重要である。

例題2　各科目の目標

次の文は，高等学校学習指導要領（平成30年3月告示）「理科」の「第1　科学と人間生活」の目標である。文中の空欄に当てはまる語句を答えよ。

自然の（　①　）に関わり，理科の（　②　）を働かせ，見通しをもって観察，実験を行うことなどを通して，自然の（　①　）を科学的に探究するために必要な資質・能力を次のとおり育成することを目指す。

(1)　自然と人間生活との（　③　）及び科学技術と人間生活との関わりについての理解を深め，科学的に探究するために必要な観察，実験などに関する技能を身に付けるようにする。

(2)　観察，実験などを行い，人間生活と関連付けて科学的に探究する力を養う。

(3)　自然の（　①　）に進んで関わり，科学的に探究しようとする態度を養うとともに，科学に対する（　④　）を高める。

解答　①　事物・現象　　②　見方・考え方　　③　関わり　　④　興味・関心

解説　「理科の見方・考え方を働かせ」のうち，「見方・考え方」は学びの本質的な意義の中核をなすものであり，理科の学習においては，この「見方・考え方」を働かせながら，知識及び技能を習得したり，思考，判断，表現したりしていくものであると同時に，学習を通じて，「理科の見方・考え方」が豊かで確かなものとなっていくと考えられる。

「見通しをもって観察，実験を行うこと」は，観察，実験を行う際，生徒に観察，実験を何のために行うか，観察，実験ではどのような結果が予想されるかを考えさせることなどであり，観察，実験を進める上で大切である。

例題3　各科目にわたる指導計画の作成と内容の取扱い

次の文は，高等学校学習指導要領（平成30年3月告示）「理科」における「第3款　各科目にわたる指導計画の作成と内容の取扱い」の一部である。文中の空欄に当てはまる語句を答えよ。

2　内容の取扱いに当たっては，次の事項に配慮するものとする。

(1)　（　①　）を尊重し，自然環境の保全に寄与する態度の育成を図ること。また，（　②　）や科学技術の進歩と人間生活に関わる内容等については，（　③　）をつくることの重要性も踏まえながら，科学的な見地から取り扱うこと。

(2)　各科目の指導に当たっては，（　④　）や研究機関，博物館や科学学習センターなどと積極的に連携，協力を図るようにすること。

(3)　観察，実験，野外観察などの指導に当たっては，関連する法規等に従い，（　⑤　）に十分留意するとともに，使用薬品などの管理及び廃棄についても適切な措置を講ずること。

解答　①　生命　②　環境問題　③　持続可能な社会
④　大学　⑤　事故防止

解説　生命の尊重と自然環境の保全については，旧学習指導要領（平成21年3月告示）と同様である。

各科目の指導に当たって積極的に連携，協力を図る施設として「科学学習センター」が新たに加えられた。従来の大学や研究機関，博物館などこれらの施設は，科学技術の発展や地域の自然に関する豊富な情報源であり，実物に触れたり，専門的な説明を受けたりすることも可能である。これらの活用を指導計画に位置付けることは生徒が学習活動を進める上で効果的であるとされている。

理科の学習における観察や実験，野外観察などの活動は，科学の学習への興味・関心を高めたり，科学的に探究する能力を育成する上で必要不可欠なものである。観察・実験を安全で効果的に行うためには，薬品の管理や観察，実験中の事故防止，廃棄物の処理などについて十分な知識をもち，適切な措置を講ずる必要がある。

演習問題

1 ★☆☆

次の表は，高等学校学習指導要領（平成30年3月告示）「第1章　総則」の「第2款　教育課程の編成」による理科の各科目の名称と標準単位数である。（　　）に当てはまる標準単位数を答えよ。ただし，（　　）には同じ数字が入るものとする。

科目名	標準単位数	科目名	標準単位数	科目名	標準単位数
科学と人間生活	（　　）	物理基礎	（　　）	物理	4
化学基礎	（　　）	化学	4	生物基礎	（　　）
生物	4	地学基礎	（　　）	地学	4

〈宮崎県改題〉

2 ★☆☆

次の文は，理科の履修について述べたものである。文中の空欄①～③に当てはまる語句を下記のア～コからそれぞれ1つずつ選び，記号で答えよ。

理科のうち「科学と人間生活」，「物理基礎」，「化学基礎」，「生物基礎」及び「地学基礎」のうちから（　①　）（うち1科目は（　②　）とする。）又は「物理基礎」，「化学基礎」，「生物基礎」及び「地学基礎」のうちから（　③　）

ア 「物理基礎」　イ 「化学基礎」　ウ 「1科目」　エ 「科学と人間生活」
オ 「生物基礎」　カ 「地学基礎」　キ 「2科目」　ク 「理科課題研究」
ケ 「3科目」　コ 「4科目」

〈岩手県改題〉

3 ★☆☆

次の文は，高等学校学習指導要領（平成30年3月告示）「理科」の各科目の目標である。文中の空欄に当てはまる語句を答えよ。

〔物理基礎〕

物体の運動と様々な（　ア　）に関わり，理科の見方・考え方を働かせ，見通しをもって観察，実験を行うことなどを通して，物体の運動と様々な（　ア　）を科学的に探究するために必要な資質・能力を次のとおり育成することを目指す。

(1) （　イ　）や社会との関連を図りながら，物体の運動と様々な（　ア　）

について理解するとともに，科学的に探究するために必要な観察，実験などに関する基本的な（　ウ　）を身に付けるようにする。
⑵　観察，実験などを行い，科学的に探究する力を養う。
⑶　物体の運動と様々な（　ア　）に主体的に関わり，科学的に探究しようとする態度を養う。

〔化学基礎〕

（　エ　）とその変化に関わり，理科の見方・考え方を働かせ，見通しをもって観察，実験を行うことなどを通して，（　エ　）とその変化を科学的に探究するために必要な資質・能力を次のとおり育成することを目指す。
⑴　（　イ　）や社会との関連を図りながら，（　エ　）とその変化について理解するとともに，科学的に探究するために必要な観察，実験などに関する基本的な（　ウ　）を身に付けるようにする。
⑵　観察，実験などを行い，科学的に探究する力を養う。
⑶　（　エ　）とその変化に主体的に関わり，科学的に探究しようとする態度を養う。

〔生物基礎〕

生物や（　オ　）に関わり，理科の見方・考え方を働かせ，見通しをもって観察，実験を行うことなどを通して，生物や（　オ　）を科学的に探究するために必要な資質・能力を次のとおり育成することを目指す。
⑴　（　イ　）や社会との関連を図りながら，生物や（　オ　）について理解するとともに，科学的に探究するために必要な観察，実験などに関する基本的な（　ウ　）を身に付けるようにする。
⑵　観察，実験などを行い，科学的に探究する力を養う。
⑶　生物や（　オ　）に主体的に関わり，科学的に探究しようとする態度と，生命を尊重し，（　カ　）の保全に寄与する態度を養う。

4　★☆☆

次の文は，高等学校学習指導要領（平成30年3月告示）「理科」の各科目の目標である。文中の空欄に当てはまる語句を答えよ。

〔物理〕

（　ア　）な事物・現象に関わり，理科の見方・考え方を働かせ，見通しをもって観察，実験を行うことなどを通して，（　ア　）な事物・現象を科学的に探究するために必要な資質・能力を次のとおり育成することを目指す。
⑴　物理学の基本的な（　イ　）や原理・法則の理解を深め，科学的に探究するために必要な観察，実験などに関する技能を身に付けるようにする。

(2)　観察，実験などを行い，科学的に探究する力を養う。

(3)　（　ア　）な事物・現象に主体的に関わり，科学的に探究しようとする態度を養う。

〔化学〕

（　ウ　）な事物・現象に関わり，理科の見方・考え方を働かせ，見通しをもって観察，実験を行うことなどを通して，（　ウ　）な事物・現象を科学的に探究するために必要な資質・能力を次のとおり育成することを目指す。

(1)　化学の基本的な（　イ　）や原理・法則の理解を深め，科学的に探究するために必要な観察，実験などに関する技能を身に付けるようにする。

(2)　観察，実験などを行い，科学的に探究する力を養う。

(3)　（　ウ　）な事物・現象に主体的に関わり，科学的に探究しようとする態度を養う。

〔生物〕

生物や生物現象に関わり，理科の見方・考え方を働かせ，見通しをもって観察，実験を行うことなどを通して，生物や生物現象を科学的に探究するために必要な資質・能力を次のとおり育成することを目指す。

(1)　（　エ　）の基本的な（　イ　）や原理・法則の理解を深め，科学的に探究するために必要な観察，実験などに関する基本的な技能を身に付けるようにする。

(2)　観察，実験などを行い，科学的に探究する力を養う。

(3)　生物や生物現象に主体的に関わり，科学的に探究しようとする態度と，（　オ　）を尊重し，自然環境の（　カ　）に寄与する態度を養う。

5　★☆☆

次の表は，高等学校学習指導要領（平成 30 年 3 月告示）「理科」における「第 4　化学基礎」の「2　内容」の項目の一部をまとめたものである。表中の空欄に当てはまる語句を下記のア～クからそれぞれ 1 つ選び，記号で答えよ。

(1)　化学と人間生活	(2)　（　②　）
(ア)　（　①　）	(ア)　物質の構成粒子
㋐　化学の特徴	㋐　原子の構造
㋑　物質の分離・精製	㋑　電子配置と周期表
㋒　単体と化合物	(イ)　（　③　）
㋓　熱運動と物質の三態	㋐　イオンとイオン結合
	㋑　（　④　）
	㋒　（　⑤　）

ア　物質の構成　イ　化学と物質　ウ　物質と化学結合　エ　分子と共有結合
オ　化学反応式　カ　酸化と還元　キ　金属と金属結合　ク　物質量

6 ★☆☆

次の文は，高等学校学習指導要領（平成30年3月告示）「理科」における「第3　物理」の「3　内容の取扱い」の一部である。文中の空欄に当てはまる語句を答えよ。

⑵　内容の範囲や程度については，次の事項に配慮するものとする。

ア　内容の⑴のアの㋐の㋐については，物体の平面内の運動を表す変位，速度及び加速度は（　①　）で表されることを扱うこと。㋑については，物体の水平投射や斜方投射における速度，加速度，重力の働きなどを扱うこと。また，（　②　）がある場合の落下運動にも触れること。㋒については，力の（　③　）のつり合いを扱うこと。また，物体の重心にも触れること。

㋑の㋐については，運動量と力積が（　①　）で表されること，運動量の変化が力積に等しいことを扱うこと。㋒については，はね返り係数も扱うこと。

㋒の㋐については，等速円運動の速度，周期，（　④　），向心加速度及び向心力を扱うこと。また，遠心力にも触れること。㋑については，単振動をする物体の変位，速度，加速度及び復元力を扱うこと。「単振動」については，ばね振り子と単振り子を扱うこと。

㋓の㋐については，（　⑤　）を扱うこと。㋑については，万有引力による（　⑥　）も扱うこと。

㋔の㋐については，理想気体の（　⑦　），気体分子の速さ，平均の（　⑧　）などを扱うこと。㋑については，理想気体を扱うこと。㋒については，熱力学第一法則を扱うこと。

7 ★★☆

高等学校学習指導要領（平成30年3月告示）「理科」の「第3款　各科目にわたる指導計画の作成と内容の取扱い」について，次の各問いに答えよ。

⑴　学習活動を行う場合に生じる困難さに応じた指導内容や指導方法の工夫を計画的，組織的に行うよう配慮すべき生徒とはどんな生徒か。

⑵　各科目の指導に当たって，積極的に連携，協力を図るべき施設として挙げているのは何か。

演習問題　解答・解説

1

2

2

①　キ　②　エ
③　ケ

3

ア．エネルギー　イ．日常生活
ウ．技能　エ．物質
オ．生物現象　カ．自然環境

4

ア．物理的　イ．概念
ウ．化学的　エ．生物学
オ．生命　カ．保全

5

①　イ　②　ア
③　ウ　④　エ
⑤　キ

6

①　ベクトル　②　空気の抵抗
③　モーメント　④　角速度
⑤　ケプラーの法則
⑥　位置エネルギー
⑦　状態方程式
⑧　運動エネルギー

7

(1)　障害のある生徒
(2)　大学や研究機関，博物館や科学学習センター

解説

障害者の権利に関する条約に掲げられたインクルーシブ教育システムの構築を目指し，生徒の自立と社会参加を一層推進していくためには，通常の学級，通級による指導，特別支援学級，特別支援学校において，生徒の十分な学びを確保し，一人一人の生徒の障害の状態や発達の段階に応じた指導や支援を一層充実させていく必要がある。

通常の学級においても，発達障害を含む障害のある生徒が在籍している可能性があることを前提に，全ての教科等において，一人一人の教育的ニーズに応じたきめ細かな指導や支援ができるよう，障害種別の指導の工夫のみならず，各教科等の学びの過程において考えられる困難さに対する指導の工夫の意図，手立てを明確にすることが重要である。

2 実践問題

1 ★★☆

平成30年告示高等学校学習指導要領「理科」について，次の各問いに答えよ。

(1) 「理科」の「目標」として適切なものを1つ選び，番号で答えよ。

① 自然の事物・現象に対する関心や探究心を高め，目的意識をもって観察，実験などを行い，科学的に探究する能力と態度を育てるとともに自然の事物・現象についての理解を深め，科学的な自然観を育成する。

② 自然の事物・現象に関する観察，実験などを通して理解させ，科学的な見方や考え方を養うとともに，科学に対する興味・関心を高める。

③ 自然の事物・現象についての理解を深め，科学的に探究するために必要な観察，実験などに関する技能を身に付けるようにする。

④ 自然の事物・現象に進んで関わり，科学的に探究しようとする態度を養うとともに，科学に対する興味・関心を高める。

(2) 次のア～エのうち，「各科目にわたる指導計画の作成と内容の取扱い」に照らして，適切に述べているものが2つある。その2つを正しく組み合わせてあるものを1つ選び，番号で答えよ。

ア．各科目の指導に当たっては，観察，実験の過程においてコンピュータを活用するが，情報通信ネットワークによる外部からの情報収集は行わないように留意する。

イ．観察，実験，野外観察などの指導に当たっては，関連する法規等に従い，事故防止に十分留意するとともに，使用薬品などの管理及び廃棄についても適切な措置を講ずること。

ウ．「物理」，「化学」，「生物」及び「地学」の各科目は，生徒の希望によりどのような場合にも，それぞれに対応する基礎を付した科目を履修する以前に履修させることができる。

エ．各科目の指導に当たっては，大学や研究機関，博物館や科学学習センターなどと積極的に連携，協力を図るようにすること。

① ア，ウ　② ア，エ　③ イ，ウ　④ イ，エ　〈東京都改題〉

2 ★★☆

平成30年告示高等学校学習指導要領「理科」について，次の各問いに答えよ。

(1) 観察，実験，野外観察などの指導に当たっては，特に事故防止に十分留意することが求められている。基礎を付した科目の学習の中で，生徒実験の例，及び事故につながる生徒の行動を予想して，具体的に1つ答えよ。

(2) 各科目の指導に当たっては，コンピュータや情報通信ネットワークなどを積極的かつ適切に活用することが求められているが，その際に留意することを答えよ。

〈山形県改題〉

3 ★★☆

平成30年告示高等学校学習指導要領「理科」の「基礎を付した科目」について，各科目の共通の目標として，どんな力を養うとしているか。

〈徳島県改題〉

4 ★★☆

観察，実験などの指導に当たっては，観察，実験の目的や方法を生徒に理解させるとともに，事故防止や安全確保に十分留意することが求められている。これについて，各問いに答えよ。

(1) 観察，実験の目的や方法を生徒に理解させるための指導方法について，あなたはどのような工夫をするか簡潔に述べよ。

(2) 観察，実験を実験室で行う場合，事故防止や安全確保のために，あなたは事前にどのような準備を行うか簡潔に述べよ。

〈北海道・札幌市改題〉

5 ★★★

高等学校学習指導要領「理科」の目標の実現状況を評価するに当たっては，観点を定めて分析的に評価することが必要である。文部科学省が示した評価の3つの観点及びその趣旨を，それぞれ答えよ。

〈広島県・広島市改題〉

実践問題　解答・解説

1

(1)　③　　　　(2)　④

2

(1)〔解答例〕

実験例：ガスバーナーやアルコールランプなどを使用する加熱実験

生徒の行動：・実験活動中に悪ふざけをして，加熱器具を引っ掛けて倒してしまう。

・加熱器具等の高温になった部分を素手でさわる。

などから１つ

(2)　情報通信ネットワークを介して得られた情報は適切なものばかりでないことに留意し，情報の収集・検索を行う場合には，情報源や情報の信頼度について検討を加え，引用の際には引用部分を明確にするよう指導すること。

3

観察，実験などを行い，科学的に探究する力

4〔解答例〕

(1)　身近な自然の事物・現象を取り上げ，なぜそのようなことが起こるのか生徒に仮説を立てさせる。また，観察・実験について，日常生活と関連付けて考察させる。

(2)・器具の選定や薬品の濃度と使用量など適切な条件を確認するために予備実験を行う。

・実験室では，生徒の使い易い場所に薬品や機器を配置するとともに，それを周知させる。また，救急箱や消火器等を用意し事故に備えるとともに，負傷者に対する応急処置，病院への連絡，他の生徒に対する指導等を準備しておく。

・観察や実験のときは，保護眼鏡と白衣等を着用させるようにする。

・生徒に基本操作や正しい器具の扱い方などを習熟させるとともに，誤った操作や使い方による危険性を認識させておく。

など

5

・知識・技能

自然の事物・現象についての概念や原理・法則などを理解しているとともに，科学的に探究するために必要な観察，実験などに関する基本操作や記録などの技能を身に付けている。

・思考・判断・表現

自然の事物・現象から問題を見いだし，見通しをもって観察，実験などを行い，得られた結果を分析して解釈し，表現するなど，科学的に探究している。

・主体的に学習に取り組む態度

自然の事物・現象に主体的に関わり，見通しをもったり振り返ったりするなど，科学的に探究しようとしている。

第 2 編

物理

1 運動と力

傾向と対策

物理の中で大きな部分を占める分野である。運動方程式を立てて解く問題や力学的エネルギー保存則と運動量保存則を用いて解く問題が多くみられる。力学の問題を解くには，はたらいている力を把握した上で，運動方程式を立てることが基本となるため，はたらいている力を矢印で書き入れて考える習慣をつけるとよい。また，種々の公式は，その内容を理解し，解答を導き出せるように多くの問題に当たる必要がある。グラフの読み取りに関する問題もよく出題されているので，グラフの意味を理解できるようにしておくこと。

例題 1　物体の運動

右の図は，ある物体が直線上を運動し始めてから停止するまでの間の，物体が動く速さと時刻の関係を示したものである。次の各問いに答えよ。

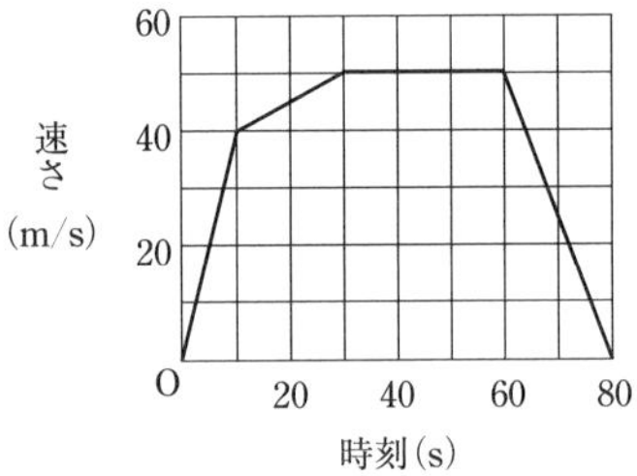

(1)　時刻 0s から 10s までの加速度は何m/s^2か求めよ。

(2)　運動を始めてから止まるまでに動いた距離は何mか求めよ。

(3)　運動を始めてから止まるまでの平均の速さは何 m/s か。答えは，四捨五入して整数で答えよ。

〈愛媛県〉

解答　(1)　$4.0\,m/s^2$　　(2)　$3.1\times 10^3\,m$　　(3)　39 m/s

解説　(1)　$\dfrac{40-0}{10-0}=4.0$〔m/s^2〕

(2)　物体が移動した距離は，$v-t$ グラフと t 軸が囲む面積に等しいから，

$$\frac{1}{2}\times 40\times 10+\frac{1}{2}\times 20\times (40+50)+\frac{1}{2}\times 50\times (30+50)=3100\text{〔m〕}$$

(3)　(2)より全行程(総距離)が 3100m であり，これに要した時間はグラフより 80s なので，平均の速さ v は，

$$v=\frac{3100}{80}=38.75\fallingdotseq 39\text{〔m/s〕}$$

例題 2　斜方投射

右図は初速度 v_0〔m/s〕，仰角 θ $(0^\circ<\theta<90^\circ)$ で小物体を地面から斜めに投げ上げたときの運動の軌跡を表す。X は物体を投げ上げた地点から物体が地面に衝突した地点までの水平距離，H は最高点の高さである。重力加速度を g〔m/s^2〕，空気抵抗は無視できるものとして，次の各問いに答えよ。

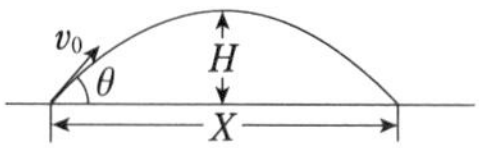

(1)　最高点の高さ H を求めよ。

(2)　小物体が地面に落下する水平到達距離 X を求めよ。また，仰角 θ が 45° のときに X が最大になることを説明せよ。

〈静岡県・静岡市改題〉

解答　(1)　$\dfrac{v_0{}^2\sin^2\theta}{2g}$〔m〕

(2)　$\dfrac{2v_0{}^2\sin\theta\cos\theta}{g}$ $\left(\dfrac{v_0{}^2\sin 2\theta}{g}\text{も可}\right)$〔m〕

〈説明〉

小物体を投げ上げてから地面に衝突するまでの時間を t，このときの小物体の投げた地点からの水平距離を x，高さを y とすると，

$$x=v_0\cos\theta\cdot t$$

$$y=v_0\sin\theta\cdot t-\frac{1}{2}gt^2$$

$y=0$ のとき，

$$v_0\sin\theta\cdot t-\frac{1}{2}gt^2=0$$

$t\neq0$ より，

$$t=\frac{2v_0\sin\theta}{g}$$

$$\therefore\ X=\frac{2v_0{}^2\sin\theta\cos\theta}{g}$$

$$=\frac{v_0{}^2\sin 2\theta}{g}\text{〔m〕}$$

よって，$2\theta=90^\circ$，つまり $\theta=45^\circ$ のとき，X は最大になる。

解説　(1)　$0^2-(v_0\sin\theta)^2=2(-g)H$

$$\therefore\ H=\frac{v_0{}^2\sin^2\theta}{2g}\text{〔m〕}$$

例題 3　運動の法則

図1のように，水平な机と床があり，机の右端には，摩擦が無視できる滑車が取り付けてある。いま，机上に置かれている直方体の箱Aとおもり Bを糸で結び，糸を滑車にかけておもりBをつるした。箱A，おもりBの質量は等しく m〔kg〕である。机と箱Aの摩擦，糸の質量と伸び，おもりの大きさは無視でき，重力加速度の大きさは g〔m/s^2〕として，次の各問いに答えよ。

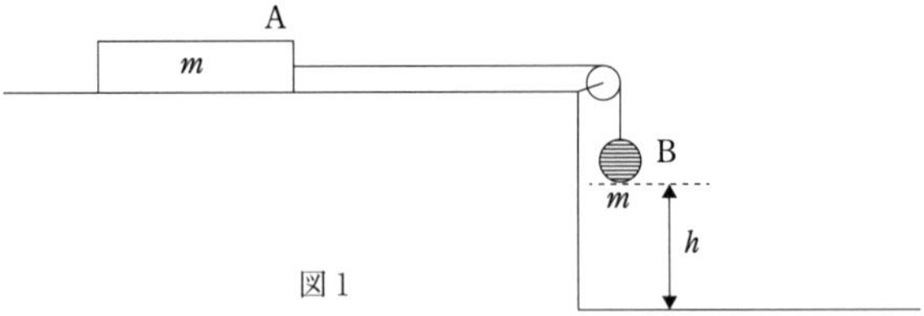

図 1

最初，箱Aを手で押さえてすべての物体を静止させた。

(1)　糸に作用する張力はいくらか。

次に，静かに箱Aを放したところ，箱AとおもりBは運動を始めた。

(2)　生じる加速度を a，糸の張力を T として，箱A，おもりBの運動方程式を答えよ。

(3)　加速度 a の大きさを，g を用いて表せ。

(4)　張力 T の大きさを m，g を用いて表せ。

(5)　おもりBの床からの高さを h とするとおもりが床に着くまでの時間はいくらか。h，g を用いて表せ。

さらに，図2のように箱Aに質量が箱AやおもりBと同じ m〔kg〕の物体Cをのせ，静かに箱Aを放したところ，物体Cは箱A上を滑りながら運動した。箱Aの上面は水平であるが摩擦があり，物体Cとの間の動摩擦係数は μ' である。

(6)　箱AとおもりBの加速度はいくらか。また，物体Cの加速度はいくらか。それぞれ，g，μ' を用いて表せ。

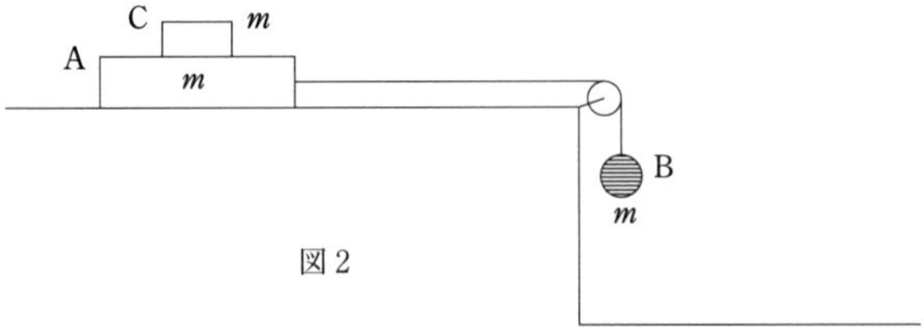

図 2

〈岩手県〉

解答　(1)　mg〔N〕　　(2)　A：$ma=T$　　B：$mg-T=ma$

(3)　$\dfrac{g}{2}$〔m/s^2〕　　(4)　$\dfrac{mg}{2}$〔N〕　　(5)　$2\sqrt{\dfrac{h}{g}}$〔s〕

(6)　A，Bの加速度：$\dfrac{(1-\mu')g}{2}$〔m/s^2〕

Cの加速度：$\mu' g$〔m/s^2〕

解説　(3)，(4)　(2)の式より T を消去して，

$$2ma=mg \qquad \therefore\ a=\frac{g}{2}\text{〔m/s}^2\text{〕}$$

よって，$T=\dfrac{mg}{2}$〔N〕

(5)　$h=\dfrac{1}{2}\times\dfrac{g}{2}\times t^2 \qquad \therefore\ t=2\sqrt{\dfrac{h}{g}}$〔s〕

(6)　A，B，Cそれぞれについて，慣性系から見た運動方程式を立てる。糸の張力を T'，A，Bの加速度を A，Cの加速度を C とする。

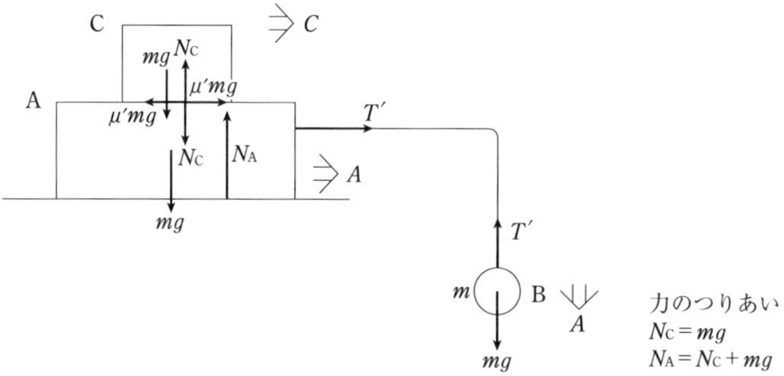

A：$mA=T'-\mu' mg$　……①

B：$mA=mg-T'$　……②

C：$mC=\mu' mg$　……③

①＋②より，A，Bの加速度は，

$$2mA=(1-\mu')mg \qquad \therefore\ A=\frac{(1-\mu')g}{2}\text{〔m/s}^2\text{〕}$$

Cの加速度を求めると，

$C=\mu' g$〔m/s^2〕

例題 4　力学的エネルギー①

図のように，地上 10m の高さから，質量 0.10kg の物体を鉛直上向きに 10m/s の速さで投げ上げた。次の各問いに答えよ。ただし，地面を位置エネルギーの基準面とし，重力加速度の大きさを $9.8 m/s^2$ とする。答えは有効数字 2 桁で求めよ。

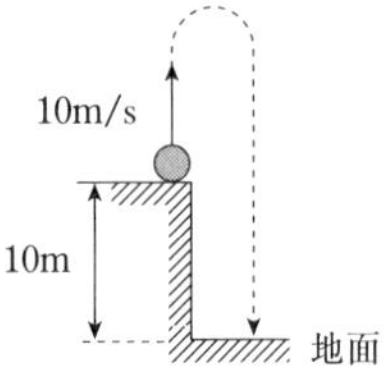

(1)　2 秒後の物体の速さは何 m/s か求めよ。

(2)　投げた直後の物体について，次の①，②のエネルギーは何 J か求めよ。

①　運動エネルギー　　②　位置エネルギー

(3)　物体が最高点に達したとき，地面からの高さは何 m か。

(4)　位置エネルギーが 14J になる点での物体の速さは何 m/s か求めよ。

(5)　物体を投げ上げてから地面に達するまでのあいだに，重力が物体にした仕事は何 J か求めよ。

〈佐賀県〉

解答　(1)　9.6m/s　　(2)　①　5.0J　　②　9.8J

(3)　15m　　(4)　4.0m/s　　(5)　9.8J

解説　(1)　鉛直上向きを正とすると，2 秒後の物体の速度は，

$10-9.8\times2=-9.6$〔m/s〕

よって，速さは，9.6m/s（鉛直下向き）

(2)　①　$\frac{1}{2}\times0.1\times10^2=5.0$〔J〕

②　$0.1\times9.8\times10=9.8$〔J〕

(3)　物体が最高点に達したときの地面からの高さを h とすると，力学的エネルギー保存則より，

$0.1\times9.8\times h=5.0+9.8$　　$\therefore\ h\fallingdotseq15$〔m〕

(4)　このときの物体の速さを v とすると，力学的エネルギー保存則より，

$\frac{1}{2}\times0.1\times v^2+14=5.0+9.8$　　$\therefore\ v=4.0$〔m/s〕

(5)　投げ上げられた物体がもとの高さを通過するまでに重力が物体にした仕事は 0 である。これより，求める仕事は，

$0.1\times9.8\times10=9.8$〔J〕

例題 5　力学的エネルギー②

次図は，２つの力学台車ＡとＢの間に，自然長より縮めたバネをはさんで押さえている様子を表している。台車Ａ，Ｂにはそれぞれおもりを載せてあり，台車Ａとおもりを合わせた質量を m〔kg〕，台車Ｂとおもりを合わせた質量を $2m$〔kg〕，バネ定数を k〔N/m〕とする。また，台車は水平な床を直線運動し，台車と床の間の摩擦およびバネの重さは無視できるものとして，次の各問いに答えよ。

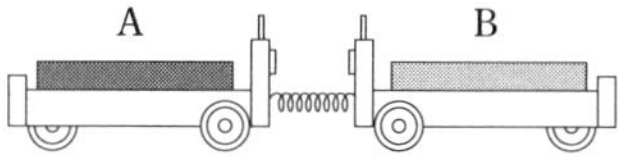

(1)　押さえていた手を離すと，２つの力学台車ＡとＢは互いに逆向きに進んだ。ＡとＢが同じ時間に進む距離の比は，質量の逆比になることを示せ。

(2)　次に，２つの台車を同じ速さ v〔m/s〕で右へ進ませながら手を離したところ，台車Ａは停止し，台車Ｂは速さを増して右へ進んだ。このときの台車Ｂの速さを求めよ。

(3)　(2)のときに，手を離す前のバネの縮みを求めよ。

〈静岡県・静岡市〉

解答　(1)　押さえていた手を離した後の台車Ａ，Ｂの速さをそれぞれ v_{A}，v_{B} とし，図の右方向を正として運動量保存則を考えると，

$$0 = -mv_{\mathrm{A}} + 2mv_{\mathrm{B}} \qquad \therefore \ \frac{v_{\mathrm{A}}}{v_{\mathrm{B}}} = \frac{2m}{m} = 2$$

したがって，同じ時間に進む距離の比は質量の逆比となる。

(2)　$\frac{3}{2}v$〔m/s〕　　(3)　$v\sqrt{\frac{3m}{2k}}$〔m〕

解説　(1)　「同じ時間に進む距離→単位時間に進む距離」とし，「単位時間に進む距離＝速さ」であることを考えると，「同じ時間に進む距離の比＝速さの比」であるから，速さの比が質量の逆比となることを示せばよい。

(2)　手を離した後の台車Ｂの速さを v' とし，図の右向きを正として運動量保存則より，

$$mv + 2mv = 2mv' \qquad \therefore \ v' = \frac{3}{2}v \text{〔m/s〕}$$

(3)　求めるバネの縮みを x として力学的エネルギー保存則より，

$$\frac{1}{2}mv^2 + \frac{1}{2}\cdot 2m\cdot v^2 + \frac{1}{2}kx^2 = \frac{1}{2}\cdot 2m\cdot v'^2 \qquad \therefore \ x = v\sqrt{\frac{3m}{2k}} \text{〔m〕}$$

例題 6　小球のはね返り

図は，H〔m〕の高さから質量 m〔kg〕の小球を鉛直下向きに自由落下させ，はね上がる様子を模式的に表した図である。小球と床とのはね返り係数を e $(0 < e < 1)$，重力加速度を g〔m/s^2〕として，次の各問いに答えよ。

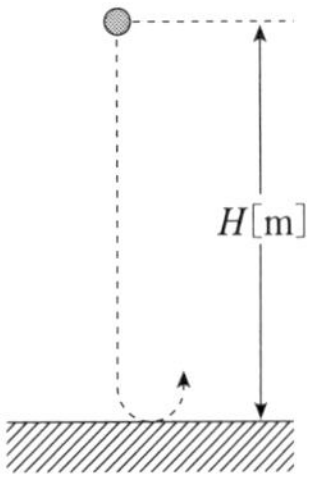

(1)　1 回目のはね返り直後の小球の速さを求めよ。

(2)　1 回目にはね返った後に，小球が達する最高点の高さを求めよ。

(3)　高さ H〔m〕から自由落下させてしばらく観測していると，小球の高さがだんだんと低くなり，最後には小球は床に静止する。自由落下させてから，小球が床に静止するまでの時間を求めよ。〈静岡県・静岡市〉

解答　(1)　$e\sqrt{2gH}$〔m/s〕　　(2)　e^2H〔m〕

(3)　$\sqrt{\dfrac{2H}{g}}\cdot\dfrac{1+e}{1-e}$〔s〕

解説　(3)　小球を自由落下させてから 1 回目に床と衝突するまでの時間を t_1，1 回目に床と衝突してから 2 回目に衝突するまでの時間を t_2，2 回目に床と衝突してから 3 回目に衝突するまでの時間を t_3，$(n-1)$ 回目に床と衝突してから n 回目に衝突するまでの時間を t_n とすると，

$$t_1=\sqrt{\frac{2H}{g}},\quad t_2=2e\sqrt{\frac{2H}{g}},\quad t_3=2e^2\sqrt{\frac{2H}{g}},\quad \cdots,\quad t_n=2e^{n-1}\sqrt{\frac{2H}{g}}$$

ここで，小球を自由落下させてから n 回目に床に衝突するまでの時間を t とすると，

$$t=t_1+t_2+t_3+\cdots+t_n=(1+2e+2e^2+\cdots+2e^{n-1})\sqrt{\frac{2H}{g}}$$

$$=\sqrt{\frac{2H}{g}}\left\{1+\frac{2e(1-e^{n-1})}{1-e}\right\}$$

よって，求める時間を T とすると，$0 < e < 1$ より $\lim\limits_{n\to\infty}e^{n-1}=0$ を用いて，

$$T=\lim_{n\to\infty}t_n=\lim_{n\to\infty}\sqrt{\frac{2H}{g}}\left\{1+\frac{2e(1-e^{n-1})}{1-e}\right\}$$

$$=\sqrt{\frac{2H}{g}}\cdot\frac{1+e}{1-e}\text{〔s〕}$$

例題 7　円運動

質量 m〔kg〕の小球Aを軽くて伸びない長さ l〔m〕の糸の一端にとりつけ，他端を空間内の定点Oに固定して静かにつり下げておく。重力加速度を g〔m/s^2〕とし，空気の抵抗や支点の摩擦はないものとして，次の各問いに答えよ。

(1)　静止状態の小球Aに質量 M〔kg〕の小球Bを速度 v〔m/s〕で水平に正面衝突させた。衝突は完全弾性衝突である。

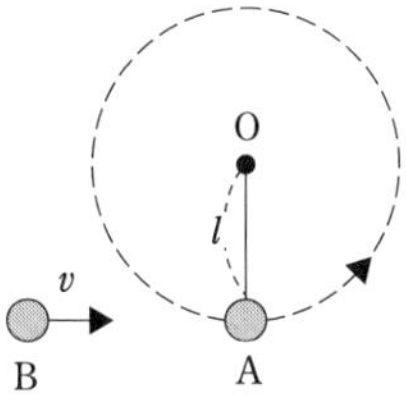

図 1

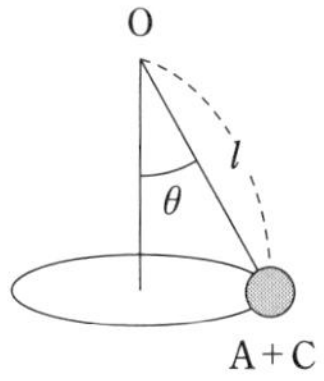

図 2

①　小球Aの衝突直後の速さを求めよ。

②　図 1 のように，小球Aが鉛直面内で糸がたるむことなく円を描いて回転するための，衝突直後の小球Aの速さの最小値はいくらか求めよ。

(2)　定点Oを通る鉛直面内で小球Aを振動させておき，糸の鉛直方向に対する傾きが最大角度 θ になった瞬間に質量 m〔kg〕の小球Cを振動面に垂直な方向から小球Aに衝突させた。すると，小球Aと小球Cは一体となり，図 2 のように糸と鉛直方向との角度が θ の円すい振り子の運動をはじめた。

①　この円すい振り子の周期を求めよ。

②　衝突直前の小球Cの速さを求めよ。　〈鳥取県〉

解答　(1)　①　$\dfrac{2M}{m+M}v$〔m/s〕　　②　$\sqrt{5gl}$〔m/s〕

(2)　①　$2\pi\sqrt{\dfrac{l\cos\theta}{g}}$〔s〕　　②　$2\sin\theta\sqrt{\dfrac{gl}{\cos\theta}}$〔m/s〕

解説　(1)　①　衝突直後の小球A，Bの速度をそれぞれ V，v' とおくと，運動量保存の法則より，

$$Mv = Mv' + mV \quad \cdots\cdots \text{i}$$

完全弾性衝突だから反発係数は 1

$$1 = -\frac{v'-V}{v-0} \qquad \therefore\ v = V - v' \quad \cdots\cdots \text{ii}$$

i，ii より

$$V = \frac{2M}{m+M}v \text{〔m/s〕}$$

② 最高点における小球Aの速さを V'，糸の張力を T とする。

力学的エネルギー保存則より，

$$\frac{1}{2}mV^2=\frac{1}{2}mV'^2+mg\cdot 2l$$

$$\therefore\ V'^2=V^2-4gl\quad\cdots\cdots\text{iii}$$

小球Aから観察したとして，最高点における小球Aにはたらく力のつり合いより，

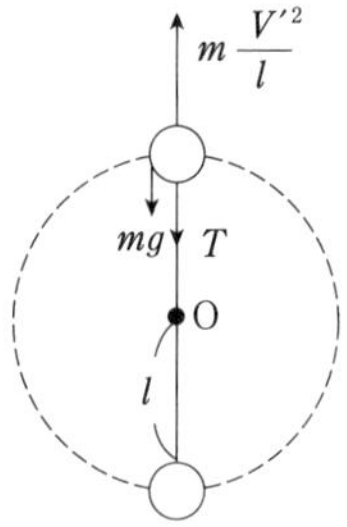

$$T+mg-m\frac{V'^2}{l}=0$$

$$T=m\frac{V^2-4gl}{l}-mg=m\frac{V^2-5gl}{l}\quad(\because\ \text{iii}より)$$

糸がたるまない条件は，$T\geqq 0$ より，

$$V^2-5gl\geqq 0\qquad\therefore\ V\geqq\sqrt{5gl}\ \text{〔m/s〕}$$

(2) ① 円すい振り子の運動の角速度を ω，糸の張力を S としたとき，小球から観察すると小球には図のような力がはたらく。

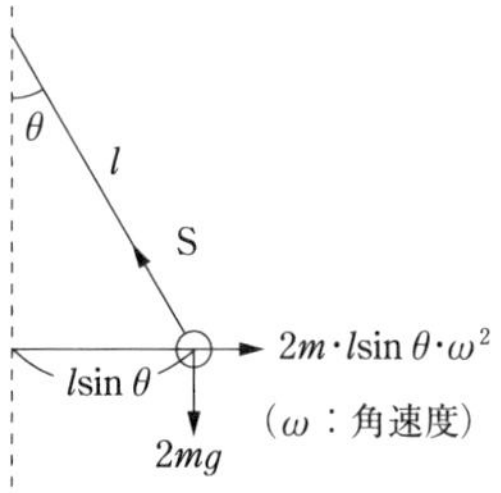

小球にはたらく力のつり合いより，

$$\begin{cases}S\cos\theta=2mg\\ S\sin\theta=2m\cdot l\sin\theta\cdot\omega^2\end{cases}$$

辺々を割って，

$$\tan\theta=\frac{\omega^2 l\sin\theta}{g}\qquad\therefore\ \omega=\sqrt{\frac{g}{l\cos\theta}}$$

よって，求める周期 T は，

$$T=\frac{2\pi}{\omega}=2\pi\sqrt{\frac{l\cos\theta}{g}}\ \text{〔s〕}$$

② 求める速さを V_c とすると，運動量保存則より，

$$mV_c=2m\cdot l\sin\theta\cdot\omega$$

よって，

$$V_c=2l\sin\theta\cdot\omega$$

$$=2\sin\theta\sqrt{\frac{gl}{\cos\theta}}\ \text{〔m/s〕}$$

例題 8　万有引力

ロケットが地球の引力にさからって無限遠方まで飛んでいってしまう最小の初速度を，第２宇宙速度という。重力加速度の大きさを $9.8 \mathrm{m/s^2}$，地球半径を $6.4 \times 10^6 \mathrm{m}$ とすると，第２宇宙速度は約何 km/s か。有効数字２桁で答えよ。

〈愛媛県〉

解答　11 km/s

解説　万有引力定数 G，地球の質量 M，地球の半径 r，物体の質量 m，重力加速度 g，無限遠方に飛んでいくときの初速度 v_0，無限遠での速度を v とする。

力学的エネルギー保存則より，

$$\frac{1}{2}mv_0{}^2 - G\frac{Mm}{r} = \frac{1}{2}mv^2$$

$\frac{1}{2}mv^2 \geqq 0$ であればよいので，

$$\frac{1}{2}mv_0{}^2 - G\frac{Mm}{r} \geqq 0 \quad \cdots\cdots①$$

また，地表面上での重力 mg は，万有引力で表せるので，

$$mg = G\frac{Mm}{r^2} \quad \cdots\cdots②$$

①，②より，

$$v_0 \geqq \sqrt{2gr}$$

よって，第２宇宙速度は，

$$\sqrt{2gr} = \sqrt{2 \times 9.8 \times 6.4 \times 10^6} = 11.2 \times 10^3 \text{〔m/s〕}$$
$$\fallingdotseq 11 \text{〔km/s〕}$$

演習問題

1 ★☆☆

図1のように，一直線上を速さ18m/sで進んでいた自動車が，時刻 $t=0$ より一定の加速度で速さを減少させ，やがて停止した。停止までの途中，$t=4.0$ 秒には10m/sの速さで走行していた。

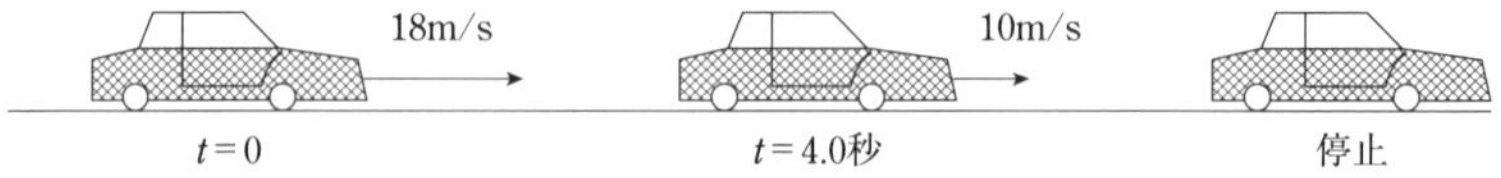

(1) このときの自動車の加速度の大きさは何 m/s^2 か求めよ。

(2) この自動車は，減速し始めてから4.0秒間に何 m 進んだか求めよ。

(3) この自動車は，$t=4.0$ 秒から完全に停止するまでに何 m 進むか求めよ。

〈長崎県改題〉

2 ★☆☆

地面からの高さが19.6mのところから，鉛直真上に初速14.7m/sでボールを投げ上げた。次の各問いに答えよ。ただし，空気の抵抗は無視できるものとし，重力加速度の大きさは9.8m/s^2 とする。

(1) ボールを投げ上げたところを原点とし，鉛直上向きを y 軸の正の向きとして座標軸を考えると，投げ上げてから t〔s〕後のボールの位置 y〔m〕と速度 v〔m/s〕を，それぞれ t を用いた式で表せ。

(2) ボールの最高点の高さは地面から何mか求めよ。

(3) ボールが地面に着くのは，投げ上げてから何 s 後か。また，そのときの速さは何 m/s か。それぞれ求めよ。

〈愛媛県〉

3 ★☆☆

図のように，水平面上の点Oから，水平面と角 θ をなす方向に質量 m のボールを初速度の大きさ v_0 で投げたところ，ボールは水平面上で何度もはね返った。投げた点Oを座標の原点として，水平方向に x 軸，鉛直上向きに y 軸をとり，ボールと水平面と

の間のはね返り係数 e，投げた時刻を $t=0$ とし，重力加速度の大きさを g とする。また，ボールの大きさ，ボールと水平面との摩擦，空気の抵抗は無視できるものとして，次の各問いに答えよ。

(1)　ボールを投げてから，水平面と最初に衝突する前までの，時刻 t における，ボールの位置座標を $(x,\ y)$ とする。

問１　ボールの位置座標 $(x,\ y)$ を v_0，θ，g，t で表せ。

問２　最初に衝突する前までの，ボールの運動の経路を表す式を求めよ。

(2)　ボールとともに運動する観測者から見たとき，ボールが水平面と最初に衝突する直前にボールにはたらく力はいくらか求めよ。

(3)　ボールが水平面に n 回目の衝突をしてから $(n+1)$ 回目の衝突するまでの時間を求めよ。

〈山形県〉

4　★★☆

図のように，鉛直面内にある $x-y$ 平面上の原点Oから，質量 m〔kg〕の小球Aを角度 θ の向きに初速 v の大きさを変えて投げ上げる装置がある。小球Aを投げ上げる向きの延長線上のQ点に，同じ質量 m〔kg〕の小球Bがある。小球Bは，自由落下をさせることのできる装置に固定されている。Q点から x 軸に垂線をおろして，x 軸と交わる点を点Pとする。$\overline{\mathrm{OP}}=l$〔m〕，$\overline{\mathrm{QP}}=h$〔m〕とする。重力加速度の大きさを g〔m/s^2〕として，次の各問いに答えよ。

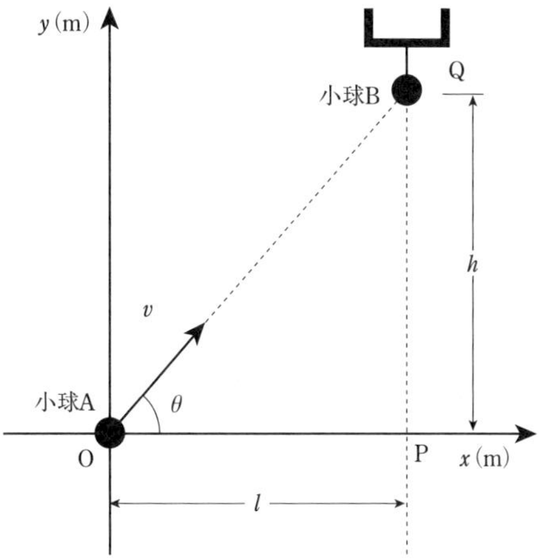

Ⅰ．小球BのみをQ点から自由落下させたところ，P点を通過した。

(1)　小球BがP点まで落下する時間は何秒か。

(2)　小球BのP点での速度は何m/sか。

Ⅱ．小球Aのみを原点Oから投げ上げた。

(1)　小球Aを初速度の大きさ v_1 で投げ上げたときの最高点の座標 $(x_1,\ y_1)$ を求めよ。

(2)　小球Aを初速度の大きさ v_2 で投げ上げたところ，ちょうど点Pを通過した。このときの v_2 は何 m/s か。

Ⅲ．小球Aを投げ出すと同時に小球Bを自由落下させた。小球Aの初速度の大きさに関係なく，小球Aと小球Bは衝突することを証明せよ。

〈岡山県〉

5 ★☆☆

図のように，底部を細管で連結した２つのシリンダーがある。２つのシリンダーは，なめらかに動く軽いピストン(質量が無視できる)で密封されている。いま，シリンダー内及び細管内は水で満たされ，両方のピストンの先端が底部から 5.0cm の高さのとき，それぞれのシリンダーの容積(底部とピストンの間の水の入った部分)はシリンダーAで $10\mathrm{cm}^3$，シリンダーBでは $40\mathrm{cm}^3$ であった。重力加速度 $g=10\mathrm{m/s}^2$ として，次の各問いに答えよ。

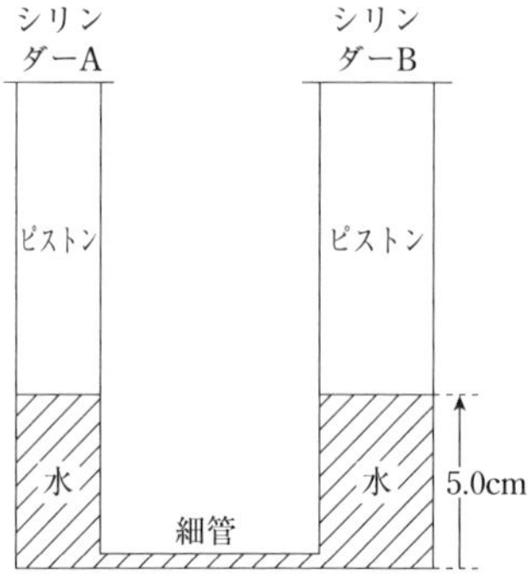

(1) それぞれのシリンダーの内側の断面積(ピストンの動く方向と垂直な面の面積)を求めよ。

(2) ２つのピストンが自由に動けるようにし，同じ重さのおもりを載せるとどちらのシリンダーのピストンが押し込まれる(下向きに移動する)か求めよ。

(3) シリンダーBのピストンを固定し，シリンダーAのピストンの上に質量 1.0kg のおもりを載せると，シリンダー内の圧力は何 Pa 増加するか求めよ。

〈富山県改題〉

6 ★★☆

次の各問いに答えよ。

図のように，質量 $2m$ のおもりAと質量 m のおもりBを糸 a でつなぎ滑車 K_1 にかける。さらに，この滑車と質量 $3m$ のおもりCを糸 b でつなぎ，天井からつるしてある滑車 K_2 にかける。糸 a および糸 b は十分に長い。また，滑車はいずれもなめらかにまわり，滑車と糸の質量は無視できる。重力加速度の大きさを g とする。

はじめ，図の状態でおもりAとおもりCを動かないように手で支える。

(1) おもりCを固定した状態で，おもりAだけを静かにはなしたところ，おもりＡとおもりＢは動き出した。

① おもりＡの加速度の大きさはいくらか求めよ。

② 糸ａの張力の大きさはいくらか求めよ。

③ 手がおもりＣを支えている力の大きさはいくらか求めよ。

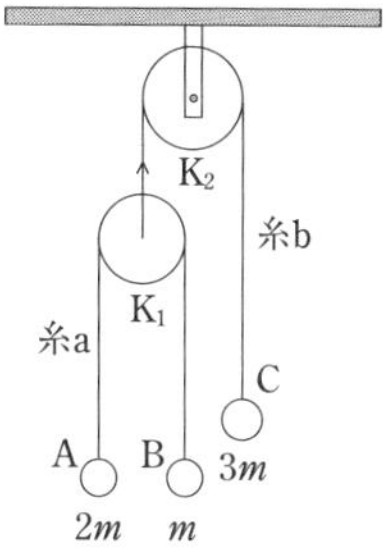

(2) おもりＡを静かにはなすと同時に，おもりＣに手で鉛直上向きに一定の力を加え続けたところ，おもりＢは静止したままであった。

① 糸ａの張力の大きさはいくらか求めよ。

② おもりＡの加速度の大きさはいくらか求めよ。

③ 手がおもりＣに加えている力の大きさはいくらか求めよ。

(3) おもりＡとおもりＣを同時に静かにはなしたところ，すべてのおもりが動き出した。

① おもりＡの滑車K_1に対する鉛直下向きの加速度をα，おもりＣの天井に対する鉛直下向きの加速度をγ，糸ａの張力の大きさをTとする。滑車K_1から見たときのおもりＡの運動方程式を答えよ。

② γはgの何倍か求めよ。

〈佐賀県〉

7 ★☆☆

水平な床の上に質量M〔kg〕，長さL〔m〕の平らな板Ｑが静止している。図のように，質量m〔kg〕の小物体Ｐを，床に対して水平方向に速さV_0〔m/s〕でＱの左端に載せたところ，ＰはＱの上を滑り出し，Ｑも床に対して動き始めた。その後のＰとＱの運動について，各問いに答えよ。ただし，重力加速度をg〔m/s^2〕，ＰとＱとの間の動摩擦係数をμ'とし，空気抵抗やＱと床との間の摩擦は無視できるものとする。また，解答は生徒に説明するものとして答えよ。

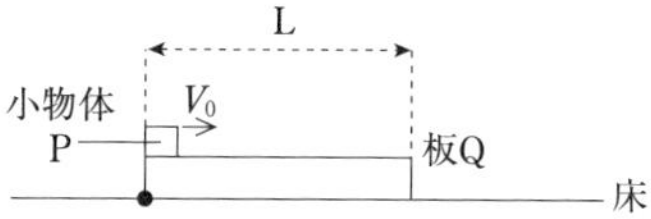

(1) V_0が小さければ，ＰはＱの上をしばらく滑った後，Ｑに対して静止する。Ｑが動き始めてから，ＰがＱに対して静止するまでの時間を求めよ。

(2) V_0がある値V〔m/s〕より大きければ，ＰはＱから飛び出す。このときのVを求めよ。

〈埼玉県・さいたま市〉

8 ★★☆

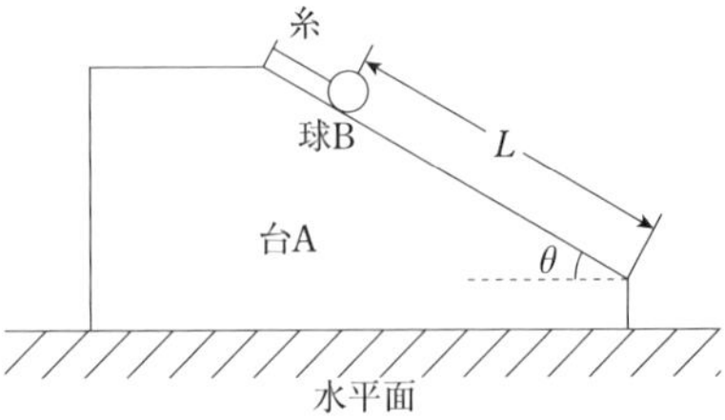

右の図のように，なめらかな水平面上に，傾斜 θ の斜面を持つ台Aを置いた。斜面につけた支柱には，球Bが糸で結びつけられている。台Aの質量を M，球Bの質量を m，球Bから斜面の下端までの距離を L，重力加速度の大きさを g として，次の各問いに答えよ。ただし，糸と斜面は平行であり，水平面と台A，および台Aと球Bの間の摩擦はないものとし，空気抵抗も無視できるものとする。

(1) 台Aを固定して，図のように静止させているとき，糸にはたらく張力を m，θ，g を用いて表せ。

(2) 台Aを固定したまま，糸を切断したところ，球Bが転がることなく斜面を滑り落ちたとして，球Bが斜面の下端に達するときの速さを L，θ，g を用いて表せ。

(3) 再び球Bを図のように取り付け，台Aを静止させた後，台Aを固定せずに糸を切断したところ，球Bが斜面を転がることなく滑り落ちるとともに，台Aは左方向に加速した。このように仮定した場合，次の各問いに答えよ。

① このとき，球Bが台Aから受ける垂直抗力の大きさを N，台Aの加速度を α として，台Aについての運動方程式を M，N，α，θ を用いて表せ。

② 加速している台Aから見た球Bの斜面に対する加速度を β として，球Bについて斜面に垂直な方向の力のつり合いの式と斜面方向の運動方程式をそれぞれ m，N，α，β，θ，g を用いて表せ。

③ 台Aの加速度 α を M，m，θ，g を用いて表せ。

④ 球Bの斜面に対する加速度 β を M，m，θ，g を用いて表せ。

⑤ 球Bが斜面の下端に達するとき，球Bの斜面に対する速さを M，m，L，θ，g を用いて表せ。

〈新潟県〉

9　★★☆

質量 m〔kg〕の直方体の箱があり，箱の天井に質量 $2m$〔kg〕の小球が箱の底面から h〔m〕の高さに取り付けられている。右図のように質量の無視できるなめらかな定滑車に伸び縮みしない質量の無視できる軽い糸をかけ，両端に上記の箱と質量 $3m$〔kg〕のおもりをつり下げて静止させておく。衝突の際に重力のおよぼす力積及び空気の抵抗は無視できるものとし，衝突が起こった場合も糸はたるまないものとする。重力加速度を g〔m/s^2〕として，次の各問いに答えよ。

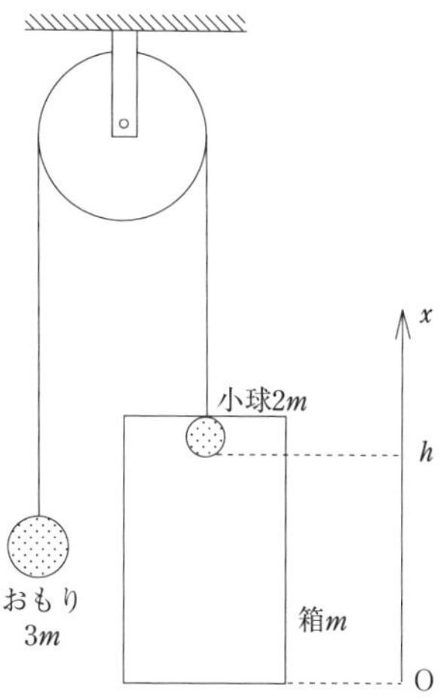

⑴　小球が箱の天井から静かにはずれて，小球は落下し始め，箱も上昇し始めた。このとき，箱の加速度の大きさ a と糸の張力の大きさ T を m，g を用いて表せ。

⑵　やがて小球は箱の底面と衝突する。このとき箱の位置 x は，最初の位置からどれだけ上昇しているか。h を用いて表せ。また小球の落下した距離 y を h を用いて表せ。

〈沖縄県改題〉

10　★☆☆

重力加速度の大きさを g〔m/s^2〕として，浮力に関する次の各問いに答えよ。

⑴　密度 ρ_1〔kg/m^3〕の物体を，密度 ρ〔kg/m^3〕，深さ h〔m〕の液体の表面から静かに落下させる。ただし，$\rho<\rho_1$ とし，液体の抵抗は無視するものとする。

①　この物体の加速度の大きさを求めよ。

②　この物体が底に達するまでの時間を求めよ。

⑵　厚さが一様な長方形板ＡＢＣＤの１つの頂点Ａを糸でつるし，板を液体中に入れたら，右図のように対角線ＢＤがちょうど液面と一致した。板ＡＢＣＤの質量，液体の密度をそれぞれ M〔kg〕，ρ〔kg/m^3〕とする。

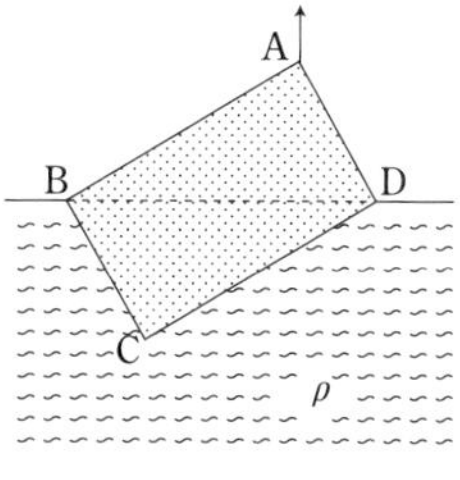

①　糸の張力の大きさを求めよ。

②　板の密度を求めよ。

〈鳥取県〉

11　★☆☆

図は，水平面上に置かれた質量 m の一様な直方体の物体Aを真横から見たものである。物体Aの右上の角の辺の中点に，図のように水平方向右向きに力を加え，その大きさ F をしだいに大きくしていくとき，物体Aが傾くより先に滑り出す条件はどれか。次の①～⑤のうちから1つ選べ。ただし，物体Aと水平面の間の静止摩擦係数を μ とする。

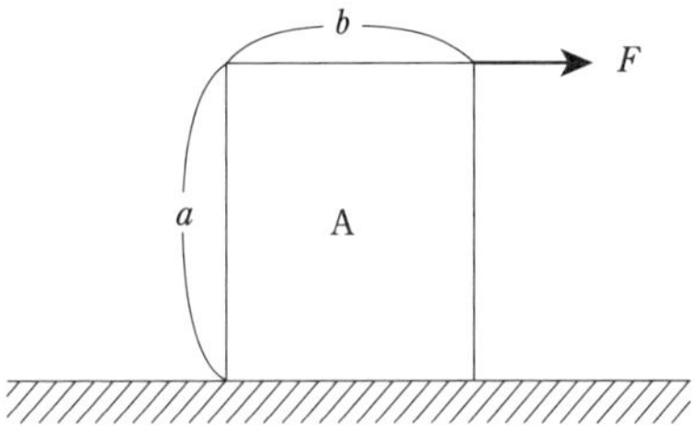

①　$\mu < \dfrac{b}{2a}$　　②　$\mu > \dfrac{b}{2a}$　　③　$\mu < \dfrac{a}{2b}$

④　$\mu > \dfrac{a}{2b}$　　⑤　$\mu < \dfrac{b}{a}$

〈神奈川県・横浜市・川崎市〉

12　★☆☆

図のように，水平面と30°の傾きをなす斜面上の高さ h の点Aに，質量 m の小さな物体を静かに置いたところ，点Cまで滑り降りた。ACの中点Bまではなめらかであり，点Bより下部は摩擦がある。重力加速度の大きさを g，物体と点Bより下部の斜面との間の動摩擦係数を $\dfrac{1}{2\sqrt{3}}$ とする。

速度，加速度ともに斜面下向きを正として，次の各問いに答えよ。

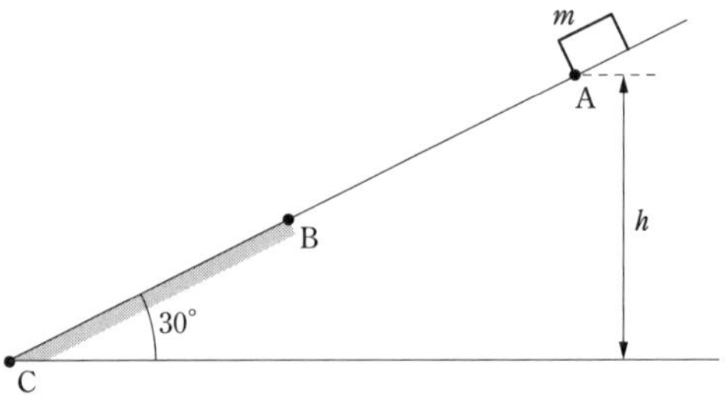

(1)　点Bに達した瞬間の物体の速度はいくらか求めよ。

(2)　点Bを通過した直後の物体の加速度はいくらか求めよ。

(3)　点Aから点Cに達する間に，物体にはたらく垂直抗力のした仕事はいくらか求めよ。

(4)　点Bから点Cに達する間に，物体にはたらく動摩擦力のした仕事はいくらか求めよ。

(5)　点Cに達した瞬間の物体の速度はいくらか求めよ。

〈徳島県〉

13　★☆☆

右の図のように，十分に広くてなめらかな水平台上に質量 M の物体Aを置き，なめらかな滑車を用いて質量 m_1 の物体B，及び質量 m_2 の物体Cを軽くて伸びない糸で物体Aとつなぐ。ただし $m_1<m_2$ とし，重力加速度の大きさを g とする。また，糸の質量は考えないものとする。

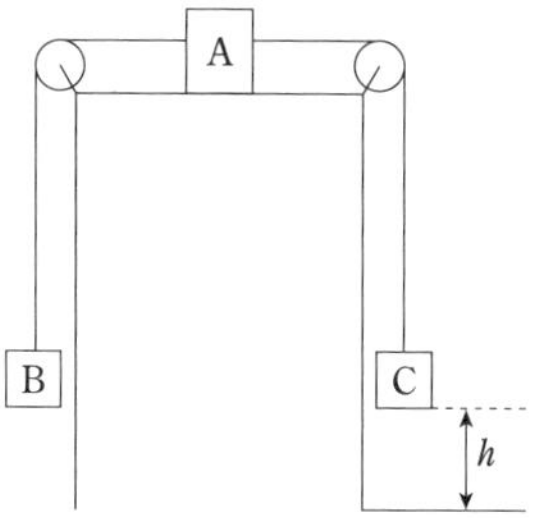

これについて，各問いに答えよ。

(1)　物体Aの加速度の大きさと，物体A，B間の糸にはたらく張力の大きさを求めよ。

次に水平台と物体Aの間に摩擦力がはたらくようにし，物体Cの底面が床から高さ h になるように，物体Aを手で支えた。このとき，静止摩擦係数を μ，運動摩擦係数を μ' として，次の各問いに答えよ。ただし，物体Aと滑車の間の糸は，水平であるものとする。

(2)　物体Aから手を放したとき，物体Aが動き出すための条件を求めよ。

(3)　物体Aが動いているときの加速度の大きさはいくらか求めよ。

(4)　物体Cが床に達する直前までに，全体で失われた力学的エネルギーを求めよ。ただし，物体Cが床に達するまでに，物体A，Bは滑車にあたらないものとする。

〈京都府〉

14　★☆☆

次の各問いに答えよ。

次の図のように壁に固定された軽いばねを，自然長の位置点Oから x_0〔m〕($x_0>0$) だけ縮めて，質量 m〔kg〕の物体を静かに置く。物体と床の間には摩擦力がはたらくものとし，静止摩擦係数を μ，動摩擦係数を μ' とする。また，重力加速度の大きさは g〔m/s^2〕，このばねのばね定数は k〔N/m〕とする。答えは x_0，x，g，μ'，μ，k，m のうち必要な文字を使って答えること。

⑴　物体が動き出すための x_0 の満たすべき条件を求めよ。

⑵　物体が動き出してばねの縮みが自然長から x〔m〕($x>0$) になったとき，物体は運動しているものとして運動エネルギーを求めよ。

⑶　物体が動き出して，ばねの長さが自然長になったときにちょうど静止するための x_0 の満たすべき条件を求めよ。

⑷　ばねが自然長になったとき，物体がばねを離れて運動を続け，図のように自然長の位置点Oから右側に s〔m〕移動して静止した。s を求めよ。

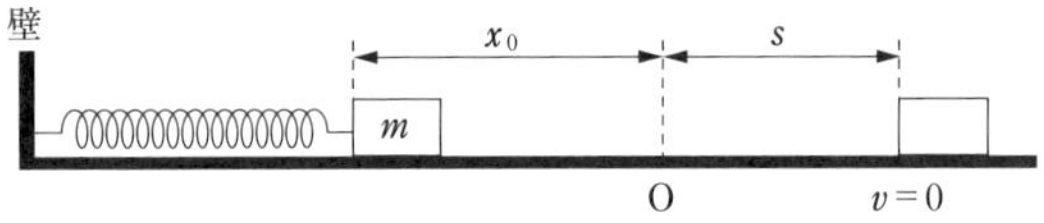

〈長野県〉

15　★☆☆

図のように高さ h〔m〕の台上から速さ V_0〔m/s〕で水平に投げ出された質量 m〔kg〕の小球Qが，水平でなめらかな床の面上の点Aで衝突して高さ $\dfrac{4h}{5}$〔m〕まではね上がり，点Bで再び床に衝突した。反発係数を e，重力加速度を g〔m/s^2〕とし，次の各問いに答えよ。

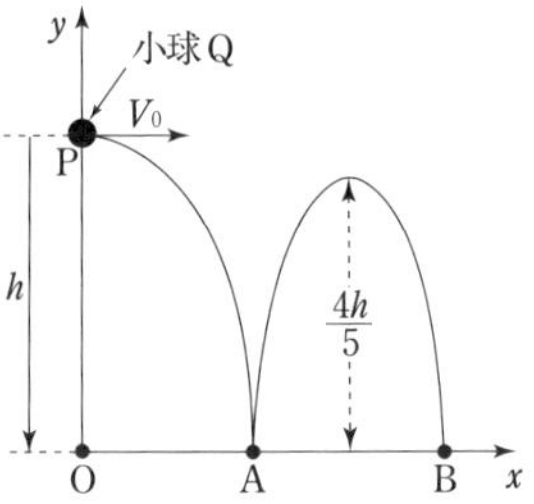

ただし，$\sqrt{2}=1.414$，$\sqrt{3}=1.732$，$\sqrt{5}=2.236$ として計算せよ。

⑴　小球Qが台上のP点を離れてからA点に到るまでの時間 t を g，h を用いて表せ。

⑵　点Aにおける衝突直前の小球Qの速度の y 方向成分の大きさ V_y を g，h を用いて表せ。

⑶　反発係数 e の値を小数第2位まで求めよ。

⑷　点Aにおける衝突で小球Qが床からうける力積の大きさ I を m，g，h を用いて表せ。

〈沖縄県〉

16　★★☆

図のように，ばね定数 k のばねの一端を床に固定して鉛直に立て，他端に質量 $3m$ の薄い板Pを取り付けたところ，板Pは面を水平に保ったまま，つり合って静止した。このときの板Pの位置を原点として鉛直方向に x 軸をとり，下方を正とする。重力加速度の大きさを g として，各問いに答えよ。ただし，ばねは曲がったり傾いたりしないものとする。

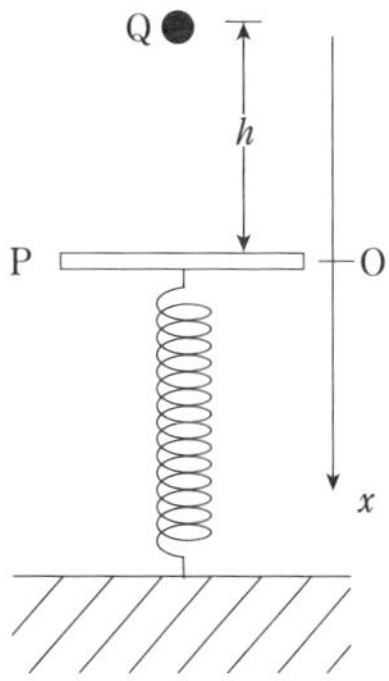

(1)　板Pがつり合いの位置 ($x=0$) にあるときの，ばねの縮みはいくらか。

次に，板Pよりの高さ h の位置 ($x=-h$) から，質量 m の小球Qを初速度0で落下させたところ，小球Qは板Pと衝突した。小球Qと板Pとの衝突は完全弾性衝突とみなせるものとし，また，極めて短時間に行われるものとする。

(2)　衝突直前の小球Qの速さはいくらか。

(3)　衝突直後の板Pおよび小球Qの速度 v_{P}，v_{Q} をそれぞれ求めよ。ただし，速度は鉛直下向きを正とする。

(4)　この衝突の際，小球Qが板Pからうける力積はいくらか。ただし，力積は鉛直下向きを正とする。

この衝突の後，板Pはつり合いの位置より距離 A だけ下方の位置 ($x=A$) でいったん静止し，再び上昇した。その間には2回目の衝突は起こらなかったが，その後，小球Qと板Pは衝突を繰り返した。

(5)　A の値はいくらか。(3)の速度 v_{P} を用いて表せ。

(6)　2回目の衝突が起こってから，3回目の衝突が起こるまでの間に，小球Qは再び初めの位置 ($x=-h$) に戻った。このようなことが起こるための，h の値はいくらか。

〈栃木県〉

17　★☆☆

図のように，長さ l の軽くて伸びない糸に質量 m の小さなおもりPをつけた振り子が，水平な床から l の高さにある支点Oからつるされている。点Oの鉛直下方で床

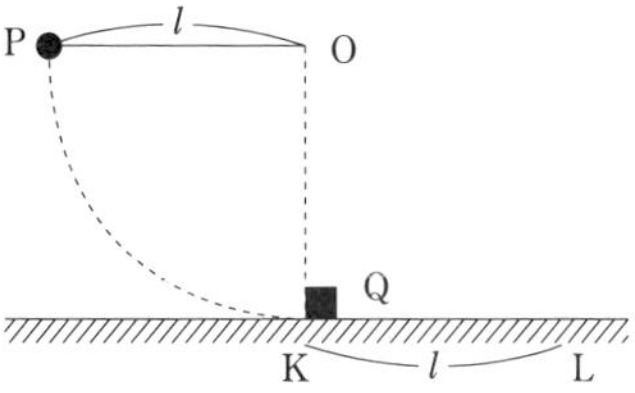

上の点をKとし，点Kには質量 $2m$ の物体Qが置いてある。

はじめに，おもりPを糸が水平になる位置から静かに離したところ，点Kで物体Qと衝突した。衝突後，おもりPは静止し，物体Qは床上を距離 l だけ滑って点Lで静止した。重力加速度の大きさを g として，各問いに答えよ。

(1) 物体Qに衝突する直前のおもりPの速さ v を g，l を用いて表せ。

(2) 衝突直後の物体Qの速さを V として，衝突前後における運動量保存の式を v，V，m を用いて表せ。

(3) 衝突直後の物体Qの速さ V を g，l を用いて表せ。

(4) おもりPと物体Qとの間の反発係数（はねかえり係数）を求めよ。

(5) 床上を滑る物体Qの加速度の大きさは g の何倍か求めよ。

(6) 物体Qと床との間の動摩擦係数を求めよ。

〈愛知県〉

18 ★★☆

図のように質量 m〔kg〕の物体Aが，水平な面QRと角 θ〔rad〕をなす斜面上の点Pに手で支えられ静止している。この斜面は，点Qで粗い水平な面QRとなめらかに接続している。水平な面QRは質量 M〔kg〕の台車Bの上面と点Rでなめらかに接し，台車Bの一端にはばね定数 k〔N/m〕のばねが固定されている。斜面及び台車Bの上面はなめらかであり，また台車は水平な面ST上をなめらかに運動できる。重力加速度の大きさを g〔m/s^2〕，PQ間の距離を L_1〔m〕，QR間の距離を L_2〔m〕，QR間の動摩擦係数を μ，物体Aの大きさは無視できるものとして，各問いに答えよ。

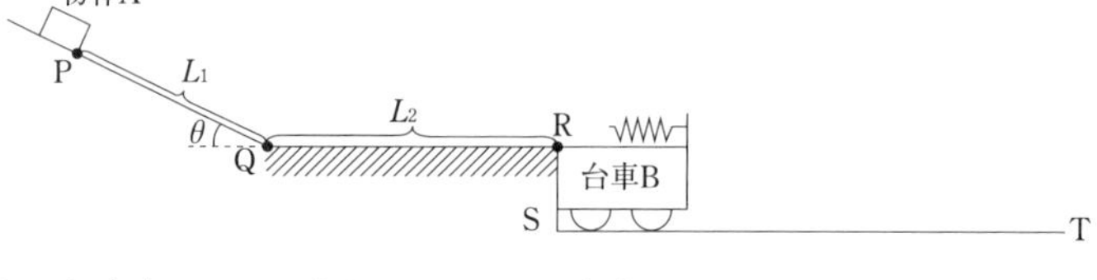

物体Aを支えている手をはなすと，物体Aは静かに運動を始めた。

(1) 物体Aが点Qを通過する瞬間の速さは何m/sか求めよ。

(2) 物体Aが点Rを通過するためには L_1 と L_2 にはどのような関係が成り立てばよいか。L_1，L_2，μ，g，θ のうち必要な文字を用いて表せ。

(3) (2)の条件を満たすとき，物体Aが点Rを通過する速さは何m/sか求めよ。

(4) (2)の条件を満たすとき，物体AがQR間を移動するのに要する時間は何秒か求めよ。

次の問題では，(2)の条件を満たし，物体Aが点Rを通過したときの速さを v_R〔m/s〕として答えよ。

(5)　物体Aが台車Bに乗り移りばねが縮みはじめると台車Bも動き出す。ばねが最も縮んだときの台車Bの速さは何 m/s か求めよ。

(6)　物体Aがばねに触れ始めてから，ばねが最も縮むまでの時間は何秒か求めよ。

(7)　縮んだばねが伸びると物体Aは台車Bから落下する。台車Bから離れる瞬間の物体Aの速さは何 m/s か求めよ。

〈長崎県〉

19　★☆☆

右の図のように，半頂角 30° の円錐面のなめらかな曲面を，小球が水平な円軌道を描きながら運動をしている。小球の質量を m〔kg〕，軌道面の頂点からの高さを h〔m〕とし，重力加速度の大きさを g〔m/s^2〕として，次の各問いに答えよ。

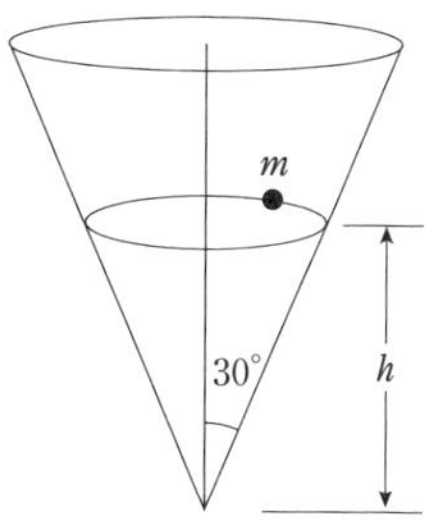

(1)　小球が円錐面からうけている抗力のの大きさはいくらか求めよ。

(2)　小球の円運動の加速度の大きさはいくらか求めよ。

(3)　小球の速さはいくらか求めよ。

(4)　小球の円運動の周期はいくらか求めよ。

〈京都府〉

20　★★☆

鉛直断面が図のような形の曲面 AB と曲面 BCD がなめらかにつながっている。曲面 BCD は鉛直断面が点Oを中心とする半径 r の円弧となるようにつくられている。

質量 m の質点を曲面上の点Aから静かに滑らせると，質点は，曲面から離れずに∠COP＝θ となる点Pに到達した。各面と質点との間には摩擦はなく，重力加速度を g とするとき，次の各問いに答えよ。

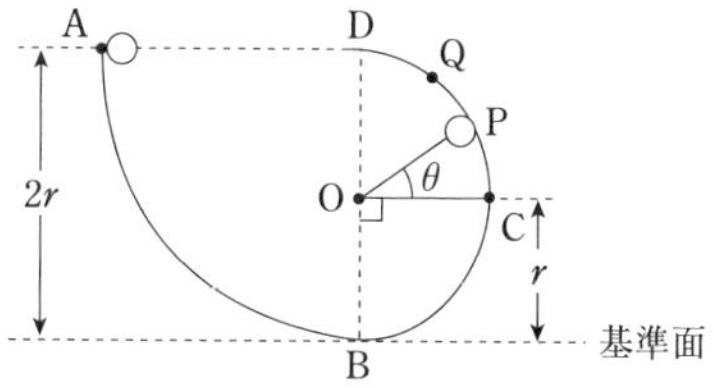

(1) 点Pでの質点の速さを求めよ。

(2) 点Pで質点がうける抗力の大きさを求めよ。

(3) 質点が $\angle \mathrm{COQ}=\alpha$ となる点Qで曲面から離れるとするとき，点Qの基準面からの高さを求めよ。

〈京都府改題〉

21 ★☆☆

図1のように，天井にばねの上端をとりつけたところ，ばねの下端はPの位置にあった。次に，図2のように，ばねの下端に質量 m のおもりをつけて静かにはなしたところ，ばねの下端はPの位置から a だけ下のOの位置で静止した。このことに関して，次の各問いに答えよ。ただし，重力加速度を g とし，ばねの質量は無視できるものとする。

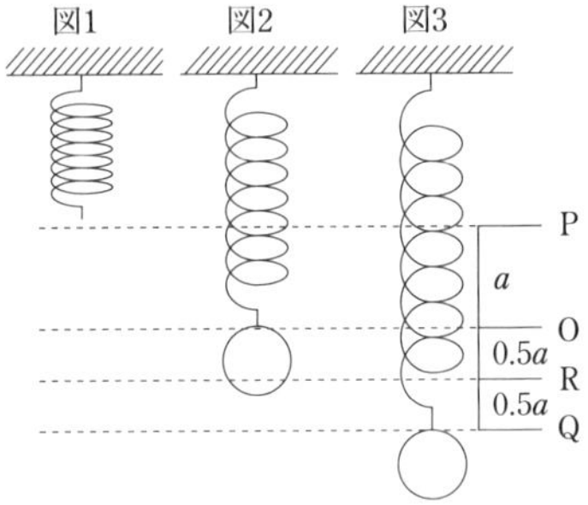

(1) このばねのばね定数を m，g，a を用いて表せ。

(2) 図3のように，ばねの下端がOの位置からQの位置までくるようにばねをのばした。その位置で静かに手をはなしたら，おもりはQとPの間を振動した。このことについて，次の各問いに答えよ。ただし，空気の抵抗を無視し，おもりの振動は減衰しないものとする。

① ばねの下端がOの位置を通過する際のおもりの速さを g，a を用いて表せ。

② ばねの下端をQの位置から静かにはなした時刻を0秒として，t 秒後のおもりの位置を t，g，a を用いて表せ。ただし，おもりの位置はばねの下端で測り，Oの位置を原点とし，上向きを正とする。

③ Oの位置から $0.5a$ だけ下の位置をRとする。このとき，ばねの下端がQからRまで戻るのにかかる時間を g，a を用いて表せ。

〈新潟県〉

22 ★☆☆

単振動について，実験1と実験2を行った。これについて，各問いに答えよ。ただし，棒は常に直立の状態を保つものとする。また，棒の質量と棒の先端につけたおもりの体積，摩擦による振動の減衰はすべて無視できるものとする。

そして，重力加速度の大きさを g〔m/s^2〕とする。

〈実験１〉

図１のように長さ L〔m〕，断面積 S〔m^2〕の太さ一様の棒がある。その先端に質量 M〔kg〕のおもりをつけ，密度 ρ〔kg/m^3〕の液体に沈めて静かに手をはなすと棒が静止した。このとき，棒が液体中に沈んだ長さを L_0〔m〕とする。

〈実験２〉

図２のようにこの棒を x_0〔m〕だけ持ち上げて静かに手をはなしたら，この棒は単振動をした。ただし，容器の底から液面までの距離は，L に対して十分に長く，また $L_0<\dfrac{L}{2}$，$x_0<L_0$ とする。

図１

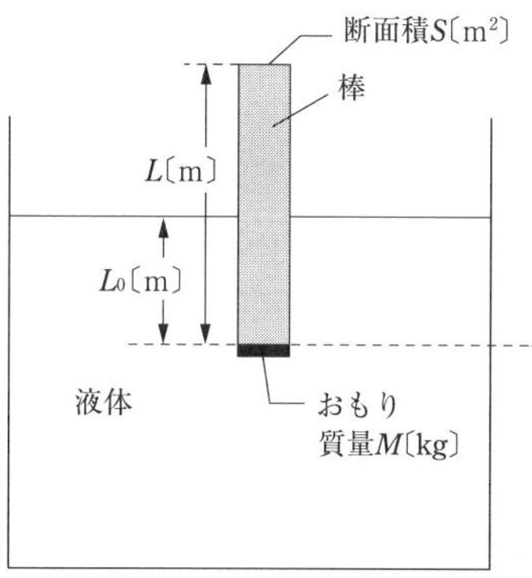

図２

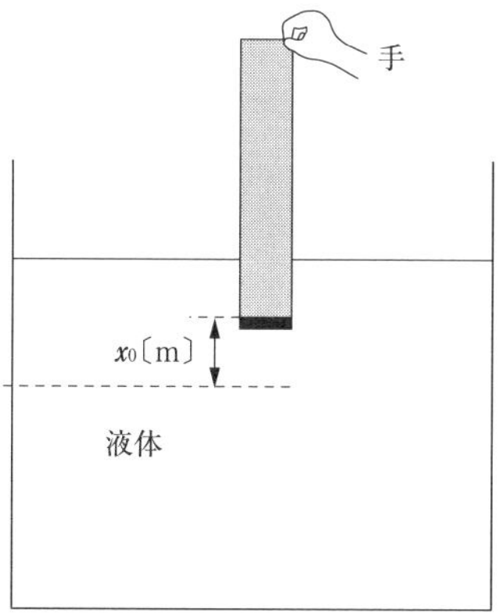

(1)　実験１より，この液体の密度 ρ を，g，L，S，M，L_0，x_0 のうち，必要な文字を用いて表せ。

(2)　実験２において，棒全体が液体中に沈んでいかないようにするためには，おもりの質量 M が何 kg より小さければよいか求めよ。ただし，密度は ρ を使うこと。

(3)　実験２において，棒が液体中に沈んだ長さが x〔m〕のとき，棒の運動方程式をたてて，単振動の周期が何秒か求めよ。ただし，密度は ρ を使うこと。

(4)　この単振動の振幅は何 m か求めよ。

(5)　実験２において，棒の速さの最大値は何 m/s か求めよ。ただし，密度は ρ を使うこと。

(6)　実験２において，棒の先端は液面から最大で何 m の位置まで沈むか求めよ。

〈島根県〉

23 ★★☆

物体が運動する距離が，地球の半径に比べて無視できないような状況では，重力が一定であるという仮定が成り立たなくなる。これに関して，次の各問いに答えよ。ただし，地球の質量を M，地球の半径を R，万有引力定数を G とし，地球は完全な球であり，地球の自転の影響は無視できるものとする。

図Ⅰ

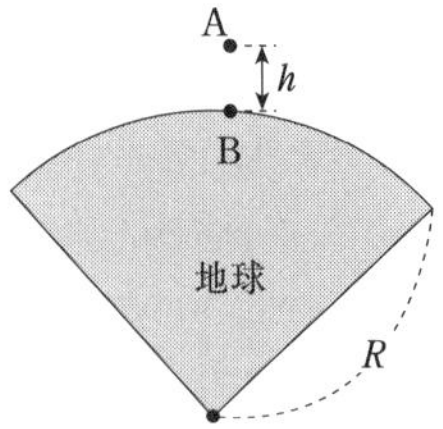

(1) 地表面付近での物体の運動に関して，次の①，②の問いに答えよ。

① 地表面付近での重力加速度を g とする。g を R，M，G を用いて表せ。

② 図Ⅰのように，地表面上の点をBとし，点Bからの高さが h である点をAとする。質量 m の物体が点Aでもつ位置エネルギーは，点Bを基準とすると mgh と表せる。このことを，点A，点Bにおける万有引力による位置エネルギーの差から導き出せ。ただし，h は地球の半径 R に比べて十分に小さいとする。

(2) ある人工衛星(質量 m)が図Ⅱの軌道1(半径 $2R$)上を等速円運動している。これに関して，次の①～④の各問いに答えよ。

図Ⅱ

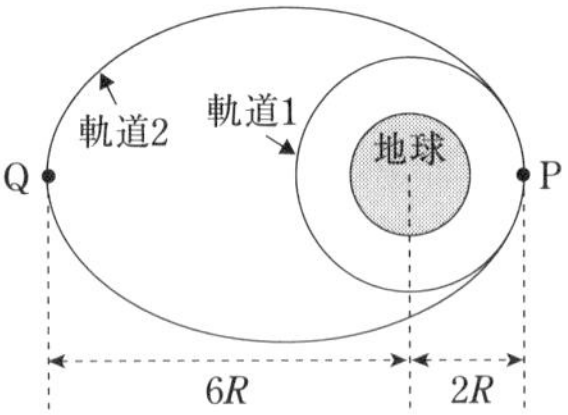

① この人工衛星が軌道1を等速円運動しているときの速さ v_0 を，R，M，G を用いて表せ。

② この人工衛星が軌道1上の点Pにおいて質量 $\frac{1}{6}m$ の部分を後方に発射することで加速し，軌道2に移った。軌道2は，地球の中心から近地点Pまでの距離が $2R$，遠地点Qまでの距離が $6R$ であるような楕円軌道である。軌道2上を運動しているときの，近地点P，遠地点Qにおける人工衛星の速さ v_P，v_Q をそれぞれ R，M，G を用いて表せ。

③ 軌道2上を運動する人工衛星の周期 T_2 は，軌道1上を運動する人工衛星の周期 T_1 の何倍か。

④ 点Pで加速する際に後方に発射した質量 $\frac{1}{6}m$ の部分(物体Aとする)は，地球を一つの焦点とする楕円軌道上を運動する。物体Aが地球から無限に遠ざかることなく，地球を一つの焦点とする楕円軌道上を運動するためには，どのような条件を満たしていることが必要か。その条件を簡潔に説明せよ。

〈香川県改題〉

演習問題　解答・解説

1

(1)　$\mathbf{2.0m/s^2}$　　(2)　**56 m**

(3)　**25 m**

解 説

(1)　加速度を a〔m/s^2〕とすると，

$10 = 18 + 4.0a$

$\therefore a = -2.0$〔m/s^2〕

(2)　求める距離を l〔m〕とすると，

$10^2 - 18^2 = 2 \times (-2.0)l$

$\therefore l = 56$〔m〕

(3)　求める距離を l'〔m〕とすると，

$0^2 - 10^2 = 2 \times (-2.0) \times l'$

$\therefore l' = 25$〔m〕

2

(1)　$\boldsymbol{y = 14.7t - 4.9t^2}$

$\boldsymbol{v = 14.7 - 9.8t}$

(2)　**30.6 m**

(3)　**4.0 s**

速さ：**24.5m/s**

解 説

(1)　初速度 v_0，時間 t，重力加速度 g，高さ h，そのときの速さ v，としたときの鉛直投げ上げ運動の公式

$$h = v_0t - \frac{1}{2}gt^2$$

$$v = v_0 - gt$$

を利用する。

いま，$h = y$，$v_0 = 14.7$，$g = 9.8$ より，

$$y = 14.7t - \frac{1}{2} \cdot 9.8 \cdot t^2$$

$= 14.7t - 4.9t^2$　……①

$v = 14.7 - 9.8t$　……②

(2)　最高点ではボールの速さは 0 であるから，

$v = 14.7 - 9.8t = 0$

$\therefore t = 1.5$〔s〕

これを(1)の①に代入すると，

$y = 14.7 \times 1.5 - 4.9 \times (1.5)^2$

$= 11.025$〔m〕

投げ上げを行ったのが，地面より 19.6 m の高さであるので，

$11.025 + 19.6 = 30.625$

$\fallingdotseq 30.6$〔m〕

(3)　地面の位置は，$y = -19.6$ である。これを(1)の①に代入すると，

$-19.6 = 14.7t - 4.9t^2$

$\therefore t^2 - 3t - 4 = 0$

$t > 0$ より，

$t = 4.0$〔s〕

これを(1)の②に代入して，

$v = 14.7 - 9.8 \times 4 = -24.5$

よって，求める速さは，24.5〔m/s〕

3

(1)　問 1　$(\boldsymbol{x},\ \boldsymbol{y})$

$$= \left(\boldsymbol{v_0t\cos\theta},\ \boldsymbol{v_0t\sin\theta - \frac{1}{2}gt^2}\right)$$

問 2　$\boldsymbol{y = -\dfrac{gx^2}{2v_0^2\cos^2\theta} + \tan\theta \cdot x}$

(2)　**0**

(3)　$\boldsymbol{\dfrac{2v_0e^n\sin\theta}{g}}$

解 説

(1)　問 2

問 1 より，$t = \dfrac{x}{v_0\cos\theta}$

これを y 座標の式に代入すると，

$$y = v_0\sin\theta \cdot \frac{x}{v_0\cos\theta} - \frac{1}{2}g\left(\frac{x}{v_0\cos\theta}\right)^2$$

$$= \tan\theta \cdot x - \frac{gx^2}{2v_0^2\cos^2\theta}$$

(2)　鉛直下向きに重力 mg，鉛直上向きに

慣性力 mg がはたらいているように見える。この2力の合力は0である。

(3) ボールが1回目に衝突するまでにかかる時間 t_1 は,

$$0 = v_0\sin\theta\cdot t_1 - \frac{1}{2}gt_1{}^2$$

$$\therefore\ t_1 = \frac{2v_0\sin\theta}{g}$$

1回目の衝突から2回目に衝突するまでにかかる時間 t_2 は,

$$0 = v_0e\sin\theta\cdot t_2 - \frac{1}{2}gt_2{}^2$$

$$\therefore\ t_2 = \frac{2v_0e\sin\theta}{g}$$

同様にして, n 回目の衝突から $(n+1)$ 回目の衝突までにかかる時間 t_{n+1} は,

$$t_{n+1} = \frac{2v_0e^n\sin\theta}{g}$$

であることがわかる。

4

Ⅰ. (1) $\sqrt{\frac{2h}{g}}$〔秒〕 (2) $-\sqrt{2gh}$〔m/s〕

Ⅱ. (1) $(x_1,\ y_1)$

$$=\left(\frac{v_1{}^2\sin\theta\cos\theta}{g},\ \frac{v_1{}^2\sin^2\theta}{2g}\right)$$

(2) $\sqrt{\frac{gl}{\sin2\theta}}$〔m/s〕

Ⅲ. 小球Aを初速度 v〔m/s〕で投げ上げるとともに, 小球Bを自由落下させて, t〔秒〕後の小球Aの位置の座標を $(x_A,\ y_A)$, 小球Bの位置の座標を $(x_B,\ y_B)$ とすると,

$$x_A = vt\cos\theta$$

$$y_A = vt\sin\theta - \frac{1}{2}gt^2$$

$$x_B = l$$

$$y_B = h - \frac{1}{2}gt^2$$

ここで, 小球Bの x 座標は常に l で一定であるので, 小球AとBが衝突するときは $x_A = x_B$, つまり $x_A = l$ となる。

したがって,

$$vt\cos\theta = l \qquad \therefore\ t = \frac{l}{v\cos\theta}$$

これを y_A, y_B に代入すると,

$$y_A = l\tan\theta - \frac{gl^2}{2v^2\cos^2\theta}$$

$$= h - \frac{gl^2}{2v^2\cos^2\theta}$$

$$y_B = h - \frac{gl^2}{2v^2\cos^2\theta}$$

ここで, $y_A = y_B$ である。

したがって, $x_A = x_B$ のときは必ず, $y_A = y_B$ となるので, 初速度の大きさに関係なく, 小球A, Bは衝突する。

解説

Ⅱ. (2) P点につくまでにかかった時間 t は,

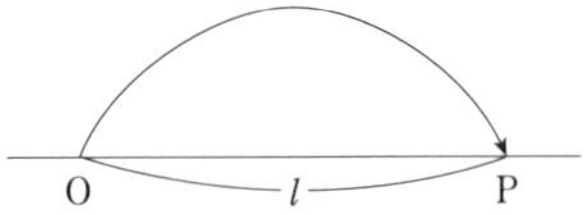

$$v_2\sin\theta\cdot t - \frac{1}{2}gt^2 = 0$$

$t \neq 0$ より,

$$t = \frac{2v_2\sin\theta}{g}$$

OP間の距離が l であるので,

$$v_2\cos\theta\cdot t = \frac{2v_2{}^2\sin\theta\cos\theta}{g} = l$$

$$\therefore\ v_2 = \sqrt{\frac{gl}{\sin2\theta}}$$

5

(1) A：$2.0\mathrm{cm}^2$　B：$8.0\mathrm{cm}^2$

(2) A　(3) $5.0\times10^4\ \mathrm{Pa}$

解説

(2)　水圧はシリンダーA，B内では等しいので，ピストンを押し返す力はシリンダーの断面積に比例する。同じ重さのおもりを載せたとき，押し込まれるのはシリンダーAのピストンである。

(3)　増加した圧力は，おもりの重力が $1.0\times g=10$〔N〕，シリンダーAの断面積が 2.0×10^{-4}〔m^2〕であるから，

$$\frac{1.0\times10}{2.0\times10^{-4}}=5.0\times10^4\ \text{〔Pa〕}$$

6

(1)　①　$\boldsymbol{\frac{1}{3}g}$　　②　$\boldsymbol{\frac{4}{3}mg}$

③　$\boldsymbol{\frac{1}{3}mg}$

(2)　①　$\boldsymbol{mg}$　　②　$\boldsymbol{\frac{1}{2}g}$

③　$\boldsymbol{\frac{7}{4}mg}$

(3)　①　$\boldsymbol{2m\alpha = 2mg + 2m\gamma - T}$

②　$\boldsymbol{\frac{1}{17}}$**倍**

解説

(1)　手がおもりCを支える力を F とする。

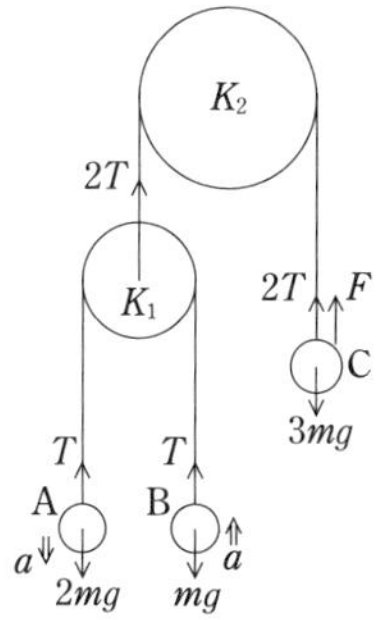

図より，おもりAの運動方程式は，

$$2ma = 2mg - T \quad \cdots\text{(i)}$$

おもりBの運動方程式は，

$$ma = T - mg \quad \cdots\text{(ii)}$$

(i)＋(ii)より，

$$3ma = mg \qquad \therefore\ a=\frac{1}{3}g$$

これより，

$$T=\frac{4}{3}mg$$

おもりCにはたらく力のつり合いより，

$$F + 2T = 3mg \qquad \therefore\ F=\frac{1}{3}mg$$

(2)　a，F，T は(1)とは異なるとする。

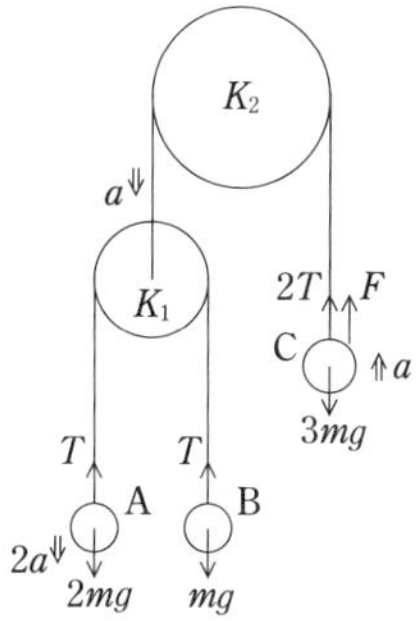

おもりCは等加速度運動するので，その加速度の大きさを a とおく。滑車 K_1 は下向きに a の加速度をもつが，おもりBは静止したままであるから，Bは滑車 K_1 に対して上向きに加速度 a の運動をしている。このとき，おもりAは下向きに $a+a=2a$ の加速度運動をする。

おもりAの運動方程式

$$2m\cdot2a = 2mg - T \quad \cdots\text{(iv)}$$

おもりBに対する力のつり合い

$$T = mg \quad \cdots\text{(v)}$$

おもりCの運動方程式

$$3ma = F + 2T - 3mg \quad \cdots\text{(vi)}$$

(iv)，(v)より，

$a=\frac{1}{4}g$ となるので，おもりAの加速度 $2a=\frac{1}{2}g$ となる。

(vi)より，

$$\begin{aligned}F &= 3ma - 2T + 3mg\\ &=\frac{3}{4}mg - 2mg + 3mg\\ &=\frac{7}{4}mg\end{aligned}$$

(3)

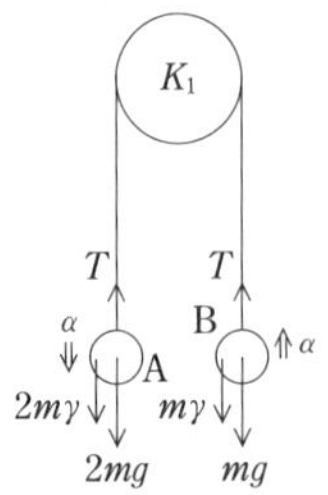

図は，滑車 K_1とともに動く座標系から見たおもりA，Bにはたらく力である。

この座標系は上向きに加速度 γ で運動している加速度系である。したがっておもりA，Bには下向きに慣性力 $2m\gamma$，$m\gamma$ が働く。この座標系におけるおもりAの運動方程式は，

$$2m\alpha = 2mg + 2m\gamma - T \quad \cdots\text{(vii)}$$

また，おもりBの運動方程式は，

$$m\alpha = T - mg - m\gamma \quad \cdots\text{(viii)}$$

また，静止系から見たおもりCの運動方程式は，

$$3m\gamma = 3mg - 2T \quad \cdots\text{(ix)}$$

(vii)，(viii)から α を消去すると，

$$2mg + 2m\gamma - T = 2T - 2mg - 2m\gamma$$

$$\therefore\ T = \frac{4}{3}m(g + \gamma)$$

これを(ix)に代入して，

$$3m\gamma = 3mg - \frac{8}{3}m(g + \gamma)$$

$$\therefore\ \gamma = \frac{1}{17}g$$

よって，γ は g の$\frac{1}{17}$倍である。

7

(1)

図１のように床に固定した x 座標を設定する。原点Ｏは，小物体Ｐを板Ｑに載せたときのＱの左端の位置とする。各物体にはたらく力を図示すると，図2,3のようになる。

〈図１〉

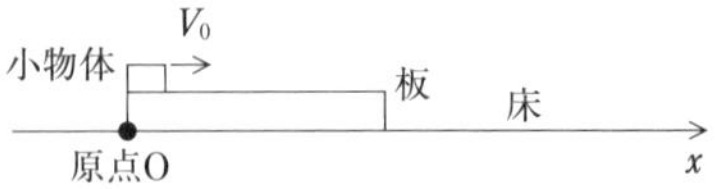

〈図２〉

小物体Pにはたらく力

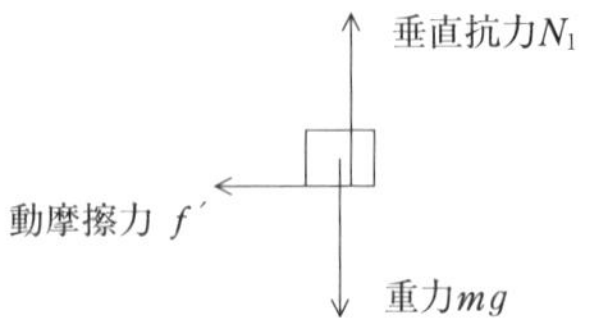

〈図３〉

板Qにはたらく力

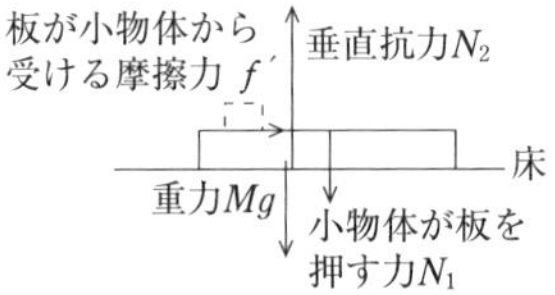

ＰとＱの加速度をそれぞれ $\boldsymbol{\alpha}$〔m/s^2〕，$\boldsymbol{\beta}$〔m/s^2〕とおき，各物体について，x 方向の運動方程式をつくると，

$$\text{P}：\boldsymbol{m\alpha} = -\boldsymbol{f'} \quad \cdots\cdots①$$

$$\text{Q}：\boldsymbol{M\beta} = \boldsymbol{f'} \quad \cdots\cdots②$$

Ｐについて鉛直方向の力のつり合いから，

$$N_1 = \boldsymbol{mg} \quad \cdots\cdots③$$

動摩擦力 f' と垂直抗力 N_1の関係により，

$$\boldsymbol{f'} = \mu' N_1 \quad \cdots\cdots④$$

①～④より，

$$\boldsymbol{\alpha} = -\mu'\boldsymbol{g} \quad \cdots\cdots⑤$$

$$\boldsymbol{\beta} = \mu'\frac{\boldsymbol{m}}{\boldsymbol{M}}\boldsymbol{g} \quad \cdots\cdots⑥$$

ＰとＱは等加速度運動することがわかる。ＰとＱが動き始めた時刻を

$t = 0$〔s〕とすると，t〔s〕後の物体の速度と移動距離は，⑤，⑥より

P：$v_1 = V_0 - \mu' g t$　……⑦

$x_1 = V_0 t - \frac{1}{2}\mu' g t^2$　……⑧

Q：$v_2 = \left(\frac{\mu' m g}{M}\right)t$　……⑨

$x_2 = \frac{1}{2}\left(\frac{\mu' m g}{M}\right)t^2$　……⑩

PがQに対して静止するとき，両物体の床に対する速度は等しくなるから，$v_1 = v_2$となる。求める時間をT〔s〕として，⑦，⑨より，

$$V_0 - \mu' g T = \mu'\frac{m}{M} g T$$

よって，

$$T = \frac{V_0 M}{\mu' g(m+M)}$$

〈答〉

$\frac{V_0 M}{\mu' g(m+M)}$〔s〕

(2)

時刻TにおけるPとQの移動距離の差は，⑧，⑩に$t = T$を代入して

$$x_1 - x_2 = \frac{V_0^2 M}{2\mu' g(m+M)}$$

V_0がVのとき，$x_1 - x_2 = L$となればよい。

$$\frac{V^2 M}{2\mu' g(m+M)} = L$$

よって，

$$V = \sqrt{\frac{2\mu' g L(m+M)}{M}}$$

〈答〉

$\sqrt{\frac{2\mu' g L(m+M)}{M}}$〔m/s〕

8

(1)　$mg\sin\theta$　　(2)　$\sqrt{2gL\sin\theta}$

(3)　①　$M\alpha = N\sin\theta$

②　斜面に垂直な方向の力のつり合い：

$$mg\cos\theta = m\alpha\sin\theta + N$$

斜面方向の運動方程式：

$$m\beta = mg\sin\theta + m\alpha\cos\theta$$

③　$\alpha = \frac{mg\sin\theta\cos\theta}{M + m\sin^2\theta}$

④　$\beta = g\sin\theta\left(\frac{M+m}{M+m\sin^2\theta}\right)$

⑤　$\sqrt{2g\sin\theta\left(\frac{M+m}{M+m\sin^2\theta}\right)L}$

解説

(2)　$mgL\sin\theta = \frac{1}{2}mv^2$より，

$$v = \sqrt{2gL\sin\theta}$$

(3)　③

①，②より，

$$mg\cos\theta = m\alpha\sin\theta + \frac{M\alpha}{\sin\theta}$$

$$mg\sin\theta\cos\theta = (m\sin^2\theta + M)\alpha$$

$$\therefore\ \alpha = \frac{mg\sin\theta\cos\theta}{M + m\sin^2\theta}$$

④　②より，$\beta = g\sin\theta + \alpha\cos\theta$に③の結果を代入して，

$$\beta = g\sin\theta + \frac{mg\sin\theta\cos^2\theta}{M + m\sin^2\theta}$$

$$= g\sin\theta\left(1 + \frac{m\cos^2\theta}{M + m\sin^2\theta}\right)$$

$$= g\sin\theta\left(\frac{M+m}{M + m\sin^2\theta}\right)$$

⑤　加速度a，変位x，初速度v_0，xだけ変位した後の速度vのとき，等加速度直線運動の関係式

$$2ax = v^2 - v_0^2$$

より，

$$2g\sin\theta\left(\frac{M+m}{M + m\sin^2\theta}\right)L = v^2$$

$$\therefore\ v = \sqrt{2g\sin\theta\left(\frac{M+m}{M + m\sin^2\theta}\right)L}$$

9

(1)　$\boldsymbol{a}=\frac{1}{2}\boldsymbol{g}$〔m/s^2〕　$T=\frac{3}{2}\boldsymbol{mg}$〔N〕

(2)　$\boldsymbol{x}=\frac{1}{3}\boldsymbol{h}$〔m〕　$\boldsymbol{y}=\frac{2}{3}\boldsymbol{h}$〔m〕

解説

(1)

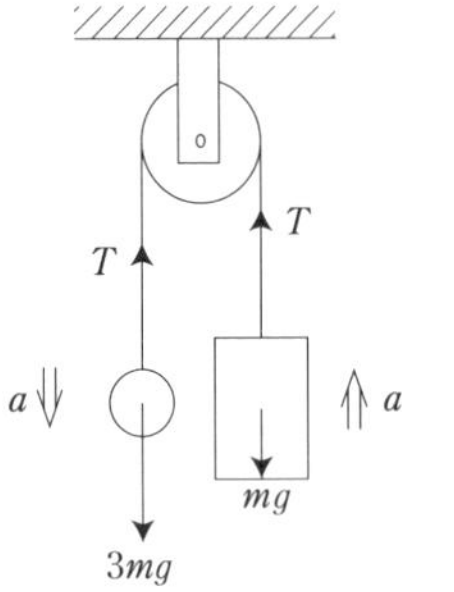

おもり及び箱にはたらく力について，運動方程式を考えると，

おもり：$3ma = 3mg - T$

箱：$ma = T - mg$

$$\therefore\ a=\frac{1}{2}g\ 〔\mathrm{m/s^2}〕,\ T=\frac{3}{2}mg\ 〔\mathrm{N}〕$$

(2)　求める時間を t とすると，この間に小球が落下した距離 y と箱が上昇した距離 x の和は h であるので，

$$h = x + y = \frac{1}{2}at^2+\frac{1}{2}gt^2$$

$$=\frac{1}{2}(a + g)t^2$$

$$\therefore\ t = 2\sqrt{\frac{h}{3g}}$$

したがって，

$$x=\frac{1}{2}at^2=\frac{1}{3}h\ 〔\mathrm{m}〕,\ y=\frac{1}{2}gt^2=\frac{2}{3}h\ 〔\mathrm{m}〕$$

10

(1)　①　$\frac{\boldsymbol{\rho}_1-\boldsymbol{\rho}}{\boldsymbol{\rho}_1}\boldsymbol{g}$〔m/s^2〕

②　$\sqrt{\frac{2h\boldsymbol{\rho}_1}{(\boldsymbol{\rho}_1-\boldsymbol{\rho})\boldsymbol{g}}}$〔s〕

(2)　①　$\frac{1}{4}\boldsymbol{Mg}$〔N〕

②　$\frac{2}{3}\boldsymbol{\rho}$〔kg/m^3〕

解説

(1)　①　物体の体積を V〔m^3〕とすると，物体にはたらく重力は $\rho_1 Vg$〔N〕，浮力は ρVg〔N〕である。求める加速度を a として運動方程式を立てると，

$$\rho_1 Va = \rho_1 Vg - \rho Vg$$

$$\therefore\ a=\frac{\rho_1-\rho}{\rho_1}g\ 〔\mathrm{m/s^2}〕$$

②　求める時間を t とすると，

$$\frac{1}{2}at^2=\frac{\rho_1-\rho}{2\rho_1}gt^2= h$$

$$\therefore\ t=\sqrt{\frac{2h\rho_1}{(\rho_1-\rho)g}}\ 〔\mathrm{s}〕$$

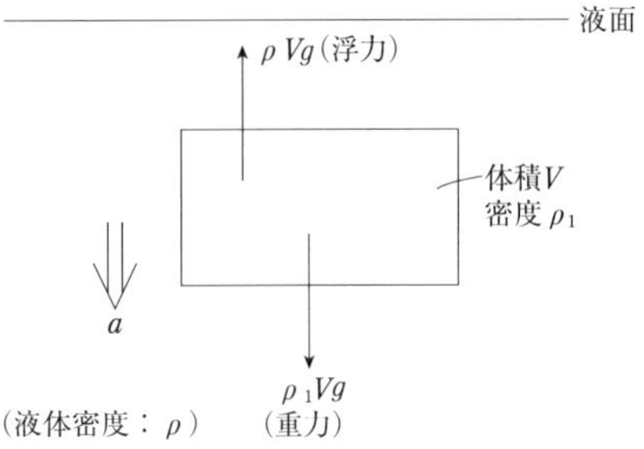

(2)　①　糸の張力を T，浮力を f とする。

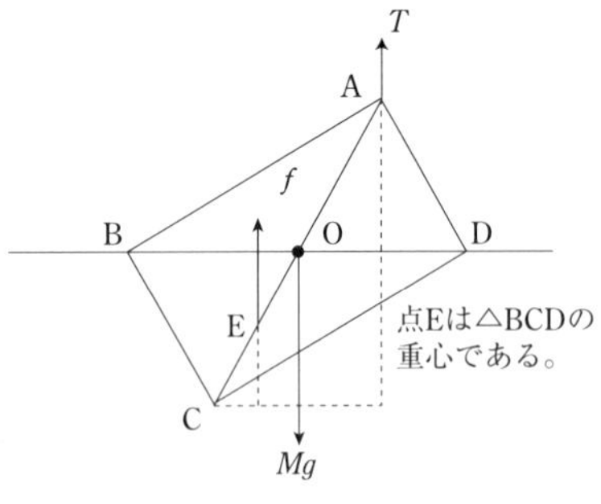

鉛直方向の力のつり合いより，

$T + f - Mg = 0$　……㋑

点Cと力 T, Mg, f の作用線との距離をそれぞれ, l_1, l_2, l_3とすると,

$l_1 : l_2 : l_3 = \mathrm{CA} : \mathrm{CO} : \mathrm{CE}$

（Oは対角線の交点, Eはfの作用点）

$$= L : \frac{1}{2}L : \left(\frac{1}{2}L \times \frac{2}{3}\right)$$

$$= 6 : 3 : 2$$

$l_1 = 6l$, $l_2 = 3l$, $l_3 = 2l$とおける。

点Cのまわりの力のモーメントのつり合いより,

$T \cdot 6l - Mg \cdot 3l + f \cdot 2l = 0$

$\therefore\ 6T - 3Mg + 2f = 0$　……㋺

㋑, ㋺より, $T = \frac{1}{4}Mg$〔N〕

②　㋑より, $f = Mg - T = \frac{3}{4}Mg$

板の密度をρ'〔kg/m^3〕とし, 板の体積をV〔m^3〕とすると,

$f = \frac{3}{4}Mg = \frac{3}{4}\rho' Vg$　……㋩

また,

$f = \rho \cdot \frac{V}{2}g$　……㋥

㋩, ㋥より,

$\rho' = \frac{2}{3}\rho$〔kg/m^3〕

11

①

解説

滑り出す直前のFの大きさをF_1とすると,

$F_1 = \mu N = \mu mg$　　　（N：垂直抗力）

傾く直前のFの大きさをF_2とする。P点のまわりの力のモーメントのつり合いより,

$F_2 a - mg \cdot \frac{b}{2} = 0$

$\therefore\ F_2 = \frac{b}{2a}mg$

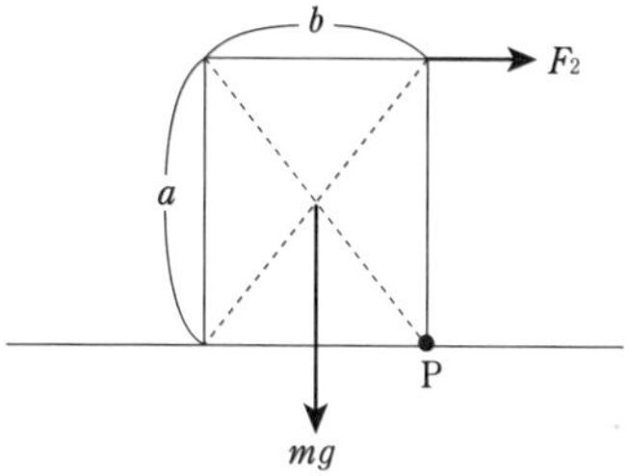

傾くより先に滑り出す条件は, $F_1 < F_2$より,

$\mu mg < \frac{b}{2a}mg$

$\therefore\ \mu < \frac{b}{2a}$

12

(1)　$\sqrt{gh}$　　(2)　$\frac{1}{4}g$

(3)　0　　(4)　$-\frac{1}{4}mgh$

(5)　$\frac{\sqrt{6gh}}{2}$

解説

(1)　求める速度をv_Bとすると, B点を通る水平面を基準として力学的エネルギー保存則より,

$\frac{1}{2}mv_B{}^2 = mg \cdot \frac{h}{2}$

$v_B = \sqrt{gh}$

(2)　物体の加速度をa, 物体にはたらく垂直抗力をNとすると, 物体の運動方程式は,

$ma = mg\sin 30 - \frac{1}{2\sqrt{3}}N$　……①

斜面垂直方向の物体にはたらく力のつり合いより,

$N = mg\cos 30^\circ = \frac{\sqrt{3}}{2}mg$　……②

②を①に代入して,

$$a = \frac{1}{4}g$$

(3) 点Aから点Cの間では，物体にはたらく垂直抗力の向きは，物体の運動の向きと垂直であるので，垂直抗力は物体に仕事をしない。

(4) CB 間 $= \dfrac{\frac{1}{2}h}{\sin 30^\circ} = h$ より，

$$-\mu N \cdot h = -\frac{1}{2\sqrt{3}} \times \frac{\sqrt{3}}{2}mgh$$

$$= -\frac{1}{4}mgh$$

(5) 求める速度を v_C とすると，

$$v_C{}^2 - v_B{}^2 = 2 \cdot \left(\frac{1}{4}g\right) \cdot h$$

$$v_C{}^2 = gh + \frac{1}{2}gh = \frac{3}{2}gh$$

$$v_C = \frac{\sqrt{6gh}}{2}$$

13

(1) 加速度の大きさ：$\boldsymbol{\dfrac{m_2 - m_1}{M + m_1 + m_2}g}$

張力：$\boldsymbol{\dfrac{m_1(M + 2m_2)}{M + m_1 + m_2}g}$

(2) $\boldsymbol{m_2 > m_1 + \mu M}$

(3) $\boldsymbol{\dfrac{m_2 - m_1 - \mu' M}{M + m_1 + m_2}g}$

(4) $\boldsymbol{\mu' Mgh}$

解 説

(1) A，B 間の糸の張力を T_1，A，C 間の糸の張力を T_2，加速度を a として，A，B，Cについて，それぞれ運動方程式を立てる。

A：$Ma = T_2 - T_1$ ……①

B：$m_1a = T_1 - m_1g$ ……②

C：$m_2a = m_2g - T_2$ ……③

①に②，③を代入して，加速度を求めると，

$$Ma = (m_2g - m_2a) - (m_1g + m_1a)$$

$$\therefore a = \frac{m_2 - m_1}{M + m_1 + m_2}g$$

また，張力は，

$$T_1 = \frac{m_1(m_2 - m_1)}{M + m_1 + m_2}g + m_1g$$

$$= \frac{m_1(M + 2m_2)}{M + m_1 + m_2}g$$

(2) A，B 間の糸の張力を T_1'，A，C 間の糸の張力を T_2' とすると，

$$T_2' - T_1' - \mu Mg > 0$$

となるとき，物体Aは動くが，動き出す瞬間の物体B，Cの重力と糸の張力はそれぞれつり合っているので，

$$T_1' = m_1g,\ T_2' = m_2g$$

よって，

$$m_2g - m_1g - \mu Mg > 0$$

$$\therefore m_2 > m_1 + \mu M$$

(3) このときの加速度を a' として，A，B，Cそれぞれについて運動方程式を立てる。

A：$Ma' = T_2' - T_1' - \mu' Mg$

B：$m_1a' = T_1' - m_1g$

C：$m_2a' = m_2g - T_2'$

(1)と同様に，

Ma'

$= (m_2g - m_2a') - (m_1g + m_1a') - \mu Mg$

$(M + m_1 + m_2)a' = (m_2 - m_1 - \mu' M)g$

$$\therefore a' = \frac{m_2 - m_1 - \mu' M}{M + m_1 + m_2}g$$

(4) 摩擦力のした仕事が失われたエネルギーと等しいから，

$$\mu' Mgh$$

14

(1) $\boldsymbol{x_0 > \dfrac{\mu mg}{k}}$

(2) $\boldsymbol{\dfrac{1}{2}kx_0{}^2 - \dfrac{1}{2}kx^2 - \mu' mg(x_0 - x)}$〔J〕

(3) $\boldsymbol{x_0 = \dfrac{2\mu' mg}{k}}$

(4)　$\boldsymbol{\dfrac{kx_0^{\,2}}{2\mu' mg} - x_0}$

解説

(1)　物体が動き出すためには，ばねの弾性力が最大静止摩擦力より大きければよいので，

$$kx_0 > \mu mg \qquad \therefore\ x_0 > \frac{\mu mg}{k}$$

(2)　ばねのエネルギーが動摩擦力のした仕事と，物体の運動エネルギー X になるので，

$$\frac{1}{2}kx_0^{\,2} - \frac{1}{2}kx^2 = X + \mu' mg(x_0 - x)$$

$$\therefore\ X = \frac{1}{2}kx_0^{\,2} - \frac{1}{2}kx^2 - \mu' mg(x_0 - x)\ \text{〔J〕}$$

(3)　ばねの長さが自然長 $x=0$ になったとき，物体は静止するので運動エネルギー $X=0$ となればよい。(2)より

$$\frac{1}{2}kx_0^{\,2} = \mu' mgx_0 \qquad \therefore\ x_0 = \frac{2\mu' mg}{k}$$

(4)　自然長になったときの運動エネルギー X は(2)の式に $x = 0$ を代入した値なので，

$$X = \frac{1}{2}kx_0^{\,2} - \mu' mgx_0$$

これが距離 s だけ移動する間に動摩擦力のした仕事と等しいので，

$$\frac{1}{2}kx_0^{\,2} - \mu' mgx_0 = \mu' mgs$$

$$\therefore\ s = \frac{kx_0^{\,2}}{2\mu' mg} - x_0$$

15

(1)　$\boldsymbol{\sqrt{\dfrac{2h}{g}}}$　　(2)　$\boldsymbol{\sqrt{2gh}}$

(3)　**0.89**　　(4)　$\boldsymbol{2.7m\sqrt{gh}}$

解説

(1)　$\dfrac{1}{2}gt^2 = h \qquad \therefore\ t = \sqrt{\dfrac{2h}{g}}$

(2)　$V_y = gt = \sqrt{2gh}$

(3)　点Aにおける衝突直後の速度の y 方向成分は，eV_y である。

$$\begin{cases} 0^2 - (eV_y)^2 = 2\cdot(-g)\cdot\dfrac{4}{5}h \\ V_y = \sqrt{2gh} \end{cases}$$

より，　$e^2 = \dfrac{4}{5} \qquad \therefore\ e \fallingdotseq 0.89$

(4)　$I = mV_y - (-meV_y) = m(1+e)V_y$

$$= m\cdot 1.89\sqrt{2gh}$$

$$\fallingdotseq 2.7m\sqrt{gh}$$

16

(1)　$\boldsymbol{\dfrac{3mg}{k}}$　　(2)　$\boldsymbol{\sqrt{2gh}}$

(3)　$\boldsymbol{v_{\mathrm{P}}:\sqrt{\dfrac{gh}{2}}}$　　$\boldsymbol{v_{\mathrm{Q}}:-\sqrt{\dfrac{gh}{2}}}$

(4)　$\boldsymbol{-3m\sqrt{\dfrac{gh}{2}}}$　　(5)　$\boldsymbol{v_{\mathrm{P}}\sqrt{\dfrac{3m}{k}}}$

(6)　$\boldsymbol{\dfrac{3\pi^2 mg}{2k}}$

解説

(2)　求める速さを v とすると，力学的エネルギーの保存則より，

$$mgh = \frac{1}{2}mv^2 \qquad \therefore\ v = \sqrt{2gh}$$

(3)　運動量保存則より，

$$mv = 3mv_{\mathrm{P}} + mv_{\mathrm{Q}} \quad \cdots①$$

また，完全弾性衝突より，

$$-\frac{v_{\mathrm{Q}} - v_{\mathrm{P}}}{v} = 1 \quad \cdots②$$

①，②より，

$$v_{\mathrm{P}} = \sqrt{\frac{gh}{2}},\ \ v_{\mathrm{Q}} = -\sqrt{\frac{gh}{2}}$$

(4)　$mv_{\mathrm{Q}} - mv = -3m\sqrt{\dfrac{gh}{2}}$

(5)　加速度を a として，板Pの運動方程式を考えると，

$$F = -kx = 3ma$$

角速度を ω とすると，$a = -\omega^2 x$ であるから，$\omega = \sqrt{\dfrac{k}{3m}}$

$A\omega = v_P$より，$A = v_P\sqrt{\dfrac{3m}{k}}$

※力学的エネルギー保存則より，

$$\frac{1}{2}kA^2=\frac{1}{2}\cdot 3m\cdot v_P{}^2$$

$$\therefore A = v_P\sqrt{\frac{3m}{k}}$$

(6) 力学的エネルギー保存則から，小球Qが再び初めの位置に戻るには，２回目の衝突で板Ｐの力学的エネルギーは最小となり，残りのエネルギーはすべて小球Qの運動エネルギーとならなければならない。２回目の衝突で板Ｐの力学的エネルギーが最小となるのは，衝突が板Ｐのつり合いの位置($x = 0$)でおこったときである。板Ｐの周期を T とすると，１回目の衝突から$\dfrac{T}{2}$後に$x = 0$に戻る。このとき，小球Qも$x = 0$の位置にあるので，

$$v_Q\cdot\frac{T}{2}+\frac{1}{2}g\left(\frac{T}{2}\right)^2=0$$

$T=2\pi\sqrt{\dfrac{3m}{k}}$なので，$T\neq 0$より，

$$v_Q+\frac{1}{4}gT=0$$

$$-\sqrt{\frac{gh}{2}}+\frac{\pi g}{2}\sqrt{\frac{3m}{k}}=0$$

$$\therefore\ h=\frac{3\pi^2 mg}{2k}$$

17

(1) $\boldsymbol{v=\sqrt{2gl}}$　(2) $\boldsymbol{mv = 2mV}$

(3) $\boldsymbol{V=\dfrac{\sqrt{2gl}}{2}}$　(4) $\boldsymbol{\dfrac{1}{2}}$

(5) $\boldsymbol{\dfrac{1}{4}}$**倍**　(6) $\boldsymbol{\dfrac{1}{4}}$

解説

(1) $mgl=\dfrac{1}{2}mv^2$　$\therefore\ v=\sqrt{2gl}$

(2) $m\times v+2m\times 0=m\times 0+2m\times V$

$$\therefore mv = 2mV$$

(4) 反発係数を e とする。

$$e=-\frac{0-V}{v-0}=\frac{1}{2}$$

(5) 加速度を a とする。

$$0^2-V^2=2al$$

$$\therefore a=-\frac{1}{4}g$$

よって，求める値は，$\dfrac{1}{4}$倍。

(6) 求める動摩擦係数を μ とする。

$$\frac{1}{2}(2m)V^2=\mu(2m)gl$$

$$\therefore \mu=\frac{1}{4}$$

18

(1) $\boldsymbol{\sqrt{2gL_1\sin\theta}}$ 〔m/s〕

(2) $\boldsymbol{L_1>\dfrac{\mu L_2}{\sin\theta}}$

(3) $\boldsymbol{\sqrt{2g(L_1\sin\theta-\mu L_2)}}$ 〔m/s〕

(4) $\boldsymbol{\dfrac{1}{\mu}\sqrt{\dfrac{2}{g}}\left(\sqrt{L_1\sin\theta}-\sqrt{L_1\sin\theta-\mu L_2}\right)}$ 〔秒〕

(5) $\boldsymbol{\dfrac{m}{m+M}v_R}$ 〔m/s〕

(6) $\boldsymbol{\dfrac{\pi}{2}\sqrt{\dfrac{m}{k}}}$ 〔秒〕

(7) $\boldsymbol{\dfrac{(m-M)v_R}{M+m}}$ 〔m/s〕

解説

(1) $mgL_1\sin\theta=\dfrac{1}{2}mv^2$

$$\therefore\ v=\sqrt{2gL_1\sin\theta}\ \text{〔m/s〕}$$

(2)，(3) L_2上で物体にはたらく摩擦力による加速度は$-\mu g$である。Rを通過する瞬間の速度をv'とすると，

$$v'^2-v^2=-2\mu gL_2$$

$$v'^2=2gL_1\sin\theta-2\mu gL_2$$

$$\therefore\ v'=\sqrt{2g(L_1\sin\theta-\mu L_2)}\ \text{〔m/s〕}$$

$v'>0$であれば，Rを通過するので，

$$L_1\sin\theta-\mu L_2>0$$

$$\therefore L_1 > \frac{\mu L_2}{\sin\theta}$$

(4) $v' = v - \mu g t$ より，

$$t = \frac{v - v'}{\mu g}$$

$$= \frac{\sqrt{2gL_1\sin\theta} - \sqrt{2g(L_1\sin\theta - \mu L_2)}}{\mu g}$$

$$= \frac{1}{\mu}\sqrt{\frac{2}{g}}\left(\sqrt{L_1\sin\theta} - \sqrt{L_1\sin\theta - \mu L_2}\right)$$

〔秒〕

(5) 物体Aと台車Bの速度が等しくなったとき，ばねは最も縮む。このときの速度を v'_R とすると，運動量保存則より，

$$mv_R = (m + M)v'_R$$

$$\therefore v'_R = \frac{m}{m+M}v_R \text{〔m/s〕}$$

(6) ばねは単振動をする。周期を T とすると，ばねが最も縮むまでに $\frac{T}{4}$ かかる。

$T = 2\pi\sqrt{\frac{m}{k}}$ より，

$$\frac{T}{4} = \frac{\pi}{2}\sqrt{\frac{m}{k}} \text{〔秒〕}$$

(7) AがBから落下直後のA，Bの速度をそれぞれ v_A，v_B とする。S→Tの向きを正とすると，運動量保存則より，

$$mv_R = mv_A + Mv_B \quad \cdots①$$

力学的エネルギー保存則より，

$$\frac{1}{2}mv_R{}^2 = \frac{1}{2}mv_A{}^2 + \frac{1}{2}Mv_B{}^2 \quad \cdots②$$

①，②より，

$$v_A = \frac{(m - M)v_R}{M + m} \text{〔m/s〕}$$

（$v_A = v_R$ は，Aが台車に乗り移った瞬間の速度なので，不適。）

19

(1) $\boldsymbol{2mg}$〔N〕 (2) $\boldsymbol{\sqrt{3}g}$〔m/s²〕

(3) $\boldsymbol{\sqrt{gh}}$〔m/s〕 (4) $\boldsymbol{\frac{2}{3}\pi\sqrt{\frac{3h}{g}}}$〔s〕

解 説

(1) 小球にはたらく力の鉛直方向のつり合いより，

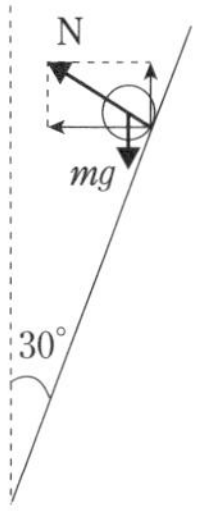

$$N\sin 30^\circ = mg$$

$$\therefore N = 2mg \text{〔N〕}$$

(2) N の水平方向成分が小球の円運動の向心力となっている。小球の運動方程式を立てると，

$$ma = N\cos 30^\circ$$

$$= 2mg \times \frac{\sqrt{3}}{2}$$

$$\therefore a = \sqrt{3}g \text{〔m/s}^2\text{〕}$$

(3) 円運動の半径を r とすると，

$$r = h\tan 30^\circ = \frac{h}{\sqrt{3}}$$

速さを v とすると，

$$a = \frac{v^2}{r}$$

より，

$$v^2 = ar = gh$$

$$\therefore v = \sqrt{gh} \text{〔m/s〕}$$

(4) 周期を T とすると，

$$T = \frac{2\pi r}{v} = \frac{2\pi\frac{h}{\sqrt{3}}}{\sqrt{gh}}$$

$$\therefore T = \frac{2}{3}\pi\sqrt{\frac{3h}{g}} \text{〔s〕}$$

20

(1) $\boldsymbol{\sqrt{2gr(1 - \sin\theta)}}$

(2) $\boldsymbol{mg(2 - 3\sin\theta)}$

(3) $\boldsymbol{\frac{5}{3}r}$

解 説

(1) Pでの速さを v とする。力学的エネルギー保存則より，

$$mg \cdot 2r = mgr(1 + \sin\theta) + \frac{1}{2}mv^2$$

$$\therefore v = \sqrt{2gr(1 - \sin\theta)}$$

(2)　求める抗力をNとする。質点上から観察しているとして，OP 方向の力のつり合いより，

$$m\frac{v^2}{r} = mg\sin\theta + N$$

$$\therefore\ N = 2\,mg(1 - \sin\theta) - mg\sin\theta$$

$$= mg(2 - 3\sin\theta)$$

(3)　$\theta = \alpha$のとき，$N = 0$となるので，

$$2 - 3\sin\alpha = 0$$

$$\therefore\ \sin\alpha = \frac{2}{3}$$

よって，求める高さをHとすると，

$$H = r(1 + \sin\alpha) = \frac{5}{3}r$$

21

(1)　$\boldsymbol{\dfrac{mg}{a}}$

(2)　①　$\boldsymbol{\sqrt{ag}}$　　②　$\boldsymbol{-a\cos\left(\sqrt{\dfrac{g}{a}}\,t\right)}$

③　$\boldsymbol{\dfrac{\pi}{3}\sqrt{\dfrac{a}{g}}}$

解説

(1)　ばね定数をkとして，おもりにはたらく，力のつり合いより，

$$ka = mg \qquad \therefore\ k = \frac{mg}{a}$$

(2)　①　点Qを通る水平面を基準として力学的エネルギー保存則より，求める速度をv_0として，

$$\frac{1}{2}k(2a)^2 = \frac{1}{2}ka^2 + mga + \frac{1}{2}mv_0{}^2$$

(1)より，$k = \dfrac{mg}{a}$だから，

$$2mga = \frac{1}{2}mga + mga + \frac{1}{2}mv_0{}^2$$

$$v_0{}^2 = ga$$

$$\therefore\ v_0 = \sqrt{ga}$$

②　位置xのとき，加速度をαとしておもりの運動方程式を立てると，

$$m\alpha = k(a - x) - mg$$

$$= ka - kx - mg$$

$$\therefore\ m\alpha = -kx\ (\because ka - mg = 0)$$

よって，おもりは単振動をするので，位置xは，

$$x = A\sin(\omega t + \theta_0)$$

A：振幅，ω：角振動数，θ_0：初期位相と表される。位置xのとき，単振動の復元力$F = -kx = -m\omega^2 x$より，

$$\omega = \sqrt{\frac{k}{m}} = \sqrt{\frac{g}{a}}$$

いま，$A = a$で，$t = 0$のとき，

$x = -a$だから，$\theta_0 = -\dfrac{\pi}{2}$

$$x = a\sin\left(\sqrt{\frac{g}{a}}\,t - \frac{\pi}{2}\right)$$

$$= -a\cos\left(\sqrt{\frac{g}{a}}\,t\right)\ \ \cdots\cdots ア$$

③　$x = -\dfrac{1}{2}a$を②のアに代入すると，

$$-\frac{1}{2}a = -a\cos\left(\sqrt{\frac{g}{a}}\,t\right)$$

$$\cos\left(\sqrt{\frac{g}{a}}\,t\right) = \frac{1}{2}$$

$\cos\theta = \dfrac{1}{2}$のとき，最小の$\theta$は，$\dfrac{\pi}{3}$

$$\sqrt{\frac{g}{a}}\,t = \frac{\pi}{3},\quad t = \frac{\pi}{3}\sqrt{\frac{a}{g}}$$

22

(1)　$\boldsymbol{\rho = \dfrac{M}{L_0 S}}$　　(2)　$\boldsymbol{\rho LS}$〔kg〕

(3)　$\boldsymbol{2\pi\sqrt{\dfrac{M}{\rho Sg}}}$〔s〕　　(4)　$\boldsymbol{x_0}$〔m〕

(5)　$\boldsymbol{x_0\sqrt{\dfrac{\rho Sg}{M}}}$〔m/s〕　　(6)　$\boldsymbol{L_0 + x_0}$〔m〕

解説

(1)　棒にかかる浮力と重力がつり合うので，

$$\rho L_0 Sg = Mg \qquad \therefore\ \rho = \frac{M}{L_0 S}\ \text{〔kg/m}^3\text{〕}$$

(2)　棒がすべて水面下にあるときが浮力は

最大なので，重力はそれよりも小さければよい。

$\rho LSg > Mg$　　　$\therefore\ M < \rho LS$〔kg〕

(3)

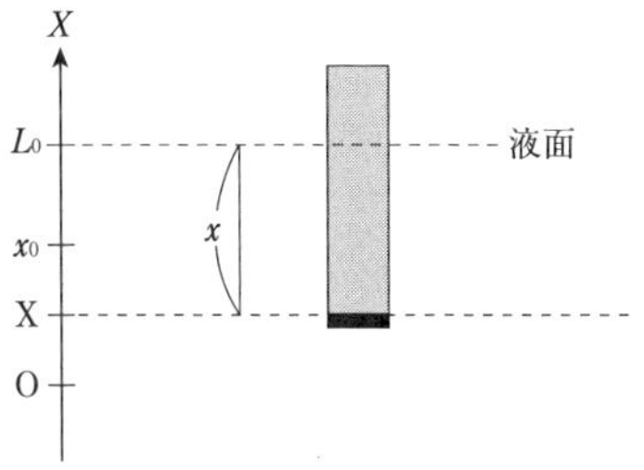

図のように X 軸をとると，

$X = L_0 - x$　…①

棒の運動方程式は，

$Ma = \rho Sxg - Mg$

(1)より，$Mg = \rho SL_0 g$ であるから，

$$\begin{aligned} Ma &= \rho Sxg - \rho SL_0 g \\ &= -\rho Sg(L_0 - x) \\ &= -\rho SgX \quad (\because ①より) \end{aligned}$$

周期を T とすると，

$$Ma = -M\left(\frac{2\pi}{T}\right)^2 X = -\rho SgX$$

より，

$$T = 2\pi\sqrt{\frac{M}{\rho Sg}}\ 〔\mathrm{s}〕$$

(5)　変位0のとき，速さは最大である。

$$\omega = \frac{2\pi}{T} = \sqrt{\frac{\rho Sg}{M}}$$

なので，

$$v = x_0\omega = x_0\sqrt{\frac{\rho Sg}{M}}\ 〔\mathrm{m/s}〕$$

(6)　棒が液体中に L_0 沈んだ状態を中心として振幅 x_0 で単振動を行うため棒が沈む最大の長さは，$L_0 + x_0$〔m〕となる。

23

(1)　①　$g = \dfrac{GM}{R^2}$

②　点A，Bで質量 m の物体が持つ万有引力による位置エネルギーをそれぞれ U_A，U_B とおくと，

$$U_A = -\frac{GMm}{R+h} \quad U_B = -\frac{GMm}{R}$$

であることから，点Bを基準とする点Aでの物体の位置エネルギー U は，

$$\begin{aligned} U &= U_A - U_B \\ &= -\frac{GMm}{R+h} + \frac{GMm}{R} \\ &= \frac{GMm}{R}\left(1 - \frac{1}{1 + h/R}\right) \\ &\fallingdotseq \frac{GMm}{R}\left\{1 - \left(1 - \frac{h}{R}\right)\right\} \cdots * \\ &= \frac{GMmh}{R^2} \\ &= m \cdot \frac{GM}{R^2} \cdot h \\ &= mgh \end{aligned}$$

＊で，h が R より十分小さいという近似を用いた。

(2)　①　$v_0 = \sqrt{\dfrac{GM}{2R}}$

②　$v_P = \dfrac{1}{2}\sqrt{\dfrac{3GM}{R}}$

$v_Q = \dfrac{1}{2}\sqrt{\dfrac{GM}{3R}}$

③　$2\sqrt{2}$ 倍

④　点Pで，発射直後の物体Aが持つ力学的エネルギーを求めたとき，その値が0より小さければ，物体Aは地球から無限に遠ざかることはできず，地球の周りを楕円運動する。

解説

(2)　①　人工衛星にはたらく万有引力が等速円運動の向心力となるから，

$$G\frac{Mm}{(2R)^2} = m\frac{{v_0}^2}{2R}$$

$$v_0 = \sqrt{\frac{GM}{2R}}$$

② 力学的エネルギー保存の法則より，

$$\frac{1}{2}\left(\frac{5}{6}m\right){v_\mathrm{P}}^2 - \frac{GM\left(\frac{5}{6}m\right)}{2R}$$

$$= \frac{1}{2}\left(\frac{5}{6}m\right){v_\mathrm{Q}}^2 - \frac{GM\left(\frac{5}{6}m\right)}{6R}$$

面積速度保存の法則から，

$$\frac{1}{2}2R \cdot v_\mathrm{P} = \frac{1}{2}6R \cdot v_\mathrm{Q}$$

これらの式を解くことにより，

$$v_\mathrm{P} = \frac{1}{2}\sqrt{\frac{3GM}{R}}$$

$$v_\mathrm{Q} = \frac{1}{2}\sqrt{\frac{GM}{3R}}$$

③ ケプラーの第三法則より，

$$\frac{(4R)^3}{{T_2}^2} = \frac{(2R)^3}{{T_1}^2}$$

よって，

$$T_2 = 2\sqrt{2}\,T_1$$

2 熱と仕事

傾向と対策

この章では，問題のパターンは限られている。物体どうしを接触させて平衡状態となったときの温度を問う問題，物体を運動させたときに生じる熱量を問う問題がよくみられる。また，熱機関のサイクルに関して，具体的に各過程での気体の仕事量や内部エネルギーの変化量を求める問題もみられる。定積変化，定圧変化，等温変化，断熱変化の各変化について，どのような変化なのかを熱力学第１法則をもとにしっかり理解すること。仕事量を求める際，簡単な積分計算が必要なこともあるので，確認しておくこと。

例題１　熱とエネルギー

毎分 $1.0 \times 10^5 \mathrm{m}^3$ の水量が落ちる，落差 84m の滝がある。落下した水の運動エネルギーがすべて熱に変わり水温を上げたとすると，このときの水温の上昇はいくらになるか。ただし，重力加速度の大きさを $9.8\mathrm{m/s^2}$，水の比熱を $4.2\mathrm{J/(g \cdot K)}$ とする。

〈埼玉県・さいたま市改題〉

解答　0.20K

解説　水温上昇を t〔K〕とする。

1.0×10^5〔m^3〕の水→ $1.0 \times 10^5 \times 10^3$〔kg〕

→ $1.0 \times 10^5 \times 10^6$〔g〕

水が落下した地点を位置エネルギーの基準とすると，力学的エネルギー保存則より，落下した水の運動エネルギーは落下する前の水の位置エネルギーに等しいので，

$$1.0 \times 10^5 \times 10^3 \times 9.8 \times 84 = 1.0 \times 10^5 \times 10^6 \times 4.2 \times t$$

$$\therefore\ t = 0.196 \fallingdotseq 0.20 \text{〔K〕}$$

例題 2　内部エネルギー

図 1 のような断熱壁でできたシリンダーと底面積 S のピストンがある。容器内の長さが L になるようにピストンを固定した。シリンダーの軸に平行に x 軸を取るものとする。シリンダー中に 1 種類の単原子分子理想気体が入っており，

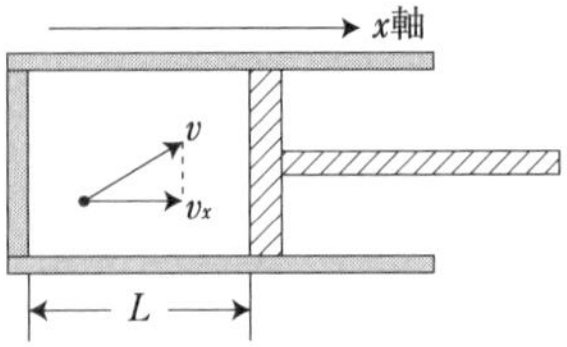

図 1

はじめの気体の絶対温度を T，分子数を N 個，分子 1 個の質量を m とする。ピストン内の全分子についての速度の二乗平均を $\overline{v^2}$ とする。気体分子とピストンを含めた壁との衝突は完全弾性衝突であり，分子同士の衝突は無視できるとする。気体定数を R，アボガドロ数を N_A とし，次の各問いに答えよ。

(1)　速度の x 方向成分が v_x である分子が，微小時間 Δt の間にピストンに衝突する回数を求めよ。

(2)　速度の x 方向成分が v_x である分子 1 個が，微小時間 Δt の間にピストンに与える力積の大きさを求めよ。

(3)　ピストン内の全分子がピストンに与える圧力を求めよ。

(4)　この気体の内部エネルギーを N_A，R，T を用いて表せ。

次に，ピストンを図 2 のように一定の速さ u で x 軸の正の方向に移動させる。

(5)　速度の x 方向成分が v_x である分子については，微小時間 Δt の間のピストンとの衝突回数は(1)と変わらないと考えることができる。このことを用いて，Δt の間のこの分子の運動エネルギーの変化量を求めよ。ただし，$v_x \gg u$ であり，$u/v_x \fallingdotseq 0$ としてよい。

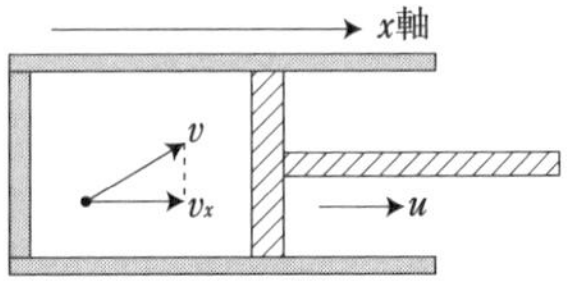

図 2

(6)　微小時間 Δt 秒間においては気体の圧力は変化しないと考えることができる。このことを用いて，内部エネルギーの変化量は，ピストンが気体にした仕事に等しいことを示せ。

〈栃木県〉

解答　(1)　$\dfrac{v_x \Delta t}{2L}$　(2)　$\dfrac{m{v_x}^2 \Delta t}{L}$　(3)　$\dfrac{Nm{v_x}^2}{LS}$

(4)　$\dfrac{3NRT}{2N_A}$　(5)　$-\dfrac{Nmu{v_x}^2 \Delta t}{L}$

(6)　Δt 秒間では気体の圧力は変化しないとしているので，ピストンが Δt 秒間に気体にした仕事は，

$$P\Delta V = PS(-u)\Delta t$$

である。よって，

$$\frac{Nmv_x{}^2}{LS}S(-u)\,\Delta t = -\frac{Nmuv_x{}^2\Delta t}{L}$$

であるから，これは，分子の運動エネルギーの変化量，すなわち内部エネルギーの変化量と同じである。したがって，内部エネルギーの変化量はピストンが気体にした仕事に等しい。

解説　(2)　1回の衝突で与える力積は，

$$mv_x - (-mv_x) = 2mv_x$$

Δt 間に $\dfrac{v_x\Delta t}{2L}$ 回衝突するので，求める力積は，

$$\frac{mv_x{}^2\Delta t}{L}$$

(3)　全分子が微小時間 Δt の間にピストンに与える力の大きさを F とすると，

$$F\Delta t = N\frac{mv_x{}^2}{L}\Delta t$$

$$\therefore\ F = \frac{Nmv_x{}^2}{L}$$

ゆえに，求める圧力 P は，

$$P = \frac{F}{S} = \frac{Nmv_x{}^2}{LS}$$

(4)　内部エネルギーは分子のもつ運動エネルギーである。

状態方程式 $PV = nRT$ より，

$$\frac{Nm\overline{v^2}}{3LS}LS = \frac{N}{N_{\mathrm{A}}}RT$$

$$\therefore\ m\overline{v^2} = \frac{3RT}{N_{\mathrm{A}}}$$

よって，求める内部エネルギーは，

$$U = N\frac{1}{2}m\overline{v^2} = \frac{3NRT}{2N_{\mathrm{A}}}$$

(5)　ピストン衝突後の分子の速さの x 成分を v_x' とすると，ピストンに対する分子の相対速度は，

衝突前：$v_x - u$

衝突後：$v_x' - u$

分子とピストンの衝突は完全弾性衝突であるが，衝突前後のピストンに対する相対速度は変化しないので，

$$v_x - u = -v_x' + u$$

$$v_x' = 2u - v_x$$

一回の衝突における運動エネルギーの変化量は，

$$\frac{1}{2}mv'_x{}^2 - \frac{1}{2}mv_x{}^2 = \frac{1}{2}m\{(v_x - 2u)^2 - v_x{}^2\}$$

$$= 2m(u^2 - v_x u)$$

Δt 間のピストンへの衝突回数は変わらないので，運動エネルギーの変化量 ΔE は，

$$\Delta E = 2m(u^2 - v_x u)\frac{v_x \Delta t}{2L}\cdot N$$

$$= \frac{Nmuv_x\Delta t}{L}(u - v_x)$$

$$= \frac{Nmuv_x\Delta t(u - v_x)\dfrac{1}{v_x}}{L\dfrac{1}{v_x}}$$

$$= \frac{Nmuv_x{}^2\Delta t}{L}\left(\frac{u}{v_x} - 1\right)$$

$$= -\frac{Nmuv_x{}^2\Delta t}{L}$$

例題 3　気体の状態変化

1モルの理想気体について図のようにA→B→C→Aと状態変化をさせるとき，次の各問いに答えよ。

① A→B　温度を一定に保って膨張させる。

② B→C　体積を一定に保って圧力を増す。

③ C→A　圧力を一定に保って収縮させる。

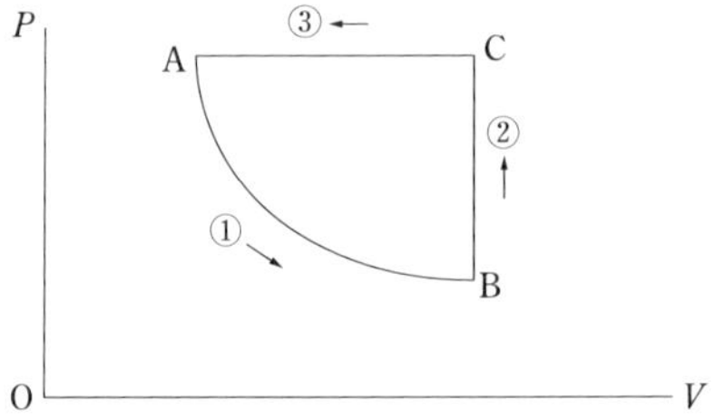

(1)　次に該当する変化を①～③の番号で答えよ。

ア．熱を放出する。　　　　イ．熱を吸収する。

ウ．仕事をする。　　　　　エ．仕事をされる。

オ．内部エネルギーが減少する。　カ．内部エネルギーが増加する。

(2)　A→B→C→Aと状態変化をしたこの間，気体は $Q_1 (> 0)$ の熱を吸収

し，$Q_2(>0)$ の熱を放出したとすると，

ア．図のＡＢＣで囲まれた面積は何を表しているか。

イ．図のＡＢＣで囲まれた面積を求めよ。

(3)　体積を一定に保って温度を１Ｋ上げる場合と圧力を一定に保って温度を１Ｋ上げる場合とでは，どちらがどれだけ多くのエネルギーを必要とするか。理由を付して答えよ。ただし気体定数を R〔J/(mol·K)〕とする。

〈茨城県〉

解答　(1)　ア．③　　イ．①，②　　ウ．①

エ．③　　オ．③　　カ．②

(2)　ア．気体が外にした全仕事量

イ．Q_1-Q_2

(3)　体積一定のとき，気体が外にする仕事は0だから，熱力学第一法則より，吸収した熱量はすべて内部エネルギーの増加となるので，

$$C_v\Delta T=\Delta U$$

$$C_v=\frac{\Delta U}{\Delta T}$$

圧力一定のとき，気体の温度が ΔT 上昇し，体積が ΔV 増えたとすると，

$$C_p=\frac{p\Delta V+\Delta U}{\Delta T}$$

$$C_p=\frac{\Delta U}{\Delta T}+\frac{p\Delta V}{\Delta T}$$

気体の状態方程式より，

$$p\Delta V=R\Delta T$$

であるから，

$$C_p=\frac{\Delta U}{\Delta T}+R=C_v+R$$

よって，圧力を一定に保って温度を１Ｋ上げる場合の方が，R〔J〕だけ多くのエネルギーを必要とする。

解説　(1)　熱力学の第１法則より，

$$Q=W+\Delta U\quad\cdots㋑$$

（Q：気体が吸収した熱量，W：気体が外にした仕事，ΔU：内部エネルギーの変化）

ボイル・シャルルの法則より，

$$\frac{PV}{T}=一定\quad\cdots㋺$$

①　A→Bについて

T は一定だから，$\Delta U=0$

Vは増加しているから，$W>0$，つまり仕事をする。

よって，㋑より，

$Q=W>0$

気体は熱を吸収する。

② B→Cについて

Vは一定だから，$W=0$

㋺より，V一定でPが増加しているから，Tも増加している。

よって，$\Delta U>0$，つまり内部エネルギーが増加している。

㋑より，

$Q=\Delta U>0$

気体は熱を吸収する。

③ C→Aについて

Vは減少しているから，$W<0$，つまり仕事をされる。

㋺より，P一定でVが減少しているから，Tも減少している。

よって，$\Delta U<0$，つまり，内部エネルギーが減少している。

㋑より，$Q=W+\Delta U<0$

気体は熱を放出する。

演習問題

1 ★☆☆

質量 m_1〔g〕の銅製容器に入った質量 m_2〔g〕の水の温度は t_1〔℃〕であった。これに，t_2〔℃〕に熱した質量 m_3〔g〕の金属球を入れると，水の温度は t_3〔℃〕で一定になった。このことについて，次の各問いに答えよ。ただし，$t_1 < t_2$，銅の比熱を c_1〔J/(g･K)〕，水の比熱を c_2〔J/(g･K)〕とし，熱は，銅製容器，水，金属球の間だけで移動するものとする。

(1)　銅製容器と水をあわせた熱容量はいくらか求めよ。

(2)　金属球の比熱はいくらか求めよ。

〈高知県〉

2 ★★☆

水熱量計を用いて，試料の比熱を求める実験を生徒にさせたい。実験概要(必要な器具は説明文に含めること)及び生徒へ特に注意する点を簡潔に答えよ。

〈京都市〉

3 ★☆☆

比熱 c の物質でできた質量 m の小球を床からの高さ h の位置から自由落下させたところ，小球は床と完全非弾性衝突をして静止した。重力加速度を g，空気の抵抗はないものとし，衝突で発生した熱量はすべて小球に与えられるものとする。衝突後の小球の温度上昇 ΔT を c，g，h を用いて表せ。また，高さをいろいろ変えたとき，ΔT と h との関係を，縦軸を ΔT，横軸を h としてグラフを示せ。

〈沖縄県〉

4 ★☆☆

質量 m〔kg〕の気球がある。この気球に熱風を送り込んだところ，内部の温度が T〔K〕，容積は V〔m^3〕となった。この熱気球の内部は外気と通じており，外気の温度は T_0〔K〕，密度は ρ_0〔kg/m^3〕であった。次の各問いに答えよ。ただし，重力加速度は g〔m/s^2〕とする。

(1) 気球内部の空気の密度は何 kg/m^{3}か答えよ。

(2) 気球にはたらく浮力と重力の大きさはそれぞれ何Nか答えよ。

(3) 気球を上昇させるには，気球内部の温度 T〔K〕は何Kより大きくする必要があるか答えよ。

〈愛媛県〉

5 ★☆☆

図１のように，断面積 S，質量 m のなめらかに動くピストンにより，一定量の気体を閉じこめ，鉛直に立てたシリンダーがある。大気圧を P_0，重力加速度の大きさを g とし，シリンダーは熱をよく通すものとする。

図１　　　図２

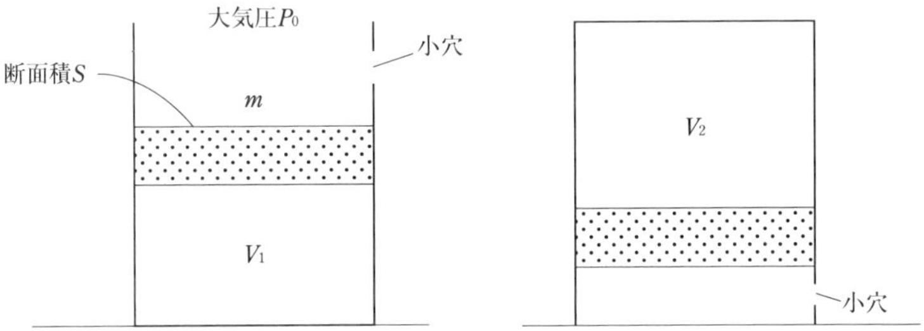

(1) 図１の状態でピストンが静止しているとき，シリンダー内部の圧力はいくらか。

(2) 次に，図２のようにシリンダーを逆さまにしてしばらくすると，ピストンが静止した。このときの気体の体積 V_2 は，はじめの体積 V_1 の何倍であるか。ただし，シリンダーは逆さまにしてもピストンは常にシリンダー横の小穴を通して外部の大気圧 P_0 の大気と接しているものとする。

〈長崎県〉

6 ★★☆

次の各問いに答えよ。

断面積 S〔m^2〕，質量 M〔kg〕のなめらかに動くピストンにより，一定量の理想気体を閉じこめたシリンダーがある。図１のように水平においたところ，温度 T_0〔K〕でピストンは外気圧と位置 L_0〔m〕でつり合った。シリンダーとピストンの間には摩擦はないものとする。また，シリンダー内の気体の温度は常に外界の温度と等しく，外気圧は温度によらず P_0〔Pa〕であるものとし，重力加速度を g〔m/s^2〕とする。

図1　図2　図3

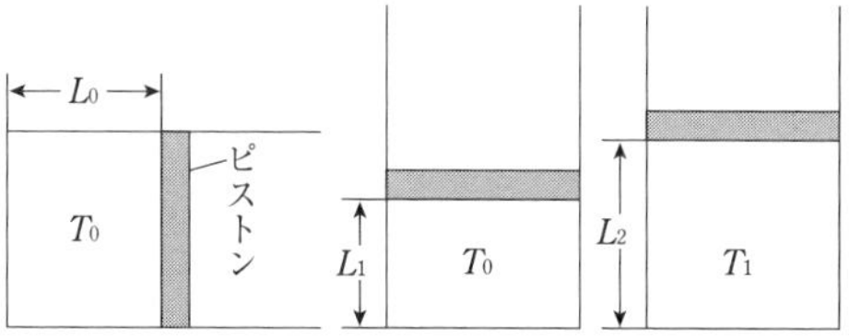

(1)　このシリンダーを図2のように垂直に立てたところ，ピストンは L_1〔m〕の高さになった。

①　シリンダー内の気圧 P_1〔Pa〕を S, M, T_0, L_0, P_0, g のうち必要な記号を使って示せ。

②　L_1〔m〕を S, M, T_0, L_0, P_0, g のうち必要な記号を使って示せ。

(2)　次にシリンダーを立てた状態で，外界の温度を T_0〔K〕から T_1〔K〕に上げたところ，ピストンの位置は図2の L_1〔m〕から図3の L_2〔m〕となった。

①　L_2〔m〕を S, T_0, T_1, L_1, P_0, P_1, g のうち必要な記号を使って示せ。

②　このときシリンダー内の気体が外部にした仕事 W〔J〕を S, T_1, L_1, L_2, P_0, P_1, g のうち必要な記号を使って示せ。

〈長野県〉

7　★★☆

なめらかな内壁をもつ半径 r〔m〕の球形容器に，質量 m〔kg〕の単原子分子からなる物質量 n〔mol〕の理想気体が入っている。気体分子はすべて等しい速さ v〔m/s〕で互いに衝突することなく容器内を動いている。分子と容器の内壁との衝突は弾性衝突であり，重力の影響は無視する。理想気体の状態方程式は，$PV = nRT$ と書ける。ここで，P〔N/m^2〕は気体の圧力，V〔m^3〕は気体の体積，R〔J/(mol·K)〕は気体定数，T〔K〕は気体の絶対温度である。アボガドロ定数を N_A，円周率を π として，次の各問いに答えよ。

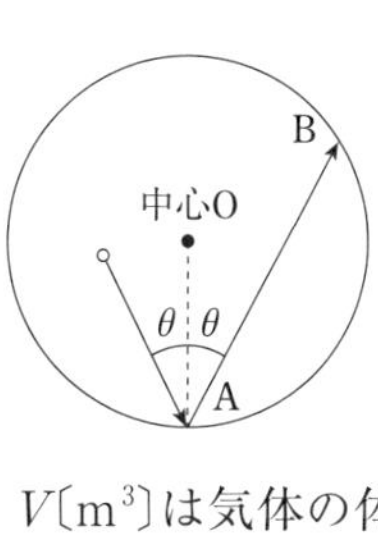

(1)　図のように1個の気体分子が，入射角 θ〔rad〕で点Aに衝突しはねかえった。この衝突による分子の運動量変化の大きさはいくらか答えよ。

(2)　この分子が，点Aで衝突してから再び点Bで衝突するまでの時間はいくらか答えよ。

(3)　この分子が，内壁に与える平均の力の大きさはいくらか答えよ。

(4)　全ての気体分子が内壁に与える圧力を r，m，v，n，N_A，π を用いて表せ。

(5)　気体分子1個の運動エネルギーを R，N_A，T を用いて表せ。

〈大分県〉

8 ★☆☆

単原子分子理想気体を容器の中に封入し，圧力 p と体積 V を次の $p-V$ 図に沿って，ゆっくりと変化させる。A→Bの過程は等温変化，A→Cの過程は断熱変化である。A→Bの過程で，この気体は熱量 Q を吸収した。

物質量 n〔mol〕，絶対温度 T の単原子分子理想気体の内部エネルギー U は，気体定数 R を用いて，$U=\frac{3}{2}nRT$ で表される。

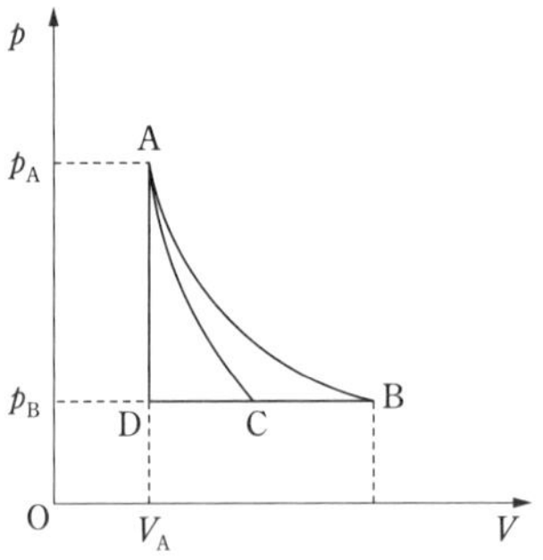

(1)　状態Bでの気体の体積はいくらか。p_A，p_B，V_A を用いて表せ。

(2)　A→Bの過程で，この気体のする仕事はいくらか求めよ。

(3)　A→Cの過程で気体の温度が下がる理由を簡潔に説明せよ。

(4)　A→Dの過程では気体が熱を放出する。気体の物質量を n〔mol〕，気体定数を R，状態Aでの温度を T_A，状態Dでの温度を T_D とするとき，気体が放出する熱量はいくらか。n，R，T_A，T_D を用いて表せ。

(5)　(4)で求めた，気体が放出する熱量を，p_A，p_B，V_Aを用いて表せ。

(6)　D→Bの過程で，この気体が吸収する熱量はいくらか。p_A，p_B，V_Aを用いて表せ。

(7)　A→B→D→Aの過程で，この気体のする仕事の総和はいくらか。p_A，p_B，V_A および Q を用いて表せ。

〈佐賀県〉

9 ★☆☆

摩擦のない気密なピストンを持つシリンダーの中に理想気体が入っている。この気体を圧力 P_0〔N/m^2〕，体積 V_0〔m^3〕，温度 T_0〔K〕の状態Aから出発して次のような過程をたどり順次変化させる。各問いに答えよ。

［過程Ⅰ］　ピストンを固定したままで，気体に熱量 Q_1〔J〕を与え，気体の圧力を4倍にして状態Bにする。

［過程Ⅱ］　気体に熱量 Q_2〔J〕を与え，気体の体積が4倍になるまで等温で膨張させ，状態Cにする。

［過程Ⅲ］　ある量の熱を放出させ，圧力一定のままで状態Cから再びもとの状態Aに戻す。

(1)　上の過程について，気体の圧力 P と体積 V，および圧力 P と温度 T の関係を示すグラフをそれぞれ描け。その際に，グラフ中に状態A，B，Cを書き入れよ。

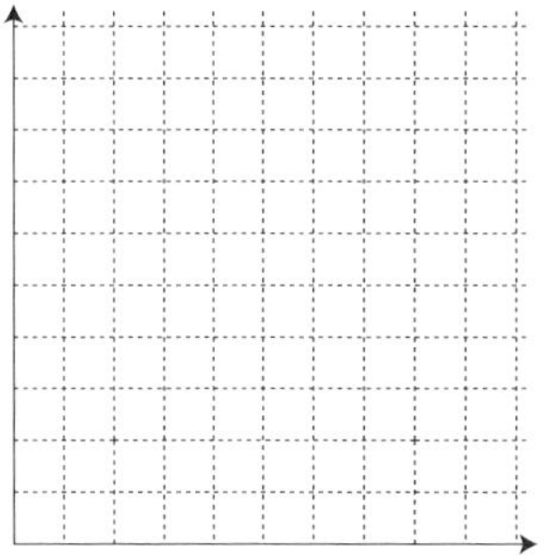
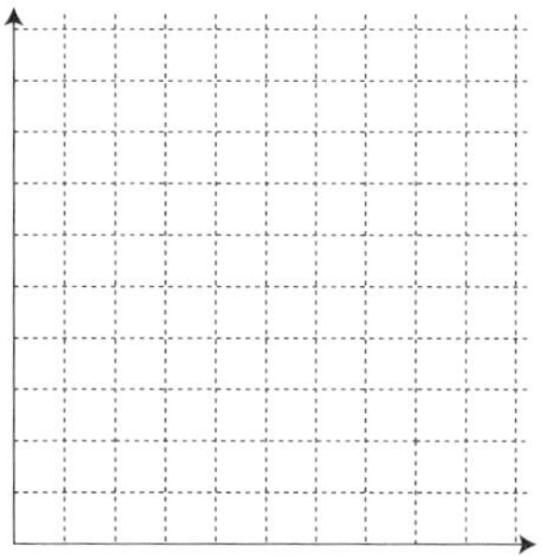

(2)　過程Ⅰ，Ⅱ，Ⅲの間に，気体がする仕事 W_1，W_2，W_3をそれぞれ求めよ。

(3)　過程Ⅰ，Ⅱ，Ⅲの間の，気体の内部エネルギーの増加ΔU_1，ΔU_2，ΔU_3 をそれぞれ求めよ。

(4)　この1サイクル(A→B→C→A)の間の熱効率を求めよ。

〈鳥取県〉

1

(1)　$\boldsymbol{m_1c_1 + m_2c_2}$〔J/K〕

(2)　$\dfrac{\boldsymbol{m_1c_1 + m_2c_2}}{\boldsymbol{m_3}} \cdot \dfrac{\boldsymbol{t_3 - t_1}}{\boldsymbol{t_2 - t_3}}$〔J/(g・K)〕

解説

(1)　熱容量＝比熱×質量

(2)　金属球の比熱を c とすると，熱量保存則より，

$$(m_1c_1 + m_2c_2)(t_3 - t_1) = m_3c(t_2 - t_3)$$

よって，

$$c = \frac{m_1c_1 + m_2c_2}{m_3} \cdot \frac{t_3 - t_1}{t_2 - t_3}$$

2

解説

<実験概要>

①　精密はかりを用いて銅球の質量，水熱量計内の容器とかきまぜ棒の合計質量を測定する。

②　容器内に銅球が浸る高さまで水を入れてかきまぜ棒を入れ，全体の質量を精密はかりで測定し，容器とかきまぜ棒の質量を引き，水の質量を求める。

③　水の入った容器を外箱に入れ，温度計を入れてかきまぜ棒で水をかきまぜ，水温を測定する。

④　水を入れたビーカーに銅球を入れ，水が沸騰してしばらくしたら温度計で水温を測定する。

⑤　銅球を取り出し，水熱量計の容器に入れてかきまぜ棒でかきまぜながら10秒毎に水温を読み取る。

⑥　水温がほぼ一定になったら測定をやめ，銅の比熱を求める。

<注意点>

・水を入れすぎると，温度の上昇が少なくなって比熱が求めにくいので，銅球が浸る程度に水を入れる。

・銅球を移動するときは素早く移動させる。

・銅球を水熱量計内に入れた後，かきまぜ棒でかきまぜるときは，静かにまぜる。

など

3

温度上昇：$\boldsymbol{\Delta T = \dfrac{gh}{c}}$

グラフ：

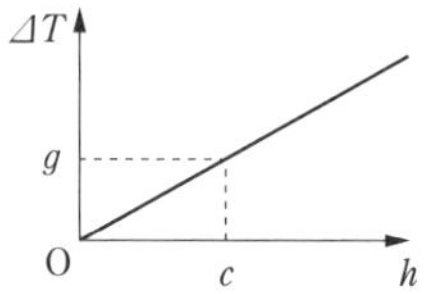

解説

比熱 c，質量 m の物体の温度を ΔT だけ上昇させるのに必要な熱量 Q は，

$Q = mc\Delta T$　となる。

完全非弾性衝突なので，初め物体がもっていた位置エネルギー mgh はすべて，Q に変化したと考えられる。

$$mgh = mc\Delta T$$

$$\therefore\ \Delta T = \frac{gh}{c}$$

$\dfrac{g}{c}$ は定数なので，$\dfrac{g}{c} = a$ とすれば，$\Delta T = ah$ となる。

この式は原点を通る一次関数なので，解答のようなグラフになる。

4

(1)　$\boldsymbol{\dfrac{T_0}{T}\rho_0}$〔kg/m^3〕

(2)　浮力：$\boldsymbol{\rho_0 Vg}$〔N〕

重力：$\boldsymbol{g\left(m+\frac{T_0}{T}\rho_0 V\right)}$〔N〕

(3)　$\boldsymbol{\frac{\rho_0 V T_0}{\rho_0 V-m}}$〔K〕

解説

(1)　圧力一定より，密度 $\rho\left(=\frac{m}{V}\right)$ を用いたシャルルの法則は，$\rho_0 T_0=\rho T$ となる。

よって，気球内部の密度 ρ は，

$$\rho=\frac{T_0}{T}\rho_0 \text{〔kg/m}^3\text{〕}$$

(2)　浮力 f は気球が押しのけた空気の質量による重力に等しいため，

$$f=\rho_0 Vg \text{〔N〕}$$

気球にはたらく重力の大きさ F は，気球の自重と，気球内の空気の重さの和なので，

$$F=mg+\rho Vg$$
$$=g\left(m+\frac{T_0}{T}\rho_0 V\right) \text{〔N〕}$$

(3)　(2)の浮力 f が F より大きくなればよい。

$$\therefore\ \rho_0 Vg \geqq g\left(m+\frac{T_0}{T}\rho_0 V\right)$$

よって，

$$T \geqq \frac{\rho_0 V T_0}{\rho_0 V-m} \text{〔K〕}$$

5

(1)　$\boldsymbol{P_0+\frac{mg}{S}}$

(2)　$\boldsymbol{\frac{P_0 S+mg}{P_0 S-mg}}$〔倍〕

解説

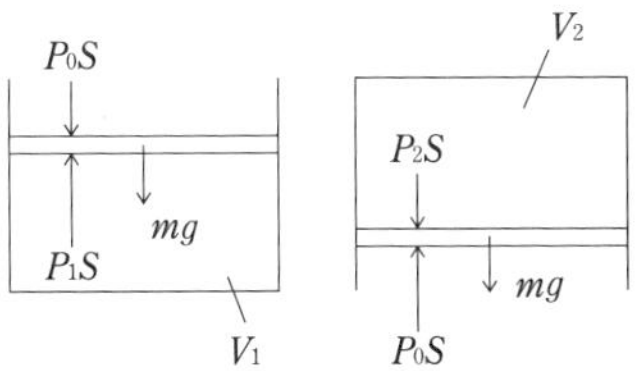

(1)　求める圧力を P_1 として，ピストンにおける力のつり合いを考えると，

$$P_0 S+mg=P_1 S$$

$$\therefore\ P_1=P_0+\frac{mg}{S}$$

(2)　シリンダーを逆さまにしたときの内部の圧力を P_2 として，ピストンにおける力のつり合いを考えると，

$$P_2 S+mg=P_0 S$$

$$\therefore\ P_2=P_0-\frac{mg}{S}$$

ボイルの法則 $P_1 V_1=P_2 V_2$ より，

$$V_2=\frac{P_0 S+mg}{P_0 S-mg}V_1$$

6

(1)　①　$\boldsymbol{P_1=P_0+\frac{Mg}{S}}$〔Pa〕

②　$\boldsymbol{L_1=\frac{P_0 S}{P_0 S+Mg}L_0}$〔m〕

(2)　①　$\boldsymbol{L_2=\frac{T_1}{T_0}L_1}$〔m〕

②　$\boldsymbol{W=P_1 S(L_2-L_1)}$〔J〕

解説

(1)　①　ピストンにはたらく力のつり合いより，

$$P_0 S+Mg=P_1 S$$

$$\therefore\ P_1=P_0+\frac{Mg}{S} \text{〔Pa〕}$$

②　温度一定であるから，ボイルの法則より，$PV=$(一定)であるので，

$$P_0 S L_0=P_1 S L_1$$

$$L_1=\frac{P_0}{P_1}L_0$$
$$=\frac{P_0}{P_0+\frac{Mg}{S}}L_0$$
$$=\frac{P_0 S}{P_0 S+Mg}L_0 \text{〔m〕}$$

(2)　①　圧力一定であるから，シャルルの法則より，$\frac{V}{T}=$(一定)であるので，

$$\frac{SL_1}{T_0}=\frac{SL_2}{T_1}$$

$\therefore\ L_2=\dfrac{T_1}{T_0}L_1$〔m〕

② $W = P\Delta V$

$= P_1S(L_2 - L_1)$〔J〕

7

(1) $\boldsymbol{2mv\cos\theta}$ **〔kg・m/s〕**

(2) $\dfrac{\boldsymbol{2r\cos\theta}}{\boldsymbol{v}}$〔s〕　(3) $\dfrac{\boldsymbol{mv^2}}{\boldsymbol{r}}$〔N〕

(4) $\dfrac{\boldsymbol{N_A nmv^2}}{\boldsymbol{4\pi r^3}}$〔N/m²〕

(5) $\dfrac{\boldsymbol{3RT}}{\boldsymbol{2N_A}}$〔J〕

解説

(1) 鉛直上向きを正として，運動量の変化を考えると，

$|m(-v\cos\theta) - mv\cos\theta|$

$= 2mv\cos\theta$〔kg・m/s〕

(2) AB間の距離は，

$r\cos\theta\cdot 2 = 2r\cos\theta$

よって，求める時間tは，

$t=\dfrac{2r\cos\theta}{v}$〔s〕

(3) 単位時間に分子が内壁と衝突する回数をNとすると，

$N=\dfrac{1}{t}=\dfrac{v}{2r\cos\theta}$

分子が内壁に与える平均の力の大きさをFとすると，

$F = 2mv\cos\theta\cdot N=\dfrac{mv^2}{r}$〔N〕

(4) 内壁の総面積をSとすると，

$S = 4\pi r^2$

容器内の気体の分子数をN_0とすると，

$N_0=nN_A$

したがって，求める圧力をPとすると，

$P=\dfrac{N_0F}{S}=\dfrac{N_A nmv^2}{4\pi r^3}$〔N/m²〕

(5) 気体の状態方程式$PV = nRT$より，

$\dfrac{N_A nmv^2}{4\pi r^3}\cdot\dfrac{4}{3}\pi r^3 = nRT$

$\therefore\ \dfrac{1}{2}mv^2=\dfrac{3RT}{2N_A}$〔J〕

8

(1) $\dfrac{\boldsymbol{p_A}}{\boldsymbol{p_B}}\boldsymbol{V_A}$　(2) $\boldsymbol{Q}$

(3) **熱力学の第一法則より，**

$\boldsymbol{Q_{A\to C} = W_{A\to C} + U_{A\to C}}$

いま，A→Cは断熱変化なので，

$\boldsymbol{Q_{A\to C} = 0}$

よって，$\boldsymbol{U_{A\to C} = -W_{A\to C}}$

A→Cでは体積が増加しているので，$\boldsymbol{W_{A\to C} > 0}$

$\boldsymbol{\therefore\ U_{A\to C} < 0}$

内部エネルギーが減少しているので，A→Cでは気体の温度が下がる。

(4) $\dfrac{\boldsymbol{3}}{\boldsymbol{2}}\boldsymbol{nR(T_A - T_D)}$

(5) $\dfrac{\boldsymbol{3}}{\boldsymbol{2}}\boldsymbol{V_A(p_A - p_B)}$

(6) $\dfrac{\boldsymbol{5}}{\boldsymbol{2}}\boldsymbol{V_A(p_A - p_B)}$

(7) $\boldsymbol{Q + V_A(p_B - p_A)}$

解説

(1) A→Bでは温度一定なので，ボイルの法則より，

$p_AV_A = p_BV_B$　　$\therefore\ V_B=\dfrac{p_A}{p_B}V_A$

(2) 熱力学第一法則より，

$Q_{A\to B} = W_{A\to B} + U_{A\to B}$

いま，A→Bでは温度一定なので，

$U_{A\to B} = 0$　　$\therefore\ W_{A\to B} = Q$

(4) A→Dで気体が吸収する熱量$Q_{A\to D}$は，

$Q_{A\to D} = W_{A\to D} + U_{A\to D}$

A→Dでは体積一定なので，$W_{A\to D} = 0$

$Q_{A\to D} = U_{A\to D}=\dfrac{3}{2}nRT_D-\dfrac{3}{2}nRT_A$

$=\dfrac{3}{2}nR(T_D - T_A)$

よって，A→Dで気体が放出する熱量は，

$$-Q_{A\to D}=\frac{3}{2}nR(T_A-T_D)$$

(5)　気体の状態方程式より，

$p_AV_A=nRT_A$，$p_BV_A=nRT_D$

これらより，

$$T_A-T_D=\frac{V_A(p_A-p_B)}{nR}$$

よって，

$$-Q_{A\to D}=\frac{3}{2}V_A(p_A-p_B)$$

(6)　$W_{D\to B}=p_B(V_B-V_A)$

$=p_B\left(\frac{p_A}{p_B}V_A-V_A\right)$　（∵(1)より）

$=V_A(p_A-p_B)$

$U_{D\to B}=U_B-U_D$

$=\frac{3}{2}nRT_A-\frac{3}{2}nRT_D$

$=\frac{3}{2}nR(T_A-T_D)$

$=\frac{3}{2}nR\cdot\frac{V_A(p_A-p_B)}{nR}$

（∵(5)より）

$=\frac{3}{2}V_A(p_A-p_B)$

$\therefore\ Q_{D\to B}=W_{D\to B}+U_{D\to B}$

$=V_A(p_A-p_B)+\frac{3}{2}V_A(p_A-p_B)$

$=\frac{5}{2}V_A(p_A-p_B)$

(7)　$W=W_{A\to B}+W_{B\to D}+W_{D\to A}$

$=Q+\{-V_A(p_A-p_B)\}+0$

$=Q+V_A(p_B-p_A)$

9

(1)

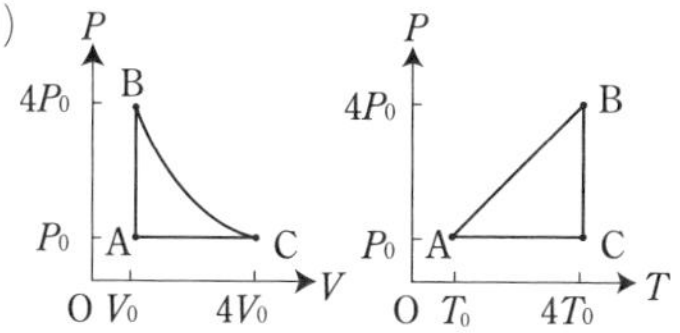

(2)　**$W_1=0$〔J〕，$W_2=Q_2$〔J〕，**
$W_3=-3P_0V_0$〔J〕

(3)　**$\Delta U_1=Q_1$〔J〕，$\Delta U_2=0$〔J〕，**
$\Delta U_3=-Q_1$〔J〕

(4)　**$\frac{Q_2-3P_0V_0}{Q_1+Q_2}$**

解説

(2)　［過程Ⅰ］　等積変化であるから，

$W_1=0$

［過程Ⅱ］　熱力学の第一法則より，$Q_2=\Delta U_2+W_2$において等温変化であるから，

$\Delta U_2=0$

よって，$W_2=Q_2$

［過程Ⅲ］　$W_3=P_0\Delta V$

$=P_0(V_0-4V_0)$

$=-3P_0V_0$

(3)　［過程Ⅰ］　熱力学の第一法則$Q_1=\Delta U_1+W_1$において，$W_1=0$であるから，

$\Delta U_1=Q_1$

［過程Ⅱ］　等温変化であるから，

$\Delta U_2=0$

［過程Ⅲ］　点Bと点Cは温度が一定であるから，内部エネルギーも等しい。

よって，過程Ⅰと過程Ⅲにおける内部エネルギーの変化量ΔU_1，ΔU_3の関係は，

$\Delta U_1=-\Delta U_3$　　$\therefore\ \Delta U_3=-Q_1$

(4)　$\frac{W_2+W_3}{Q_1+Q_2}=\frac{Q_2-3P_0V_0}{Q_1+Q_2}$

3 波動

傾向と対策

音波ではドップラー効果，弦・気柱の振動，光波では，屈折，干渉（ニュートンリング，薄膜，ヤングの実験など）など，決まったパターンの出題が多くみられるため，これらの内容を中心に対策をとっておくと効率的である。ドップラー効果の式は，内容を理解し自分で導けるようにしておくこと。弦・気柱の振動の振動数や干渉の条件式も覚えるだけでなく，図に描いて考えるとよい。なお，身の回りの物理的な現象を説明させる問題もあるため，日頃から注意して考えたり調べたりしておこう。

例題 1　波の性質

図のように，x 軸の正方向に速さ v で進行する正弦波がある。原点の媒質の変位は $y_0 = A\sin\omega t$ で表される。文中のア～ケに適する式を答え，下線部は適する語句を選べ。ただし，波は進行とともに減衰しないものとする。

原点から正の方向に d だけ離れた点Pにおける媒質は振幅［　ア　］，角振動数［　イ　］の単振動をするが，P点の変位 y' は y_0 と(同じ，異なる)。従って，P点の変位は $y' = A\sin\omega t'$ と表されなければならない。原点の変位がP点に伝わるには［　ウ　］の時間がかかるので $t' =$［　エ　］となり，

$$y' = A\sin\omega\,(［\quad オ\quad ］)$$

と表される。従って，任意の位置 x の媒質の変位 y は，

$$y = A\sin 2\pi\left(\frac{［\quad カ\quad ］}{T} - \frac{［\quad キ\quad ］}{\lambda}\right)$$

と表される。これを波の式という。ただし T は波の周期，λ は波の波長である。

波が x 軸負の方向に進行する場合，波の式は［　ク　］となる。振幅，周期，波長が等しく，互いに逆方向に進行する2つの波が重なると，変位 y は［　ケ　］となり，定常波が生ずることがわかる。

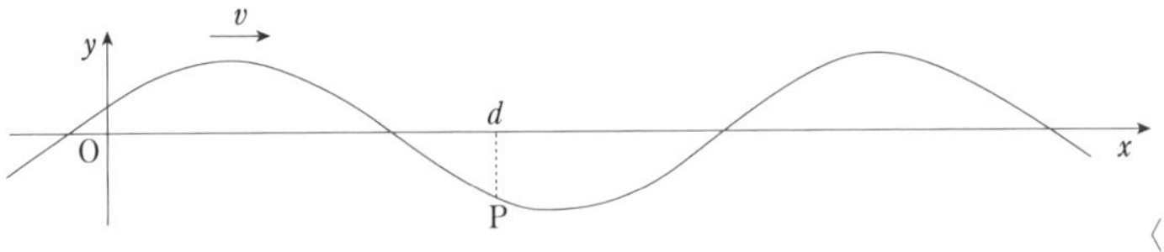

〈茨城県〉

解答　ア．A　　イ．ω　　ウ．$\dfrac{d}{v}$　　エ．$t-\dfrac{d}{v}$

オ．$t-\dfrac{d}{v}$（または t'）　　カ．t　　キ．x

ク．$y=A\sin 2\pi\left(\dfrac{t}{T}+\dfrac{x}{\lambda}\right)$　　ケ．$y=2A\sin 2\pi\dfrac{t}{T}\cos 2\pi\dfrac{x}{\lambda}$

下線部：異なる

例題 2　音波①

次の文を読んで，各問いに答えよ。

図のように，音源が振動数 f〔Hz〕の音を出しながら，X 軸上を一定の速さ u〔m/s〕で，静止している観測者Aに向かって近づく場合を考える。ただし，空気中での音速を V〔m/s〕とし，音源が X 軸の原点を通過する時刻を $t=0$〔s〕とする。

時刻 $t=1$〔s〕のときには，音源の X 座標は u〔m〕であり，時刻 $t=0$〔s〕の時に音源を出た波面は半径（　ア　）〔m〕の球面として広がっている。

したがって，X 軸上の距離（　イ　）〔m〕の間に，この 1 秒間に音源から出た f 個の波が含まれることから，波長は（　ウ　）〔m〕と求められる。

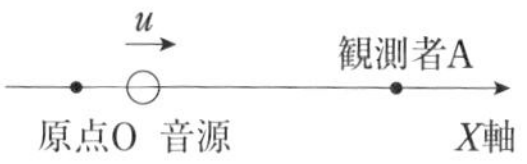

また，観測者が聞く音の振動数は，波の基本式から，（　エ　）〔Hz〕と求められる。

(1)　この文章は，ドップラー効果について述べたものである。（　ア　）～（　エ　）に当てはまる式を答えよ。

(2)　この現象を授業で説明するにあたって，適切な具体例となる身近な現象を 1 つ挙げよ。

(3)　この文章では，風がないものとしている。今，X 軸の正の方向に風速 w〔m/s〕の風がある場合，観測者が聞く音の振動数は音源の振動数 f〔Hz〕の何倍になるか，u，V，w を用いて表せ。

〈石川県〉

解答 (1) ア．V　　イ．$V-u$

ウ．$\dfrac{V-u}{f}$　　エ．$\dfrac{V}{V-u}f$

(2) 〔解答例〕

近づいてくる救急車の出す音は高く聞こえ，観測者を追い抜くと低く聞こえる。

(3) $\dfrac{V+w}{V+w-u}$〔倍〕

例題 3　音波②

図のように弦の一端におんさを結びつけ，他端に滑車を通して質量 M の物体を結びつけた。おんさから滑車までの長さを L，弦の 1 m あたりの質量を ρ として，次の各問いに答えよ。ただし，重力加速度の大きさを g とする。

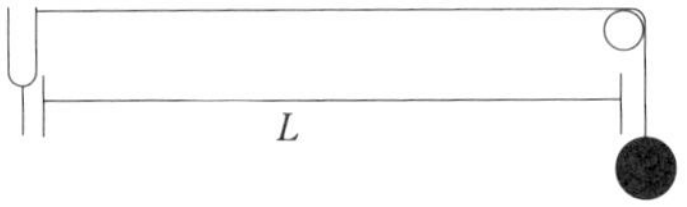

(1) おんさを振動させたとき，弦は 4 倍振動をした。おんさの振動数を①～⑤の中から 1 つ選び，番号で答えよ。

① $\dfrac{Mg}{4L\rho}$　　② $\dfrac{Mg}{2L\rho}$　　③ $\dfrac{1}{L}\sqrt{\dfrac{Mg}{\rho}}$

④ $\dfrac{2}{L}\sqrt{\dfrac{Mg}{\rho}}$　　⑤ $\dfrac{4}{L}\sqrt{\dfrac{Mg}{\rho}}$

(2) おもりの質量を $4M$ にし，おんさから滑車までの長さを $2L$ にしたとき，弦に 4 倍振動をさせるためには，はじめのおんさの何倍の振動数のものに換えればよいか，①～⑤の中から 1 つ選び，番号で答えよ。

① 1 倍　　② 2 倍　　③ 3 倍

④ 4 倍　　⑤ 5 倍

〈三重県〉

解答 (1) ⑤　　(2) ①

解説 (1)　4倍振動は腹が4つできる振動である。いま，弦に伝わる振動の速さ v 及び波長 λ とすると，

$$v=\sqrt{\frac{Mg}{\rho}},\quad \lambda=\frac{L}{2}$$

よって，弦の振動数は，

$$f=\frac{v}{\lambda}=\frac{2}{L}\sqrt{\frac{Mg}{\rho}}$$

ここで，弦に対して，おんさが直角であるとき，おんさが1回振動する間に弦は $\frac{1}{2}$ 回振動するため，おんさの振動数は弦の振動数の2倍であるから，

$$2f=\frac{4}{L}\sqrt{\frac{Mg}{\rho}}$$

(2)　弦に伝わる振動の速さ v' 及び波長 λ' とすると，

$$v'=2\sqrt{\frac{Mg}{\rho}},\quad \lambda'=L$$

よって，弦の振動数は，

$$f'=\frac{v'}{\lambda'}=\frac{2}{L}\sqrt{\frac{Mg}{\rho}}$$

ゆえに，おんさの振動数は，

$$2f'=\frac{4}{L}\sqrt{\frac{Mg}{\rho}}\qquad \therefore\ \frac{2f'}{2f}=1〔倍〕$$

例題4　光の性質

図1のように屈折率 n_1 のガラス平板の上に，屈折率 n，厚さ d〔m〕の薄膜がはりつけられている（$n < n_1$）。その上部は屈折率1.0の空気に接している。この薄膜に垂直に波長 λ〔m〕の単色光を入射させて，反射光や透過光を観察した。ただし，光が屈折率の小さい媒質から大きい媒質に入射して反射するとき位相は π 変化し，屈折率の大きい媒質から小さい媒質に入射して反射するとき位相は変化せず，光が媒質を透過するときは位相の変化はないとする。次の各問いに答えよ。

図1

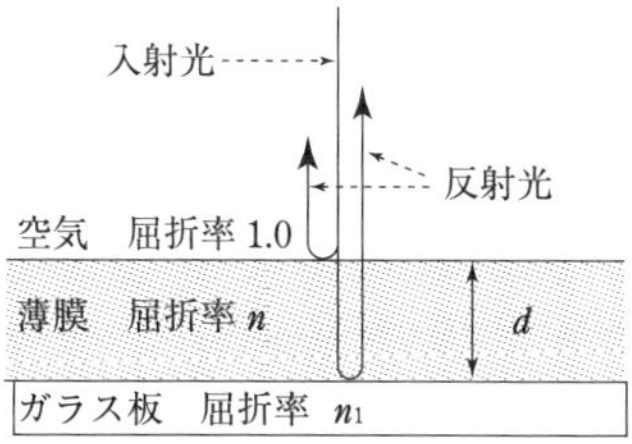

図2

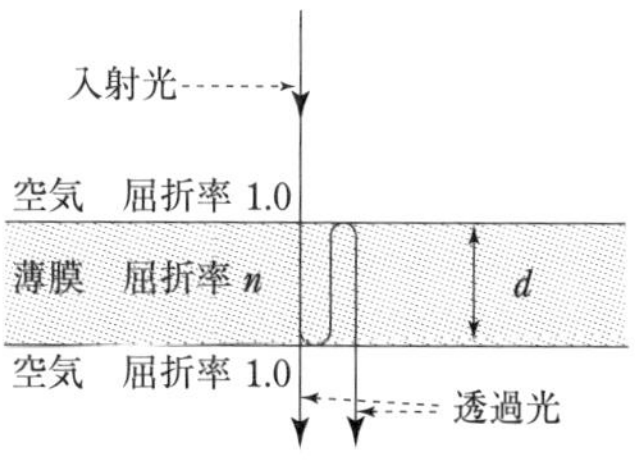

(1)　薄膜中の光の波長 λ' はいくらか。n，λ を用いて表せ。

(2)　薄膜の上面および下面で反射する光が干渉して強め合う条件を n，d，λ，m を用いて表せ。ただし，m は整数($m = 0,1,2,3\cdots$)である。

次に，図2のように，屈折率 n，厚さ d の薄膜を空気中に置き，上方から波長 λ の単色光を垂直に入射させるときの，透過光の強度を調べた。

(3)　薄膜中の光の波長を λ' として，透過光が強め合うときの膜の厚さ d の条件を λ'，m を用いて表せ。ただし，m は整数($m = 0,\ 1,\ 2,\ 3\cdots$)である。

〈沖縄県〉

解答　(1)　$\dfrac{\lambda}{n}$

(2)　$n>1.0$ のとき，$2nd=m\lambda$

$n \leqq 1.0$ のとき，$2nd=\left(m+\dfrac{1}{2}\right)\lambda$

(3)　$2d=m\lambda'$

解説　(1)　屈折の法則より，

$$\frac{\lambda}{\lambda'}=\frac{n}{1.0} \qquad \therefore\ \lambda'=\frac{\lambda}{n}$$

(2)　・$n>1.0$ のとき

光は薄膜の上面及び下面で反射する際，位相は π ずれるので，

$$2d=m\lambda' \qquad \therefore\ 2nd=m\lambda$$

・$n \leqq 1.0$ のとき

光は薄膜の上面で反射する際，位相は変化せず，下面で反射する際，位相は π ずれるので，

$$2d=\left(m+\frac{1}{2}\right)\lambda' \qquad \therefore\ 2nd=\left(m+\frac{1}{2}\right)\lambda$$

(3)　・$n>1.0$ のとき

光は薄膜の上面及び下面で反射する際，位相は変化しないので，

$$2d=m\lambda'$$

・$n \leqq 1.0$ のとき

光は薄膜の上面及び下面で反射する際，位相は π ずれるので，

$$2d=m\lambda'$$

よって，n によらず，いずれの条件とも，$2d=m\lambda'$

演習問題

1 ★☆☆

水面にできる波について考える。

水深が変わることによって波の進行方向が変わる。今，水深が h_1 である水面Ⅰの部分から，水深が h_2 である水面Ⅱの部分に向かって水面波Aが連続的に進行し，図で示されるような波面を形成している。次の各問いに答えよ。

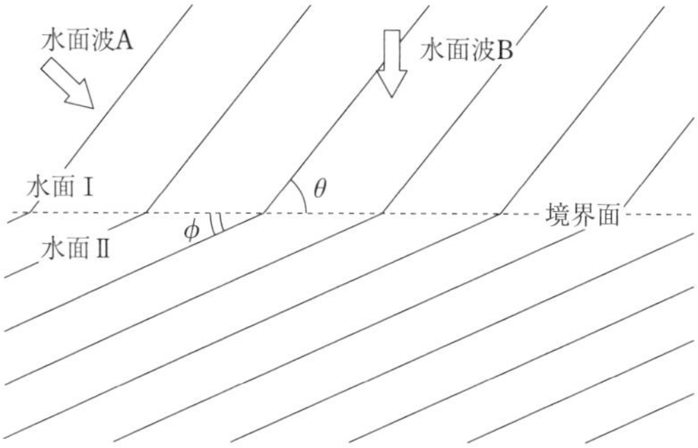

(1)　境界面を境にして波面の方向が変わっている。このような現象を何というか答えよ。また，このような現象は波のどのような物理量が変化するために現れると考えられるか答えよ。

(2)　水面Ⅰと水面Ⅱの水深 h_1 および h_2 はどちらが深いと考えられるか答えよ。

(3)　水面波Aと同時に，すべての物理量が水面波Aと同じである水面波Bを紙面上方から境界面に対して垂直に，連続的に発生させると，波が重ね合わされて模様をつくる。このような現象が起こるのは波のどのような性質によるのか答えよ。

〈兵庫県改題〉

2 ★☆☆

ある媒質中に座標軸をとり，その原点Oで媒質を y 軸の正の向きに周期 0.20 秒で単振動をさせた。この単振動が x 軸の正の向きに伝わって正弦波を生じた。図は，ある瞬間の波形を1波長分だけ示したものである。次の各問いに答えよ。

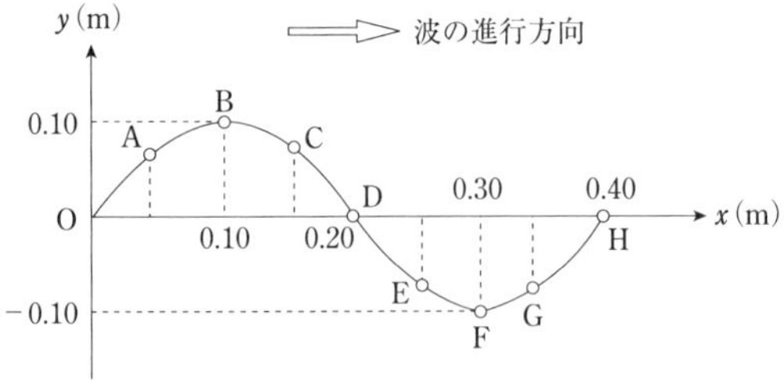

(1) 媒質を伝わる正弦波の速さは何 m/s か。

(2) 図の点A，B，C，・・・，Hの中で，媒質の速さが y 軸の負の向きに最大であるのはどの点か。

(3) 正弦波の波形が，図のようになるのは原点で単振動を起こし始めてから何秒後か。

〈沖縄県改題〉

3 ★★☆

x 軸上を負の向きに進行する波が，原点で反射して正の向きに進み，進行波と反射波が重なって定常波ができた。次の各問いに従って，この定常波について答えよ。なお，進行波の振幅を A，波長を λ，周期を T とする。

(1) 波の反射に関する次の文章の空欄に当てはまる語句を答えよ。

波が固定端で反射するときは，固定端は定常波の（　ア　）となる。これは，反射波が固定端で（　イ　）対称に反射し，進行波と反射波が重なったと考えればよい。一方，自由端で反射した場合，自由端は定常波の（　ウ　）になる。これは，反射波が自由端で（　エ　）対称に反射し，進行波と反射波が重なったと考えればよい。

(2) $y = A\sin 2\pi\left(\dfrac{t}{T}+\dfrac{x}{\lambda}\right)$で表される進行波が，原点を自由端として反射した波の式を答えよ。

(3) $y = A\sin 2\pi\left(\dfrac{t}{T}+\dfrac{x}{\lambda}\right)$で表される進行波と，原点で自由端反射した反射波とが重なったときの波形を表す式を三角関数の合成を使って整理して示し，任意の位置 x での振幅を求めよ。

(4) (3)のとき，定常波の腹となる位置を示せ。

〈富山県〉

4 ★☆☆

x 軸の正の向きに進む正弦波がある。この波の変位 y〔m〕は，時刻 t〔s〕，位置 x〔m〕において，次のように表されているものとして，各問いに答えよ。ただし，有効数字は2桁とする。

$$y = 1.5\sin(0.40\pi t - 10\pi x)$$

(1)　この波の振幅，周期，速さを求めよ。

(2)　時刻20s，位置0.85 mにおける変位を求めよ。

〈岡山県〉

5 ★★☆

図のように，2つのスピーカーA，Bを12〔m〕離して置き，A，Bから同時に音色，位相，音量が等しい同じ音を出した。直線ABから16〔m〕離れたABに平行な直線XY上で集音装置を動かして，音の大きさを測定する実験をした。図において，O点はA，Bから等距離に位置している。

音速を 3.4×10^{2}〔m/s〕として，次の各問いに答えよ。

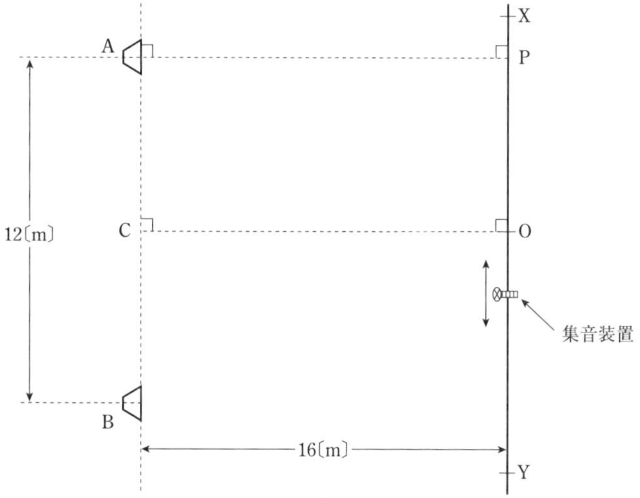

(1)　直線XY上で集音装置を動かして音の大きさを測定すると，音が大きくなったり音が小さくなったりする点が何ヶ所か観測された。このような波特有の現象を何というか答えよ。

(2) (1)の状態で集音装置をO点に置くと，最も大きな音が観測された。次にO点からX点に向かって集音装置を動かしていくと，観測される音がだんだん小さくなり，P点で初めて極小となった。このとき，スピーカーから出ている音の波長を求めよ。

(3) (2)の状態で，集音装置をP点に置いたままスピーカーから出す音の波長を徐々に短くしていくと，観測される音が少しずつ大きくなっていった。音の大きさが初めて極大となるとき，出ている音の振動数を求めよ。

(4) (3)の状態の音が出ているとき，集音装置をAとPの間を移動させて観測する。AP上で音の大きさが極小となる点は何ヶ所あるか。解答を導く過程を『定常波』という語句を使って説明し，答えを求めよ。

〈静岡県・静岡市〉

6 ★☆☆

ドップラー効果について，各問いに答えよ。

［A］図1のように，音源と観測者が反射板からそれぞれ速さ v〔m/s〕と u〔m/s〕($v > u$)で一直線上を遠ざかっている。音源は，音源と観測者の距離が L〔m〕になったときから，振動数 f〔Hz〕の音を t_0〔s〕間発生した。風がないときの音の速さを V〔m/s〕とする。

図1

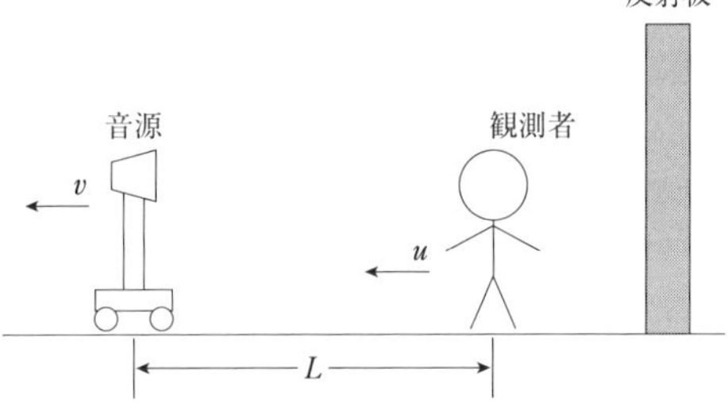

(1) 音源が音の発生を開始してから観測者がはじめて音を聞くまでの時間 t_1 を求めよ。

(2) 観測者が聞く直接音の振動数 f_1 を求めよ。

(3) 観測者が聞く直接音の継続時間 t_2 を求めよ。

［B］次に，図2のように反射板から遠ざかる向きに速さ w〔m/s〕の一様な風が吹いている場合を考える。音源と観測者は，［A］と同じ速さで反射板から遠ざかり，音源は振動数 f〔Hz〕の音を出し続けている。

図2

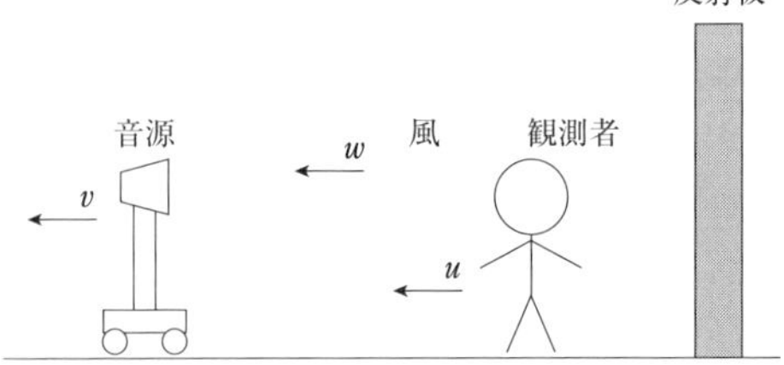

(4)　観測者が聞く直接音の波長 λ を求めよ。

(5)　観測者が聞く反射板からの反射音の振動数 f_2 を求めよ。　〈岩手県〉

7 ★☆☆

図のような気柱共鳴装置を用いて実験を行った。円筒形のガラス管の管口Oのすぐそばで，振動数512〔Hz〕のおんさPを鳴らし，ピストンを管口Oからゆっくりと遠ざけていくと，ピストンが図1のAの位置で最初に気柱が共鳴し，続いてBの位置で2回目，Cの位置で3回目の共鳴が起こった。このとき，OA = 16.8〔cm〕，OB = 50.8〔cm〕であった。次の各問いに答えよ。

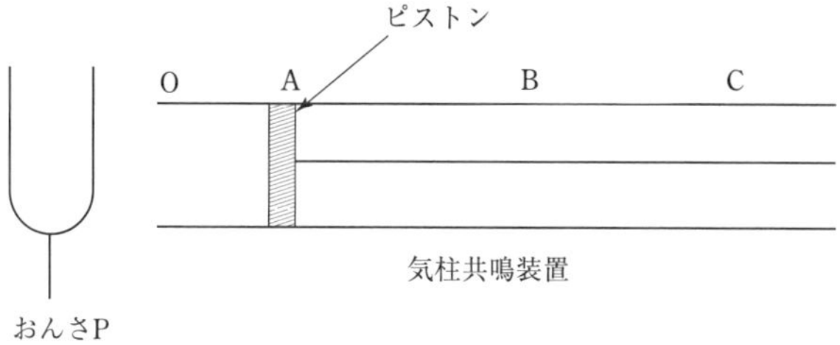

(1)　ピストンがBの位置で共鳴が起きたとき，管内の定常波の様子について正しい記述はどれか。次の①～④のうちから正しいものを選んで番号で答えよ。

① 管口Oは腹，ピストン面は腹になり，腹は2つで節は1つある。

② 管口Oは節，ピストン面は腹になり，腹は2つで節は2つある。

③ 管口Oは腹，ピストン面は節になり，腹は2つで節は2つある。

④ 管口Oは腹，ピストン面は腹になり，腹は3つで節は2つある。

(2)　定常波において，空気の密度変化が最も小さいところを何というか答えよ。また，空気の密度変化が最も大きいところを何というか答えよ。

(3)　おんさPの出す音波の波長 λ は何cmか。また，このときの音速 V は何m/sか。音速 V は，小数第1位まで求めよ。

(4)　Cの位置で3回目の共鳴が起こったとき，管口Oからピストンまでの距離OCは何cmか求めよ。

(5)　ピストンがBの位置にあって2回目の共鳴が起こっているとき，空気の密度変化が最も小さいところは管口Oから測ってBの向きに何cmのところか求めよ。

〈沖縄県〉

8 ★☆☆

図のように，鉛直に立てたガラスの円筒容器に水を満たした。次に振動数 f〔Hz〕で振動しているおんさを容器の上端の管口に近づけ，水面をしだいに下げていくと，管口から水面までの距離が，I_1〔m〕，I_2〔m〕になったとき，水面上部の気柱から強い音が出た。次の各問いに答えよ。ただし，$I_1 < I_2$ である。

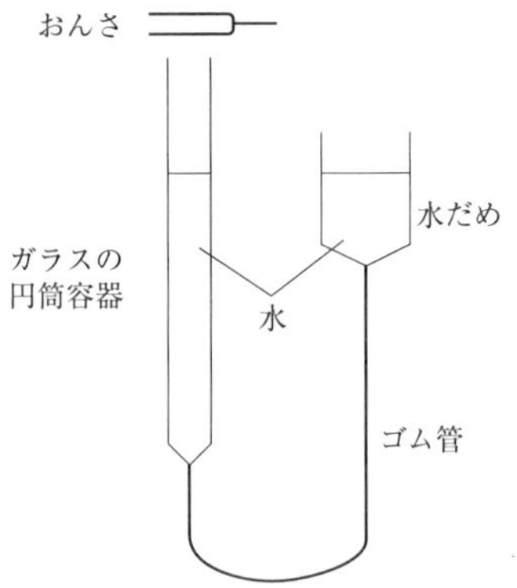

(1) 気柱から強い音が出るようになった状態を何というか答えよ。

(2) (1)のとき，気柱に生じている波を何というか答えよ。

(3) この実験で，波の波長は 4 I_1〔m〕ではないのはなぜか答えよ。

(4) おんさの出す音の波長 λ〔m〕を I_1 と I_2 を用いて表せ。

(5) 気温が下がったとき，同じ実験をすると，I_1 と I_2 の値はどうなるか。その理由も述べよ。

〈愛媛県〉

9 ★☆☆

光の現象についての説明で，正しいものはどれか，①～⑤の中から 1 つ選び，番号で答えよ。

① シャボン玉が色づいて見えるのは，光の屈折によるものである。

② 街中にあるショーウインドウの中を見るとき，周りの光が反射して見えにくいことがあるが，回折格子を通してみると中がよく見えるようになる。

③ 蜃気楼は，光の屈折と全反射によって見ることのできる現象である。

④ 可視光線のうち，波長が長く屈折率の大きいものは赤色の光である。

⑤ 夜空に見ることの出来る地球から遠ざかる星雲の光は，青方偏位をして見える。

〈三重県〉

10　★☆☆

光ファイバーは直径0.125mmの透明度の高いガラス繊維で，屈折率が大きいコアとよぶ中心材と，コアより屈折率が小さいクラッドとよぶ周辺材からできている。図は，光ファイバーに入った光の屈折の様子を示したものである。コアの屈折率をn_1，クラッドの屈折率をn_2，空気の屈折率を1として，各問いに答えよ。

(1)　空気中からコアの点Pに入射した光の入射角をα，屈折角をβ，コアに入射した光がさらに点Qでクラッドに入射するときの入射角をγ，屈折角をδとすると，点P，点Qそれぞれでの屈折の法則を表す式を答えよ。

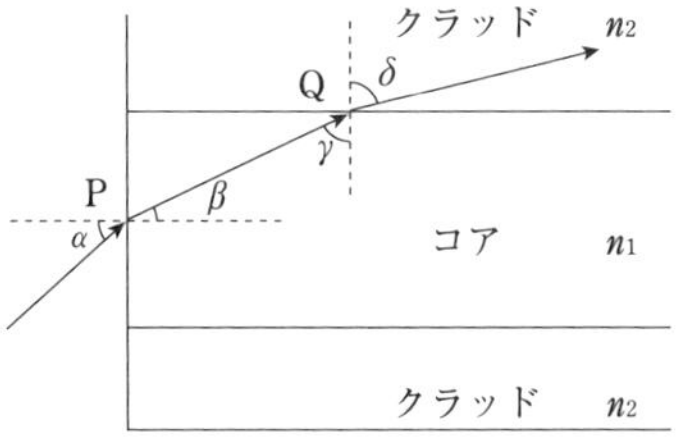

(2)　点Pにおける入射角を小さくしていくと，入射角がα_0になったとき初めて点Qでクラッドへ入射する光が全反射をおこすのが観測されたとする。このときの点Qでの入射角は臨界角とよばれる。この角度をγ_0とすると，γ_0，n_1，n_2の間に成りたつ関係式を答えよ。

(3)　$\gamma > \gamma_0$であれば，点Qでは全反射がおきる。そのためには点Pにおける入射角は$\alpha < \alpha_0$でなければならない。次の式はαの条件を示している。空欄に当てはまる式をn_1，n_2を用いて答えよ。

$\sin\alpha <$（　　　）

〈神戸市〉

11　★★☆

次の図は，ヤングの実験の原理図である。S_1S_2の垂直二等分線上の光源をS，光源から出た単色光の波長をλ，スリット間隔S_1S_2をd，スリットからスクリーンまでの距離をL，S_1S_2の垂直二等分線とスクリーンの交点をO，

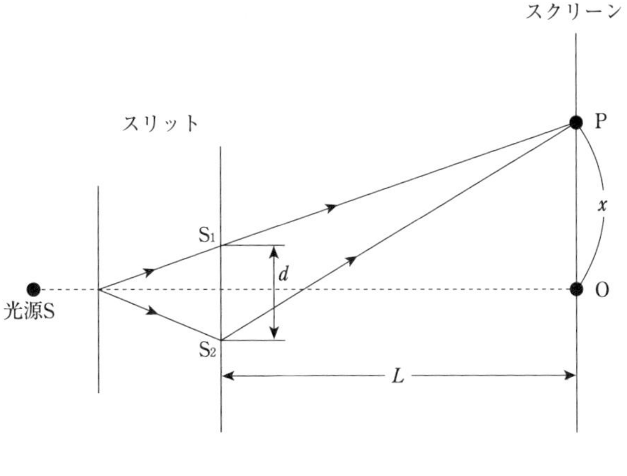

点Oとスクリーン上の点Pとの間隔をxとするとき，次の各問いに答えよ。ただし，dやxはLに比べて十分小さいものとする。

(1)　S_1とPとの距離をS_1P，S_2とPとの距離をS_2Pとするとき，$S_2P - S_1P$をx，d，Lを用いて表せ。

(2)　点Pが明るくなるのはどのような条件のときか。(1)の式を使って表せ。

(3)　距離Lが1.00 m，スリット間隔dが5.0×10^{-4}mであるとき，スクリーン上の明線間隔が1.2×10^{-3}mであった。当てた光の波長λは何mか，求めよ。

(4)　(3)の距離L，スリット間隔d及び光の波長λを変えずに，スリットとスクリーンの間に隙間なく屈折率1.5のガラスをはさんだとき，スクリーン上の明線間隔は何mになるか求めよ。

(5)　単色光にかえて白色光をスリットに当てるとき，スクリーンにはどのような模様が観測されるか。色と位置の関係を明確にして答えよ。

〈京都府〉

12　★★☆

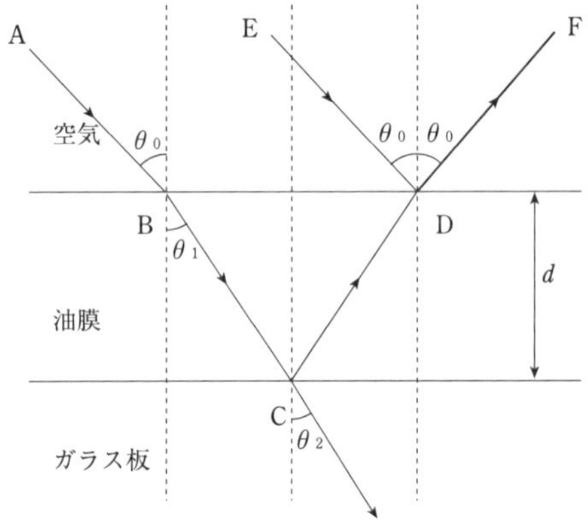

図のように平らなガラス板上に，厚さ一様で透明な薄い油膜をつけ，これに光を当て，その反射光を観察した。

矢印は光の進む向きを表す。空気中における光の波長をλ，入射角をθ_0，油膜側の屈折角をθ_1，ガラス板側の屈折角をθ_2，油膜の厚さをd，空気・油・ガラスの屈折率をそれぞれ1・n_1・n_2($1 < n_1 < n_2$)として，次の各問いに答えよ。

(1)　①　n_1をθ_0，θ_1を用いて表せ。

　　②　n_2をθ_0，θ_2を用いて表せ。

(2)　ABCDFのように進む光とEDFのように進む光の光路差(光学距離の差)をd，n_1，θ_0を用いて表せ。

(3)　D点で反射した光と，油膜を通ってC点で反射した光が強め合う条件をd，n_1，θ_0，λおよび自然数mを用いて表せ。

(4)　白色光が角度 θ_0 で入射しているとき，油膜は黄色に見えた。θ_0 を小さい方へ変えていくと，この色はどのように変わるか。(3)の結果を用いて説明せよ。

〈岩手県〉

13　★★☆

図のように，きわめて小さな角をなして置かれた二枚のガラス板に波長 λ〔m〕の単色光を図のように入射したときに生じる光の干渉について，各問いに答えよ。ただし，空気，ガラスの屈折率を，1，n_1 とする。

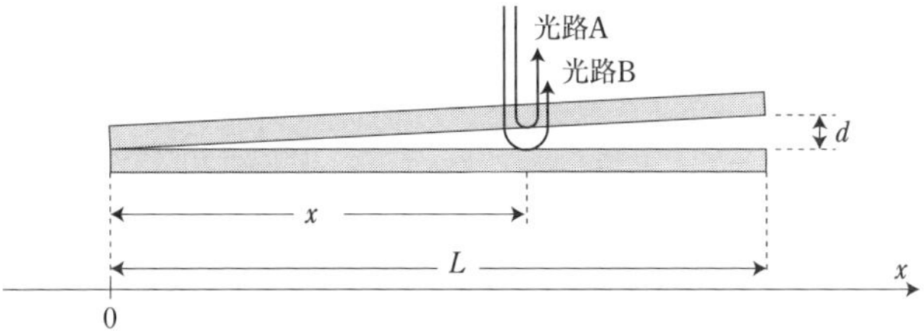

(1)　光が反射するときに位相が π 変化するのは，光路A，Bのどちらか答えよ。

(2)　ガラス板の接点からの距離が x〔m〕の位置で干渉する光の光路差を答えよ。

(3)　干渉縞の明線の位置 x〔m〕の条件を答えよ。

(4)　ガラス板の間に液体を満たした場合，干渉縞の明線の位置 x〔m〕の条件はどうなるか答えよ。ただし，液体の屈折率 n_2($n_1 < n_2$)とする。

〈静岡県・静岡市〉

14　★☆☆

焦点距離 f の凸レンズがある。このレンズと物体との距離を a，このレンズによって生じた像との距離を b とする。次の各問いに答えよ。

(1)　$a = 1.5f$ としたときどんな像ができるか。次のア～エから1つ選び，記号で答えよ。

ア．物体より大きい正立の実像　　　イ．物体より大きい倒立の実像

ウ．物体より小さい正立の虚像　　　エ．物体より小さい倒立の実像

(2)　(1)のとき，その像は物体の大きさの何倍になるか求めよ。

〈沖縄県改題〉

演習問題　解答・解説

1

(1)　現象：波の屈折
　　理由：波の伝わる速度が変化するために生じる。

(2)　h_1のほうが深い

(3)　波の干渉

2

(1)　2.0m/s　　　(2)　H

(3)　0.10秒後

解説

(1)　周期は0.20秒，図より，波長は0.40mなので，$v = f\lambda = \dfrac{\lambda}{T}$より求める速さは，

$$\frac{0.40}{0.20} = 2.0\ \text{〔m/s〕}$$

(2)　速さが最大となるのは，変位0のとき。波を少しだけ進めてみると，y軸負の向きに速さが最大となっているのは，Hである。

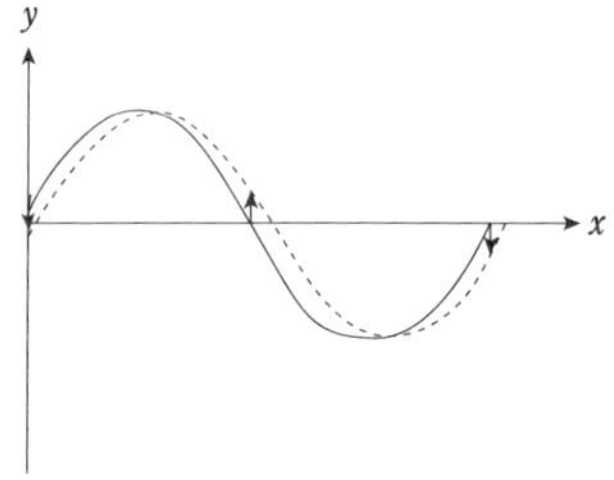

(3)　図の波を少しだけ進めると，原点Oにおいて，媒質は$y = 0$から負の向きに変位する。したがって，図1の波形が初めて現れるのは，0.10秒後。

(注)図は，単に波形を1波長分示しているだけである。

3

(1)　ア．節　　　イ．点
　　ウ．腹　　　エ．線

(2)　$y_1 = A\sin 2\pi\left(\dfrac{t}{T} - \dfrac{x}{\lambda}\right)$

(3)　$y' = y + y_1$

$$= A\sin 2\pi\left(\frac{t}{T} + \frac{x}{\lambda}\right) + A\sin 2\pi\left(\frac{t}{T} - \frac{x}{\lambda}\right)$$

$$= 2A\sin 2\pi\frac{t}{T}\cos 2\pi\frac{x}{\lambda}$$

ここで，$\sin 2\pi\dfrac{t}{T}$は時間による変動を示す。よって，振幅は，

$$2A\cos\frac{2\pi x}{\lambda}$$

(4)　$\left|\cos\dfrac{2\pi x}{\lambda}\right| = 1$となればよい。

したがって，

$$\frac{2\pi x}{\lambda} = n\pi$$

よって，

$$x = \frac{n}{2}\lambda\ \ (n = 0,\ 1,\ 2,\ \cdots)$$

4

(1)　振幅：1.5 m
　　周期：5.0 s
　　速さ：4.0×10^{-2}m/s

(2)　−1.5m

解説

(1)　$y = A\sin\dfrac{2\pi}{T}\left(t - \dfrac{x}{v}\right)$ に沿うように変形する。

$$y = 1.5\sin\frac{2\pi}{5}(t - 25x)$$

よって，

$A = 1.5$〔m〕，$T = 5.0$〔s〕

$$v = \frac{1}{25} = 4.0 \times 10^{-2} \text{〔m/s〕}$$

(2)　$$y = 1.5\sin 2\pi\left(\frac{1}{5} \times 20 - 5 \times 0.85\right)$$

$$= 1.5\sin\left(-\frac{\pi}{2}\right)$$

$$= -1.5 \text{〔m〕}$$

5

(1)　干渉　　　　(2)　8 m

(3)　85Hz

(4)　スピーカーAから出た音とスピーカーBから出た音は，合成されると定常波となるため，音が極小となる点では節に，極大となる点では腹になる。AP上で節となる点をQ点とすると，

$$\mathrm{BQ} - \mathrm{AQ} = \frac{\lambda}{2}(2m + 1)$$

$$(m = 0, 1, 2\cdots)$$

が成り立つ。ここで，

$$4 \leqq \mathrm{BQ} - \mathrm{AQ} \leqq 12$$

であるから，これを満たす m は，1，2である。したがって，AP上で音が極小となる点は，2ヶ所である。

解説

(2)　求める波長を λ' とすると，P点で音が極小となるのは，$\frac{\lambda'}{2} = \mathrm{BP} - \mathrm{AP}$ が成り立つときである。AP＝16〔m〕，BP＝$\sqrt{16^2 + 12^2} = 20$〔m〕より，

$\lambda' = 8$〔m〕

(3)　P点で音が極大となったときの波長を λ'' とすると，$\lambda'' = \mathrm{BP} - \mathrm{AP}$ が成り立つ。したがって，$\lambda'' = 4$〔m〕

求める振動数を f とすると，$v = f\lambda''$ より，

$$f = \frac{3.4 \times 10^2}{4} = 85 \text{〔Hz〕}$$

6

(1)　$t_1 = \dfrac{L}{V + u}$〔s〕

(2)　$f_1 = \dfrac{V + u}{V + v} f$〔Hz〕

(3)　$t_2 = \dfrac{V + v}{V + u} t_0$〔s〕

(4)　$\lambda = \dfrac{V + v - w}{f}$〔m〕

(5)　$f_2 = \dfrac{(V - w)(V + w - u)}{(V + w)(V - w + v)} f$〔Hz〕

解説

(1)　$Vt_1 + ut_1 = L$

$$\therefore\ t_1 = \frac{L}{V + u} \text{〔s〕}$$

(3)　t_0〔s〕後に発した音が観測者に届くまでかかる時間を t' とおくと，

$$\frac{(L + vt_0 - ut_0) - ut'}{V} = t'$$

$$(V + u)t' = L + (v - u)t_0$$

$$t' = \frac{L + (v - u)t_0}{V + u}$$

$$t_2 = t' + t_0 - t_1$$

$$= \frac{L + (v - u)t_0}{V + u} + t_0 - \frac{L}{V + u}$$

$$= \frac{V + v}{V + u} t_0 \text{〔s〕}$$

(4)　ある t〔s〕間に発生した波を考える。観測者が直接聞く音の波長 λ は，

$$\lambda = \frac{V + v - w}{f} \text{〔m〕}$$

(5)　反射板に届く波の振動数を f_2' とすると，

$$f_2' = \frac{V - w}{(V - w) + v} f$$

観測者が聞く反射音は，

$$f_2 = \frac{V + w - u}{V + w} f_2'$$

$$= \frac{V + w - u}{V + w} \cdot \frac{V - w}{V - w + v} f$$

$$= \frac{(V - w)(V + w - u)}{(V + w)(V - w + v)} f \text{〔Hz〕}$$

7

(1) ③

(2) 密度変化が最小：腹
密度変化が最大：節

(3) 波長 λ：68.0cm
音速 V：348.2m/s

(4) 84.8cm

(5) 33.8cm

解説

(1) ピストンがBの位置にあるとき，定常波は図のような形となる。

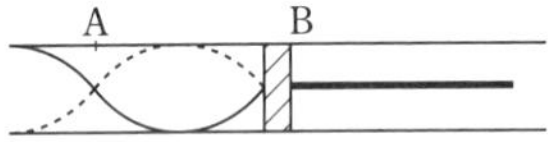

(3) $\lambda = (50.8 - 16.8) \times 2 = 68.0$〔cm〕
$V = 512 \times 0.68$
$\fallingdotseq 348.2$〔m/s〕

(4) $16.8 + 68.0 = 84.8$〔cm〕

(5) 密度変化が最小であるのは腹の部分であるから，

$$16.8 + \frac{34.0}{2} = 33.8 \text{〔cm〕}$$

8

(1) 共鳴　(2) 定常波

(3) 開口端にできる腹は，管口より少し外にできるため。

(4) $2(I_2 - I_1)$〔m〕

(5) 気温が下がると，音速は小さくなり振動数は変わらないため，$f = \dfrac{v}{\lambda}$より波長が短くなる。よってI_1，I_2の値は小さくなる。

解説

(3) 開口端は必ず腹になり，右図のように管口と腹はずれる。

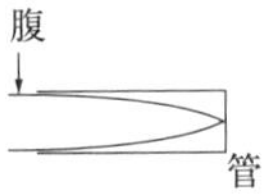

(5) 音速：$331.5 + 0.6t$（t：気温℃）で表わされるように，気温によって音速は変化する。また音速 $V = f\lambda$ となり，fは変化しないので Vが小さくなれば，λが小さくなる。

9

③

解説

① 光の干渉によるもの。

② ショーウインドウからの反射光は，偏光板によってカットすることができる。

④ 赤色の光は，波長が長く屈折率が小さい。

⑤ 光が遠ざかるとき波長が長く観察される（光のドップラー効果）ので，赤方偏位をして見える。

10

(1) 点P：$n_1 = \dfrac{\sin\alpha}{\sin\beta}$

点Q：$\dfrac{n_2}{n_1} = \dfrac{\sin\gamma}{\sin\delta}$

(2) $\sin\gamma_0 = \dfrac{n_2}{n_1}$　(3) $\sqrt{n_1^2 - n_2^2}$

解説

(3) $\beta_0 + \gamma_0 = \dfrac{\pi}{2}$（$\alpha = \alpha_0$のときの$\beta$を$\beta_0$とする）

$$\sin\alpha < \sin\alpha_0 = n_1\sin\beta_0 = n_1\cos\gamma_0$$
$$= n_1\sqrt{1 - \frac{n_2^2}{n_1^2}} = \sqrt{n_1^2 - n_2^2}$$

11

(1) $\dfrac{dx}{L}$

(2) $\dfrac{dx}{L} = m\lambda$　($m = 0, 1, 2, \cdots$)

(3) 6.0×10^{-7}m

(4) 8.0×10^{-4}m

(5) 中心点O側から，紫・藍・青・緑・黄・橙・赤のしま模様ができる。

解説

(1)　$S_1P^2 = L^2 + \left(x - \dfrac{d}{2}\right)^2$

$S_2P^2 = L^2 + \left(x + \dfrac{d}{2}\right)^2$

$S_2P^2 - S_1P^2 = (S_2P + S_1P)(S_2P - S_1P)$

$= 2dx$

$d \ll L$，$x \ll L$ だから，

$S_2P + S_1P \fallingdotseq 2L$

と考えてよい。

$\therefore\ S_2P - S_1P = \dfrac{2dx}{2L} = \dfrac{dx}{L}$

(3)　明線の間隔を Δx とすると，

$\dfrac{d \cdot \Delta x}{L} = (m+1)\lambda - m\lambda = \lambda$

$\therefore\ \lambda = \dfrac{5.0 \times 10^{-4} \times 1.2 \times 10^{-3}}{1.00}$

$= 6.0 \times 10^{-7}$〔m〕

(4)　$\dfrac{d \cdot \Delta x'}{L} = \lambda'$ に $\lambda' = \dfrac{\lambda}{1.5}$ を代入して，

$\Delta x' = \dfrac{\lambda}{1.5} \times \dfrac{L}{d}$

$= \dfrac{6.0 \times 10^{-7} \times 1.00}{1.5 \times 5.0 \times 10^{-4}}$

$= 8.0 \times 10^{-4}$〔m〕

(5)　x は λ に比例し，白色光の中では λ は赤から紫の順に短くなる。

12

(1)　①　$\boldsymbol{n_1 = \dfrac{\sin\theta_0}{\sin\theta_1}}$

②　$\boldsymbol{n_2 = \dfrac{\sin\theta_0}{\sin\theta_2}}$

(2)　$\boldsymbol{2d\sqrt{n_1^2 - \sin^2\theta_0}}$

(3)　$\boldsymbol{2d\sqrt{n_1^2 - \sin^2\theta_0} = m\lambda}$

(4)　**(3)の式より，**

$\boldsymbol{2d\sqrt{n_1^2 - \sin^2\theta_0} = m\lambda}$

$\boldsymbol{\theta_0}$ を小さくすると，$\boldsymbol{\sin\theta_0}$ も小さくなるため，このときの角度を $\boldsymbol{\theta_0'}$，波長を $\boldsymbol{\lambda'}$ とすると，

$\boldsymbol{2d\sqrt{n_1^2 - \sin^2\theta_0'} = m\lambda'\ (\lambda' > \lambda)}$

したがって，角度を小さくすると，長い波長の光が干渉するため，色は赤に近付く。

解説

(1)　$n_1 = \dfrac{\sin\theta_0}{\sin\theta_1}$

$\dfrac{n_2}{n_1} = \dfrac{\sin\theta_1}{\sin\theta_2}$

$n_2 = \dfrac{\sin\theta_1}{\sin\theta_2} n_1 = \dfrac{\sin\theta_0}{\sin\theta_2}$

$(\because\ \ n_1 \sin\theta_1 = \sin\theta_0)$

(2)

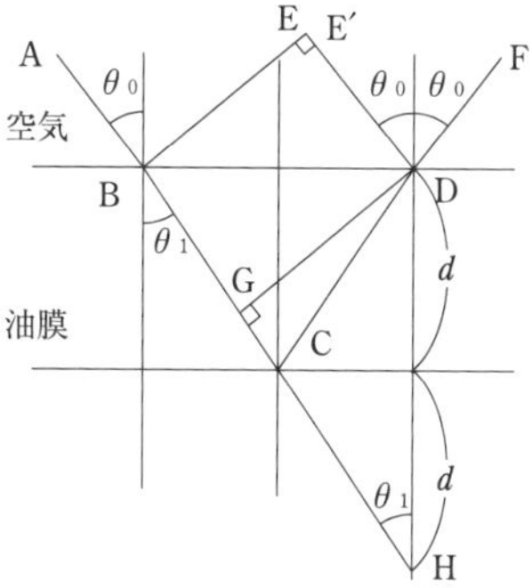

図のように，ＡＢＣＤＦのように進む光がＢ点に到達したとき，ＥＤＦのように進む光路上のE′点上にあるとすると，

$\overline{E'D}$ と $\overline{BG}$ の光学距離は等しく，光路差は $n_1 \times \overline{GCD}$ となる。

$\overline{CD} = \overline{CH}$ となるようなＨ点を置くと，

$\overline{GCD} = \overline{GCH} = 2d\cos\theta_1$

より，

$\cos\theta_1 = \sqrt{1 - \sin^2\theta_1} = \sqrt{1 - \dfrac{\sin^2\theta_0}{n_1^2}}$

$\therefore\ 2d\sqrt{n_1^2 - \sin^2\theta_0}$

(3)　Ｃ点，Ｄ点いずれにおいても反射の際に，位相が π だけずれる。

13

(1)　光路B　　　(2)　$\dfrac{2dx}{L}$〔m〕

(3)　$x = \dfrac{\lambda L}{2d}\left(m + \dfrac{1}{2}\right)$〔m〕

$(m = 0,\ 1,\ 2\cdots)$

(4)　$x = \dfrac{\lambda L}{2n_2 d}\left(m + \dfrac{1}{2}\right)$〔m〕

$(m = 0,\ 1,\ 2\cdots)$

解説

(1)　屈折率が小さい媒質を進む波が屈折率が大きい媒質で反射すると，位相は π だけずれる。

(2)　位置 x における空気層の厚さを y とすると，

$$L : x = d : y \text{ より，} y = \frac{dx}{L}$$

$$\therefore\ 2y = \frac{2dx}{L}\text{〔m〕}$$

(3)　光路差が半波長の奇数倍のとき，光は強め合うので，

$$\frac{2dx}{L} = \frac{\lambda}{2}(2m+1)$$

$(m = 0,\ 1,\ 2\cdots)$

$$\therefore\ x = \frac{\lambda L}{2d}\left(m + \frac{1}{2}\right)\text{〔m〕}$$

(4)　光路Bでは位相はずれないが，光路Aでは位相が π だけずれる。

よって，(3)同様に光路差が半波長の奇数倍のとき明線となる。

このとき，光路差は，$\dfrac{2xdn_2}{L}$ であるので，

$$\frac{2xdn_2}{L} = \frac{\lambda}{2}(2m+1)$$

$(m = 0,\ 1,\ 2\cdots)$

$$\therefore\ x = \frac{\lambda L}{2n_2 d}\left(m + \frac{1}{2}\right)\text{〔m〕}$$

14

(1)　イ　　　(2)　2倍

解説

(1)(2)

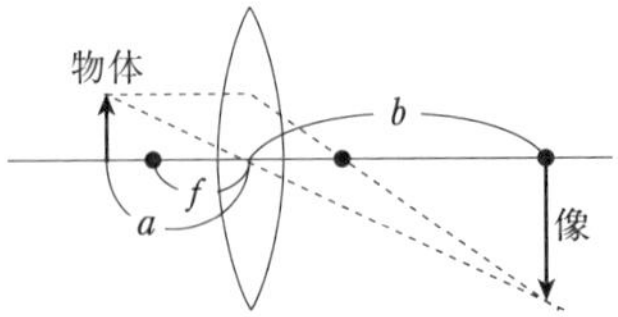

$\dfrac{1}{a} + \dfrac{1}{b} = \dfrac{1}{f}$ において，

$a = 1.5f$ とすると，

$$b = 3f,\ m = \left|\frac{b}{a}\right| = 2$$

よって，像は，焦点よりも遠い位置に，物体より大きい倒立の実像となる。

4 電磁気

傾向と対策

物理の中で，力学的分野と同じく大きな部分を占める分野である。オームの法則，キルヒホッフの法則を用いて解く直流回路についての出題，コンデンサーと抵抗が含まれる複雑な回路についての出題，電磁誘導についての出題が多い。問題の内容や提示されている電気回路は複雑に感じても，実際は難問はあまりないため，基本的な知識を理解していることが重要である。電流計，電圧計の接続や抵抗値の測定など，実験についての出題もよくみられるので，生徒に実験の説明をすることを念頭において理解しておこう。

例題 1　電界

距離 $2a$〔m〕離れた地点A，Bにそれぞれ $+2Q$〔C〕，$-Q$〔C〕($Q>0$)の点電荷が置かれている。そこで，図のように直交座標軸をとった。Q〔C〕の点電荷から距離 r〔m〕離れた地点の電場の強さは $k\dfrac{|Q|}{r^2}$〔N/C〕であり，Q〔C〕の点電荷から距離 r〔m〕離れた地点の電位は，無限遠方を基準点として，$k\dfrac{Q}{r}$〔V〕(k は定数)であることが知られている。各問いに答えよ。

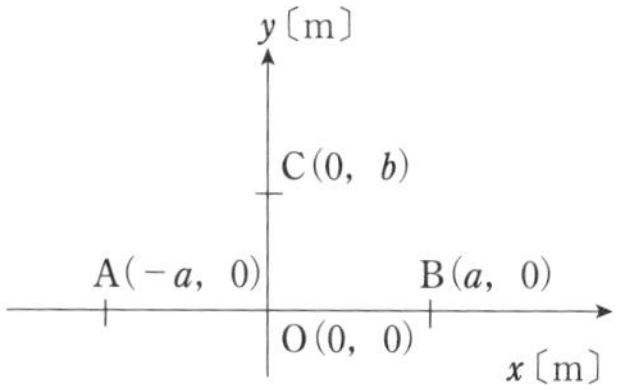

(1)　点O(0, 0)での電場の強さを a，k，Q を用いて答えよ。

(2)　点C(0, b)での電場の強さを a，b，k，Q を用いて答えよ。

(3)　x 軸上で電場の強さが0になる地点がある。その点の x 座標の値を答えよ。

(4)　x 軸上の無限遠方を電位の基準としたとき，x 軸上で電位が0になる地点がある。$0<x<5a$ の範囲で，その地点の x 座標の値をすべて答えよ。

〈大分県〉

解答 (1) $3k\dfrac{Q}{a^2}$〔N/C〕　(2) $Qk\sqrt{\dfrac{9a^2+b^2}{(a^2+b^2)^3}}$〔N/C〕

(3) $(3+2\sqrt{2})a$　(4) $3a,\ \dfrac{1}{3}a$

解説 電界と電位について，次の基本事項を確認しておこう。

・電界

大きさと向きをもつベクトル量であるので，ある点の電界は各電荷による電界のベクトル和である。

・電位

スカラー量であるので，ある点の電位は各電荷による電位の代数和である。

(1) Aの電荷による電場は，

$$\overrightarrow{E_{\mathrm{A}}}=k\frac{2Q}{a^2}\text{（x 軸正の向き）}$$

Bの電荷による電場は，

$$\overrightarrow{E_{\mathrm{B}}}=k\frac{Q}{a^2}\text{（x 軸正の向き）}$$

よって，点Oにおける電場の強さ E は，

$$E=k\frac{2Q}{a^2}+k\frac{Q}{a^2}=3k\frac{Q}{a^2}\text{〔N/C〕}$$

(2) Aの電荷による電場は，

$$\overrightarrow{E_{\mathrm{A}}}'=k\frac{2Q}{a^2+b^2}\text{（A→Cの向き）}$$

Bの電荷による電場は，

$$\overrightarrow{E_{\mathrm{B}}}'=k\frac{Q}{a^2+b^2}\text{（C→Bの向き）}$$

点Cにおける電場の強さの x 方向成分は，

$$E_x=|\overrightarrow{E_{\mathrm{A}}}'|\cdot\frac{a}{\sqrt{a^2+b^2}}+|\overrightarrow{E_{\mathrm{B}}}'|\cdot\frac{a}{\sqrt{a^2+b^2}}$$
$$=\frac{3Qka}{(a^2+b^2)^{\frac{3}{2}}}$$

y 方向成分は，

$$E_y=|\overrightarrow{E_{\mathrm{A}}}'|\cdot\frac{b}{\sqrt{a^2+b^2}}-|\overrightarrow{E_{\mathrm{B}}}'|\cdot\frac{b}{\sqrt{a^2+b^2}}$$
$$=\frac{Qkb}{(a^2+b^2)^{\frac{3}{2}}}$$

よって，

$$E=\sqrt{E_x{}^2+E_y{}^2}$$
$$=\sqrt{\frac{9Q^2k^2a^2}{(a^2+b^2)^3}+\frac{Q^2k^2b^2}{(a^2+b^2)^3}}$$

$$= Qk\sqrt{\frac{9a^2+b^2}{(a^2+b^2)^3}}\ \text{〔N/C〕}$$

(3)　求める点の x 座標を x とする。

A，Bの電荷による電界の向きが互いに逆向きになるのは，

$x < -a,\ a < x$ ……＊

のときである。

$|\overrightarrow{E_A}| = |\overrightarrow{E_B}|$ より，

$$k\frac{2Q}{(x+a)^2} = k\frac{Q}{(x-a)^2}$$

$$2(x-a)^2 = (x+a)^2$$

$$x^2 - 6ax + a^2 = 0$$

$$x = 3a \pm 2\sqrt{2}a = (3 \pm 2\sqrt{2})a$$

$x = (3-2\sqrt{2})a$ は(＊)を満たさない。

よって，$x = (3+2\sqrt{2})a$

(4)　電位が0となる点の座標を $(x',\ 0)$ とすると，

$x' > a$ のとき，

Aの電荷による電位：$k\dfrac{2Q}{(a+x')}$

Bの電荷による電位：$k\dfrac{-Q}{(x'-a)}$

より，

$$k\frac{2Q}{(a+x')} - k\frac{Q}{(x'-a)} = 0$$

$$2(x'-a) = a + x'$$

$$\therefore x' = 3a$$

$0 < x' < a$ のとき，

Aの電荷による電位：$k\dfrac{2Q}{(a+x')}$

Bの電荷による電位：$k\dfrac{-Q}{(a-x')}$

より，

$$k\frac{2Q}{(a+x')} - k\frac{Q}{(a-x')} = 0$$

$$2(a-x') = a + x'$$

$$\therefore x' = \frac{1}{3}a$$

例題2　コンデンサー

図のような回路において，操作1～3を行った。それぞれの操作後，十分に時間が経過した状態について，次の各問いに答えよ。ただし，C_1，C_2，C_3の電気容量をそれぞれ2.0F，1.0F，3.0F，電池の起電力を6.0Vとする。

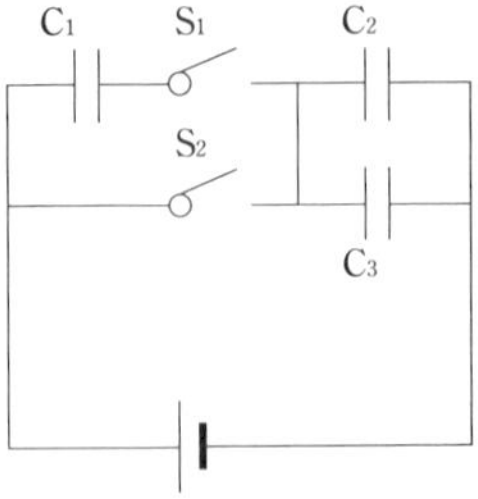

操作1：スイッチS_1を閉じる。

(1)　コンデンサーC_1とC_2に蓄えられている電荷〔C〕をそれぞれ答えよ。

操作2：スイッチS_1を開けた後に，S_2を閉じる。

(2)　コンデンサーC_2に蓄えられている電荷〔C〕を答えよ。

操作3：スイッチS_2を開けた後に，再度スイッチS_1を閉じる。

(3)　コンデンサーC_3に蓄えられている電荷〔C〕を答えよ。

〈静岡県・静岡市〉

解答　(1)　C_1：8.0 C　　C_2：2.0 C

(2)　6.0 C　　(3)　14 C

解説　(1)　C_2とC_3の合成容量は，

$1.0 + 3.0 = 4.0$〔F〕

C_1の両端の電圧をV_1〔V〕，並列部の電圧をV_2〔V〕とすると，

$V_1 + V_2 = 6.0$……①

直列では各コンデンサーの電気量は等しいから，

$2.0V_1 = 4.0V_2$

$V_1 = 2V_2$……②

①，②より，$V_1 = 4.0$〔V〕，$V_2 = 2.0$〔V〕なので，

C_1：$2.0 \times 4 = 8.0$〔C〕

C_2：$1.0 \times 2 = 2.0$〔C〕

(2)　$6.0 \times 1.0 = 6.0$〔C〕

(3)　(2)のとき，C_3に蓄えられている電荷は，

$6.0 \times 3.0 = 18.0$〔C〕

C_1，C_2，C_3の電荷をそれぞれ Q_1〔C〕，Q_2〔C〕，Q_3〔C〕とする。

電気量保存則より，

$$-Q_1+Q_2+Q_3=-8.0+6.0+18$$
$$=16 \cdots\cdots ③$$

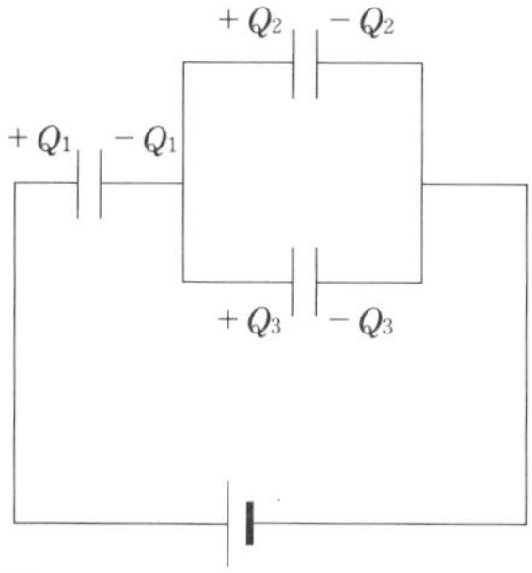

電圧について，

$$\frac{Q_1}{2.0}+\frac{Q_2}{1.0}=6 \cdots\cdots ④$$

$$\frac{Q_2}{1.0}=\frac{Q_3}{3.0} \cdots\cdots ⑤$$

③～⑤より，

$$Q_1=\frac{8}{3}〔\mathrm{C}〕,\ Q_2=\frac{14}{3}〔\mathrm{C}〕,\ Q_3=14〔\mathrm{C}〕$$

例題 3　直流回路

図のように，100 Vの直流電源V，抵抗値 10 Ωの抵抗 R_1，抵抗値 40 Ωの抵抗 R_2，電気容量 4.0×10^{-6} Fのコンデンサー C およびスイッチ S_1，S_2を導線でつないだ。この回路のスイッチ S_1を閉じたままで，スイッチ S_2を閉じたとき，次の各問いに答えよ。ただし，はじめコンデンサー C には電荷が蓄えられていなかったものとする。

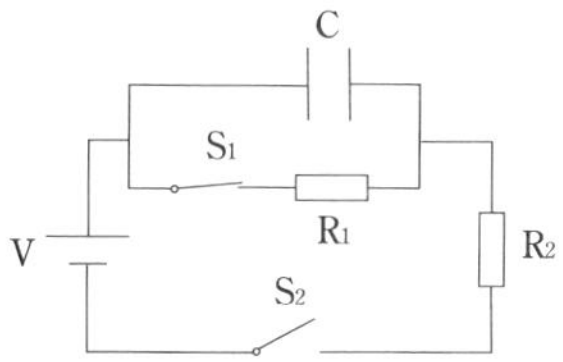

(1)　スイッチ S_2を閉じた瞬間，抵抗 R_2を流れる電流は何Aか求めよ。

(2)　スイッチ S_2を閉じて十分に時間が経過した後，コンデンサー C に蓄えられている電荷は何Cか求めよ。

(3)　スイッチ S_2を閉じたままで，スイッチ S_1を開いて十分に時間が経過した後，コンデンサー C に蓄えられている電荷は何Cか求めよ。

〈高知県〉

解答　(1)　2.5 A　　(2)　8.0×10^{-5} C

(3)　4.0×10^{-4} C

解説　(1)　スイッチ S_2を閉じた瞬間，はじめコンデンサーには電荷がないので，並列部の電圧は 0 である（極板間を導線でつないだのと同じ状態）。よって，求める電流は，

$$\frac{100}{40}=2.5〔\mathrm{A}〕$$

(2) 十分時間がたつと，コンデンサーには電荷が流れ込まなくなり，並列部の電流はすべてR_1を通る(コンデンサーを取り除いたのと同じ状態)。回路を流れる電流は，

$$\frac{100}{10+40}=2.0〔A〕$$

並列部の電圧は，

$$10 \times 2.0 = 20〔V〕$$

よって，求める電荷は，

$$4.0 \times 10^{-6} \times 20 = 8.0 \times 10^{-5}〔C〕$$

(3) 十分時間がたつと，回路を流れる電流は0で，コンデンサーの両端の電位差は100 Vになる。よって，求める電荷は，

$$4.0 \times 10^{-6} \times 100 = 4.0 \times 10^{-4}〔C〕$$

例題4 電流と磁界

図のように真空中に十分に長い直線の導線が一本あり，I〔A〕の定常電流が流れている。現在，導線からx〔m〕離れた場所に，全抵抗がR〔Ω〕の長方形の一巻きコイルＡＢＣＤの一辺ＡＤがあり，一定の速さv〔m/s〕で導線から遠ざかっている。辺ＡＤは直線の導線と平行を保ったまま，動くものとする。辺ＡＢの長さはa〔m〕，辺ＢＣの長さはb〔m〕である。真空の透磁率をμ〔N/A^2〕とし，コイルにはたらく重力は無視する。円周率はπを使うこととし，各問いに答えよ。

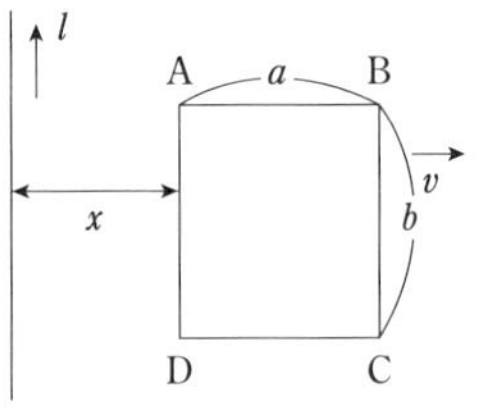

(1) 図の瞬間に，直線の導線が辺ADの位置につくる磁場の強さはいくらか答えよ。

(2) 図の瞬間に，直線の導線が辺BCの位置につくる磁場の強さはいくらか答えよ。

(3) 図の瞬間に，このコイルに生じる誘導起電力の大きさはいくらか答えよ。

(4) 図の瞬間に，直線の導線から辺ADが受ける力の大きさはいくらか答えよ。

〈大分県〉

解答　(1)　$\dfrac{I}{2\pi x}$〔A/m〕　　(2)　$\dfrac{I}{2\pi(x+a)}$〔A/m〕

(3)　$\dfrac{\mu Ivab}{2\pi x(x+a)}$〔V〕　　(4)　$\dfrac{\mu^2 I^2 vab^2}{4\pi^2 x^2(x+a)R}$〔N〕

解説　(3)　辺ADおよびBCの位置における磁束密度Bは，それぞれ，$\dfrac{\mu I}{2\pi x}$，$\dfrac{\mu I}{2\pi(x+a)}$である。したがって，コイルを貫く磁束のΔtあたりの変化量$\Delta\Phi$は，

$$\Delta\Phi=\left(\frac{\mu I}{2\pi(x+a)}-\frac{\mu I}{2\pi x}\right)\times v\Delta t\times b=-\frac{\mu Iv\Delta tab}{2\pi x(x+a)}$$

求める誘導起電力の大きさ$|V|$は，

$$|V|=-\frac{\Delta\Phi}{\Delta t}=\frac{\mu Ivab}{2\pi x(x+a)}\text{〔V〕}$$

(4)　図の瞬間にコイルを流れる電流は，

$$i=\frac{|V|}{R}=\frac{\mu Ivab}{2\pi x(x+a)R}$$

よって，

$$F=iBb$$

$$=\frac{\mu Ivab}{2\pi x(x+a)R}\cdot\frac{\mu I}{2\pi x}\cdot b$$

$$=\frac{\mu^2 I^2 vab^2}{4\pi^2 x^2(x+a)R}\text{〔N〕}$$

演習問題

1 ★☆☆

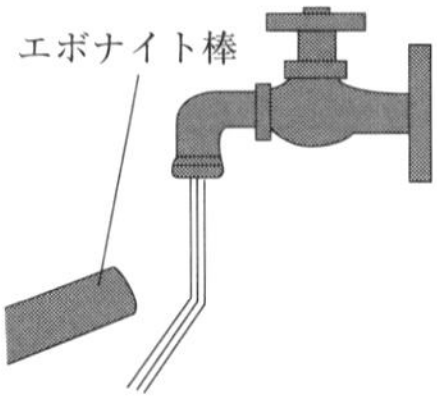

水道の蛇口から水を細く連続的に流しておき，毛皮でこすり帯電させたエボナイト棒をこの水の流れに近づけたところ，図のようにエボナイト棒に近づく向きに曲がった。次に，絹布でこすり帯電させたガラス棒で同じ実験を行った。ただし，毛皮でこすったエボナイト棒は－に帯電し，絹布でこすったガラス棒は＋に帯電するものとする。

(1) この現象を説明した次の文の（　　）に適切な語句を解答群から選び，その記号を答えよ。

水分子は，（ ① ）原子側が＋，（ ② ）原子側が－の電気を持ち電気的に偏った構造を持っている。＋の電気と－の電気には（ ③ ）がはたらき，＋と＋，－と－の電気には（ ④ ）がはたらく。エボナイト棒の－の電気は，（ ① ）原子側の＋に（ ③ ）をおよぼし，（ ② ）原子側の－には（ ④ ）をおよぼす。この2つの力はつり合っていない。静電気力の大きさは（ ⑤ ）の（ ⑥ ）乗に反比例し，水分子の（ ③ ）が（ ④ ）より大きくなるので水は棒に近づいてくるのである。

〔解答群〕

ア．酸素	イ．窒素	ウ．水素	エ．分子間力	オ．斥力
カ．重力	キ．引力	ク．電磁力	ケ．質量	コ．電気量
サ．距離	シ．－2	ス．－1	セ．1	ソ．2

(2) ガラス棒で同じ実験をしたとき，水の流れる軌道はどのようになると考えられるか，理由をつけて説明せよ。

〈兵庫県〉

2 ★☆☆

ガウスの法則では，電気量 Q の正電荷から出る電気力線の本数は $\dfrac{Q}{\varepsilon_0}$ 本（ε_0：真空の誘電率）であると考える。これは電荷の周囲のある場所での電場の強さが，その位置における電気力線の密度と等しくなるように定められたものである。これに関して，次の各問いに答えよ。

(1) 半径 a の球に電気量 Q の正電荷が均一に分布している。

① この球の中心Oから $r(r < a)$ 離れた地点での電場は，中心から r の範囲に分布する電荷によってのみつくられることを利用して，そこでの電場の強さが $\dfrac{Qr}{4\pi\varepsilon_0 a^3}$ と表されることを，ガウスの法則を用いて説明せよ。

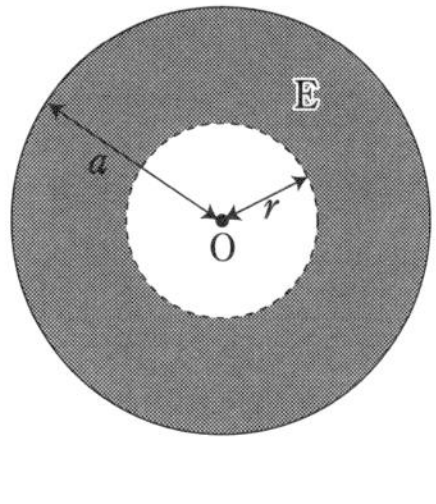

② 無限遠方の電位を0として，球の中心Oの電位を求めよ。

(2) 無限に広い導体板上に，正電荷が一様な面密度 σ で分布している。

① 導体板上の適当な閉区間から生じる電気力線を考えることで，導体板から r 離れた位置での電場の強さを求めよ。

② 導体板から r_0 離れた点と，同じ側に $2r_0$ 離れた点との間の電位差を求めよ。

(3) 無限に長い直線導線上に，正電荷が一様な線密度 λ で分布している。

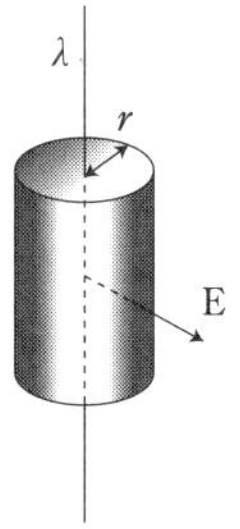

① この導線を中心とする半径 r の適当な長さの円筒の側面を通過する電気力線を考えることで，直線状電荷から r 離れた位置での電場の強さを求めよ。

② 直線電荷から r_0 離れた点と，同じ方向に $2r_0$ 離れた点との間の電位差を求めよ。

〈香川県〉

3 ★☆☆

静電気に関する次の各問いに答えよ。

(1) 電荷どうしの間にはたらく静電気力の性質を，物体どうしの間にはたらく万有引力の性質と比較しながら説明すると，生徒の理解を得やすい。各問いに答えよ。

① 静電気力の性質と万有引力の性質の類似点を2つあげよ。

② 静電気力の性質と万有引力の性質の相違点を2つあげよ。

(2) 右図の三角形 ABC は，辺の長さが AB $= 2a$，AC $= a$ の直角三角形であり，点Dは，辺 BC の中点である。点Bに正の電気量 $4Q$，点Cに正の電気量 Q をもつ点電荷を置く。クーロンの法則の比例定数を k として，各問いに答え

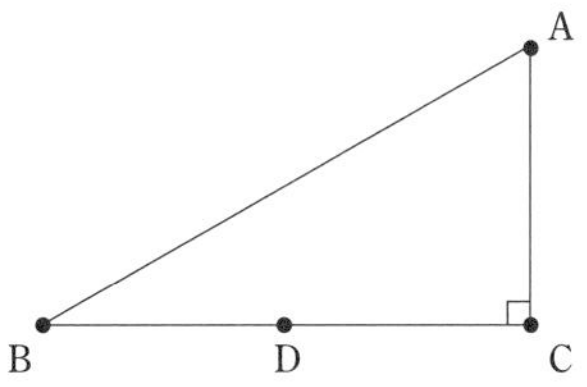

よ。

① 点B，点Cにある点電荷が互いに及ぼし合う静電気力の大きさを求めよ。

② 点B，点Cにある２つの点電荷が点Aにつくる電界Eの大きさを求めよ。また，電界Eの向きを記入せよ。

③ 点Aに正の電気量 q の点電荷を置いたとき，この電荷にはたらく力の大きさを求めよ。

④ 点B，点Cにある２つの点電荷が点Aにつくる電位を求めよ。

⑤ 点Aにある点電荷を点Dまで移動させた。このとき要した仕事を求めよ。

⑥ 点B，点Cにあるそれぞれの点電荷から点Dにある点電荷に作用する力がつり合うためには，点Dにある点電荷をどの向きにどれだけ動かせばよいか。解答の過程を書いて求めよ。

〈山口県〉

4 ★☆☆

面積 S の円形極板A，Bからなる電気容量 C の平行板コンデンサー，起電力 V の電池，極板と同じ面積の円形の金属板Dがある。A，Bの極板間隔は $3d$，Dの厚さは d である。はじめコンデンサーおよび金属板に電荷は与えられていない。極板の半径は d より十分大きいとする。

まず，図１のように，極板Bを接地したコンデンサー，電池，スイッチからなる回路をつくった。スイッチを閉じて十分に時間がたった後，スイッチを開いた。

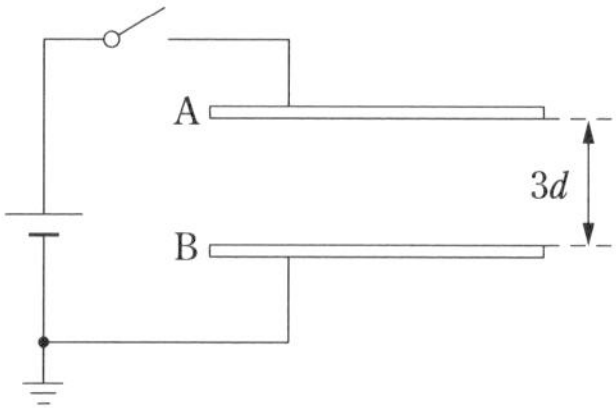

図１

(1) コンデンサーに蓄えられている電気量を求めよ。

(2) 極板間の電場の強さを求めよ。

(3) コンデンサーに蓄えられている静電エネルギーはいくらか求めよ。

次に，スイッチを開いたままの状態で図２のように金属板Dを極板と平行にコンデンサーの中央においた。

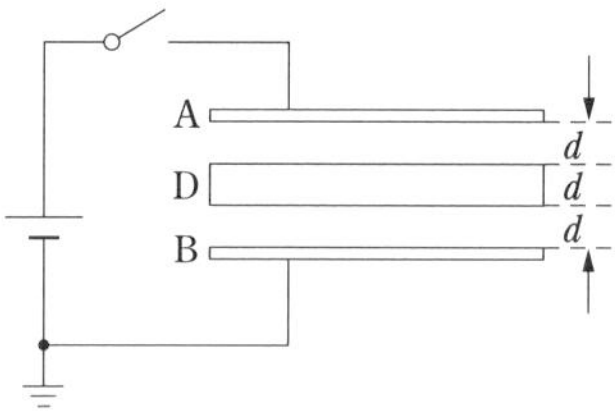

図２

(4) AB 間の電位の様子を，Aからの距離を横軸，電位を縦軸としてグラフをかけ。

(5) AB 間の電場の様子を，Aからの距離を横軸，電場の強さを縦軸としてグラフをかけ。

(6) コンデンサーの中央にDを挿入するときに，外力のする仕事を求めよ。

さらに，図３のように再びスイッチを閉じて十分に時間がたった。

(7)　コンデンサーに蓄えられている電気量を求めよ。

(8)　このとき(図２の状態から図３の状態になるとき)に電池がした仕事を求めよ。

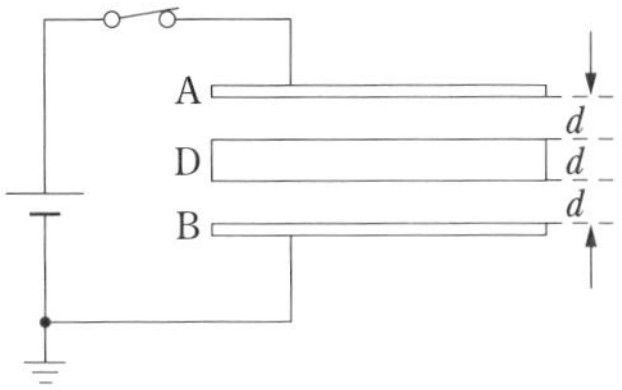

図３

〈佐賀県〉

5 ★☆☆

一辺の長さ l の同形の３枚の正方形金属板A，B，Cがあり，これと断面が同じ正方形で厚さが d の誘電体Dがある。図１のように，空気中に，金属板A，B，Cをそれぞれの間隔が d となるように互いに向かい合わせて水平に固定し，AとCを導線でつないで接地する。金属板B，C間には誘電体がすき間なく挿入されている。金属板A，Bがつくるコンデンサーの電気容量を C_0，誘電体Dの誘電率を空気の誘電率の n 倍($n>1$)とする。はじめ，各金属板は帯電しておらず，DとB，DとCとの間にはたらく摩擦力は無視できるものとする。次の各問いに答えよ。

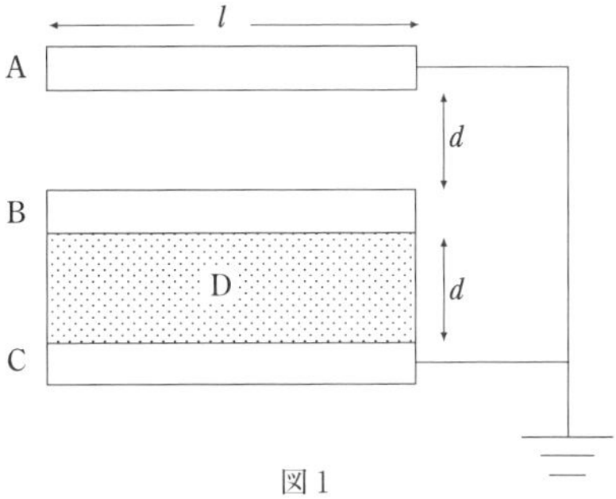

図１

(1)　はじめの状態から，金属板Bに $+Q(>0)$ の電荷を与えた場合について考える。次の①，②に答えよ。

①　このとき金属板A，Cに帯電している電荷はそれぞれいくらか答えよ。

②　このときの金属板B，C間の電界の強さはいくらか答えよ。

(2)　(1)の状態から，誘電体Dに外力を加えることにより，誘電体Dを金属板B，C間からゆっくりと引き抜いた。次の①，②に答えよ。

①　誘電体Dを完全に引き抜いた状態で，金属板A，Cに帯電している電荷はそれぞれいくらか答えよ。

②　誘電体Dを引き抜く間に外力がした仕事はいくらか答えよ。

(3)　図２のように，(2)で誘電体Dを完全に引き抜いた状態に続いて，内部抵抗の無視できる起電力 V_0 の電池を金属板Bにつなぎ，十分に時間が経過してから，誘電体Dに外力を加えてゆっくりとした一定の速さvで金属板B，C間に再びすき間なく挿入した。次の①，②に答えよ。

① 誘電体Dを挿入する間に，電池から流れ出る電流の強さはいくらか答えよ。

② 誘電体Dを挿入する間に加えた外力はいくらか，誘電体を挿入する向きを正として答えよ。

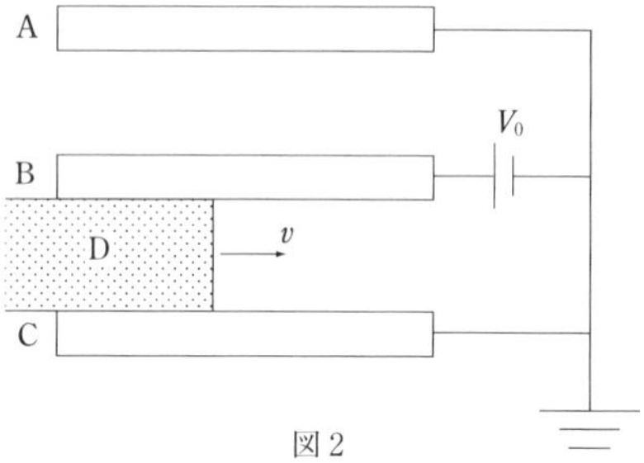

図2

〈青森県〉

6 ★★☆

$C_1 = 2.0\mu F$，$C_2 = 4.0\mu F$，$C_3 = 3.0\mu F$ の3つのコンデンサーが，右の図のように接続してある。ただし，C_1，C_2，C_3は，はじめ電荷を持っていないものとする。これについて，次の各問いに答えよ。

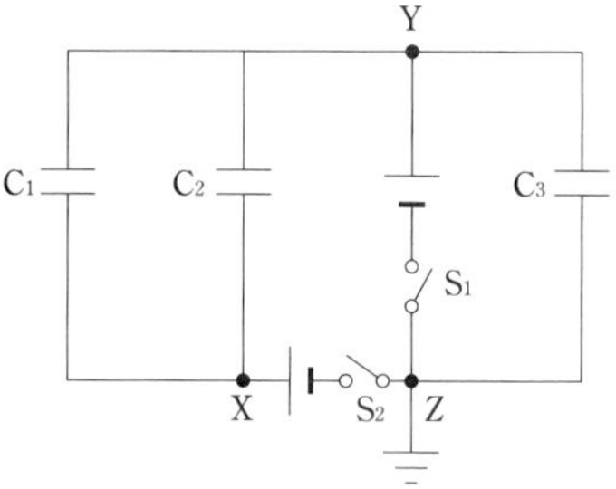

(1) XZ 間の合成容量を求めよ。

(2) S_1を閉じて YZ 間に 40 V の電位差を与えた。C_3に蓄えられる電気量を求めよ。

(3) 次にS_1を開いてS_2を閉じて XZ 間に 10 V の電位差を与えた。

① Yの電位を求めよ。

② C_1のX側の極板に蓄えられる電気量を求めよ。

③ 全体に蓄えられる静電エネルギーを求めよ。

〈京都府〉

7 ★★☆

電流に関する次の各問いに答えよ。

(1) 生徒に電気を用いた実験を行わせる際には，感電に気を付ける必要がある。以下の各問いに答えよ。

① 感電を防ぐためにはどのような点に注意すればよいか簡潔に述べよ。

② 「小鳥が感電しないで，高圧線にとまっていられるのはなぜですか。」

と生徒が質問した。この質問に簡潔に答えよ。

(2)　次の文は，オームの法則をミクロ的に説明するためのものである。文中の空欄ア～カには，それぞれの後ろにある［　　　］内の文字を用いた式を入れ，空欄①には適切な文を入れて，説明文を完成せよ。

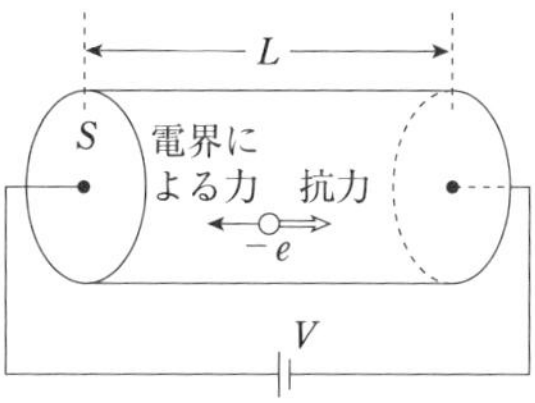

右図のように，断面積 S，長さ L，抵抗率 ρ の導体の両端に電圧 V を加える。この導体の抵抗は，（　ア　）［S，L，ρ］である。

いま，導体内に一様な電界が生じていると仮定すれば，その強さは，（　イ　）［L，V］と表され，導体内にある，電荷 $-e$ をもった自由電子はこの電界から受ける力により加速されるが，同時に，それとは反対向きに，運動を妨げる抗力を受ける。この抗力の原因は（　①　）である。

導体内に定常的な電流が流れているとき，電子は電界による力と抗力がつり合って，一定の平均の速さで運動する。抗力が電子の移動速度の大きさに比例し，その比例定数を k として，この速さは（　ウ　）［L，V，e，k］と表すことができる。導体内に存在する自由電子の数を単位体積あたり n 個とすれば，導体を流れる電流 I と電圧 V の関係式は（　エ　）［S，L，V，e，k，n，I］となる。

式（　エ　）とオームの法則 $V = RI$ を比較することにより，抵抗 R は（　オ　）［S，L，e，k，n］であり，抵抗率 ρ は（　カ　）［e，k，n］となる。

(3)　金属及び半導体の抵抗率の変化に関する以下の①，②について，(2)の結果をもとに簡潔に説明せよ。

①　金属はその温度が高くなると一般に電流が流れにくくなる。

②　半導体はその温度が高くなると一般に電流が流れやすくなる。

〈山口県〉

8　★☆☆

図のように，抵抗 $\mathrm{R_1}$，$\mathrm{R_2}$，$\mathrm{R_3}$，$\mathrm{R_4}$，$\mathrm{R_5}$(抵抗値は，それぞれ R_1，R_2，R_3，R_4，R_5〔Ω〕で，R_2 は可変抵抗)，電池 E (起電力は E〔V〕)，検流計 G，スイッチ S からなる回路がある。電池や検流計の内部抵抗は考えないものとして，次の各問いに答えよ。

(1)　スイッチ S を開いたままのとき，抵抗 $\mathrm{R_1}$ の両端の電圧はいくらか求めよ。

(2)　スイッチ S を開いたままのとき，抵抗 $\mathrm{R_3}$ を流れる電流の大きさはいくらか求めよ。

(3) スイッチSを閉じた後，可変抵抗R_2を調整して検流計を流れる電流が0になるようにした。このときのR_5の値をR_1，R_2，R_3，R_4で表せ。

(4) R_5の位置に直径0.25mm，長さ20mの銅線を接続して抵抗値を調べたら，7.0 Ωであった。この銅線の抵抗率はいくらか求めよ。

図

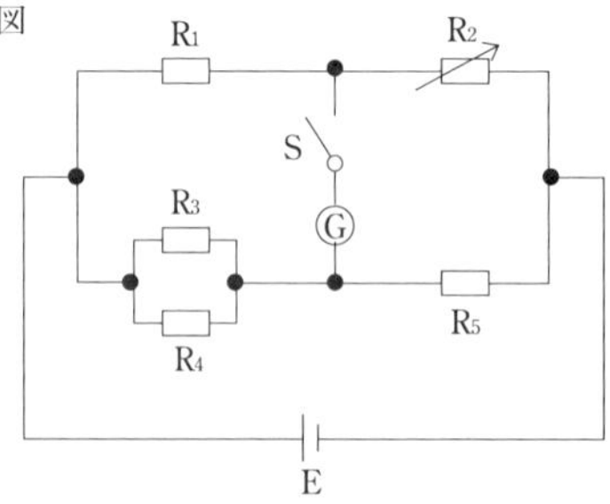

〈和歌山県〉

9 ★☆☆

図の回路で，電池E_1，E_2の起電力はそれぞれ24〔V〕，6〔V〕で，抵抗R_1，R_2の抵抗値はそれぞれ20〔Ω〕，10〔Ω〕である。Rは可変抵抗器，Aは電流計である。電池，電流計の内部抵抗は無視できるものとして，各問いに答えよ。

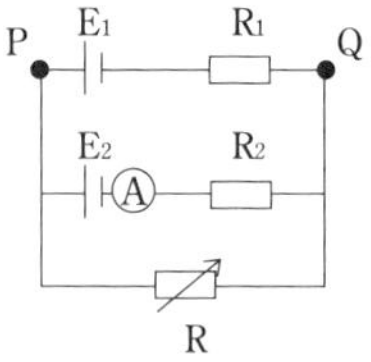

可変抵抗器Rを調整したところ，電流計Aに流れる電流が0になった。

(1) PQ間の電圧はいくらか求めよ。

(2) R_1を流れる電流はいくらか求めよ。

(3) Rの抵抗値はいくらか求めよ。

可変抵抗器Rの値を10〔Ω〕にした。R_1，R_2それぞれを左向きに流れる電流をI_1，I_2〔A〕とする。

(4) Rを流れる電流をI_1，I_2で表せ。

(5) E_1，R，R_1の閉回路と，E_1，E_2，R_2，R_1の閉回路それぞれで成り立つ電圧についてのキルヒホッフの式を答えよ。

(6) R_2を流れている電流の大きさと向きを求めよ。

〈茨城県〉

10 ★☆☆

起電力 E〔V〕，内部抵抗 r〔Ω〕の古い乾電池がある。この電池の起電力と内部抵抗の値を求める実験を考える。図１のように，乾電池，直流電流計(500mA 端子を使用)，直流電圧計(３Ｖ端子を使用)，スイッチ，および最大 30 Ω のすべり抵抗器を用意し，すべり抵抗器に乾電池から電流を流したときの乾電池の電圧を測ることにより，乾電池の起電力 E と内部抵抗 r を測定しようとするものである。この実験について，各問いに答えよ。なお，電流計の内部抵抗は無視でき，電圧計の内部抵抗はすべり抵抗器にくらべて十分大きいものとする。

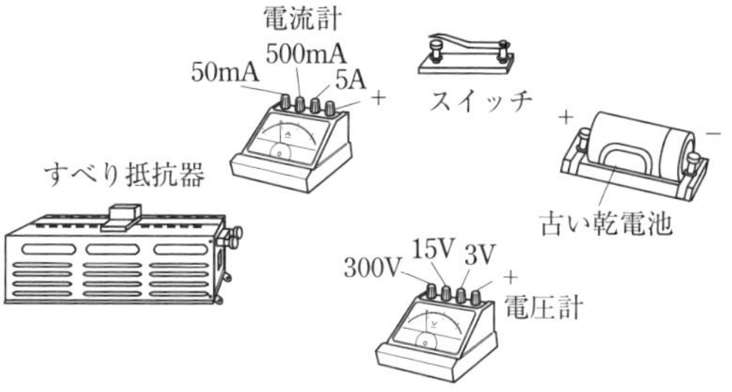

図１

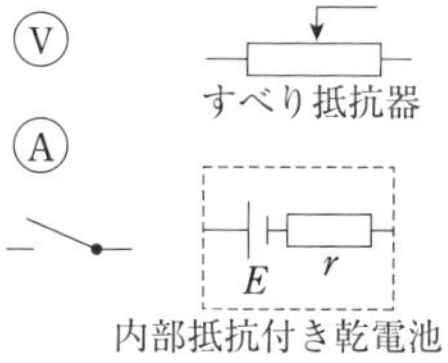

図２

(1)　実験を正しく行うためには，どのように配線をすればよいか。図２の回路記号を参考に回路図を書き，さらに図１の器機の配線を実線で結べ。

(2)　正確な実験を行うためには，注意しなければならないことがある。注意事項を１つ簡潔に答えよ。

(3)　次の表は，ある乾電池の実験結果である。この結果をグラフとしてまとめよ。

測定	1	2	3	4	5
電流計の読み I〔mA〕	100	200	300	400	500
電圧計の読み V〔V〕	1.56	1.50	1.45	1.39	1.35

(4)　(3)の結果をもとに，乾電池の起電力 E〔V〕，内部抵抗 r〔Ω〕を求めよ。

(5)　この電池と全く同じ２個の電池を，(a)並列につないだ場合と，(b)直列につないだ場合を考える。(a)と(b)のそれぞれに，抵抗が 0.50 Ω の電球をつないだ。どちらの場合がより明るく点灯するか。理由を示して答えよ。ただし，電池の起電力と内部抵抗および電球の抵抗は常に一定であるとする。

〈岩手県〉

11 ★☆☆

図1のように，1.2 Vの電源と120 Ωの抵抗を用いてダイオードに順方向電圧を加えた。図2は，このダイオードの順方向電圧と順方向電流の関係を示したものである。電源の内部抵抗はないものとして，次の各問いに答えよ。

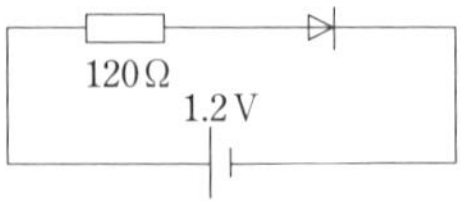

図1

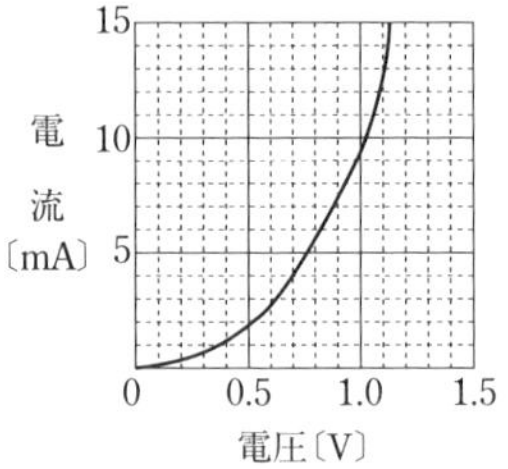

図2

(1) この回路において，ダイオードの両端の電圧V〔V〕とダイオードを流れる電流I〔A〕の間の関係式を求めよ。またこの関係を表すグラフをかけ。

(2) この回路において，ダイオードを流れる電流〔mA〕とダイオードで消費される電力〔mW〕を求めよ。

〈愛媛県〉

12 ★☆☆

同等の2個の豆電球，乾電池及び可変抵抗を用いて，図1と図2のような2通りの回路を組んだとき，どちらの場合の豆電球がより明るいかを考える。ただし，乾電池の起電力はEで内部抵抗は無視できるとし，豆電球の抵抗値はR，可変抵抗の抵抗値はrとする。次の各問いに答えよ。

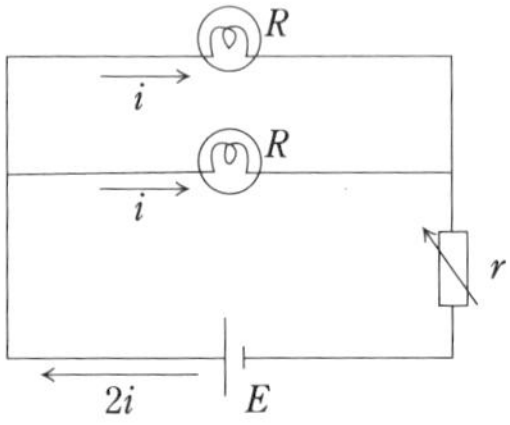

図1

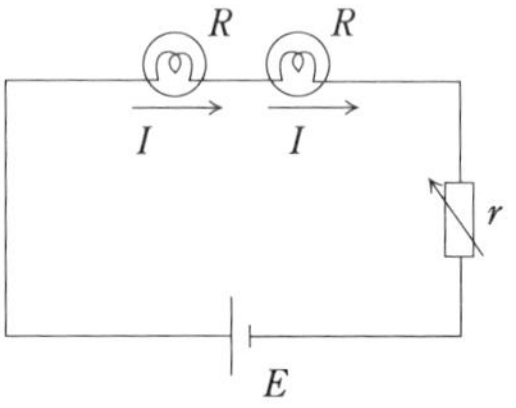

図2

(1) 図1の場合，1つの豆電球を流れる電流の強さはいくらか求めよ。

(2) 図1の場合，1つの豆電球の消費電力はいくらか求めよ。

(3) 可変抵抗の抵抗値rを変化させるとき，次の(a)～(c)の3つの場合において，図1と図2のどちらの回路の豆電球が明るくなるか，式を用いて説明せよ。

(a) $r < R$の場合　(b) $r = R$の場合　(c) $r > R$の場合

〈徳島県〉

13 ★☆☆

次の各問いに答えよ。

図のような回路を考える。

R_1，R_2，R_3はそれぞれ抵抗値が$2R$，R，$2R$の抵抗，VRは可変抵抗，S_1，S_2はスイッチ，Cは電気容量Cのコンデンサー，Eは起電力Eで内部抵抗の無視できる電池である。はじめ，S_1，S_2は開いている。次の操作1～操作3を行った。各抵抗を流れる電流は，図の矢印の向きに流れるときを正とする。

図

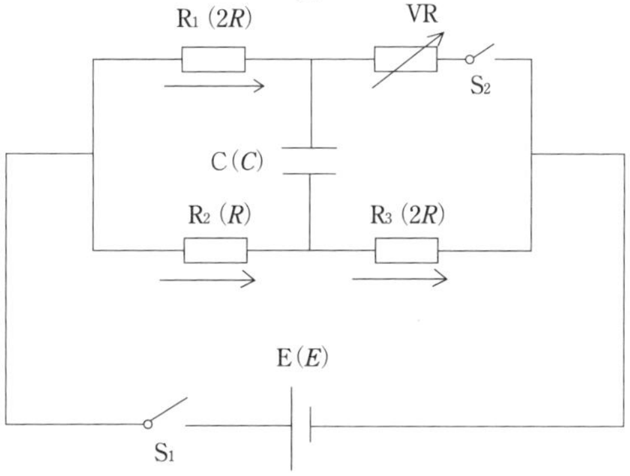

〈操作1〉　はじめの状態からS_2を開いたまま，時刻$t = 0$にS_1を閉じた。

(1)　S_1を閉じた直後にR_1を流れる電流はいくらか求めよ。

(2)　S_1を閉じてから十分時間がたったとき，R_3を流れる電流はいくらか求めよ。

(3)　Cに蓄えられる電気量qの時間変化を表すグラフの概形をかけ。S_1を閉じてから十分時間がたったときの値がわかるようにかくこと。

(4)　(3)で得られたqの変化を表すグラフの，$t = 0$における接線の傾きはいくらか。

〈操作2〉　操作1から十分時間がたった後，S_1を再び開いた。

(5)　S_1を開いた直後にR_1を流れる電流はいくらか求めよ。

(6)　操作2を行ってから，十分時間がたつまでの間に，R_1で発生するジュール熱はいくらか求めよ。

〈操作3〉　はじめの状態に戻してからVRの抵抗値を0にしてS_2を閉じ，続けてS_1を閉じた。VRの抵抗値をゆっくりと大きくしていった。

(7)　Cに蓄えられる電気量を0にするには，VRの抵抗値をいくらにすればよいか。

〈佐賀県〉

14 ★★☆

図1のように，真空中に xyz 直交座標系を考える。xz 平面を境として，領域 $y>0$ では，磁束密度 B の一様な磁界が $+z$ 向きにかかっており，領域 $y<0$ では，一様な電界 E が $+y$ 向きにかかっている。この空間中で，質量 m，電荷 $q(q>0)$ の荷電粒子の運動を考える。重力の影響は無視できるものとし，物理量は MKSA 単位系として，各問いに答えよ。

図1

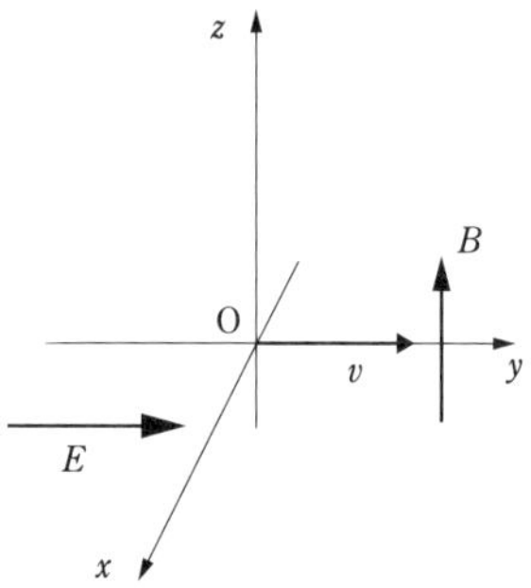

まず，図1のように，原点から y 軸の正の向きに速さ $v(v>0)$ で荷電粒子を打ち出したところ，荷電粒子の運動は，xy 面内のみで行われた。

(1) 荷電粒子が最初に x 軸を通過するまでの時間を求めよ。

(2) 荷電粒子が最初に x 軸を通過する点と原点との距離を求めよ。

(3) 荷電粒子が最初に x 軸を通過してから2度目に x 軸を通過するまでの時間を求めよ。

(4) 荷電粒子は一瞬静止する場所がある。最初に静止する点の座標 $(x,\ y,\ z)$ を求めよ。

(5) xy 面上を運動する荷電粒子の軌道の概形を示せ。

図2

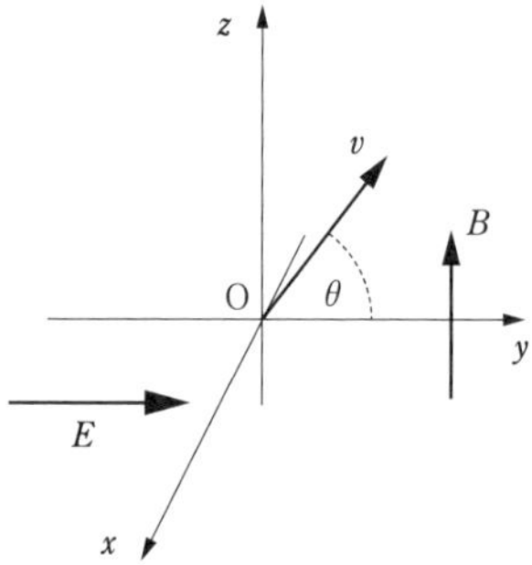

次に，図2のように，原点から yz 面内で y 軸の正の向きから $+z$ 側へ角度 θ をなす向きに，荷電粒子を速さ $v(v>0)$ で打ち出したところ，荷電粒子は空間上を運動した。ただし，角度 θ の範囲は $0°<\theta<90°$ とする。

(6) 2度目に xz 平面を通過するときの座標 $(x,\ y,\ z)$ 及び速さを求めよ。

〈京都市〉

15　★★☆

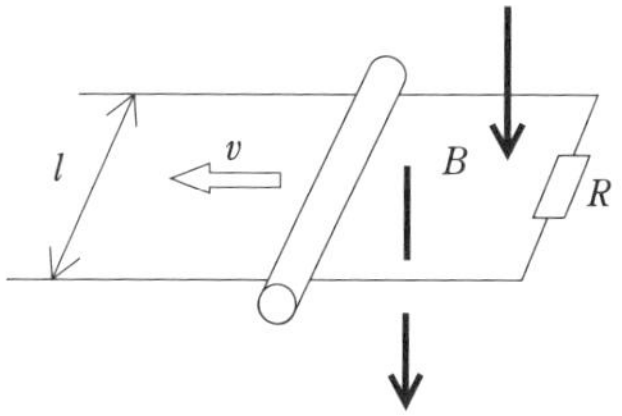

右の図のように，鉛直下向きの一様な磁束密度 B の磁場中に，平行な間隔 l の 2 本の直線導体のレールが水平面におかれ，一端には抵抗 R が連結されている。このレール上に質量 m の一様な金属棒を 2 本のレールと垂直になるようにのせた。

時刻 $t = 0$ で金属棒が速度 v_0で左に向かってすべり出したとき，次の各問いに答えよ。ただし，レールは十分に長く，金属棒およびレールの抵抗，両者間の接触抵抗と摩擦は無視できるものとする。また，金属棒やレールおよび導線を流れる電流によって生じる磁場の影響はないものとする。

(1)　金属棒が x だけ滑ったときの速度を v として，金属棒－レール－抵抗によってできる回路を流れる電流 i を B，l，R，v を用いて表せ。

(2)　金属棒の速度 v を B，l，R，m，v_0，t を用いて表せ。

(3)　金属棒の滑る距離 x を B，l，R，m，v_0，t を用いて表せ。ただし，$t = 0$ のとき，$x = 0$ とする。

(4)　金属棒が最初に持つ運動エネルギーと，金属棒がレールを滑ることにより生じる誘導電流で抵抗に発生するジュール熱を比較し，エネルギー保存の法則が成り立つことを示せ。

〈新潟県〉

16　★★☆

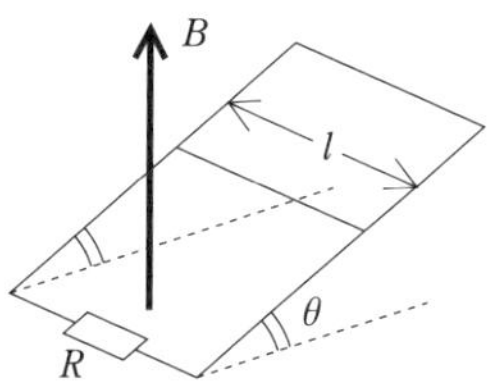

鉛直上向きに磁束密度 B の一様な磁場(磁界)がある。この磁場中に，傾き θ，間隔 l の金属レールを固定し，下端で抵抗値 R の抵抗器を介して接続する。この金属レール上に，質量 m の導体棒をレールと垂直かつ水平に静かに置くと，導体棒は金属レールと垂直を保ったまま金属レール上を滑り降りた。重力加速度の大きさを g とし，抵抗器以外の抵抗や摩擦力は無視できるものとする。また，金属レールは十分に長く，導体棒が金属レールの下端に達することはないものとして，以下の各問いに答えよ。

(1)　導体棒の速さが v の瞬間，導体棒に生じている誘導起電力の大きさを答えよ。

(2)　(1)のとき，導体棒が磁場からうけている力の大きさを答えよ。

(3)　(1)のとき，導体棒の斜面方向の加速度の大きさを答えよ。

(4)　最終的に導体棒の速さは一定となる。その速さ v_c を答えよ。

(5)　導体棒の速さが一定値 v_c となったとき，導体棒中の自由電子が磁場からうけている力の大きさを答えよ。ただし，電気素量を e とし，解答には v_c を用いて答えよ。

(6)　(5)で求めた，電子が磁場からうける力を何と呼ぶか。

〈愛知県〉

17　★★☆

図1のように，鉄心に2つのコイルを並べて巻き，1次コイルに抵抗 R およびスイッチS を取り付け，電源と接続する。1次コイルに流れる電流の向きは，電源からスイッチに向かう場合を正とし，2次コイルの端子PQ間の電圧 V_{PQ} については，Pの方がQより電位が高い場合を正とする。2つのコイルの相互インダクタンスを0.20 H，また，$R = 10\ \Omega$ として，次の各問いに答えよ。

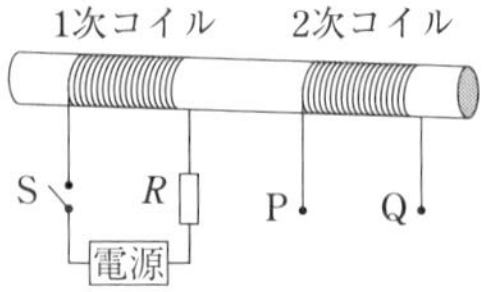

図1

(1)　電源電圧が一定の状態で，スイッチを閉じ，1次コイルに正の向きの電流を流して，しばらくしてからスイッチを開く場合，2次コイルの端子PQ間の電圧 V_{PQ} についての記述として適切なものは，次の①～④のうちのどれか。

①　スイッチを閉じた直後は正であり，開いた直後は負である。

②　スイッチを閉じた直後は負であり，開いた直後は正である。

③　スイッチを閉じた直後は正であり，開いた直後も正である。

④　スイッチを閉じた直後は負であり，開いた直後も負である。

(2)　1次コイルに正の向きに電流を流し，これを0.1秒間に3.0 A強めた。このとき，2次コイルの端子PQ間の電圧 V_{PQ}〔V〕の値として適切なものは，次の①～④のうちのどれか。

①　－6.0　　②　－1.5　　③　1.5　　④　6.0

(3)　スイッチを閉じた状態で，2次コイルの端子PQ間の電圧 V_{PQ} が図2のグラフのように変化した。このとき，1次コイルに流れる電流 I〔A〕の時間的な変化を表すグラフとして適切なものは，次の①～④のうちのどれか。

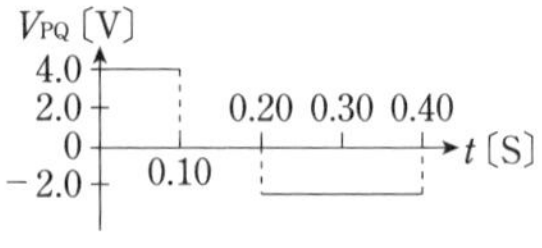

図2

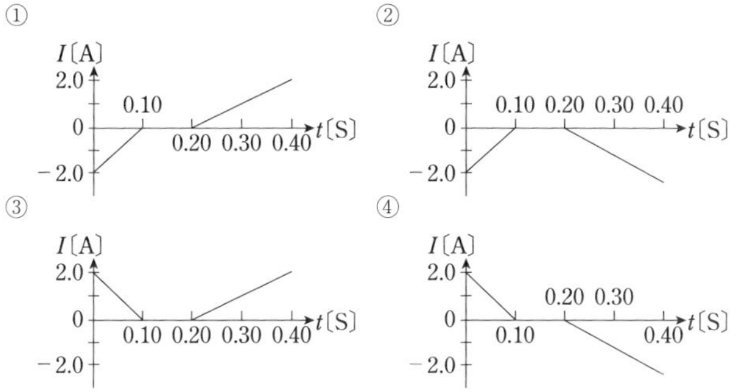

〈東京都〉

18　★★☆

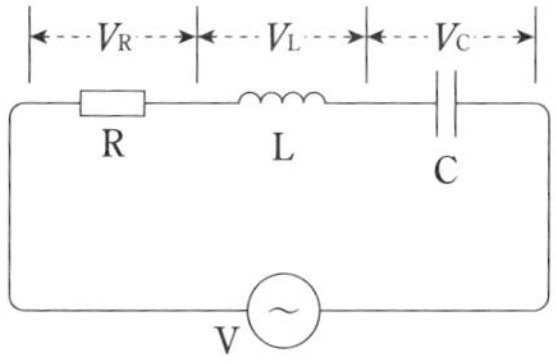

右の図のような回路で，交流電源の電圧の実効値が2.0 V，周波数が5.0×10^3Hz，抵抗の抵抗値が$1.0 \times 10^3 \Omega$，コイルの自己インダクタンスが6.4×10^{-2}H，コンデンサーの電気容量が3.2×10^{-8}Fであるとき，次の各問いに答えよ。

(1)　インピーダンスは何Ωか求めよ。

(2)　電圧に対する電流の遅れの角をϕとすると，$\tan\phi$はいくらか求めよ。

(3)　コンデンサーの電気容量を何Fにすると共振するか求めよ。

(4)　共振したときに流れる電流の実効値は何Aか求めよ。

(5)　(4)のとき，コイルの両端の電圧の実効値は何Vか求めよ。

〈京都府〉

演習問題　解答・解説

1

⑴　①　ウ　　②　ア

③　キ　　④　オ

⑤　サ　　⑥　ソ

⑵　絹布でこすったガラス棒は＋に帯電し，水分子の酸素側の－に引力をおよぼし引き寄せる。よって，流れる水分子の向きが変わるが，エボナイト棒のときと全く同じように棒に近づく向きに流れる。

2

⑴　①　半径 $\boldsymbol{r}$ の球内の電気量 $\boldsymbol{q}$ は，

$$\boldsymbol{q} = \frac{\boldsymbol{r}^3}{\boldsymbol{a}^3}\boldsymbol{Q}$$

なので，この電荷によってつくられる $\dfrac{\boldsymbol{q}}{\varepsilon_0}$ 本の電気力線が半径 $\boldsymbol{r}$ の球面(面積 $4\pi\boldsymbol{r}^2$)から出ることから，

$$E = \frac{\dfrac{1}{\varepsilon_0}\cdot\dfrac{\boldsymbol{r}^3}{\boldsymbol{a}^3}\boldsymbol{Q}}{4\pi\boldsymbol{r}^2} = \frac{\boldsymbol{Qr}}{4\pi\varepsilon_0\boldsymbol{a}^3}$$

となる。

②　$\dfrac{3\boldsymbol{Q}}{8\pi\varepsilon_0\boldsymbol{a}}$

⑵　①　$\dfrac{\boldsymbol{\sigma}}{2\varepsilon_0}$　　②　$\dfrac{\boldsymbol{\sigma}}{2\varepsilon_0}\boldsymbol{r}_0$

⑶　①　$\dfrac{\boldsymbol{\lambda}}{2\pi\boldsymbol{r}\varepsilon_0}$　　②　$\dfrac{\boldsymbol{\lambda}}{2\pi\varepsilon_0}\mathbf{log2}$

解説

⑴　②　中心Oから距離 $r(r \geqq a)$ の点における電場の強さ E_1 は，

$$E_1 = \frac{Q}{4\pi\varepsilon_0 r^2}$$

求める電位 V は，

$$V = -\int_{\infty}^{a} E_1 dr - \int_{a}^{0} E dr$$

$$= -\int_{\infty}^{a} \frac{Q}{4\pi\varepsilon_0}\cdot\frac{dr}{r^2} - \int_{a}^{0} \frac{Q}{4\pi\varepsilon_0 a^3}\cdot r dr$$

$$= \frac{3Q}{8\pi\varepsilon_0 a}$$

⑵　②　$\displaystyle\int_{r_0}^{2r_0} \frac{\sigma}{2\varepsilon_0} dr = \frac{\sigma}{2\varepsilon_0} r_0$

⑶　①　円筒の高さを h とすると，円筒に含まれる電気量は $h\lambda$ である。側面積は $2\pi rh$ だから，求める電場 E_2 は，

$$E_2 = \frac{h\lambda}{2\pi rh\varepsilon_0} = \frac{\lambda}{2\pi r\varepsilon_0}$$

②　$\displaystyle\int_{r_0}^{2r_0} E_2 dr = \int_{r_0}^{2r_0} \frac{\lambda}{2\pi\varepsilon_0}\cdot\frac{dr}{r}$

$$= \frac{\lambda}{2\pi\varepsilon_0}\ [\log r]_{r_0}^{2r_0}$$

$$= \frac{\lambda}{2\pi\varepsilon_0}\log 2$$

3

⑴　〔解答例〕

①・静電気力の強さは２つの電荷の電気量の積に比例する点と，万有引力の強さは２つの物体の質量の積に比例する点。

・静電気力の強さは２つの電荷間の距離の２乗に反比例する点と，万有引力の強さは２つの物体間の距離の２乗に反比例する点。

・いずれも接触しないでもはたらく点。

など

②・静電気力は同種の電荷間には斥力が，異種の電荷間には引力がそれぞれはたらくのに対して，万有引力は物質間には引力のみがはたら

く。

・静電気力は距離と電気量で定まるのに対して，万有引力は距離と質量で定まる。

(2) ① $k\dfrac{4Q^2}{3a^2}$

② 電界の大きさ：$\dfrac{\sqrt{3}kQ}{a^2}$

電界の向き：

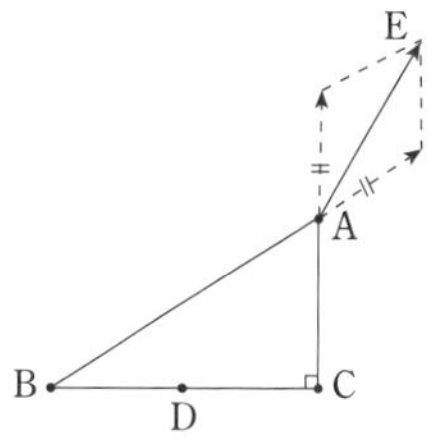

③ $\dfrac{\sqrt{3}kqQ}{a^2}$　④ $\dfrac{3kQ}{a}$

⑤ $\dfrac{(10\sqrt{3}-9)kqQ}{3a}$

⑥ 力がつり合う位置のB点からの距離を x として，電荷にはたらく力のつり合い式を考える。

$$\frac{4kqQ}{x^2}=\frac{kqQ}{(\sqrt{3}a-x)^2}$$

q と Q は同種の電荷であることと，$0<x<\sqrt{3}a$ であることから，

$$x=\frac{2\sqrt{3}}{3}a$$

点B，点Cにあるそれぞれの点電荷から作用する力がつり合う位置は，点Dから点Cの向きに，

$$\frac{2\sqrt{3}a}{3}-\frac{\sqrt{3}a}{2}=\frac{\sqrt{3}a}{6}$$

したがって，C点の向きに $\dfrac{\sqrt{3}}{6}a$ 動かせばよい。

解説

(2) ② 点Bに置かれた電荷によって点Aにつくる電界の大きさ

$$k\frac{4Q}{(2a)^2}=k\frac{Q}{a^2}$$

点Cに置かれた電荷によって点Aにつくる電界の大きさ

$$k\frac{Q}{a^2}$$

これら2種の電界の向きは互いに60° の角を成している。

よって，$|\vec{E}|=\dfrac{\sqrt{3}kQ}{a^2}$

④ 点Bに置かれた電荷によって点Aにつくられる電位…$\dfrac{2kQ}{a}$

点Cに置かれた電荷によって点Aにつくられる電位…$\dfrac{kQ}{a}$

$$\therefore\ \frac{2kQ}{a}+\frac{kQ}{a}=\frac{3kQ}{a}$$

⑤ 点Dの電位は，

$$k\frac{4Q}{\frac{\sqrt{3}}{2}a}+k\frac{Q}{\frac{\sqrt{3}}{2}a}=\frac{10kQ}{\sqrt{3}a}=\frac{10\sqrt{3}kQ}{3a}$$

であるから，このときに要した仕事は，

$$q\left(\frac{10\sqrt{3}kQ}{3a}-\frac{3kQ}{a}\right)$$
$$=\frac{(10\sqrt{3}-9)kqQ}{3a}$$

4

(1) CV　(2) $\dfrac{V}{3d}$

(3) $\dfrac{1}{2}CV^2$

(4)

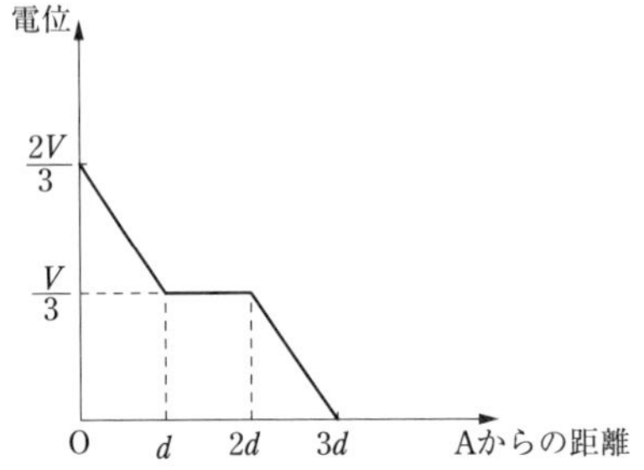

(5)

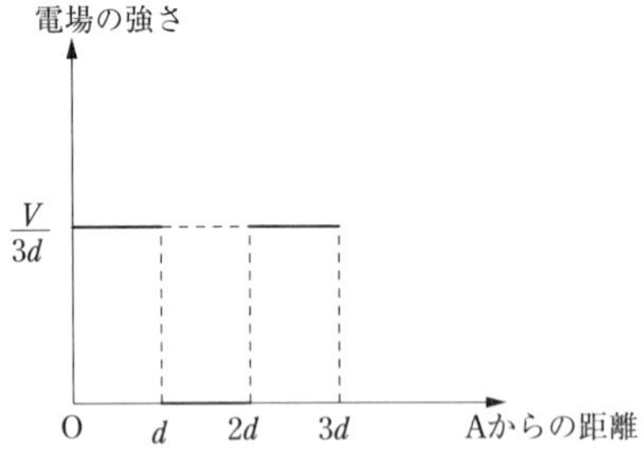

(6) $\dfrac{1}{6}CV^2$　　(7) $\dfrac{3}{2}CV$

(8) $\dfrac{5}{12}CV^2$

解 説

(4) 極板間距離が$\dfrac{2}{3}$倍になったので電気容量は$\dfrac{3}{2}C$となる。A点の電位をV'とすると，電荷はCVのままなので，

$$\frac{3}{2}CV' = CV$$

$$\therefore\ V' = \frac{2}{3}V$$

(5) 電場の強さは極板間の距離に対する電圧の変化量である。

よって，$0 \leqq$（Aからの距離）$\leqq d$ のとき，

$$E = \frac{\dfrac{2V}{3} - \dfrac{V}{3}}{d} = \frac{V}{3d}$$

$d \leqq$（Aからの距離）$\leqq 2d$ のとき，

$$E = \frac{0}{d} = 0$$

$2d \leqq$（Aからの距離）$\leqq 3d$ のとき，

$$E = \frac{\dfrac{V}{3} - 0}{d} = \frac{V}{3d}$$

(6) コンデンサーに蓄えられている静電エネルギーは，

$$\frac{1}{2}\left(\frac{3}{2}C\right)V'^2 = \frac{1}{3}CV^2$$

静電エネルギーの減少分が仕事に使われたので，

$$\frac{1}{2}CV^2 - \frac{1}{3}CV^2 = \frac{1}{6}CV^2$$

(8) コンデンサーに蓄えられている静電エネルギーは，

$$\frac{1}{2}\cdot\frac{3}{2}C\cdot V^2 = \frac{3}{4}CV^2$$

$$\therefore\ \frac{3}{4}CV^2 - \frac{1}{3}CV^2 = \frac{5}{12}CV^2$$

5

(1) ① A：$-\dfrac{Q}{n+1}$　C：$-\dfrac{nQ}{n+1}$

② $\dfrac{Q}{(n+1)C_0d}$

(2) ① A：$-\dfrac{Q}{2}$　　C：$-\dfrac{Q}{2}$

② $\dfrac{Q^2(n-1)}{4C_0(n+1)}$

(3) ① $\dfrac{vC_0V_0(n-1)}{l}$

② $-\dfrac{1}{2l}C_0{V_0}^2(n-1)$

解 説

(1) ① 極板AとCは等電位であることから，極板BA間とBC間には同じ電圧Vがかかっている。ここで，極板BC間の電気容量はnC_0であるから，両極板間に蓄えられた電荷は，それぞれC_0V，nC_0Vとなる。極板

B上では電気量保存則より，

$$C_0V + nC_0V = C_0V(n+1) = Q$$

$$\therefore V = \frac{Q}{C_0(n+1)}$$

ゆえに，

極板A：$-C_0V = -\dfrac{Q}{n+1}$

極板C：$-nC_0V = -\dfrac{nQ}{n+1}$

② $E = \dfrac{V}{d} = \dfrac{Q}{(n+1)C_0d}$

(2) ① 極板AB間，BC間とも電気容量はC_0となるので，両極板間の電圧をV'とすると，

$$2C_0V' = Q \qquad \therefore V' = \frac{Q}{2C_0}$$

ゆえに，極板A，Cとも，

$$-C_0V' = -\frac{Q}{2}$$

② 極板を引き抜く前の静電エネルギー

$$\frac{1}{2}C_0V^2 + \frac{1}{2}nC_0V^2 = \frac{1}{2}C_0V^2(n+1) = \frac{Q^2}{2C_0(n+1)} \quad \cdots\cdots ①$$

誘電体を引き抜いた後の静電エネルギー

$$\frac{1}{2}C_0V'^2 + \frac{1}{2}C_0V'^2 = C_0V'^2 = \frac{Q^2}{4C_0} \quad \cdots\cdots ②$$

②−①より，$\dfrac{Q^2(n-1)}{4C_0(n+1)}$

(3) ① 誘導体挿入前の極板BC間の電荷Q'_0は，$Q'_0 = C_0V_0$

誘導体挿入後の電荷Q'は，

$$Q' = nC_0V_0$$

よって，

$$Q' - Q'_0 = C_0V_0(n-1)$$

挿入し始めて，終わるまでの時間tは，$t = \dfrac{l}{v}$

ゆえに，求める電流Iは，

$$I = \frac{Q' - Q'_0}{t} = \frac{vC_0V_0(n-1)}{l}$$

② 誘導体挿入前の静電エネルギー

$$\frac{1}{2}C_0V_0^2$$

誘導体挿入後の静電エネルギー

$$\frac{1}{2}nC_0V_0^2$$

よって，

$$\frac{1}{2}nC_0V_0^2 - \frac{1}{2}C_0V_0^2 = \frac{1}{2}C_0V_0^2(n-1)$$

これには外力Fがした仕事Flだけでなく，電池がした仕事

$$(Q' - Q'_0)V_0 = C_0V_0^2(n-1)$$

が含まれるので，

$$\frac{1}{2}C_0V_0^2(n-1) = Fl + C_0V_0^2(n-1)$$

$$\therefore F = -\frac{1}{2l}C_0V_0^2(n-1)$$

6

(1) **2.0μF**　　(2) **120μC**

(3) ① **20 V**　　② **−20μC**

③ **9.0×10^{-4} J**

解説

(1) XY間の合成容量　$C_1 + C_2$

よって，XZ間の合成容量Cは，

$$\frac{1}{C} = \frac{1}{C_1+C_2} + \frac{1}{C_3} = \frac{C_1+C_2+C_3}{(C_1+C_2)C_3}$$

$$C = \frac{(C_1+C_2)C_3}{C_1+C_2+C_3}$$

各値を代入して,

$$C=\frac{(2.0+4.0)\times 3.0}{2.0+4.0+3.0}=2.0〔\mu\mathrm{F}〕$$

(2) $Q=CV$ より,

$$3.0\times 40=120〔\mu\,\mathrm{C}〕$$

(3)

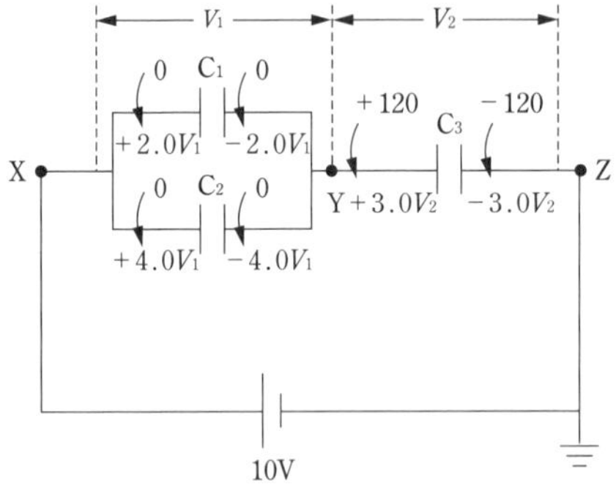

上段数字：スイッチS_2を閉じる前の各コンデンサーの電気量

下段数字：スイッチS_2を閉じた後の各コンデンサーの電気量

① 電気量保存則より,

$$120=-2.0V_1-4.0V_1+3.0V_2$$

また $V_1+V_2=10$ より,

$V_1=-10〔\mathrm{V}〕$,

$V_2=20〔\mathrm{V}〕$

ゆえに,20〔V〕

② $C_1V_1=2.0\times(-10)$

$=-20〔\mu\,\mathrm{C}〕$

③ 各コンデンサーに蓄えられている静電エネルギーは,

コンデンサーC_1：

$$\frac{1}{2}C_1V_1{}^2=1.0\times 10^{-4}〔\mathrm{J}〕$$

コンデンサーC_2：

$$\frac{1}{2}C_2V_1{}^2=2.0\times 10^{-4}〔\mathrm{J}〕$$

コンデンサーC_3：

$$\frac{1}{2}C_3V_2{}^2=6.0\times 10^{-4}〔\mathrm{J}〕$$

よって,$9.0\times 10^{-4}〔\mathrm{J}〕$

7

(1) 〔解答例〕

① 電極や導線などの金属がむき出しになっているところには触れない。

など

② 1本の電線上に鳥が2本足でとまっているときには,2本の足間にはほとんど電位差はないことから,鳥の体に電気は流れず感電しない。

(2) ア．$\boldsymbol{\rho\frac{L}{S}}$　　イ．$\boldsymbol{\frac{V}{L}}$

ウ．$\boldsymbol{\frac{eV}{kL}}$　　エ．$\boldsymbol{V=\frac{kL}{e^2nS}I}$

オ．$\boldsymbol{\frac{kL}{e^2nS}}$　　カ．$\boldsymbol{\frac{k}{e^2n}}$

① 導体を形成する原子の熱振動や格子欠損

(3) 〔解答例〕

① 金属の温度が上昇すると,原子の熱振動が激しくなって自由電子との衝突が増えるため,電気抵抗が増大して電流が流れにくくなる。

② 半導体の温度が上昇すると,原子の熱振動が激しくなるため,原子間の共有結合が弱くなる。それにより,自由電子とホールの数が増大するため,電気抵抗が減少して電流が流れやすくなる。

解説

(2) ウ．電子の速度をvとすると,抗力はkvで,これが電界から受ける力とつり合うので,

$$kv=e\frac{V}{L}\qquad \therefore v=\frac{eV}{kL}$$

エ．電流の定義は,単位時間に導体を流れる電気量である。断面積Sの断面をnS個の自由電子が速さvで通過するので,

$$I=enSv=\frac{e^2nSV}{kL}$$

$$\therefore V = \frac{kL}{e^2 nS}I$$

8

(1)　$\boldsymbol{\frac{R_1}{R_1+R_2}E}$〔V〕

(2)　$\boldsymbol{\frac{R_4}{R_3R_4+R_4R_5+R_5R_3}E}$〔A〕

(3)　$\boldsymbol{R_5=\frac{R_2R_3R_4}{R_1(R_3+R_4)}}$〔Ω〕

(4)　**1.7×10^{-8}〔Ω・m〕**

解説

(1)　R_1，R_2に流れる電流をIとおくと，

$$I=\frac{E}{R_1+R_2}〔A〕$$

オームの法則より，R_1にかかる電圧をVとおくと，

$$V=R_1I=\frac{R_1}{R_1+R_2}E〔V〕$$

(2)　R_3，R_4，R_5を流れる電流をそれぞれI_3，I_4，I_5とすると，

$$I_3+I_4=I_5$$
$$R_3I_3=R_4I_4$$
$$R_3I_3+R_5I_5=E$$

が成り立つ。これらの式からI_4，I_5を消去して，I_3を求めると，

$$I_3=\frac{R_4}{R_3R_4+R_4R_5+R_5R_3}E〔A〕$$

(3)

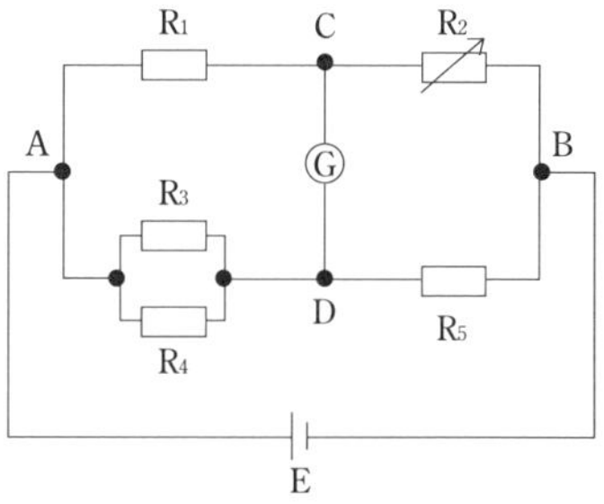

検流計に電流が流れないとき，Ｃ点とＤ点の電位は等しい。つまり，ＢＣ間の電位差とＢＤ間の電位差は等しい。ＡＣＢ，ＡＤＢ間を流れる電流をそれぞれi_1，i_2とすると，

$$i_1R_1=i_2R'\left(R'は R_3と R_4の合成抵抗で，R'=\frac{R_3R_4}{R_3+R_4}\right)$$
$$i_1R_2=i_2R_5$$

よって，

$$R_1R_5=R_2R'$$
$$R_5=\frac{R_2R'}{R_1}=\frac{R_2R_3R_4}{R_1(R_3+R_4)}〔Ω〕$$

(4)　抵抗R，断面積S，長さLの導体の抵抗率ρは，$\rho=R\frac{S}{L}$であるので，

$$\rho=7.0\times\frac{\left(\frac{25}{2}\times10^{-5}\right)^2\pi}{20}$$
$$\fallingdotseq1.7\times10^{-8}〔Ω\cdot m〕$$

9

(1)　**6 V**　　(2)　**0.9 A**

(3)　**6.7 Ω**

(4)　**I_1+I_2**

(5)　**・E_1，R，R_1の回路**

$24-20I_1-10(I_1+I_2)=0$

・E_1，E_2，R_2，R_1の回路

$24-6-20I_1+10I_2=0$

(6)　**電流の大きさ：0.12 A**

電流の向き：右向き

解説

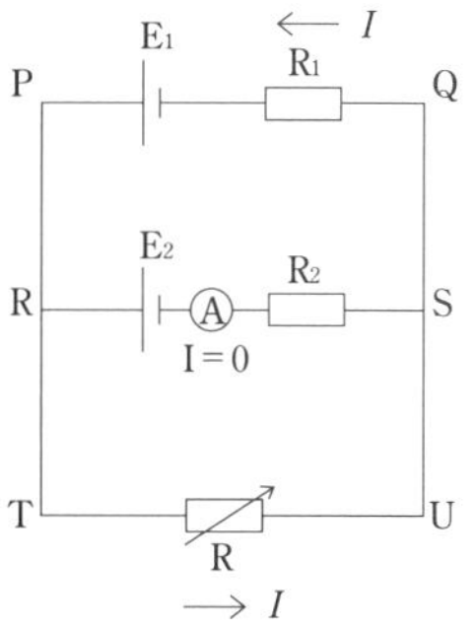

(1)　RS 間には電流が流れていないので，PQ 間の電圧と RS 間の電圧は等しい。
よって，PQ 間の電圧は，$E_2 = 6$〔V〕

(2)　(1)より，

$$-IR_1 + E_1 = E_2$$

$$\therefore I = \frac{E_1 - E_2}{R_1} = 0.9〔\text{A}〕$$

(3)　閉回路 P → R → T → U → S → Q → P にキルヒホッフの第 2 法則を適用して，

$$-IR - IR_1 + E_1 = 0$$

$$IR = -IR_1 + E_1 = E_2$$

$$\therefore R = \frac{E_2}{I} = \frac{60}{9} \fallingdotseq 6.7〔\Omega〕$$

(5)　・E_1，R，R_1の回路

$$-I_1R_1 + 24 - (I_1 + I_2)R = 0$$

$$24 - 20I_1 - 10(I_1 + I_2) = 0 \quad \cdots\cdots①$$

・E_1，E_2，R_2，R_1の回路

$$-I_1R_1 + 24 - 6 + I_2R_2 = 0$$

$$24 - 6 - 20I_1 + 10I_2 = 0 \quad \cdots\cdots②$$

(6)　(5)の①より，$30I_1 + 10I_2 = 24$　……①′

②より，$20I_1 - 10I_2 = 18$　……②′

①′＋②′より，

$50I_1 = 42$　　　$\therefore I_1 = 0.84$〔A〕

②′に代入して，

$I_2 = -0.12$〔A〕

よって，右向きに 0.12 A

10

(1)　＜回路図＞

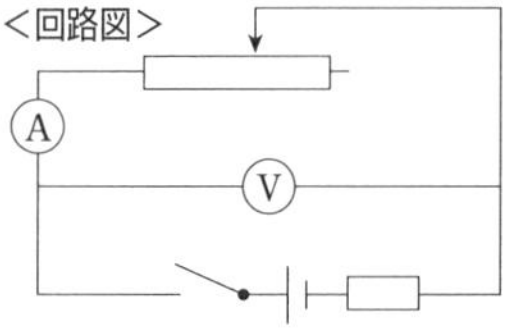

＜器機の配線＞

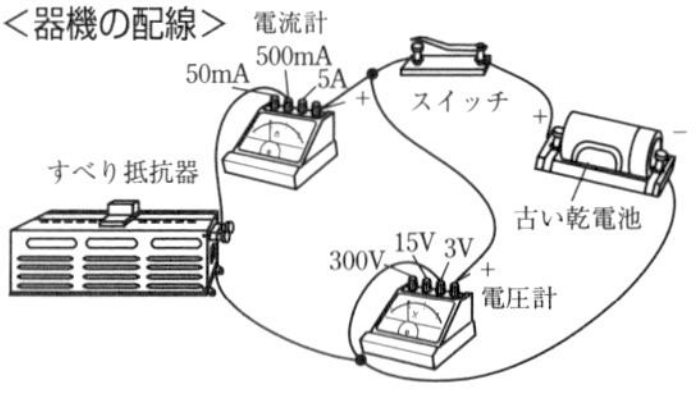

(2)　電流計，電圧計に接続するとき，正負や数値について適切な端子を選ぶこと。

(3)

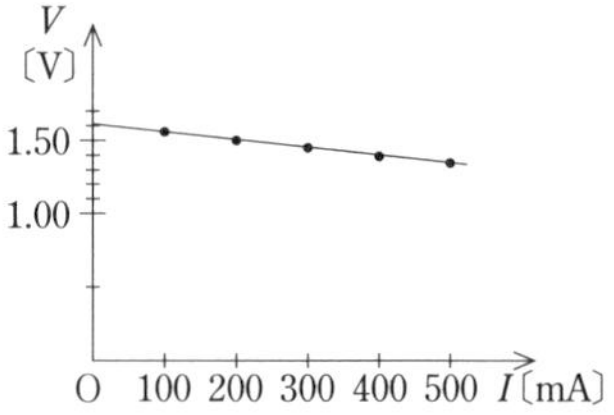

(4)　**$E = 1.62$ V，$r = 0.6\ \Omega$**

(5)　並列に電池をつなぐと，電球にかかる電圧は電池 1 つ分と変わらないが，直列につなぐと 2 倍になるので，(b)直列につないだ場合の方がより明るく点灯する。

解説

(4)　グラフより，$V = -rI + E$ と考えられるので，

$$\begin{cases} 1.56 = E - r \times 0.1 & \cdots\cdots① \\ 1.50 = E - r \times 0.2 & \cdots\cdots② \end{cases}$$

$$\therefore E = 1.62〔\text{V}〕,\ r = 0.6〔\Omega〕$$

11

(1)　**$1.2 = V + 120I$**

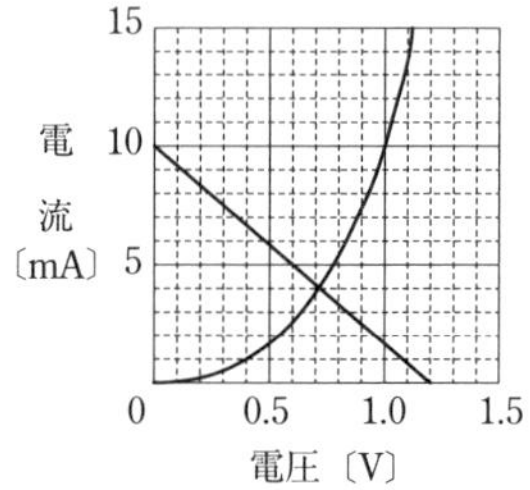

(2)　電流：**4.0mA**

電力：**2.8mW**

解説

(1)　キルヒホッフの第 2 法則より。

(2)　(1)で書いたグラフの交点より，電流 4.0mA，電圧 0.7〔V〕。

よって，$W = 4 \times 0.7$

$= 2.8$〔mW〕

12

(1) $\dfrac{E}{R+2r}$　　(2) $\dfrac{E^2R}{(R+2r)^2}$

(3) 図1の豆電球1個の消費電力は，(2)より，

$$P_1 = \frac{E^2R}{(R+2r)^2}$$

図2の豆電球1個の消費電力は，

$I = \dfrac{E}{2R+r}$より，

$$P_2 = I^2R = \frac{E^2R}{(2R+r)^2}$$

よって，

$$P_1 - P_2 = \frac{E^2R}{(R+2r)^2} - \frac{E^2R}{(2R+r)^2}$$
$$= \frac{3E^2R(R+r)(R-r)}{(R+2r)^2(2R+r)^2}$$

〈結果〉

(a) $r < R$ のとき，図1の方が明るい。

(b) $r = R$ のとき，同じ明るさ。

(c) $r > R$ のとき，図2の方が明るい。

13

(1) $\dfrac{E}{8R}$　　(2) $\dfrac{E}{3R}$

(3)

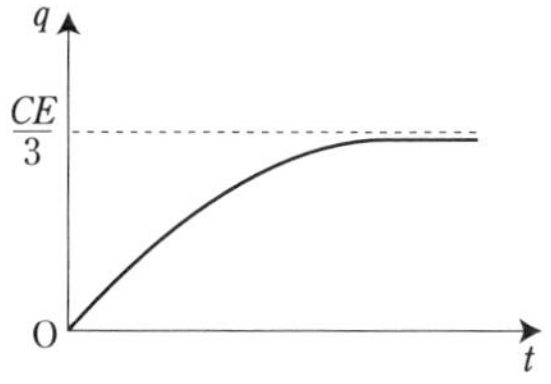

(4) $\dfrac{E}{8R}$　　(5) $\dfrac{E}{9R}$

(6) $\dfrac{CE^2}{27}$　　(7) $4R$

解説

(1) S_1を閉じた直後はコンデンサーの極板間を導線でつないだものとみなしてよい。R_1，R_2の合成抵抗をR'とすると，

$$\frac{1}{R'} = \frac{1}{2R} + \frac{1}{R} = \frac{3}{2R}$$
$$\therefore R' = \frac{2}{3}R$$

全体の合成抵抗は，

$$2R + R' = 2R + \frac{2}{3}R = \frac{8}{3}R$$

オームの法則より，電池から流れる電流をIとすると，

$$E = I \cdot \frac{8}{3}R \qquad \therefore I = \frac{3E}{8R}$$

よって，R_1に流れる電流は，

$$\frac{3E}{8R} \cdot \frac{1}{3} = \frac{E}{8R}$$

(2) 十分に時間が経過したあと，R_1に電流は流れない。R_2，R_3に流れる電流I'は，

$$I' = \frac{E}{R+2R} = \frac{E}{3R}$$

(3) コンデンサーの両端の電位差は，R_2による電圧降下と等しいので，

$$V = R \cdot \frac{E}{3R} = \frac{E}{3}$$

$Q = CV$より，

$$q = C \cdot \frac{E}{3} = \frac{CE}{3}$$

(4) 電流の定義は$I = \dfrac{\varDelta Q}{\varDelta t}$

よって，(3)のグラフの接線の傾きは，その時間にR_1を流れる電流で表されることがわかる。$t = 0$のとき，(1)より，

$$\frac{E}{8R}$$

(5) $$\frac{\frac{E}{3}}{2R+R} = \frac{E}{9R}$$

(6) コンデンサーに蓄えられた静電エネル

ギーは，

$$\frac{1}{2}\cdot\frac{Q^2}{C}=\frac{\frac{C^2E^2}{9}}{2C}=\frac{CE^2}{18}$$

R$_1$，R$_2$で放電されるエネルギーをそれぞれ V_1，V_2とすると，

$$\begin{cases} V_1+V_2=\dfrac{CE^2}{18} \\ V_1 : V_2=2R : R \ = 2 : 1 \end{cases}$$

$$\therefore\ V_1=\frac{CE^2}{27}$$

(7) コンデンサーの両端の電位差が0であればよい。VRの抵抗値を x とすると，

$$2R\cdot 2R = x\cdot R$$

$$\therefore\ x = 4R$$

14

(1) $\boldsymbol{\dfrac{\pi m}{qB}}$　　(2) $\boldsymbol{\dfrac{2mv}{qB}}$

(3) $\boldsymbol{\dfrac{2mv}{qE}}$

(4) $\boldsymbol{\left(\dfrac{2mv}{qB},\ -\dfrac{mv^2}{2qE},\ 0\right)}$

(5)

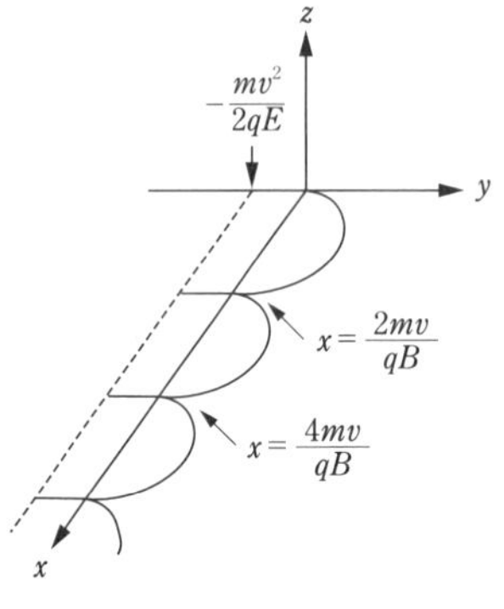

(6) 座標：

$$\boldsymbol{\left(\frac{2mv\cos\theta}{qB},0,\left(\frac{\pi m}{qB}+\frac{2mv\cos\theta}{qE}\right)v\sin\theta\right)}$$

速さ：$\boldsymbol{v}$

解説

(1) 荷電粒子は磁界内に入ると，ローレンツ力を受け，その力を向心力として円軌道を描くので，その半径を r とすると，

$$m\frac{v^2}{r}=qvB \quad よって，\ r=\frac{mv}{qB}$$

半円を描いたとき，荷電粒子は初めて x 軸を通過するので，求める時間 t は，

$$t=\frac{\pi r}{v}=\frac{\pi m}{qB}$$

(2) $x = 2r = \dfrac{2mv}{qB}$

(3) 荷電粒子が電界によって加速されるときの加速度を a とすると，

$$ma = qE \quad よって，\ a=\frac{qE}{m}$$

したがって求める時間を t' とすると，

$$-vt'+\frac{1}{2}at'^2=0$$

$$よって，\ t'=\frac{2v}{a}=\frac{2mv}{qE}$$

(4) 荷電粒子が電界によって止められるまでに y 軸の負の方向に進む距離を l とすると，

$$0^2-v^2=2al$$

$$l=-\frac{v^2}{2a}=-\frac{mv^2}{2qE}$$

$$よって，\left(\frac{2mv}{qB},\ -\frac{mv^2}{2qE},\ 0\right)$$

(6) 磁界内で，荷電粒子は，磁界平行方向には力を受けないので，速さ $v\sin\theta$ の等速直線運動をする。磁界垂直方向には大きさ $qv\cos\theta\cdot B$ のローレンツ力を受け，それを向心力として等速円運動をする。荷電粒子の磁界内の xy 平面の運動における半径は，

$$r=\frac{mv\cos\theta}{qB}$$

荷電粒子が最初に xz 平面を通過するのは，

$$t=\frac{\pi m}{qB}後$$

続いて2回目に通過するのは，最初に通過してから，

$t' = \frac{2mv\cos\theta}{qE}$後

荷電粒子の z 軸方向の速さは $v\sin\theta$ で一定であるから，2度目に x 軸を通過するときの座標は，

$$\left(\frac{2mv\cos\theta}{qB}, 0, \left(\frac{\pi m}{qB}+\frac{2mv\cos\theta}{qE}\right)v\sin\theta\right)$$

電界内などの保存場内では力学的エネルギーは保存されるので，荷電粒子が電界に入射するとき，つまり，最初に xz 平面を通過するときの速さと等しい。よって，荷電粒子の速さは v である。

15

(1)　$\frac{lBv}{R}$

(2)　$v_0\exp\left(-\frac{l^2B^2}{mR}t\right)$

(3)　$\frac{v_0mR}{l^2B^2}\left\{1-\exp\left(-\frac{l^2B^2}{mR}t\right)\right\}$

(4)　R で発生するジュール熱は，$\int_0^\infty Ri^2dt$で，金属棒の最初のエネルギー$\frac{1}{2}mv_0{}^2$と比較する。(1)より，

$$i=\frac{lBv}{R}=\frac{lBv_0}{R}\exp\left(-\frac{l^2B^2}{mR}t\right)$$

$$\int_0^\infty Ri^2dt$$

$$=\int_0^\infty\frac{l^2B^2v_0{}^2}{R}\exp\left(-\frac{2l^2B^2}{mR}t\right)dt$$

$$=\left[-\frac{l^2B^2v_0{}^2}{R}\ \frac{mR}{2l^2B^2}\exp\left(-\frac{2l^2B^2}{mR}t\right)\right]_0^\infty$$

$$=\frac{1}{2}mv_0{}^2$$

よって，エネルギー保存の法則が成り立つ。

解説

(1)　回路を貫く磁束 $\phi = lBx$ より，誘導起電力 $E=\left|-\frac{d\phi}{dt}\right|=lBv$

よって，電流 i は，

$$i=\frac{E}{R}=\frac{lBv}{R}$$

(2)　回路に電流 i が流れているとき，金属棒の運動方程式は，

$$m\frac{dv}{dt}=-ilB$$

(1)より，

$$m\frac{dv}{dt}=-\frac{l^2B^2v}{R}$$

これを解いて，

$$\log v=-\frac{l^2B^2}{mR}t+C\ (C \text{は定数})$$

$$v=C'\exp\left(-\frac{l^2B^2}{mR}t\right)\ (C' \text{は定数})$$

$t=0$ で $v=v_0$だから，$C'=v_0$

$$\therefore v=v_0\exp\left(-\frac{l^2B^2}{mR}t\right)$$

(3)　$\int vdt=x$ より，

$$x=\int v_0\exp\left(-\frac{l^2B^2}{mR}t\right)dt$$

$t=0$ で $x=0$ であるから，

$$x=\frac{v_0mR}{l^2B^2}\left\{1-\exp\left(-\frac{l^2B^2}{mR}t\right)\right\}$$

16

(1)　$vBl\cos\theta$

(2)　$\frac{vB^2l^2\cos\theta}{R}$

(3)　$g\sin\theta-\frac{vB^2l^2\cos^2\theta}{mR}$

(4)　$\frac{mgR\sin\theta}{B^2l^2\cos^2\theta}$

(5)　$ev_cB\cos\theta$

(6)　ローレンツ力

解説

(2)　誘導電流を I，導体棒にはたらく力を F とする。

$$F=IBl$$

誘導起電力を V とすると，

$$I=\frac{V}{R}=\frac{vBl\cos\theta}{R}$$

これを代入して，

$$F=\frac{vB^2l^2\cos\theta}{R}$$

(3) 回路を上向きに貫く磁束が減少するので，誘導電流の向きは回路を上向きに貫く磁束が発生する向き，すなわち，Q→Pである。よって，フレミング左手の法則より，導体棒にはたらく力 F の向きは，図のようになる。

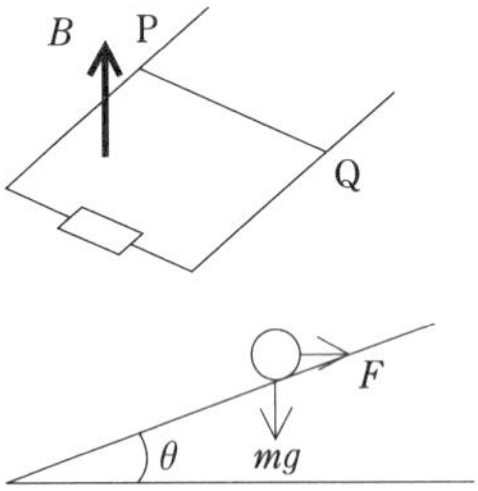

斜面方向の加速度の大きさを a とする。

$$ma=mg\sin\theta-F\cos\theta$$

$$\therefore a=g\sin\theta-\frac{vB^2l^2\cos^2\theta}{mR}$$

(4) 重力の斜面方向成分と，F の斜面方向成分がつり合うと，$a=0$ となり，導体棒の速さは一定となる。よって，

$$\frac{v_cB^2l^2\cos^2\theta}{R}=mg\sin\theta$$

$$\therefore v_c=\frac{mgR\sin\theta}{B^2l^2\cos^2\theta}$$

17

(1) ①　　(2) ④

(3) ②

解説

(1) 電源を入れると，1次コイルに左向きの磁場が発生する。これを打ち消すように2次コイルに誘導電流が流れる(誘導電流の向きは正の方向である)。一方，電源を切ると1次コイルの磁場が消滅する。2次コイルでは，この変化を打ち消すように誘導電流が負の向きに流れる。

(2) M を相互インダクタンス，I を1次コイルを流れる電流とすると，

$$V_{PQ}=M\frac{\Delta I}{\Delta t}\quad\cdots ア$$

が成り立つ。アより，

$$V_{PQ}=0.20\times\frac{3.0}{0.1}=6〔\mathrm{V}〕$$

(3) (2)のアより，図2の $V_{PQ}=V_{PQ}(t)$ のグラフを時間で積分すると，$I=I(t)$ のグラフが得られる。よって，②である。

18

(1) **$1.4\times10^3\,\Omega$**　　(2) **1.0**

(3) **$1.6\times10^{-8}\,\mathrm{F}$**　　(4) **$2.0\times10^{-3}\,\mathrm{A}$**

(5) **4.0 V**

解説

(1) $z=\sqrt{R^2+\left(\omega L-\frac{1}{\omega C}\right)^2}$，$f=\frac{\omega}{2\pi}$ より，

$$z=\sqrt{R^2+\left(2\pi fL-\frac{1}{2\pi fC}\right)^2}$$

$$=\sqrt{1.0\times10^6+\left(6.4\times10^2\pi-\frac{1}{3.2\times10^{-4}\pi}\right)^2}$$

$$=\sqrt{1.0\times10^6+1.03\times10^6}$$

$$\fallingdotseq 1.4\times10^3〔\Omega〕$$

(2) $\tan\phi=\frac{\omega L-\frac{1}{\omega C}}{R}$ より，

$$\tan\phi=\frac{6.4\times10^2\pi-\frac{1}{3.2\times10^{-4}\pi}}{1.0\times10^3}$$

$$\fallingdotseq 1.0$$

(3) 回路を流れる電流の周波数と回路の固有周波数が一致すると共振するので，

$f=\frac{1}{2\pi\sqrt{LC}}$ より，

$$5.0\times10^3=\frac{1}{2\pi\sqrt{6.4\times10^{-2}\times C}}$$

$$9.869\times10^8=\frac{1}{6.4\times10^{-2}C}$$

$$\therefore C\fallingdotseq 1.6\times10^{-8}〔\mathrm{F}〕$$

(4) 共振したときのインピーダンスは，

$$z' = \sqrt{1.0\times10^6+\left(6.4\times10^2\pi-\frac{1}{1.6\times10^{-4}\pi}\right)^2}$$

$$\fallingdotseq 1.0 \times 10^3$$

$V_e = z'I_e$より，

$$I_e = \frac{V_e}{z'} \fallingdotseq 2.0 \times 10^{-3}\text{〔A〕}$$

(5)　このとき，コイルにおいて $I_e = \dfrac{V_e'}{\omega L}$

$$V_e' = \omega L I_e$$

$$= 6.4 \times 10^2\pi \times 2.0 \times 10^{-3}$$

$$\fallingdotseq 4.0\text{〔V〕}$$

5 電子と原子

傾向と対策

電界・磁界中の電子，光電効果，放射線，放射性崩壊，半減期，原子モデルに関する問題がよく出題されている。特に，光電効果，コンプトン効果，ブラッグ反射などの実験は頻出であるため，その内容を十分に理解して確実に解けるようにしておきたい。また，各放射線については，その本体，性質をしっかり覚えておくとともに，身の周りにおける放射線の利用についても整理しておこう。その他，原子モデルは，エネルギー準位の式を自分で導けるようにしておくとよい。

例題 1　光の粒子性

真空中で金属表面に波長の短い光を当てると電子が飛び出す現象について，次の各問いに答えよ。

(1)　この現象を何というか答えよ。

(2)　右のグラフは，飛び出す電子のもつ最大の運動エネルギー K と当てた光の振動数 ν との関係を示している。

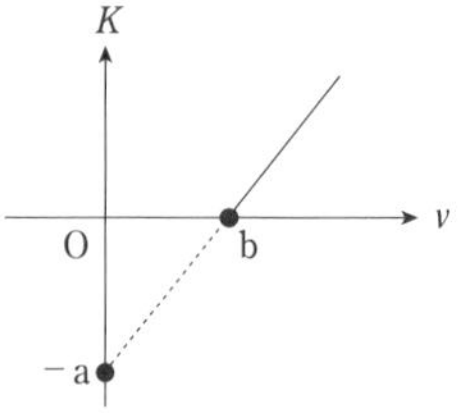

グラフ中のaの値，bの値及びグラフの傾きは何を表しているか，物理の用語で答えよ。また，それぞれの用語の意味を説明せよ。

(3)　この現象から，アインシュタインは，光の粒子性を提唱した。その後，ド・ブロイは，質量をもつ電子にも波動性があると考えた。

①　(1)の現象以外で，電磁波の粒子性を示す現象を1つ挙げよ。

②　質量をもつ粒子の波動性を示す現象を1つ挙げよ。

〈埼玉県・さいたま市〉

解答　(1)　光電効果

(2)　a．用語：仕事関数

説明：金属表面から電子1個を取り出すのに必要な最小のエネルギー。

b．用語：限界振動数

説明：光電効果が生じる光の最小振動数。

傾き．用語：プランク定数

説明：量子力学的状態を特徴づける定数。光子のもつエネルギーEは振動数νの大きさに比例し，$E = h\nu$で表される。この式の比例定数hがプランク定数。

(3)　①　コンプトン効果

②　ラウエ斑点，ブラッグ反射　　などから1つ

例題2　放射線

放射線について，各問いに答えよ。

(1)　ウラン238(原子番号92)が崩壊を繰り返し安定な鉛(原子量206，原子番号82)になるまで，α，β崩壊はそれぞれ何回起こるか。

(2)　α線などの放射線の存在を確認する実験として霧箱が考えられるが，その仕組みを高校生にわかるように説明せよ。

〈静岡県・静岡市〉

解答　(1)　α崩壊：8回

β崩壊：6回

(2)　α線やβ線等の放射線が空気中を通過するとき，空気中の分子をイオン化する。密閉容器内がアルコールの過飽和蒸気で満たされていると，イオンを核として，アルコールの霧滴が形成される。これにより粒子の通過経路に沿って霧滴が現れるので，放射線の存在とその飛跡を確認することができるようになる。

解説　(1)　1回のα崩壊で質量数が4，原子番号が2それぞれ減少する。また，1回のβ崩壊では原子番号が1増加し，質量数は変化しない。よってα崩壊及びβ崩壊の起こった回数をそれぞれx，yとすると，

$$\begin{cases} 238 - 4x = 206 \\ 92 - 2x + y = 82 \end{cases} \quad \therefore \begin{cases} x = 8 \\ y = 6 \end{cases}$$

よって，α崩壊：8回，β崩壊：6回

演習問題

1 ★★☆

図のように，陰極Ｃから出た質量 m，電荷 $-e$ の電子が，陽極Ａにあけられた小さな穴を v_0 の速度で通り抜け，x 軸からそれぞれ d の距離に置かれた長さ l の平行電極板Ｄ１，Ｄ２の間を通って，図に示す角度 θ の方向に飛び出し，極板の先端から距離 L の位置に置かれたスクリーンＳ上に到達した。陽極Ａの電位を０，極板Ｄ１，Ｄ２の電位をそれぞれ $+V_0$，$-V_0$ として，次の各問いに答えよ。

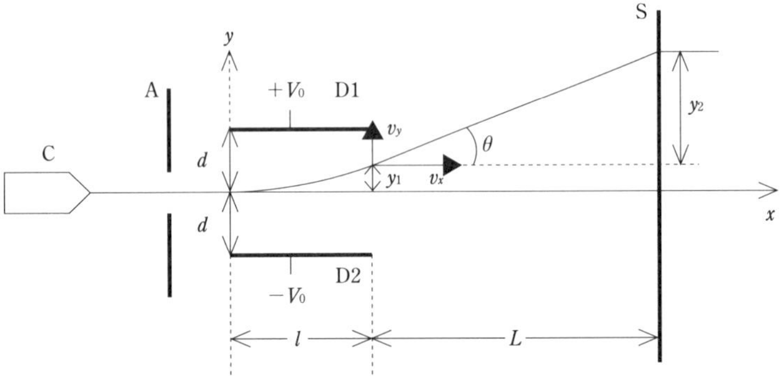

⑴　平行電極板間を通過した直後の電子の x 方向の速さ v_x は，どのように表されるか。最も適切なものを，次のア～オから１つ選べ。

ア．v_0　　イ．$2v_0$　　ウ．$v_0\sin\theta$　　エ．$v_0\cos\theta$　　オ．$v_0\tan\theta$

⑵　平行電極板間を通過した直後の電子の y 方向の速さ v_y は，どのように表されるか。最も適切なものを，次のア～オから１つ選べ。

ア．$\dfrac{eV_0 l}{mdv_0}$　　イ．$\dfrac{eV_0 l}{2mdv_0}$　　ウ．$\dfrac{2eV_0 l}{mdv_0}$　　エ．$\dfrac{eV_0 l\sin\theta}{2mdv_0}$

オ．$\dfrac{eV_0 l\cos\theta}{mdv_0}$

⑶　平行電極板間を通過した直後の y 方向のずれ y_1 は，どのように表されるか。最も適切なものを，次のア～オから１つ選べ。

ア．$\dfrac{eV_0 l}{mdv_0^{\,2}}$　　イ．$\dfrac{eV_0 l^2}{2mdv_0}$　　ウ．$\dfrac{eV_0 l^2}{mdv_0}$　　エ．$\dfrac{2eV_0 l^2}{mdv_0^{\,2}}$

オ．$\dfrac{eV_0 l^2}{2mdv_0^{\,2}}$

⑷　平行電極板間を通過した直後の電子の x，y 方向の速さをそれぞれ v_x，v_y

とすると，電子が極板を通過してから，スクリーンに到達するまでのy方向のずれy_2は，どのように表されるか。最も適切なものを，次のア～オから1つ選べ。

ア．$\dfrac{{v_y}^2L}{{v_x}^2}$　　イ．$\dfrac{{v_x}^2L}{{v_y}^2}$　　ウ．$\dfrac{v_yL}{\sqrt{{v_x}^2+{v_y}^2}}$　　エ．$\dfrac{v_yL}{v_x}$　　オ．$\dfrac{v_xL}{v_y}$

〈高知県〉

2 ★☆☆

真空中において電圧V〔V〕で加速した電子の電子波の波長はいくらか。次の①～⑤のうちから1つ選べ。ただし，電子の質量をm〔kg〕，電気素量をe〔C〕，プランク定数をh〔J・s〕とする。

①　$2meVh$〔m〕　　②　$\dfrac{h}{2meV}$〔m〕　　③　$\sqrt{\dfrac{m}{2eV}}\cdot h$〔m〕

④　$\dfrac{h}{\sqrt{2meV}}$〔m〕　　⑤　$\sqrt{2meV}\cdot h$〔m〕

〈神奈川県・横浜市・川崎市〉

3 ★★☆

図1は，光電効果の実験装置である。K，Pは真空中に封入された金属板で，光をKにあて，そこから飛び出す電子がPに到達すると回路に電流が流れる。Aは内部抵抗の無視できる電流計で，Vは内部抵抗が無限大の電圧計である。電池Eの起電力は10〔V〕，LMは一様な太さの抵抗線である。接点OはLMの中点にあり，接点NはLM間を自由に移動できる。電子の電荷の大きさを$\varepsilon = 1.6\times10^{-19}$〔C〕，プランク定数を$h$として，次の各問いに答えよ。

図1

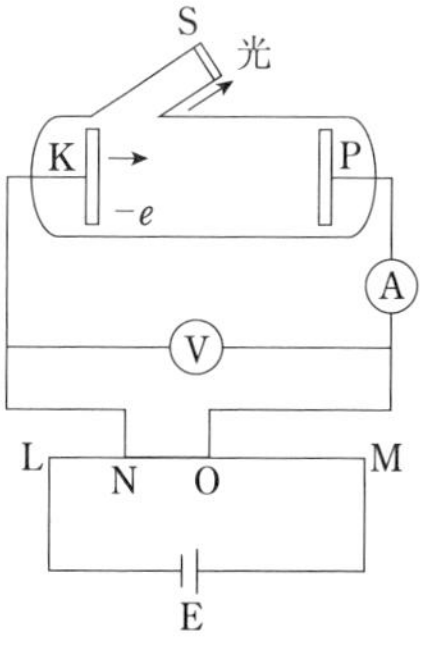

図2

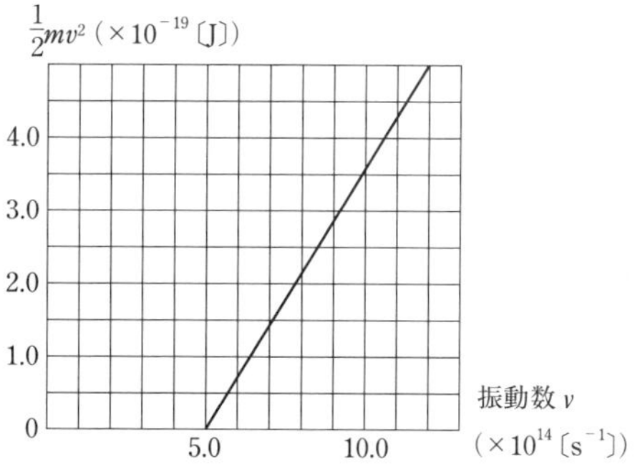

(1)　NをLOの中点に接したとき，電圧計の値はいくらになるか答えよ。ただし，このとき電流計には電流が流れていないものとする。

(2)　ある振動数の光を一定の強度にしてKに当てた。

①　NをLO間で，KP間の電圧が4.0〔V〕となるように接したとき，Aの値は4.0×10^{-6}〔A〕になった。このとき，KP間の距離を2.0〔cm〕として，Kから飛び出した電子が，KP間で受ける力を求めよ。ただし，重力の影響は無視できるものとする。

②　NをOM間に移動させ，Pの電位がKの電位よりも小さくなるようにした。その電位差が1.5〔V〕になったとき，Aに電流が流れなくなった。このことから，Kから飛び出した電子の運動エネルギーの最大値を求めよ。

(3)　光の振動数を変えてKにあてて，あてた光の振動数νとそのときにKから飛び出した電子の運動エネルギーの最大値$\frac{1}{2}mv^2$との関係を調べたところ，図2のような結果が得られた。

①　仕事関数とは何か，簡潔に答えよ。

②　図2の結果から，Kの仕事関数を求めよ。

③　図2の結果から，プランク定数hを求めよ。

④　光電効果の実験からプランク定数hを求めるには，Kにあてる光の振動数を変えて実験を行う必要がある。授業でこの実験を行うとしたら，あなたならどのようにしてあてる光の振動数を変えますか，具体的に答えよ。

⑤　光電効果とコンプトン効果の違いを簡潔に答えよ。

〈山形県〉

4 ★★☆

コンプトン効果について，次の各問いに答え，また文中のア～カに正しい式または語句を記入せよ。ただし，プランク定数はh，光速はcとする。

図1のように，コンプトンは波長λのX線を物質にあて，散乱されるX線の波長とその強度をいくつかの散乱角θについて測定し，散乱するX線の中に入射光線より波長の長いものが混じっていることを発見した。

図1

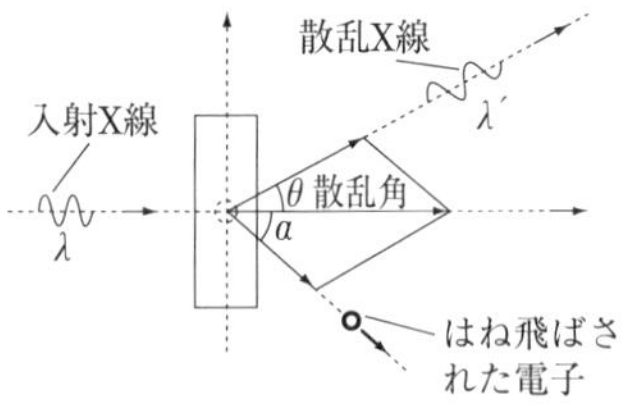

図2はいくつかの散乱角θについて，散乱X線の波長と強度の関係を測定した結果である。ここでλ'は散乱X線の中で入射X線とは異なる波長を持ち，その強さが極大になる波長を表している。

また，表には，各散乱角での波長のずれ$\Delta\lambda(=\lambda'-\lambda)$の測定値を示している。

⑴　測定値を•で示し，$\Delta\lambda$と$1-\cos\theta$との関係をグラフにかけ。

⑵　グラフの傾きを，単位をつけて求めよ。

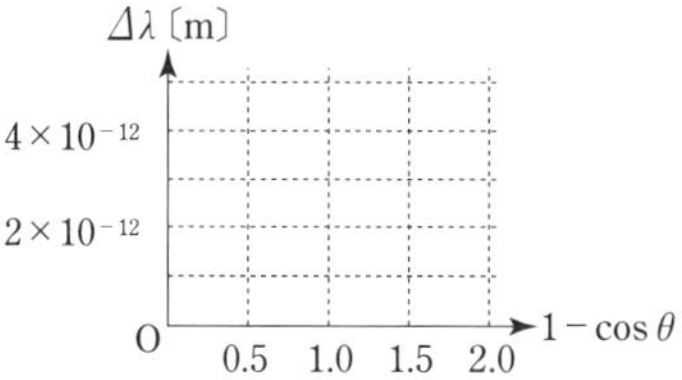

図2

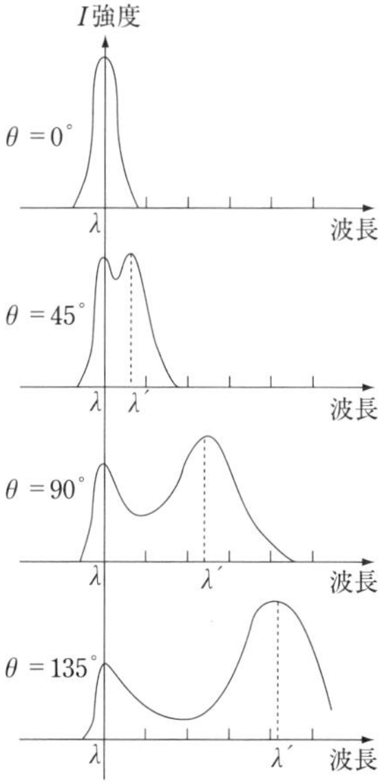

X線を波動と考えたのではこの現象は理解できず，コンプトンは波長λのX線がエネルギー（　ア　），運動量（　イ　）をもつ光子と考えた。

いま，波長λのX線と質量mの静止している電子との衝突を考える。X線は衝突後，入射方向に対して角θの方向へ散乱され，波長がλ'になったとする。また電子は角αの方向へ速さvではね飛ばされたとすると，

衝突前後でのエネルギー保存の式は（　ウ　）となる。

また，運動量保存の法則は，

　X線の入射方向に対しては（　エ　）

　入射方向と垂直な方向には（　オ　）

と書くことができる。

これらの式から，αとvを消去して整理し，$\lambda'-\lambda$がλに比べて十分小さいと仮定すれば

$$\Delta\lambda=\lambda'-\lambda=\frac{h}{mc}(1-\cos\theta)$$

が得られる。

この式の右辺の係数$\dfrac{h}{mc}$は（　カ　）とよばれており，その値を計算すると実験から得られた値と一致する。

〈表〉　測定値

θ(°)	0	45	90	135
$\Delta\lambda$($\times10^{-12}$m)	0	0.7	2.4	4.1

〈秋田県〉

5 ★☆☆

水素原子内にある質量 m，電荷 $-e$ の電子が，電荷 $+e$ の静止している原子核のまわりの半径 r の円軌道を速さ v で運動していると考える。クーロンの法則の比例定数を k_0，プランク定数を h とする。次の各問いに答えよ。

(1) この電子の電子波の波長はいくらか。m，v，h を用いて表せ。

(2) $n = 1,\ 2,\ 3,\ \cdots\cdots$ とするとき，ボーアの量子条件を表す式を記せ。

(3) 電子が静電気力を向心力として円運動をしていることを運動方程式に表せ。

(4) (2)，(3)より v を消去し，水素原子内の電子が取りうる軌道半径を，h，k_0，m，e，$n\,(n = 1,\ 2,\ 3,\ \cdots\cdots)$ を用いて表せ。

(5) 電子の静電気力による位置エネルギーの基準を無限遠にとるとき，水素原子内の電子が取りうる定常状態での電子の運動エネルギーと位置エネルギーの和を，h，k_0，m，e，$n\,(n = 1,\ 2,\ 3,\ \cdots\cdots)$ を用いて表せ。

(6) 基底状態にある水素原子を陽イオンにするのに，外部からいくらのエネルギーを与えなければならないか答えよ。

(7) 水素原子内の電子が，$n = 3$ の定常状態から $n = 2$ の定常状態へ移るときに放出される光の波長を λ_3，$n = 4$ の定常状態から $n = 2$ の定常状態へ移るときに放出される光の波長を λ_4 とする。$\dfrac{\lambda_3}{\lambda_4}$ はいくらか求めよ。〈佐賀県〉

6 ★☆☆

次の各問いに答えよ。

(1) 原子核の崩壊における半減期とは何か説明せよ。

(2) 放射線は，主に α 線，β 線，γ 線に分けられる。それぞれの放射線の正体は何か答えよ。また，透過力および電離作用が最も大きいものをそれぞれ1つずつ答えよ。

(3) 放射線の有効利用について具体的な事例を2つ説明せよ。単に事例の名称を挙げるだけでなく，放射線のどのような特性が関係しているか示せ。

〈徳島県〉

7 ★☆☆

放射性崩壊の応用例の1つとして $^{14}_{6}\mathrm{C}$ による年代測定がある。$^{14}_{6}\mathrm{C}$ が N 個あるとき，1つの $^{14}_{6}\mathrm{C}$ が単位時間に崩壊する確率を λ とすると，単位時間の崩壊数 I は，

$$I = -\frac{dN}{dt} = \lambda N$$

で与えられる。次の各問いに答えよ。

(1)　$t = 0$ における ${}^{14}_{6}\mathrm{C}$ の数を N_0 とすると，上式から時刻 t における ${}^{14}_{6}\mathrm{C}$ の数 N は，

$$N = N_0 e^{-\lambda t}$$

で与えられる。この式は，半減期 T を用いて，

$$N = N_0\left(\frac{1}{2}\right)^{\frac{t}{T}}$$

と表すことができることを示せ。

(2)　${}^{14}_{6}\mathrm{C}$ が β 崩壊するときの核反応式を示せ。

(3)　ある古い木片の一部分を調べたところ，その部分の(${}^{14}_{6}\mathrm{C}$ の数/ ${}^{12}_{6}\mathrm{C}$ の数)の値が，大気中での値の $\frac{1}{3}$ であった。この木片の炭素の取り込みが止まったのはおよそ何年前か推定せよ。ただし，${}^{14}_{6}\mathrm{C}$ の半減期は 5.7×10^3 年であり，大気中の(${}^{14}_{6}\mathrm{C}$ の数/ ${}^{12}_{6}\mathrm{C}$ の数)の値は一定に保たれていたものとする。
また，$\log 2 = 6.9 \times 10^{-1}$，$\log 3 = 1.1$ とする。

〈群馬県〉

8 ★★☆

2つの炭素原子核が起こす次の核反応を考える。

$${}^{12}_{6}\mathrm{C} + {}^{12}_{6}\mathrm{C} \longrightarrow {}^{20}_{10}\mathrm{Ne} + {}^{4}_{2}\mathrm{He}$$

(1)　この反応で生成された ${}^{20}_{10}\mathrm{Ne}$ 原子核と ${}^{4}_{2}\mathrm{He}$ 原子核の質量の和は，反応前の ${}^{12}_{6}\mathrm{C}$ 原子核の質量の和より小さい。この質量の変化 Δm により生じるエネルギー $E = \Delta mc^2$ は，${}^{20}_{10}\mathrm{Ne}$ 原子核と ${}^{4}_{2}\mathrm{He}$ 原子核の運動エネルギーになる。E を〔MeV〕単位を使って有効数字2桁で答えよ。

ただし ${}^{12}_{6}\mathrm{C}$ 原子核の質量は 19.9236×10^{-27}〔kg〕，${}^{20}_{10}\mathrm{Ne}$ 原子核の質量は 33.1934×10^{-27}〔kg〕，${}^{4}_{2}\mathrm{He}$ 原子核の質量は 6.6455×10^{-27}〔kg〕である。また，光速度 $c = 3.0 \times 10^8$〔m/s〕，1〔eV〕$= 1.6 \times 10^{-19}$〔J〕とする。

2つの ${}^{12}_{6}\mathrm{C}$ 原子核がそれぞれ等しい運動エネルギー6.8〔MeV〕で逆向きに飛んできて正面衝突をした。

(2)　このとき生成された ${}^{20}_{10}\mathrm{Ne}$ 原子核と ${}^{4}_{2}\mathrm{He}$ 原子核の運動エネルギーの和は何〔MeV〕か。

(3)　${}^{4}_{2}\mathrm{He}$ 原子核の運動エネルギーは ${}^{20}_{10}\mathrm{Ne}$ 原子核の運動エネルギーの何倍か。

(4)　${}^{4}_{2}\mathrm{He}$ 原子核の運動エネルギーを求めよ。

〈熊本県〉

演習問題　解答・解説

1

(1)　ア　　(2)　ア

(3)　オ　　(4)　エ

解説

(1)　平行電極板間を通過する電子に x 方向の力は加わらないので，

$$v_x = v_0$$

(2)　平行電極板間の電場を E とすると，

$$E = \frac{2V_0}{2d} = \frac{V_0}{d}$$

よって，電子の y 方向の加速度を a_y として，電子の運動方程式は，

$$ma_y = eE \qquad \therefore\ a_y = \frac{eV_0}{md}$$

電子が平行電極板間を通過するのに要する時間を t とすると，$v_x t = l$ より，

$t = \dfrac{l}{v_0}$ であるから，

$$v_y = a_y t = \frac{eV_0 l}{mdv_0}$$

(3)　$y_1 = \dfrac{1}{2}a_y t^2 = \dfrac{1}{2}\cdot\dfrac{eV_0}{md}\left(\dfrac{l}{v_0}\right)^2$

$$= \frac{eV_0 l^2}{2mdv_0^{\,2}}$$

(4)　平行電極板間を通過した後の電子には力が働かない。電子が極間を通過してから，スクリーンに到達するまでの時間を t' とすると，

$$v_x t' = L \qquad \therefore\ t' = \frac{L}{v_x}$$

これより，

$$y_2 = v_y t' = \frac{v_y L}{v_x}$$

2

④

解説

加速後の電子の速さを v とすると，エネルギー保存則より，

$$eV = \frac{1}{2}mv^2$$

$$v = \sqrt{\frac{2eV}{m}}$$

求める波長を λ とすると，

$$\lambda = \frac{h}{mv} = \frac{h}{\sqrt{2meV}}\ \text{〔m〕}$$

3

(1)　**2.5〔V〕**

(2)　①　**3.2×10^{-17}〔N〕**

②　**2.4×10^{-19}〔J〕**

(3)　①　物質から電子1個をとり出すのに必要な最小のエネルギーのこと。

②　**$5.0 \times 10^{14}h$〔J〕**

③　**7.0×10^{-34}〔J・s〕**

④　〔解答例〕

色のついたフィルムなどを用いて，波長の異なる単色光とする。

⑤　光電効果は，光子による電子の励起であるのに対して，コンプトン効果は，光子の衝突による電子の散乱である。

解説

(1)　回路にかかる電圧は，NO間の電圧降下の分と等しいので，

$$V = \frac{10}{4} = 2.5\ \text{〔V〕}$$

(2)　①　KP間において，Pの方が電位が高いので，

$$F = eE = e\frac{V}{d}$$

$$= 1.6 \times 10^{-19} \times \frac{4.0}{0.02}$$

$$= 3.2 \times 10^{-17}\ \text{〔N〕}$$

②　KP間の電界が電子にする仕事と

電子の最大運動エネルギーは等しいので,

$$P = e\frac{V}{d}\times d = eV$$
$$= 1.6\times 10^{-19}\times 1.5$$
$$= 2.4\times 10^{-19}〔\mathrm{J}〕$$

(3) ② $W = h\nu_0$ より,

$W = 5.0\times 10^{14}h$〔J〕

③ 図2より, 振動数 10×10^{14}〔s^{-1}〕のとき, 最大の運動エネルギーは 3.5×10^{-19}〔J〕となるので,

$$3.5\times 10^{-19}$$
$$= 10\times 10^{14}h - 5.0\times 10^{14}h$$
$$\therefore\ h = \frac{3.5\times 10^{-19}}{5.0\times 10^{14}}$$
$$= 7.0\times 10^{-34}〔\mathrm{J\cdot s}〕$$

4

(1)

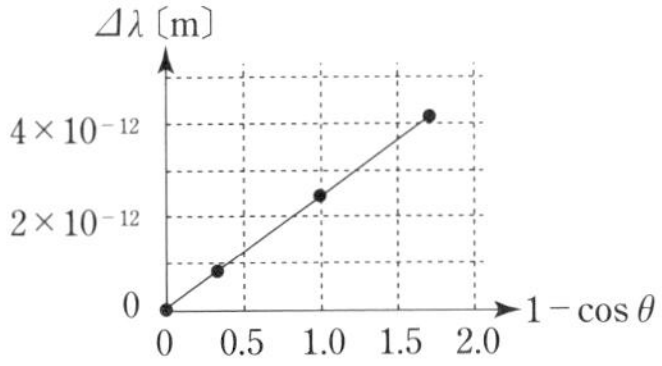

(2) **2.4×10^{-12}m**

ア. $\boldsymbol{\frac{hc}{\lambda}}$　　イ. $\boldsymbol{\frac{h}{\lambda}}$

ウ. $\boldsymbol{\frac{hc}{\lambda} = \frac{hc}{\lambda'} + \frac{1}{2}mv^2}$

エ. $\boldsymbol{\frac{h}{\lambda} = \frac{h}{\lambda'}\cos\theta + mv\cos\alpha}$

オ. $\boldsymbol{\frac{h}{\lambda'}\sin\theta - mv\sin\alpha = 0}$

カ. **コンプトン波長**

5

(1) $\boldsymbol{\lambda = \frac{h}{mv}}$　　(2) $\boldsymbol{2\pi r = n\frac{h}{mv}}$

(3) $\boldsymbol{m\frac{v^2}{r} = k_0\frac{e^2}{r^2}}$　　(4) $\boldsymbol{r = \frac{n^2h^2}{4\pi^2mk_0e^2}}$

(5) $\boldsymbol{-\frac{2\pi^2mk_0{}^2e^4}{n^2h^2}}$　　(6) $\boldsymbol{\frac{2\pi^2mk_0{}^2e^4}{h^2}}$

(7) $\boldsymbol{\frac{27}{20}}$

解説

(4) (2), (3)より, v を消去すると,

$$m\frac{\left(\frac{nh}{2\pi mr}\right)^2}{r} = k_0\frac{e^2}{r^2}$$
$$\frac{n^2h^2}{4\pi^2mr} = k_0e^2$$
$$\therefore\ r = \frac{n^2h^2}{4\pi^2mk_0e^2}$$

(5) $\frac{1}{2}mv^2 - k_0\frac{e^2}{r} = -\frac{k_0e^2}{2r} = -\frac{2\pi^2mk_0{}^2e^4}{n^2h^2}$

(6) 水素原子を陽イオンにするためには, $n = 1$ の状態から $n = \infty$ にすればいいので,

$$E = -\frac{2\pi^2mk_0{}^2e^4}{h^2}\times(-1)$$
$$= \frac{2\pi^2mk_0{}^2e^4}{h^2}$$

(7) $h\frac{c}{\lambda} = E_n - E_{n'}$ より, 光の速度を c とすると,

$$\frac{1}{\lambda_3} = \frac{\frac{2\pi^2mk_0{}^2e^4}{h^2}\left(\frac{1}{2^2}-\frac{1}{3^2}\right)}{hc} = \frac{5\pi^2mk_0{}^2e^4}{18h^3c}$$
$$\frac{1}{\lambda_4} = \frac{\frac{2\pi^2mk_0{}^2e^4}{h^2}\left(\frac{1}{2^2}-\frac{1}{4^2}\right)}{hc} = \frac{3\pi^2mk_0{}^2e^4}{8h^3c}$$
$$\frac{\lambda_3}{\lambda_4} = \frac{18}{5}\times\frac{3}{8} = \frac{27}{20}$$

6

(1) **原子が崩壊し始めて, その原子の数がはじめの数の$\boldsymbol{\frac{1}{2}}$になるまでにかかる時間のこと。**

(2) $\begin{cases} \alpha\text{線}\cdots\cdots {}^{4}_{2}\mathrm{He}\text{原子核} \\ \beta\text{線}\cdots\cdots\text{電子} \\ \gamma\text{線}\cdots\cdots\text{波長の短い電磁波} \end{cases}$

$\begin{cases} \text{透過力最大}\cdots\cdots\gamma\text{線} \\ \text{電離作用最大}\cdots\cdots\alpha\text{線} \end{cases}$

(3) ・ラジオグラフィー

X線やγ線の透過力は強いので，写真フィルムを感光させる。この性質を利用することによって，厚い金属製品の内部の様子を調べることができる。

・ガンマフィールド

放射線は染色体上の遺伝子に大きな影響を与え，突然変異を起こさせる。このことから，植物の品種改良に利用されている。植物にγ線をあてて，突然変異を起こさせ，有用な植物を選ぶための農場をガンマフィールドという。

7

(1) 時刻0のときの ${}^{14}_{6}\mathrm{C}$ の数は N_0，時刻 T のときの ${}^{14}_{6}\mathrm{C}$ の数は $\dfrac{N_0}{2}$

$$\frac{N_0}{2} = N_0 e^{-\lambda T}$$

$$e^{-\lambda T} = \frac{1}{2}$$

$$\lambda T = \log_e 2$$

$$\lambda = \frac{1}{T}\log_e 2$$

これより，

$$N = N_0\, e^{-\frac{t}{T}\log e 2}$$
$$= N_0 (e^{-\log e 2})^{\frac{t}{T}}$$
$$= N_0 \left(\frac{1}{2}\right)^{\frac{t}{T}}$$

(2) ${}^{14}_{6}\mathrm{C} \longrightarrow {}^{14}_{7}\mathrm{N} + e^-$

(3) **9.1 × 10³年**

解説

(3) 木片中の ${}^{12}\mathrm{C}$ に対する ${}^{14}\mathrm{C}$ の割合を現在を N，炭素のとり込みが止まった t 年前を N_0 とすると，

$$\frac{N}{N_0} = \left(\frac{1}{2}\right)^{\frac{t}{5.7\times10^3}} = \frac{1}{3}$$

両辺の対数をとると，

$$\frac{t}{5.7\times10^3}(-\log 2) = -\log 3$$

$$t = 5.7\times10^3 \times \frac{\log 3}{\log 2}$$
$$= 5.7\times10^3 \times \frac{1.1}{0.69}$$
$$\fallingdotseq 9.1\times10^3 \text{〔年〕}$$

8

(1) **4.7 MeV**　(2) **18.3 MeV**

(3) **5.0倍**　(4) **15.3 MeV**

解説

(1) $\varDelta m = 2\times19.9236\times10^{-27} - (33.1934\times10^{-27} + 6.6455\times10^{-27}) \fallingdotseq 8.3\times10^{-30}$

よって，

$$E = \varDelta mc^2$$
$$= 8.3\times10^{-30}\times(3.0\times10^8)^2$$
$$= 7.47\times10^{-13}\text{〔J〕}$$
$$\fallingdotseq 4.7\text{〔MeV〕}$$

$$(\because\ 1\text{〔eV〕} = 1.6\times10^{-19}\text{〔J〕})$$

(2) ${}^{20}_{10}\mathrm{Ne}$ と ${}^{4}_{2}\mathrm{He}$ の運動エネルギーの和は，2つの ${}^{12}_{6}\mathrm{C}$ の運動エネルギーと(1)の E との和と等しいので，

$$2\times6.8 + 4.7 = 18.3\text{〔MeV〕}$$

(3) 原子核の運動エネルギーは，その質量に反比例する。

よって，${}^{20}_{10}\mathrm{Ne}$，${}^{4}_{2}\mathrm{He}$ の運動エネルギーをそれぞれ $T({}^{20}_{10}\mathrm{Ne})$，$T({}^{4}_{2}\mathrm{He})$ とすると，

$$\frac{T({}^{4}_{2}\mathrm{He})}{T({}^{20}_{10}\mathrm{Ne})} = \frac{m({}^{20}_{10}\mathrm{Ne})}{m({}^{4}_{2}\mathrm{He})}$$

$$=\frac{33.1934\times10^{-27}}{6.6455\times10^{-27}}$$

$$\fallingdotseq 5.0〔倍〕$$

(4)　(2), (3)より,

$$T({}^{4}_{2}\mathrm{He})=18.3\times\frac{5.0}{1+5.0}$$

$$\fallingdotseq 15.3〔\mathrm{MeV}〕$$

6 実践問題

1 ★☆☆

図のように，水平面となす角 α の斜面上の１点Oを原点とし，斜面上に水平面と平行に x 軸を，x 軸と垂直に y 軸をとり，点Oから x 軸とのなす角 θ の方向に小さな物体を発射して斜面上を滑らせる。重力加速度を g とし，空気の抵抗は考えないものとして，次の各問いに答えよ。

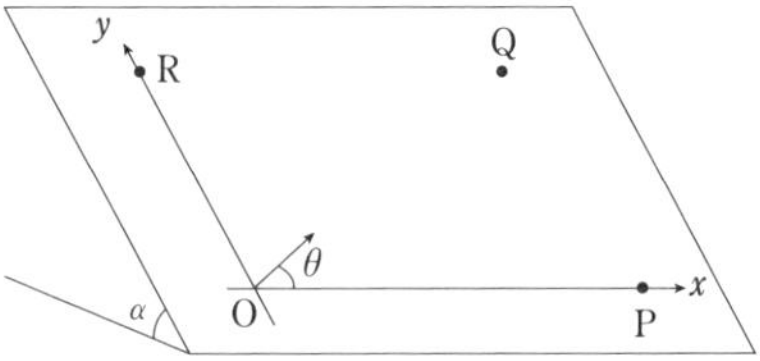

(1) 斜面と小物体との間に摩擦がない場合，物体を最小の速さで発射して，x 軸上の点P $(x,\ 0)$ を通過させるには，発射する速さおよび $\tan\theta$ の値をどのようにすればよいか。

(2) 斜面と小物体との間に摩擦がない場合，物体を発射して，点Q $(x,\ y)$ を水平方向に通過させるには，発射する速さおよび $\tan\theta$ の値をどのようにすればよいか。

(3) 斜面と物体との間に一様な摩擦があり，動摩擦係数を μ'，静止摩擦係数を μ とする。物体を y 軸の方向に発射して y 軸上の点R $(0,\ y)$ で静止させるには，発射する速さをいくらにすればよいか。また，物体が点Rで静止し続けるための，静止摩擦係数 μ の最小値はいくらか。

〈和歌山県改題〉

2 ★☆☆

傾いたあらい平面板上の物体に作用する力とその運動に関して，次の各問いに答えよ。ただし，重力加速度の大きさを g〔$\mathrm{m/s^2}$〕とする。

図１

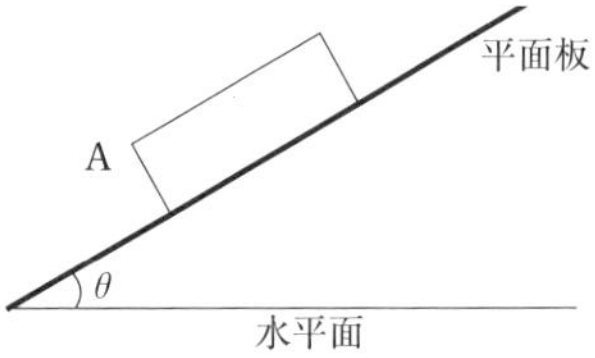

［A］質量 M〔kg〕の直方体状の物体Aを平面板上にのせて板を傾けていき，水平面となす傾斜角が θ_0〔rad〕になったとき，物体Aは静かにすべりだした。次に，板をさらに傾けて傾斜角を θ〔rad〕$\left(\theta_0<\theta<\dfrac{\pi}{2}\right)$ に固定した

(図１)。物体Aをこの平面板上でささえて静かに離したら，t〔s〕間に，斜面に沿って距離 L〔m〕すべり落ちた。

(1)　物体Aと板との間の静止摩擦係数 μ_A を求めよ。

(2)　物体Aと板との間の動摩擦係数 μ_A' を求めよ。

(3)　距離 L〔m〕すべり落ちたときの物体Aの速さ v〔m/s〕を求めよ。

(4)　距離 L〔m〕すべり落ちる間に，物体Aに対して重力がした仕事 W_1〔J〕，摩擦力がした仕事 W_2〔J〕，および垂直抗力がした仕事 W_3〔J〕をそれぞれ求めよ。

［B］次に傾斜角を θ に固定したまま，図２のように質量 m〔kg〕の直方体状の物体Bを物体Aにのせ，物体Aにつけられた軽いひもを斜面に沿って上向きに一定の力 F〔N〕で引いた。F を適当な範囲の大きさに選んで，物体Bがすべらず物体Aと一体となって上がるようにした。

図２

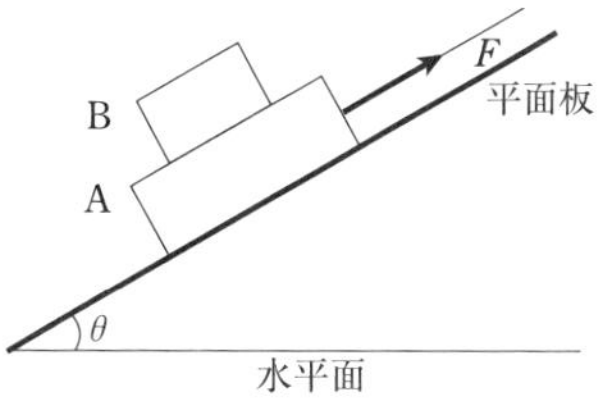

(5)　このとき，両物体の加速度を a〔m/s^2〕，物体Aと物体Bとの間に作用する静止摩擦力を R〔N〕として，物体Aおよび物体Bに対する運動方程式を立てよ。また，R を F，M，m，g，μ_A'，θ を用いて表せ。ただし，加速度 a は斜面に沿って上向きを正とする。

(6)　物体Aと物体Bとの間の静止摩擦係数を μ とするとき，物体Bが物体A上ですべり出すときの F の大きさを M，m，g，μ_A'，μ，θ を用いて表せ。

〈岩手県〉

3 ★★☆

次の文を読み，空欄に適切な文字式または数値を入れ，文を完成させよ。ただし，重力加速度の大きさを g とする。

図１のように，水平面上に一辺の長さが $2h$ で内面がなめらかな立方体の箱があり，水平に一定の加速度 $a\left(0 < a < \dfrac{1}{2}g\right)$ で加速している。

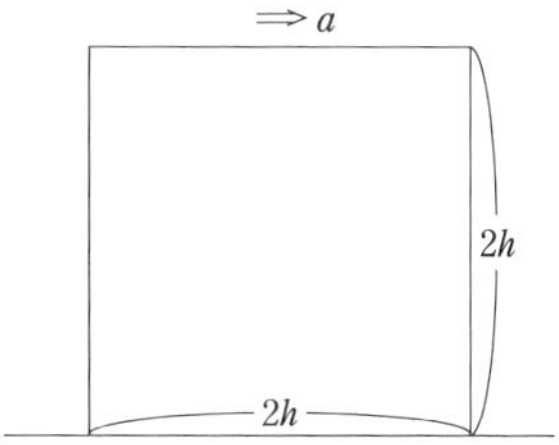

図１

(1)　この箱の上面中央に糸をつるし，下端に質量 m の小球をつけると，図２のように糸が鉛直線となす角が θ_1 のままとなった。このとき，$\tan\theta_1$ =（　①　）であり，糸の張力の大きさは（　②　）である。

(2)　この箱が加速しているとき，小球の高さは，ちょうど箱の底から h であった。このとき，突然糸が切れ，小球は箱の底に向かって加速していき，底に衝突してはね返り，側面に直角に衝突した。小球と底のはね返り係数を e，底に衝突する直前の（箱に対する）小球の速度の水平成分の大きさを v_x，鉛直成分の大きさを v_y とする。高さ h から落下したことになるから，v_y ＝（　③　）である。底に衝突してから側面に衝突するまでの時間を t，底の衝突地点から側面までの距離を l とすると，l ＝（　④　）となる。一方，側面と直角に衝突したことにより，t ＝（　⑤　）となる。これらより，この箱の加速度を e と g のみを用いて表すと，a ＝（　⑥　）g となり，$e=\dfrac{1}{2}$ のときには，a ＝（　⑦　）g であることが分かる。

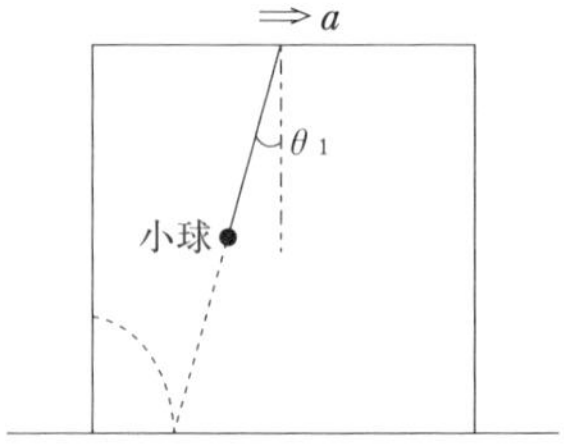

図２

(3)　この箱の中の気体の密度を ρ とする。密度 ρ' のヘリウムガス（$\rho' < \rho$）を入れた体積 V の風船（風船本体の質量は無視できるとする）に糸をつけ，他端をこの箱の底につけた。一定の加速度 a で水平に加速している箱の中では風船は図３のように傾き，糸が鉛直線となす角が θ_2 のままとなった。このとき，この風船が受ける浮力（箱内の気体から受ける力）の大きさは，（　⑧　）であり，$\tan\theta_2$ ＝（　⑨　）である。また，糸の張力の大きさは（　⑩　）である。

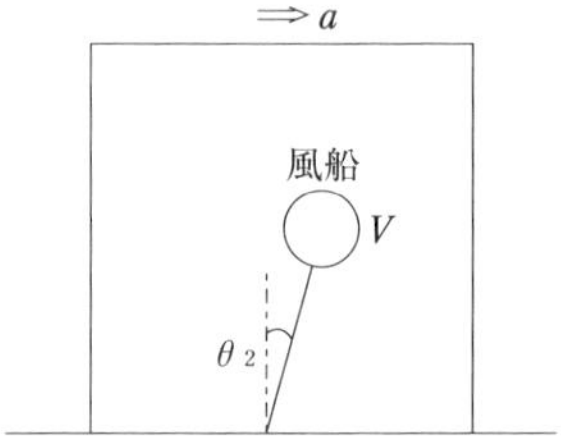

図３

〈宮城県・仙台市〉

4 ★★☆

小球Ｐと板の衝突に関する次の各問いに答えよ。ただし，重力の影響は全て無視し，小球Ｐの回転の影響は考えない。

図１のように，質量 m の小球Ｐが，静止している板に速さ v_0 で板面に垂直に衝突し，はね返った。衝突の様子を詳しく見ると，時刻０にＰは板に接触し始め，時刻 t_1 でＰの速度は０になり，時刻 t_2 でＰは板から離れた。この衝突中，Ｐが板から受ける垂直抗力の大きさ F は図２のように変化し，F の時間変化を表すグラフと時間軸に囲まれる面積は，時刻 0～t_1

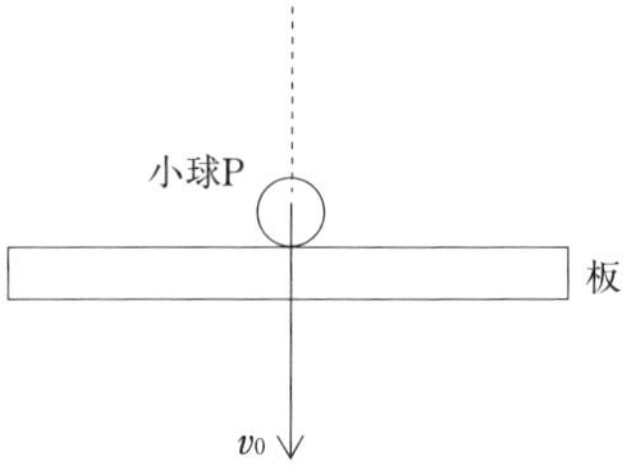

図１

が I，時刻 t_1〜t_2が aI であった。また，衝突の間，板は静止したままであった。

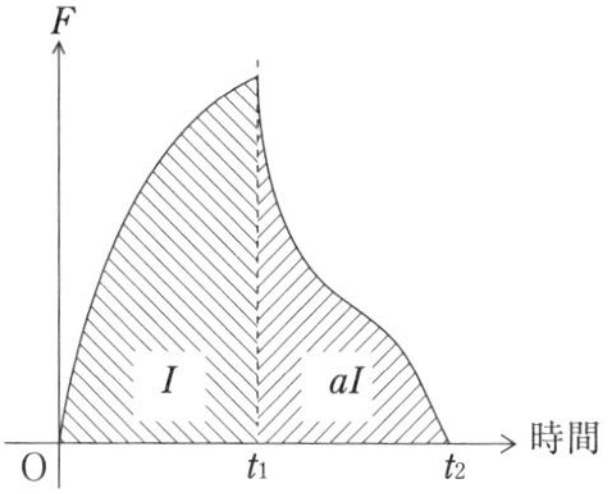

図 2

(1)　時刻 0 から時刻 t_2までの間に，P が板から受けた力積の大きさはいくらか。I, a を用いて表せ。

(2)　図 2 の I はいくらか。m，v_0を用いて表せ。

(3)　板から離れる瞬間の P の速さはいくらか。v_0，a を用いて表せ。

(4)　この衝突における P と板との間の反発係数(はね返りの係数)はいくらか。m，v_0，a の中から必要なものを用いて表せ。

(5)　この衝突において失われた力学的エネルギーはいくらか。m，v_0，a の中から必要なものを用いて表せ。

〈佐賀県改題〉

5 ★★☆

球形で質量分布が均質な星(質量 M，半径 R)の表面のある地点 A から，ちょうど反対側の地点 B に向け，質量 m の物体が，(1)，(2)のような 2 種類の運動で移動する場合を考える。星の表面での重力加速度の大きさを g とし，星自身の自転や公転の影響，大気による抵抗の影響は無視できるものとして，次の各問いに答えよ。

(1)　右の図 1 のように，星の表面を第 1 宇宙速度 v_1の等速円運動で移動する場合について，次の①〜③の問いに答えよ。

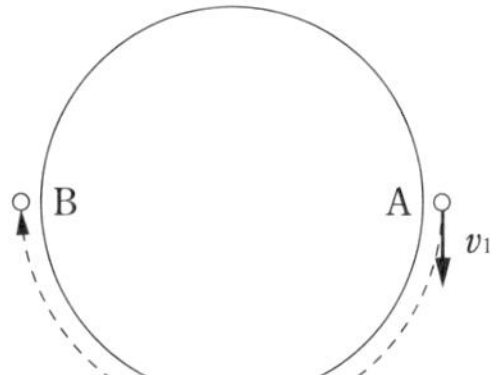

図 1

①　この物体が円運動をする運動方程式を，g, m，R，v_1を用いて表せ。

②　v_1を g，R を用いて表せ。

③　この物体が A を出発して，B に着くまでにかかる時間を求めよ。

(2)　右の図 2 のように，星の中心 O を通り，星を貫くまっすぐなトンネル AB を通り，A から初速度 0 で出発して B に向かう場合について，次の①〜④の問いに答えよ。

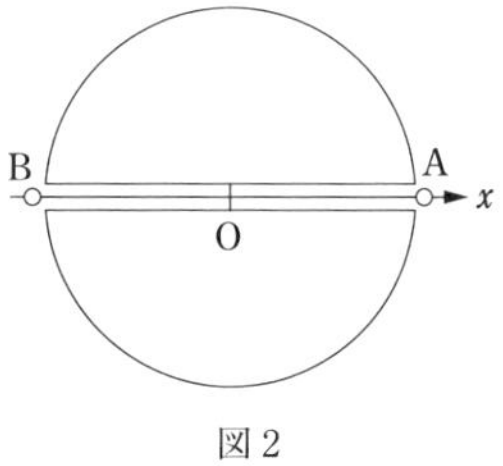

図 2

①　星の中心 O を原点とし，A，B を通る直線上に x 軸をとる。物体の位置が x_0 のときの，

物体が星から受ける力を，m，g，x_0 および R を用いて表せ。

ただし，星の中心からの距離 $r(< R)$ にある質点 p に働く力は，半径 r の星内部と等しい質量を持つ質点 q が星の中心にあると仮定したときに，質点 p と q の間に働く万有引力の大きさに等しい。

② トンネル内におけるこの物体の運動方程式を示し，それを用いてAから動き始めて時間が t だけ経過した瞬間の物体の位置 x を求めよ。

③ この物体が中心Oを通過するときの速さを求めよ。

④ この物体がAを出発して，Bに着くまでにかかる時間を求めよ。

〈香川県〉

6 ★☆☆

シリンダーに単原子分子からなる n〔mol〕の理想気体を入れ，なめらかに動くピストンをつける。圧力 P_0〔N/m^2〕，体積 V_0〔m^3〕の状態Aから，順次次の操作を行った。

〈操作Ⅰ〉 体積一定のまま熱を加えると，圧力 $32P_0$ の状態Bになった。

〈操作Ⅱ〉 熱の出入りがないようにピストンを動かすと，圧力 P_0 の状態Cになった。

〈操作Ⅲ〉 圧力一定のまま，温度を下げると状態Aにもどった。

操作Ⅱの間，気体の圧力 P と体積 V との間には PV^γ = 一定$(\gamma = 5/3)$の関係がある。気体定数を R〔J/(mol・K)〕として，各問いに答えよ。

(1) 状態Bの温度を求めよ。

(2) 状態Cの体積を求めよ。

(3) 気体が外部にした仕事の量 ΔW は，$\Delta W = \int PdV$ で求められる。操作Ⅱで気体が外部にした仕事を積分によって求めよ。

(4) 1サイクルの熱効率〔%〕を求めよ。ただし，圧力 P，体積 V の理想気体の内部エネルギー U は，$U = \dfrac{3}{2}PV$ である。

〈福島県〉

7 ★☆☆

スリットSの刻まれた平面板から距離 l のところに，平面板と平行にスクリーンを置く。さらに，これらの間に，平面板から距離 $\frac{l}{2}$ の位置までの部分に平面鏡を置く。図は，この装置の断面を示している。平面鏡は平面板およびスクリーンに垂直であり，平面板と平面鏡の接点をA，平面鏡の延長線とスクリーンとの交点をOとする。スリットSに位相のそろった波長 λ の単色光を入射させると，スクリーン上に明暗の縞模様が見られる。

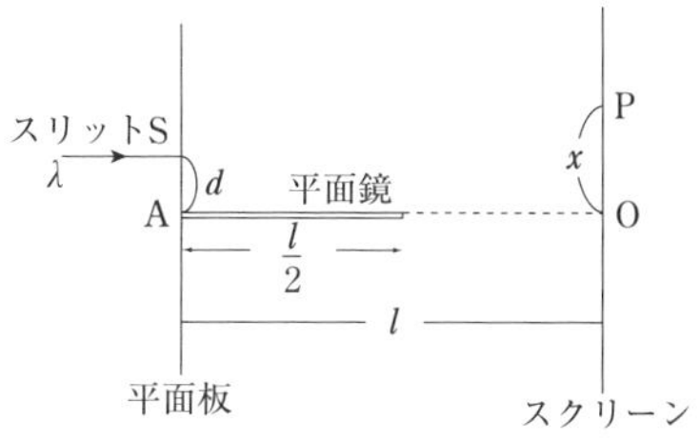

AS ＝ d とし，d は l に比べて十分小さいものとして，各問いに答えよ。

(1)　スクリーン上に明暗の縞模様が見られる理由を簡潔に答えよ。

(2)　スクリーン上で座標 x の点Pが，縞模様の明線となるための条件を，d, x, l, λ および整数 m を用いて表せ。ただし，x は l に比べて十分小さいものとし，近似を用いよ。

(3)　$l = 2.0$ m，$d = 0.30$mm，$\lambda = 6.0 \times 10^{-7}$mとするとき，スクリーン上の明線間隔はいくらになるか答えよ。

〈青森県〉

8 ★★☆

図1のように線密度 4.0×10^{-5}kg/m の弦が水平に，x 軸に沿って張られている。左端 $x = -L$〔m〕は壁に固定され，右端は $x = L$〔m〕の位置に中心を持つ滑車を経て，質量 $m = 2.0$kg のおもりにつながれている。また，固定端の近くの点に，振動数 f〔Hz〕で垂直に上下する小さな力 F を加える。重力加速度の大きさを 9.8m/s^{2}とする。このとき，次の各問いに答えよ。

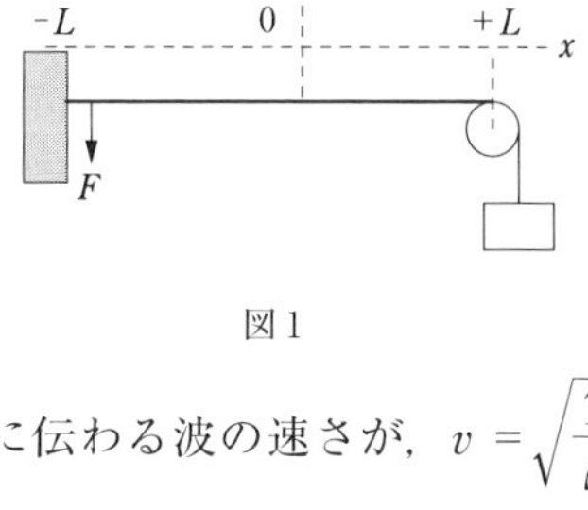

図1

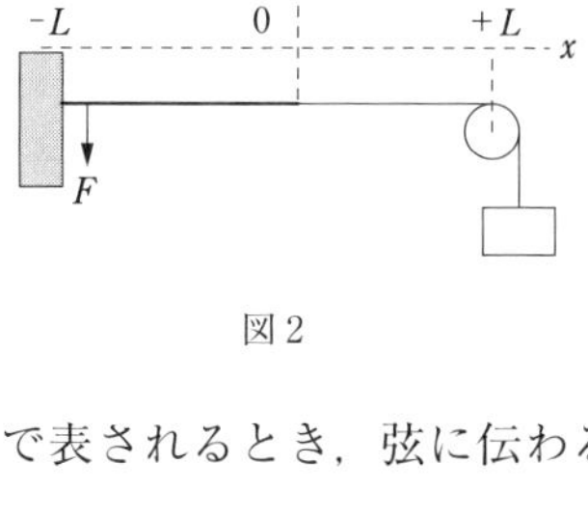

図2

(1)　弦に伝わる波の速さが，$v = \sqrt{\frac{T}{\rho}}$ で表されるとき，弦に伝わる波の速さを求めよ。

(2) $L = 1.5$ mであるとき振動数fを十分小さな値から徐々に大きくしていったところ，ある振動数ではじめて定常波ができた。この定常波の波長λと振動数を求めよ。

(3) 次に，振動数を(2)の値の2倍にし，図2のようにxの正の領域にある弦の太さを変えたところ，xの負の領域の弦に腹が1つ，正の領域に腹が2つある定常波ができた。$x = 0$のつなぎ目は節となっていた。xが正の領域の弦の線密度を求めよ。

(4) 一般に，時刻tにおける波を表す関数(波動関数)$f(x,\ t)$は波の速さをuとすると，

$$\frac{\partial^2 f}{\partial t^2} = u^2 \frac{\partial^2 f}{\partial x^2} \cdots\cdots ①$$

を満たす。①を満たす関数として，$f(x,\ t) = A \cdot \sin(\omega t + kx)$とするとき，$u^2$の値を求めよ。

〈三重県〉

9 ★☆☆

次の各問いに答えよ。

Ⅰ．面積S，極板間隔dの平行板コンデンサーがある。極板間は真空であり，誘電率はε_0である。この平行板コンデンサーに電荷Qを与えた。次の各問いに答えよ。

(1) このコンデンサーに蓄えられるエネルギーを求めよ。

(2) このコンデンサーの極板間に働く静電気的引力の大きさが，電気量Qの2乗に比例し，極板面積Sに反比例することを導け。

(3) このコンデンサーの極板間の電界の強さを求めよ。

Ⅱ．図のように，内部抵抗が無視できる起電力Eの電池E，抵抗値がいずれもRの抵抗R_1，R_2，R_3，電気容量がC_1，C_2のコンデンサーC_1，C_2，スイッチS_1，S_2，S_3を接続し，次の①～③の操作を順番に行った。はじめスイッチはすべて開かれており，コンデンサーには電荷がないものとする。また，①，②，③の操作は，それぞれ十分時間をおいてから行ったものとする。

① S_3を閉じてから，S_1を閉じた。

② S_3を開き，S_2を閉じた。

③ S_2を開いた後S_1を開き，S_3を閉じた。

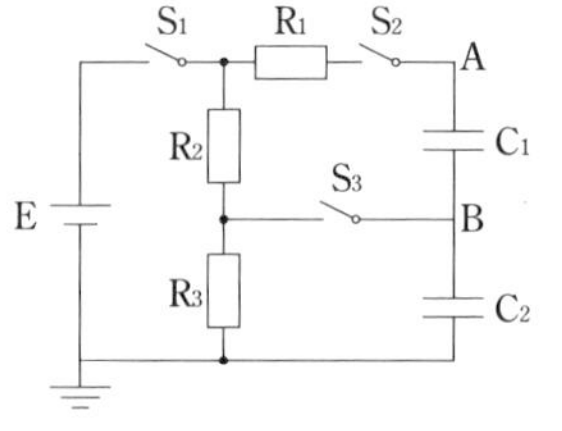

次の(1)～(3)の各問いに答えよ。

(1) ①のS_1を閉じた瞬間に，抵抗R_2を流れる電流の大きさを求めよ。

(2)　②の操作後十分に時間が経ったときのC_1の電気量を求めよ。

(3)　③の操作から十分に時間が経ったときのB点を基準にしたA点の電位を求めよ。

〈山梨県〉

10 ★★☆

図1に示すように，コンデンサー，抵抗，スイッチ，および電池からなる電気回路がある。コンデンサーの容量をC，抵抗の値をR，電池の起電力をV，内部抵抗は無視するものとして，次の各問いに答えよ。

図1

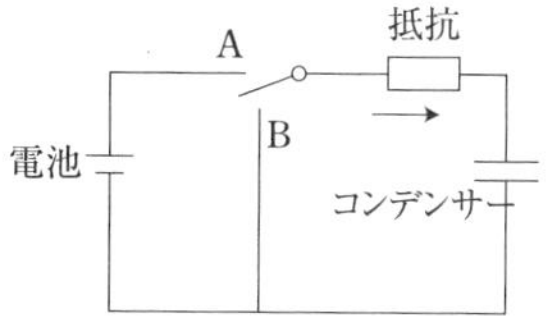

図2

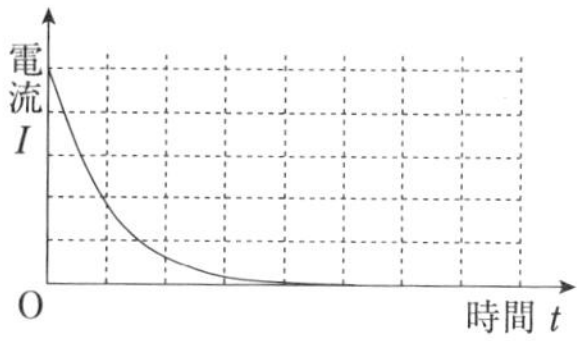

(1)　コンデンサーの充電時の電流の変化を調べるために，スイッチをB側に入れて十分時間がたってからA側に切り換えて充電した。抵抗を流れる電流Iと，スイッチをA側に入れたときからの経過時間tを記録したところ，図2のような結果を得た。

①　はじめにスイッチをB側に入れるのはなぜか答えよ。

②　スイッチをAに入れた瞬間の電流の大きさI_0を求めよ。

③　充電時のコンデンサーの電圧V_Cはどのように変化するか，その概略図を描け。

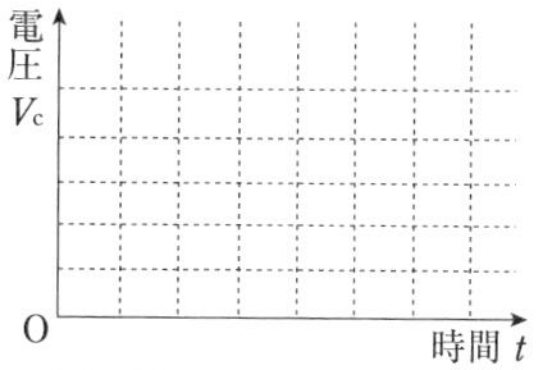

④　コンデンサーの電圧がV_Cのとき，コンデンサーに蓄えられている電気量Qはいくらか求めよ。

⑤　流れる電流は，微小時間Δtの間に運ばれる電気量ΔQであることを考えると，V_C，V，R，Qの間にはどのような関係式が成り立つか答えよ。

⑥　コンデンサーの電圧V_Cを時間tの関数として求めよ。

⑦　電流Iを時間tの関数として求めよ。

⑧　充電を開始し，十分時間が経った後までの間に，抵抗を流れた電気量はどれだけか。

(2)　スイッチをＡ側に入れてから十分時間がたった後，スイッチをＢ側に切り換えた。Ｂ側に切り換えた後，抵抗を通る電流 I はどのように変化するか。図１の矢印の向きを正として，波形の概略図を描け。

(3)　抵抗の値を $2R$ とし，(1)と同様にしてコンデンサーを充電すると，図２のグラフの形はどのように変わるか。(1)の場合との違いが明確になるように，電流の時間変化の特徴をとらえた概略図を図２のグラフに重ねて描け。また，グラフの形がそのように変わるのはなぜか，数式を使わないでわかりやすく生徒に説明するつもりで述べよ。

〈秋田県〉

11 ★★☆

図１のように下向きに垂直な磁界の中に n 回巻きのコイルが置かれている。コイルを貫く磁束を ϕ〔Wb〕とする。電磁誘導の法則によれば，Δt〔s〕間に，磁束が $\Delta\phi$〔Wb〕変化すると，コイルに生じる起電力は，

$V = -n \cdot \Delta\phi/\Delta t$……①

と表される。次の各問いに答えよ。

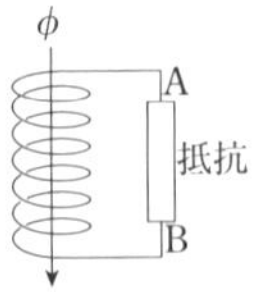

図１

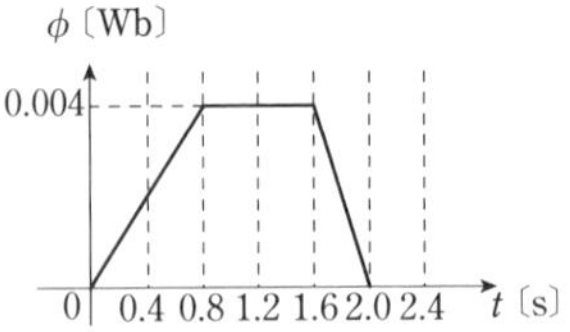

図２

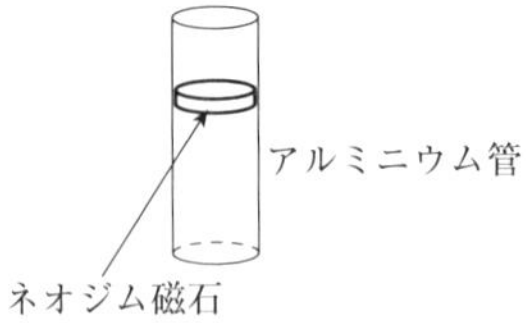

図３

(1)　①式の負の符号の意味を述べよ。

(2)　このコイルを図１に示した向きに貫く磁束 ϕ〔Wb〕が図２のように変化した。このときコイルの両端に生じる起電力と時刻 t〔s〕との関係を示すグラフを描け。ただし，$n = 100$ とし，ＡがＢよりも電位が高いときを起電力が正であるとする。

(3)　図３のように，両端の開いた細長いアルミニウム管を鉛直に立てる。その上部からネオジム磁石を静かに離すとネオジム磁石はほとんど一定の速さで管の中を降下する。まず始めにネオジム磁石と同形の鉄片を落下させておいて，その後，ネオジム磁石にすり替えて落下させ，念力を働かせたかのように振る舞えば，１つのマジックにみえる。なぜ，ネオジム磁石の方は，遅くなるかを説明せよ。

(4)　電磁誘導の学習を行うとき，(3)のマジックを演示実験として使い，電磁誘

導の単元を学習させた上で，この現象が電磁誘導であることを生徒に示したい。あなたがネオジム磁石を使って，このマジックの種明かしをするには，どのような演示実験が適切か。その方法を説明せよ。

〈三重県〉

12 ★★☆

ある物理量Aの単位が，長さ L の単位の p 乗，質量 M の単位の q 乗，時間 T の単位の r 乗の積で表されるとき，この物理量の長さに関する次元は p，質量に関する次元は q，時間に関する次元は r であるという。この関係を示すために，次のような次元式を用いる。　［A］＝［$L^pM^qT^r$］

次の各問いに答えよ。

⑴　例にならって次の物理量の次元式を求めよ。

〈例〉［密度］＝［$L^{-3}MT^0$］

①　力　　②　エネルギー　　③　運動量　　④　圧力

⑵　単振り子の周期の式が $T=2\pi\sqrt{\dfrac{l}{g}}$ か，$T=2\pi\sqrt{\dfrac{g}{l}}$ かわからなくなった。

両方の次元式を示して，正しい公式を決定せよ。

〈徳島県〉

実践問題　解答・解説

1

(1)　速さ：$\sqrt{gx\sin\alpha}$　　$\tan\theta=1$

(2)　速さ：$\sqrt{\dfrac{(x^2+4y^2)g\sin\alpha}{2y}}$

$\tan\theta=\dfrac{2y}{x}$

(3)　速さ：$\sqrt{2gy(\sin\alpha+\mu'\cos\alpha)}$

$\mu=\tan\alpha$

解説

(1)　物体には y 軸負の向きに，大きさ $g\sin\alpha$ の加速度がはたらく。物体の初速度を v_0 とし，点Oから点Pに達するまでにかかる時間を t とする。物体は x 軸方向には等速運動をするので，

$$v_0\cos\theta\cdot t=x\cdots①$$

物体は y 軸方向には，等加速度運動をするので，

$$v_0\sin\theta\cdot t-\frac{1}{2}g\sin\alpha\cdot t^2=0\cdots②$$

①，②より，t を消去すると，$t\neq0$ より，

$$v_0{}^2=\frac{gx\sin\alpha}{\sin2\theta}$$

$\sin2\theta$ が最大のとき，$v_0{}^2$ は最小となる。$\sin2\theta=1$，すなわち，$\theta=45°$ のとき，$v_0{}^2$ は最小となる。

よって，$\tan\theta=1$ のとき，v_0 は最小値 $\sqrt{gx\sin\alpha}$ をとる。

(2)　物体の初速度を v_1 とする。Q点において，物体の y 軸方向の速さは0である。

$$0^2-v_1{}^2\sin^2\theta=-2g\sin\alpha\cdot y$$

$\therefore\ v_1{}^2\sin^2\theta=2gy\sin\alpha\cdots③$

点Oから点Qに達するまでにかかる時間を t とすると

$v_1\cos\theta\cdot t=x\cdots④$

$v_1\sin\theta-g\sin\alpha\cdot t=0\cdots⑤$

③より $v_1\sin\theta=\sqrt{2gy\sin\alpha}\cdots③'$

④，⑤より t を消去して

$(v_1\sin\theta)(v_1\cos\theta)=xg\sin\alpha$

③′を代入して

$$v_1\cos\theta=x\sqrt{\frac{g\sin\alpha}{2y}}\cdots⑥$$

③′，⑥より

$$\tan\theta=\frac{2y}{x},$$

$$v_1=\sqrt{(v_1\cos\theta)^2+(v_1\sin\theta)^2}=\sqrt{\frac{(x^2+4y^2)g\sin\alpha}{2y}}$$

(3)　物体の初速度を v_2 とする。力学的エネルギー保存則より，

$$\frac{1}{2}mv_2{}^2-\mu'mgy\cos\alpha=mgy\sin\alpha$$

$$\therefore\ v_2=\sqrt{2gy(\sin\alpha+\mu'\cos\alpha)}$$

$\mu mg\cos\alpha\geqq mg\sin\alpha$

すなわち，$\mu\geqq\tan\alpha$

のとき，物体は静止し続ける。

2

(1)　$\mu_A=\tan\theta_0$

(2)　$\mu_A{}'=\tan\theta-\dfrac{2L}{gt^2\cos\theta}$

(3)　$v=\dfrac{2L}{t}$〔m/s〕

(4)　$W_1=MgL\sin\theta$〔J〕

$W_2=-ML\left(g\sin\theta-\dfrac{2L}{t^2}\right)$〔J〕

$W_3=0$〔J〕

(5)　運動方程式

A：$Ma=F-Mg\sin\theta-\mu_A{}'(M+m)g\cos\theta-R$

B：$ma=R-mg\sin\theta$

$R=\dfrac{m}{M+m}F-\mu_A{}'mg\cos\theta$

(6)　$F=(M+m)(\mu_A{}'+\mu)g\cos\theta$

解説

(1)　斜面からの抗力をNとおくと，

$$N = Mg\cos\theta_0 \cdots ①$$

重力の斜面に水平な成分と最大静止摩擦力がつり合うとき，物体Aはすべり出すので，

$$\mu_A N = Mg\sin\theta_0$$

①より，

$$\mu_A = \tan\theta_0$$

(2)　物体の加速度を斜面に沿って下向きを正として，αとおき，物体Aの運動方程式を考える。

$$Mg\sin\theta - \mu_A' Mg\cos\theta = M\alpha$$

$$\therefore \alpha = g\sin\theta - \mu_A' g\cos\theta$$

斜面に沿ってすべった距離Lは，

$$L = \frac{1}{2}(g\sin\theta - \mu_A' g\cos\theta)t^2$$

であるから，

$$\mu_A' = \tan\theta - \frac{2L}{gt^2\cos\theta}$$

(3)　$v = \alpha t = (g\sin\theta - \mu_A' g\cos\theta)t$

$$= \left\{g\sin\theta - \left(\tan\theta - \frac{2L}{gt^2\cos\theta}\right)g\cos\theta\right\}t$$

$$= \frac{2L}{t}\text{〔m/s〕}$$

(4)　$W_1 = Mg\sin\theta \cdot L$

$$= MgL\sin\theta\text{〔J〕}$$

$$W_2 = -Mg\cos\theta\left(\tan\theta - \frac{2L}{gt^2\cos\theta}\right) \cdot L$$

$$= -ML\left(g\sin\theta - \frac{2L}{t^2}\right)\text{〔J〕}$$

斜面に鉛直の向きに物体は進んでいないため，

$$W_3 = 0\text{〔J〕}$$

(5)　A，Bの斜面方向の運動方程式はそれぞれ，

$$Ma = F - Mg\sin\theta - \mu_A' N_1 - R \cdots ②$$

$$ma = R - mg\sin\theta \cdots ③$$

また，A，Bそれぞれの斜面に垂直な方向の力のつり合いは，

$$N_1 = Mg\cos\theta + N_2 \cdots ④$$

$$N_2 = mg\cos\theta \cdots ⑤$$

④，⑤を②に代入すると，

$$Ma = F - Mg\sin\theta - \mu_A'(M + m)g\cos\theta - R \cdots ⑥$$

③× M −⑥× m より，

$$0 = (M + m)R - mF + \mu_A' m(M + m)g\cos\theta$$

$$\therefore R = \frac{m}{M+m}F - \mu_A' mg\cos\theta \cdots ⑦$$

(6)　物体Bが物体A上ですべり出すとき，次式が成り立つ。

$$R = \mu N_2 \cdots ⑧$$

⑤，⑦，⑧より，

$$F = (M + m)(\mu_A' + \mu)g\cos\theta$$

3

①　$\boldsymbol{\frac{a}{g}}$　②　$\boldsymbol{m\sqrt{g^2 + a^2}}$

③　$\boldsymbol{\sqrt{2gh}}$　④　$\boldsymbol{v_x t + \frac{1}{2}at^2}$

⑤　$\boldsymbol{\frac{e}{g}v_y}$　⑥　$\boldsymbol{\frac{1}{2 + 2e + e^2}}$

⑦　$\boldsymbol{\frac{4}{13}}$

⑧　$\boldsymbol{\rho V\sqrt{g^2 + a^2}}$　⑨　$\boldsymbol{\frac{a}{g}}$

⑩　$\boldsymbol{(\rho - \rho')V\sqrt{g^2 + a^2}}$

解説

①　箱の中から見ると，小球には加速度aとは逆向きに慣性力maがはたらいているように見える。

$$\tan\theta_1 = \frac{ma}{mg} = \frac{a}{g}$$

②　糸の張力は，三平方の定理より，

$$T = \sqrt{(mg)^2 + (ma)^2} = m\sqrt{g^2 + a^2}$$

③　$v_y{}^2 = 2gh$　　$\therefore v_y = \sqrt{2gh}$

④　箱からの相対加速度が，箱の進行方向と逆向きにはたらくため，

$$l = v_x t + \frac{1}{2}at^2$$

⑤　最高点での鉛直方向の速度は0となるので，

$$0 = ev_y - gt \qquad \therefore\ t = \frac{e}{g}v_y$$

⑥　糸が切れて箱の底に小球がぶつかるまでの時間を t' とおくと，

$h = \frac{1}{2}gt'^2$ より，$t' = \sqrt{\frac{2h}{g}}$ …㋐

よって，$v_x = a\sqrt{\frac{2h}{g}}$ …㋑

また，$l + \frac{1}{2}at'^2 + h\tan\theta_1 = h$

となることより，㋐と①を代入することで

$l = h - \frac{2ah}{g}$ …㋒

を得る。

一方，④に⑤を代入すると，

$$l = vx\left(\frac{e}{g}v_y\right) + \frac{1}{2}a\left(\frac{e}{g}v_y\right)^2$$

上式に㋑と③を代入して

$l = \frac{2aeh}{g} + \frac{e^2ah}{g}$ …㋓

となる。

㋒，㋓より

$$h - \frac{2ah}{g} = \frac{2aeh}{g} + \frac{e^2ah}{g}$$

$$\therefore\ g = (2 + 2e + e^2)a$$

よって，$a = \frac{g}{2 + 2e + e^2}$

⑦　$a = \dfrac{g}{2 + 2\times\frac{1}{2} + \left(\frac{1}{2}\right)^2} = \frac{4}{13}g$

⑧　箱の中から，観察したとすると，風船にはたらく力は図のようになっている。浮力の大きさは，ρVg と ρVa を合成したものだから，

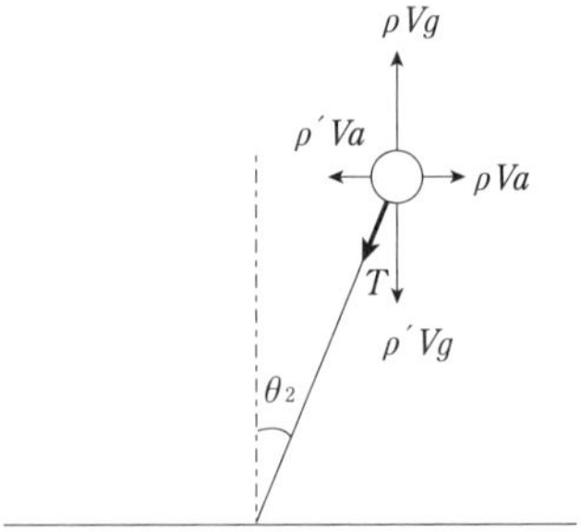

$$\sqrt{(\rho Vg)^2 + (\rho Va)^2} = \rho V\sqrt{g^2 + a^2}$$

⑨，⑩　力のつり合いより，

$\rho' Va + T\sin\theta_2 = \rho Va$ …㋑

$\rho' Vg + T\cos\theta_2 = \rho Vg$ …㋺

㋑，㋺より，

$$\tan\theta_2 = \frac{a}{g}$$

よって，

$$T = (\rho - \rho')V\sqrt{g^2 + a^2}$$

4

(1)　$\boldsymbol{I(1 + a)}$　　(2)　$\boldsymbol{I = mv_0}$

(3)　$\boldsymbol{av_0}$　　(4)　$\boldsymbol{a}$

(5)　$\boldsymbol{\frac{1}{2}mv_0^2(1 - a^2)}$

解説

(1)　$I + aI = I(1 + a)$

(2)　時刻 t_1 で小球Pの持っていた運動量がすべて力積になったので，

$$I = mv_0$$

(3)　求める速さを v' とし，上向きを正とする。運動量の変化は力積に等しいので，

$$mv' - (-mv_0) = I(1 + a)$$

$$mv' = I(1 + a) - mv_0$$

$$\therefore\ v' = av_0 \ (\because\ I = mv_0)$$

(4)　$e = \frac{av_0}{v_0} = a$

(5)　$\frac{1}{2}mv_0^2 - \frac{1}{2}m(av_0)^2 = \frac{1}{2}mv_0^2(1 - a^2)$

5

(1)　①　$m\frac{v_1^2}{R} = mg$　　②　$v_1 = \sqrt{gR}$

③　$\pi\sqrt{\frac{R}{g}}$

(2)　①　$\frac{mgx_0}{R}$　（中心向き）

②　加速度を a とすると，小物体が x の位置にあるときの運動方程式は，

$$ma = -\frac{mg}{R}x$$

位置 x は，

$$x = R\cos\sqrt{\frac{g}{R}}t$$

③　$\sqrt{gR}$

④　$\pi\sqrt{\frac{R}{g}}$

解説

(1)　③　$\frac{\pi R}{v_1} = \pi\sqrt{\frac{R}{g}}$

(2)　①　半径 x_0 の星の質量を M' とすると，

$$x_0^3 : R^3 = M' : M$$

より，

$$M' = \frac{x_0^3}{R^3}M \cdots\cdots ㋑$$

物体が位置 x_0 のとき，星から受ける力は中心向きに

$$f = G\frac{mM'}{x_0^2} \cdots\cdots ㋺$$

（G：万有引力定数）

ところで，物体が位置 R のとき，

$$G\frac{mM}{R^2} = mg \cdots\cdots ㋩$$

が成り立っている。

㋑～㋩より，求める力は，

$\frac{mgx_0}{R}$　（中心向き）

②　物体にはたらく力は，大きさが位置 x_0 に比例し，向きが変位と逆向きなので，加速度を a とすると，位置 x において，

$$ma = -\frac{mg}{R}x$$

トンネル内では，物体は星の中心点を中心とした単振動をする。

角振動数を ω として，

$$ma = -m\omega^2 x$$

と比較すると，

$$\omega = \sqrt{\frac{g}{R}}$$

ここで $t = 0$ で $x = R$，初速度0なので $x = R\cos\omega t$ と表せるから，

$$x = R\cos\sqrt{\frac{g}{R}}t$$

③　時刻 t における物体の速度は，

$$v = -R\cdot\sqrt{\frac{g}{R}}\sin\sqrt{\frac{g}{R}}t$$

$$= -\sqrt{gR}\sin\sqrt{\frac{g}{R}}t$$

よって，中心O（$x=0$）を通過するときは，②の結果より $\sqrt{\frac{g}{R}}t = \frac{\pi}{2}$ のときなので，速さは，$\sqrt{gR}$ となる。

④　この単振動の周期は，

$$T = \frac{2\pi}{\omega} = 2\pi\sqrt{\frac{R}{g}}$$

AかBまでで半周期分の時間がかかるので，$\pi\sqrt{\frac{R}{g}}$

6

(1)　$\frac{32P_0V_0}{nR}$〔K〕　　(2)　$8V_0$〔m^3〕

(3)　$36P_0V_0$〔J〕　　(4)　62%

解説

圧力と体積の関係は，図のようになっている。

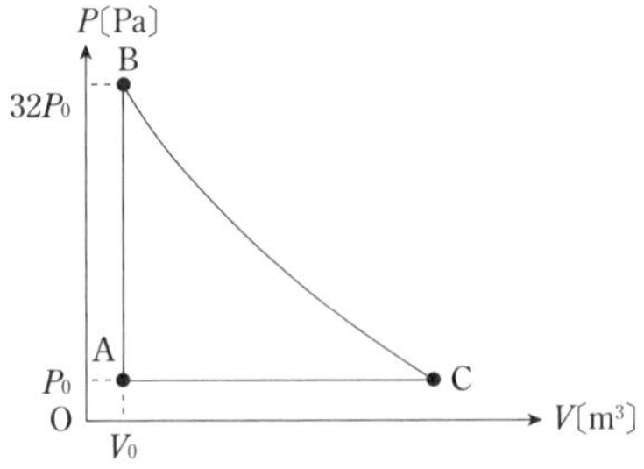

(1) 気体の状態方程式より,

$$32P_0V_0 = nRT$$

$$\therefore\ T = \frac{32P_0V_0}{nR}\ 〔\mathrm{K}〕$$

(2) 求める体積を V_0' とすると,

$$32P_0V_0^{\frac{5}{3}} = P_0V_0'^{\frac{5}{3}}$$

$$32V_0^{\frac{5}{3}} = V_0'^{\frac{5}{3}}$$

両辺を $\frac{3}{5}$ 乗すると,

$$32^{\frac{3}{5}}V_0 = V_0'$$

$$V_0' = (2^5)^{\frac{3}{5}}V_0$$

$$\therefore\ V_0' = 8V_0\ 〔\mathrm{m}^3〕$$

(3) 操作Ⅱにおいて,

$PV^{\frac{5}{3}}$ = (一定)であるので,

$PV^{\frac{5}{3}} = a$ (aは定数)とすると,

$$P = aV^{-\frac{5}{3}}$$

$$\Delta W = \int PdV = \int aV^{-\frac{5}{3}}dV$$

$$= a\int V^{-\frac{5}{3}}dV$$

$$= -\frac{3}{2}a\Big[V^{-\frac{2}{3}}\Big]_{V_0}^{8V_0}$$

$$= -\frac{3}{2}a\Big\{(8V_0)^{-\frac{2}{3}} - V_0^{-\frac{2}{3}}\Big\}$$

$$= -\frac{3}{2}a\Big\{(8^{-\frac{2}{3}} - 1)V_0^{-\frac{2}{3}}\Big\}$$

$$= \frac{9}{8}aV_0^{-\frac{2}{3}}$$

状態Bにおいて,

$PV^{\gamma} = 32P_0V_0^{\frac{5}{3}} = a$ より,

$$\Delta W = \frac{9}{8}(32P_0V_0^{\frac{5}{3}})V_0^{-\frac{2}{3}}$$

$$= 36P_0V_0\ 〔\mathrm{J}〕$$

(4) 外部から与えられた熱量 Q は,操作Ⅰのときのみを考えればよい。操作Ⅱは断熱,操作Ⅲは熱を捨てている。

$$\frac{3}{2}nR(T_{\mathrm{B}} - T_{\mathrm{A}})$$

$$= \frac{3}{2}nR \cdot \frac{32P_0V_0 - P_0V_0}{nR}$$

$$= \frac{93}{2}P_0V_0$$

全体で外部にした仕事 W は,操作Ⅱと Ⅲのときを合計して

$$36P_0V_0 + P_0(V_0 - 8V_0)$$

$$= 29P_0V_0$$

よって,熱効率 e は,

$e = \dfrac{W}{Q} \times 100$ で求められるから,

$$e = \frac{29}{\frac{93}{2}} \times 100 \fallingdotseq 62〔\%〕$$

7

(1) スリットから直接スクリーンへ進む光と,鏡で反射して進む光が干渉するため。

(2) $\boldsymbol{\dfrac{2xd}{l} = \dfrac{\lambda}{2}(2m + 1)}$

(3) $\mathbf{2.0 \times 10^{-3}}$ **〔m〕**

解説

(2) $\overline{\mathrm{SP}} = \sqrt{l^2 + (x - d)^2}$

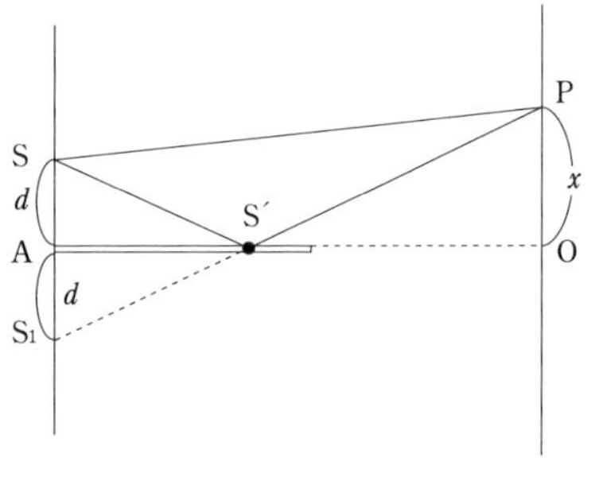

Sから出てS′で反射してPに達した光は，SのAの関する対称点S_1から出てPに達したと考えることができる。

よって，

$$\overline{SS'}+\overline{S'P}=\overline{S_1S'}+\overline{S'P}$$
$$=\overline{S_1P}$$
$$=\sqrt{l^2+(x+d)^2}$$

また，

$$\overline{SP}=\sqrt{l^2+(x-d)^2}$$

であるから，$d\ll l$，$x\ll l$ より

$$\overline{S_1P}-\overline{SP}$$
$$=\sqrt{l^2+(x+d)^2}-\sqrt{l^2+(x-d)^2}$$
$$\fallingdotseq l\left\{1+\frac{1}{2}\left(\frac{x+d}{l}\right)^2\right\}-l\left\{1+\frac{1}{2}\left(\frac{x-d}{l}\right)^2\right\}$$
$$=\frac{4xd}{2l}$$
$$=\frac{2xd}{l}$$

鏡で反射するとき，位相は π ずれるので，明線となる条件は，

$$\frac{2xd}{l}=\frac{\lambda}{2}(2m+1)$$

$$(m=0,1,2\cdots)$$

(3)　(2)の式に値を代入する。

$$x=\frac{6.0\times10^{-7}\times2.0}{0.3\times10^{-3}\times4}(2m+1)$$
$$=(2m+1)\times10^{-3}$$

明線の間隔は，x_1-x_0 より，

$$x_1-x_0=3\times10^{-3}-1\times10^{-3}$$
$$=2.0\times10^{-3}\,[\mathrm{m}]$$

8

(1)　**7.0×10^2m/s**

(2)　**λ：6.0 m**

f：1.2×10^2Hz

(3)　**1.5×10^{-4}kg/m**

(4)　**$u^2=\left(\dfrac{\omega}{k}\right)^2$**

解説

(1)　$v=\sqrt{\dfrac{T}{\rho}}=\sqrt{\dfrac{mg}{\rho}}=\sqrt{\dfrac{2.0\times9.8}{4.0\times10^{-5}}}$

$$=7.0\times10^2\,[\mathrm{m/s}]$$

(2)　$\lambda=2L\times2=4L=4\times1.5$

$$=6.0\,[\mathrm{m}]$$

$$f=\frac{v}{\lambda}=\frac{7.0\times10^2}{6.0}\fallingdotseq1.2\times10^2\,[\mathrm{Hz}]$$

(3)　正の領域の弦の線密度を ρ' とする。

振動数は正・負いずれの領域でも同じなので，

$$\frac{\sqrt{\dfrac{mg}{\rho'}}}{L}=2.4\times10^2$$

$L=1.5$，$m=2.0$，$g=9.8$ を代入して，

$$\rho'\fallingdotseq1.5\times10^{-4}\,[\mathrm{kg/m}]$$

(4)　$\dfrac{\partial^2 f}{\partial t^2}=-A\omega^2\sin(\omega t+kx)$

$$\frac{\partial^2 f}{\partial x^2}=-Ak^2\sin(\omega t+kx)$$

$$\therefore\ u^2=\left(\frac{\omega}{k}\right)^2$$

9

Ⅰ．(1)　**$\dfrac{Q^2d}{2\varepsilon_0S}$**

(2)　極板が Δd だけ広くなったとすると，増加したエネルギーは，

$$U'-U=\frac{Q^2(d+\Delta d)}{2\varepsilon_0S}-\frac{Q^2d}{2\varepsilon_0S}$$
$$=\frac{Q^2\Delta d}{2\varepsilon_0S}$$

極板を広げるためには，極板間の引力に逆って外力が仕事をする必要がある。この仕事でエネルギーが増加したので，

$$F\Delta d=\frac{Q^2\Delta d}{2\varepsilon_0S}$$

の仕事をしたことになる。

外力は，引力とつり合いながら

仕事をしたので,

$$F=\frac{Q^2}{2\varepsilon_0 S}$$

となる。

(3) $\dfrac{Q}{\varepsilon_0 S}$

Ⅱ.(1) $\dfrac{E}{R}$　(2) $\dfrac{C_1C_2E}{2(C_1+C_2)}$

(3) $\dfrac{C_2E}{2(C_1+C_2)}$

解説

Ⅰ.(1) 静電容量 C は, $C=\varepsilon_0\dfrac{S}{d}$ で与えられるので,静電エネルギー U は,

$$U=\frac{Q^2}{2C}=\frac{Q^2d}{2\varepsilon_0 S}$$

(3) $V=\dfrac{Q}{C}=\dfrac{Qd}{\varepsilon_0 S}$

極板間の電界を E とすると, $Ed=V$ より,

$$E=\frac{Q}{\varepsilon_0 S}$$

Ⅱ.(1) ①で S_1 を閉じた瞬間,全電流が C_2 を電圧降下 0 で流れる。このときの電流を I とすると,「電池 E→抵抗 R_2→コンデンサー C_2→電池 E」という閉回路に,キルヒホッフの法則を適用して,

$$E-RI=0 \qquad \therefore\ I=\frac{E}{R}$$

(2) ②の操作前に回路を流れる電流を I' とすると,キルヒホッフの第二法則より,

$$E-RI'-RI'=0$$

$$\therefore\ I'=\frac{E}{2R}$$

ここで,抵抗 R_3 の両端の電位差とコンデンサー C_2 両端の電位差は等しいので,コンデンサー C_2 に蓄えられた電荷を Q とすると,

$$\frac{Q}{C_2}=RI'=\frac{E}{2}$$

$$\therefore\ Q=\frac{1}{2}C_2E$$

②の操作後,コンデンサー C_1, C_2 に蓄えられる電荷をそれぞれ Q_1, Q_2 とする。

このとき,電荷は保存されるので,図の点線部について,

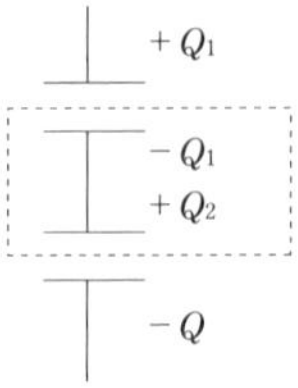

$$-Q_1+Q_2=Q=\frac{1}{2}C_2E\cdots\cdots㋐$$

が成り立つ。

また, R_1 には電流は流れておらず,

$$\frac{Q_1}{C_1}+\frac{Q_2}{C_2}=E\cdots\cdots㋑$$

が成り立つ。

㋐,㋑より, $Q_1=\dfrac{C_1C_2E}{2(C_1+C_2)}$

(3) 操作③前後でコンデンサー C_1 の電荷量は変化していない。よって, AB 間の電位差(B 点を基準にした A 点の電位)は,

$$\frac{Q_1}{C_1}=\frac{C_2E}{2(C_1+C_2)}$$

10

(1) ① コンデンサーを放電させて極板に電荷が残っていない状態にするため。

② $I_0=\dfrac{V}{R}$

③〔解答例〕

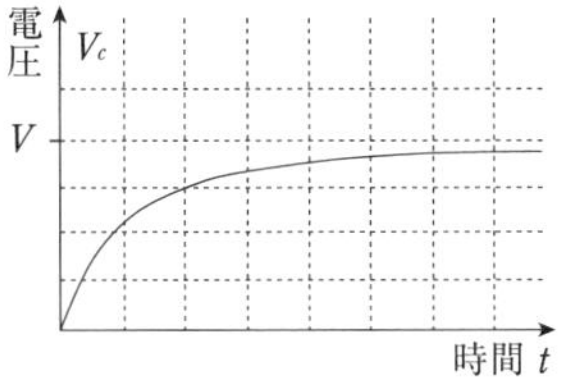

④　$Q = CV_c$

⑤　$V = R\dfrac{\Delta Q}{\Delta t} + V_c$

⑥　$V_c = V(1 - e^{-\frac{t}{CR}})$

⑦　$I = \dfrac{V}{R}e^{-\frac{t}{CR}}$

⑧　CV

(2)

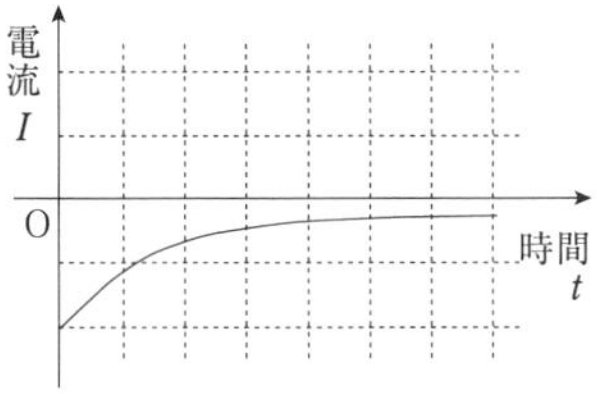

(3)

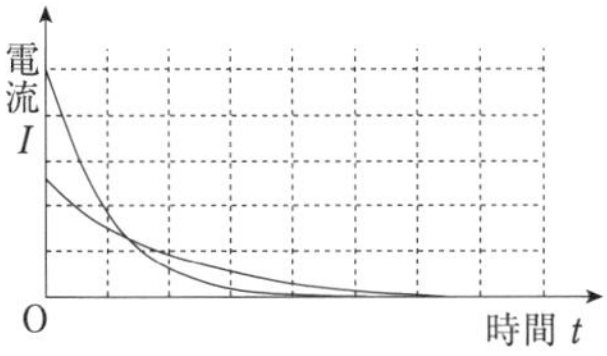

理由：抵抗が2倍になると，抵抗を流れる電流は$\dfrac{1}{2}$となるとともにゆるやかに減少するようになる。

解説

(1)　⑤　$I = \dfrac{\Delta Q}{\Delta t}$と表される。

オームの法則より，抵抗での電圧降下とコンデンサーの電圧を考えると，

$$V = R\frac{\Delta Q}{\Delta t} + V_c$$

⑥　$Q = CV_c$より，⑤に代入すると，

$$V_c - V = -CR\frac{\Delta V_c}{\Delta t}$$

$$-\frac{1}{CR}dt = \frac{1}{V_c - V}dV_c$$

両辺積分すると，

$$-\frac{1}{CR}\int dt = \int \frac{1}{V_c - V}dV_c$$

$$-\frac{t}{CR} + C^* = \log(V_c - V)$$

（C^*は積分定数）

$$V_c - V = e^{-\frac{t}{CR} + C^*} = C^{**}e^{-\frac{t}{CR}}$$

（C^{**}は積分定数）

$t = 0$のとき，$V_c = 0$より，

$$C^{**} = -V$$

よって，$V_c = V(1 - e^{-\frac{t}{CR}})$

⑦　回路を流れる電流Iは，

$$I = \frac{\Delta V_c}{\Delta t}C = \frac{dV_c}{dt}C = \frac{V}{R}e^{-\frac{t}{CR}}$$

11

(1)　誘導起電力は，コイルを貫く磁束の変化を妨げる向きに生じるため負の符号が付く。

(2)

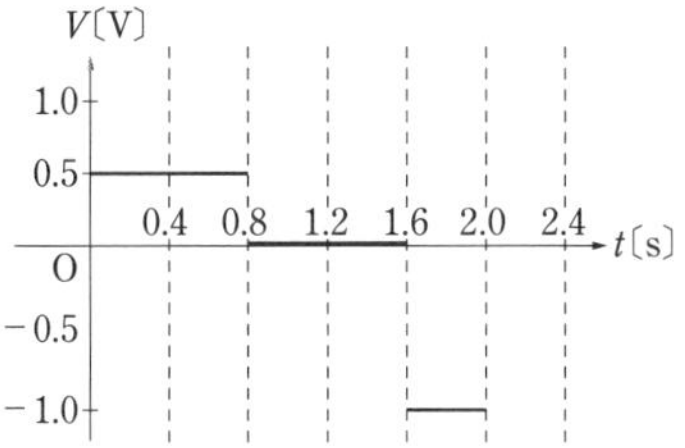

(3)　ネオジム磁石により，アルミニウム管を貫く磁束が変化し，アルミニウム管に誘導電流が流れる。この電流によってネオジム磁石の落下を妨げる方向に磁界が生じるため，鉄片と比べて，落下速度が遅くなる。

(4)　アルミニウム管の代わりに紙やアクリル等の絶縁体でできた管を用いて，同様の実験を行う。

解説

(2)　$0 \leqq t \leqq 0.8$ では下向きの磁束 ϕ が増加するので，上向きの磁界を作る誘導電流が発生する。この電流の向きはA→Bであり，従ってA→Bの向きの誘導起電力が発生する。AがBよりも電位が高いときを起電力が正とするので

$$V = +100 \times \frac{0.004}{0.8}$$

$$= +\frac{1}{2}\ 〔\mathrm{V}〕$$

となる。同様にして $1.6 \leqq t \leqq 2.0$ では

$$V = -100 \times \frac{0.004}{2.0 - 1.6}$$

$$= -1\ 〔\mathrm{V}〕$$

12

(1)　①　$[LMT^{-2}]$

②　$[L^{2}MT^{-2}]$

③　$[LMT^{-1}]$

④　$[L^{-1}MT^{-2}]$

(2)　$\left[2\pi\sqrt{\frac{l}{g}}\right] = \left[\frac{L}{LT^{-2}}\right]^{\frac{1}{2}} = [T]$

$\left[2\pi\sqrt{\frac{g}{l}}\right] = \left[\frac{LT^{-2}}{L}\right]^{\frac{1}{2}} = [T^{-1}]$

T の次元式は $[T]$ である。

よって，正しい公式は，

$$T = 2\pi\sqrt{\frac{l}{g}}$$

第3編

化学

1 物質の構成

傾向と対策

物質の構成では，化学の基本法則，周期表と元素の性質，同位体と原子量，結晶格子が重要項目である。中でも，結晶格子については出題頻度が非常に高いので，内容をしっかりと理解して十分な練習をしておく必要がある。

この分野は，化学分野すべての内容の基本となるため，問題の難易度としてはそれ程高くはないが，正確な知識と理解が求められる。特に，化学の基本法則を中心に紛らわしい内容が出てくるので注意したい。

例題 1　化学の基本法則

次の文を読み，各問いに答えよ。

次のA群のア～エに示した事項は，それぞれ近代化学の発展期における重要な説や法則の内容である。また，B群のa～fには，A群のア～エに関係の深い化学者の名前を示した。

〔A群〕

ア．反応の前後において，物質の質量の総和は変わらない。

イ．同じ温度，同じ圧力のもとで，同じ体積の気体には，気体の種類に関係なく，同じ数の分子が含まれている。

ウ．物質はすべて原子からできていて，それぞれの成分元素の原子は固有の質量と大きさをもち，分割できない。

エ．同じ温度，同じ圧力のもとで，反応に関係する気体の体積は簡単な整数の比になる。

〔B群〕

a．ドルトン	b．アボガドロ	c．ヘンリー
d．ラボアジエ	e．ゲーリュサック	f．シャルル

(1)　A群のア～エを，年代の古いものから記号で，左から並べよ。

(2)　A群のア～エに関係の深い化学者名を，B群a～fからそれぞれ1つずつ選べ。ただし重複して選んではならない。

〈長野県〉

解答 (1)　ア→ウ→エ→イ

(2)　ア．d　イ．b　ウ．a　エ．e

解説 A群の各内容は，次の通りである。

ア．質量保存の法則　イ．アボガドロの法則

ウ．原子説　エ．気体反応の法則

化学の分野における基本的な法則などについて，次のものがある。

・質量保存の法則（1774年）

フランスのラボアジエは，次の法則を発見した。

「化学反応の前後で，物質の総質量は変化しない。」

・定比例の法則（1799年）

フランスのプルーストは，次の法則を発見した。

「ある化合物を構成する成分元素の質量比は一定である。」

・原子説（1803年）

イギリスのドルトンは，質量保存の法則や定比例の法則を説明するために，原子説を発表した。

・倍数比例の法則（1803年）

ドルトンは，原子説から次の法則を予測し，実験で確かめた。

「2種の元素AとBからいくつかの化合物ができるとき，一定質量のAと化合するBの質量の間には簡単な整数比が成り立つ。」

・気体反応の法則（1808年）

フランスのゲーリュサックは，次の法則を発見した。

「気体反応において，反応に関係する気体の体積の間には，同温・同圧のもとで，簡単な整数比が成り立つ。」

・分子説（1811年）

イタリアのアボガドロは，気体反応の法則を矛盾なく説明するために，分子説を発表した（1811年）。アボガドロは，物質をつくる基本粒子としての原子と，物質がその固有の性質を失わない最小の粒子としての分子をはじめて明確に区別した。

・アボガドロの法則（1811年）

アボガドロは分子説において次の法則を発表した。

「すべての気体は，同温・同圧のもとで，同体積中に同数個の分子を含む。」

例題 2　周期表と元素の性質

次の表は，元素の周期表の一部を表したものである。これについて，各問いに答えよ。

族 / 周期	*1*	*2*	*3*	*4*	*5*	*6*	*7*	*8*	*9*	*10*	*11*	*12*	*13*	*14*	*15*	*16*	*17*	*18*
1	1																	2
2	3	4											5	6	7	8	9	10
3	11	12											13	14	15	16	17	18
4	19	20	Sc	Ti	V	Cr	Mn	Fe	Co	Ni	Cu	Zn	Ga	Ge	As	Se	35	Kr

(1)　1族に属する元素は，原子番号1の元素を除いて一般に何と呼ばれているか答えよ。

(2)　2族に属する元素は，一般に何と呼ばれているか答えよ。

(3)　原子番号17の元素と原子番号20の元素からできる化合物を，化学式で答えよ。

(4)　K殻に2個，L殻に7個の電子配置をもつ原子の元素記号を答えよ。

(5)　原子番号1～20の中で，最も陽イオンになりやすい元素の元素記号を答えよ。

(6)　ハロゲン族の元素は銀と化合物をつくりやすい。写真のフィルム等に使われているハロゲン化合物の化学式を答えよ。

(7)　18族の元素は，原子番号2の元素のK殻や原子番号10の元素のL殻のように，最大数の電子が収容されている。そのような状態にある電子殻を何というか答えよ。

(8)　原子番号1～20の中で，第1イオン化エネルギーの最も大きいものはどれか。元素記号で答えよ。

(9)　原子番号8の元素の水素化合物は，原子番号7，原子番号9の元素の水素化合物に比べて沸点が高い理由を簡潔に述べよ。

(10)　原子番号7の元素（Xとする）の酸化物 XO_2 が，雨水に溶けると何という酸になるか。化学式で答えよ。

〈沖縄県改題〉

解答　(1)　アルカリ金属元素　(2)　アルカリ土類金属元素　(3)　$CaCl_2$　(4)　F
(5)　K　(6)　AgBr　(7)　閉殻　(8)　He
(9)　分子一個あたりに掛けられる水素結合の本数が多いから。
(10)　HNO_3

解説　元素の周期表は，元素を原子番号の順に，化学的性質のよく似た元素が縦に並ぶように配置したものである（次図）。

周期＼族	1	2	3	4	5	6	7	8	9	10	11	12	13	14	15	16	17	18
1	$_{1}$H																	$_{2}$He
2	$_{3}$Li	$_{4}$Be											$_{5}$B	$_{6}$C	$_{7}$N	$_{8}$O	$_{9}$F	$_{10}$Ne
3	$_{11}$Na	$_{12}$Mg											$_{13}$Al	$_{14}$Si	$_{15}$P	$_{16}$S	$_{17}$Cl	$_{18}$Ar
4	$_{19}$K	$_{20}$Ca	$_{21}$Sc	$_{22}$Ti	$_{23}$V	$_{24}$Cr	$_{25}$Mn	$_{26}$Fe	$_{27}$Co	$_{28}$Ni	$_{29}$Cu	$_{30}$Zn	$_{31}$Ga	$_{32}$Ge	$_{33}$As	$_{34}$Se	$_{35}$Br	$_{36}$Kr
5	$_{37}$Rb	$_{38}$Sr	$_{39}$Y	$_{40}$Zr	$_{41}$Nb	$_{42}$Mo	$_{43}$Tc	$_{44}$Ru	$_{45}$Rh	$_{46}$Pd	$_{47}$Ag	$_{48}$Cd	$_{49}$In	$_{50}$Sn	$_{51}$Sb	$_{52}$Te	$_{53}$I	$_{54}$Xe
6	$_{55}$Cs	$_{56}$Ba	ランタノイド 57~71	$_{72}$Hf	$_{73}$Ta	$_{74}$W	$_{75}$Re	$_{76}$Os	$_{77}$Ir	$_{78}$Pt	$_{79}$Au	$_{80}$Hg	$_{81}$Tl	$_{82}$Pb	$_{83}$Bi	$_{84}$Po	$_{85}$At	$_{86}$Rn
7	$_{87}$Fr	$_{88}$Ra	アクチノイド 89~103	$_{104}$Rf	$_{105}$Db	$_{106}$Sg	$_{107}$Bh	$_{108}$Hs	$_{109}$Mt	$_{110}$Ds	$_{111}$Rg	$_{112}$Cn	$_{113}$Nh	$_{114}$Fl	$_{115}$Mc	$_{116}$Lv	$_{117}$Ts	$_{118}$Og

遷移元素 ……………………
典型元素 {金属元素 ……………… / 非金属元素 ………}
※原子番号104以降は詳細不明

※BeとMgをアルカリ土類金属元素に含めない場合がある。また，12族元素を遷移元素に含めない場合がある。

(3)　原子番号17の元素はCl，原子番号20の元素はCaである。CaとClでできる化合物は，塩化カルシウム$CaCl_2$である。

(4)　原子核のまわりをまわる電子は，いくつかの軌道に分かれて運動している。これらの軌道を電子殻という。電子殻は原子核に近いものから順にK殻，L殻，M殻，…と呼ばれる。各電子殻に収容できる電子の最大数は，K殻から順に2個，8個，18個，…である（n番目の電子殻に最大$2n^2$個）。原子番号9のフッ素Fは，K殻に2個，L殻に7個の電子配置をもつ。

(5)　周期表において，左下へいくほど陽性が強く，右上へいくほど陰性が強い。原子番号1～20の元素の中で最も陽性の強いものは，周期表で最も左下の位置にある原子番号19のカリウムKである。

(8)　原子から電子1個を取り去って1価の陽イオンにするのに必要なエネルギーを第1イオン化エネルギーあるいは単にイオン化エネルギーという。イオン化エネルギーが小さいほど陽イオンになりやすい（陽性が強い）。原子番号1～20の元素の中で，第1イオン化エネルギーが最も大きいものは，周期表で最も右上の位置にあるヘリウムHeである。

(9)　原子番号7，8，9の元素の水素化合物は，それぞれNH_3，H_2O，HFである。いずれの化合物も分子間で水素結合をしており，水素結合をしていない同程度の分子量をもつ化合物に比べて融点や沸点が異常に高い。また，NH_3，H_2O，HFの中でもH_2Oは他の2つより複雑な構造で結びついて分子の集団をつくっているため，最も沸点が高い。
また，次のことも押さえておきたい。

・電子親和力
　原子が電子1個を取り入れて1価の陰イオンになるときに放出されるエネルギーのこと。電子親和力が大きいほど陰イオンになりやすい（陰性が強い）。貴（希）ガスは電子配置が安定なため，電子親和力はほぼ0である。

例題 3　同位体と原子量

次の文を読んで，次の各問いに答えよ。

(1)　文中の空欄に当てはまる適当な語句を答えよ。

自然界の多くの元素は同位体が存在し，その存在比はほぼ一定である。したがって，同位体の相対質量とその存在比から求められる各元素の原子の平均相対質量も一定になり，これを原子量という。原子量は相対値であるから，単位は（　①　）。

各原子の相対質量は，「質量数 12 の炭素の（　②　）を基準に用い，その相対質量を 12 とする。」で国際的に定められている。

(2)　塩素の原子量を求めるとき，^{35}Cl の相対質量 34.969 が 75.77%，^{37}Cl の相対質量 36.966 が 24.23% であるので，これより原子量を求めることができる。塩素の原子量の値を小数第 2 位まで求めよ。

〈沖縄県〉

解答　(1)　①　ない　　②　質量　　(2)　35.45

解説　(1)　・同位体

原子番号が同じで質量数の異なる原子どうしを互いに同位体という。

・原子の相対質量

炭素の同位体の 1 つである ^{12}C 原子 1 個の質量を 12 と決め，これを基準とした各原子 1 個の質量。

・原子量

各元素に対して，その元素の各同位体の相対質量にその存在比を掛けて足し合わせて計算した平均値を，その元素の原子量という。

(2)　$34.969 \times \dfrac{75.77}{100} + 36.966 \times \dfrac{24.23}{100} \fallingdotseq 35.45$

例題 4　結晶格子

ある金属の結晶は，面心立方格子の原子配列で，単位格子の一辺の長さが a〔cm〕である。次の各問いに答えよ。

(1)　この単位格子中には何個の金属原子が含まれるか答えよ。

(2)　この結晶中で 1 個の金属原子と隣接している他の金属原子は何個か答えよ。

(3)　アボガドロ定数を N〔/mol〕，密度を d〔g/cm^3〕とするとき，この金属の原子量を a，d，N を用いて表せ。

(4)　この原子の半径〔cm〕を a を用いて表せ。$\sqrt{}$ や π はそのままでよい。

(5)　この単位格子の充填率は何％か。$\sqrt{2}=1.41$，$\sqrt{3}=1.73$，$\pi=3.14$ とし，有効数字2桁で答えよ。

〈静岡県・静岡市〉

解答　(1)　4個　　(2)　12個　　(3)　$\dfrac{a^3dN}{4}$

(4)　$\dfrac{\sqrt{2}}{4}a$〔cm〕　　(5)　74％

解説　(1)　$\dfrac{1}{8}\times 8+\dfrac{1}{2}\times 6=4$〔個〕

(2)　右図に示すように，面心立方格子では，1つの原子に隣接している原子の個数は，

$$4\times 3=12\text{〔個〕}$$

である。

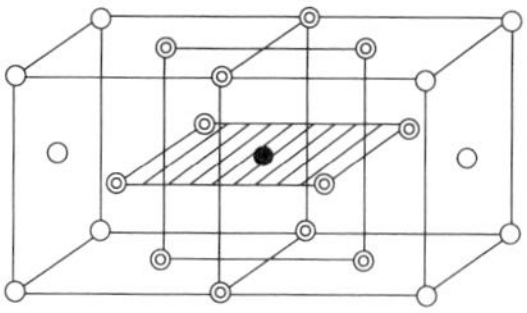

(3)　この金属の原子量を M とすると，

$$\frac{M}{N}\times 4=d\times a^3 \qquad \therefore\ M=\frac{a^3dN}{4}$$

(4)　この原子の半径を r〔cm〕とすると，右図より，

$$4\,r=\sqrt{2}\,a \qquad \therefore\ r=\frac{\sqrt{2}}{4}a\text{〔cm〕}$$

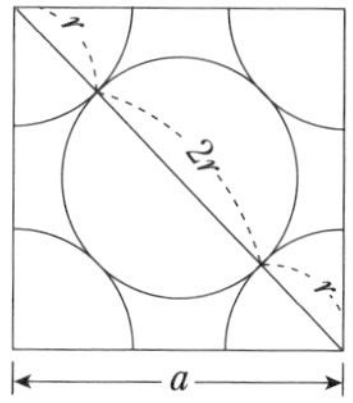

(5)　単位格子の体積に占める原子の体積の割合を**充填率**という。この原子の充填率は，

$$\frac{\frac{4}{3}\pi r^3\times 4}{a^3}\times 100=\frac{\frac{4}{3}\pi\left(\frac{\sqrt{2}}{4}a\right)^3\times 4}{a^3}\times 100$$

$$=\frac{\sqrt{2}\,\pi}{6}\times 100$$

$$\fallingdotseq 74\text{〔％〕}$$

代表的な**結晶格子**には，次の3種類がある。

・**面心立方格子**

右図のように立方体の各頂点と各面の中心に同種の粒子が配列した結晶格子。

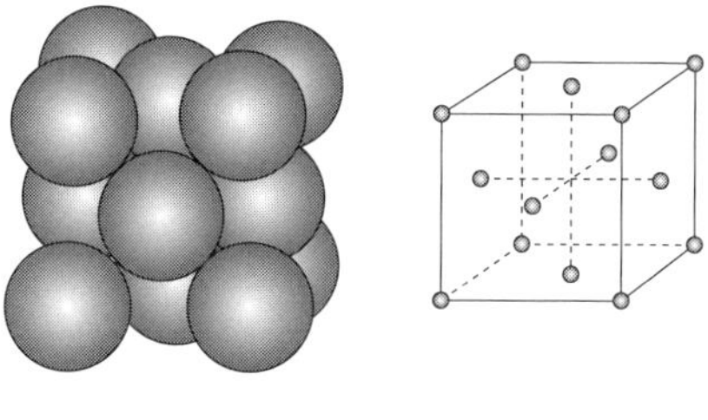
面心立方格子

単位格子中に所属する原子数は，

$$\frac{1}{8}\times 8+\frac{1}{2}\times 6=4\text{〔個〕}$$

また，1個の粒子に隣接する粒子の数は，12〔個〕

・体心立方格子

右図のように立方体の各頂点と立方体の中心に同種の粒子が配列した結晶格子。

単位格子中に所属する原子数は,

$$\frac{1}{8} \times 8 + 1 = 2〔個〕$$

また，1個の粒子に隣接する粒子の数は，8〔個〕

体心立方格子

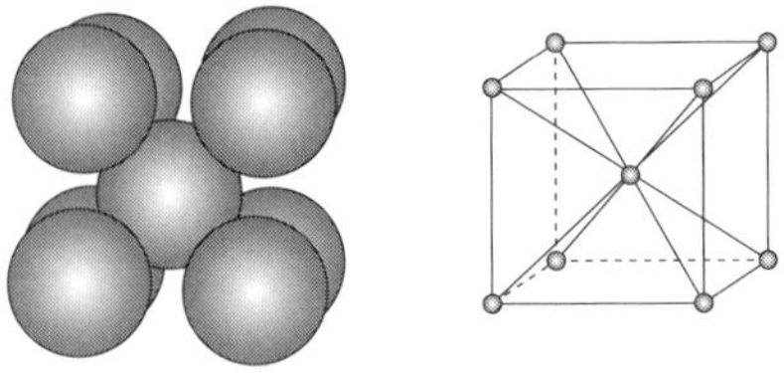

・六方最密構造

右図のような結晶格子で，同じ大きさの球を最も密に積み重ねた構造である。右図では単位格子が3つ含まれている（太線で示した部分が1つの単位格子)。

単位格子中に所属する原子数，および1個の粒子に隣接する粒子の数は計算がやや複雑であるが，それぞれ2個，12個である。

六方最密構造

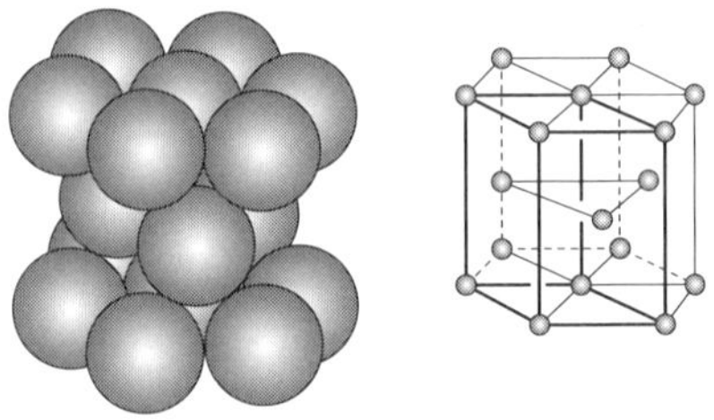

演習問題

1 ★☆☆

次の化学史に関する各文で，誤っているものはどれか答えよ。

① アリストテレスは，「あらゆる物質は，土，水，空気，火の元素でできている」と唱えた。

② ラボアジエは，燃焼を空気中のある成分が物質と結びつく変化であることを明らかにした。

③ 倍数比例の法則，気体の分圧の法則や分子説を唱えたのはドルトンである。

④ 池田菊苗はグルタミン酸ナトリウムをコンブから抽出し，調味料製造法の特許をとった。

⑤ 絶縁体と考えられていたプラスチックにおいて，導電性ポリマーを白川英樹が発見し開発した。

〈福岡県・福岡市・北九州市〉

2 ★☆☆

元素の周期表の一部をA～Dの４つのグループに分けた。これについて，各問いに答えよ。

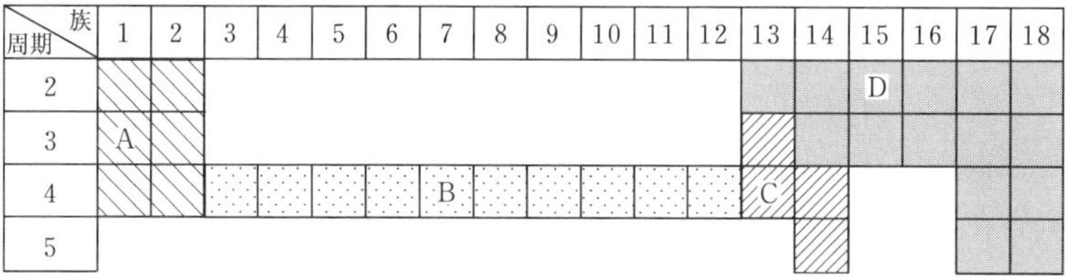

(1) グループAの元素の中で，$CO_3{}^{2-}$ と反応して沈殿を作る元素を元素記号で答えよ。

(2) グループBの元素は典型元素に対して何と呼ばれているか答えよ。

(3) グループCの元素の中で，両性元素であり，軽金属に分類される金属を元素記号で答えよ。

(4) グループDに属する一つの元素と水素からなる二原子分子，または三原子分子の中で最も沸点が高い物質は何か，その化合物を化学式で答えよ。

(5) 酸化物が水と反応して塩基性を示す元素はどのグループに属するか，A～Dから１つ選び記号で答えよ。

〈兵庫県〉

3 ★☆☆

第3周期に属する元素（18族の元素を除く）の原子について，次の各問いに答えよ。

(1) 次の①〜④に当てはまるものを1つずつ選び，それぞれ元素記号で答えよ。

① 第1イオン化エネルギーが最も小さい原子

② 電気陰性度が最も大きな元素の原子

③ 原子半径の最も大きい原子

④ 単体の融点が最も高い物質の原子

(2) 2価の陰イオンになりやすい原子を1つ選び，その陰イオン名を答えよ。

(3) 2族の元素の原子と17族の元素の原子からなる化合物を化学式で示し，その化合物中に存在する結合（力）をア〜カより選べ。

ア．イオン結合　　イ．共有結合　　ウ．配位結合

エ．分子間力　　オ．水素結合　　カ．金属結合

〈静岡県・静岡市〉

4 ★★☆

原子量について，次の各問いに答えよ。ただし，解答には計算過程も記せ。

(1) 原子1個の質量は小さく，はかることは困難である。そこで，炭素の質量を12と定めて，他の原子の相対質量の値を求めることが国際的に決められている。

しかし，周期表には炭素の原子量は12.01と記載されている。このことについて説明せよ。ただし，地球上の炭素は，^{12}C と ^{13}C からなり，^{12}C と ^{13}C の存在比は，それぞれ98.90％，1.10％，相対質量は12，13.003である。

(2) ある単一の元素だけからなる結晶をX線で調べたところ，1辺の長さ 5.00×10^{-7} mmの体心立方格子構造をもつことがわかった。この結晶の密度を $3.74\,g/cm^3$ として，この元素の原子量を求めよ。ただし，アボガドロ数は 6.0×10^{23} とする。

(3) ある金属の酸化物32.0gを完全に還元して，含まれていた金属を取り出したところ22.4gの金属が得られた。この金属の原子量を求めよ。また，その値から推測される金属の元素名を記せ。ただし，酸素の原子量を16.0，この金属の酸化数を+3とする。

(4) 酸素の原子量は16であるが，仮に酸素の原子量を8としたら，次の値はどのように変わるかを生徒に説明したい。その内容を記せ。

①　アボガドロ数は，6.0×10^{23} の何倍になるか。

②　酸化銅（Ⅱ）の中の銅の質量百分率は変化するか。　〈山梨県〉

5 ★☆☆

次の①～⑤のうちから，誤りを含むものを選べ。

①　H_2O は非共有電子対を２つもつ。

②　NH_3 は非共有電子対を１つもつ。

③　NH_4^+ 中の４つのＮ－Ｈ結合にはイオン結合が１つ含まれている。

④　H_3O^+ 中の３つのＯ－Ｈ結合は，まったく同じで区別することはできない。

⑤　氷の中の H_2O 分子は，互いに水素結合によってつながっている。

〈岐阜県〉

6 ★★☆

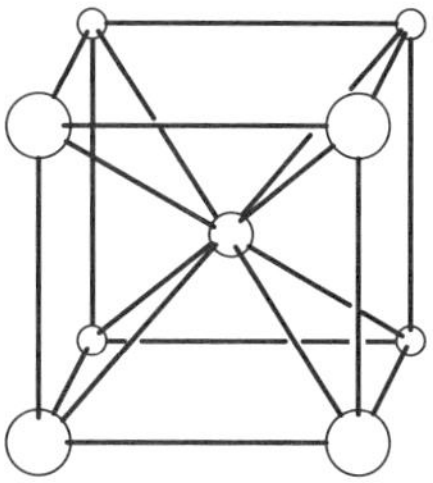

ある金属の酸化物 37.3g を還元したところ，金属 17.3g が得られた。この金属をＸ線で調べたところ，図のような結晶構造で，原子量 6.9，銀白色で柔らかく，融点は 186℃ であった。次の各問いに答えよ。

⑴　この金属の結晶格子の名称を答えよ。

⑵　この金属の結晶格子の一辺を l〔cm〕として，原子半径を l を用いて表せ。

⑶　この金属結晶の充填率（％）を求めよ。ただし，$\pi=3.14$，$\sqrt{3}=1.73$ として，整数値で答えよ。

⑷　酸化物の各成分（金属と酸素）の質量から各々の物質量（mol）を算出することができる。結晶構造，原子量，酸化物の原子数比からこの金属を推定し，金属酸化物の組成式を答えよ。　〈佐賀県〉

7 ★★☆

ナトリウムの結晶の単位格子は，体心立方格子である。この単位格子中にナトリウム原子は何個含まれるか。単位格子の図を描いて答えよ。また，ナトリウム原子を球とし，それぞれの球が互いに密着しているものと仮定すると，この単位格子中に含まれるナトリウム原子の体積は，単位格子全体の体積の何％になるか。有効数字３桁で答えよ。　〈茨城県〉

演習問題　解答・解説

1

③

解説

倍数比例の法則，気体の分圧の法則を唱えたのはドルトンであるが，分子説を唱えたのはアボガドロである。

化学の基本法則については，次のものが重要である。

●質量保存の法則（1774年，ラボアジエ）
　化学反応の前後で物質の総質量は変化しない。

●定比例の法則（1799年，プルースト）
　ある化合物を構成する成分元素の質量比は，常に一定である。

●倍数比例の法則（1803年，ドルトン）
　A，B 2種の元素からできている数種類の化合物において，一定量のA元素と化合するB元素の質量の間には簡単な整数比が成り立つ。

●気体反応の法則（1808年，ゲーリュサック）
　気体どうしの反応では，反応に関係する気体の体積の間には，同温・同圧のもとでは，簡単な整数比が成り立つ。

●アボガドロの法則（1811年，アボガドロ）
　同温・同圧のもとで，同体積の気体はすべて同数個の分子を含む。

2

(1) Ca　　(2) 遷移元素
(3) Al　　(4) H_2O
(5) グループA

解説

(1) グループAに属する元素は，原子番号の小さい順に，Li，Be，Na，Mg，K，Caである。このうち，CO_3^{2-}と反応して沈殿をつくる元素はCaのみである。

(3) グループCに属する元素は，原子番号の小さい順に，Al，Ga，Ge，Snである。このうち，両性元素はAlとSnで，軽金属に分類されるのはAlである。Snは重金属である。

3

(1) ① Na　　② Cl
　　③ Na　　④ Si

(2) 硫化物イオン

(3) 化学式：$MgCl_2$
　　結合：ア

解説

第3周期に属する元素（18族の元素を除く）は，原子番号の小さい順に，Na，Mg，Al，Si，P，S，Clである。

(1) ① 原子から電子1個を取り去って1価の陽イオンにするのに必要なエネルギーを第1イオン化エネルギーといい，この値が小さい原子ほど陽イオンになりやすい。

② 共有結合において，それぞれの原子が共有電子対を引き付ける相対的な強さを数値で表現したものを電気陰性度といい，この値が大きいほど陰性が強い。

③ 原子核が電子1つ1つを引き寄せる力が最も弱いのは，原子番号が最も小さいNaである。したがって，Naの原子半径が最も大きい。

4

(1) 次の計算式に基づき，12.01となる。

$$12\times\frac{98.90}{100}+13.003\times\frac{1.10}{100}=12.011\fallingdotseq 12.01$$

(2)　求める原子量を M とする。体心立方格子 1 個の質量に着目すると，

$$3.74\times(5.00\times10^{-8})^3=M\times\frac{2}{6.0\times10^{23}}$$

$$\therefore\ M\fallingdotseq140$$

(3)　この金属の酸化数が ＋3 であることから，この金属を X で表すと，酸化物の化学式は X_2O_3 であることがわかる。したがって，この金属の原子量を M とすると，

$$(2M+16.0\times3):2M=32.0:22.4$$

$$\therefore\ M=56$$

原子量が 56 に最も近い金属は，鉄である。

(4)　①　この場合，8 g 中の酸素原子数がアボガドロ数となる。

8 g 中の酸素原子量は，16 g 中の酸素原子数 $=6.0\times10^{23}$ であるから，その半分の

$$6.0\times10^{23}\times\frac{1}{2}=3.0\times10^{23}$$

となる。ゆえに，アボガドロ数は，6.0×10^{23} の半分 $\left(\frac{1}{2}\text{倍}\right)$ となる。

②　酸化銅（Ⅱ）は，CuO である。したがって，酸化銅（Ⅱ）の中の銅の質量百分率は，

$$\frac{\mathrm{Cu}}{\mathrm{CuO}}\times100\,[\%]$$

Cu，O ともに原子量は半分になるから，この比は変わらない。ゆえに，酸化銅（Ⅱ）の中の銅の質量百分率は変わらない。

5

③

解説

③　アンモニアは，水素と窒素が共有結合している。それに対してアンモニウムイオンは，アンモニア分子中の窒素原子の非共有電子対を水素イオンが共有して結合する配位結合からなる。このとき 4 つの N—H 結合はどれも等価な結合である。

6

(1)　体心立方格子

(2)　$\frac{\sqrt{3}}{4}l$〔cm〕　　(3)　68 %

(4)　Li_2O

解説

(2)

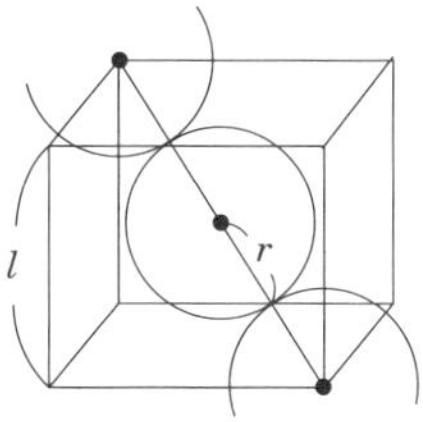

原子半径を r とすると，図より，

$$4r=\sqrt{3}l$$

$$\therefore\ r=\frac{\sqrt{3}}{4}l\,[\mathrm{cm}]$$

(3)　体心立方格子は単位格子あたり 2 個の原子を含むので，その充填率は，

$$\frac{\frac{4}{3}\pi r^3\times2}{l^3}\times100=\frac{\frac{4}{3}\pi\left(\frac{\sqrt{3}}{4}l\right)^3\times2}{l^3}\times100$$

$$=\frac{\sqrt{3}\pi}{8}\times100$$

$$\fallingdotseq68\,[\%]$$

(4)　金属を M とすると，還元後の金属と酸素のモル比は，

$$\frac{17.3}{6.9}:\frac{37.3-17.3}{16}\fallingdotseq2:1$$

よって，金属 M の酸化物の化学式は M_2O と推定され，原子量から M はリチウム Li とわかる。したがって，酸化物の化学式は Li_2O である。

7

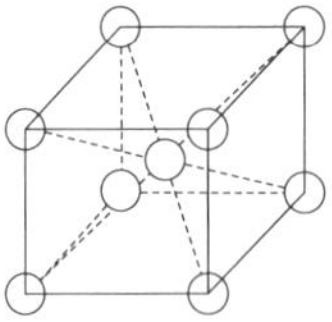

Na 原子の数： 2 個

Na 原子の占める割合：67.9 %

解 説

単位格子中の Na 原子の数は，

$$1+\frac{1}{8}\times 8=2〔個〕$$

単位格子中に含まれる Na 原子の体積の割合を求める。単位格子の一辺の長さを l，原子の半径を r とすると，

$$(4r)^2=l^2+(\sqrt{2}l)^2$$

$$\therefore\ r=\frac{\sqrt{3}}{4}l$$

単位格子中に原子は 2 個含まれるから，原子の占める割合は，

$$\frac{\frac{4}{3}\pi r^3\times 2}{l^3}\times 100$$

$$=\frac{\frac{4}{3}\pi\times\left(\frac{\sqrt{3}}{4}l\right)^3\times 2}{l^3}\times 100$$

$$\fallingdotseq 67.9〔\%〕$$

2 物質の状態

傾向と対策

この分野では，濃度（質量パーセント濃度，モル濃度，質量モル濃度）についての理解がまず大切である。次に，固体の溶解度，気体の法則，気体の溶解度が重要となる。その他，溶液の沸点上昇や凝固点降下に関する内容についても注意を要する。

ほとんどの問題が計算問題であるため，１つ１つの公式や理論などを十分に理解して使いこなせるようにしておく必要がある。そのためには十分に練習を積んでおくことである。

例題１　濃度

分子量 M の化合物Yを水に溶かして a〔%〕(質量パーセント濃度）の水溶液を作ったところ，密度 ρ〔g/cm^3〕，モル濃度 c〔mol/L〕の水溶液が得られた。化合物Yの分子量 M を表す式として適当なものを，①～⑤の中から1つ選べ。

① $M=\dfrac{10\rho c}{a}$　② $M=\dfrac{\rho c}{1000a}$　③ $M=\dfrac{1000\rho}{ca}$

④ $M=\dfrac{10\rho a}{c}$　⑤ $M=\dfrac{10a}{\rho c}$

〈三重県〉

解答　④

解説　この水溶液1Lについて考える。

モル濃度が c〔mol/L〕であるので，溶液1L中に化合物Yは c〔mol〕溶けている。

一方，この溶液の密度が ρ〔g/cm^3〕，質量パーセント濃度が a〔%〕であることから，溶液1L中の化合物Yの質量は，

$$1000\rho\times\frac{a}{100}=10\rho a\text{〔g〕}$$

よって，化合物Yの分子量を M とすると，

$$Mc=10\rho a\qquad\therefore\ M=\frac{10\rho a}{c}$$

溶液の濃度には，その目的に応じて，次のようなものがある。

・質量パーセント濃度

溶液中に溶けている溶質の質量の割合をパーセントで表した濃度。単位は〔%〕を用いる。

〈例〉水100gに砂糖20gを溶かした砂糖水の濃度は,

$$\frac{溶質の質量〔g〕}{溶液の質量〔g〕}\times 100$$

$$=\frac{溶質の質量〔g〕}{溶媒の質量〔g〕+溶質の質量〔g〕}\times 100$$

$$=\frac{20}{100+20}\times 100 \fallingdotseq 16.7〔\%〕$$

・モル濃度

溶液1L中に溶けている溶質の物質量（モル）で表した濃度。単位は〔mol/L〕を用いる。

〈例〉食塩水0.5L中に食塩0.2molが溶けているときのモル濃度は,

$$\frac{溶質の物質量〔mol〕}{溶液の体積〔L〕}=\frac{0.2}{0.5}=0.4〔mol/L〕$$

・質量モル濃度

溶媒1kg中に溶けている溶質の物質量（モル）で表した濃度。単位は〔mol/kg〕を用いる。

〈例〉水500g中に食塩0.2molが溶けているときの質量モル濃度は,

$$\frac{溶質の物質量〔mol〕}{溶媒の質量〔kg〕}=0.2\times\frac{1000}{500}=0.4〔mol/kg〕$$

例題2　溶解度

ある濃度の硫酸銅（Ⅱ）水溶液205gを，60℃から20℃に冷却したところ，25gの$CuSO_4\cdot 5H_2O$（式量250）の結晶が得られた。もとの水溶液に含まれていた$CuSO_4$（式量160）の質量は何gか選べ。ただし，$CuSO_4$（無水塩）は水100gあたり，60℃で40g，20℃で20gまで溶ける。

①　32　　②　46　　③　48　　④　53　　⑤　80

〈岐阜県〉

解答　②

解説　20℃に冷却したときの硫酸銅（Ⅱ）水溶液は飽和水溶液であり，その質量は,

$$205-25=180〔g〕$$

である。したがって，この飽和水溶液中に含まれる$CuSO_4$の質量をx〔g〕とすると，20℃における溶解度が20であることから,

$$\frac{x}{180}=\frac{20}{100+20}\qquad \therefore\ x=30〔g〕$$

一方，析出した25gの結晶$CuSO_4・5H_2O$に含まれている$CuSO_4$の質量は，

$$25 \times \frac{160}{250} = 16〔g〕$$

以上より，もとの水溶液（注：これは飽和水溶液とは限らない）に含まれていた$CuSO_4$の質量は，

$$30 + 16 = 46〔g〕$$

一定量の溶媒に溶ける溶質の最大質量を**溶解度**という。固体の溶解度は溶媒100gに溶けうる溶質の最大質量〔g〕で表す。溶解度は温度によって変化する。

例題3　気体の状態方程式

温度97℃，全圧1.00×10^5Paで，容積が20Lの密閉容器にヘリウムと分圧8.3×10^4Paの水蒸気が入っている。これについて，次の各問いに答えよ。ただし，97℃，27℃における飽和水蒸気圧は，それぞれ9.0×10^4Pa，3.5×10^3Paとする。また，解答については，有効数字2桁で表せ。

(1)　容器内のヘリウムの分圧は何Paか求めよ。

(2)　水蒸気の質量は何gか求めよ。

(3)　97℃において容器の体積を半分に圧縮したら，容器内の圧力は何Paになるか求めよ。

(4)　容積を20Lのまま，冷却して，27℃にすると，圧力は何Paになるか求めよ。

〈福岡県・福岡市・北九州市〉

解答　(1)　1.7×10^4Pa　(2)　9.7g　(3)　1.2×10^5Pa
(4)　1.7×10^4Pa

解説　気体の状態方程式に関して，次のことを確認しておく。

・**ボイル・シャルルの法則**

一定の物質量の気体において，圧力をP，体積をV，絶対温度をT〔K〕とするとき，次式が成り立つ。

$$\frac{PV}{T} = （一定）$$

・**気体の状態方程式**

圧力P，体積V，絶対温度T，物質量n〔mol〕の気体について，次の関係式が成立する。

$$PV = nRT$$

これを**気体の状態方程式**という。

ここで R は気体定数と呼ばれ，圧力の単位に「Pa」を用いるとき $R = 8.31 \times 10^3$〔Pa·L/(mol·K)〕，体積の単位に「m^3」を用いたときは $R = 8.31$〔Pa·m^3/(mol·K)〕である。

・飽和蒸気圧

一定温度の密閉容器に液体を入れ，しばらく放置しておくと，見かけ上，液体の蒸発が止まった平衡状態になる。このとき，蒸発する分子と凝縮する分子の数が等しい状態となっており，気液平衡という。気液平衡のときの気体圧力を飽和蒸気圧あるいは単に蒸気圧という。蒸気圧は，温度が一定ならばそれぞれの物質ごとに決まった値をもち，一般に温度が高くなるほど大きくなる。

(1) ドルトンの分圧の法則より，

$$1.00 \times 10^5 - 8.3 \times 10^4 = 1.7 \times 10^4 \text{〔Pa〕}$$

(2) 水蒸気の質量を w〔g〕とする。気体の状態方程式より，

$$(8.3\times10^4)\times20 = \frac{w}{18}\times 8.31 \times 10^3\times(273+97)$$

$$\therefore\ w \fallingdotseq 9.7 \text{〔g〕}$$

(3) ボイル・シャルルの法則より，ヘリウムの分圧は，

$$(1.7 \times 10^4)\times2 = 3.4 \times 10^4 \text{〔Pa〕}$$

水蒸気については，97℃において，初めの体積では飽和状態ではないが，体積を半分にすると，$8.3 \times 10^4\times 2 > 9.0 \times 10^4$ より，飽和状態となる。したがって，水蒸気の分圧は，飽和水蒸気圧 9.0×10^4〔Pa〕に等しい。

これより，容器内の圧力は，

$$3.4\times10^4 + 9.0\times10^4 = 12.4\times10^4 \fallingdotseq 1.2\times10^5 \text{〔Pa〕}$$

(4) ヘリウムの分圧を P_{He}〔Pa〕とすると，ボイル・シャルルの法則より，

$$\frac{(1.7\times10^4)\times20}{273+97} = \frac{P_{He}\times20}{273+27} \qquad \therefore\ P_{He} \fallingdotseq 1.38\times10^4 \text{〔Pa〕}$$

水蒸気が飽和状態にならずに冷却されるとすると，その分圧 P_{H_2O}〔Pa〕は，ボイル・シャルルの法則より，

$$\frac{(8.3\times10^4)\times20}{273+97} = \frac{P_{H_2O}\times20}{273+27} \qquad \therefore\ P_{H_2O} \fallingdotseq 6.73\times10^4 \text{〔Pa〕}$$

ところが，27℃における飽和水蒸気圧が 3.5×10^3〔Pa〕であることから，冷却の途中で水蒸気の一部は液体となり，水蒸気の分圧は飽和水蒸気圧 3.5×10^3〔Pa〕に等しくなる。

以上より，求める圧力は，

$$1.38 \times 10^4 + 3.5 \times 10^3 = 1.73 \times 10^4 \fallingdotseq 1.7 \times 10^4 \text{〔Pa〕}$$

例題 4　気体の溶解度

ある温度で 1.0×10^5 Pa の気体Aが入った 10L の容器がある。この中に同温度で 1.0×10^4 Pa の蒸気圧を示す液体Bを 2L 入れて放置しておいたところ，容器内の圧力が 1.3×10^5 Pa になった。次に容器を圧縮して，全圧 3.7×10^5 Pa で平衡状態に到達させたとき，溶解している気体Aの質量は，液体Bを入れる前の気体Aの質量の何％か。次の中から正しいものを１つ選べ。

①　12％　　②　23％　　③　35％　　④　43％　　⑤　50％

〈三重県〉

解答　①

解説　液体Bを入れる前の気体Aの物質量を n_1〔mol〕とすると，状態方程式より，

$$1.0 \times 10^5\,\mathrm{Pa} \times 10 = n_1 \times RT \quad (R\text{ は気体定数，}T\text{ は絶対温度})$$

$$\therefore\ n_1 = \frac{1.0\times10^6}{RT}\,〔\mathrm{mol}〕$$

液体Bを入れて容器内の圧力が 1.3×10^5 Pa になったとき，液体Bに溶けている気体Aの物質量を n_2〔mol〕とすると，状態方程式より，

$$(1.3 \times 10^5 - 1.0 \times 10^4) \times (10 - 2) = (n_1 - n_2) \times RT$$

$$n_1 - n_2 = \frac{1.2\times10^5\times 8}{RT}$$

$$\therefore\ n_2 = \frac{1.0\times10^6}{RT} - \frac{9.6\times10^5}{RT} = \frac{4.0\times10^4}{RT}\,〔\mathrm{mol}〕$$

圧縮後，気体Aの分圧は，$3.7 \times 10^5 - 1.0 \times 10^4 = 3.6 \times 10^5$〔Pa〕であり，圧縮前の気体Aの分圧 1.2×10^5〔Pa〕の 3 倍になっている。したがって，ヘンリーの法則より，圧縮後の液体Bに溶けている気体Aの物質量を n'_2〔mol〕とすると，

$$n'_2 = n_2 \times 3 = \frac{1.2\times10^5}{RT}\,〔\mathrm{mol}〕$$

よって，求める割合は，

$$\frac{n_2'}{n_1} \times 100 = \frac{\dfrac{1.2\times10^5}{RT}}{\dfrac{1.0\times10^6}{RT}} \times 100 = 12〔\%〕$$

・ヘンリーの法則

気体の溶解度と圧力との間には，次の関係が成り立つ。

「一定量の溶媒に溶ける気体の物質量（または質量）は，その気体の分圧に比例する。」

演習問題

1 ★☆☆

次の各問いに答えよ。ただし，原子量は，H＝1，O＝16，S＝32，Cu＝64とする。

⑴ ある量の濃硫酸（98％，密度 1.83 g/cm^3）をとり，蒸留水で薄めて 2 mol/L の希硫酸 200 mL を作ることにした。ある量の濃硫酸とは何 mL か答えよ。（計算過程も書くこと）

⑵ 硫酸銅（Ⅱ）五水和物をかき混ぜながら蒸留水で薄め，0.1 mol/L の硫酸銅水溶液 100 mL を作ることにした。必要な硫酸銅（Ⅱ）五水和物の質量は何 g か答えよ。（計算過程も書くこと）

〈青森県〉

2 ★☆☆

次の文を読み，各問いに答えよ。

図は，圧力，温度による固体，液体，気体の水の状態を模式的に示したものである。図の境界線（実線）は，水のそれぞれの状態間の平衡を示している。

図

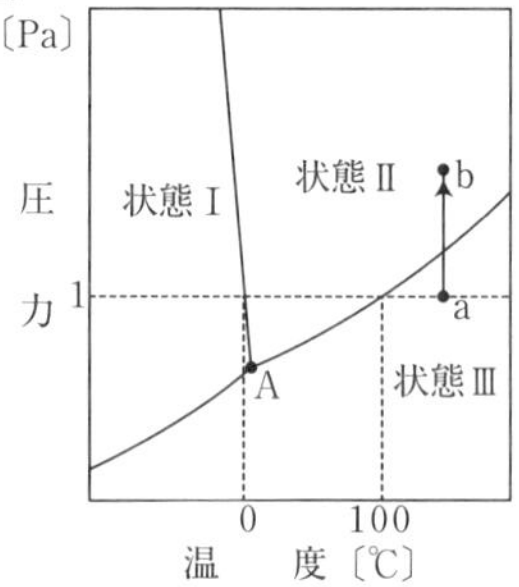

⑴ 図中のA点は何と呼ばれるか，また，A点では水はどのような状態で存在すると考えられるか，それぞれ答えよ。

⑵ 図の状態Ⅰから状態Ⅱを経ずに状態Ⅲとなる変化は何と呼ばれるか答えよ。

⑶ 温度一定のもとで，図の矢印のように，a点からb点へ圧力を上げるときの，圧力と体積の変化を示した略図として最も適当なものはどれか，ア～エから選べ。

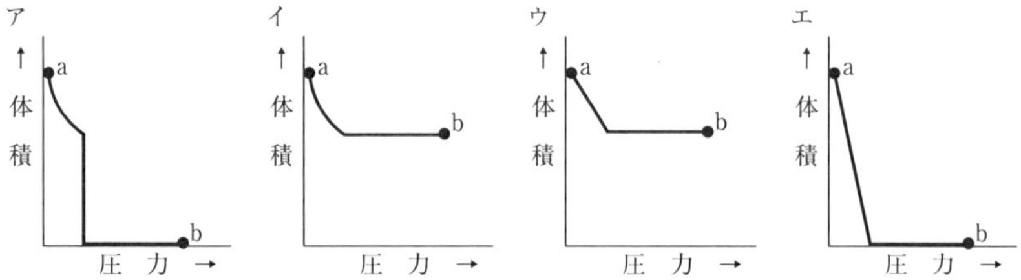

(4)　氷上でスケートがよく滑るのは氷の状態変化によるものであるが，その状態変化が起こる理由を説明せよ。

〈北海道・札幌市〉

3　★☆☆

一般に，固体の溶解度は水 100 g に溶けることのできる溶質の最大質量（グラム単位）の数値で表す。60℃と 20℃における硝酸ナトリウムの溶解度はそれぞれ 124 と 88 である。60℃の硝酸ナトリウムの飽和水溶液 112 g を 20℃に冷却すると析出する結晶の質量は何 g になるか。次の①～⑤のうちから 1 つ選べ。

①　18 g　　②　36 g　　③　40 g　　④　76 g　　⑤　99 g

〈神奈川県・横浜市・川崎市〉

4　★★☆

50 g のベンゼンに 0.78 g の酢酸を溶かした溶液の冷却曲線は，次の実線のようになり，凝固点は純ベンゼンより 1.00 K 低くなった。図において，曲線の直線部 A の延長線とグラフの縦軸との交点の温度を t_1，この延長線と曲線との交点の温度を t_2，曲線の極小点の温度を t_3，曲線の極大点の温度を t_4 とする。これについて，各問いに答えよ。

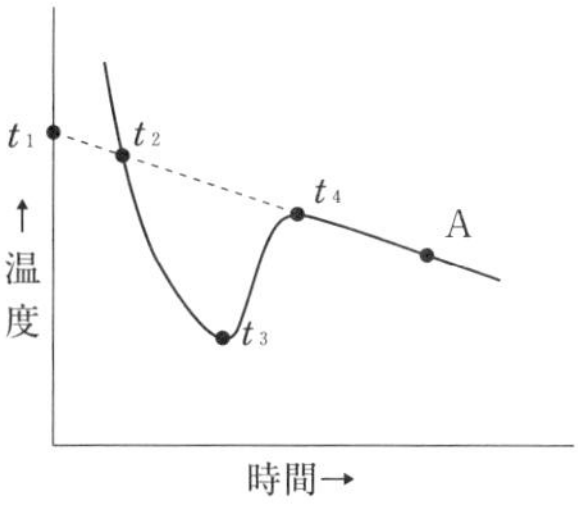

(1)　この溶液の凝固点を，図の t_1 ～ t_4 から選べ。

(2)　図の A 点付近では，次第に温度が下がっている。この理由を簡潔に答えよ。

(3)　酢酸は，ベンゼン中で①式のように単量体と二量体の平衡混合物となっているとして，酢酸の見かけの分子量と酢酸の会合度を求めよ。ただし，ベンゼンのモル凝固点降下は 5.12 K･kg/mol とする。

$2CH_3COOH$（単量体）$\rightleftarrows$ $(CH_3COOH)_2$（二量体）……①

(4)　酢酸の一部が，ベンゼン中で二量体になっている理由を簡潔に答えよ。

〈群馬県〉

5 ★☆☆

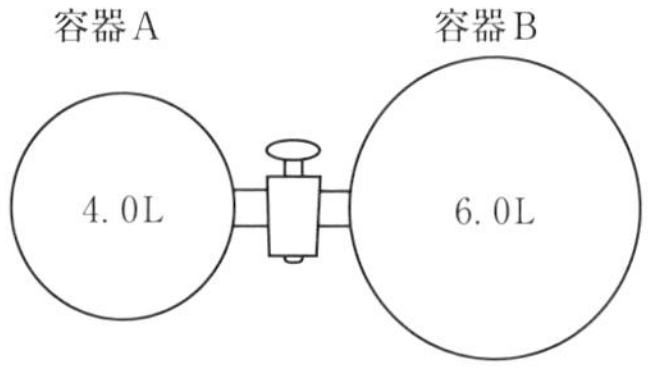

27℃において，右図のような容積 4.0L の容器 A に 0.40mol の気体 X が，容積 6.0L の容器 B に 0.20mol の気体 Y が入っている。温度を一定に保ちながら，中央のコックを開いて十分長い時間をかけて 2 つの気体を混合した。気体 X と気体 Y は反応しないものとし，接続部分の容積は無視できるものとして，次の各問いに答えよ。ただし，気体定数は $R = 8.3 \times 10^3$〔Pa·L/(mol·K)〕とする。

(1)　コックを開ける前の容器 B の気体 Y の圧力〔kPa〕を求めよ。(有効数字 2 桁で答えよ。)

(2)　コックを開いた後の気体 X および気体 Y の分圧〔kPa〕を求めよ。(有効数字 2 桁で答えよ。)

〈鳥取県〉

6 ★★☆

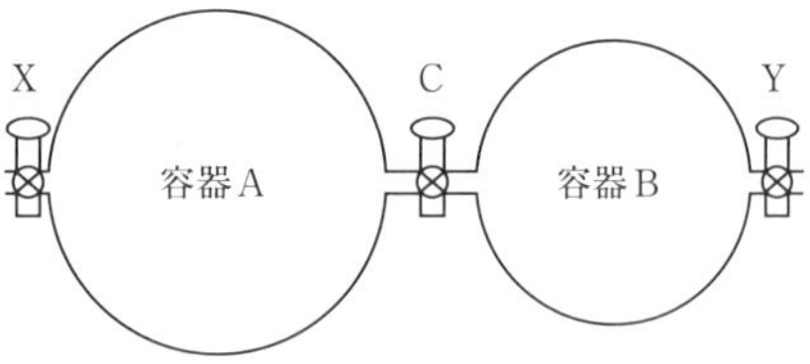

図に示すように，容積 3.0L の容器 A と容積 2.0L の容器 B をコックで連結した装置がある。コック C を閉じたまま容器 A には 2.0×10^5Pa の酸素を，容器 B には 4.0×10^5Pa の窒素を入れた。次の各問いに答えよ。ただし，気体は全て理想気体とし，気体の温度は 57℃の状態である。また，コック X，Y は気体を封入した後は閉じているものとする。

(1)　酸素と窒素の物質量比を最も簡単な整数比で答えよ。

(2)　コック C を開けて，気体を混合したとき，酸素の分圧はいくらか求めよ。

(3)　コック C を開けたまま，この混合気体にメタンをコック X から静かに注入すると，混合気体の全圧は 3.2×10^5Pa になった。この後，この混合気体に点火しメタンを完全に燃焼させた。次の各問いに答えよ。

①　注入したメタンの物質量は何 mol か求めよ。

②　メタンが燃焼するときの変化を化学反応式で示せ。

③　メタンが完全に燃焼した後，温度を 57℃にすると容器内の圧力は何 Pa となるか。ただし，57℃における水の飽和蒸気圧は 1.7×10^4Pa とする。

答えは小数点以下2桁まで求めよ。

〈和歌山県〉

7　★☆☆

気体に関する次の記述のうち，正しいものを1つ選べ。ただし，Pは圧力，Vは気体1molの体積，Rは気体定数，Tは絶対温度を表す。

① P，Vをどのような単位で表しても，Rの数値は同一である。

② 0℃，1.0×10^5 Paにおける実在気体のVは，気体の種類によらず一定であり22.4Lである。

③ 理想気体では，PV/RTの値がPに比例して増加する。

④ 理想気体では，PV/RTの値がTに比例する。

⑤ 実在気体のPV/RTの値が理想気体の値からずれるのは，分子間力が1つの原因である。

〈岐阜県改題〉

8　★★☆

次の文を読んで，各問いに答えよ。

直径が10^{-9}～10^{-7}mの程度の粒子が液体に分散しているものは，コロイド溶液と呼ばれる。①コロイド粒子はろ紙を通り抜けるがセロハン紙を通り抜けることはできない。②塩化鉄（Ⅲ）の濃い水溶液を沸騰した水に少しずつ加えると，赤褐色のコロイド溶液が得られた。暗い部屋でこの溶液に横から光を当てると③光の通路が観察された。また，この溶液に電極を入れて直流電流を流すと，④赤褐色の溶液は陰極側に移動した。電極を除いたこの溶液に⑤少量の電解質を加えて放置すると沈殿が生じた。

(1) 下線部①の現象を利用して，コロイド粒子を他の分子やイオンから分離して精製する操作を何というか答えよ。

(2) 下線部②の変化を化学反応式で答えよ。

(3) 下線部③，④，⑤の現象はそれぞれ何というか答えよ。

(4) 下線部⑤の操作で沈殿させる効果が最も大きい電解質溶液（同じモル濃度）を1つ選べ。

ア．NaCl　イ．Na_3PO_4　ウ．$AlCl_3$　エ．$CaCl_2$　オ．Na_2SO_4

〈鳥取県〉

演習問題　解答・解説

1

(1)　$H_2SO_4 = 98$

濃硫酸 x〔mL〕をとったとすると，

$$\frac{x \times 1.83 \times 0.98}{98} = 2 \times \frac{200}{1000}$$

$\therefore\ x \fallingdotseq 21.9$〔mL〕

(2)　$CuSO_4 \cdot 5H_2O = 250$

必要な硫酸銅（Ⅱ）五水和物の質量を y〔g〕とおくと，

$$\frac{y}{250} = 0.1 \times \frac{100}{1000}$$

$\therefore\ y = 2.5$〔g〕

2

(1)　名称：三重点

状態：氷，水，水蒸気が共存する。

(2)　昇華

(3)　ア

(4)　圧力が加わることにより，固体である氷が 0℃以下でも液体である水に変化するため。

解説

(3)　状態Ⅲは水蒸気であり，ボイルの法則により体積は圧力に反比例して変化する。状態Ⅲから状態Ⅱに変化し，すべての水蒸気が水になると体積は急激に小さくなり，以後圧力を上げても水の体積は変化しない。したがって，グラフとしてはアが適当である。

3

①

解説

飽和溶液 $100 + 124 = 224$〔g〕ならば，析出量は，

$124 - 88 = 36$〔g〕

である。

よって，求める析出量を x〔g〕とすると，

$224 : 36 = 112 : x$

$\therefore\ x = 18$〔g〕

4

(1)　t_2

(2)　ベンゼンだけが凝固するため，残る溶液の濃度がしだいに大きくなり，その結果，溶液の凝固点がしだいに下がっていくから。

(3)　見かけの分子量：80

会合度：0.5

(4)　ベンゼンは無極性分子であるので，酢酸は 2 分子間で水素結合を生じた二量体で安定するため。

解説

(1)　凝固点は，過冷却が起こらないとした理想の状態を考えて，グラフの直線部分の延長線と元のグラフとが交わる部分の温度を読み取る。

(3)　見かけの分子量を M とすると，

$$1.00 = 5.12 \times \frac{0.78}{M} \times \frac{1000}{50}$$

$\therefore\ M = 79.87 \fallingdotseq 80$

$CH_3COOH = 60$ であり，会合度を α とおくと，

$$2CH_3COOH \rightleftarrows (CH_3COOH)_2$$

$1-\alpha$　　　$\frac{\alpha}{2}$　　　合計　$1-\frac{\alpha}{2}$

よって，

$$60 \times \frac{1-\alpha}{1-\frac{\alpha}{2}} + 120 \times \frac{\frac{\alpha}{2}}{1-\frac{\alpha}{2}} = 80$$

$\therefore\ \alpha = 0.5$

5

(1)　83 kPa

(2)　**気体Xの分圧：1.0×10^2kPa**

気体Yの分圧：50kPa

解説

(1)　求める圧力を P_Y〔kPa〕とすると，気体の状態方程式より，

$P_Y \times 10^3 \times 6.0 = 0.20 \times 8.3 \times 10^3 \times (273+27)$

$\therefore\ P_Y = 83$〔kPa〕

(2)　コックを開ける前の気体Xの圧力を P_X〔kPa〕とすると，気体の状態方程式より，

$P_X \times 10^3 \times 4.0 = 0.40 \times 8.3 \times 10^3 \times (273+27)$

$\therefore\ P_X = 249$〔kPa〕

コックを開いた後の気体X，Yの分圧をそれぞれ P_X'，P_Y'〔kPa〕とする。

ボイルの法則より，

$249 \times 4.0 = P_X' \times 10$

$\therefore\ P_X' = 99.6 \fallingdotseq 1.0 \times 10^2$〔kPa〕

同様にして，

$83 \times 6.0 = P_Y' \times 10$

$\therefore\ P_Y' = 49.8 \fallingdotseq 50$〔kPa〕

6

(1)　**$O_2 : N_2 = 3 : 4$**

(2)　**1.2×10^5Pa**

(3)　①　**7.3×10^{-2}mol**

②　**$CH_4 + 2O_2 \longrightarrow CO_2 + 2H_2O$**

③　**2.57×10^5Pa**

解説

(1)　$PV = nRT$ より，$n = \dfrac{PV}{RT}$

$n_{O_2} = \dfrac{2.0 \times 10^5 \times 3.0}{RT}$〔mol〕

$n_{N_2} = \dfrac{4.0 \times 10^5 \times 2.0}{RT}$〔mol〕

よって，物質量の比は，

$O_2 : N_2 = 3 : 4$

(2)　$2.0 \times 10^5 \times 3 = P_{O_2} \times (3.0+2.0)$

$\therefore\ P_{O_2} = 1.2 \times 10^5$〔Pa〕

(3)　①　(2)と同様にして，

$4.0 \times 10^5 \times 2 = P_{N_2} \times (3.0+2.0)$

$\therefore\ P_{N_2} = 1.6 \times 10^5$〔Pa〕

よって，メタンの分圧を x〔Pa〕とすると，

$3.2 \times 10^5 = 1.2 \times 10^5 + 1.6 \times 10^5 + x$

$\therefore\ x = 4.0 \times 10^4$〔Pa〕

したがって，メタンの物質量を n〔mol〕とすると，

$4.0 \times 10^4 \times 5.0 = n \times 8.3 \times 10^3 \times (273+57)$

$\therefore\ n \fallingdotseq 7.3 \times 10^{-2}$〔mol〕

③　メタンを完全燃焼させた後の各物質の分圧を求めると，

$P_{CH_4} = 4.0 \times 10^4 - 4.0 \times 10^4 = 0$〔Pa〕

$P_{O_2} = 1.2 \times 10^5 - 4.0 \times 10^4 \times 2 = 4.0 \times 10^4$〔Pa〕

$P_{CO_2} = 4.0 \times 10^4$〔Pa〕

$P_{N_2} = 1.6 \times 10^5$〔Pa〕

$CH_4 + 2O_2 \longrightarrow CO_2 + 2H_2O$

より，メタンの燃焼により生成した H_2O がすべて水蒸気だとすると，水蒸気の分圧が，

$4.0 \times 10^4 \times 2 = 8.0 \times 10^4$〔Pa〕

となり，1.7×10^4Pa を超える。したがって，H_2O の一部は水となり，

$P_{H_2O} = 1.7 \times 10^4$〔Pa〕

したがって，容器内の圧力は，

$P_{CH_4} + P_{O_2} + P_{CO_2} + P_{H_2} + P_{H_2O}$

$= 0 + 4.0 \times 10^4 + 4.0 \times 10^4 + 1.6 \times 10^5 + 1.7 \times 10^4$

$= 2.57 \times 10^5$〔Pa〕

7

⑤

解説

①　気体定数 R の値は，P，V にどのような単位を用いるかによって異なる。

例えば，P に〔Pa〕，V に〔m^3〕を用いた場合は，$R=8.3$〔$Pa\cdot m^3/(mol\cdot K)$〕であり，P に〔atm〕，V に〔L〕を用いた場合は $R=0.082$〔$atm\cdot L/(mol\cdot K)$〕である。

② 実在気体では分子の大きさや分子間力が無視できず，それらは気体の種類によって異なるため，標準状態であっても，気体 1 mol の体積は少しずつ違っている。

8

(1) 透析

(2) $FeCl_3+3H_2O \longrightarrow Fe(OH)_3+3HCl$

(3) ③ チンダル現象

④ 電気泳動　⑤ 凝析

(4) イ

解説

(3) 少量の電解質を加えて沈殿するコロイドを疎水コロイドといい，疎水コロイドが少量の電解質によって沈殿する現象を凝析という。また，少量の電解質を加えても沈殿しないコロイドを親水コロイドといい，親水コロイドが多量の電解質によって沈殿する現象を塩析という。

(4) 下線部④より，このコロイド粒子は正コロイドであるから，価数が大きい陰イオンが凝析に有効である。選択肢に出てくる陰イオンは，Cl^-，PO_4^{3-}，SO_4^{2-} である。

3 物質の変化

傾向と対策

物質の変化に関する分野は，範囲が広く，かつ出題頻度が最も高い。その中でも，熱化学，中和滴定，酸化還元滴定，電池と電気分解，化学平衡，電離平衡が特に頻出の内容であると言える。出題の形式や問題の内容としては計算問題が多く，問題を解く上で注意を要するが，基本的な内容をしっかり理解しておけば確実に得点することのできる分野でもある。覚えるべき内容はあまり多くないので，まずは基本的な内容を中心に理解を深めることに重点を置いて学習していくことである。

例題 1　熱化学方程式（反応熱とエンタルピー▶ P.186 参照）

次の文中の空欄ア～カには整数を，空欄キは化学式をそれぞれ答えよ。

生成熱の値を用いて，他の熱化学方程式の反応熱を求めることができる。例えば，メタンの燃焼熱を求める場合，メタンの生成熱 75 kJ/mol，水（液体）の生成熱 286 kJ/mol，二酸化炭素の生成熱 394 kJ/mol を用いて，次のような解法が考えられる。

〈解法 1〉メタン，水（液体），二酸化炭素の生成熱を示す熱化学方程式を書き，それらから計算し，メタンの燃焼熱を求める。

C（黒鉛）$+ 2H_2 = CH_4 + 75\,kJ$ ………①

$H_2 + \frac{1}{2}O_2 = H_2O$（液体）$+ 286\,kJ$ ……②

C（黒鉛）$+ O_2 = CO_2 + 394\,kJ$ ………③

（　ア　）×①式 +（　イ　）×②式 +（　ウ　）×③式　を計算すると，　$CH_4 + 2O_2 = CO_2 + 2H_2O$（液体）+（　エ　）kJ　の熱化学方程式を得る。

〈解法 2〉反応のエネルギー図を書いて，メタンの燃焼熱を求める。

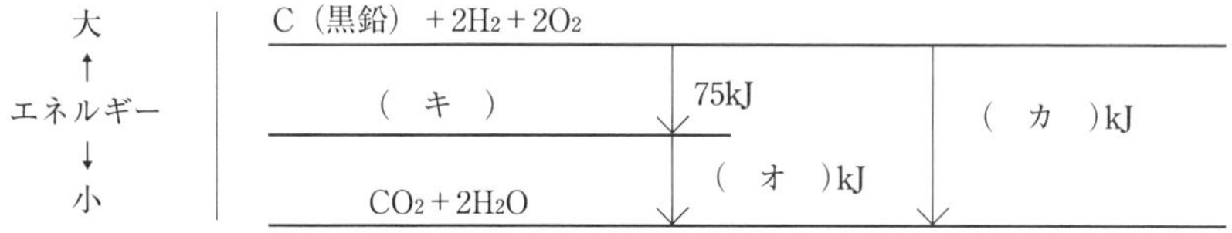

〈徳島県〉

解答 ア．－1　イ．2　ウ．1　エ．891　オ．891
カ．966　キ．$CH_4 + 2O_2$

解説 ・燃焼熱

1 mol の物質が完全燃焼するときに発生する熱量。

・生成熱

化合物 1 mol がその成分元素の単体から生成するときに発生する熱量。

・ヘスの法則

反応熱は，反応前と反応後の状態だけで決まり，反応の経路や方法には無関係である。

〈解法 1〉について

ヘスの法則により，熱化学方程式を自由に組み合せて反応熱を計算することができる。

〈解法 2〉について

エネルギー図は，上にいくほどエネルギーが高いことを表す。熱化学方程式①は，C（黒鉛）1 mol と H_2 2 mol から CH_4 1 mol が生成するとき 75 kJ の熱を発生することを表している。これは反応前より反応後の方が 75 kJ エネルギーが低いことを示す。熱化学方程式から，反応前と反応後のエネルギーの大小および差を判断して，エネルギー図を描く。

例題 2　中和滴定

次の文を読んで，各問いに答えよ。

水酸化ナトリウム水溶液の正確な濃度を求めるために，次のような中和滴定の実験を行った。まず，正確に秤量したシュウ酸二水和物（$H_2C_2O_4 \cdot 2H_2O$）の結晶 6.3 g を水に溶解させて，正確に 500 mL の水溶液とした。そのうち，10 mL を正確にはかりとり，コニカルビーカーに入れ，フェノールフタレイン溶液を数滴加えた。次に，濃度不明の水酸化ナトリウム水溶液をビュレットに入れ，ちょうど中和反応が終わるまで，コニカルビーカー内のシュウ酸水溶液に滴下した。この中和滴定を数回繰り返したところ，平均滴定量は 21.6 mL であった。

(1)　文中の下線部の操作で使用するビュレットの正しい扱い方を，次のア～エから 1 つ選び，その記号を答えよ。

ア．純粋な水で数回すすいで，そのまま使用する。

イ．純粋な水で数回すすいで，加熱乾燥させて使用する。

ウ．使用する水酸化ナトリウム水溶液で数回すすいで，そのまま使用する。

エ．使用する水酸化ナトリウム水溶液で数回すすいで，加熱乾燥させて使用する。

(2)　シュウ酸水溶液を水酸化ナトリウム水溶液で中和したときの化学変化を，化学反応式で答えよ。

(3)　この実験で使用した水酸化ナトリウム水溶液のモル濃度を求めよ。ただし，原子量は，H＝1.0，C＝12，O＝16とする。

(4)　水酸化ナトリウム水溶液の濃度は，秤量によって得られた値と，中和滴定によって得られた値は異なる。その理由は水酸化ナトリウムのどのような性質によるものか答えよ。

〈高知県〉

解答　(1)　ウ　　(2)　$H_2C_2O_4 + 2NaOH \longrightarrow 2H_2O + Na_2C_2O_4$

(3)　9.3×10^{-2}mol/L

(4)　水酸化ナトリウムは，空気中の水分や二酸化炭素を吸収するため。

解説　(1)　ビュレットを使用する際，純粋な水ですすぐと中に水滴が残ってしまい，ビュレット内の水酸化ナトリウム水溶液の濃度が変化してしまう。また，正確な体積を測るためのガラス器具を加熱するのは厳禁である。使用する水酸化ナトリウム水溶液で数回すすぐことを共洗いといい，この場合はビュレット内がぬれていても実験には差し支えない。

(2)　シュウ酸は2価のカルボン酸で，示性式は$(COOH)_2$である。したがって，1価の塩基である水酸化ナトリウムとは，1：2の比で反応する。

(3)　シュウ酸二水和物（$H_2C_2O_4 \cdot 2H_2O$）の式量は126である。したがって，求める水酸化ナトリウム水溶液のモル濃度をx〔mol/L〕とすると，

$$\frac{6.3}{126} \times \frac{10}{500} : x \times \frac{21.6}{1000} = 1 : 2$$

$$\therefore\ x \times \frac{21.6}{1000} \times 1 = \frac{6.3}{126} \times \frac{10}{500} \times 2$$

$$x \fallingdotseq 0.093 = 9.3 \times 10^{-2} \text{〔mol/L〕}$$

中和滴定に使用する器具や指示薬は，次のとおり。

①　滴定用実験器具

・メスフラスコ

正確な濃度の溶液を調製するために用いるガラス器具である。室温で標線まで液体を入れるとその体積が表示体積になる。

・ホールピペット

一定量の液体を正確に測り取るために用いるガラス器具である。標線まで溶液を吸い上げると，表示されている体積の溶液を測り取ることができる。

・ビュレット

滴下した溶液の体積を正確に測るために用いるガラス器具である。

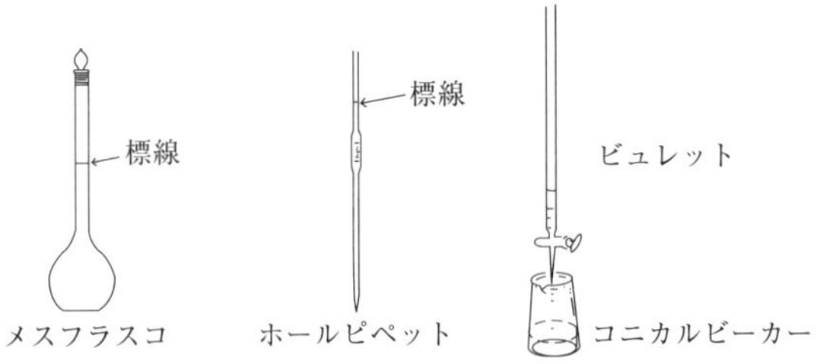

② 指示薬

中和滴定に際して，中和点を知るために加えられる試薬を指示薬という。中和点における pH は中和滴定で用いる酸・塩基の強弱の組み合わせによって異なるので，変色域が適当な指示薬を選ばなければならない。代表的な指示薬は，次のとおり。

指示薬（変色域のpH）	2　3　4　5　6　7　8　9　10　11　12　13
メチルオレンジ(3.1～4.4)	赤 ［橙］ 黄　　　　［　］が変色域
メチルレッド(4.2～6.3)	赤 ［橙］ 黄
BTB(ブロモチモールブルー) (6.0～7.6)	黄 ［緑］ 青
フェノールフタレイン (8.0～9.8)	無 ［淡赤］ 赤

例題 3　酸化還元滴定

次の文を読んで，各問いに答えよ。ただし，計算値は有効数字 2 桁で答えよ。

濃度未知の過マンガン酸カリウム水溶液の濃度を酸化還元滴定により求める実験を行った。まず，シュウ酸二水和物 $(COOH)_2 \cdot 2H_2O$ 1.134 g を水に溶かして 100 mL とし，このシュウ酸水溶液 10 mL をピペットでコニカルビーカーにとった。これに 3 mol/L の希硫酸 10 mL を加えて約 80℃の湯であたため，あらかじめ，（ ① ）に入れておいた過マンガン酸カリウム水溶液を滴下すると 14.4 mL でちょうど終点となった。

(1) （ ① ）に当てはまる実験器具名を答えよ。

(2) シュウ酸水溶液のモル濃度を求めよ。

(3) 希硫酸の代わりに希塩酸や希硝酸を使用することは不適当である。それぞれについてその理由を簡単に説明せよ。

(4) この実験で滴定の終点はどのようにわかるか，簡単に答えよ。

(5)　この実験の反応を化学反応式で表せ。
(6)　過マンガン酸カリウム水溶液のモル濃度はいくらか求めよ。
〈静岡県・静岡市〉

解答　(1)　ビュレット　　(2)　0.090 mol/L
(3)　希塩酸：還元剤として働き，過マンガン酸カリウムと反応してしまうから。
希硝酸：酸化剤として働き，シュウ酸と反応してしまうから。
(4)　うすい赤色が，混ぜても消えずにわずかに残る。
(5)　$5(COOH)_2 + 2KMnO_4 + 3H_2SO_4 \longrightarrow K_2SO_4 + 2MnSO_4 + 10CO_2 + 8H_2O$
(6)　0.025 mol/L

解説　(2)　$(COOH)_2 \cdot 2H_2O$ の式量は 126 より，求めるモル濃度は，

$$\frac{1.134}{126} \times \frac{1000}{100} = 0.090 \text{〔mol/L〕}$$

(3)　酸化還元反応において，相手の物質から電子を奪って相手を酸化する働きをする物質を酸化剤という。

〈例〉　過マンガン酸カリウム $KMnO_4$ の酸化剤としての働きは，次の式で表される。

$$MnO_4^- + 8H^+ + 5e^- \longrightarrow Mn^{2+} + 4H_2O$$

酸化還元反応において，相手の物質に電子を与えて相手を還元する働きをする物質を還元剤という。

〈例〉　シュウ酸（$(COOH)_2$）の還元剤としての働きは，次の式で表される。

$$(COOH)_2 \longrightarrow 2CO_2 + 2H^+ + 2e^-$$

希塩酸の還元剤としての働きは，$2Cl^- \longrightarrow Cl_2 + 2e^-$

希硝酸の酸化剤としての働きは，$NO_3^- + 4H^+ + 3e^- \longrightarrow NO + 2H_2O$

(4)　MnO_4^- の水溶液は赤紫色であり，Mn^{2+} の水溶液はほとんど無色である。中和反応が終点に達すると滴下した MnO_4^- の色が消えずにうすく残ることになる。

(5)　$MnO_4^- + 8H^+ + 5e^- \longrightarrow Mn^{2+} + 4H_2O$

$(COOH)_2 \longrightarrow 2CO_2 + 2H^+ + 2e^-$

より，e^- を消去すると，

$5(COOH)_2 + 2MnO_4^- + 16H^+ \longrightarrow 2Mn^{2+} + 10CO_2 + 8H_2O + 10H^+$

$5(COOH)_2 + 2MnO_4^- + 6H^+ \longrightarrow 2Mn^{2+} + 10CO_2 + 8H_2O$

両辺に，$2K^+$，$3SO_4^{2-}$ を加えると，

$5(COOH)_2 + 2KMnO_4 + 3H_2SO_4 \longrightarrow K_2SO_4 + 2MnSO_4 + 10CO_2 + 8H_2O$

(6)　求めるモル濃度を x〔mol/L〕とすると，

$$0.090 \times \frac{10}{1000} : x \times \frac{14.4}{1000} = 5 : 2 \qquad \therefore\ x = 0.025 \text{〔mol/L〕}$$

例題4　燃料電池

燃料の燃焼反応により，生じるエネルギーを熱エネルギーではなく直接電気エネルギーとして取り出すしくみの電池を燃料電池という。図は，電解質にリン酸水溶液を，燃料として水素を用いたリン酸型水素・酸素燃料電池の模式図である。燃料の水素のほとんどは，天然ガスをはじめ，石油，石炭などの炭化水素資源から作られている。この方法は改質と呼ばれ，例えば天然ガス中のメタン1分子から次の二段階の反応によって水素が得られる。

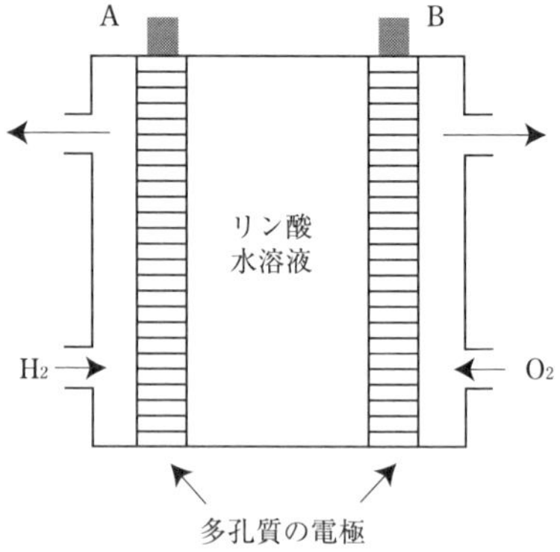

$CH_4 + H_2O \longrightarrow CO + 3H_2$　　　$CO + H_2O \longrightarrow CO_2 + H_2$

(1)　この燃料電池の負極は電極A，Bのいずれか，記号で答えよ。

(2)　電極A及びBで起こる反応を，e^-を用いた反応式で答えよ。

(3)　燃料の水素4.0gを作る際に必要なメタンは標準状態で何Lか求めよ。

(4)　水蒸気2.7gが生成する際，回路に流れる電気量〔C〕を求めよ。(有効数字2桁で答えよ。)

(5)　電解質として，リン酸水溶液の代わりに水酸化カリウム水溶液を用いた場合，水蒸気は電極A，Bのどちらから発生するか答えよ。またその理由を，反応式を記して簡潔に説明せよ。

〈鳥取県〉

解答　(1)　A

(2)　電極A：$H_2 \longrightarrow 2H^+ + 2e^-$　電極B：$O_2 + 4H^+ + 4e^- \longrightarrow 2H_2O$

(3)　11.2L　　(4)　2.9×10^4C

(5)　A

理由：電極Aでは，$H_2 + 2OH^- \longrightarrow 2H_2O + 2e^-$の反応が起こるから。

解説　電気分解の量的関係に関して，次のことを確認しておく。

・ファラデーの法則

電気分解では，変化する物質の物質量は通じた電気量に比例する。

電子1molがもつ電気量の絶対値をファラデー定数Fといい，$F = 9.65 \times 10^4$〔C/mol〕である。

(3)　CH_4 1molからH_2 4molが得られるので，求めるCH_4の体積は，

$$\frac{4.0}{2}\times\frac{1}{4}\times 22.4 = 11.2〔\mathrm{L}〕$$

(4)　(2)より，水蒸気が1mol生成する際，2 × 96500〔C〕の電気量が回路に流れるので，求める電気量は，

$$\frac{2.7}{18}\times(2\times 96500) = 28950 \fallingdotseq 2.9\times 10^4〔\mathrm{C}〕$$

(5)　$\begin{cases}\text{電極A：}H_2 + 2OH^- \longrightarrow 2H_2O + 2e^- \\ \text{電極B：}O_2 + 2H_2O + 4e^- \longrightarrow 4OH^-\end{cases}$

例題5　鉛蓄電池と電気分解

図のような装置を組み立て，電気分解した。a～dの電極はすべて白金を使用した。鉛蓄電池からは9650Cの電気量が発生し，そのすべてが電解槽Ⅰ，Ⅱの電気分解に使われたとする。次の各問いに答えよ。

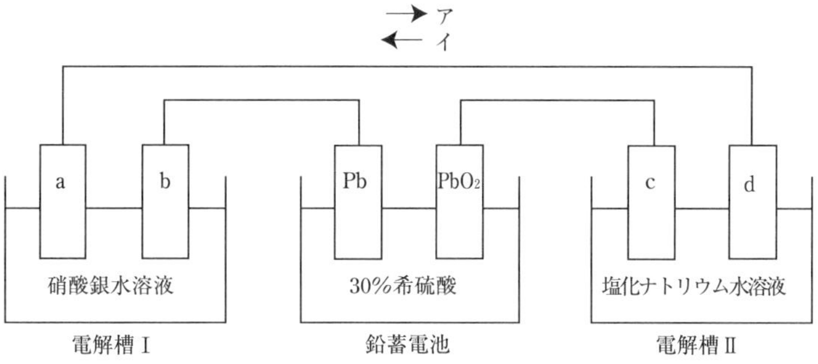

(1)　電流は導線中を，ア・イのどちらの方向に流れるか，記号で答えよ。

(2)　鉛蓄電池が放電するときのPbO_2極の変化をe^-を含むイオン反応式で記せ。

(3)　放電後のPb極の質量は何g増加したか求めよ。

(4)　電極a，bで発生または析出する物質を化学式で記せ。

(5)　電解槽Ⅱで発生するすべての気体の体積は，標準状態で何Lか求めよ。ただし，発生した気体は水溶液に溶解しないものとする。

〈愛媛県〉

解答　(1)　イ　　(2)　$PbO_2 + 4H^+ + SO_4^{2-} + 2e^- \longrightarrow PbSO_4 + 2H_2O$

(3)　4.8g　(4)　電極a：O_2　電極b：Ag　(5)　2.24L

解説　(1)(2)　鉛蓄電池の各電極における反応は，次のようになる。

$\begin{cases}\text{Pb極：}Pb + SO_4^{2-} \longrightarrow PbSO_4 + 2e^- \\ PbO_2\text{極：}PbO_2 + 4H^+ + SO_4^{2-} + 2e^- \longrightarrow PbSO_4 + 2H_2O\end{cases}$

したがって，e^- は Pb 極から出て，PbO_2 極に入る。すなわち，電流の向きはイである。

(3) e^- 1 mol の電気量（96500C）で Pb 極は SO_4^{2-} $\frac{1}{2}$ mol 分，すなわち 48 g 質量が増加する。したがって，9650C の電気量では 4.8 g 質量が増加する。

(4) 電極 a，b における反応は，次のようになる。

$$\begin{cases} \text{a（陽極）}: 2H_2O \longrightarrow O_2 + 4H^+ + 4e^- \\ \text{b（陰極）}: Ag^+ + e^- \longrightarrow Ag \end{cases}$$

陽極 a では，NO_3^- が酸化されにくいため，H_2O が酸化される。

(5) 電極 c，d における反応は，次のようになる。

$$\begin{cases} \text{c（陽極）}: 2Cl^- \longrightarrow Cl_2 + 2e^- \\ \text{d（陰極）}: 2H_2O + 2e^- \longrightarrow H_2 + 2OH^- \end{cases}$$

よって，e^- 1 mol の電気量（96500C）で，$0.5 + 0.5 = 1$〔mol〕の気体が発生する。したがって，9650C では 0.1 mol の気体，すなわち 2.24 L の気体が発生する。

例題 6　化学平衡

次の文を読んで，各問いに答えよ。ただし，気体は理想気体とし，気体定数 $R = 8.3 \times 10^3$〔L·Pa/(K·mol)〕とする。

四酸化二窒素 N_2O_4 と二酸化窒素 NO_2 の間には，次の化学平衡が成立する。

$$N_2O_4 \rightleftarrows 2NO_2$$

いま，体積を自由に調節できる真空容器に N_2O_4 0.64 mol を入れ，温度 27℃，圧力を 2.0×10^5 Pa に保ったところ，NO_2 が 0.16 mol 生成して平衡状態になった。

(1) 平衡状態で残っている N_2O_4 は何 mol か求めよ。

(2) 平衡状態における混合気体中の NO_2 の分圧は何 Pa か求めよ。

(3) 平衡状態における混合気体の体積は何 L か求めよ。

(4) 温度 27℃における（濃度）平衡定数の値はいくらか求めよ。

〈京都府〉

解答 (1) 0.56 mol　(2) 4.4×10^4 Pa　(3) 9.0 L

(4) 5.1×10^{-3}

解説 (1) $0.64 - 0.16 \times \frac{1}{2} = 0.56$〔mol〕

(2) 各気体の分圧はその物質量に比例するので，NO_2 の分圧は，

$$2.0 \times 10^5 \times \frac{0.16}{0.56 + 0.16} \fallingdotseq 4.4 \times 10^4 \text{〔Pa〕}$$

(3)　求める体積を V〔L〕とすると，気体の状態方程式より，

$$2.0\times10^5\times V=(0.56+0.16)\times8.3\times10^3\times(273+27)$$

$$\therefore\ V=8.964\fallingdotseq9.0\text{〔L〕}$$

(4)　求める平衡定数を K とすると，

$$K=\frac{[NO_2]^2}{[N_2O_4]}=\frac{\left(\dfrac{0.16}{8.964}\right)^2}{\dfrac{0.56}{8.964}}=\frac{0.16^2}{0.56\times8.964}\fallingdotseq0.005099$$

・平衡定数

可逆反応 $aA+bB \rightleftarrows cC+dD$ が平衡状態にあるとき，

$$\frac{[C]^c[D]^d}{[A]^a[B]^b}=K\ (\text{一定})$$

が成り立つ。この定数 K を平衡定数という。平衡定数の値は温度で決まる。

・ルシャトリエの法則

平衡状態にある系において，その条件（濃度，温度，圧力など）を変化させると，その影響をやわらげる方向に平衡が移動する。

例題 7　電離平衡

酢酸の電離平衡について，空欄に当てはまる適当な語句，記号を答えよ。

酢酸の電離平衡において，酢酸の全濃度を c〔mol/L〕とし，電離度を α とすると，各濃度は，次のようになる。

	CH_3COOH	→	CH_3COO^- +	H^+	
電離前	c		0	0	〔mol/L〕
電離平衡	$c(1-\alpha)$		$c\alpha$	$c\alpha$	〔mol/L〕

よって，電離定数 K_a は次のように表される。

$$K_a=\frac{[CH_3COO^-][H^+]}{[CH_3COOH]}=\frac{c\alpha^2}{(\quad ア\quad)}$$

この式で，酢酸のように電離度の値が非常に小さい場合，$1-\alpha$ を（　イ　）とみなすことができるので，K_a は次のような近似式で表される。

$K_a=$（　ウ　）

よって電離度 α は次のようになる。　$\alpha=$（　エ　）

この式を用いて 0.020mol/L 酢酸水溶液の酢酸の電離度を求めると（　オ　）になる。ただし酢酸の電離定数を 1.8×10^{-5}mol/L とする。

〈沖縄県〉

解答 ア．$1-\alpha$　イ．1　ウ．$c\alpha^2$　エ．$\sqrt{\dfrac{K_a}{c}}$　オ．3.0×10^{-2}

解説 $$K_a=\frac{[CH_3COO^-][H^+]}{[CH_3COOH]}=\frac{c\alpha\cdot c\alpha}{c(1-\alpha)}=\frac{c\alpha^2}{1-\alpha}\fallingdotseq c\alpha^2$$

$(\because\ 1-\alpha\fallingdotseq 1)$

$$\therefore\ \alpha\fallingdotseq\sqrt{\frac{K_a}{c}}$$

これに，$c=0.020$〔mol/L〕，$K_a=1.8\times10^{-5}$〔mol/L〕を代入すると，

$$\alpha=\sqrt{\frac{1.8\times10^{-5}}{0.020}}=\sqrt{9\times10^{-4}}$$
$$=3.0\times10^{-2}$$

〈参考〉■反応熱とエンタルピー■

熱化学方程式では，右辺に反応熱を＋または－の符号をつけて記し，両辺のもつエネルギーのバランスをとっている。

エンタルピー（H）は，一定圧力で物質に出入りする熱エネルギーと関係する量であり，物質がもつエネルギーが増すとその物質の H の値は増加する。一定圧力での反応熱を Q とし，そのときのエンタルピー変化を ΔH と表すと，

$$Q=-\Delta H$$

の関係になっている。発熱反応（$Q>0$）では物質がもつエネルギーが減少し，$\Delta H<0$ となる。一方，吸熱反応（$Q<0$）では $\Delta H>0$ となる。

エンタルピー変化を併記した化学反応式の例（25℃）として，一酸化炭素 CO の燃焼と水 H_2O の蒸発について次に示す。

$CO + O_2 \longrightarrow CO_2$　　$\Delta H=-283\,\mathrm{kJ/mol}$

H_2O（液）$\longrightarrow$ H_2O（気）　　$\Delta H=44\,\mathrm{kJ/mol}$

反応熱と同様に ΔH においても，それぞれの化学変化や状態変化に応じて，燃焼エンタルピー，生成エンタルピー，溶解エンタルピー，融解エンタルピー，蒸発エンタルピーなどの分類も用いられる。

演習問題

1 ★☆☆

次の熱化学方程式を答えよ。(反応熱は整数で答えよ。)

(1) 一酸化炭素（気体）の生成熱は111kJの発熱反応である。

(2) プロパン（気体）11gを燃焼させると555kJの熱を発生し水（液体）と二酸化炭素（気体）になる。

(3) 水酸化ナトリウム（固体）8gを多量の水に溶かすと9kJの熱を発生する。

〈鳥取県〉

2 ★☆☆

塩酸と水酸化ナトリウムを用いて，反応に伴う熱の出入りの関係を調べる実験1，2を行った。次の各問いに答えよ。ただし，溶液の比熱はすべて4.2J/(g･K)とする。また，発生した熱はすべて溶液の温度上昇に用いられたものとして計算せよ。

〈実験1〉

ある断熱容器に水50mLをとり，温度を測定したら25.2℃であった。これに固体の水酸化ナトリウム2.0gを加え，ガラス棒で攪拌して溶かしながら温度を測定したところ34.9℃まで上昇した。この溶液の質量は52.0gであった。

〈実験2〉

実験1と同じ断熱容器を用いて，1.0mol/L塩酸50mLをとり，温度を測定したら25.2℃であった。これに固体の水酸化ナトリウム2.0gを加え，ガラス棒で攪拌して溶かしながら温度を測定したところ47.7℃まで上昇した。この溶液の質量は52.0gであった。

(1) 固体の水酸化ナトリウムを秤量するときは，手早く行う必要がある。その理由を簡潔に述べよ。

(2) 実験1で発生した熱量〔J〕を，四捨五入により整数値で求めよ。

(3) 実験2で発生した熱量〔J〕を，四捨五入により整数値で求めよ。

(4) 次の図は，この実験内容に関する溶解熱〔kJ/mol〕等を表したエネルギー図である。図中の(　①　)～(　③　)には適する化学式を，また(　a　)～(　c　)には実験データによって求められる数値をそれぞれ書け。ただし，化学式には状態を表す記号を添えること。また，数値は四捨五入により小数第1位まで求めよ。

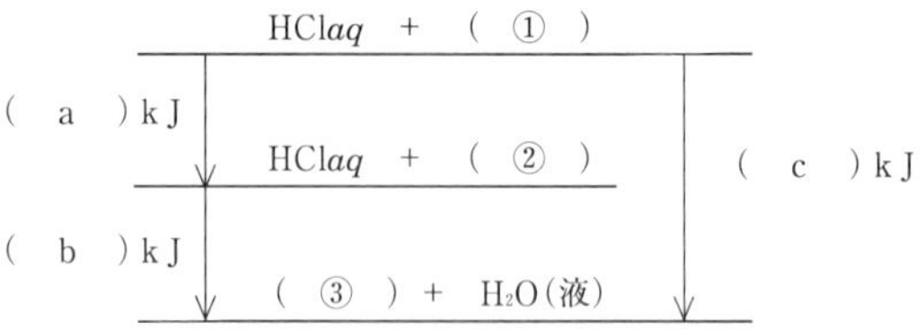

(5) 図中の(b)に相当する反応熱の名称を答えよ。また，実験1，2から(b)の値を求める根拠となった法則の名称を答えよ。

〈佐賀県〉

3 ★★☆

水酸化ナトリウム水溶液を用いて，食酢の濃度を中和滴定により求める実験を，操作①～③の順に行った。食酢中の酸は酢酸のみとし，水酸化ナトリウム水溶液は，シュウ酸の標準溶液を用いてあらかじめ濃度決定したものを使用した。次の各問いに答えよ。

操作①：市販の食酢を精製水で正確に10倍にうすめた。

操作②：ビュレットに，0.140mol/L 水酸化ナトリウム水溶液を入れた。

操作③：図のように，操作①でうすめた食酢 10.0mL を 100mL のコニカルビーカーに入れ，指示薬を加えた後，滴定を行った。

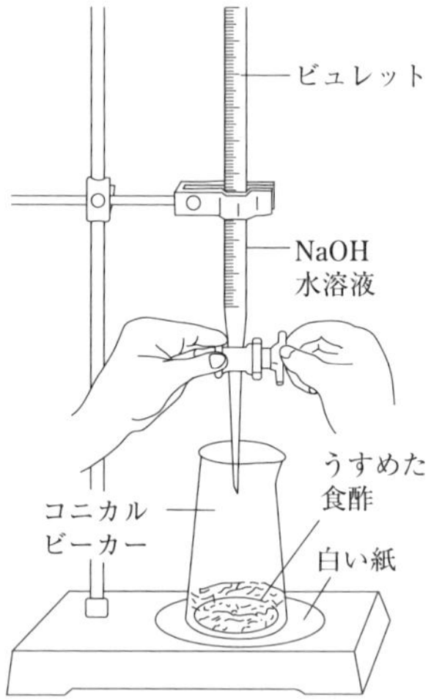

(1) 操作①で行った，食酢を精製水で正確に10倍にうすめた溶液50mLをつくる方法を，使用器具を含めて説明せよ。

(2) 水酸化ナトリウムの標準溶液を調整することは難しい。それは，水酸化ナトリウムの質量を正確に測定することができないからである。水酸化ナトリウムの質量を正確に測定することができない理由を水酸化ナトリウムの性質から2つ答えよ。

(3) 操作②では，スタンドに取り付けられたビュレットを机上から床に降ろし，水酸化ナトリウム水溶液を入れた。床に降ろしてから操作する理由を安全面から記せ。

(4) ビュレットの目盛りを読みとるときの注意点を3つ答えよ。

(5) 操作③では，水酸化ナトリウム水溶液を 5.05mL 加えたところでちょうど中和した。この結果から，もとの食酢に含まれる酢酸の質量パーセント濃度を求めよ。答えは有効数字3桁で答えよ。ただし，この食酢の密度は $1.01\,g/cm^3$ とする。また，必ず計算の過程を記述すること。

〈岡山県〉

4 ★★☆

次の中和滴定実験に関して，各問いに答えよ。ただし，実験において，酢酸の電離定数 K_a は 2.0×10^{-5}mol/L，水のイオン積 K_w は $1.0\times10^{-14}(\text{mol/L})^2$，$\log_{10}2.0=0.301$，$\log_{10}3.0=0.477$ とし，中和熱等による温度変化は無視できるものとする。また，酢酸の電離度 α は1に比べて著しく小さく，$1-\alpha\fallingdotseq1$ と近似できるものとする。

［実験］

濃度のわからない酢酸水溶液 10.0mL をコニカルビーカーにとって，0.10mol/L 水酸化ナトリウム水溶液で中和滴定したところ，中和点までに 20.0mL を要した。

(1)　酢酸水溶液のモル濃度を求めよ。ただし，有効数字は2桁とすること。

(2)　酢酸水溶液の pH を求めよ。ただし，有効数字は2桁とすること。

(3)　中和点で最も濃度の高い物質を，(ア)～(オ)から1つ選べ。

(ア)　酢酸　　(イ)　酢酸イオン　　(ウ)　ナトリウムイオン

(エ)　水素イオン　　(オ)　水酸化物イオン

(4)　中和点での水溶液の pH を求めよ。ただし，有効数字は2桁とすること。

(5)　通常の実験室で，固体の水酸化ナトリウムを秤量し，これを水に溶かして正確に 0.10mol/L の水酸化ナトリウム水溶液を調整することは極めて困難である。その理由を簡潔に説明せよ。

〈徳島県〉

5 ★☆☆

炭酸ナトリウムと炭酸水素ナトリウムの混合物がある。この混合物を水に溶かしてその一定量を2つのコニカルビーカーにとり，それぞれ指示薬を加え塩酸で滴定したところ，メチルオレンジを指示薬にしたら 8.0mL，フェノールフタレインを指示薬にしたら 2.0mL でそれぞれの指示薬の色が変わった。混合物内の物質量の比（炭酸ナトリウム：炭酸水素ナトリウム）はいくらか，番号で答えよ。

①　1：3　　②　1：2　　③　1：1　　④　2：1　　⑤　3：1

〈福岡県・福岡市・北九州市〉

6 ★☆☆

次の平衡に関して，各問いに答えよ。

酢酸水溶液中では，次の平衡が成立している。

$$CH_3COOH \rightleftarrows CH_3COO^- + H^+$$

ただし，酢酸水溶液の電離定数 $K_a = 2.0 \times 10^{-5}$ mol/L とする。

また，$\log_{10}2 = 0.30$，$\log_{10}3 = 0.48$，$\sqrt{2} = 1.4$，$\sqrt{3} = 1.7$ とし，有効数字は2桁で答えよ。

(1) 0.10 mol/L の酢酸の水素イオン濃度はいくらか求めよ。

(2) 0.10 mol/L の酢酸 100 mL に水酸化ナトリウム 0.004 mol を加えた溶液の pH はいくらか求めよ。ただし，水酸化ナトリウムを加えても溶液の全量は 100 mL で変わらないものとする。

〈静岡県・静岡市〉

7 ★★☆

次の文は，オキシドール中の過酸化水素濃度を酸化還元滴定により求める実験操作を述べたものである。これを読んで，各問いに答えよ。

オキシドールは，過酸化水素を含む医薬品であり，傷口の消毒，殺菌に用いられている。この作用は，過酸化水素の酸化力を利用したものである。しかし，過マンガン酸カリウムに対しては，過酸化水素は還元剤としてはたらく。

オキシドール中の過酸化水素を定量するために，オキシドール 1.0 mL を正確にとり，純水約 10 mL および 10％硫酸 10 mL を入れたコニカルビーカーの中に加え，0.020 mol/L の過マンガン酸カリウム水溶液を用いて滴定したところ 20 mL を要した。

(1) 過マンガン酸カリウムと過酸化水素の反応を化学反応式で表せ。

(2) この滴定が終了したことはどのようにして知ることができるか，簡潔に説明せよ。

(3) このオキシドール中に含まれる過酸化水素のモル濃度を求めよ。

(4) このオキシドール中の過酸化水素の質量パーセント濃度を求めよ。ただし，オキシドールの密度は $1.0\,g/cm^3$ とする。

〈岩手県〉

8 ★★☆

次の文を読んで，各問いに答えよ。

過酸化水素水に過マンガン酸カリウムの希硫酸溶液を加えると，次のように反応する。

$$2MnO_4^- + 5H_2O_2 + 6H^+ \longrightarrow 2Mn^{2+} + 5O_2 + 8H_2O$$

この反応式は，過酸化水素水が，電子を放出して(　ア　)されて，(　イ　)剤として作用するときの反応式<　①　>と，過マンガン酸イオンが，マンガンイオンに(　ウ　)されて，(　エ　)剤として作用するときの反応式<　②　>から求められる。

一方，過酸化水素水にヨウ化カリウムを加えると<　③　>のように反応する。この反応では，過酸化水素水は(　オ　)剤として作用している。

(1)　空欄①～③に当てはまる化学反応式を答えよ。

(2)　空欄ア～オに当てはまる語句を答えよ。

(3)　濃度不明の過酸化水素水 50 mL に 0.1 mol/L 過マンガン酸カリウムの希硫酸水溶液を少量ずつ滴下すると，過マンガン酸イオンの赤紫色がすぐに消えたが，50 mL 加えたとき溶液が薄い赤紫色を示すようになった。この過酸化水素水の濃度を求めよ。

(4)　濃度不明の過酸化水素水の濃度を，〈　③　〉の反応を利用して求めたい。どのような方法が考えられるか，簡潔に答えよ。〈群馬県〉

9 ★★☆

次の文を読んで，各問いに答えよ。ただし，原子量は，H＝1.00，O＝16.0，S＝32.0，K＝39.0，I＝127 とする。

水 100 mL にヨウ化カリウム約 3 g とヨウ素 0.254 g を溶かした溶液（ヨウ素溶液）に，濃度のわからない二酸化硫黄水溶液 10.0 mL を加えた。この混合溶液を，デンプン溶液を指示薬として 0.100 mol/L のチオ硫酸ナトリウム水溶液で滴定したところ，終点までに 6.50 mL を要した。ヨウ素とチオ硫酸ナトリウムとの反応は $I_2 + 2S_2O_3^{2-} \longrightarrow 2I^- + S_4O_6^{2-}$ で表される。

(1)　ヨウ素溶液をつくるとき，ヨウ化カリウムを加える理由を答えよ。

(2)　ヨウ素溶液に二酸化硫黄水溶液を加えたときの反応を化学反応式で答えよ。

(3)　(2)の反応で，酸化剤としてはたらく物質の化学式を答えよ。

(4)　二酸化硫黄水溶液のモル濃度を求めよ。ただし，答えの数値は有効数字 3 桁で求めること。〈山形県〉

10 ★☆☆

燃料の燃焼反応によって生じるエネルギーを，直接電気エネルギーとして取り出すようにした電池を燃料電池という。図は，燃料として水素を用いた水素―酸素型の燃料電池の模式図である。この燃料電池について，各問いに答えよ。ただし，模式図では水蒸気は省略してある。

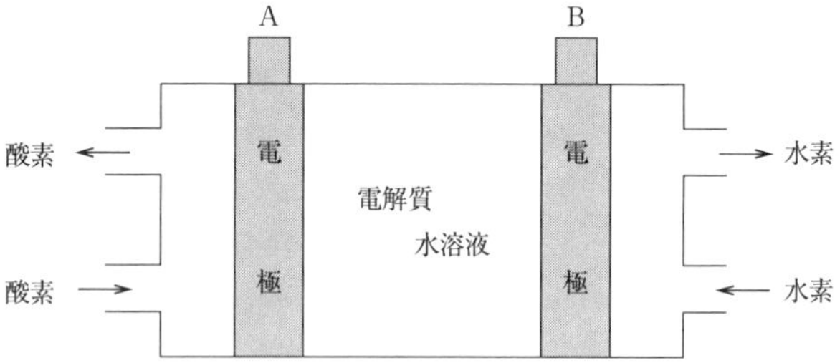

※電極には触媒作用を持つ多孔質金属を用い，
気体と電解質水溶液が接触できる。

(1) 次の各問いに答えよ。

① 燃料電池の模式図において，正極は電極A，Bのいずれか。

② 一般に電池が放電しているとき，正極では酸化反応，還元反応のいずれの反応が起きているか。

(2) 次の文中の空欄(　ア　)～(　エ　)に適するイオン式，化学反応式等を答えよ。ただし，電子はe^-を用いて表せ。

燃料電池には，電解質水溶液に水酸化カリウム水溶液を用いた電池と，リン酸水溶液を用いた電池の2種類がある。上の模式図の電解質水溶液に水酸化カリウム水溶液を用いた場合，電極A及びBで起こる変化は次の半反応式で表される。

電極A：　$O_2+2H_2O+4(\quad \text{ア} \quad)\longrightarrow 4(\quad \text{イ} \quad)$

電極B：　$H_2+2(\quad \text{イ} \quad)\longrightarrow 2H_2O+2(\quad \text{ア} \quad)$

一方，電解質水溶液にリン酸水溶液を用いた場合，電極A，Bで起こる変化は次の半反応式で表される。

電極A：　$O_2+4(\quad \text{ウ} \quad)+4(\quad \text{ア} \quad)\longrightarrow 2H_2O$

電極B：　$H_2 \longrightarrow 2(\quad \text{ウ} \quad)+2(\quad \text{ア} \quad)$

水酸化カリウム及びリン酸の各水溶液を電解質水溶液に用いた場合，上のように各電極で起こる変化はそれぞれ異なるが，両電極で起こる変化を1つにまとめるとどちらも同じになり，次の化学反応式で表される。

化学反応式：(　エ　)

(3)　現在，燃料電池は自動車への搭載や家庭用及びビルなどの電力源としての開発が進められている。エネルギー源として，燃料電池が火力発電よりも優れている点を簡潔に2つ述べよ。　〈長崎県〉

11 ★☆☆

電解槽Ⅰは素焼き板で中央を仕切り，一方に硫酸銅（Ⅱ）水溶液を満たし電極として銅を，他方には硫酸亜鉛水溶液を満たし電極として亜鉛を用いた。

電解槽Ⅱには 0.10mol/L 硝酸銀水溶液 2.0L を満たして電極として白金を用いた。図のように接続し，しばらく放置したところ，電極①の質量が 0.64g 増加していた。

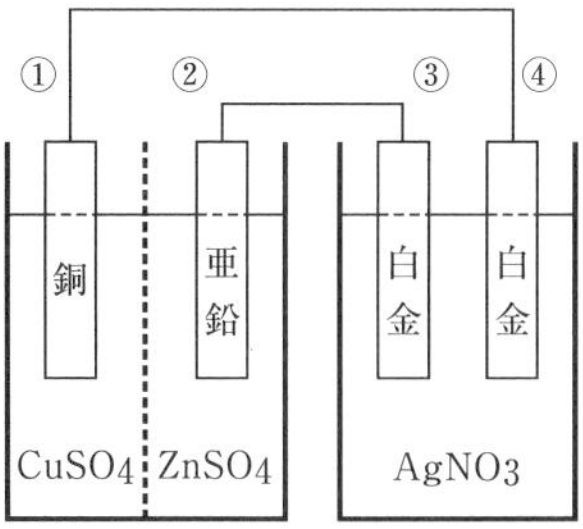

電解槽Ⅰ　電解槽Ⅱ

(1)　電解槽Ⅰは電池として作用する。この電池を何というか答えよ。

(2)　電極②で起こる反応を e^- を含むイオン反応式で答えよ。

(3)　電気分解後に電解槽Ⅱをよくかき混ぜて pH を測定するとどんな値になるか整数値で答えよ。ただし，水の減少量と残存する硝酸銀の加水分解は無視できるものとする。　〈岩手県〉

12 ★★☆

硫酸銅（Ⅱ）水溶液を陽極および陰極にそれぞれ銅板を用いて，1.0A の電流で 10 分間電気分解した。次の表は，その実験結果の一部を示したものである。後の各問いに答えよ。ただし，H＝1.0　O＝16　S＝32　Cu＝64とする。

	陽　極	陰　極
実験前の銅板の質量	7.32 g	8.10 g
実験後の銅板の質量	7.12 g	

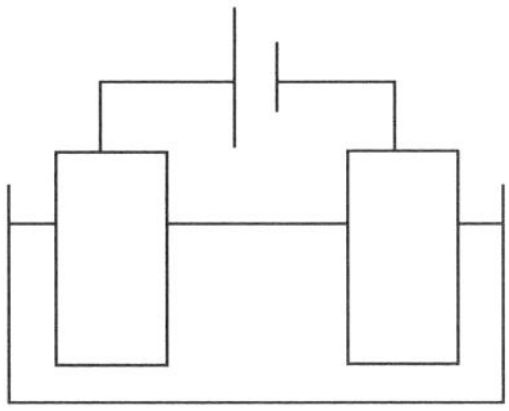

(1)　陽極・陰極を電気分解の略図の極板に示せ。また，電子の流れる方向を矢印で答えよ。

(2)　電気分解のように，電子の授受がある反応を一般的に何というか答えよ。

(3)　陽極での反応を化学式で答えよ。

(4)　陰極の銅板を取り外すときに表面からある物質がはがれてしまい，実験後の銅板の正しい数値が測定できなくなった。予測できる質量を答えよ。

(5)　実験結果から，ファラデー定数を有効数字2桁で求めよ。

〈兵庫県〉

13 ★★☆

図のように，電解槽Ⅰに1.00×10^{-1}mol/Lの硝酸銀水溶液を1.00L，電解槽Ⅱに1.00×10^{-1}mol/Lの塩化ナトリウム水溶液を1.00L，電解槽Ⅲに1.00×10^{-1}mol/Lの硫酸銅（Ⅱ）水溶液を1.00L入れ，電解槽Ⅰ，Ⅱの電極には白金電極を電解槽Ⅲには銅電極を使用して5.00×10^{-1}Aの電流で5時間21分40秒間電気分解をしたところ，電解槽Ⅰの陰極からは2.16gの金属が析出した。

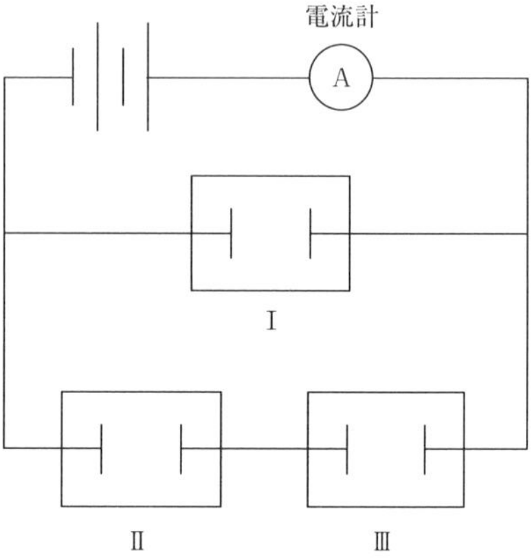

このことについて，次の各問いに答えよ。ただし，電気分解によって発生する気体はいずれも水に溶解せず，また，副反応はおきないものとし，原子量をAg＝108，ファラデー定数を9.65×10^{4}C/mol，水のイオン積を1.00×10^{-14}(mol/L)^{2}，気体定数を8.3×10^{3}Pa·L/(K·mol)とする。

(1)　電解槽Ⅰの陽極，陰極で起こる変化を，電子を含むイオン反応式で答えよ。

(2)　電解槽Ⅲの陽極，陰極で起こる変化を，電子を含むイオン反応式で答えよ。

(3)　電流計を流れた電子の物質量は何molか求めよ。

(4)　電解槽Ⅰを流れた電子の物質量は何molか求めよ。

(5)　電解槽Ⅰで発生する気体の体積は，27℃，1.0×10^{5}Paで何mLか求めよ。

(6)　電気分解後の電解槽Ⅱ中の水溶液のpHを求めよ。ただし，電気分解の前後で水溶液の体積は変化しないものとし，$\log_{10}2=0.301$とする。

〈千葉県・千葉市〉

14 ★★☆

ある温度で容積一定の容器に水素とヨウ素をそれぞれ2.0モル入れると，

$$H_2+I_2 \rightleftarrows 2HI$$

の平衡が成立した。そのとき，HIの2.0モルが生成していた。その容器にH_2 1.0モルとHI 2.0モルを追加して，同じ温度で平衡にしたとき，I_2の物質量は何モルになっているか。最も近い値を選べ。

①　0.70モル　②　1.0モル　③　1.3モル　④　2.0モル
⑤　2.3モル

〈福岡県・福岡市・北九州市〉

15 ★☆☆

次の可逆反応が平衡状態にあるとき，外部からの２つの変化に対していずれも平衡が右に移動するものはどれか。①～⑤の中から１つ選べ。

	可逆反応			外部からの変化	
①	N_2+3H_2	$\rightleftarrows$	$2NH_3+92kJ$	加圧する	加熱する
②	$2O_3$	$\rightleftarrows$	$3O_2+284kJ$	加圧する	冷却する
③	N_2O_4	$\rightleftarrows$	$2NO_2-58kJ$	減圧する	冷却する
④	I_2(固)	$\rightleftarrows$	I_2(気)$-62.4kJ$	減圧する	加熱する
⑤	CO_2+H_2	$\rightleftarrows$	$CO+H_2O$（気）	加圧する	H_2を追加する

〈福岡県・福岡市・北九州市〉

16 ★☆☆

次の文を読んで，各問いに答えよ。

窒素化合物 N_2O_4 と NO_2 には，次のような平衡が成り立つことが知られている。

$N_2O_4 \rightleftarrows 2NO_2$

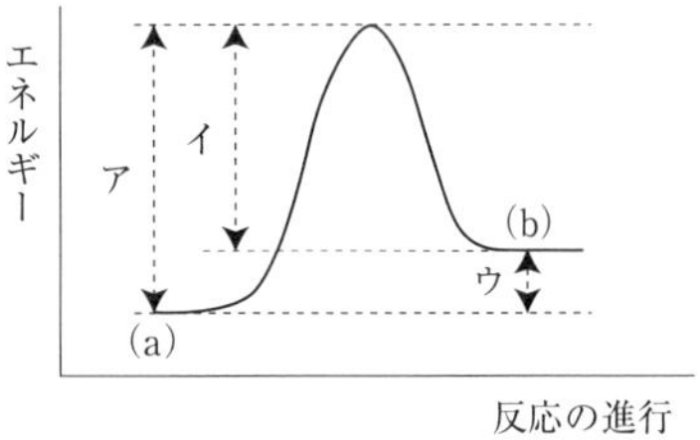

N_2O_4 は無色，NO_2 は褐色で，どちらも気体である。

N_2O_4 と NO_2 の混合気体を低温に保つと色はしだいにうすくなり，また，高温に保つと濃い褐色になることが知られている。

(1) 上の反応に伴うエネルギー変化を，反応の経路にそって表すと図のようになるが，図中の(a)，(b)は N_2O_4 と NO_2 のどちらを表しているか答えよ。

(2) 平衡の式において右向きの反応は，発熱反応，吸熱反応のどちらか答えよ。

(3) 反応熱は図中のア～ウのどの部分か答えよ。

(4) この混合気体を容器に入れて圧力をかけると，色はうすくなるか，濃くなるか答えよ。

(5) この反応において平衡時の N_2O_4 の濃度を x〔mol/L〕，NO_2 の濃度を y〔mol/L〕とするとき，平衡定数を x と y を用いて表せ。

〈静岡県・静岡市〉

17 ★★☆

ある物質量の四酸化二窒素 N_2O_4 を密閉容器に入れて 70℃に保ったところ，次のような可逆反応 $N_2O_4 \rightleftarrows 2NO_2$ がおこり，平衡状態に達した。このとき，N_2O_4 の解離度はいくらになるか。最も適当な数値を①～⑤の中から１つ選べ。ただし，平衡状態における容器内の圧力は 1.5×10^5 Pa，70℃におけるこの反応の圧平衡定数 K_p は 2.0×10^5 Pa であるとする。

① 0.10　② 0.30　③ 0.50　④ 0.70　⑤ 0.90

〈三重県〉

18 ★★★

ある1価の弱酸HAの水溶液について，次の各問いに答えよ。

(1) この弱酸水溶液の濃度をc〔mol/L〕，電離度をαとして，各問いに答えよ。

① この弱酸の電離定数K_aをcとαを使って表せ。

② 電離度αが1に比べて非常に小さい場合，この弱酸の電離度αをcとK_aを使って表せ。

(2) 0.010mol/L弱酸HAのpHを測定したところ3.4であった。$10^{-0.4}=0.40$として，各問いに答えよ。

① この0.010mol/L弱酸の水素イオン濃度$[H^+]$は何mol/Lか。有効数字2桁で答えよ。

② この弱酸の電離定数K_aはいくらか。有効数字2桁で答えよ。

〈岡山県〉

19 ★★★

金属イオンを含む水溶液に硫化水素を通すと硫化物が沈殿することが多い。いま，硫化物イオンの濃度を調節することで，硫化鉄（Ⅱ）FeSを沈殿させずに硫化鉛PbSだけを沈殿させたい。これについて，次の各問いに答えよ。必要であれば，次の値を用いよ。ここで，K_1，K_2は，それぞれ硫化水素の第1電離定数，第2電離定数である。

$H_2S \rightleftarrows H^+ + HS^-$　　$K_1=9.6\times10^{-8}$(mol/L)

$HS^- \rightleftarrows H^+ + S^{2-}$　　$K_2=1.3\times10^{-14}$(mol/L)

PbSの溶解度積$=3.4\times10^{-28}$(mol/L)^2

FeSの溶解度積$=3.7\times10^{-19}$(mol/L)^2

$\log1.3=0.11$　$\log9.6=0.98$

(1) $H_2S \rightleftarrows 2H^+ + S^{2-}$の電離定数$K$を，$K_1$と$K_2$で表せ。

(2) Pb^{2+}，Fe^{2+}の濃度がいずれも0.10mol/Lの混合溶液から，硫化鉄（Ⅱ）を沈殿させずに硫化鉛だけを沈殿させることができる硫化物イオン濃度$[S^{2-}]$の範囲を求めよ。

(3) 硫化水素の飽和水溶液で，溶液中$[S^{2-}]$を1.0×10^{-19}mol/Lにするためには，溶液のpHをいくらに保てばよいか。ただし，硫化水素の飽和水溶液では，$[H_2S]$は0.10mol/Lである。

〈山口県〉

演習問題　解答・解説

1

(1)　C(黒鉛) + $\frac{1}{2}O_2$(気体)

　　　　　　　= CO(気体) + **111 kJ**

(2)　C_3H_8(気体) + $5O_2$(気体)

　= $3CO_2$(気体) + $4H_2O$(液体) + **2220 kJ**

(3)　NaOH(固体) + *aq* = NaOH*aq* + **45 kJ**

解説

(1)　化合物 1 mol がその成分元素の単体から生成するときに発生または吸収する熱量を，その化合物の生成熱という。

(2)　1 mol の物質が完全燃焼するときに発生する熱量を，その物質の燃焼熱という。$C_3H_8 = 44$ なので，プロパン 11 g は 0.25 mol である。したがって，プロパンの燃焼熱は，$\frac{555}{0.25} = 2220$〔kJ〕である。

(3)　物質 1 mol を多量の水に溶かしたときに発生または吸収する熱量を，その物質の溶解熱という。NaOH = 40 なので，8 g は 0.2 mol である。したがって，水酸化ナトリウム（固体）の溶解熱は，

$\frac{9}{0.2} = 45$〔kJ〕である。

2

(1)　空気中の水分や二酸化炭素を吸収するため。

(2)　2118 J　　(3)　4914 J

(4)　①　NaOH(固)　②　NaOH*aq*

　③　NaCl*aq*

　(a)　42.4　　(b)　55.9

　(c)　98.3

(5)　反応熱の名称：中和熱

　法則の名称：ヘスの法則

解説

(2)　$4.2 \times 52 \times (34.9 - 25.2) \fallingdotseq 2118$〔J〕

(3)　$4.2 \times 52 \times (47.7 - 25.2) = 4914$〔J〕

(4)　(a)　固体の水酸化ナトリウムの溶解熱なので，

$2118 \times \frac{40}{2.0} = 42360$〔J〕$= 42.36$〔kJ〕

(c)　固体の水酸化ナトリウムと塩酸との反応熱なので，

$4914 \times \frac{40}{2.0} = 98280$〔J〕$= 98.28$〔kJ〕

(b)　水酸化ナトリウム水溶液と塩酸との中和熱なので，

(c) − (a) = 98.28 − 42.36 = 55.92〔kJ〕

(5)　酸，塩基の水溶液が中和して 1 mol の水が生じるときに発生する熱量を中和熱という。水酸化ナトリウム水溶液と塩酸との反応は，

$$NaOH + HCl \longrightarrow NaCl + H_2O$$

であるから，水酸化ナトリウム 1 mol が反応して水 1 mol を生じる。

　反応熱は，反応の最初と最後の状態だけで決まり，反応の経路には無関係である。これをヘスの法則という。

3

(1)　食酢 5 mL をホールピペットで正確にはかりとり，50 mL メスフラスコに入れ，精製水を標線まで入れて正確に 50 mL とする。

(2)・空気中の水分を吸収する性質（潮解性）があるため。

　・空気中の二酸化炭素を吸収するため。

(3)　ビュレットは縦に細長く，試薬を入れる口が高い位置にあるため，もしこぼれた場合，人にかかるおそれがあるから。

(4)・目の高さを液面にそろえる。

・液面の最も低いところの値を読む。

・目盛りは最小目盛りの $\frac{1}{10}$ まで読みとる。

(5)　うすめた食酢の濃度を x〔mol/L〕とすると,

$$1\times x\times\frac{10.0}{1000}=1\times0.140\times\frac{5.05}{1000}$$

$$\therefore\ x=0.0707\text{〔mol/L〕}$$

よって，うすめる前の食酢の濃度は 0.707 mol/L である。これらから，もとの食酢に含まれる酢酸の質量パーセント濃度は,

$$\frac{60\times0.707}{1.01\times1000}\times100=4.20\text{〔\%〕}$$

(答) 4.20 %

4

(1)　**0.20 mol/L**　　(2)　**2.7**

(3)　**(ウ)**　　(4)　**8.8**

(5)　**水酸化ナトリウムは潮解性があり，かつ，空気中の二酸化炭素とも反応するから。**

解説

(1)　酢酸水溶液のモル濃度を C〔mol/L〕とする。

$$C\times\frac{10.0}{1000}\times1=0.10\times\frac{20.0}{1000}\times1$$

$$\therefore\ C=0.20\text{〔mol/L〕}$$

(2)　$$K_a=\frac{[CH_3COO^-][H^+]}{[CH_3COOH]}=\frac{C\alpha\cdot C\alpha}{C(1-\alpha)}$$

$$=\frac{C\alpha^2}{1-\alpha}\fallingdotseq C\alpha^2$$

$$\therefore\ \alpha=\sqrt{\frac{K_a}{C}}$$

$$[H^+]=C\alpha=C\sqrt{\frac{K_a}{C}}=\sqrt{CK_a}$$

$$=\sqrt{0.20\times2.0\times10^{-5}}$$

$$=2.0\times10^{-3}$$

$$pH=-\log_{10}(2.0\times10^{-3})$$

$$=-0.301+3\fallingdotseq2.7$$

(4)　中和点で生成する酢酸ナトリウムの濃度を C_0〔mol/L〕とするとき，酢酸ナトリウムの加水分解の影響により，$[OH^-]$ は次の式で与えられる。

$$[OH^-]=\sqrt{C_0\times\frac{K_w}{K_a}}$$

中和点では $\frac{0.20}{3}$〔mol/L〕酢酸ナトリウム水溶液となっているので,

$$[OH^-]=\sqrt{\frac{0.20}{3}\times\frac{K_w}{K_a}}$$

$$=\sqrt{\frac{0.2}{3}\times\frac{1.0\times10^{-14}}{2.0\times10^{-5}}}$$

$$=\frac{10^{-5}}{\sqrt{3}}$$

$$[H^+]=\frac{1.0\times10^{-14}}{\frac{10^{-5}}{\sqrt{3}}}=\sqrt{3}\times10^{-9}$$

$$\therefore\ pH=-\log_{10}(\sqrt{3}\times10^{-9})$$

$$\fallingdotseq8.8$$

5

②

解説

2段階滴定

$Na_2CO_3+HCl\longrightarrow NaHCO_3+NaCl$…①

$NaHCO_3+HCl\longrightarrow NaCl+H_2O+CO_2$…②

①の第一中和点でフェノールフタレイン，②の第二中和点でメチルオレンジが変色する。

第1段階の反応がすべて終了した後，第2段階の反応が進むことに注意すると，滴定に要した塩酸の量から,

$$Na_2CO_3:NaHCO_3=2.0:(8.0-2\times2.0)$$

$$=1:2$$

6

(1)　**1.4×10^{-3} mol/L**

(2)　**4.5**

解説

(1) 酢酸の濃度 C〔mol/L〕，電離度 α とすると，

$$\underset{C(1-\alpha)}{CH_3COOH} \rightleftarrows \underset{C\alpha}{CH_3COO^-} + \underset{C\alpha}{H^+}$$

$$K_a = \frac{[CH_3COO^-][H^+]}{[CH_3COOH]} = \frac{C\alpha^2}{1-\alpha}$$

$\alpha \ll 1$ から，$1-\alpha \fallingdotseq 1$ として，

$$\alpha = \sqrt{\frac{K_a}{C}}$$

$[H^+] = C\alpha = \sqrt{C \cdot K_a}$ より，

$$[H^+] = \sqrt{0.1 \times (2.0 \times 10^{-5})}$$
$$= \sqrt{2.0 \times 10^{-6}}$$
$$= 1.4 \times 10^{-3} \text{〔mol/L〕}$$

(2) $[CH_3COOH]$

$$= 0.10 - 0.004 \times \frac{1000}{100} \text{〔mol/L〕}$$

$$[CH_3COO^-] = 0.004 \times \frac{1000}{100} \text{〔mol/L〕}$$

より，

$$[H^+] = K_a \cdot \frac{[CH_3COOH]}{[CH_3COO^-]}$$
$$= 2.0 \times 10^{-5} \times \frac{0.1 - 0.004 \times \frac{1000}{100}}{0.004 \times \frac{1000}{100}}$$
$$= 3 \times 10^{-5} \text{〔mol/L〕}$$

よって，求める pH は，

$$pH = \log_{10}[H^+] = -(-5 + \log_{10}3)$$
$$= 4.52 \fallingdotseq 4.5$$

7

(1) $2KMnO_4 + 3H_2SO_4 + 5H_2O_2$
$\longrightarrow 2MnSO_4 + K_2SO_4 + 5O_2 + 8H_2O$

(2) H_2O_2 がすべて反応して，加えた MnO_4^- の色（赤紫色）がわずかに呈色したときが終点。

(3) 1.0 mol/L

(4) 3.4 %

解説

(1) 過マンガン酸イオンの酸化作用を表す半反応式は，

$$MnO_4^- + 8H^+ + 5e^- \longrightarrow Mn^{2+} + 4H_2O$$

一方，過酸化水素の還元作用を表す半反応式は，

$$H_2O_2 \longrightarrow 2H^+ + O_2 + 2e^-$$

この 2 つの半反応式から e^- を消去すると，

$$2MnO_4^- + 6H^+ + 5H_2O_2 \longrightarrow 2Mn^{2+} + 5O_2 + 8H_2O$$

この両辺に $2K^+$，$3SO_4^{2-}$ を足すと，

$$2KMnO_4 + 3H_2SO_4 + 5H_2O \longrightarrow 2MnSO_4 + K_2SO_4 + 5O_2 + 8H_2O$$

(2) 過マンガン酸イオン MnO_4^- は，赤紫色である。過酸化水素が残っている間は，MnO_4^- はただちに消滅するので，赤紫色を呈さないが，過酸化水素がなくなると，MnO_4^- が消滅しないので，赤紫色が残るようになる。

(3) H_2O_2 のモル濃度を C〔mol/L〕とおくと，

$$0.020 \times \frac{20}{1000} : C \times \frac{1.0}{1000} = 2 : 5$$

$$\therefore \ C = 1.0 \text{〔mol/L〕}$$

(4) $\dfrac{1.0 \times 34}{1000 \times 1.0} \times 100 = 3.4$〔%〕

8

(1) ① $H_2O_2 \longrightarrow O_2 + 2H^+ + 2e^-$

② $MnO_4^- + 8H^+ + 5e^-$
$\longrightarrow Mn^{2+} + 4H_2O$

③ $H_2O_2 + H_2SO_4 + 2KI$
$\longrightarrow I_2 + 2H_2O + K_2SO_4$

(2) ア．酸化　イ．還元
ウ．還元　エ．酸化
オ．酸化

(3) 0.25 mol/L

(4)　濃度不明の過酸化水素水にヨウ化カリウムを過剰に加え，ヨウ素を遊離させる。遊離したヨウ素をチオ硫酸ナトリウムで滴定する。

解説

(3)　過酸化水素水の濃度を x〔mol/L〕とおくと，

$$x\times\frac{50}{1000}:0.1\times\frac{50}{1000}=5:2$$

$$\therefore\ x=0.25\text{〔mol/L〕}$$

(4)　このように濃度不明の酸化剤でヨウ化物イオンを酸化し，生じたヨウ素をチオ硫酸ナトリウムで滴定する方法をヨウ素滴定という。

9

(1)　ヨウ素は水に溶けにくいが，ヨウ化物イオンを含む水溶液には，三ヨウ化物イオンをつくって溶けるため。

(2)　$\mathbf{I_2+SO_2+2H_2O\longrightarrow 2HI+H_2SO_4}$

(3)　$\mathbf{I_2}$

(4)　$\mathbf{6.75\times10^{-2}}$**mol/L**

解説

(3)　このとき，SO_2 が酸化されている。S の酸化数が +4 から +6 に変化しているのがわかる。

(4)　未反応のヨウ素の物質量を x〔mol〕とすると，

$$I_2+2S_2O_3{}^{2-}\longrightarrow 2I^-+S_4O_6{}^{2-}$$

より，

$$x:0.100\times\frac{6.50}{1000}=1:2$$

$$\therefore\ x=3.25\times10^{-4}\text{〔mol〕}$$

よって，二酸化硫黄水溶液のモル濃度を y〔mol/L〕とすると，

$$I_2+SO_2+2H_2O\longrightarrow 2HI+H_2SO_4$$

より，

$$\frac{0.254}{254}-y\times\frac{10.0}{1000}=3.25\times10^{-4}$$

$$\therefore\ y=6.75\times10^{-2}\text{〔mol/L〕}$$

10

(1)　①　A　　②　還元反応

(2)　ア．e^-　　イ．OH^-　ウ．H^+

エ．$2H_2+O_2\longrightarrow 2H_2O$

(3)　・エネルギー効率が非常に高い。

・装置の小型化が可能。

・発電の際に二酸化炭素を生じない。

などから２つ

11

(1)　ダニエル電池

(2)　$\mathbf{Zn\longrightarrow Zn^{2+}+2e^-}$

(3)　**2**

解説

(1)(2)　各電極で起こる反応は，

電極①　$Cu^{2+}+2e^-\longrightarrow Cu$

電極②　$Zn\longrightarrow Zn^{2+}+2e^-$

であり，したがって，電極①が正極，電極②が負極である。

(3)　電極③：$Ag^++e^-\longrightarrow Ag$

電極④：$2H_2O\longrightarrow O_2+4H^++4e^-$

電極①では，$Cu^{2+}+2e^-\longrightarrow Cu$ の反応が起こり，Cu が 0.64g 析出したことから，流れた e^- は，

$$\frac{0.64}{64}\times2=0.02\text{〔mol〕}$$

電極④の反応より，e^- 1mol が流れると，H^+ 1mol が水溶液中に残るから，e^- 0.02mol が流れると，H^+ 0.02mol が 2L 中に含まれることになる。

したがって，

$$[H^+]=\frac{0.02}{2}=0.01\text{〔mol/L〕}$$

$$\therefore\ pH=-\log\,[H^+]$$

$$=-\log10^{-2}$$

$$=2$$

12

(1)

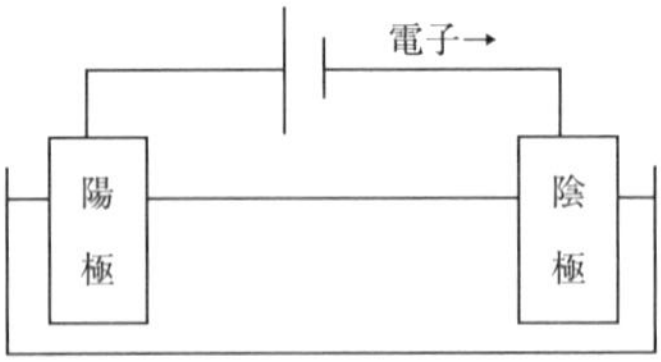

(2) **酸化還元反応**

(3) $Cu \longrightarrow Cu^{2+} + 2e^-$

(4) **8.30 g**

(5) **9.6×10^4 C/mol**

解説

(1) 電池の正極につながっている方が陽極，電池の負極につながっている方が陰極である。また，電子は電池の負極から出て，正極に入る。

(4) 実験前後において陽極では銅板の質量が $7.32 - 7.12 = 0.20$〔g〕減少しているので，陰極では 0.20 g 増加する。

したがって，実験後の陰極の質量は，

$8.10 + 0.20 = 8.30$〔g〕

(5) 流れた電気量は，

$1.0 \times 60 \times 10 = 600$〔C〕

銅は陽極において $\dfrac{0.20}{64}$ mol 減少している。よって，ファラデー定数は，

$$\frac{600 \times \frac{1}{2}}{\frac{0.20}{64}} = 9.6 \times 10^4 \text{〔C/mol〕}$$

13

(1) **陽極：$2H_2O \longrightarrow 4H^+ + O_2 + 4e^-$**

陰極：$Ag^+ + e^- \longrightarrow Ag$

(2) **陽極：$Cu \longrightarrow Cu^{2+} + 2e^-$**

陰極：$Cu^{2+} + 2e^- \longrightarrow Cu$

(3) **1.00×10^{-1} mol**

(4) **2.00×10^{-2} mol**

(5) **1.25×10^2 mL**

(6) **12.9**

解説

(1) 電解槽 I の陽極では NO_3^- が変化せず，かわりに H_2O が酸化される。

(2) 電解槽 III の陽極では銅電極自身が溶け出していく。

(3) $$\frac{(5 \times 3600 + 21 \times 60 + 40) \times 5.00 \times 10^{-1}}{9.65 \times 10^4}$$

$$= 0.100 \text{〔mol〕}$$

(4) $\dfrac{2.16}{108} = 0.0200$〔mol〕

(5) $$1.0 \times 10^5 \times \frac{V}{1000}$$

$$= \left(2 \times 10^{-2} \times \frac{1}{4}\right) \times 8.3 \times 10^3 \times (273 + 27)$$

$\therefore\ V = 124.5$〔mL〕

(6) 電解槽 II の陰極での反応は，

$2H_2O + 2e^- \longrightarrow H_2 + 2OH^-$

また，流れた電子の物質量は，

$0.10 - 0.02 = 0.08$〔mol〕

したがって，

$$[H^+] = \frac{1 \times 10^{-14}}{[OH^-]} = \frac{1 \times 10^{-14}}{0.08}$$

$$= 2^{-3} \times 10^{-12} \text{〔mol/L〕}$$

よって，

$pH = -\log\,[H^+]$

$= -\log(2^{-3} \times 10^{-12})$

$= 12 + 3\log 2 \fallingdotseq 12.9$

14

③

解説

	H_2	+	I_2	$\rightleftarrows$	$2HI$
平衡時	1.0		1.0		2.0〔mol〕

平衡定数　$K = \dfrac{2.0^2}{1.0 \times 1.0} = 4.0$

H_2 1.0 mol と HI 2.0 mol を追加したとき，さらに H_2 と I_2 が x〔mol〕ずつ反応して $2x$〔mol〕の HI が生じたとする。

$$\begin{array}{lccc} & H_2 & + \quad I_2 & \rightleftarrows \quad 2HI \\ \text{追加時} & 2.0 & 1.0 & 4.0 \\ \text{平衡時} & 2.0-x & 1.0-x & 4.0+2x\,[\text{mol}] \end{array}$$

追加しても平衡定数は変化しないので，

$$K=\frac{(4.0+2x)^2}{(2.0-x)(1.0-x)}=4.0$$

$$\therefore\ x \fallingdotseq -0.3\,[\text{mol}]$$

よって，I_2 の物質量は，

$$1.0-(-0.3)=1.3\,[\text{mol}]$$

15

④

解説

ルシャトリエの原理である。(可逆反応が平衡状態にあるとき，外部から条件を変えると，その影響を緩和する方向へ平衡が移動する。)

① 加圧で右，加熱で左へ移動
② 加圧で左，冷却で右へ移動
③ 減圧で右，冷却で左へ移動
④ 減圧で右，加熱で右へ移動
⑤ 加圧で移動せず，H_2 追加で右へ移動

16

(1) (a) N_2O_4　(b) NO_2
(2) 吸熱反応　(3) ウ
(4) うすくなる　(5) $\dfrac{y^2}{x}$

解説

(1)(2) N_2O_4 と NO_2 の混合気体を低温に保つと色がうすくなり，高温に保つと色が濃くなることから，

$$N_2O_4 \rightleftarrows 2NO_2$$

は加熱により，NO_2（褐色）が増加する方向（右）へ平衡が移動することがわかる。したがって，右向きの反応は吸熱反応であり，NO_2 の方が高いエネルギー状態にあることがわかる。

(4) 圧力をかけると平衡が左へ移動するため。

(5) 平衡定数を K とすると，

$$K=\frac{[NO_2]^2}{[N_2O_4]}=\frac{y^2}{x}$$

17

③

解説

はじめの N_2O_4 の物質量を 1 mol，N_2O_4 の解離度を x とする。平衡に達したとき，N_2O_4 は $(1-x)$ mol，NO_2 は $2x$〔mol〕存在する。このときの N_2O_4，NO_2 の分圧はそれぞれ，

$$P_{N_2O_4}=\frac{1-x}{1-x+2x}\times1.5\times10^5 =\frac{1.5(1-x)}{1+x}\times10^5\,[\text{Pa}]$$

$$P_{NO_2}=\frac{2x}{1+x}\times1.5\times10^5 =\frac{3.0x}{1+x}\times10^5\,[\text{Pa}]$$

よって，解離度は，

$$K_p=\frac{P_{NO_2}{}^2}{P_{N_2O_4}}=\frac{\left(\dfrac{3.0x}{1+x}\times10^5\right)^2}{\dfrac{1.5(1-x)}{1+x}\times10^5} =2.0\times10^5$$

$$\therefore\ x=0.50$$

18

(1) ① $\boldsymbol{K_a=\dfrac{C\alpha^2}{1-\alpha}}$　② $\boldsymbol{\alpha=\sqrt{\dfrac{K_a}{C}}}$

(2) ① **4.0×10^{-4} mol/L**
② **1.7×10^{-5} mol/L**

解説

(1) ①

$$\begin{array}{ccccc} HA & \rightarrow & H^+ & + & A^- \\ C(1-\alpha) & & C\alpha & & C\alpha \end{array}$$

$$\therefore\ K_a=\frac{C\alpha\times C\alpha}{C(1-\alpha)}=\frac{C\alpha^2}{1-\alpha}$$

② $\alpha \ll 1$ のとき，$1-\alpha \fallingdotseq 1$

よって，$K_a=C\alpha^2$

$$\therefore\ \alpha = \sqrt{\frac{K_a}{C}}$$

(2) ① $pH = -\log[H^+] = 3.4$

よって，

$$[H^+] = 10^{-3.4} = 10^{-3} \times 10^{-0.4}$$
$$= 0.40 \times 10^{-3}$$
$$= 4.0 \times 10^{-4}\,\text{〔mol/L〕}$$

② $[H^+] = C\alpha = 4.0 \times 10^{-4}$ より，

$$\alpha = \frac{4.0 \times 10^{-4}}{0.010} = 4.0 \times 10^{-2}$$

よって，

$$K_a = \frac{1.0 \times 10^{-2} \times (4.0 \times 10^{-2})^2}{1 - (4.0 \times 10^{-2})}$$
$$\fallingdotseq 1.7 \times 10^{-5}\,\text{〔mol/L〕}$$

19

(1) $\boldsymbol{K = K_1 \times K_2}$

(2) $\boldsymbol{3.4 \times 10^{-27} < [S^{2-}] < 3.7 \times 10^{-18}}$

(3) **1.5**

解説

(1) それぞれの電離定数は，次の通り。

$$\begin{cases} K_1 = \dfrac{[H^+][HS^-]}{[H_2S]} \\ K_2 = \dfrac{[H^+][S^{2-}]}{[HS^-]} \\ K = \dfrac{[H^+]^2[S^{2-}]}{[H_2S]} \end{cases}$$

$$\therefore\ K = K_1 \times K_2$$

(2) PbS の沈殿が生じるための条件は，

$$[Pb^{2+}][S^{2-}] > K_{SP}$$

であるので，

$$[S^{2-}] > \frac{K_{SP}}{[Pb^{2+}]} = \frac{3.4 \times 10^{-28}}{0.10}$$
$$= 3.4 \times 10^{-27}\,\text{〔mol/L〕}$$

一方，FeS の沈殿が生じないための条件は，

$$[Fe^{2+}][S^{2-}] < K_{SP}$$

であるので，

$$[S^{2-}] < \frac{K_{SP}}{[Fe^{2+}]} = \frac{3.7 \times 10^{-19}}{0.10}$$
$$= 3.7 \times 10^{-18}\,\text{〔mol/L〕}$$

したがって，PbS が沈殿し，FeS は沈殿しないような$[S^{2-}]$の範囲は，

$$3.4 \times 10^{-27} < [S^{2-}] < 3.7 \times 10^{-18}$$

(3) $H_2S \rightleftarrows 2H^+ + S^{2-}$ より，

$$K = \frac{[H^+]^2[S^{2-}]}{[H_2S]}$$
$$= (9.6 \times 10^{-8}) \times (1.3 \times 10^{-14})$$

$[S^{2-}] = 1.0 \times 10^{-19}$〔mol/L〕，

$[H_2S] = 0.10$〔mol/L〕を代入すると，

$$[H^+]^2 = \frac{(9.6 \times 10^{-8}) \times (1.3 \times 10^{-14}) \times 0.10}{1.0 \times 10^{-19}}$$

$$[H^+] = \sqrt{9.6 \times 1.3 \times 10^{-4}}\,\text{〔mol/L〕}$$

よって，

$$pH = -\log[H^+]$$
$$= -\log\sqrt{9.6 \times 1.3 \times 10^{-4}}$$
$$= -\frac{1}{2}\log(9.6 \times 1.3 \times 10^{-4})$$
$$= 2 - \frac{1}{2}\log 9.6 - \frac{1}{2}\log 1.3$$
$$= 2 - 0.49 - 0.055$$
$$\fallingdotseq 1.5$$

4 無機物質

傾向と対策

無機物質の性質では，気体の性質，無機化合物の推定，金属イオンの分離といった内容が特に重要である。また，アンモニアソーダ法などの化学工業の問題もよく出題されるので，製造工程は確実に押さえておくこと。無機物質の分野は，様々な物質の性質など学ぶべき内容が非常に多い。したがって，数多くの問題を解くことを通して，それぞれの基本的な内容を確実に身につけていく必要がある。特に頻出となっている内容はしっかりと覚えていくことが重要である。

例題 1　気体の性質

次のア～キの反応で発生する気体について，各問いに答えよ。

ア．塩素酸カリウムに酸化マンガン（Ⅳ）を加えて加熱する。

イ．銅に濃硫酸を加えて加熱する。

ウ．炭酸カルシウムに塩酸を加える。

エ．熱した濃硫酸にギ酸を滴下する。

オ．塩化アンモニウムに水酸化カルシウムを加えて加熱する。

カ．硫化鉄（Ⅱ）に希硫酸を加える。

キ．酸化マンガン（Ⅳ）に濃塩酸を加えて加熱する。

(1)　ア，イ，エ，オ，の反応で発生する気体の化学式を，それぞれ答えよ。

(2)　次の①～④の性質を示す気体は，ア～キのいずれの反応で発生するか，記号で答えよ。

①　無色，無臭の気体で石灰水に通すと白色沈殿を生じる。

②　無色，刺激臭の気体で，水でしめらせた赤色リトマス試験紙を青変させる。

③　黄緑色，刺激臭の気体で漂白・殺菌作用がある。

④　無色，無臭の気体で，高温度において強い還元作用を示す。

(3)　アとキの反応では，どちらも酸化マンガン（Ⅳ）が用いられているが，そのはたらきは異なっている。はたらきの違いを簡単に説明せよ。

(4)　キの反応で乾燥した気体を得たい。乾燥した気体を捕集するまでの実験装置を図に付け加えて示せ。なお，乾燥剤などキに示された物質以外に必要な物質については，その名称を付して書き込むこと。

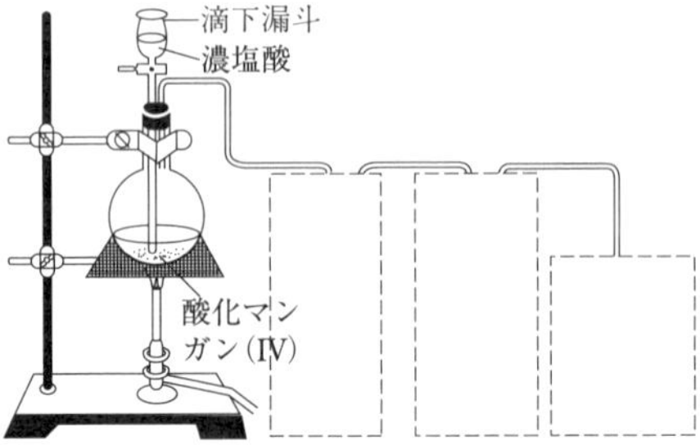

〈静岡県・静岡市〉

解答 (1) ア．O_2　イ．SO_2　エ．CO　オ．NH_3

(2) ① ウ　② オ　③ キ　④ エ

(3) アでは触媒，キでは酸化剤としてはたらいている。

(4)

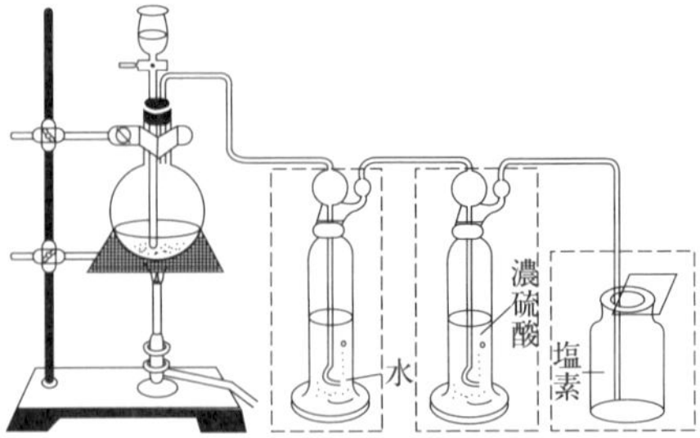

解説 (1) ア～キの各反応を化学反応式で表すと，次のようになる。

ア．$2KClO_3 \longrightarrow 2KCl + 3O_2$　（MnO_2は触媒）

イ．$Cu + 2H_2SO_4$（濃）$\longrightarrow CuSO_4 + SO_2 + 2H_2O$

ウ．$CaCO_3 + 2HCl \longrightarrow CaCl_2 + CO_2 + H_2O$

エ．$HCOOH \longrightarrow CO + H_2O$　（濃硫酸は触媒）

オ．$2NH_4Cl + Ca(OH)_2 \longrightarrow CaCl_2 + 2NH_3 + 2H_2O$

カ．$FeS + H_2SO_4 \longrightarrow FeSO_4 + H_2S$

キ．$MnO_2 + 4HCl$（濃）$\longrightarrow MnCl_2 + Cl_2 + 2H_2O$

(4) まず，発生した蒸気を水に通して，未反応のHClを取り除く。次に，濃硫酸に通すことによって，水分を取り除く。こうして得られた乾燥したCl_2は水に溶ける気体で空気より重いので，下方置換によって捕集する。

参考に，代表的な乾燥剤を次にまとめておく。

乾燥剤	化学式	性質	乾燥に不適当な気体
濃硫酸	H_2SO_4	酸性	NH_3，H_2S
十酸化四リン	P_4O_{10}		NH_3
塩化カルシウム	$CaCl_2$	中性	NH_3
シリカゲル	$SiO_2 \cdot nH_2O$		特になし
酸化カルシウム	CaO	塩基性	Cl_2，HCl，H_2S，SO_2，CO_2，NO_2
ソーダ石灰	$CaO + NaOH$		

例題 2　炭酸ナトリウムの工業的製法

炭酸ナトリウムは，工業的には塩化ナトリウムと炭酸カルシウムを原料として，次の図のような方法で作られている。これについて，各問いに答えよ。

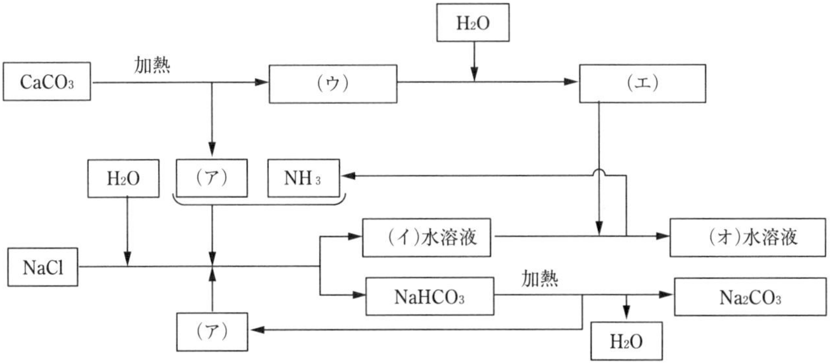

(1)　この工業的製法を何というか答えよ。

(2)　(ア)・(ウ)に当てはまる物質の化学式を答えよ。

(3)　(イ)と(エ)を反応させるときの化学反応式を答えよ。

(4)　NaCl 水溶液に，NH_3と(ア)のどちらを先に溶かした方が効率的か。その理由を 60 字以内で答えよ。ただし，NH_3などの化学式は 1 文字とする。

〈京都府〉

解答　(1)　アンモニアソーダ法（ソルベー法）

(2)　(ア)　CO_2　　(ウ)　CaO

(3)　$2NH_4Cl + Ca(OH)_2 \longrightarrow CaCl_2 + 2H_2O + 2NH_3$

(4)　先に溶かす物質：NH_3

理由：CO_2は水にあまり溶けないがNH_3は水によく溶ける。NH_3が水に溶けた後では，酸・塩基反応によりCO_2もよく溶ける。

解説 (1) 工程を整理すると，次のようになる。

① 塩化ナトリウムの飽和水溶液にアンモニアを十分吸収させてから，CO_2を吹き込むと，溶解度の小さい炭酸水素ナトリウムが沈殿する。

$$NaCl + NH_3 + CO_2 + H_2O \longrightarrow NaHCO_3 + NH_4Cl$$

② 生成した炭酸水素ナトリウムを焼くと炭酸ナトリウムが得られる。

$$2NaHCO_3 \longrightarrow Na_2CO_3 + CO_2 + H_2O$$

①で使用するCO_2の半分は②で回収されるが，不足分は石灰石の熱分解によって補充する。

$$CaCO_3 \longrightarrow CaO + CO_2$$

ここで，生成したCaOは水と反応させて$Ca(OH)_2$にしたのち，①で生成するNH_4Clと反応させると初めに使用したNH_3の全量を回収することができる。

$$Ca(OH)_2 + 2NH_4Cl \longrightarrow CaCl_2 + 2NH_3 + 2H_2O$$

このように，工夫された炭酸ナトリウムの製法がアンモニアソーダ法（ソルベー法）である。中間生成物をすべて消去して１つの反応式にまとめると，次のようになる。

$$2NaCl + CaCO_3 \longrightarrow Na_2CO_3 + CaCl_2$$

例題３　無機化合物の推定

次のア～ケの化合物のいずれか１つを含む５種類の水溶液Ａ～Ｅがある。これらの水溶液に(Ⅰ)～(Ⅴ)の実験を行った。この結果からＡ～Ｅに含まれる化合物として最もふさわしいものを，ア～ケの中から選び，記号で答えよ。

ア．硫酸ナトリウム　イ．塩化アルミニウム
ウ．硝酸カルシウム　エ．ヨウ化カリウム
オ．硝酸ナトリウム　カ．炭酸ナトリウム
キ．塩化鉄（Ⅲ）　ク．硫酸亜鉛
ケ．硝酸銅（Ⅱ）

(Ⅰ) Ａ，Ｂ，Ｃ，Ｄ，Ｅの中性水溶液に塩化バリウム水溶液を加えたところ，Ａ，Ｂ及びＤからは白色沈殿を生じたが，ＣとＥからは沈殿が生じなかった。

(Ⅱ) (Ⅰ)でＡ，Ｂ，Ｄに生じた沈殿をろ別し，希塩酸を加えたところ，Ａの沈殿は気体を発生して溶けたが，Ｂ，Ｄの沈殿は変化がなかった。

(Ⅲ) Ｂ，Ｃ，Ｄ，Ｅの中性水溶液に硝酸銀水溶液を加えたところＣとＥからは白色沈殿を生じたが，ＢとＤからは沈殿を生じなかった。

(Ⅳ) Ａ，Ｂ，Ｃ，Ｄ，Ｅの中性水溶液に少量のアンモニア水を加えたところＣからは赤褐色沈殿，ＤとＥからは白色沈殿を生じたが，ＡとＢからは沈

殿を生じなかった。

(V)　(IV)でC，D，Eに生じた沈殿をろ別し，十分な量のアンモニア水を加えたところ，Dの沈殿は溶けたが，CとEの沈殿には変化がなかった。

〈静岡県・静岡市〉

解答　A．カ　B．ア　C．キ　D．ク　E．イ

解説　ア～ケの化学式は，次のとおり。

ア．Na_2SO_4　イ．$AlCl_3$

ウ．$Ca(NO_3)_2$　エ．KI

オ．$NaNO_3$　カ．Na_2CO_3

キ．$FeCl_3$　ク．$ZnSO_4$

ケ．$Cu(NO_3)_2$

(I)より，A，B，Dは，アのNa_2SO_4，カのNa_2CO_3，クの$ZnSO_4$のいずれかであり，生じた白色沈殿とは，$BaSO_4$または$BaCO_3$である。

(II)より，AはカのNa_2CO_3であることがわかる。Aの沈殿は，次のようにして溶ける。

$$BaCO_3 + 2HCl \longrightarrow BaCl_2 + H_2O + CO_2$$

一方，B，Dは，アのNa_2SO_4，クの$ZnSO_4$のいずれかである。

(III)より，C，Eは塩化物イオンCl^-を含むイの$AlCl_3$，キの$FeCl_3$のいずれかである。

(IV)より，Cはキの$FeCl_3$と定まる。赤褐色沈殿とは$Fe(OH)_3$である。また，Eは，$AlCl_3$で白色沈殿は$Al(OH)_3$である。さらに，Dはクの$ZnSO_4$で白色沈殿は$Zn(OH)_2$ということもわかる。

以上より，Aはカ，Bはア，Cはキ，Dはク，Eはイとなる。

(V)において，Dの沈殿$Zn(OH)_2$は錯イオン$[Zn(NH_3)_4]^{2+}$となって溶ける。

例題4　金属イオンの分離

4種類の金属イオンの混合物から，それぞれを分離し，確認する方法を次の図に示した。これについて，各問いに答えよ。なお，分離は完全に行われたものとする。

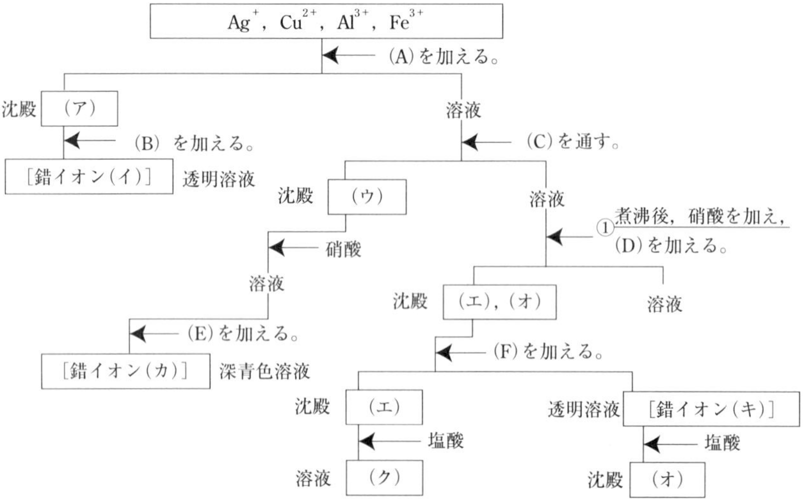

(1)　(ア)～(キ)に適する物質またはイオンの化学式を答えよ。

(2)　(A)～(F)に適する物質の名称を答えよ。

(3)　(ク)に含まれる金属イオンの確認方法を簡潔に答えよ。

(4)　下線部①で，溶液を煮沸後，濃硝酸を加える理由を簡潔に答えよ。

〈群馬県〉

解答　(1)　(ア)　$AgCl$　　(イ)　$[Ag(NH_3)_2]^+$　　(ウ)　CuS

(エ)　$Fe(OH)_3$　　(オ)　$Al(OH)_3$　　(カ)　$[Cu(NH_3)_4]^{2+}$

(キ)　$[Al(OH)_4]^-$

(2)　(A)　希塩酸　　(B)　アンモニア水　　(C)　硫化水素

(D)　アンモニア水　　(E)　アンモニア水

(F)　水酸化ナトリウム水溶液

(3)　ヘキサシアニド鉄（Ⅱ）酸カリウム水溶液を加えると，濃青色沈殿が生じる。

(4)　煮沸して硫化水素を追い出し，硫化水素によってFe^{2+}に還元されたものを硝酸で酸化してFe^{3+}に戻すため。

解説　典型的な金属イオンの分離は，次のとおり。

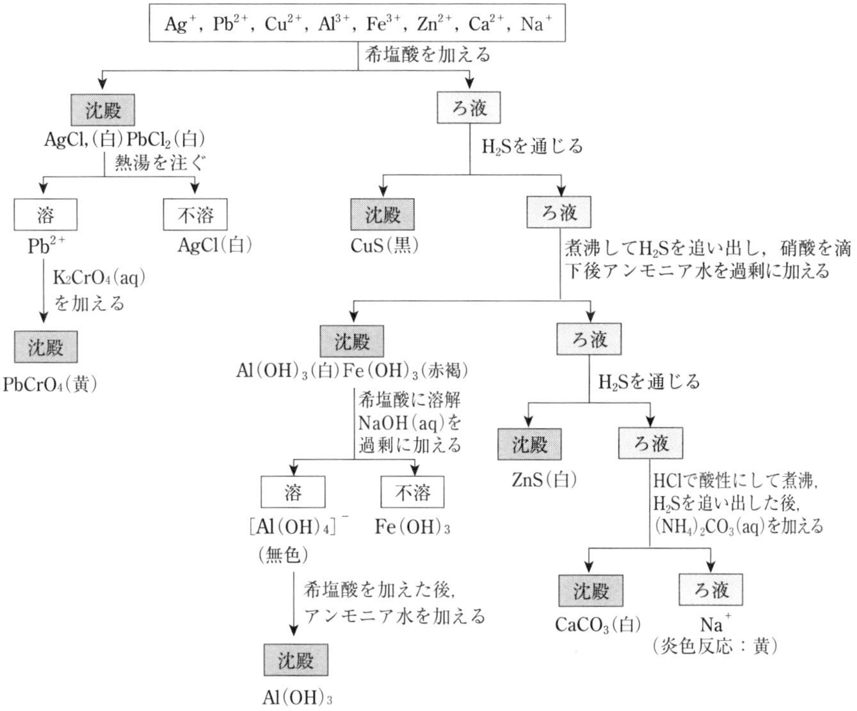

演習問題

1 ★☆☆

次の２つの化合物を区別するための最も適当な方法を選べ。

炭酸ナトリウムと炭酸カリウム

① 水に溶かし，溶液の酸性・塩基性を調べる。

② 水に溶かし，水酸化カルシウム水溶液を加えて，沈殿の生成を調べる。

③ 水に溶かし，炎色反応を調べる。

④ 希硫酸に溶かし，過酸化水素水を加えて，溶液の色の変化を調べる。

⑤ 希硫酸を加えて，気体が発生するかどうか調べる。

〈岐阜県〉

2 ★☆☆

次の文を読んで，各問いに答えよ。

カルシウムの資源として最も多く産出されているものが石灰岩である。その石灰岩に（　ア　）を含んだ雨水が浸透すると，（　Ａ　）の反応によって石灰岩の一部が（　イ　）となって溶解する。こうしてできた洞窟が鍾乳洞である。この水溶液において，条件の変化によりＡとは逆向きの反応がおこると，再び（　ウ　）が析出する。これが鍾乳石や石筍である。次の問いに答えよ。

(1) 空欄ア～ウに相当する物質を化学式で答えよ。

(2) Ａの反応を化学反応式で表せ。

(3) カルシウムの化合物である生石灰と消石灰を化学式で表せ。

〈静岡県・静岡市〉

3 ★☆☆

次のａ～ｆの各文のうち，アルミニウムの電解工業による製錬について述べた内容として，正しい文の組合せはどれか選べ。

ａ．アルミニウム鉱石としては，酸化物を用いる。

ｂ．アルミニウム鉱石としては，硫化物を用いる。

ｃ．鉱石などを塩酸などの酸で化学的に処理し，鉄化合物などの不純物を取り除く。

ｄ．鉱石を水酸化ナトリウムなどの塩基で化学的に処理し，鉄化合物などの不純物を取り除く。

e．氷晶石と混合し，融解して炭素電極を用いる電気分解によって，純アルミニウムを得る。

f．白金を陽極として，濃い水溶液を作り電気分解して，陰極上に純アルミニウムを析出させる。

① a，c，e
② a，d，e
③ b，c，f
④ b，d，e
⑤ a，c，f

〈福岡県・福岡市・北九州市〉

4 ★★☆

次の文を読んで，各問いに答えよ。

ケイ素は，周期表の14族の元素で（　ア　）に次いで地殻中に多く存在する元素である。ケイ素は（　イ　）個の価電子をもち，単体は（　ウ　）結合の結晶でダイヤモンドと同じ正四面体構造をもつ。しかし，ケイ素の単体は自然界には存在せず，ケイ砂（ほぼ純粋な二酸化ケイ素）をコークスと加熱すると得られる。高純度のケイ素は14族の（　エ　）とともに半導体の材料として用いられる。

ガラスはケイ砂と石灰岩と炭酸ナトリウムを高温で融解してつくられ，水には溶けないが，フッ化水素酸には（　オ　）を生成して溶ける。水ガラスはケイ酸ナトリウムに水を加えて加熱すると得られる粘性の大きな液体で，塩酸を加えると（　カ　）の沈殿が生じる。この沈殿を水洗いして乾燥させたものを（　キ　）といい，乾燥剤として用いられる。

(1) 文中の空欄ア～キに当てはまる適当な数値あるいは語句を答えよ。
(2) 下線部の反応を化学反応式で表せ。
(3) 次の気体のうち，空欄キで乾燥させるのに適さないものを選べ。

① CO_2　② HCl　③ NH_3　④ NO_2　⑤ SO_2

〈静岡県・静岡市〉

5 ★★☆

硫黄の単体と化合物に関する次の文を読んで，各問いに答えよ。

硫黄の単体には，常温で最も安定な斜方硫黄の他，単斜硫黄やゴム状硫黄などの（　a　）がある。単体の硫黄を空気中で点火すると青白い炎をあげて燃焼し，有毒な気体Ａを発生する。Ａは刺激臭があり，水に溶けて弱い（　b　）性を示す水溶液になる。また，硫黄の粉末と鉄粉を混ぜ，試験管に入れて加熱すると，赤く輝きながら反応して硫化鉄（Ⅱ）が生成する。このとき生成した硫化鉄（Ⅱ）は多孔質の固体であり，希硫酸を加えると速やかに反応し，無色で腐卵臭のある気体Ｂが発生する。Ｂを金属イオンを含む水溶液に通じると，水に溶けにくい沈殿を生じることが多い。

⑴　文中の空欄ａ，ｂに当てはまる語句をそれぞれ答えよ。

⑵　気体Ａ，Ｂをそれぞれ化学式で答えよ。

⑶　気体Ａは単体の銅に濃硫酸を加えて加熱しても発生する。この変化を化学反応式で答えよ。

⑷　気体Ａの水溶液に気体Ｂを吹き込んだときに起こる変化として最も適するものを次のア～オの中から選べ。

ア．無色の溶液が赤色に変化する。

イ．赤色の溶液が無色に変化する。

ウ．無色の溶液が白く濁る。

エ．無色の溶液中に濃青色の沈殿を生じる。

オ．無色の溶液中に赤褐色の沈殿を生じる。

⑸　文中の下線部に関する以下の実験結果から，水溶液Ｘ，Ｙ，Ｚに含まれている金属イオンとして適するものを語群から選べ。

〈実験１〉

水溶液Ｘに気体Ｂを吹き込んだら，黒色の沈殿を生じた。この沈殿を硝酸で溶解し，過剰の水酸化ナトリウム水溶液を加えたら，青白色の沈殿を生じた。

〈実験２〉

水溶液Ｙに気体Ｂを吹き込んだら，黄色の沈殿を生じた。この沈殿物質は黄色の顔料として用いられる。

〈実験３〉

水溶液Ｚを塩基性にした後，気体Ｂを吹き込んだら白色の沈殿を生じた。しかし，水溶液Ｚを希塩酸で酸性にした後，気体Ｂを吹き込んだときは変化が見られなかった。

〔語群〕

ア．Ca^{2+}　イ．Ni^{2+}　ウ．Cu^{2+}　エ．Zn^{2+}

オ．Pb^{2+}　カ．Cd^{2+}　キ．Mn^{2+}

〈佐賀県〉

6 ★☆☆

次の気体を発生させる２種の試薬，捕集方法，確認実験方法を解答群から選び，実験結果については表に書け。また，あとの各問いに答えよ。

気体	試薬		捕集方法	確認実験方法	実験結果
アンモニア	ア	イ	上方置換	ウ	エ
二酸化炭素	オ	カ	キ	ク	ケ
一酸化窒素	コ	サ	シ	酸化させる	赤褐色に変わる
二酸化硫黄			ス	セ	ソ

〔解答群〕

〈試薬〉　①　希硝酸　②　希塩酸　③　塩化アンモニウム　④　石灰石
　⑤　銅　⑥　水酸化カリウム

〈捕集方法〉　⑦　上方置換　⑧　下方置換　⑨　水上置換

〈確認実験方法〉　⑩　気体を硫化水素水に通じる　⑪　石灰水に通す
　⑫　気体に塩化水素の気体を近づける

(1)　アンモニアの捕集方法に上方置換が用いられる理由を答えよ。

(2)　亜硫酸水素ナトリウムを使って二酸化硫黄を発生させる化学反応式を答えよ。また，二酸化硫黄を捕集するときに注意することを答えよ。

(3)　一酸化窒素の酸化によってできた十分な量の二酸化窒素を使って，演示実験により生徒に温度による平衡移動の原理を説明したい。同じ濃度の二酸化窒素を入れた２本の試験管を使った実験方法を答えよ。

〈兵庫県〉

7 ★★☆

次のＡ～Ｊは，実験室レベルでの気体発生方法を示したものである。また，①～⑩にはそのとき発生する気体を示している。これについて，各問いに答えよ。

《気体発生方法》

Ａ．銅に濃硫酸を加えて熱する。

Ｂ．ギ酸に濃硫酸を加えて熱する。

Ｃ．亜鉛に希硫酸を加える。

Ｄ．硫化鉄（Ⅱ）に希硫酸を加える。

Ｅ．塩化ナトリウムに濃硫酸を加えて熱する。

F．酸化マンガン（Ⅳ）に濃塩酸を加えて熱する。

G．過酸化水素水に酸化マンガン（Ⅳ）を加える。

H．塩化アンモニウムに水酸化カルシウムを加えて熱する。

I．銅に濃硝酸を加える。

J．大理石に塩酸を加える。

《気体》

① 水素	② 酸素	③ 塩素	④ 一酸化炭素
⑤ 二酸化炭素	⑥ 二酸化窒素	⑦ 二酸化硫黄	⑧ 塩化水素
⑨ 硫化水素	⑩ アンモニア		

⑴ 気体発生方法のB，F，Iで起こる変化を化学反応式で答えよ。

⑵ A～Jの実験により発生する気体のうち，有色の気体２種を化学式で記せ。

⑶ 気体発生方法のA～Eでの硫酸のはたらきは，どのような性質・作用によるか次の㋐～㋔から選び記号で答えよ。同じ記号を繰り返し用いてもよい。

㋐ 酸　㋑ 酸化剤　㋒ 脱水作用　㋓ 吸湿作用　㋔ 不揮発性

⑷ 気体発生方法のF，Gの酸化マンガン（Ⅳ）のはたらきを答えよ。

⑸ 気体発生方法のJでは，塩酸の代わりに希硫酸を用いることはできない。その理由を述べよ。

⑹ 気体発生方法のD，H，Jが同じ反応のメカニズムで変化することを，Dを例に説明せよ。

〈長崎県〉

8 ★☆☆

図のような装置を用いて，酸化マンガン（Ⅳ）と濃塩酸を反応させ，気体を発生させた。次の各問いに答えよ。

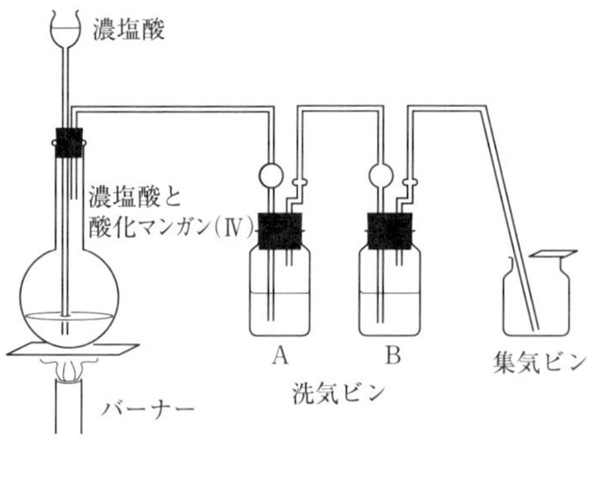

(1)　酸化マンガン（Ⅳ）と濃塩酸の反応を化学反応式で示せ。

(2)　Mn の酸化数の変化を答えよ。

(3)　２つの洗気ビンには，水又は濃硫酸が入っている。水と濃硫酸の入っている洗気ビンの記号を示し，水と濃硫酸のはたらきについてそれぞれ簡潔に説明せよ。

(4)　濃硫酸のかわりに用いることのできる試薬は何か。次のア～オから最も適切な物質を１つ選べ。

ア．水酸化ナトリウム　　イ．塩化カルシウム　　ウ．塩化ナトリウム

エ．塩酸　　オ．アンモニア水

(5)　発生した気体をヨウ化カリウム水溶液と反応させたときに起こる変化を化学反応式で答えよ。

〈愛媛県〉

9　★★☆

次の①～⑤は，アンモニアソーダ法の工程を述べたものである。これを読んで，各問いに答えよ。

①　塩化ナトリウムの飽和水溶液に，アンモニアと二酸化炭素を吹き込み，溶解度の比較的小さい炭酸水素ナトリウムを沈殿させる。

②　沈殿した炭酸水素ナトリウムを分離後加熱して，炭酸ナトリウムを得る。

③　①の反応に用いる二酸化炭素は石灰石を熱分解してつくる。

④　③で生成した酸化カルシウムから水酸化カルシウムをつくる。

⑤　水酸化カルシウムを①で生成した塩化アンモニウムと反応させ，アンモニアを回収する。

(1)　①～⑤を化学反応式で表せ。

(2)　①～⑤をまとめると１つの化学反応式となる。この化学反応式を答えよ。

(3)　⑤の工程では塩化カルシウムが生成する。ホームセンター等で大量に販売されている塩化カルシウムの一般的な用途を答えよ。

(4)　炭酸ナトリウム 10kg を得るためには，塩化ナトリウムを何 kg 必要とするか求めよ。

〈岩手県〉

10　★★☆

窒素は地球大気の主要な成分であるが，アミノ酸，タンパク質，核酸などの構成元素として，生体にとっても重要な元素の１つである。窒素は工業的には液体空気の（　ア　）により多量に得られる。

窒素化合物の中で工業的に重要なアンモニアの製造は（　イ　）法と呼ばれ，

①触媒存在下で窒素と水素を高圧下500℃前後で反応させて製造するが，実験室では②塩化アンモニウムと水酸化カルシウムの混合物を加熱して発生させることができる。この際，余分な水分も生じるため，乾燥剤として$_{A}$ソーダ石灰を利用する。

窒素化合物の中でアンモニアと並び重要な硝酸を製造するには，白金を触媒としてアンモニアを空気中の酸素と反応させて得た気体を，さらに酸化して二酸化窒素に変え，③二酸化窒素を温水に吸収させると，硝酸をつくることができる。この時発生する（　ウ　）は酸化と温水への吸収を繰り返せば完全に硝酸とすることができる。この方法は（　エ　）法と呼ばれる。

④硝酸は酸化力が強いため，水素よりイオン化傾向が小さい銀さえも溶かすことができる。また，硝酸は火薬，肥料，医薬，染料などの原料として用いられる。

(1)　空欄ア～エに適する語句，物質名を答えよ。

(2)　下線部①～④の反応を化学反応式で答えよ。ただし，下線部④は希硝酸との化学反応式を答えよ。

(3)　下線部Aのソーダ石灰とは混合物である。何と何の混合物か記した後，どのような点でアンモニアの乾燥剤に適しているか述べよ。

(4)　質量パーセント濃度が69％の硝酸をアンモニアから製造するには，69％の硝酸1.0Lあたり標準状態の空気は何m^3以上必要か求めよ。ただし，69％の硝酸の密度は$1.4g/cm^3$とし，酸素は空気中に体積で20％含まれているものとする。（有効数字2桁で答えよ）　〈鳥取県〉

11 ★★☆

次の文を読んで，各問いに答えよ。

硫酸は工業上非常に重要な酸であり，硫黄または硫化鉄鉱などを原料とし，接触式硫酸製造法により作ることができる。硫酸は窒素系肥料・繊維・無機薬品・染料の製造など様々な分野で大量に使われる。

(1)　接触式硫酸製造法で，必要となる触媒の名称を答えよ。

(2)　接触式硫酸製造法で，硫黄から硫酸をつくるまでの化学反応式をすべて答えよ。

(3)　硫酸の窒素系肥料は硫安と呼ばれる。この物質の化学式を答えよ。

(4)　硫酸を使用して製造されるセルロースの再生繊維の名称を答えよ。

(5)　硫酸アルミニウムと硫酸カリウムの混合溶液を濃縮して得られる複塩で，媒染剤などに用いられる物質の化学式を答えよ。　〈青森県〉

12 ★☆☆

Ag^{+}，Al^{3+}，Ba^{2+}，Cu^{2+}，Fe^{3+}，Pb^{2+}，Zn^{2+} の各イオンを含むと思われる水溶液について，実験１～５を行った。これについて，各問いに答えよ。ただし，それぞれの操作は十分に行われているものとする。

実験１：水溶液に塩酸を加えると，白色の沈殿Ａが生じた。

実験２：沈殿Ａを分離したろ液に硫化水素を通じると，黒色の沈殿Ｂが生じた。

実験３：沈殿Ｂを分離したろ液を煮沸した後，濃硝酸を加えて加熱し，さらにアンモニア水を加えてアルカリ性にすると，褐色の沈殿Ｃが生じた。

実験４：沈殿Ｃを分離したろ液に硫化水素を通じたが，変化はなかった。

実験５：ろ液に炭酸アンモニウム水溶液を加えると，白色沈殿Ｄが生じた。

⑴　沈殿Ａに含まれる化合物のうち，あるイオンを含む化合物は熱湯に溶ける。そのイオンはどれか答えよ。

⑵　沈殿Ｂを硝酸を用いて溶解した後，アンモニア水でアルカリ性にしたら濃青色になった。このイオンはどれか答えよ。

⑶　沈殿Ｃに含まれる２種類の陽イオンは何か。２つ答えよ。

⑷　実験４の結果から，この水溶液には上記の陽イオンのうち，ある陽イオンが含まれていないことがわかった。それはどのイオンか答えよ。　〈沖縄県〉

13 ★★☆

Ａ～Ｅの試験管に，Fe^{3+}，Al^{3+}，Cu^{2+}，Zn^{2+}，Ag^{+} のいずれかの金属イオンを含む水溶液がそれぞれ入っている。これらを用いて次の実験を行った。これについて，各問いに答えよ。

〈実験１〉

試験管Ａの水溶液を２本の試験管に等分した。一方の試験管に希塩酸を加えると白色の沈殿が生じ，さらにアンモニア水を過剰に加えていくと沈殿が溶けた。また，他方の試験管に水酸化ナトリウム水溶液を加えると$_{ア}$褐色の沈殿が生じた。

〈実験２〉

試験管ＢとＣに，それぞれアンモニア水を加えると，Ｂでは$_{イ}$青白色の沈殿が生じ，Ｃでは白色の沈殿が生じた。それぞれにさらにアンモニア水を加えていくと，Ｂでは青白色の沈殿が溶けて$_{ウ}$深青色の水溶液となり，Ｃでは白色の沈殿が溶けて$_{エ}$無色の水溶液になった。

〈実験３〉

試験管Ｄに，水酸化ナトリウム水溶液を加えると$_{オ}$赤褐色の沈殿が生じた。

〈実験４〉

試験管C，Eに，水酸化ナトリウム水溶液を加えると，どちらも白色の沈殿が生じた。さらにそれぞれの試験管に水酸化ナトリウム水溶液を加えていくと，どちらも沈殿が溶けた。

(1)　下線部ア，イ，オの沈殿の化学式をそれぞれ答えよ。

(2)　下線部エの水溶液に含まれる錯イオンは何か，そのイオン式と名称をそれぞれ答えよ。

(3)　試験管Eに含まれる金属イオンは何か，そのイオン式を答えよ。

(4)　下線部ウの水溶液に含まれる錯イオンの構造は，直線，正方形，正四面体，立方体，正八面体のどれか答えよ。

〈青森県〉

14 ★★☆

Zn^{2+}，Fe^{3+}，Ag^{+}，Al^{3+}，Cu^{2+} の各イオンを含む水溶液（A）を用いて，操作①～⑧を行い，各イオンの分離を試みた。これについて，各問いに答えよ。

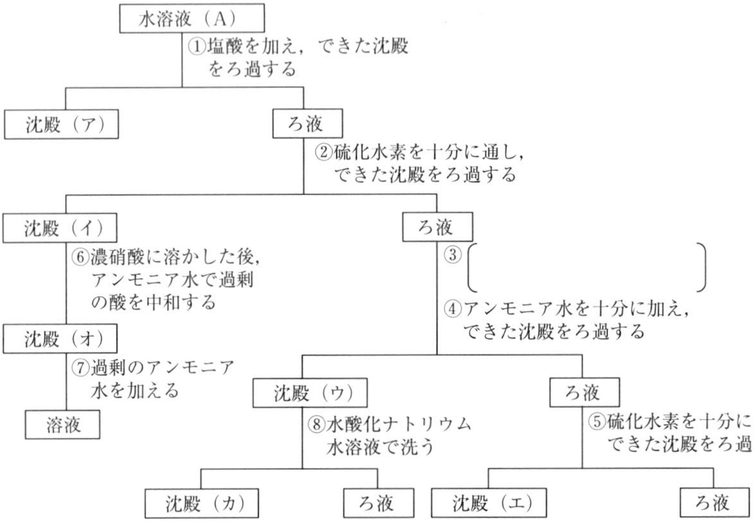

(1)　操作③の空欄に必要な操作を簡潔に答えよ。また，その操作が必要な理由を答えよ。

(2)　沈殿（ア）～（エ）の化学式を答えよ。ただし，沈殿は一種類とは限らない。

(3)　沈殿（オ）が生成するときのイオン反応式を答えよ。

(4)　操作⑦を行ったときのイオン反応式を答えよ。また，このとき生成したアンモニア分子を含むイオンの名称と色を答えよ。

(5)　(4)のイオンで，アンモニア分子は中心金属イオンの周囲にどのように配置されているか答えよ。また，金属イオンとアンモニア分子との結合を何というか。　〈徳島県〉

15 ★★☆

金属イオンAg^{+}，Ca^{2+}，Cd^{2+}，Fe^{3+}の硝酸塩を含む試料溶液がある。これを次の〈操作1〉～〈操作4〉により分離した。あとの各問いに答えよ。

〈操作1〉

試料溶液に希塩酸を加えると，（　a　）色の沈殿1が生じた。これをろ別し，ろ液1を得た。

〈操作2〉

ろ液1に硫化水素を十分吹き込むと，（　b　）色の沈殿2が生じた。これをろ別し，ろ液2を得た。

〈操作3〉

ろ液2を(A)十分煮沸した後，(B)（　①　）の薄い水溶液を加えて加熱した。放冷後，これに（　②　）の薄い水溶液を十分加えると，（　c　）色の沈殿3が生じた。これをろ別し，ろ液3を得た。

〈操作4〉

ろ液3に（　③　）の水溶液を加えると，白色の沈殿4が生じた。

(1)　〈操作1〉～〈操作4〉のa～cに最も適する語を，それぞれ答えよ。

(2)　〈操作1〉～〈操作4〉の①～③に最も適する試薬を，それぞれ次の(ア)～(オ)から1つずつ選べ。

(ア)　炭酸アンモニウム　　(イ)　エタノール　　(ウ)　硝酸
(エ)　アンモニア　　(オ)　酢酸

(3)　沈殿1～沈殿4の化学式を，それぞれ答えよ。

(4)　下線部(A)の操作を行う理由を，簡潔に答えよ。

(5)　下線部(B)の操作を行う理由を，簡潔に答えよ。　〈山形県〉

演習問題　解答・解説

1

③

解説

炭酸ナトリウム：Na_2CO_3
炭酸カリウム　：K_2CO_3

① いずれも，弱酸と強塩基の塩なので，その水溶液はともに塩基性である。したがって，区別できない。

② いずれも炭酸カルシウム$CaCO_3$の沈殿を生じる。したがって，区別できない。

③ ナトリウムイオンの炎色反応は黄色，カリウムイオンの炎色反応は紫色なので，区別できる。

〈炎色反応〉

Li 赤，　Na 黄，　K 紫，　Cu 青緑，
リアカー　なき　K 村，　動力

Ca 橙，　Sr 紅，　Ba 黄緑
借ろうと　するがくれない　馬力でいこう。

④ いずれの溶液も変化はない。したがって，区別できない。

⑤ いずれも二酸化炭素を発生する。したがって，区別できない。

2

(1) ア．CO_2　　イ．$Ca(HCO_3)_2$
　ウ．$CaCO_3$

(2) $CaCO_3 + CO_2 + H_2O \longrightarrow Ca(HCO_3)_2$

(3) 生石灰：CaO　　消石灰：$Ca(OH)_2$

解説

水酸化カルシウム水溶液に二酸化炭素を吹き込むと，次の反応により，炭酸カルシウムが生成して白く濁る。

$$Ca(OH)_2 + CO_2 \longrightarrow CaCO_3 + H_2O$$

しかし，さらに十分に二酸化炭素を吹き込むと，次の反応により，炭酸カルシウムが溶けて再び透明になる。

$$CaCO_3 + CO_2 + H_2O \longrightarrow Ca(HCO_3)_2$$

3

②

解説

a．アルミニウム鉱石であるボーキサイトを精製してできる純粋な酸化物のアルミナ（Al_2O_3）を利用する。

d．鉱石のボーキサイトには，Fe_2O_3やSiO_2などの不純物が含まれており，これを取り除く必要があるが，その工程に水酸化ナトリウム水溶液が用いられる。

e．この方法はホール・エルー法とよばれ，氷晶石を用いるのは，融点を下げるためである。陽極では，O^{2-}が炭素電極と反応して，CO_2やCOに変化する。

4

(1) ア．酸素　　イ．4
　ウ．共有　　エ．ゲルマニウム
　オ．ヘキサフルオロケイ酸
　カ．ケイ酸　　キ．シリカゲル

(2) $SiO_2 + 2C \longrightarrow Si + 2CO$

(3) ③

解説

(1) SiO_2は，フッ化水素酸と次のように反応して，ヘキサフルオロケイ酸H_2SiF_6を生成する。

$$SiO_2 + 6HF \longrightarrow H_2SiF_6 + 2H_2O$$

水ガラスの水溶液に塩酸を加えると，弱酸であるケイ酸$SiO_2 \cdot nH_2O$がゲル状となって生じる。

(3) シリカゲルの主成分SiO_2は酸性酸化物であるから，塩基性の気体NH_3の乾燥には適さない。

5

(1)　a．同素体　　b．酸

(2)　気体A：SO_2　　気体B：H_2S

(3)　$Cu+2H_2SO_4 \longrightarrow CuSO_4+2H_2O+SO_2$

(4)　ウ

(5)　X．ウ　　Y．カ　　Z．エ

解説

(1)　同じ元素の単体で，性質の異なる物質を互いに同素体という。

(3)　このとき，濃硫酸は酸化剤としてはたらき，銅を酸化している。濃硫酸の酸化作用を表す半反応式は，

$$SO_4^{2-}+4H^++2e^- \longrightarrow SO_2+2H_2O \cdots ①$$

銅の酸化を表す半反応式は，

$$Cu \longrightarrow Cu^{2+}+2e^- \cdots ②$$

①，②よりe^-を消去すると，

$$Cu+SO_4^{2-}+4H^+ \longrightarrow Cu^{2+}+SO_2+2H_2O$$

両辺にSO_4^{2-}を加えると，

$$Cu+2H_2SO_4 \longrightarrow CuSO_4+SO_2+2H_2O$$

(4)　気体Aの水溶液に気体Bを吹き込んだときの反応は，次の通り。

$$SO_2+2H_2S \longrightarrow 3S+2H_2O$$

このとき，H_2Sは還元剤としてはたらき，SO_2は酸化剤としてはたらいている。H_2Sの還元作用を表す半反応式は，

$$H_2S \longrightarrow S+2H^++2e^- \cdots ①$$

SO_2の酸化作用を表す半反応式は，

$$SO_2+4H^++4e^- \longrightarrow S+2H_2O \cdots ②$$

①，②よりe^-を消去すると，

$$SO_2+2H_2S \longrightarrow 3S+2H_2O$$

(5)　実験１の青白色の沈殿は$Cu(OH)_2$である。また，CuSは黒色である。

実験２の黄色の沈殿はCdSである。

実験３の白色の沈殿とはZnSである。

沈殿物質およびその色については，まとめて覚えておくこと。

6

ア．③　　イ．⑥（ア，イ順不同）

ウ．⑫

エ．白煙を生じる

オ．②　　カ．④（オ，カ順不同）

キ．⑧　　ク．⑪

ケ．白く濁る

コ．①　　サ．⑤（コ，サ順不同）

シ．⑨　　ス．⑧

セ．⑩　　ソ．白く濁る

(1)　水に溶けやすく，空気よりも軽いため。

(2)　化学反応式：

$$NaHSO_3+H_2SO_4 \longrightarrow NaHSO_4+H_2O+SO_2$$

注意点：有毒なので吸わないように注意すること。室内で行うときは，十分に換気する。

(3)〔解答例〕

NO_2は赤褐色，N_2O_4は無色の気体である事を説明し，NO_2を２本の試験管にとり，栓をする。１本を熱水，冷水に交互に入れ，色の濃さの違いをもう１本の試験管と比較しながら見せる。熱水に入れたときには色が濃くなり，冷水に入れたときは色が薄くなることから，熱を加えると吸熱方向に，冷やすと発熱方向に平衡が移動することを説明する。

7

(1)　B：$HCOOH \longrightarrow H_2O+CO$

F：$MnO_2+4HCl \longrightarrow MnCl_2+2H_2O+Cl_2$

I：$Cu+4HNO_3 \longrightarrow Cu(NO_3)_2+2H_2O+2NO_2$

(2)　Cl_2，NO_2

(3)　A．イ　　　B．ウ
　　C．ア　　　D．ア
　　E．オ

(4)　F．酸化剤　　G．触媒

(5)　発生する不溶性の硫酸カルシウムが大理石の表面を被い，二酸化炭素の発生が妨げられるため。

(6)　弱酸の塩である硫化鉄（Ⅱ）に，強酸である硫酸を作用させると，弱酸である硫化水素が生じる。一般に，弱酸の塩に強酸を作用させると弱酸が遊離する。

解説

(1)　B，F，Ⅰ以外の反応は，次の通り。

A．$Cu + 2H_2SO_4 \longrightarrow CuSO_4 + 2H_2O + SO_2$

C．$Zn + H_2SO_4 \longrightarrow ZnSO_4 + H_2$

D．$FeS + H_2SO_4 \longrightarrow FeSO_4 + H_2S$

E．$NaCl + H_2SO_4 \longrightarrow NaHSO_4 + HCl$

G．$2H_2O_2 \longrightarrow 2H_2O + O_2$

H．$2NH_4Cl + Ca(OH)_2 \longrightarrow CaCl_2 + 2H_2O + 2NH_3$

J．$CaCO_3 + 2HCl \longrightarrow CaCl_2 + H_2O + CO_2$

(2)　Cl_2は黄緑色，NO_2は赤褐色

8

(1)　$MnO_2 + 4HCl \longrightarrow MnCl_2 + 2H_2O + Cl_2$

(2)　$+4 \longrightarrow +2$

(3)　〈水〉
記号：A
はたらき：塩化水素を取り除く。
〈濃硫酸〉
記号：B
はたらき：水蒸気を取り除く。

(4)　イ

(5)　$2KI + Cl_2 \longrightarrow 2KCl + I_2$

解説

(1)　MnO_2の酸化作用を表す半反応式は，

$$MnO_2 + 4H^+ + 2e^- \longrightarrow Mn^{2+} + 2H_2O \cdots ①$$

Cl^-が酸化されるときの半反応式は，

$$2Cl^- \longrightarrow Cl_2 + 2e^- \cdots ②$$

①，②より，e^-を消去して，両辺に$2Cl^-$を加えると，

$$MnO_2 + 4HCl \longrightarrow MnCl_2 + 2H_2O + Cl_2$$

(4)　代表的な乾燥剤として，次のものがある。

乾燥剤	性質	乾燥に適さない気体
濃硫酸	酸性	NH_3，H_2S
P_4O_{10}		NH_3
塩化カルシウム	中性	NH_3
シリカゲル		なし
酸化カルシウム	塩基性	酸性の気体
ソーダ石灰		

9

(1)　①　$NaCl + NH_3 + CO_2 + H_2O \longrightarrow NH_4Cl + NaHCO_3$

②　$2NaHCO_3 \longrightarrow Na_2CO_3 + H_2O + CO_2$

③　$CaCO_3 \longrightarrow CaO + CO_2$

④　$CaO + H_2O \longrightarrow Ca(OH)_2$

⑤　$2NH_4Cl + Ca(OH)_2 \longrightarrow CaCl_2 + 2H_2O + 2NH_3$

(2)　$2NaCl + CaCO_3 \longrightarrow Na_2CO_3 + CaCl_2$

(3)　凍結防止剤　など

(4)　**11.0kg**

解説

(4)　$Na_2CO_3 = 106$，$NaCl = 58.5$であるから，(2)の式より，

$$\frac{10 \times 10^3}{106} \times 2 \times 58.5 \times 10^{-3} \fallingdotseq 11.0 \text{〔kg〕}$$

10

(1) ア．分留

イ．ハーバー・ボッシュ

ウ．一酸化窒素

エ．オストワルト

(2) ① $N_2 + 3H_2 \longrightarrow 2NH_3$

② $2NH_4Cl + Ca(OH)_2 \longrightarrow CaCl_2 + 2H_2O + 2NH_3$

③ $3NO_2 + H_2O \longrightarrow 2HNO_3 + NO$

④ $3Ag + 4HNO_3$（希）$\longrightarrow 3AgNO_3 + 2H_2O + NO$

(3) 酸化カルシウム CaO と水酸化ナトリウム NaOH の混合物。塩基性の乾燥剤であるので，塩基性の気体とは反応しないため，アンモニアの乾燥に適している。

(4) $3.4\,m^3$

解 説

(4) オストワルト法における3段階の反応を1つにまとめると，

$$NH_3 + 2O_2 \longrightarrow HNO_3 + H_2O$$

よって，$HNO_3 = 63$であるから，

$$1.4 \times 1000 \times \frac{69}{100} \times \frac{1}{63} \times 2 \times \frac{100}{20} \times 22.4$$

$\fallingdotseq 3434$［L］

$1\,m^3 = 1000\,L$より，$3.4\,m^3$

11

(1) 酸化バナジウム（V）

(2) $S + O_2 \longrightarrow SO_2$

$2SO_2 + O_2 \longrightarrow 2SO_3$

$SO_3 + H_2O \longrightarrow H_2SO_4$

(3) $(NH_4)_2SO_4$

(4) レーヨン

(5) $AlK(SO_4)_2 \cdot 12H_2O$

解 説

(1) 単に接触法とよばれることが多い。酸化バナジウム（V）V_2O_5 を触媒として使用する。

(2) ① 硫黄を燃焼させて二酸化硫黄を得る。

② 精製した二酸化硫黄を，酸化バナジウム（V）を触媒にして酸化させ，三酸化硫黄を得る。

③ 三酸化硫黄を濃硫酸に吸収させ，発煙硫酸にして，これに希硫酸を加えて濃硫酸を得る。

(5) $Al_2(SO_4)_3$ と K_2SO_4 の混合溶液を濃縮すると，硫酸カリウムアルミニウム十二水和物 $AlK(SO_4)_2 \cdot 12H_2O$（ミョウバン）の結晶が得られる。

12

(1) Pb^{2+}　　(2) Cu^{2+}

(3) Al^{3+}，Fe^{3+}

(4) Zn^{2+}

解 説

各実験における反応は，次の通り。

〈実験1〉

$Ag^+ + Cl^- \longrightarrow AgCl\downarrow$（白）

$Pb^{2+} + 2Cl^- \longrightarrow PbCl_2\downarrow$（白）

〈実験2〉

$Cu^{2+} + S^{2-} \longrightarrow CuS\downarrow$（黒）

〈実験3〉

$Al^{3+} + 3OH^- \longrightarrow Al(OH)_3\downarrow$（白）

$Fe^{3+} + 3OH^- \longrightarrow Fe(OH)_3\downarrow$（赤褐色）

硫化水素によってFe^{3+}がFe^{2+}に還元されているので，煮沸して硫化水素を追い出した後，濃硝酸で酸化してFe^{3+}に戻す必要がある。

〈実験4〉

Ba^{2+}，Zn^{2+} のうち，Zn^{2+} は塩基性のもとで，H_2Sによって白色沈殿 ZnS を生じる。

〈実験5〉

$Ba^{2+} + CO_3^{2-} \longrightarrow BaCO_3\downarrow$（白）

13

(1) ア．Ag_2O　イ．$Cu(OH)_2$
　オ．$Fe(OH)_3$

(2) イオン式：$[Zn(NH_3)_4]^{2+}$
　名称：テトラアンミン亜鉛（Ⅱ）イオン

(3) Al^{3+}　(4) 正方形

解説

各実験における反応および試験管内の水溶液に含まれる金属イオンは，次の通り。

〈実験１〉　A：Ag^+

$Ag^+ + Cl^- \longrightarrow AgCl\downarrow$（白）
$AgCl + 2NH_3 \longrightarrow [Ag(NH_3)_2]^+ + Cl^-$

$2Ag^+ + 2OH^- \longrightarrow Ag_2O\downarrow$（褐色）$+ H_2O$

〈実験２〉　B：Cu^{2+}，C：Zn^{2+}

B
$Cu^{2+} + 2OH^- \longrightarrow Cu(OH)_2\downarrow$（青白色）
$Cu(OH)_2 + 4NH_3 \longrightarrow [Cu(NH_3)_4]^{2+}$（深青色）$+ 2OH^-$

C
$Zn^{2+} + 2OH^- \longrightarrow Zn(OH)_2\downarrow$（白）
$Zn(OH)_2 + 4NH_3 \longrightarrow [Zn(NH_3)_4]^{2+}$（無色）$+ 2OH^-$

〈実験３〉　D：Fe^{3+}

$Fe^{3+} + 3OH^- \longrightarrow Fe(OH)_3\downarrow$（赤褐色）

〈実験４〉　E：Al^{3+}

E
$Al^{3+} + 3OH^- \longrightarrow Al(OH)_3\downarrow$（白）
$Al(OH)_3 + OH^- \longrightarrow [Al(OH)_4]^-$（無色）

C
$Zn^{2+} + 2OH^- \longrightarrow Zn(OH)_2\downarrow$（白）
$Zn(OH)_2 + 2OH^- \longrightarrow [Zn(OH)_4]^{2-}$（無色）

(3) 各錯イオンの構造は，次の通り。
$[Ag(NH_3)_2]^+$…直線
$[Zn(NH_3)_4]^{2+}$…正四面体
$[Cu(NH_3)_4]^{2+}$…正方形

14

(1) 煮沸して希硝酸を加える。
　理由：硫化水素を追い出し，Fe^{2+}を酸化してFe^{3+}に戻すため。

(2) (ア) $AgCl$　(イ) CuS
　(ウ) $Fe(OH)_3$，$Al(OH)_3$
　(エ) ZnS

(3) $Cu^{2+} + 2OH^- \longrightarrow Cu(OH)_2$

(4) $Cu(OH)_2 + 4NH_3 \longrightarrow [Cu(NH_3)_4]^{2+} + 2OH^-$
　名称：テトラアンミン銅（Ⅱ）イオン
　色：深青色

(5) アンモニア分子は，正方形の各頂点に配置されている。
　結合：配位結合

解説

操作⑧により，沈殿(カ)は$Fe(OH)_3$であり，ろ液には$[Al(OH)_4]^-$が溶けている。

15

(1) a．白　b．黄
　c．赤褐

(2) ① (ウ)　② (エ)
　③ (ア)

(3) 沈殿１：$AgCl$　沈殿２：CdS
　沈殿３：$Fe(OH)_3$　沈殿４：$CaCO_3$

(4) 硫化水素を除去するため。

(5) 硫化水素によってFe^{3+}がFe^{2+}になったため，希硝酸を加えてFe^{2+}をFe^{3+}に戻す。

5 有機化合物

傾向と対策

この分野における重要な内容としては，元素分析による分子式の決定，有機化合物の推定，有機化合物の分離といった内容が挙げられる。また，高分子化合物に関する問題もよく出題されている。様々な問題を解くための基礎として，まずはアルコール，アルデヒド，カルボン酸，フェノール類などの基本的な性質を確実に覚えていくことが重要となる。有機化合物の分野も無機物質の分野と同様，覚えるべきことが多い。したがって問題演習を十分に行いながら，知識を身につけていくことが大切である。

例題 1　元素分析

次の各問いに答えよ。原子量は，H = 1.0，C = 12，O = 16　とする。

(1)　ある有機化合物の組成（質量％）は，炭素 57.8％，水素 3.6％，酸素 38.6％である。この有機化合物の組成式を求めよ。

(2)　ある炭化水素 X は，分子量が 54 以上 60 以下であり，完全に燃焼させたときに生じる二酸化炭素と水は，物質量の比で，1：1 である。

①　X の分子式を答えよ。

②　X の構造式（幾何異性体を含む）として考えられるものをすべて答えよ。

〈栃木県〉

解答　(1)　$C_4H_3O_2$

(2)　①　C_4H_8

②

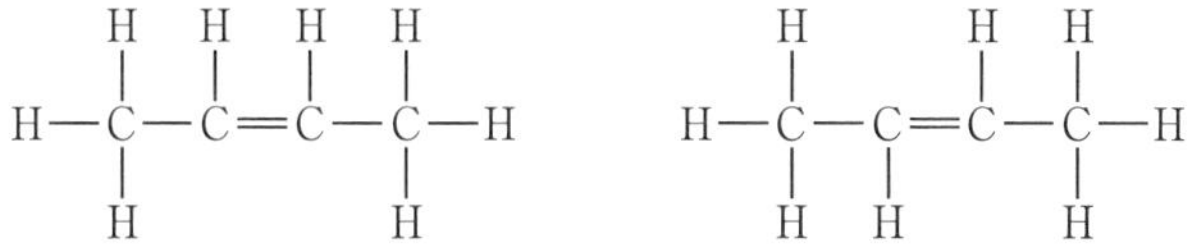

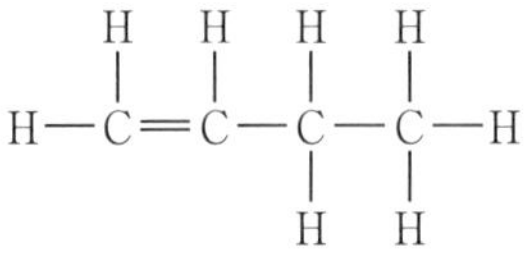

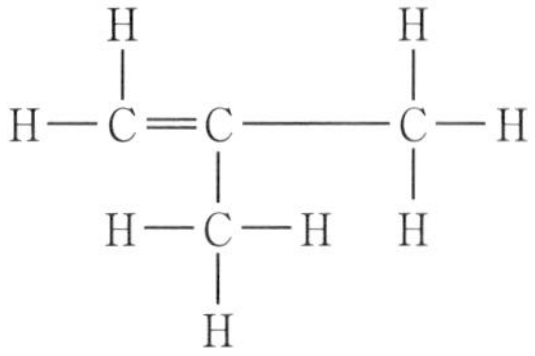

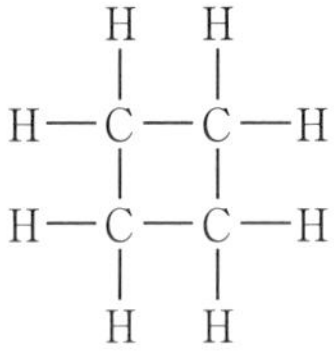

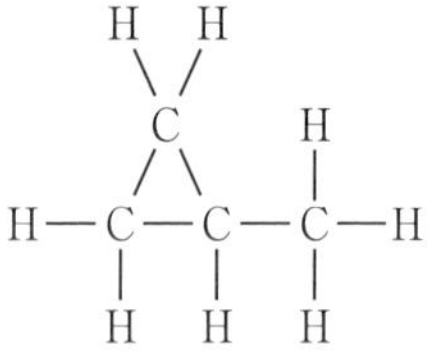

解説 (1) $C:H:O=\dfrac{57.8}{12}:\dfrac{3.6}{1}:\dfrac{38.6}{16}$

$\fallingdotseq 4.8:3.6:2.4$

$=4:3:2$

よって，求める組成式は，$C_4H_3O_2$

(2) ① ある炭化水素Xの分子式を C_xH_y とすると，この炭化水素を完全燃焼させたときの反応式は，

$$C_xH_y+\frac{4x+y}{4}O_2 \rightarrow x\,CO_2+\frac{y}{2}H_2O$$

完全燃焼させたときに生じる CO_2 と H_2O の物質量の比が 1：1 であることから，

$$x=\frac{y}{2} \qquad \therefore\ y=2x$$

よって，炭化水素 X の分子式は C_xH_{2x} であり，分子量は，$x\times12+2x\times1=14x$ である。X の分子量が 54 以上 60 以下であることから，

$$54 \leqq 14x \leqq 60$$

これを満たす自然数 x は，$x=4$ のみである。

したがって，求める分子式は，C_4H_8

② 炭素骨格に注意して調べていく。鎖状構造と環状構造の違いにも注意すること。

例題 2　構造推定

分子式$C_9H_{10}O_2$で表される有機化合物Ａ，Ｂ，Ｃは，それぞれベンゼン環をもつエステルであり，互いに異性体の関係にある。次の実験結果より，各問いに答えよ。

(Ⅰ)　エステルＡ，Ｂ，Ｃを加水分解すると，ＡからはＤとＥが，ＢからはＦとＧが，ＣからはＨとＩが得られた。

(Ⅱ)　ＥとＩはベンゼンの一置換化合物であるが，Ｇはベンゼンの二置換化合物でありオルト位に置換基をもつ。

(Ⅲ)　水酸化ナトリウム水溶液とヨウ素を加えて加熱したとき，特有のにおいと黄色い結晶が得られたのは，Ａ～Ｉの化合物のうちＤのみであった。

(Ⅳ)　Ｈは銀鏡反応を示した。

(Ⅴ)　塩化鉄（Ⅲ）の水溶液を加えると紫色を示したのは，Ａ～Ｉの化合物のうちＧのみであった。

(Ⅵ)　Ｄに硫酸酸性の過マンガン酸カリウム水溶液を加えるとＦが得られた。

(1)　化合物Ｄ，Ｅ，Ｆ，Ｇの名称を答えよ。

(2)　エステルＣの構造式を答えよ。

〈静岡県・静岡市〉

解答　(1)　Ｄ．エタノール　　Ｅ．安息香酸　　Ｆ．酢酸
Ｇ．*o*-クレゾール

(2)

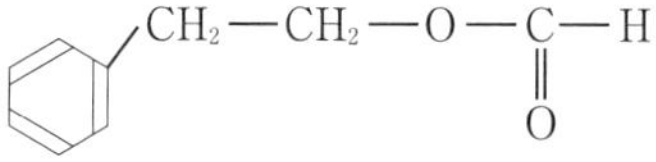

解説　(Ⅰ)，(Ⅱ)より，

$A + H_2O \longrightarrow D + E$　　Ｅは 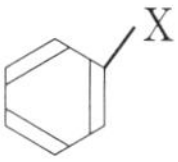

の形

$B + H_2O \longrightarrow F + G$　　Ｇは 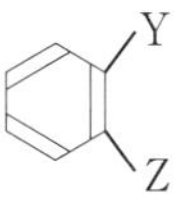

の形

$C + H_2O \longrightarrow H + I$　　Ｉは 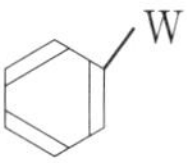

の形

(Ⅲ)より，Ｄはヨードホルム反応を示すアルコールなので，次のような構造である。

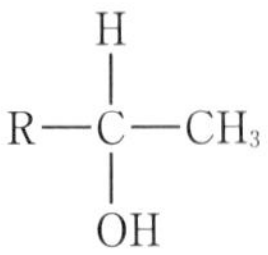

また，Aの分子式が$C_9H_{10}O_2$であることと，Eが 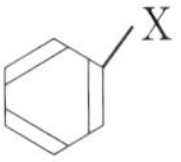 の形のカルボン酸であることから，D，E，Aの構造式が次のようなものと判断できる。

D． 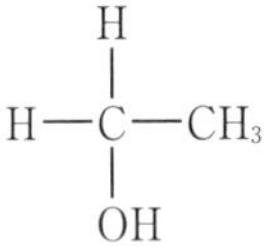 E． 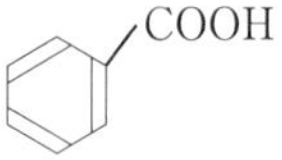 A． 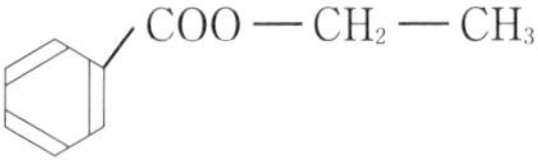

(Ⅳ)より，Hはアルデヒドである。かつ，Hはカルボン酸で，Hはギ酸と判断できる。

H． 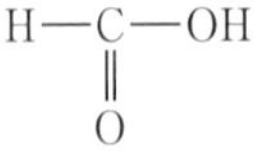 I． 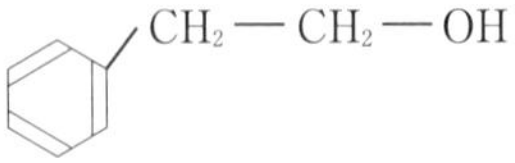

C． 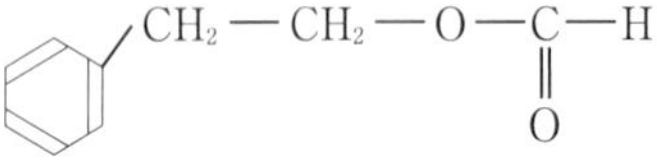

(Ⅴ)より，Gはフェノール類で，

F．CH_3COOH G． 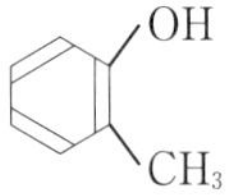 B． 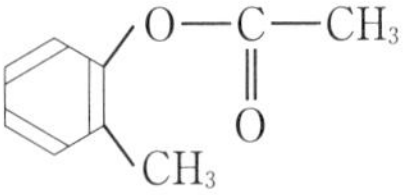

例題 3 ベンゼンの反応系統図

次の図は，ベンゼンを出発物質とする系統図である。これについて，各問いに答えよ。

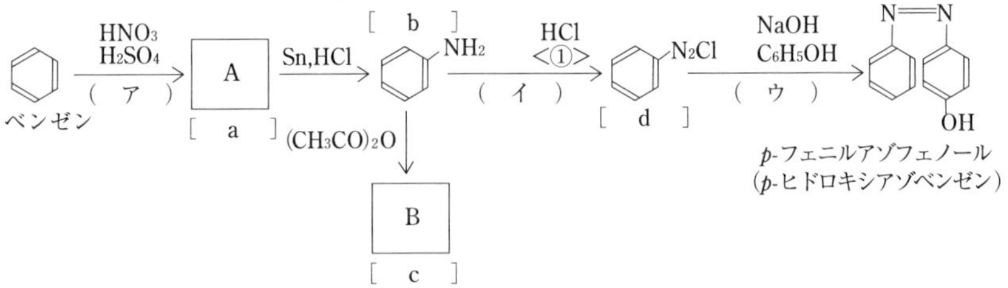

(1)　図中の（　ア　）～（　ウ　）には反応名を，＜①＞には反応に用いる試薬の化学式を，A・Bには構造式を，［　a　］～［　d　］には物質名を，それぞれ答えよ。

(2)　図中の物質aに，SnとHClを反応させた場合，直接［　b　］は合成できない。このときできる物質の構造式を答えなさい。また，その物質から［　b　］を作る方法を答えよ。

(3)　（　イ　）の反応をさせるときの，反応条件は何か。また，この条件を守らなければ，［　d　］は$_{(あ)}$<u>気体</u>を出して$_{(い)}$<u>ある物質</u>になる。(あ)，(い)の物質名を答えよ。

〈京都府〉

解答　(1)　ア．ニトロ化　　イ．ジアゾ化　　ウ．カップリング

① $NaNO_2$　　A．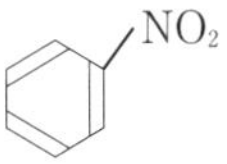

　　B．

a．ニトロベンゼン　　b．アニリン　　c．アセトアニリド
d．塩化ベンゼンジアゾニウム

(2)　物質の構造式：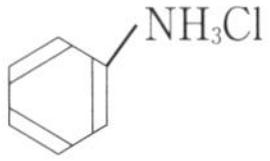

bを作る方法：水酸化ナトリウム水溶液を加える。

(3)　反応条件：氷冷して反応を行う。
(あ) 窒素　　(い) フェノール

解説　・ベンゼンのニトロ化

ベンゼンに濃硝酸と濃硫酸を加えて反応させるとニトロベンゼンが生成する。

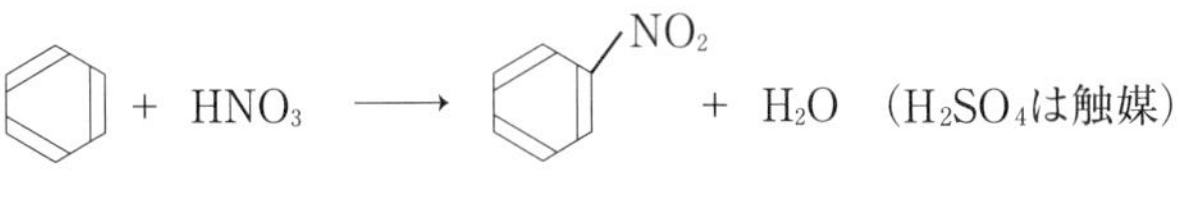

・アニリンの製法

ニトロベンゼンにスズと濃塩酸を作用させるとアニリン塩酸塩となり，これに強塩基を加えるとアニリンが遊離する。

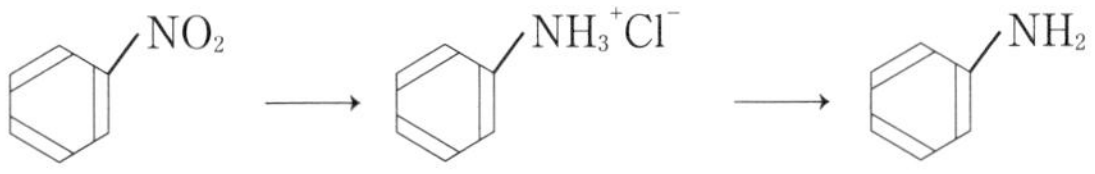

・ジアゾ化

アニリンを希塩酸に溶かして氷冷したものに，亜硝酸ナトリウム$NaNO_2$を加えると塩化ベンゼンジアゾニウムが得られる。

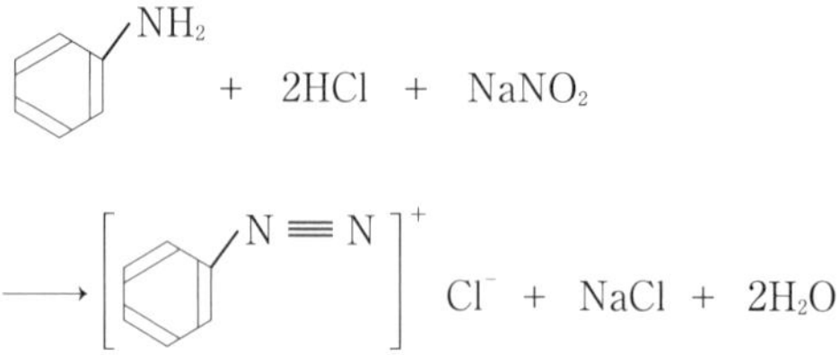

・ジアゾカップリング

冷却した塩化ベンゼンジアゾニウムの水溶液に，ナトリウムフェノキシドの水溶液を加えると，*p*－フェニルアゾフェノール（*p*－ヒドロキシアゾベンゼン）が生成する。

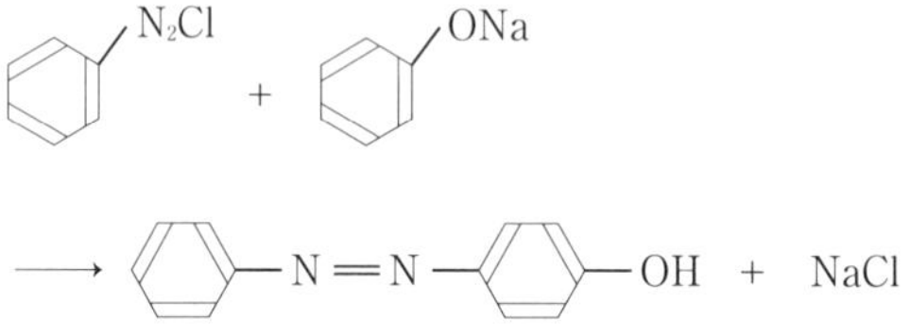

p－フェニルアゾフェノール

例題 4　有機化合物の分離

アニリン，ニトロベンゼン，フェノール，サリチル酸のエーテル混合物を次のような操作によって分離した。A～Dの化合物を例にならって構造式で記せ。

例

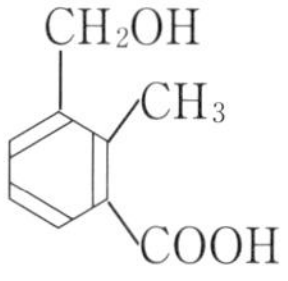

〈操作 1〉

塩酸を加えて水層とエーテル層に分離した。水層に水酸化ナトリウム水溶液を加えてAを取り出した。

〈操作 2〉

操作1のエーテル層に炭酸水素ナトリウム水溶液を加えた後，水層とエーテル層に分離し，水層に希塩酸を加えてBを取り出した。

〈操作 3〉

操作2のエーテル層に水酸化ナトリウム水溶液を加えた後，水層とエーテル層に分離し，水層に二酸化炭素を吹き込んでCを取り出した。残りのエーテル層からはDが取り出された。〈愛媛県〉

解答

A. 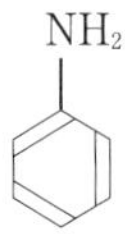

B. 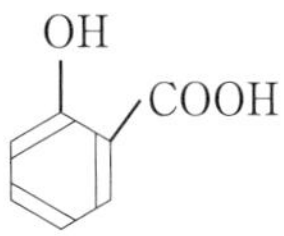

C. 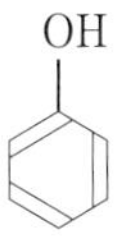

D. 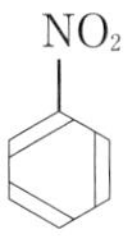

解説　分離の様子は，次のようになる。

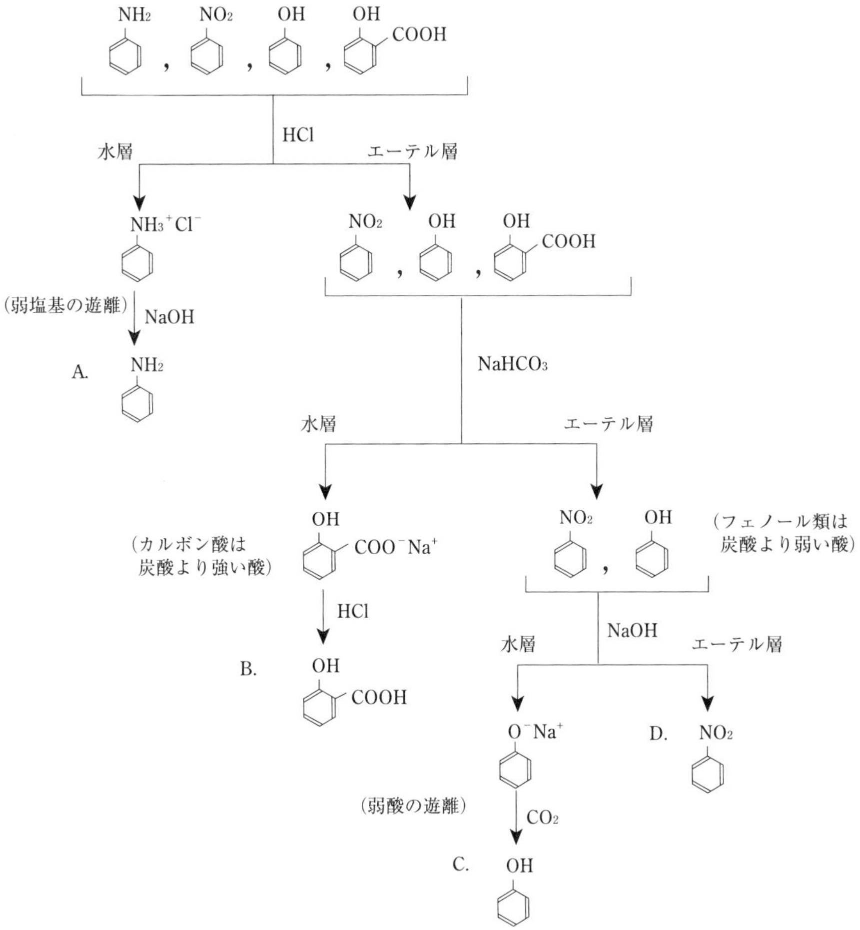

酸の強弱は，塩酸＞カルボン酸＞炭酸＞フェノール類

例題5　アミノ酸，タンパク質

次の文は，アミノ酸，タンパク質について述べたものである。空欄ア～コに当てはまる語句を答えよ。

加水分解したときにアミノ酸だけを生じるタンパク質を（　ア　）タンパク質といい，アミノ酸以外の物質も同時に生じるタンパク質を（　イ　）タンパク質という。アミノ酸は，分子中にアミノ基と（　ウ　）基をもつ化合物で，（　エ　）を除いてすべてのものが光学異性体をもつ。このように光学異性体をもつ炭素を（　オ　）炭素原子と呼んでいる。2個のアミノ酸が縮合するとき，生じたアミド結合を特に（　カ　）結合という。多数のアミノ酸が，縮合重合してできたタンパク質は，主に次の4つの呈色反応がある。

① タンパク質の水溶液に水酸化ナトリウム水溶液を加えた後，少量の硫酸銅（Ⅱ）水溶液を加えると赤紫色になる。この反応を（　キ　）反応という。

② タンパク質の水溶液に（　ク　）を加えて加熱すると黄色になる。これに，アンモニア水を加えると橙黄色になる。これをキサントプロテイン反応という。

③ タンパク質の中性溶液に少量のニンヒドリン溶液を加え，煮沸してから冷却すると（　ケ　）色になる。これをニンヒドリン反応という。

④ 硫黄を含むタンパク質に水酸化ナトリウム水溶液を加え加熱後，酢酸鉛（Ⅱ）水溶液を加えると（　コ　）色の沈殿が生じる。

〈沖縄県〉

解答　ア．単純　イ．複合　ウ．カルボキシ　エ．グリシン
オ．不斉　カ．ペプチド　キ．ビウレット　ク．濃硝酸
ケ．赤紫　コ．黒

解説　アミノ酸（α－アミノ酸）の構造式は次の形で表される。

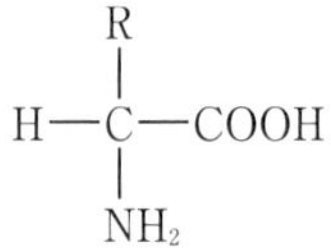

R＝Hのときはグリシンであり，このときのみ不斉炭素原子をもたない。
④の反応ではPbSの黒色沈殿を生じることでタンパク質中の硫黄が検出できる。

①～④の反応である，ビウレット反応，キサントプロテイン反応，ニンヒドリン反応は，タンパク質の代表的な検出反応である。

例題 6　いろいろな合成高分子化合物

繊維に関する文を読んで，次の問いに答えよ。なお，構造式は例を参考にすること。

構造式例：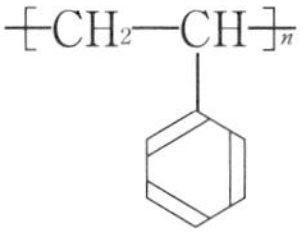

合成繊維の合成様式は，（　ア　）重合と（　イ　）重合に大別される。（　ア　）重合に基づく繊維には，ポリアミド繊維とポリエステル繊維があり，（　イ　）重合に基づく繊維には，アクリル繊維，ビニロンなどがある。（　イ　）重合の原料となるのは（　ウ　）を有する単量体である。

動物繊維である（　エ　）はケラチンを主成分とし，（　オ　）はフィブロインを主成分としている。ケラチンやフィブロインのように，ポリアミド繊維と同じ重合様式を有している天然高分子は（　カ　）と呼ばれる。

(1)　文中の空欄ア～カに適する語を答えよ。

(2)　6,6－ナイロンを合成する反応を化学反応式で示せ。

(3)　分子量 200,010 の 6,6－ナイロンの重合度はいくつか。また 1 分子中に含まれるアミド結合は何個か答えよ。

(4)　ポリエチレンテレフタレート（ポリエチレンテレフタラート）の単量体の構造式と名前を答えよ。

(5)　アクリロニトリルから作られるアクリル繊維及びポリ酢酸ビニルの構造式を答えよ。

〈茨城県〉

解答　(1)　ア．縮合　　イ．付加　　ウ．二重結合　　エ．羊毛

オ．絹糸　　カ．単純タンパク質

(2)　$n\mathrm{HOOC{-}(CH_2)_4{-}COOH} + n\mathrm{H_2N{-}(CH_2)_6{-}NH_2}$

$$\longrightarrow \left[\mathrm{CO{-}(CH_2)_4{-}CONH{-}(CH_2)_6{-}NH}\right]_n + 2n\mathrm{H_2O}$$

(3)　重合度：885　　　アミド結合：1769 個

(4)　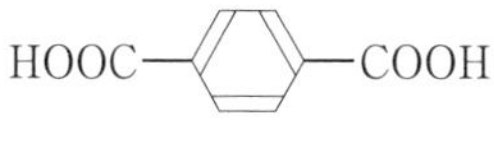　テレフタル酸

$\mathrm{HO{-}CH_2{-}CH_2{-}OH}$　　エチレングリコール

(5) アクリル繊維 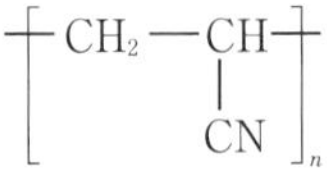

ポリ酢酸ビニル 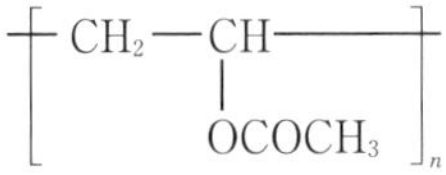

解説 (2) 6,6－ナイロンは，アジピン酸 $HOOC—(CH_2)_4—COOH$ とヘキサメチレンジアミン $H_2N—(CH_2)_6—NH_2$ から生成される。

(3) 重合度を n とすると，6,6－ナイロンの分子量は $226n$ となるので，

$226n = 200010 \quad \therefore n = 885$

また，6,6－ナイロン1分子中に含まれるアミド結合の数は，

$2n - 1 = 1769$〔個〕

(4) ポリエチレンテレフタラートが生成する反応式は，次のようになる。

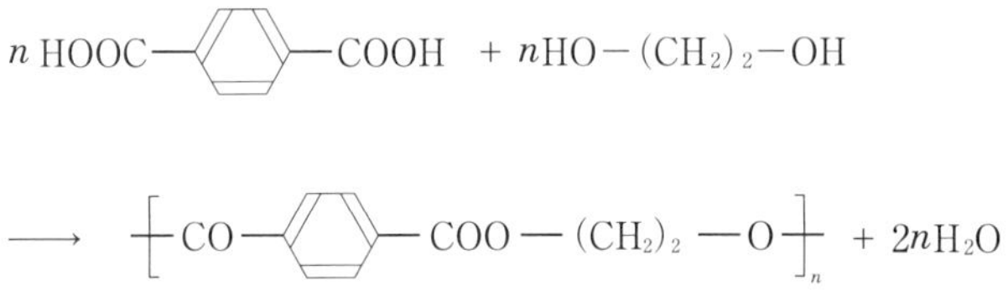

(5) アクリル繊維は，アクリロニトリル 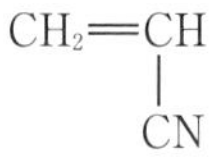 を付加重合させると生成する。

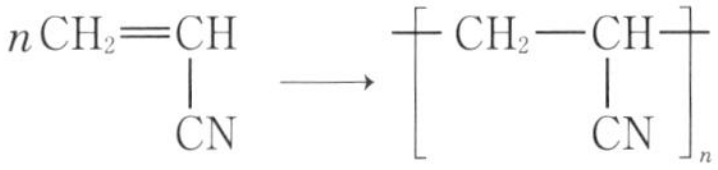

ポリ酢酸ビニルは，酢酸ビニルを付加重合させると生成する。

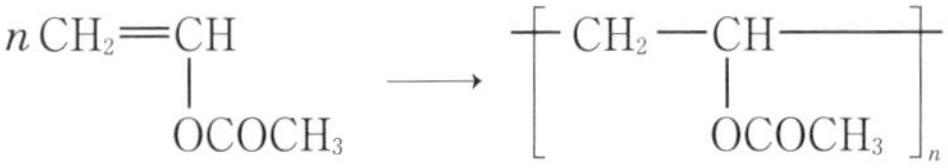

例題7 ビニロン

ビニロンは，日本で開発された最初の合成繊維である（1939年に発明）。その合成方法は，まず，酢酸ビニルを（　　）させポリ酢酸ビニルとし，これを水酸化ナトリウム水溶液でけん化してポリビニルアルコールとする。このポリビニルアルコールをホルムアルデヒドでアセタール化して，ビニロン

ができる。木綿に似た触感のこの繊維について，次の問いに答えよ。

(1)　(　　　)に適する反応名を答えよ。

(2)　酢酸ビニルはどのように合成されるか，原料を明記して答えよ。

(3)　ビニロンが合成繊維でありながら，吸湿性に優れている理由を簡潔に述べよ。

(4)　3.0 kg の酢酸ビニルからビニロンを作るとき，アセタール化に必要なホルムアルデヒドは何 g か，有効数字 2 桁で答えよ。ただし，ポリビニルアルコール中のヒドロキシ基の 43 % をアセタール化して作るものとする。

〈静岡県・静岡市〉

解答　(1)　付加重合

(2)　アセチレンに酢酸を付加させる。

(3)　分子内にある親水性のヒドロキシ基を完全にアセタール化せず，アセタール化を 30〜40 % に調節しているため。

(4)　2.3×10^2 g

解説　ポリ酢酸ビニルからビニロンが生成する様子は，次のようになる。

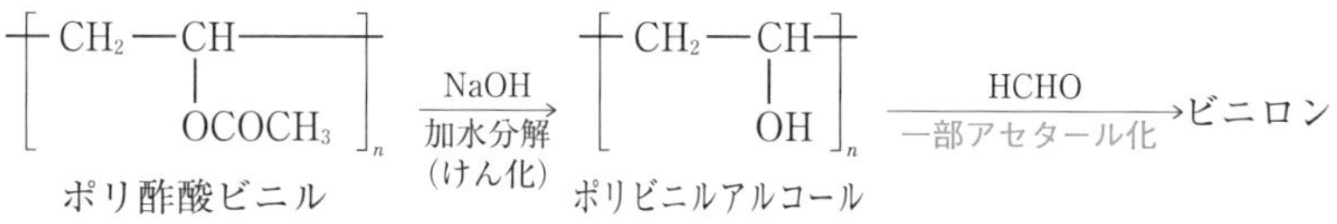

アセタール化は，ポリビニルアルコールのヒドロキシ基の間で起こる。

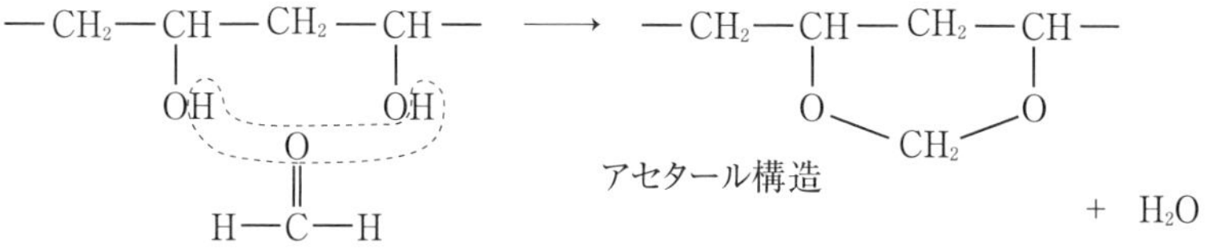

(4)　必要なホルムアルデヒドが x〔g〕とする。酢酸ビニルの分子量が 86，ホルムアルデヒドの分子量が 30，アセタール化が 43% であることから，

$$\frac{3.0\times10^3}{86}\times\frac{43}{100}\times\frac{1}{2}=\frac{x}{30}\qquad\therefore\ x = 225〔\mathrm{g}〕\fallingdotseq 2.3\times10^2〔\mathrm{g}〕$$

演習問題

1 ★☆☆

次の文を読んで，各問いに答えよ。

① Aは，炭素 74.97％，水素 8.38％，酸素 16.65％からなる分子量 192 の化合物である。

② Aを加水分解すると，カルボン酸Bと不斉炭素原子を持つアルコールCが生じた。

③ Bを過マンガン酸カリウム溶液で酸化すると，フタル酸が生じた。

④ Cは，鎖式アルケン C_4H_8 に濃硫酸と水を作用させても生じる。

⑤ Cを含む溶液に，水酸化ナトリウム溶液とヨウ素を加えて温めると，特有の臭いのある黄色沈殿が生じた。

(1) Aの分子式を答えよ。

(2) Bの異性体のうち，芳香族カルボン酸の構造式を例にならって答えよ。

(3) ④の反応における 3 種類のアルケンの構造式を例にならって答えよ。

(4) ⑤の反応名を答えよ。

(5) Aの構造式を例にならって答えよ。なお，不斉炭素原子には＊の印を付けよ。

〈例〉

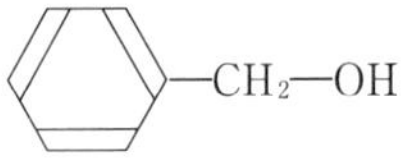

〈群馬県〉

2 ★☆☆

炭化水素に関して，次の各問いに答えよ。

(1) 次の空欄 a，b に当てはまる数値の組み合わせとして正しいものを，①～⑤の中から 1 つ選べ。

プロペン（プロピレン）の水素 1 個を塩素原子で置き換えた化合物は，幾何異性体を含めて（ a ）種類あり，これらの化合物に水素を付加させると（ b ）種類の化合物になる。

	a	b
①	2	1
②	3	2
③	3	3
④	4	2
⑤	4	3

(2)　次の空欄 c ～ e に当てはまる化合物の組み合わせとして正しいものを，①～⑤の中から1つ選べ。

ある炭化水素を一定量とり，乾燥酸素中で完全燃焼させた。このとき生成した（　c　）をまず塩化カルシウムに，続いて（　d　）をソーダ石灰にそれぞれ吸収させ，それらの量を調べたところ（　c　）の物質量は（　d　）の物質量の 1.5 倍であった。以上の結果より，この炭化水素は（　e　）と決まる。

	c	d	e
①	水	二酸化炭素	メタン
②	水	二酸化炭素	エタン
③	水	二酸化炭素	プロパン
④	二酸化炭素	水	メタン
⑤	二酸化炭素	水	エタン

〈三重県〉

3　★☆☆

分子式が $C_4H_{10}O$ の有機化合物について，次の各問いに答えよ。

(1)　金属ナトリウムと反応して水素を発生しないものは何種類あるか答えよ。

(2)　光学異性体が存在する化合物の名称を答えよ。

(3)　ヨウ素と水酸化ナトリウムを少量加えて温めると，特有の臭気をもつ黄色の結晶が得られた。この $C_4H_{10}O$ の有機化合物を，二クロム酸カリウムで酸化すると得られる化合物の名称を答えよ。

(4)　(3)の実験で得られた黄色の結晶の化学式と名称を答えよ。

(5)　金属ナトリウムと反応して水素を発生するもののうち，最も酸化されにくいものの名称を答えよ。

〈愛媛県〉

4 ★☆☆

次の文を読んで，次の各問いに答えよ。

カルボン酸とアルコールが反応して，水分子がとれて生成する化合物をエステルという。エステルの生成反応をエステル化といい２つの分子から水の分子がとれて１つの分子ができる反応を(　　　)という。酢酸とエタノールの混合物に少量の濃硫酸を加えて加熱すると酢酸エチルができる。この反応で濃硫酸は触媒としてはたらく。

(1)　文中の空欄に当てはまる適当な語句を答えよ。

(2)　酢酸エチルの示性式を答えよ。

(3)　濃硫酸は触媒以外にもう１つのはたらきをするが，それは何か答えよ。

(4)　酢酸エチルを水酸化ナトリウム水溶液に加えて加水分解させ，酸の塩とアルコールができることを何というか答えよ。

(5)　ニトログリセリンもエステルの一種である。ニトログリセリンの化学式を答えよ。

〈沖縄県〉

5 ★★☆

実験Ⅰ，実験Ⅱについて，次の各問いに答えよ。

〈実験Ⅰ〉

$C_5H_{10}O_2$ のエステル化合物Ａ，Ｂに希硫酸を加えて加熱した。Ａからは酢酸と化合物Ｃ，Ｂからはギ酸と化合物Ｄが得られた。

〈実験Ⅱ〉

化合物Ｃ，Ｄに二クロム酸カリウム硫酸酸性溶液を加え反応させると，Ｃからはフェーリング液を還元する化合物Ｅができ，Ｄからは化合物Ｆができた。また，Ｄには光学活性な炭素原子があることが分かった。

(1)　実験Ⅰの結果のみで判断して，（化合物Ｃ，化合物Ｄ）の異性体の数の組み合わせを１つ選べ。ただし，光学異性体は考慮しないものとする。

①　（２，３）　②　（２，４）　③　（３，３）

④　（３，４）　⑤　（４，４）

(2)　化合物Ｅがフェーリング液を還元することから，化合物Ｃの一般名を１つ選べ。

①　アルデヒド　②　ケトン　③　第１級アルコール

④　第２級アルコール　⑤　エステル　⑥　二価アルコール

⑦　三価アルコール　⑧　カルボン酸

(3)　化合物Ｅはフェーリング液を還元した後，どのような化合物に変化していると考えられるか。その化合物を示性式で示せ。

(4)　化合物Ｅと反応したフェーリング液は何色に変化しているか答えよ。

(5)　化合物Ｄに存在する光学活性な炭素を何というか答えよ。

(6)　化合物Ｆは水酸化ナトリウム水溶液を加え，ヨウ素を加えると反応し，黄色沈殿ができた。この沈殿物質の化学式を答えよ。

(7)　化合物Ｂの構造式（示性式）を結合の様子が分かるように答えよ。

〈福岡県・福岡市・北九州市〉

6　★☆☆

次のフェノールに関する記述で誤っているものはどれか。次の①～⑤の中から１つ選べ。

①　フェノールの水溶液に塩化鉄（Ⅲ）の水溶液を加えると紫色になる。

②　イソプロピルベンゼン（クメン）を酸素で酸化したのち，これを希硫酸で分解するとフェノールとアセトンが生成する。

③　フェノールは水に少量溶けて弱い酸性を示す。

④　フェノールをニトロ化するとメタ（*m*-）の位置で置換反応が起こりやすい。

⑤　フェノールの水溶液はエタノールと同様，金属ナトリウムと反応して水素を発生する。

〈神奈川県・横浜市・川崎市〉

7　★☆☆

次の手順に従ってエステルの合成実験を行った。次の各問いに答えよ。

〈実験１〉

ａ．サリチル酸に無水酢酸を加え，さらに濃硫酸を数滴加えた。

ｂ．温水にしばらく浸したあと，流水で冷やした。

ｃ．水を加えてほぐしてろ過したあと冷水で洗い，できた結晶を取り出した。

〈実験２〉

ａ．サリチル酸にメタノールを加え，さらに濃硫酸を数滴加えたあと穏やかに数分間加熱した。

ｂ．その後，冷却してから反応物を炭酸水素ナトリウムの飽和溶液中に注いだ。

(1)　実験１で合成される物質の名称と構造式を答えよ。

(2)　実験２で合成される物質の名称と構造式を答えよ。
(3)　実験１，２で濃硫酸を少量加える理由を答えよ。
(4)　実験１のｂで，流水で冷やす理由を答えよ。
(5)　実験２のｂで，炭酸水素ナトリウムの飽和溶液中に注ぐ理由を答えよ。
(6)　実験１のｃで，取り出した結晶が原料のサリチル酸ではないことを確認するためにはどのような実験を行えばよいか答えよ。
(7)　実験１，実験２で合成される物質は医薬品として用いられているが，それぞれどのような作用があるか答えよ。
(8)　(1)の物質を18ｇ得るためには，無水酢酸は何ｇ必要か答えよ。（ただし，収率は100％とする）
(9)　実験２を生徒実験で行う場合の生徒への注意事項を答えよ。

〈埼玉県・さいたま市〉

8　★★☆

分子式$C_9H_{12}O$で表されるアルコール性水酸基をもつ一置換芳香族化合物には，構造異性体Ａ，Ｂ，Ｃ，Ｄ，Ｅが存在する。Ａ，Ｂは酸化により，それぞれ中性の化合物Ｆ，Ｇに変化し，Ｆ，Ｇはこれ以上の酸化を受けなかった。Ｃ，Ｄを強く酸化するとそれぞれ酸性の化合物Ｈ，Ｉが得られた。Ｅは酸化反応を受けなかった。Ａはヨードホルム反応を示した。Ｂを脱水すると同じ分子式C_9H_{10}をもつ２種類の化合物Ｊ，Ｋが生じた。ＪとＫは互いに幾何異性体の関係にあり，Ｊがトランス形，Ｋがシス形であった。Ｄ，Ｅを脱水すると，どちらからも生成物Ｌが得られた。Ａ～Ｅ，Ｊ，Ｋの構造式を，それぞれ答えよ。ただし，不斉炭素原子をもつものは，不斉炭素原子を○で囲むこと。

〈山形県〉

9　★☆☆

次の各問いに答えよ。なお，構造式は，例にしたがって書くこと。

〈例〉

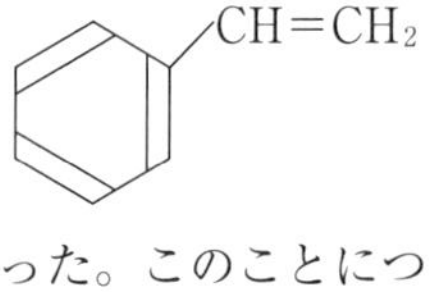

Ⅰ．炭素，水素，酸素だけからなり，ベンゼン環を含む分子量94の化合物Ａを元素分析したところ，質量比で炭素を76.6％，水素を6.38％含んでいることがわかった。このことについて，次の各問いに答えよ。

(1)　化合物Aの構造式を答えよ。ただし，原子量は H＝1.0，C＝12，O＝16 とする。

(2)　化合物Aの水溶液に塩化鉄（Ⅲ）水溶液を加えたとき，どのような変化が起こるか答えよ。

(3)　化合物Aに水酸化ナトリウム水溶液を加えたところ，化合物Bの水溶液が生じた。次に，化合物Bを 125℃，5.0×10^5 Paで二酸化炭素を反応させたところ，化合物Cが生成した。さらに，化合物Cに希硫酸を加えたところ，化合物Dが遊離した。化合物B，C，Dの構造式を答えよ。ただし，化合物B，C，Dはすべてベンゼン環を含む有機化合物である。

Ⅱ．アルコールの分子内脱水について，次の各問いに答えよ。

(1)　2-プロパノールを濃硫酸を用い 100℃で分子内脱水した。このとき起こった変化を化学反応式で答えよ。

(2)　2-ブタノールを濃硫酸を用い 100℃で分子内脱水した。このとき生成した3つの有機化合物の IUPAC 名と構造式をそれぞれすべて答えよ。ただし，立体異性体は異なるものとする。

(3)　2-ブタノールを濃硫酸を用い 100℃で分子内脱水して，生成した3つの有機化合物のうち，最も多く生成すると考えられる物質は何か，理由とともに答えよ。

〈新潟県〉

10 ★★☆

次の文を読んで，各問いに答えよ。

有機化合物Aの元素分析結果は，炭素 62.1％，水素 10.3％，酸素 27.6％であった。Aの 2.90 g を 127℃，1.0×10^5 Paで体積を測定したところ 1.66 L であった。AにはB，C，Dの異性体が存在し，Aを含めすべて鎖状化合物である。AとBはニッケル触媒を用いた水素化反応が起こり，AからはEが生成し，BからはFが生成する。EとFはともに分子量は同じであるが，Eの沸点は分子間で水素結合をするためにFより高かった。Cはニクロム酸カリウムの希硫酸溶液で容易に酸化されカルボン酸Gになった。また，Eを酸化するとCを経てGが生成した。Dは酸化を受けなかったが，ヨウ素の水酸化ナトリウム水溶液を加えて温めたところ，特有の臭いのある黄色の結晶が析出した。

(1)　有機化合物Aの分子式を答えよ。

(2)　化合物C，D，F，Gの構造式を例にならって答えよ。

〈例〉　$CH_3C \equiv CCH_3$

(3)　下線部の黄色の結晶の化合物名を答えよ。

〈静岡県・静岡市〉

11 ★★☆

水にわずかに溶けて弱酸性を示す，炭素，水素，および酸素からなる無色の芳香族化合物Aがある。Aの分子量は別の実験より 138 と分かっている。次の実験をもとに，各問いに答えよ。

実験1：A 0.1mol を完全燃焼させたところ，酸素 0.7mol を消費し，二酸化炭素 0.7mol と水 0.3mol を生成した。

実験2：Aをメタノールに溶かし，少量の濃硫酸と沸騰石を加えて穏やかに加熱した。冷却後水に注ぎ，炭酸水素ナトリウム水溶液を泡が出なくなるまで加えると，芳香のある油状物質Bが分離した。

実験3：Bをベンゼンに溶かした溶液に単体のナトリウムの小片を入れたところ，水素を発生し，ナトリウムの小片は消失した。

実験4：Aと無水酢酸の混合物に少量の濃硫酸を加えて温めた。冷却後水を加え，析出した結晶をろ過して集め，数回冷水で洗ってから乾燥させると，白色結晶Cが得られた。

実験5：Cにうすい水酸化ナトリウム水溶液と沸騰石を加えて穏やかに加熱した後，冷却し，希塩酸を加えて中和すると，Aが結晶として析出した。

(1)　Aの分子式を答えよ。

(2)　Aはナトリウムフェノキシドと二酸化炭素を高温高圧で反応させて得られたナトリウム塩に希硫酸を作用させてつくられる。化合物A，B，Cの構造式を例にならって答えよ。

〈例〉

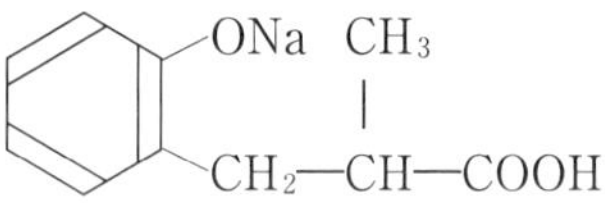

(3)　AからBへ，AからCへ，CからAへの反応名を答えよ。

(4)　実験2についての各問いに答えよ。

①　炭酸水素ナトリウム水溶液の役割を説明せよ。

②　炭酸水素ナトリウム水溶液の代わりに，誤ってうすい水酸化ナトリウム水溶液を加えてしまった場合，どのような変化が観察されると予想できるか，簡潔に述べよ。

〈鳥取県〉

12 ★★☆

次の実験について，各問いに答えよ。

アニリン，安息香酸，フェノール，トルエンを含むジエチルエーテル溶液がある。下記の系統図にしたがって，操作①～③を行い，４種類の化合物をそれぞれに分離した。次に，水層Ⅲに含まれる化合物を調べるために，中性にした後，$_{\mathrm{A}}$ある水溶液を加えたら呈色反応を示し，フェノールが含まれていることがわかった。なお，操作①〜③は，次のア〜ウのうちのいずれかの操作である。

ア．希塩酸を加え，よく振ったのち，エーテル層と水層を分離した。

イ．飽和炭酸水素ナトリウム水溶液を加え，よく振ったのち，エーテル層と水層を分離した。

ウ．水酸化ナトリウム水溶液を加え，よく振ったのち，エーテル層と水層を分離した。

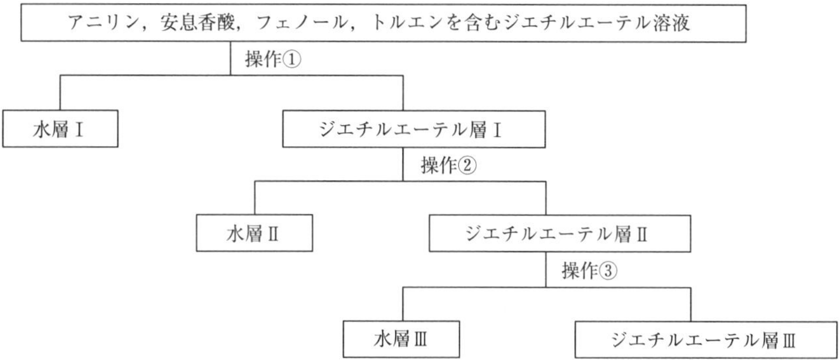

(1)　次のa，bの説明に当てはまる物質を，アニリン，安息香酸，フェノール，トルエン，ジエチルエーテルの中からすべて選び，その名称を答えよ。

a．消防法において，第4類の引火性液体に属する物質である。

b．毒物及び劇物取締法において，劇物に属する物質である。

(2)　水層とジエチルエーテル層を分離するために用いる共栓と活栓のついたガラス器具の名称を答えよ。

(3)　下線部Aのある水溶液の名称を答えよ。

(4)　操作①〜③の組み合わせとして正しいものを，a〜fの中から1つ選べ。

a．①—ア　②—イ　③—ウ　　b．①—ア　②—ウ　③—イ

c．①—イ　②—ア　③—ウ　　d．①—イ　②—ウ　③—ア

e．①—ウ　②—ア　③—イ　　f．①—ウ　②—イ　③—ア

(5)　ジエチルエーテル層Ⅲに含まれる化合物を取り出したい。どのような操作をすればよいか，簡潔に答えよ。

〈青森県〉

13 ★★☆

次の油脂に関する文について，各問いに答えよ。ただし，原子量はH＝1.0，C＝12，O＝16，K＝39とする。

油脂は脂肪酸とグリセリンのエステルであり，構成脂肪酸の違いによりさまざまな油脂が知られている。油脂Aは不飽和脂肪酸であるリノール酸（$C_{17}H_{31}COOH$）のみを構成脂肪酸として含む油脂である。これにニッケルを触媒として水素を付加させたところ，すべての炭素―炭素二重結合が水素化された油脂Bが生成した。さらにこれを水酸化ナトリウム水溶液中で穏やかに加熱してけん化した後，飽和食塩水に注ぎ入れると白色固体の化合物Cが析出した。このような物質を一般にセッケンと呼び，食器や衣服の洗浄に用いられる。

⑴　油脂Aの分子式を答えよ。

⑵　油脂Aのけん化価を整数値で答えよ。

⑶　油脂Aの１分子中に含まれる炭素―炭素二重結合の数を答えよ。

⑷　油脂A 43.9g にニッケルを触媒として水素を付加させた場合，消費される水素は標準状態で何Lになるか，有効数字３桁で答えよ。

⑸　化合物Cの名称を答えよ。

〈大分県〉

14 ★★☆

次の文を読んで，各問いに答えよ。

分子中にアミノ基とカルボキシ基をもつ化合物を（　ア　）という。これら２つの官能基が同一の炭素原子に結合したものを，特に（　イ　）という。図に示すグリシン以外の（　イ　）では，炭素原子に異なった４つの原子，あるいは原子団が結合している。

多数の（　イ　）分子が（　ウ　）結合でつながった構造のものを，（　エ　）という。タンパク質は自然界に存在する（　エ　）である。（　エ　）ができる時には，１個の（　ウ　）結合につき１分子の（　オ　）がとれる。このような反応を（　カ　）という。

図に示すグリシンとアラニンを原料として，分子量が約10万の（　エ　）を合成した。この（　エ　）を0.267gとり，元素分析を行ったところ，標準状態で，44.8mL の窒素ガスが得られた。

〈グリシン〉 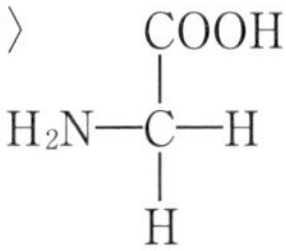 〈アラニン〉 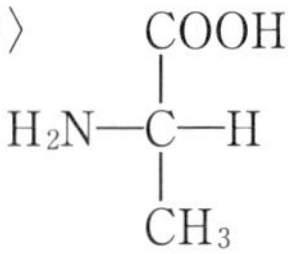

⑴　空欄ア～カに当てはまる最も適当な語句を答えよ。

(2)　元素分析を行った化合物に含まれる窒素の量を質量%で求めよ。(有効数字3桁で答えよ)

(3)　合成した化合物に含まれる繰り返し単位は，[—NH—CH(R)—CO—]で表すことができる(R—はH—またはCH_3—)。このくりかえし単位1個あたりの平均式量を求めよ。(有効数字3桁で答えよ)

(4)　合成した化合物に含まれるくりかえし単位のうち，グリシンに由来するものは個数で何%あるか求めよ。(有効数字3桁で答えよ)

〈鳥取県〉

15 ★★☆

次の文を読んで，各問いに答えよ。

タンパク質は，多数のアミノ酸が結合した高分子化合物である。生体中のタンパク質を構成するα-アミノ酸は約20種類あり，成人は，このうちの<u>8種類</u>を体内で合成できず，日常的に食物から摂取する必要がある。

筋肉を構成しているミオシンのように，タンパク質の分子内に(　ア　)結合が形成されると，(　イ　)構造になる。一方，絹糸を構成しているフィブロインのように，タンパク質の分子間に(　ア　)結合が形成されると(　ウ　)構造になることがある。このような(　イ　)構造や(　ウ　)構造は，タンパク質の二次構造といわれ，これら二次構造を単位として，タンパク質の立体構造が形成されることが多い。毛髪に多く含まれるケラチンの例では，システイン残基2個が(　エ　)結合と呼ばれる共有結合を形成し，立体構造を安定化させている。

糖類は，これ以上加水分解されない単糖類がいくつか結びついた有機化合物である。単糖類の代表的なものには図1に示すグルコースがあり，水によく溶け，水溶液は還元性を示す。また，グルコースが縮合重合した多糖類のデンプンはアミロースとアミロペクチンの混合物である。うるち米にはアミロースが含まれているが，もち米はほぼ100%がアミロペクチンである。

図1

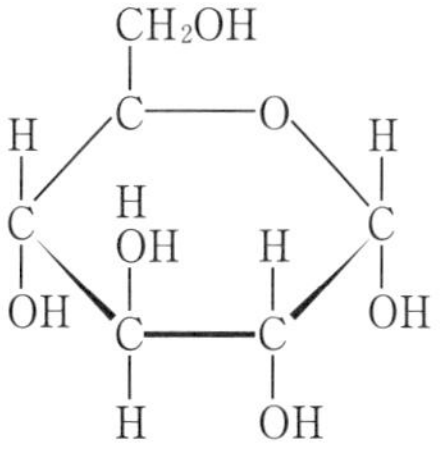

グルコース

(1)　下線部の8種類のアミノ酸は，総称して何と呼ばれているか答えよ。

(2)　文中の空欄に適する語句を答えよ。

(3)　図2に示すグリシン2分子とL-アスパラギン酸1分子を縮合させてできる鎖状トリペプチドの構造異性体の個数を答えよ。

図２

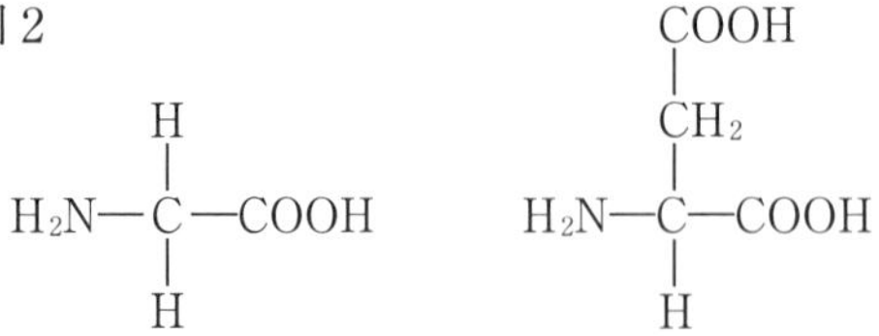

グリシン　　　　*L*-アスパラギン酸

⑷　グルコースの水溶液が還元性を示す理由を，構造式を用いて説明せよ。

⑸　アミロースとアミロペクチンでは，ヨウ素デンプン反応に青紫色と赤紫色の呈色の違いが見られる。その理由をグルコシド結合の違いを含めて説明せよ。

〈北海道・札幌市〉

16 ★★☆

次の各問いに答えよ。ただし，原子量は H＝1，C＝12，O＝16 とする。

⑴　アミノ酸（分子量 117）50 分子が縮合したペプチドの分子量を求めよ。

⑵　平均分子量 10000 のポリスチレンの平均重合度を計算せよ。

⑶　6-ナイロンは，カプロラクタムの重合によって生成する。この重合様式は何というか，その名称を記せ。また，カプロラクタムの構造式を答えよ。

⑷　6-ナイロンは，キサントプロテイン反応で黄橙色を呈するかどうかわかりやすく説明せよ。

〈山梨県〉

17 ★★☆

次の文を読んで，各問いに答えよ。

6，6-ナイロンは（　ア　）結合をもつ合成高分子化合物で，ジカルボン酸とジアミンの縮合重合で得られる。この重合の第一段階は，カルボキシ基とアミノ基をもつ２種の分子から（　イ　）が脱離し，（　ア　）結合１つを有する分子（　ウ　）が生成する反応である。分子（　ウ　）は，その両端にカルボキシ基とアミノ基をもっており，引き続いて縮合反応が起こって，ジカルボン酸由来の構造単位[エ]とジアミン由来の構造単位[オ]が交互に（　ア　）結合でつながった高分子が生成する。

この重合反応で，$_{\text{a}}$ジカルボン酸をジアミンよりやや過剰に用いた場合，余分のジカルボン酸由来の構造単位を端にもつ式①で表される高分子が生成する。

アミノ基のすべてがカルボキシ基と反応したとすると，式①の構造の分子ばかりになり，重合反応はこれ以上進まなくなる。

HO—(エ—オ)$_n$—エ—OH…………①

(1)　空欄ア，イには当てはまる語句を，空欄ウには当てはまる構造式を答えよ。

(2)　下線部 a の条件で反応を行い，原料がすべて式①の形の高分子に変換されたとする。ジカルボン酸とジアミンを $x:1$ のモル比で反応させた場合，式①の n と x の間に成り立つ関係を式で表せ。

(3)　(2)の式をもとに，分子量の大きな 6，6-ナイロンを得るために必要な条件について，x の値をどのようにすればよいか答えよ。

(4)　ジアミンとやや過剰のジカルボン酸を用いて重合反応を行い，6，6-ナイロンを合成した。合成された 6，6-ナイロン 1.24 g をベンジルアルコールに溶解させ，0.10 mol/L の水酸化ナトリウムのベンジルアルコール溶液で中和滴定したところ，5.3 mL を要した。この 6，6-ナイロンの分子量を有効数字 2 桁で求めよ。

〈静岡県・静岡市〉

18 ★★☆

次の実験Ⅰ～Ⅲについて，各問いに答えよ。

〈実験Ⅰ〉

スチレン（分子量 104）10.4 g と *p*-ジビニルベンゼン（分子量 130）13 g を触媒に用いて重合させた。反応率は 90 % であった。

〈実験Ⅱ〉

実験Ⅰで得られた樹脂を濃硫酸でスルホン化させ，得られた樹脂を十分な水で水洗いした後，1.0 mol/L の水酸化ナトリウム水溶液で中和滴定したところ 3.7 mL を要した。

〈実験Ⅲ〉

実験Ⅱの樹脂を塩酸で完全に再生した後，0.25 mol/L の塩化カリウム水溶液 20 mL を樹脂中に流した。その後水洗いし，全体の流出液を 0.10 mol/L の水酸化ナトリウム水溶液で中和滴定した。

(1)　実験Ⅰのような二種類の単量体の付加重合を特に何というか答えよ。

(2)　実験Ⅱで樹脂の何 % がスルホン化されたか，有効数字 2 桁で答えよ。

(3)　実験Ⅲの中和滴定で使用した 0.10 mol/L の水酸化ナトリウム水溶液は何 mL であったか，有効数字 2 桁で答えよ。

〈大分県〉

19 ★☆☆

次の各問いに答えよ。

(1) ビニロンが吸湿性をもつ理由を答えよ。

(2) 合成樹脂には熱硬化性樹脂と熱可塑性樹脂がある。次のア～カから熱硬化性樹脂をすべて選び，その記号を答えよ。

ア．ポリプロピレン　イ．ポリ塩化ビニル　ウ．ポリスチレン
エ．ポリメタクリル酸メチル　オ．フェノール樹脂　カ．尿素樹脂

(3) ポリエチレンには，透明で伸びやすい低密度ポリエチレンと白く不透明で伸びにくい高密度ポリエチレンがある。2つのポリエチレンの分子構造の違いを答えよ。

(4) 平均分子量が1.13×10^4の6，6-ナイロンがある。1分子中に含まれるアミド結合の数は平均何個か答えよ。

〈青森県〉

演習問題　解答・解説

1

(1)　$C_{12}H_{16}O_2$

(2)

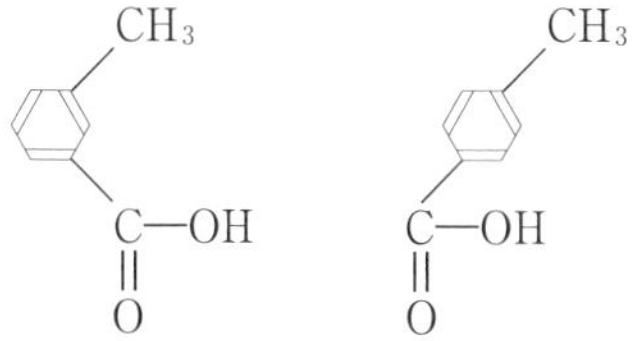

(3)　$CH_2=CH-C_2H_5$

$CH_3-CH=CH-CH_3$

$CH_2=C-CH_3$
　　　|
　　CH_3

(4)　ヨードホルム反応

(5)

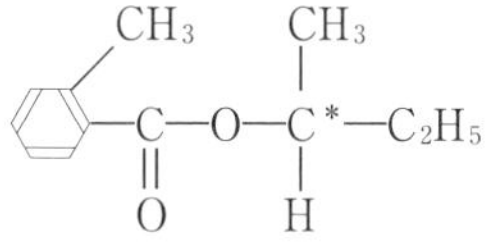

解説

(1)　①より，

$$C:H:O=\frac{74.97}{12}:\frac{8.38}{1}:\frac{16.65}{16}$$
$$\fallingdotseq 6:8:1$$

よって，組成式は，C_6H_8O

$(C_6H_8O)_n=192$ とすると，

$96n=192$　　∴ $n=2$

したがって，分子式は，$C_{12}H_{16}O_2$

(2)　条件より，Cは，

　　　H
　　　|
$CH_3-C^*-C_2H_5$
　　　|
　　　OH

（＊は不斉炭素を表す）

よって，Aの分子式から，Bは，

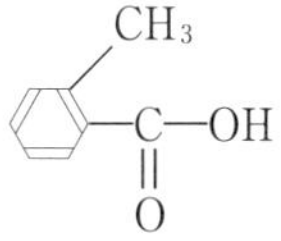

(4)　ヨードホルム反応は，

$R-C-CH_3$（メチルケトン）
　　‖
　　O

あるいは，酸化されてこの構造になるアルコールの検出に用いられる。

2

(1)　④　　　　(2)　②

解説

(1)　a．

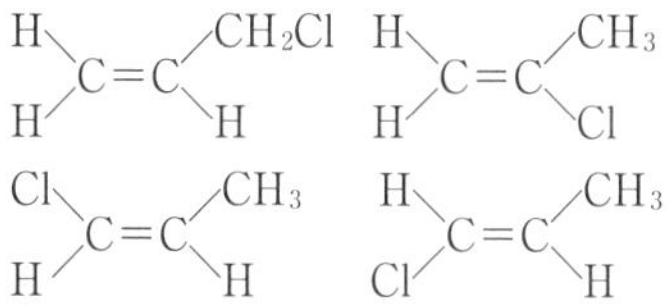

b．$CH_3CH_2CH_2Cl$　CH_3CHCH_3
　　　　　　　　　　　　|
　　　　　　　　　　　　Cl

(2)　炭化水素の分子式を C_xH_y とすると生成する H_2O，CO_2 の物質量はそれぞれ $\frac{y}{2}$，x である。

$$\frac{y}{2}=x\times1.5 \text{ より，} y=3x$$

よって，炭化水素の分子式は C_xH_{3y} で表される。

3

(1)　3種類　(2)　2-ブタノール

(3)　2-ブタノン（エチルメチルケトン）

(4)　化学式：CHI_3

　　名称：ヨードホルム

(5)　2-メチル-2-プロパノール

解説

(1)　エーテルを考えればよい。

$CH_3-CH_2-CH_2-O-CH_3$

$CH_3-CH_2-O-CH_2-CH_3$

$CH_3-CH-O-CH_3$
　　　|
　　CH_3

(2)　アルコールでさがす。

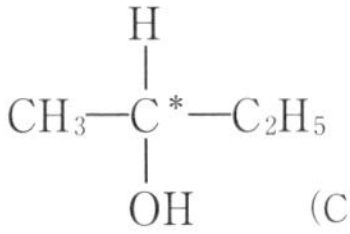

（C* は不斉炭素を表す）

(3)　ヨードホルム反応を示していることから，この $C_4H_{10}O$ は，

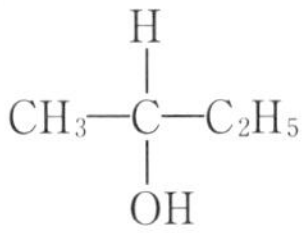

であり，これを酸化すると，

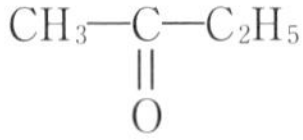

(5)　最も酸化されにくいものは，第三級アルコールの，

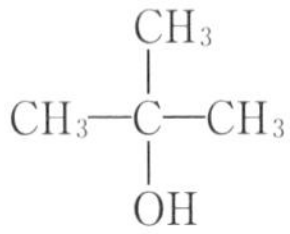

4

(1)　縮合（脱水縮合）　(2)　$CH_3COOC_2H_5$

(3)　脱水作用　(4)　けん化

(5)

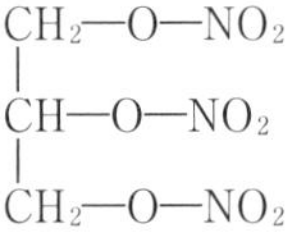

解 説

(5)　カルボン酸に限らず，硝酸，硫酸，リン酸などのオキソ酸とアルコールとの脱水縮合で生じた化合物も，広義のエステルという。この場合（硝酸エステル）には分子中にエステル結合 —COO— は含まれない。

5

(1)　②　(2)　③

(3)　CH_3CH_2COOH　(4)　赤色

(5)　不斉炭素　(6)　CHI_3

(7)

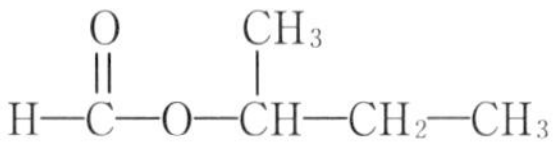

解 説

(1)　実験Ⅰより，

化合物A：$C_5H_{10}O_2 + H_2O \longrightarrow CH_3COOH + C_3H_7OH$

よって，化合物Cは，C_3H_7OH

化合物B：$C_5H_{10}O_2 + H_2O \longrightarrow HCOOH + C_4H_9OH$

よって，化合物Dは，C_4H_9OH

6

④

解 説

フェノールは —OH に対して，オルトやパラの位置の水素原子が置換されやすい。

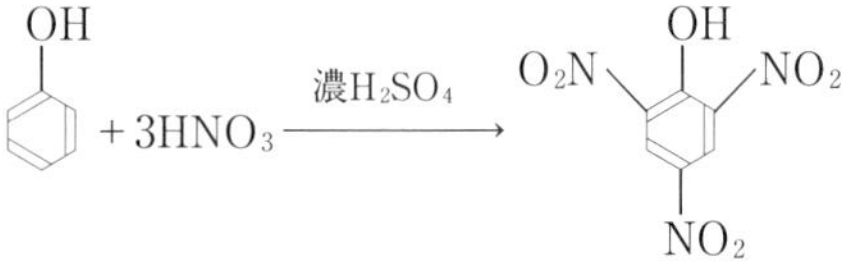

7

(1)　名称：アセチルサリチル酸

構造式：

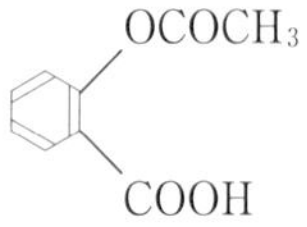

(2)　名称：サリチル酸メチル

構造式：

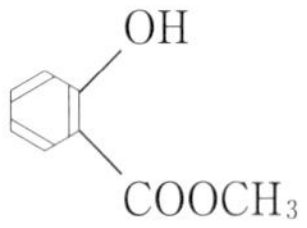

(3)　エステル化反応による脱水反応の触媒として作用させるため。

(4)　結晶化させるため。

(5)　未反応のサリチル酸を中和して水溶性の塩にし，水層へ分離するため。

(6)　結晶を水に溶かしてから，その中に塩化鉄（Ⅲ）水溶液を加える。アセチルサリチル酸であれば呈色しないが，サリチル酸であればフェノール類特有の赤紫色に呈色する。

(7)　実験1：解熱鎮痛作用
　　実験2：消炎鎮痛作用

(8)　**10.2g**

(9)　〔解答例〕

・操作aでサリチル酸にメタノールを加えた後，完全に溶解させてから濃硫酸を加える。

・濃硫酸の取り扱いは十分注意し，もし手についたときはすぐに多量の水道水で洗い流す。

・強く加熱するとメタノールに引火するので，弱火で加熱する。

解説

〈実験1〉

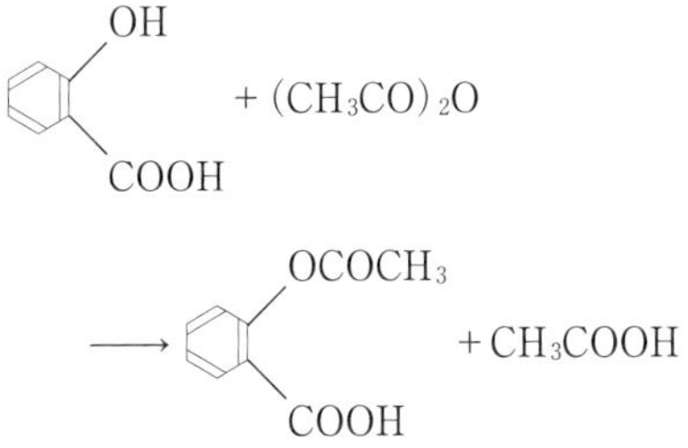

(8)　無水酢酸1molからアセチルサリチル酸1mol生成する。したがって，必要な無水酢酸は，アセチルサリチル酸の分子量は180より，

$$\frac{18}{180}\times102=10.2〔g〕$$

8

A.

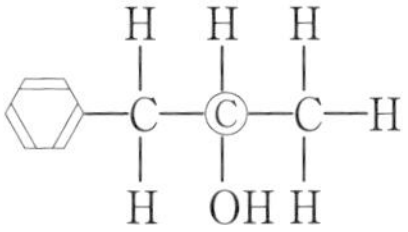

B.

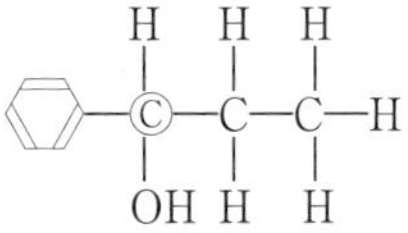

C.

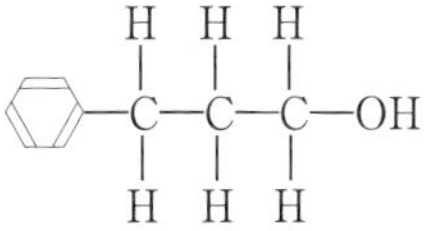

D.

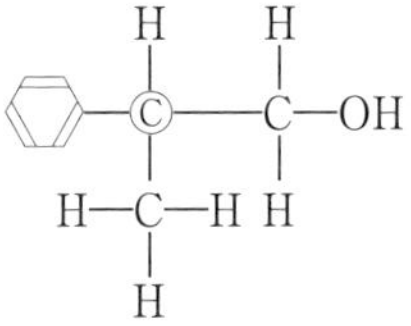

E.

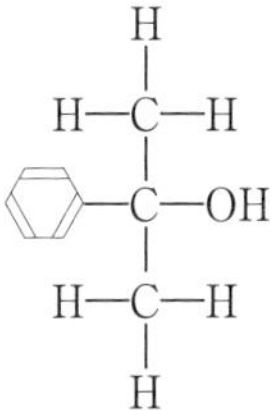

J.

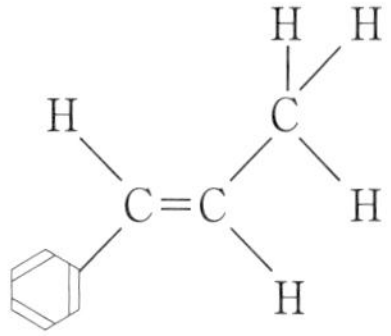

K.

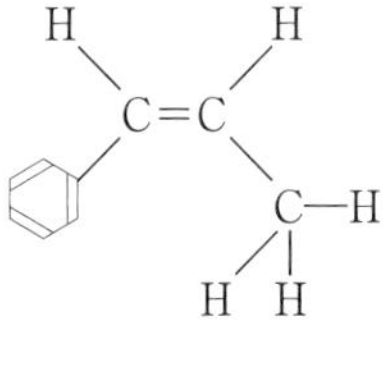

解説

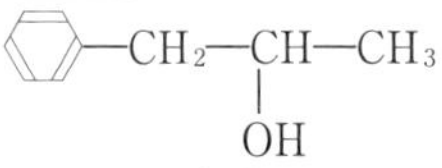

(A)

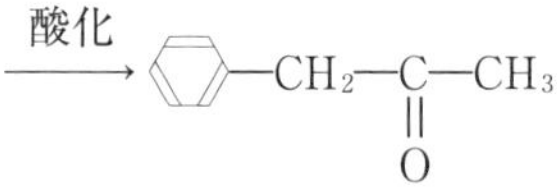

(F)

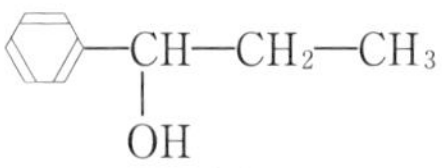

(B)

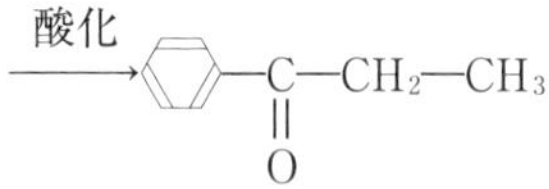

(G)

(C)

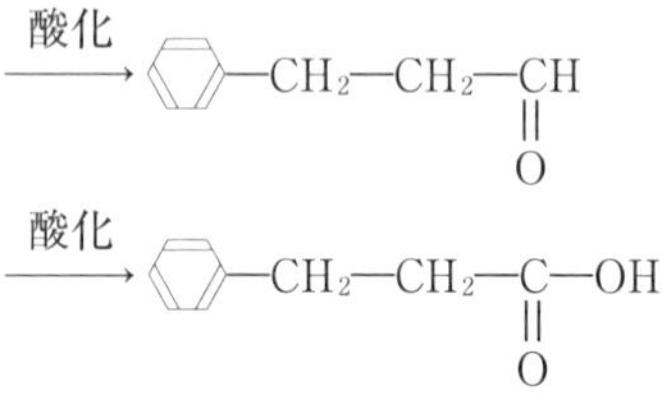

(H)

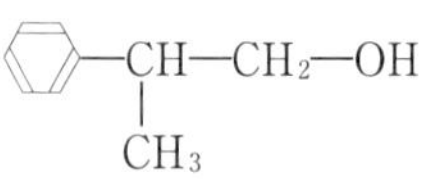

(D)

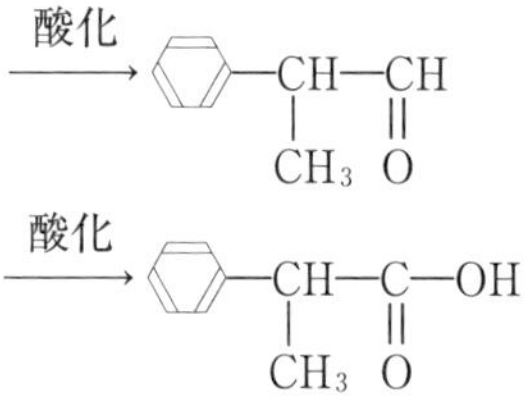

(I)

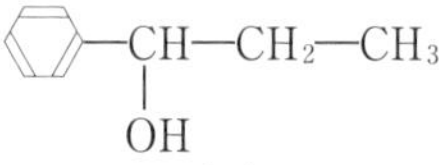

(B)

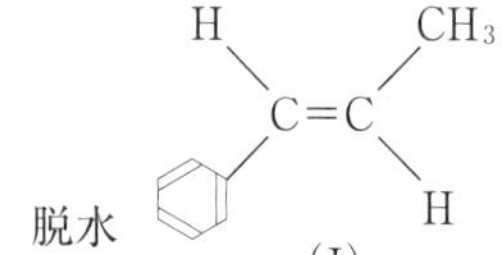

(J)

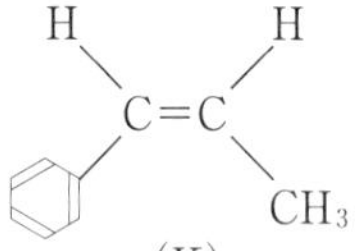

(K)

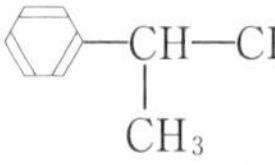

(D)

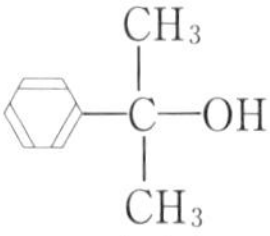

(E)

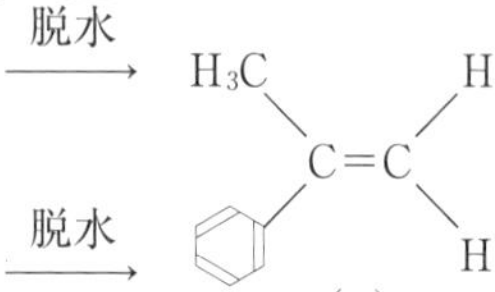

(L)

9

Ⅰ. (1)

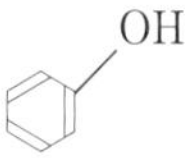

(2) 紫色に変化する

(3) B：

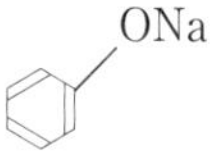

C：

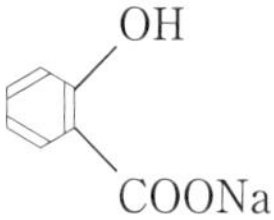

D：

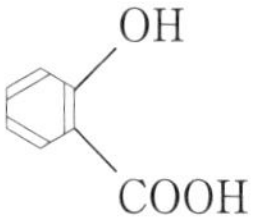

Ⅱ. (1) $CH_3-\underset{\displaystyle OH}{\underset{|}{CH}}-CH_3$

$\longrightarrow CH_2=CH-CH_3+H_2O$

(2)　IUPAC 名：1-ブテン

構造式：$CH_2=CH-CH_2-CH_3$

IUPAC 名：シス-2-ブテン

構造式：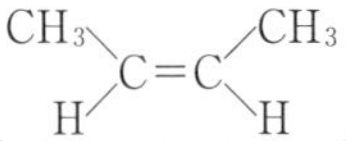

IUPAC 名：トランス-2-ブテン

構造式：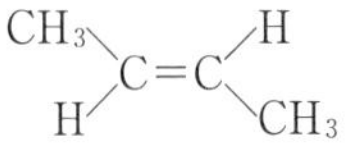

(3)　2-ブタノールが分子内脱水をするとき，一般に置換数の多い二重結合を持ったアルケンが生成しやすいので，2-ブテンが多く生成する。さらに，2-ブテンはシス型よりもトランス型の方が安定なので，トランス-2-ブテンが最も多く生成すると考えられる。

解説

A．(1)　化合物Aの各原子の物質量の比は，

$$C:H:O=\frac{76.6}{12}:\frac{6.38}{1}:\frac{100-(76.6+6.38)}{16}$$

$$\fallingdotseq 6:6:1$$

よって，化合物Aの組成式は，C_6H_6O

分子量が94より，化合物Aの分子式は，C_6H_6O

10

(1)　C_3H_6O

(2)　C．CH_3CH_2CHO

D．CH_3COCH_3

F．$CH_3CH_2OCH_3$

G．CH_3CH_2COOH

(3)　ヨードホルム

解説

(1)　元素分析結果より，

$$C:H:O=\frac{62.1}{12}:\frac{10.3}{1}:\frac{27.6}{16}$$

$$\fallingdotseq 3:6:1$$

よって，組成式は，C_3H_6O

次に，分子量をMとすると，状態方程式より，

$$1.0\times10^5\times1.66$$

$$=\frac{2.90}{M}\times8.3\times10^3\times(273+127)$$

$$\therefore M=58$$

したがって，分子式は，C_3H_6O

(2)　条件より，B，C，Dは，次の通り。

B：$CH_2=CH-O-CH_3$

C：CH_3CH_2CHO

D：CH_3COCH_3

また，E，F，Gは，

E：$CH_3CH_2CH_2OH$

F：$CH_3CH_2-O-CH_3$

G：CH_3CH_2COOH

Aは，

$CH_2=CH-CH_2OH$

または

$CHOH=CHCH_3$

Aには他に次の異性体も存在する。

CH_2COHCH_3

11

(1)　$C_7H_6O_3$

(2)　A．

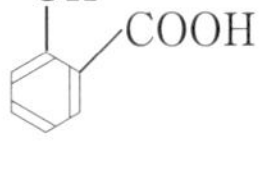

B．

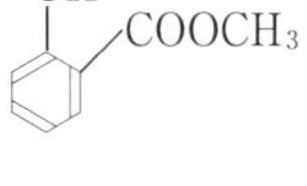

C．

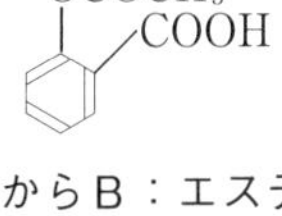

(3)　AからB：エステル化

AからC：アセチル化

CからA：加水分解

(4)　①　未反応のサリチル酸と濃硫酸を中和する。

②　油状物質のサリチル酸メチルが溶ける。

解説

(1)　$A + 7O_2 \longrightarrow 7CO_2 + 3H_2O$

及び分子量 138 より，A の分子式は，

$C_7H_6O_3$

(2)

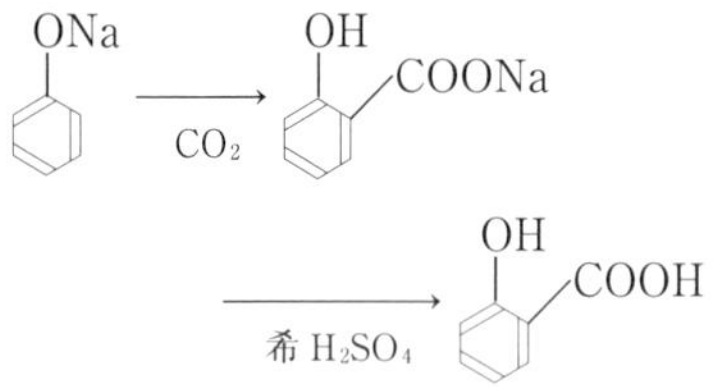

A：サリチル酸

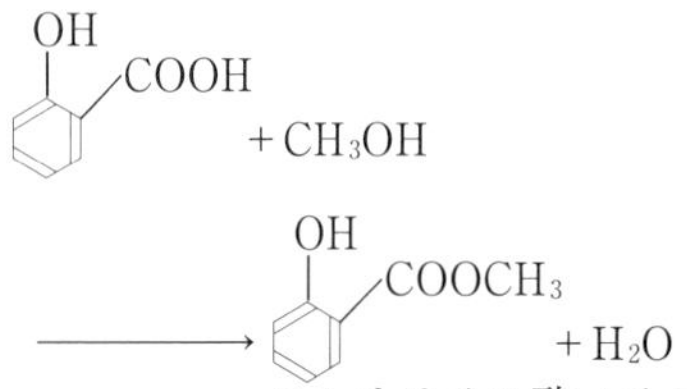

B：サリチル酸メチル

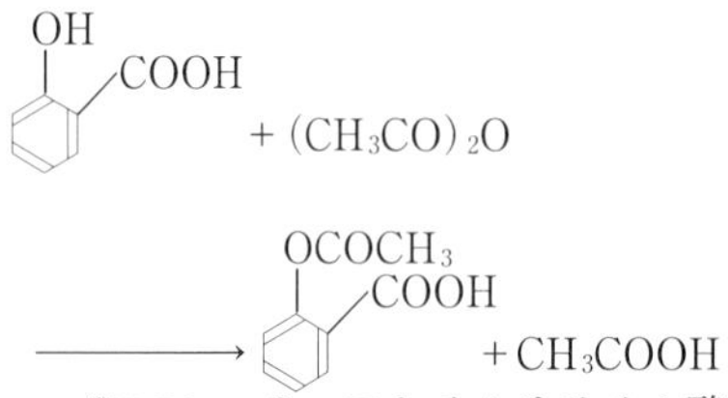

濃H_2SO_4　C：アセチルサリチル酸

12

(1)　a．アニリン，トルエン，ジエチルエーテル

b．アニリン，フェノール，トルエン

(2)　分液漏斗

(3)　塩化鉄（Ⅲ）水溶液

(4)　a

(5)　ジエチルエーテルを蒸発させる。

解説

(4)　化学式は，それぞれ次の通り。

アニリン：

安息香酸：

フェノール：

トルエン：

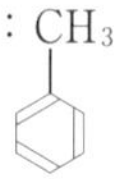

フェノールは，炭酸水素ナトリウム水溶液と反応しない。

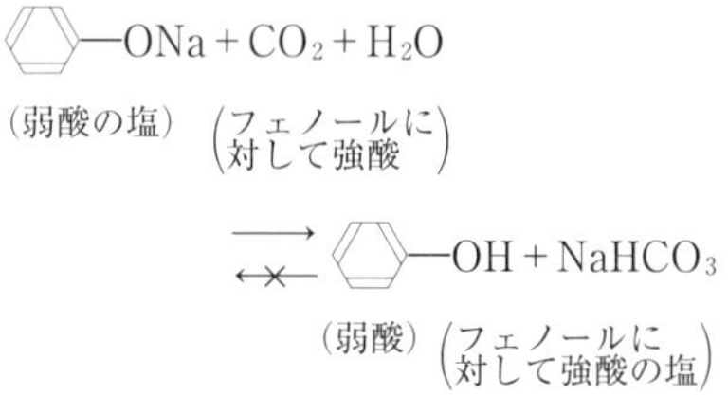

酸の強弱は，

カルボン酸＞炭酸＞フェノール類

(5)　湯の入ったビーカーに，このジエチルエーテル層の試験管を入れると，ジエチルエーテル（沸点：34.5℃）が蒸発し，トルエンが得られる。

13

(1)　$C_3H_5(OCOC_{17}H_{31})_3$

(2)　191　　(3)　6 個　　(4)　6.72L

(5)　ステアリン酸ナトリウム

解 説

(1)　油脂Aは次のように反応して生成する。

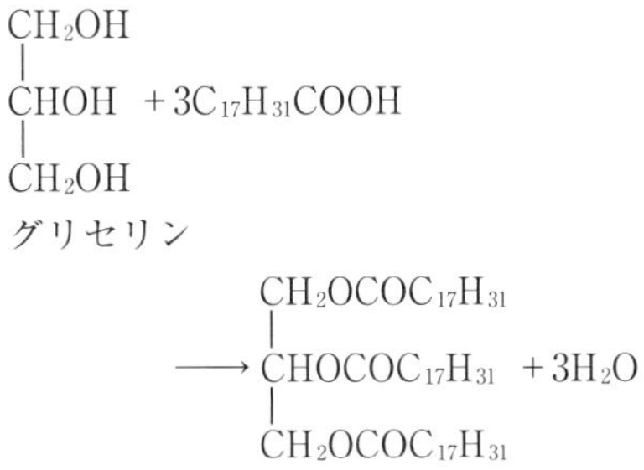

グリセリン

(2)　$C_3H_5(OCOC_{17}H_{31})_3=878$，$KOH=56$

$$878:(3\times56)=1000:x$$

$$\therefore\ x\fallingdotseq191.3$$

(4)　油脂1molに水素は6mol付加するので，

$$\frac{43.9}{878}\times6\times22.4=6.72\,〔L〕$$

14

(1)　ア．アミノ酸　　イ．α-アミノ酸
　ウ．ペプチド　　エ．ポリペプチド
　オ．水分子　　カ．縮合

(2)　**21.0%**　　(3)　**66.8**

(4)　**30.0%**

解 説

(2)　$$\frac{\dfrac{44.8}{22.4\times10^3}\times28}{0.267}\times100\fallingdotseq21.0\,〔\%〕$$

(3)　このポリペプチド0.267g中にN原子は，

$$\frac{44.8\times10^{-3}}{22.4}\times2=4\times10^{-3}\,〔mol〕$$

含まれている。

繰り返し単位1個あたりにN原子は1個含まれているので，この平均式量をxとおくと，

$$4\times10^{-3}\times x=0.267\quad\therefore\ x\fallingdotseq66.8$$

(4)　$[-NH-CH_2-CO-]=57$，
$[-NH-CH(CH_3)-CO-]=71$
より，グリシンに由来するものが全体のx〔%〕あるとすると，

$$57\times\frac{x}{100}+71\times\frac{100-x}{100}=66.8$$

$$\therefore\ x=30.0\,〔\%〕$$

15

(1)　必須アミノ酸

(2)　ア．水素　　イ．α-ヘリックス
　ウ．β-シート　　エ．ジスルフィド

(3)　5個

(4)

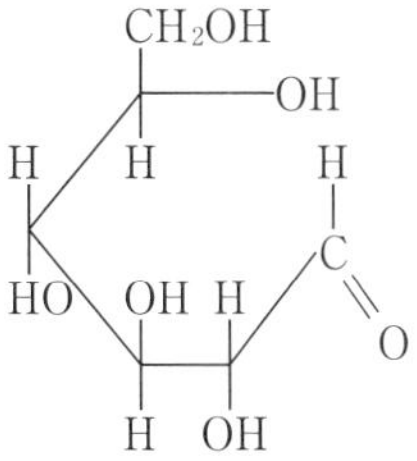

鎖式構造で還元性を示すホルミル基（アルデヒド基）を有するため。

(5)　枝分かれの多い構造のアミロペクチンは，直鎖状構造のアミロースよりもグリコシド結合が多く，複雑な構造となっている。そのため，I_2分子が入り込みにくく，呈色が弱くなる。

解 説

(2)　タンパク質の構造には，アミノ酸配列（一次構造）の他に，二次構造，三次構造，四次構造がある。

16

(1)　**4968**　　(2)　**96**

(3)　名称：開環重合

構造式：

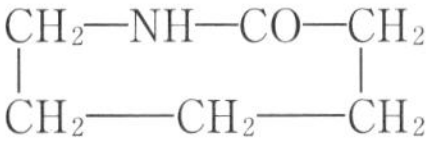

(4)　キサントプロテイン反応は，ベンゼン環がニトロ化されることによって黄橙色を呈する反応である。6-ナイロンは，ベンゼン環を含んでいないのでこの反応は起きないことになる。

解説

(1)　$117\times50-18\times49=4968$

(2)　基本単位の

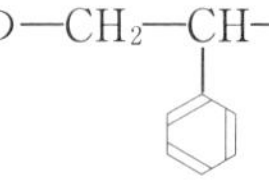

は104であるから，

$104\times n=10000$　　$\therefore\ n\fallingdotseq96$

(3)　6-ナイロンは，カプロラクタムの—NH—CO—が切れて重合する。

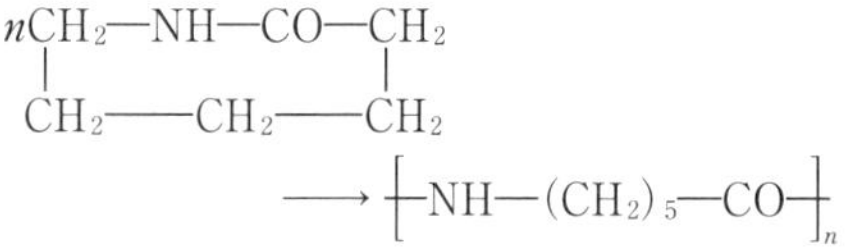

17

(1)　ア．アミド　　イ．水

ウ．

$$\mathrm{HO-\underset{\underset{O}{\|}}{C}-(CH_2)_4-\underset{\underset{O}{\|}}{C}-\underset{\underset{H}{|}}{N}-(CH_2)_6-NH_2}$$

(2)　$\boldsymbol{n=\dfrac{1}{x-1}}$

(3)　**xの値をできるだけ1に近づける。**

(4)　**4.7×10^3**

解説

(2)　①において，ジカルボン酸由来の［エ］が1個多くなるので，

$nx-n=1$　　$\therefore\ n=\dfrac{1}{x-1}$

(4)　6,6-ナイロンの分子量をMとする。①は2価のカルボン酸なので，

$$\frac{1.24}{M}\times2=0.10\times\frac{5.3}{1000}$$

$\therefore\ M\fallingdotseq4.7\times10^3$

18

(1)　**共重合**　　　(2)　**4.1%**

(3)　**37mL**

解説

(1)　スチレン，p-ジビニルベンゼンの構造式は，次の通り。

スチレン：

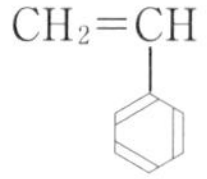

p-ジビニルベンゼン：

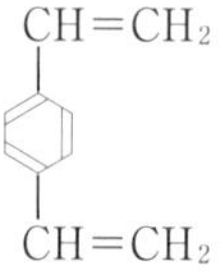

(2)　重合に用いられたスチレン，p-ジビニルベンゼンの量はそれぞれ，

$$\frac{10.4}{104}=0.1\,[\mathrm{mol}]$$

$$\frac{13}{130}=0.1\,[\mathrm{mol}]$$

スルホン化させた樹脂をNaOH水溶液で滴定した際に要した量は，

$$1.0\times\frac{3.7}{1000}=0.0037\,[\mathrm{mol}]$$

よって，スルホン化された割合は，

$$\frac{0.0037}{0.1\times\dfrac{90}{100}}\times100\fallingdotseq4.1\,[\%]$$

(3)　実験Ⅱで得られた樹脂は陽イオン交換樹脂といい，分子中の—SO_3Hが電離して生じるH^+と水溶液中の陽イオンとが交換する。いま，樹脂中のH^+は(2)より0.003molであり，加えたK^+は

$0.25\times\dfrac{20}{1000}=0.005\,(\mathrm{mol})$であるから，

交換されたH^+は0.0037molである。

したがって中和滴定で使用したNaOH水溶液をx[mol]とおくと

$$0.10\times\frac{x}{1000}=0.0037$$

$$x=37\,[\mathrm{mL}]$$

19

(1)　**分子内に親水性のヒドロキシ基（ヒドロキシル基）—OHが存在するため。**

(2)　**オ，カ**

(3)　**低密度ポリエチレンは，不規則で長**

い枝分かれ（側鎖）がたくさんある（長鎖分岐）分子構造であるのに対して，高密度ポリエチレンはほとんどが幹（直鎖）で，枝分かれ（側鎖）が短く少ない分子構造である。

(4)　平均 99 個

解説

(1)　ビニロンは，1939 年に日本で開発されたポリビニルアルコール系合成繊維で，木綿によく似た性質をもつ。

(4)　$\{CO-(CH_2)_4-CO-NH-(CH_2)_6-NH\}_n$

分子量は $226n$ より，

$$226n = 1.13 \times 10^4$$

$$\therefore\ n = 50$$

よって，ナイロン 1 分子中には，

$$2n - 1 = 99\text{〔個〕}$$

のアミド結合がある。

6 実践問題

1 ★☆☆

次の［Ⅰ］～［Ⅲ］の各問いに答えよ。

［Ⅰ］ 同位体に関する次の各問いに答えよ。

(1) 炭素原子には質量数が 12 と 13 の 2 種類の同位体が存在し，その相対質量の値と存在比（%）は次の通りである。このことから炭素原子の原子量を求めよ。ただし，答えは小数第 3 位を四捨五入し，小数第 2 位まで答えよ。

	相対質量の値	存在比（原子数百分率）
質量数12の炭素原子	12（基準）	98.90 %
質量数13の炭素原子	13.00	1.10 %

(2) 質量数が 1 と 2 の 2 種類の水素原子と質量数が 16，17，18 の 3 種類の酸素原子から生じる水分子には，何種類の水分子が存在するか。

［Ⅱ］ 化学結合に関する次の説明文を読み，各問いに答えよ。

A．陽イオンと陰イオンが（ ① ）力によって引き合ってできる結合。

B．この結合は共有結合の一種であり，原子や分子が持つ（ ② ）対を他方の原子やイオンと共有することによってできる結合。この結合によってできるものには，オキソニウムイオンや錯イオンなどが知られている。

C．すべての原子の価電子を，すべての原子で共有することによってできる結合。

(3) 説明文中の空欄①～②に適する語句をそれぞれ答えよ。

(4) 次に示す物質のなかで，説明文Aの結合の比率が最も高いものを選び，その化学式を答えよ。

〔アンモニア，鉄，塩化水素，塩化カルシウム，硫酸〕

(5) 説明文Bは何結合を説明した文か。その結合の名称を答えよ。

(6) 次に示す物質の中で，その結晶が共有結合結晶であるものはどれか選べ。

ア．塩化ナトリウム　　イ．二酸化ケイ素　　ウ．ナトリウム

エ．硝酸アンモニウム　　オ．二酸化硫黄

(7) 説明文Cの結合からなる物質の特徴を表す文として適当なものを選べ。

ア．極めて硬く，融点・沸点は非常に高い。

イ．固体でも液体でも電気を通し，一般に展性や延性に富むものが多い。

ウ．もろく柔らかいものが多く，融点・沸点は低い。

エ．融点・沸点は高いものが多く，固体では電気を通さないが液体では電気を通す。

［Ⅲ］　分子に関する次の各問いに答えよ。

(8)　水分子の分子構造は何形か答えよ。

(9)　二酸化炭素の電子式を例にならって記せ。

〔例〕　水素　　　　H：H

〈長崎県〉

2 ★☆☆

次の各問いに答えよ。

(1)　次のア～エの文のうち，正しいものを1つ選べ。

ア．黒鉛は単体，塩酸は化合物，空気は混合物である。

イ．塩素は単体，塩化ナトリウムは化合物，石油は混合物である。

ウ．ハンダは単体，水は化合物，アンモニアは混合物である。

エ．酸素は単体，花崗岩は化合物，牛乳は混合物である。

(2)　次のア～エの文のうち，誤っているものを1つ選べ。

ア．原子番号2，10，18の原子を互いに同位体という。

イ．質量数が16，17，18で中性子数がそれぞれ8，9，10の原子はすべて同じ元素である。

ウ．陽子の数が3，11，19の元素は陽イオンになりやすい。

エ．最外殻電子の数が7の原子は陰イオンになりやすい。

(3)　ある物質は黄緑色の炎色反応を示した。また，その水溶液に硝酸銀水溶液を加えても，希硫酸を加えても，いずれの場合も白色の沈殿を生じた。この物質を次のア～エのうちから1つ選べ。

ア．塩化銅（Ⅱ）　イ．硝酸銅（Ⅱ）　ウ．硝酸バリウム

エ．塩化バリウム

(4)　濃度3.4％の過酸化水素水100gに酸化マンガン（Ⅳ）（MnO_2）を少量加えたところ，過酸化水素がすべて反応し，酸素が発生した。次の①，②の問いに答えよ。ただし，原子量をH＝1，O＝16とする。

①　この反応を化学反応式で表せ。

②　酸素は0℃，1気圧で何L発生するか，有効数字3桁で答えよ。

〈佐賀県〉

3 ★★☆

結晶構造に関する次の文を読んで，各問いに答えよ。

多くの金属単体は，多数の金属原子が規則的に配列して結晶を形成している。その結晶構造のなかでも主な２種類が下図の結晶構造Ⅰおよび Ⅱである。この結晶構造Ⅰおよび Ⅱでは，それぞれが立方体を単位格子として結晶を形成している。また，ここではすべての金属原子を均一な球として考えるものとする。

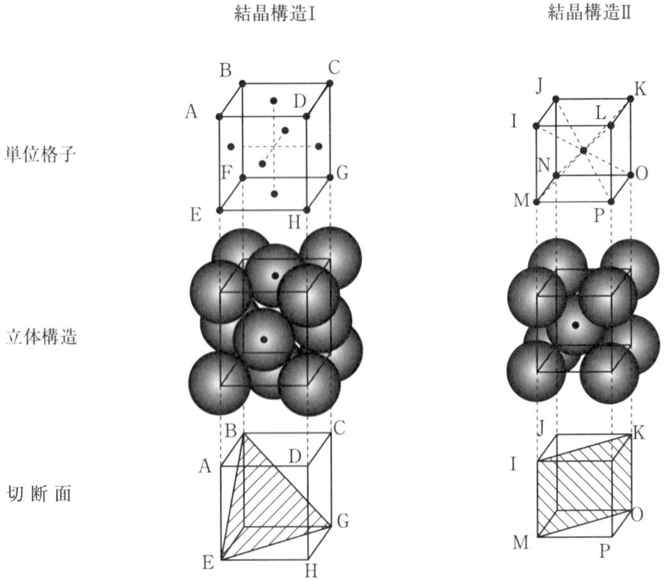

⑴　結晶構造Ⅰの結晶格子の名称を答えよ。

⑵　結晶構造Ⅱでは，単位格子中に何個分の原子が含まれているか。その数を答えよ。

⑶　結晶構造Ⅰでは，１つの原子は何個の原子と接しているか。その数を答えよ。

⑷　ある金属の結晶は結晶構造Ⅱであり，その単位格子の一辺の長さは a であった。このとき，金属原子の原子半径を a を用いて表せ。ただし，平方根はそのまま用いてよい。

⑸　原子量が M のある金属の結晶は結晶構造Ⅰであり，その密度は d〔g/cm^3〕であった。その単位格子の一辺の長さを l〔nm〕とした時，アボガドロ数 N〔/mol〕を M，d，l を用いて表せ。ただし，l〔nm〕$= l\times10^{-9}$〔m〕とする。

(6)　結晶構造Ⅰの単位格子を点B，E，Gを含む平面で，結晶構造Ⅱの単位格子を点Ｉ，M，O，Kを含む平面でそれぞれ切断した場合，各単位格子の切断面（斜線部分）では，原子はどのように切り取られるか。各原子を均一な球として，切り口の斜線部分の様子をフリーハンドで描け。

〈長崎県〉

4 ★☆☆

次の各問いに答えよ。

(1)　次のア～カのうち，混合物をすべて選べ。

ア．塩酸　　イ．二酸化炭素　　ウ．黒鉛

エ．赤リン　　オ．石油　　カ．アンモニア

(2)　次のア～エの単体から，常圧で融点が最も低いものを１つ選べ。

ア．窒素　　イ．酸素　　ウ．フッ素　　エ．ネオン

(3)　次のア～エの物質から，イオン結合と共有結合の２つの化学結合を含むものを１つ選べ。

ア．塩化ナトリウム　　イ．炭酸カルシウム

ウ．二酸化ケイ素　　エ．銀

(4)　ナトリウムの単位格子は体心立方格子である。ナトリウムの原子量をM，単位格子の一辺の長さをa〔cm〕，アボガドロ定数をN〔/mol〕とすると，ナトリウムの結晶の密度〔g/cm^3〕を表すものを１つ選べ。

ア．$\dfrac{2N}{a^3M}$　　イ．$\dfrac{4N}{a^3M}$　　ウ．$\dfrac{2M}{a^3N}$　　エ．$\dfrac{4M}{a^3N}$

(5)　25℃の純粋な水の電離度を求めよ。ただし，25℃の水の密度は1.0 g/cm^3，水のイオン積は1.0×10^{-14} mol^2/L^2，原子量はH＝1.0，O＝16とする。

〈高知県〉

5 ★☆☆

次の各問いに答えよ。ただし，原子量はH＝1.0，C＝12，O＝16とする。

(1)　球状の形態をした炭素原子ばかり60個からなるフラーレン（C_{60}）とよばれる分子がある。この分子は結晶状態で，立方体の各頂点および立方体を形成する正方形の中心にそれぞれC_{60}分子が１個位置する形態をとる。結晶を形成する最小の立方体の１辺の長さは1.4×10^{-7} cmである。$\sqrt{2}=1.4$，アボガドロ定数＝6.0×10^{23}/molとして，次の①～③の問いに答えよ。

① 最小の立方体に含まれるC_{60}分子の数を答えよ。

② 結晶状態で，各C_{60}分子が互いに接触するように並んでいるとすると，C_{60}分子の半径は何 cm になるか，有効数字２桁で答えよ。

③ このC_{60}結晶の密度は何g/cm^3になるか，有効数字２桁で答えよ。

(2) 27℃，1.0×10^5 Pa において，容積が 12.45L の密閉容器にヘリウムと分圧 2.5×10^3 Pa の水蒸気が入っている。27℃の飽和水蒸気圧を 3.8×10^3 Pa として，次の①～②の問いに答えよ。

① 容器内の水蒸気の質量は何 g か，有効数字３桁で答えよ。

② 27℃容器の体積を$\frac{1}{2}$に圧縮したら，容器内の圧力は何 Pa になるか答えよ。

(3) 二糖類のマルトース 1000g を加水分解した後，アルコール発酵させるとエタノールは理論上何 g 得られるか，整数値で答えよ。

〈大分県〉

6 ★★☆

気体の水への溶解性は，各成分気体の分圧に関係している。次の操作１，２に関する各問いに答えよ。ただし，水蒸気圧は無視できるものとし，また，気体はすべてヘンリーの法則に従うものとする。

〈操作１〉

気密性の高いピストンがついた容器に，20℃，1.0×10^5 Pa における窒素 6.4L，酸素 1.6L，二酸化炭素 2.0L を封入し，20℃，1.0×10^5 Pa で体積を 10L とした。

〈操作２〉

操作１の容器に体積 1.0L の水を入れ内容積が 11L になるようにピストンを固定し，20℃に保った。

(1) 操作１の混合気体に含まれる各成分気体の分圧は何 Pa か。有効数字２桁で求めよ。

(2) 操作１の混合気体の平均分子量を小数第１位まで求めよ。

(3) この混合気体の成分気体のうち窒素と酸素は水にほとんど溶けないので，窒素と酸素の分圧は変化しないものとする。20℃の水に対する窒素の溶解度を a〔mL〕，酸素の溶解度を b〔mL〕として，操作２において水に溶解している窒素と酸素の物質量の比を a，b の記号を用いて記せ。ただし，気体の溶解度は，1.0×10^5 Pa のもとで水 1mL に溶ける溶質の体積を標準状態に換算して表したものである。

(4)　この混合気体の成分気体のうち二酸化炭素は溶解度が比較的大きいので，溶解することにより分圧は変化する。二酸化炭素の分圧を求めるために，次の①～③の問いに答えよ。ただし，20℃における二酸化炭素の水に対する溶解度は0.94mLである。

①　操作2において平衡状態に達したときの二酸化炭素の分圧をP〔Pa〕として，溶解している二酸化炭素の標準状態における体積〔L〕をPを用いて記せ。

②　次の式は，操作2における気相の二酸化炭素と水相の二酸化炭素の物質量の和と，操作1での二酸化炭素の物質量の関係を示す式である。アに該当する水相の二酸化炭素の物質量をPを用いた式で記せ。

$$\frac{P\times 10}{8.3\times 10^3\times 293}+\boxed{\quad ア \quad}=\frac{1.0\times 10^5\times 2.0}{8.3\times 10^3\times 293}$$

③　二酸化炭素の分圧P〔Pa〕を，有効数字2桁で求めよ。

〈佐賀県〉

7　★★☆

次の各問いに答えよ。ただし，原子量は，H＝1.0，C＝12，N＝14，O＝16とする。

(1)　ピストンのついた容器の中に，8.7gのブタンと1.4gの窒素からなる混合気体が入っている。温度を20℃に保ったまま，ピストンを動かして徐々に圧縮し，体積を5.0Lから1.0Lまで変化させた。最初に存在したブタンの何%液化するか求めよ。また，このとき混合気体が示す圧力を求めよ。ただし，20℃におけるブタンの飽和蒸気圧は2.0×10^5Paとし，答えの数値は有効数字2桁で求めること。

(2)　ある塩は100gの水に，0℃で50g，80℃で150g溶ける。今，80℃の飽和水溶液100gから水を蒸発させて，その後0℃まで冷却したところ，50gの結晶が析出した。蒸発した水は何gか求めよ。

(3)　一酸化炭素（気体）の生成熱を求めよ。ただし，CO分子の解離エネルギーを1071kJ/mol，O＝Oの結合エネルギーを494kJ/mol，炭素（黒鉛）の昇華熱を715kJ/molとする。

〈山形県〉

8 ★★☆

次の各問いに答えよ。

(1) 6.0Lの容器に0.15molの酸素と0.050molの二酸化炭素および0.20molの窒素を封入し，温度を27℃に保つと，混合気体の全圧は何Paになるか求めよ。また，混合気体中の二酸化炭素の分圧は何Paになるか求めよ。ただし，気体定数$R=8.3\times10^3$〔L･Pa/(K･mol)〕とする。

(2) 3.0×10^{-3}mol/Lの2価の塩基の水溶液がある。この水溶液のpHを求めよ。ただし，温度は25℃であるとし，この温度におけるこの2価の塩基の電離度は0.90であるとする。また，log2＝0.30，log3＝0.48，として計算せよ。

(3) 次の熱化学方程式を用いて，メタンの生成熱を求めよ。

$2H_2$(気体)＋O_2(気体)＝$2H_2O$(液体)＋572kJ

C(固体)＋O_2(気体)＝CO_2(気体)＋394kJ

CH_4(気体)＋$2O_2$(気体)＝CO_2(気体)＋$2H_2O$(液体)＋891kJ

(4) 80℃の硫酸銅（Ⅱ）の飽和水溶液100gを20℃まで冷却すると，硫酸銅（Ⅱ）五水和物の結晶が何g析出するか。求める値をxとして答えよ。ただし，100gの水に対する無水硫酸銅（Ⅱ）の溶解度は，20℃で20.0g，80℃で56.0gであり，式量は，$CuSO_4$＝160，分子量は，H_2O＝18.0とする。

(5) 石灰石75gに過剰な塩酸を加えたところ，二酸化炭素が15.12L（標準状態）発生した。このときの反応は，

$CaCO_3+2HCl \longrightarrow CaCl_2+H_2O+CO_2\uparrow$

だけであるとして，この石灰石中に含まれていた炭酸カルシウムは何%か求めよ。ただし，原子量は，Ca＝40，O＝16，C＝12とする。

(6) 27℃，1.0×10^5Paにおいて3.3g/Lの気体がある。この気体の分子量はいくらか，小数第1位まで求めよ。

〈京都府〉

9 ★☆☆

次の文を読んで，各問いに答えよ。

アンモニアは，工業的には触媒（　ア　）を用いる（　イ　）法により合成され，その熱化学方程式は次のように表される。

$N_2+3H_2=2NH_3+Q$〔kJ〕（$Q>0$）

(1) 空欄ア，イに当てはまる語句を答えよ。

⑵ アンモニアの生成熱は何 kJ/mol か。ただし，H—H，N≡N，N—H の結合エネルギー（kJ/mol）をそれぞれ 432，928，386 とする。

⑶ 温度を T〔K〕，全圧を P〔Pa〕に保ちながら N_2 1mol と H_2 3mol を混合するとNH$_3$ の体積百分率が 25％になり平衡に達した。平衡時における N_2 の物質量はいくらか求めよ。

⑷ ⑶の実験を温度 T〔K〕，全圧 $2P$〔Pa〕で行った。平衡時におけるN_2の物質量，NH_3 の物質量，平衡定数は⑶の実験に比べてどう変化するか。増加する，減少する，変化なしで答えよ。

⑸ ⑶の実験を温度 $2T$〔K〕，全圧 P〔Pa〕で行った。平衡時におけるN_2の物質量，NH_3 の物質量，平衡定数は⑶の実験に比べてどう変化するか。増加する，減少する，変化なしで答えよ。

〈愛媛県〉

10 ★★☆

次の文を読み，各問いに答えよ（気体はすべて理想気体とする）。

1L の密閉容器の中に a〔mol〕のヨウ化水素を入れて加熱すると，気体のヨウ素が生成して赤紫色を呈する。一定温度のもとでは，気体のヨウ素は時間とともに増加するが，ヨウ化水素は時間とともに減少し，ヨウ化水素の b〔%〕が分解したところで平衡に達する。このときの反応および平衡定数 K は，次の式で表せる。

$$2HI \rightleftharpoons H_2 + I_2 \qquad K = \frac{[H_2][I_2]}{[HI]^2}$$

⑴ 平衡定数 K を，a，b のうち必要な記号を使って示せ。ただし，表記は最も簡単な形にすること。

⑵ 一定温度で 1mol のヨウ化水素を 1L の密閉容器の中で分解した。平衡定数の値を $K=0.04$ とすると，平衡状態で分解せずに残っているヨウ化水素の割合は何％か。答えは小数第 1 位まで求めよ。

⑶ 水素とヨウ素の各 1mol から，ヨウ化水素が生成するときの反応は，発熱反応であり，10.5kJ の熱を放出する。この時の活性化エネルギーは 167.4kJ であり，白金触媒を用いると活性化エネルギーの値は低下して 48.1kJ になる。ヨウ化水素が分解するときに必要な活性化エネルギーは，触媒のない場合，白金触媒のある場合，それぞれ何 kJ か。小数第 1 位まで求めよ。

⑷ ヨウ化水素の分解反応について，ア～キの中で誤りのあるものはどれか。すべて記号で答えよ。

ア．活性化エネルギーの値は，触媒の種類によって異なる。
イ．分解反応の反応速度は，温度が上昇すると大きくなる。
ウ．分解反応の反応速度は，濃度に無関係である。
エ．ヨウ化水素の分解反応は，自発的に起こる反応である。
オ．平衡定数は，温度の影響を受ける。
カ．白金触媒は正反応の反応速度を増大させるが，逆反応の反応速度は減少させる。
キ．白金触媒の作用は，平衡状態における生成物の量を増加させる。

〈長野県〉

11 ★★☆

次の各問いに答えよ。

(1) A＋B $\rightleftarrows$ C で表される可逆反応について，①～②の問いに答えよ。

400 K で体積 V〔L〕の容器中に，AとBおよびCの混合気体がある。平衡に達する前のAとBの分圧は，それぞれ $P_A=4.0\times10^3$ Pa，$P_B=3.0\times10^3$ Pa，全圧は 9.0×10^3 Pa であった。時間が経過して平衡に達したときの全圧は 6.5×10^3 Pa であった。ただし，温度は 400 K，気体定数は 8.3×10^3〔L･Pa/(mol･K)〕とする。

① 圧平衡定数 K_p を有効数字２桁で答えよ。

② 濃度平衡定数 K_c を有効数字２桁で答えよ。

(2) 0.10 mol/L の酢酸ナトリウム水溶液は，電離した後加水分解して塩基性を示す。酢酸の電離定数を K_a，水のイオン積を K_w とすると，

$$CH_3COO^- + H_2O \rightleftarrows CH_3COOH + OH^-$$

において加水分解定数 K_h は，K_h＝（　ア　）〔mol/L〕で表される。

また，加水分解の式より，$[OH^-]=[CH_3COOH]$ であるから，$[OH^-]$ を $[CH_3COO^-]$ と K_h を使って表すと，$[OH^-]$＝（　イ　）〔mol/L〕となる。さらに，水素イオン指数 pH を $[OH^-]$ を使って表すと，pH＝（　ウ　）となる。

① 文中の空欄ア～ウに当てはまる適当な式を答えよ。

② 酢酸の電離定数 K_a を 1.8×10^{-5}〔mol/L〕，水のイオン積 K_w を 1.0×10^{-14}〔mol/L〕^{2}，log1.8＝0.26 として，0.10 mol/L の酢酸ナトリウム水溶液の pH を有効数字２桁で答えよ。

〈大分県〉

12 ★★☆

次の文を読んで，各問いに答えよ。

空気中に放置しておいた水は，空気中に含まれる二酸化炭素が溶け込むため，pH をはかると弱酸性の値を示す。そこで，放置しておいた水に，空気中に含まれる二酸化炭素が溶け込んだ場合の pH を①～④の順で求めた。

① 空気中の二酸化炭素濃度は，25℃，1.0×10^5 Paで約 300 ppm である。また，二酸化炭素は，25℃，1.0×10^5 Paで，1 mL の水に対し 0.759 mL 溶ける。二酸化炭素が，理想気体でヘンリーの法則に当てはまるものとし，さらに，水に溶解した二酸化炭素は，すべて水と反応して炭酸になるものとして，(1)25℃における炭酸のモル濃度を求める。

② 炭酸は水溶液中で 2 段階に電離するが，第二段階の電離の程度は極めて小さいため，炭酸の電離平衡においては，近似的に(2)第一段階の電離のみを考えるものとする。次に，平衡状態では正逆両反応の反応速度が等しいことを用いて(3)炭酸の電離平衡定数を求める。

③ 炭酸の電離平衡定数とモル濃度から炭酸の電離度を求める。

④ 水素イオン濃度 $[H^+]$ を求め，次に(4)pH を求める。

(1) 下線部(1)について，有効数字 2 桁で求めよ。

(2) 下線部(2)について，電離式で答えよ。

(3) 下線部(3)について，炭酸のモル濃度を C，炭酸の電離度を α とし，C と α を用いた式で表せ。

(4) 下線部(3)について，有効数字 2 桁で求めよ。ただし，炭酸が電離する反応を正反応とし，平衡状態での正反応の反応速度定数を 3.4×10^{-2}，逆反応の反応速度定数を 6.8×10^4 とする。

(5) 下線部(4)について，有効数字 2 桁で求めよ。ただし，$\log2=0.30$ とする。

〈北海道・札幌市〉

13 ★☆☆

次の文を読んで，各問いに答えよ。

塩化銀の沈殿生成を利用して，水溶液中の塩化物イオンの濃度を測定する沈殿滴定について，その操作を頭に思い描きながら考えてみよう。

塩化物イオンが含まれる試料溶液 10 mL を正確にはかりとり，コニカルビーカーに入れる。この水溶液にクロム酸イオンを少量加える。これに，濃度既知の硝酸銀溶液を滴下していく。すると，まず塩化銀の白色沈殿が析出するがやがてクロム酸銀の赤褐色沈殿が生成し始める。この時点で滴定は終了となる。このときまでに塩化物イオンのほとんどすべては沈殿してしまっているからである。

難溶性塩の溶解における平衡定数 K（「溶解度積」と呼ばれる）は，溶解により生じたイオンの濃度を用いて次のように表され，平衡に達するとそれらの濃度の積が一定になる。

$$AgCl(固) \rightleftarrows Ag^{+} + Cl^{-}$$

$$K = [Ag^{+}][Cl^{-}] = 1.7 \times 10^{-10} (mol/L)^{2}$$

$$Ag_2CrO_4(固) \rightleftarrows 2Ag^{+} + CrO_4^{2-}$$

$$K = [Ag^{+}]^{2}[CrO_4^{2-}] = 1.0 \times 10^{-12} (mol/L)^{3}$$

実際の滴定では，塩化ナトリウム水溶液（A）10.0mL をとり，蒸留水を加えて 30mL とした。これに，0.10mol/L クロム酸カリウム水溶液 1.0mL を指示薬として加えたのち，0.020mol/L の硝酸銀水溶液を滴下していくと 9.0mL まで加えたとき，クロム酸銀の赤褐色沈殿を生じた。

この滴定はほぼ中性で行う必要がある。酸性だとクロム酸イオンが（　ア　）に変化し，クロム酸銀として沈殿させることができなくなるからである。アルカリ性だと銀が（　イ　）として沈殿してしまうからである。

(1)　空欄アにイオン式を，空欄イに組成式をそれぞれ答えよ。

(2)　塩化ナトリウム水溶液（A）のモル濃度を求めよ。

(3)　クロム酸銀が沈殿し始めたとき，溶液中に残っている塩化物イオンのモル濃度を求めよ。

〈岩手県〉

14 ★★☆

次の文を読んで，各問いに答えよ。

マンガン化合物を用いて，実験１～実験３を行った。

〈実験１〉

陽極に炭素棒，陰極にステンレス板を用いて，0.50mol/L 硫酸マンガン（Ⅱ）水溶液の電気分解を行った。0.50A の電流を４分 50 秒間通じたところ，陽極からは標準状態で 5.6mL の気体が発生し，さらに炭素棒の表面には黒色のマンガン化合物が付着した。

〈実験２〉

約３%の過酸化水素水をビーカーに約 50mL とり，実験１のマンガン化合物が付着した炭素棒を入れたところ，気体が激しく発生した。気体の発生が穏やかになったところで炭素棒を取り出し，ビーカー内の過酸化水素水を10倍に希釈した。次に，希釈した溶液を10.0mLとり，硫酸で酸性にした0.010mol/Lの過マンガン酸カリウム水溶液で滴定したところ，11.20mLを要した。なお，炭素棒を取り出した後のビーカーの中には，付着していたマンガン化合物は見られなかった。

〈実験3〉

ヨウ化カリウム水溶液に希硫酸を少量加え，実験1のマンガン化合物が付着した炭素棒を入れた。次にデンプン水溶液を入れたところ溶液は青紫色を呈した。

(1) 陽極の炭素棒に付着した黒色のマンガン化合物の質量を有効数字2桁で求めよ。ただし，ファラデー定数は9.65×10^4C/mol，原子量はMn＝55，O＝16とする。

(2) 実験2の滴定において，過マンガン酸カリウム水溶液を酸性にする際に，硫酸のかわりに塩酸や硝酸を用いると正確な結果が得られない。その理由を説明せよ。

(3) 実験2の滴定値から炭素棒を取り出したあとの過酸化水素水のモル濃度を，有効数字2桁で求めよ。

(4) 実験3の下線部において，炭素棒を入れたときの変化を化学反応式で答えよ。

〈北海道・札幌市〉

15 ★★☆

硫酸銅（Ⅱ）水溶液（A液）の濃度を次の反応を利用して決定した。反応（a）に示すように，ヨウ化物イオンが銅（Ⅱ）イオンと反応し，そのとき生成したヨウ素を反応（b）で示すように，チオ硫酸ナトリウムが還元する。このヨウ素が還元される反応を利用して滴定することで硫酸銅（Ⅱ）の濃度を決定する。ただし，反応式（a）の係数はすべて省略している。

$CuSO_4 + KI \longrightarrow Cu_2I_2 + K_2SO_4 + I_2$ …（a）

$I_2 + 2Na_2S_2O_3 \longrightarrow 2NaI + Na_2\underline{S}_4O_6$ …（b）

［実験方法］

A液の10.0mLをホールピペットで取り出し，ガラス器具（X）に入れて純水を加え，正確に100mLにして溶液（B液）をつくった。

B液の10.0mLを取り出し充分量のヨウ化カリウム溶液を加え，（a）の反応で生成したヨウ素の全量を0.100mol/Lのチオ硫酸ナトリウム水溶液で滴定したところ，12.0mL が必要であった。次の各問いに答えよ。

(1)　（b）の反応式中の下線の S 原子の酸化数（平均酸化数）を次の中から選べ。

①　−2　　②　+2　　③　+2.5　　④　+3.5

⑤　+4　　⑥　+4.5　　⑦　+5　　⑧　+6

(2)　ガラス器具（X）の名称を答えよ。

(3)　（a）の反応式でヨウ素 I_2 の係数が 1 であるとしたら，ヨウ化カリウム KI の係数を答えよ。

(4)　（b）の反応が完了したことを示す指示薬にデンプンを使用した。反応が完了する前後の色の変化を答えよ。

(5)　B 液の硫酸銅（Ⅱ）溶液の濃度は何 mol/L か。有効数字 3 桁で答えよ。

(6)　A 液の 100mL を空気中にしばらく放置していたら溶媒が蒸発し，硫酸銅（Ⅱ）五水和物の結晶となっていた。何 g の結晶が得られるか。有効数字 3 桁で答えよ。

〈福岡県・福岡市・北九州市〉

16 ★☆☆

次世代のクリーンエネルギー源として実用化が進んでいる燃料電池に関する次の文を読んで，各問いに答えよ。

水素－酸素燃料電池は，負極触媒表面で解離し，酸化した H^+ が，電解液中を拡散して正極触媒表面に達して，H_2O を生成する反応を利用する電池である。この電池では，鉛，白金あるいはニッケルなどから造られた 2 つの多孔質の電極（水素極と酸素極）が，図に示すように電解液（リン酸水溶液）をはさんでいる。水素極と酸素極にそれぞれ水素と酸素を供給すると，酸化反応と還元反応が起こる。

(1)　正極で起こる変化はイオン反応式でどのように表すことができるか。①～⑤の中から正しいものを 1 つ選べ。

①　$H_2 \longrightarrow 2H^+ + 2e^-$

②　$2H^+ + 2e^- \longrightarrow H_2$

③　$O_2 + 4H^+ + 4e^- \longrightarrow 2H_2O$

④　$4OH^- \longrightarrow 2H_2O + O_2 + 4e^-$

⑤　$2H_2O + O_2 + 4e^- \longrightarrow 4OH^-$

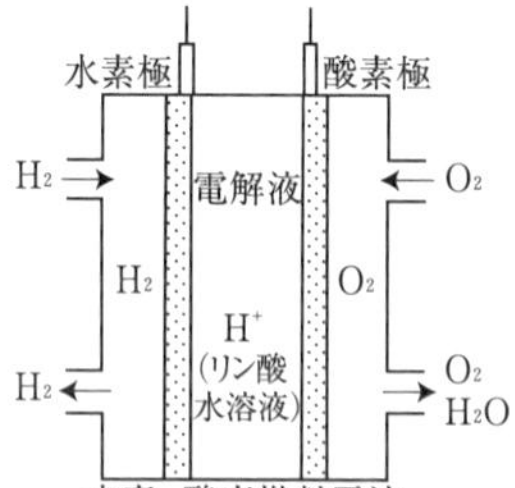

水素−酸素燃料電池

(2)　水素の燃焼反応の熱化学方程式は

H_2(気体) + $\frac{1}{2}O_2$(気体) = H_2O(液体) + 286 kJ……(a)

である。今，この水素－酸素燃料電池で取り出すことのできる電気エネルギーが(a)式の反応熱と等しいと仮定した時，この電池の起電力は何Vになるか。①～⑤の中から最も適当な数値を1つ選べ。ただし，1Vの起電力で1Cの電気量を取り出した時のエネルギーは1Jである。

① 1.3V　② 1.5V　③ 1.8V　④ 2.1V　⑤ 2.3V

〈三重県〉

17 ★★☆

次の各問いに答えよ。

A．黄銅鉱（主成分$CuFeS_2$）をコークスやケイ砂などを加えて，溶鉱炉内で強熱すると二酸化硫黄が発生し，鉄は$FeO \cdot SiO_2$として取り除かれ，硫化銅（Ⅰ）ができる。①この硫化銅（Ⅰ）に空気を吹き込むと一部は酸化銅（Ⅰ）となり，次に，②硫化銅（Ⅰ）と酸化銅（Ⅰ）が反応し，二酸化硫黄が発生して銅が遊離する。これで得られた銅が粗銅である。③粗銅中には微量の金，銀，亜鉛などが含まれるが，粗銅を陽極，純銅を陰極として電解精錬することにより高純度の銅が得られる。このことについて，次の各問いに答えよ。

(1) 下線部分①，②で起こった変化をそれぞれ化学反応式で答えよ。

(2) 下線部分③の電解精錬を行ったときの陽極や陽極付近で起こった変化を簡潔に説明せよ。

(3) 不純物として銀のみを含む粗銅がある。この粗銅を陽極とし，1.00Aで10時間43分20秒電解精錬したところ，陽極の質量が12.9g減少した。粗銅中に銅は何％含まれているか，有効数字3桁で求めよ。ただし，原子量は$Cu=63.5$，ファラデー定数は$9.65 \times 10^4 C \cdot mol^{-1}$とする。

B．実験室でいろいろな気体を発生させる反応(a)～(d)について，次の各問いに答えよ。

(a) フッ化カルシウムに濃硫酸を加えて加熱した。

(b) 硫化鉄（Ⅱ）に希塩酸を加えた。

(c) 水酸化ナトリウム水溶液にアルミニウムの小片を加えた。

(d) 塩素酸カリウムに酸化マンガン（Ⅳ）を加えて加熱した。

(1) (a)～(d)の反応をそれぞれ化学反応式で答えよ。

(2) (b)で発生した気体を亜鉛イオンが含まれる水溶液に通じたところ，酸性溶液では沈殿が生じなかったが，アルカリ性溶液では沈殿が生じた。その理由を答えよ。

〈新潟県〉

18 ★★☆

次の文を読んで，各問いに答えよ。ただし，原子量は，H＝1.00，C＝12.0，O＝16.0，S＝32.0とする。

濃硫酸は，①不揮発性の液体で，②脱水作用を示し，電離度は（　ア　）い。また，加熱すると強い（　イ　）作用を示し，③銅を溶かすことができる。一方，希硫酸は，亜鉛などの金属と反応して水素を発生する。また，④弱酸の塩に希硫酸を加えると，弱酸が遊離する反応は，気体の製法に多く利用されている。

工業的には，まず硫黄を燃焼してつくった二酸化硫黄を，（　ウ　）を触媒としてさらに空気中の酸素によって酸化し，三酸化硫黄をつくる。これを濃硫酸に吸収させて発煙硫酸とし，希硫酸で薄めて濃硫酸にする。このような硫酸の工業的製法を（　エ　）という。

(1) 文中の空欄ア～エに最も適する語句をそれぞれ答えよ。

(2) 次の(a)～(d)の反応を，それぞれ化学反応式で表せ。ただし，反応させる試薬は次の中から選んで用いること。

試薬：濃硫酸，希硫酸，グルコース，銅，亜硫酸ナトリウム，塩化ナトリウム

(a) 下線部①の性質を利用した反応

(b) 下線部②のはたらきを利用した反応

(c) 下線部③の反応

(d) 下線部④の反応

(3) 濃硫酸から希硫酸を調整するとき，濃硫酸に水を注ぐのは危険である。濃硫酸に水を注ぐのが危険な理由を答えよ。

(4) 二酸化硫黄，酸素，窒素のモル％がそれぞれ8％，13％，79％の混合気体を，一定体積の容器に入れて密封し，温度を一定に保った。反応が平衡に達したときの混合気体の圧力は反応前の0.964倍であった。反応によって二酸化硫黄の何％が三酸化硫黄に変化したか求めよ。

(5) 10.9％の発煙硫酸（三酸化硫黄を100％硫酸に吸収させて10.9％にしたもの）1100gがある。これを98.0％硫酸にするために必要な60.0％硫酸は何gか，求めよ。ただし，答えの数値は有効数字3桁で求めること。

〈山形県〉

19 ★☆☆

次の文を読んで，各問いに答えよ。

炭酸イオン，硫酸イオン，硫化物イオン，塩化物イオン，ヨウ化物イオンを含む弱アルカリ性の水溶液がある。この弱アルカリ性の水溶液について，次のような実験を行った。

実験１：この弱アルカリ性の水溶液に酢酸カルシウム水溶液を加えると，沈殿が生じた。

実験２：実験１の沈殿に塩酸を加えると，①沈殿の一部が溶けた。その後，過剰量の塩酸を加えても②沈殿の一部は溶けずに残った。

実験３：実験１の沈殿を分離したろ液に酢酸亜鉛水溶液を加えると沈殿が生じた。

実験４：③実験３の沈殿に希硫酸を加えると，沈殿が溶けた。

実験５：実験３の沈殿を分離したろ液を少量とり，少量の臭素水を加えた後，四塩化炭素を加えて振り混ぜると④四塩化炭素は呈色した。

実験６：実験３の沈殿を分離したろ液に希硝酸を加えた後，硝酸銀を加えると，沈殿が生じた。

実験７：実験６の沈殿にアンモニア水を加えると，⑤沈殿の一部が溶けた。

(1)　下線部①において，沈殿が溶けた変化を化学反応式で答えよ。

(2)　下線部②において，溶けずに残った沈殿を 120～140℃に加熱するときに起こる変化を化学反応式で答えよ。

(3)　下線部③において，沈殿が溶けた変化を化学反応式で答えよ。

(4)　下線部④において，四塩化炭素が呈色した理由を説明せよ。

(5)　下線部⑤において，沈殿の一部が溶けた変化をイオン反応式で答えよ。

〈北海道・札幌市〉

20 ★☆☆

Ag^+，K^+，Ba^{2+}，Cu^{2+}，Zn^{2+} およびFe^{3+} を含む試料溶液から各イオンを分離するための操作を示す。次の各問いに答えよ。

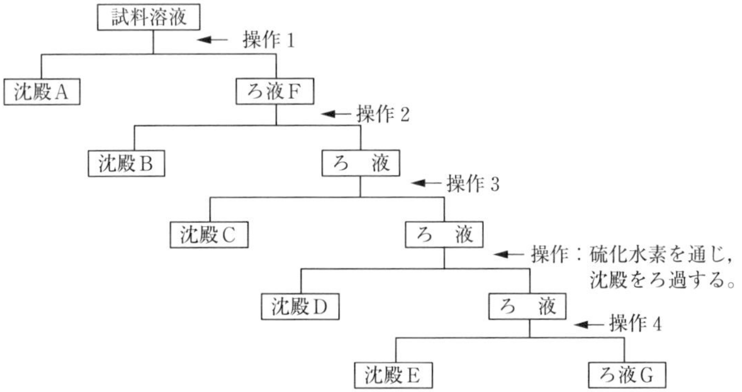

⑴ 操作 1 ～操作 4 をそれぞれ選べ。

① 塩酸を適量加え，沈殿をろ過する。

② 煮沸して硫化水素を追い出し，硝酸を加えた後，アンモニア水を過剰に加え，沈殿をろ過する。

③ 炭酸アンモニウム水溶液を加え，沈殿をろ過する。

④ 硫化水素を通じ，沈殿をろ過する。

⑵ ⑴の②の操作で，硝酸を加える理由を簡潔に述べよ。

⑶ 沈殿B，C，DおよびEの化学式と色を答えよ。

⑷ 沈殿Aの化学式を MCl としたとき，沈殿しないでろ液Fに残ったM^+のモル濃度を有効数字 2 桁で求めよ。ただし，MCl の溶解度積は 25℃で $1.7\times10^{-10}(mol/L)^2$ であり，ろ液F中の塩化物イオンのモル濃度は 0.20 mol/L とする。

⑸ 沈殿Cに希塩酸を加えると，反応して沈殿が溶解した。この反応を化学反応式で示せ。

⑹ 沈殿Eに希塩酸を加えると，気体を発生しながら溶解した。この反応を化学反応式で示せ。

⑺ ろ液G中の金属イオンを確認する方法を簡潔に述べよ。

〈茨城県〉

21 ★★☆

化学薬品の保存方法とその方法をとる理由についての次の記述の中から，理由の部分に誤りを含むものを選べ。

① 五酸化二リン（P_4O_{10}）を密栓した容器に保存するのは，五酸化二リンが空気中の水分と反応するのを防ぐためである。

② ジエチルエーテルを密栓した容器に入れ，火気のない冷所に保存するのは，ジエチルエーテルが揮発性で引火しやすいからである。

③ 水酸化ナトリウムを密栓した容器に保存するのは，水酸化ナトリウムの潮解と二酸化炭素の吸収を防ぐためである。

④ 黄リンを水中に保存するのは，黄リンが空気中で赤リンに変化するのを防ぐためである。

⑤ 金属ナトリウムを石油中に保存するのは，金属ナトリウムの酸化を防ぐためである。

〈岐阜県〉

22 ★★☆

炭素，水素及び酸素からなる有機化合物Xを試料皿に13.2mgとる。その試料皿を酸化銅（Ⅱ）が入っている燃焼管の中に入れ，ガスバーナーで加熱したところ，気体吸収管Aの質量が10.8mg，気体吸収管Bの質量が26.4mg増加した。次の各問いに答えよ。ただし，原子量は，H＝1.0，C＝12，O＝16とする。

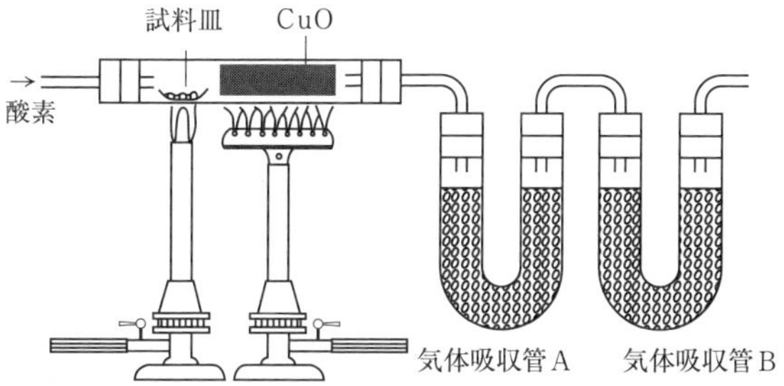

(1) 元素分析では，図のように乾燥した酸素を通しながら試料と酸化銅（Ⅱ）を加熱する。酸化銅（Ⅱ）を用いる理由を簡潔に述べよ。また，加熱により酸化銅（Ⅱ）の色はどのように変化するか答えよ。

(2) 気体吸収管A及び気体吸収管Bには，それぞれどのような物質が詰められているか。物質名をそれぞれ答えよ。また，気体吸収管の接続の順序がA，Bであるのはなぜか。その理由を簡潔に述べよ。

(3) 有機化合物Xの実験式（組成式）を答えよ。

(4) 有機化合物Xの分子量を測定したところ88であった。有機化合物Xがもっている可能性のある構造や官能基等を，次のア～スからすべて選べ。

ア．炭素原子間の二重結合　　　イ．炭素原子間の三重結合

ウ．炭素原子間の単結合からなる環　　　エ．ベンゼン環

オ．エステル結合　　カ．エーテル結合　　キ．ケトン基
ク．カルボキシ基　　ケ．ヒドロキシ基　　コ．ホルミル基
サ．スルホ基　　　　シ．ニトロ基　　　　ス．アミノ基

(5) 有機化合物Xに水酸化ナトリウム水溶液を反応させたところ，2つの化合物に分解した。このうちの1つの化合物は，ナトリウムと反応して水素を発生し，また，ヨードホルム反応を示した。さらに，この化合物を酸化すると，銀鏡反応を示す物質が生じた。このことから，有機化合物Xは何であると考えられるか。その名称と構造式を答えよ。

〈山口県〉

23 ★★☆

次の文を読んで，各問いに答えよ。

〔必要があれば次の数値を用いよ。原子量：C＝12，O＝16，H＝1.0〕

分子量28の炭化水素Aに臭化水素を付加させると化合物Bが生じ，Aに水を付加させると化合物Cが生じる。

次に，Cを金属ナトリウムと反応させると化合物Dが生じ，Cに濃硫酸を加えて，約130℃で加熱するとEが生じる。また，Cを二クロム酸カリウムで酸化すると，還元性の化合物Fが生ずる。さらに，Fを酸化すると酸性の化合物Gが生じる。一方，CとGに少量の濃硫酸を加えて加熱すると芳香のある化合物Hが生ずる。

(1) 炭化水素Aの水素原子2個を塩素原子2個で置き換えた化合物には，合計何種類の異性体が存在するか答えよ。

(2) 化合物Bの水素原子2個を塩素原子2個で置き換えた化合物には，光学異性体を含めて合計何種類の異性体が存在するか答えよ。

(3) 化合物Gに五酸化リン（脱水剤）を作用させたときに生ずる有機化合物の名称を答えよ。

(4) 化合物Cから化合物Dが生ずるとき，同時に生成する気体を炭化水素Aに付加させると何が生じるか。その化合物の名称を答えよ。

(5) 化合物F 1molを完全に燃焼させるには，少なくとも何molの酸素が必要か。小数第1位まで求めよ。

(6) 化合物Eと化合物Hの示性式を答えよ。

〈長野県〉

24 ★★★

次の各問いに答えよ。

A．エタノールに水酸化ナトリウム水溶液とヨウ素を加えて加熱すると黄色沈殿を生じる。次の各問いに答えよ。

(1)　この反応を何反応というか答えよ。

(2)　このとき生じる黄色沈殿の化学式を答えよ。

(3)　この反応は特定の構造を持つ有機化合物にみられる。その構造を例1にならって2つ答えよ。

〈例1〉

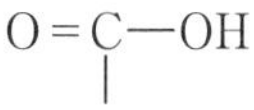

B．有機化合物の構造や分子式に関する次の各問いに答えよ。

(1)　炭素原子4個のアルカンの水素原子1個を，塩素原子で置換した物質は，光学異性体を含めて何種類あるか答えよ。

(2)　酢酸の異性体で，ホルミル基を持つ物質の構造式を，例2にならってすべて答えよ。

(3)　あるアルカン0.100 mol を完全燃焼させたとき，反応した酸素は標準状態で11.2L であった。そのアルカンの分子式を答えよ。

〈例2〉

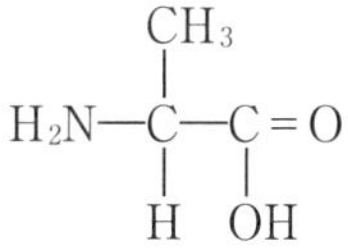

C．デンプンは単糖である（　a　）が多数脱水縮合した高分子である。また，セルロースは単糖である（　b　）が多数脱水縮合した高分子である。デンプンを酵素 β-アミラーゼで加水分解すると二糖である（　c　）が得られ，（　c　）を酵素で加水分解するとグルコースが得られる。酵母はグルコースを基質としてアルコール発酵をする。次の各問いに答えよ。

(1)　空欄 a の名称を答えよ。

(2)　空欄 b，c の構造式を例3にならって答えよ。

(3)　下線部の変化を化学反応式で答えよ。

〈例3〉

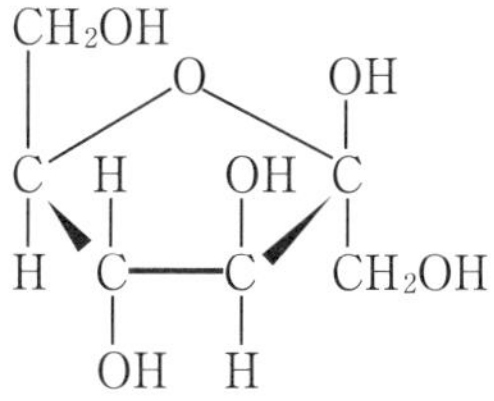

〈岡山県〉

25 ★☆☆

次の各文は，合成繊維について書かれたものである。空欄に当てはまる語句を答えよ。

(1) テレフタル酸にエチレングリコールを加えると，（　　　）結合を持つポリエステル系合成繊維ができる。

(2) 酢酸ビニルを付加重合させてポリ酢酸ビニルを合成し，塩基の水溶液でけん化し，硫酸ナトリウム水溶液中に押し出すと，ポリビニルアルコールの繊維が得られる。これに（　　　）と希硫酸で処理をするとビニロンができる。

(3) アクリロニトリルと塩化ビニルを（　　　）させてできる合成繊維を，アクリル系繊維という。

(4) （　　　）にヘキサメチレンジアミンを縮合重合させると，6,6-ナイロンができる。

(5) アクリロニトリルを（　　　）させると，羊毛に似たポリアクリロニトリルの合成繊維ができる。

〈沖縄県〉

26 ★★☆

高分子化合物に関する次の記述の中から，下線部に誤りのあるものを選べ。

① デンプンとセルロースを，それぞれ加水分解して得られる<u>単糖は同じである</u>。

② タンパク質を加水分解して得られるアミノ酸には，<u>ベンゼン環を含むものは存在しない</u>。

③ 6-ナイロンと6,6-ナイロンは，それぞれの構造を繰り返し単位を構成する<u>元素の組成比が同じである</u>。

④ 同じ質量のポリエチレンとポリプロピレンを，それぞれ完全燃焼させるのに必要な<u>酸素の量は同じである</u>。

⑤ 不溶性のポリスチレンに濃硫酸を作用させて得られるポリスチレンスルホン酸は，<u>陽イオン交換樹脂として用いられる</u>。

〈岐阜県〉

実践問題　解答・解説

1

(1)　**12.01**　　(2)　**9種類**

(3)　①　**静電気（クーロン）**

　　②　**非共有電子**

(4)　$\mathbf{CaCl_2}$

(5)　**配位結合**　　(6)　**イ**

(7)　**イ**　　(8)　**折れ線形**

(9)　$:\ddot{\mathrm{O}}::\mathrm{C}::\ddot{\mathrm{O}}:$

解説

(1)　$12\times\dfrac{98.90}{100}+13.00\times\dfrac{1.10}{100}\fallingdotseq 12.01$

2

(1)　**イ**　　(2)　**ア**

(3)　**エ**

(4)　①　$\mathbf{2H_2O_2 \longrightarrow 2H_2O + O_2}$

　　②　**1.12L**

解説

(4)　②　過酸化水素水100g中に含まれている過酸化水素の物質量は,

$$\frac{3.4}{34}=0.1\,〔\mathrm{mol}〕$$

①より，生じる酸素の体積は,

$$0.1\times\frac{1}{2}\times 22.4=1.12\,〔\mathrm{L}〕$$

3

(1)　**面心立方格子**　　(2)　**2個**

(3)　**12個**　　(4)　$\boldsymbol{\dfrac{\sqrt{3}}{4}a}$

(5)　$\boldsymbol{N=\dfrac{4M}{d(l\times10^{-7})^3}}$

(6)　**結晶構造Ⅰ**　　**結晶構造Ⅱ**

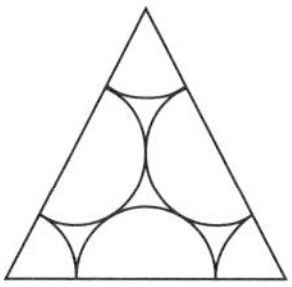

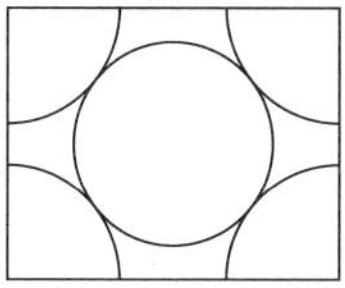

4

(1)　**ア，オ**　　(2)　**エ**

(3)　**イ**　　(4)　**ウ**

(5)　$\mathbf{1.8\times10^{-9}}$

解説

(1)　塩酸は塩化水素と水の混合物である。

(2)　すべて無極性分子であるから最も分子量の小さいものを考えればよい。

$$N_2=28,\ O_2=32,\ F_2=38,\ Ne=20$$

(3)　$CaCO_3$はCa^{2+}と$CO_3{}^{2-}$がイオン結合で結合しており，$CO_3{}^{2-}$は炭素原子と酸素原子の共有結合によってできている。

(4)　ナトリウムの結晶の密度をx〔g/cm³〕とすると,

$$M\times\frac{2}{N}=x\times a^3\quad\therefore\ x=\frac{2M}{a^3N}\,〔\mathrm{g/cm^3}〕$$

(5)　$[H^+]=[OH^-]=1.0\times10^{-7}$〔mol/L〕

一方，$[H_2O]=\dfrac{1.0\times1000}{18}$〔mol/L〕

よって，電離度は,

$$\frac{1.0\times10^{-7}}{\dfrac{1.0\times1000}{18}}=1.8\times10^{-9}$$

5

(1)　①　**4個**　　②　$\mathbf{4.9\times10^{-8}cm}$

　　③　$\mathbf{1.7\,g/cm^3}$

(2)　①　$\mathbf{2.25\times10^{-1}g}$

　　②　$\mathbf{2.00\times10^{5}Pa}$

(3)　**538g**

解説

(1)　①　$\dfrac{1}{8}\times8+\dfrac{1}{2}\times6=4$〔個〕

　　②　C_{60}分子の半径をr〔cm〕とすると,

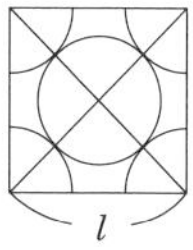

$$(4r)^2=l^2+l^2$$

$r=\dfrac{\sqrt{2}}{4}l$

$=\dfrac{1.4}{4}\times(1.4\times10^{-7})$

$=4.9\times10^{-8}$〔cm〕

③ $d=\dfrac{4M}{l^3N_{\mathrm{A}}}$

$=\dfrac{4\times12\times60}{(1.4\times10^{-7})^3\ 6.0\times10^{23}}$

$=1.7$〔g/cm^3〕

(2) ① $2.5\times10^3\times12.45$

$=\dfrac{m}{18}\times8.3\times10^3\times(273+27)$

$\therefore\ m=0.225$〔g〕

② 容積 12.45L のとき，水蒸気の分圧 2.5×10^3Paなので，ヘリウムの分圧は，

$1.0\times10^5-2.5\times10^3$

$=9.75\times10^4$〔Pa〕

容積を$\dfrac{1}{2}$にしたときの各々の分圧は，$PV=P'V'$ より，

$P_{\mathrm{He}}=9.75\times10^4\times2=1.95\times10^5$〔Pa〕

$P_{\mathrm{H_2O}}=2.5\times10^3\times2=5.0\times10^3$〔Pa〕

27℃での水蒸気の圧力は，27℃の飽和水蒸気圧より大きくならないので，$P_{\mathrm{H_2O}}=3.8\times10^3$〔Pa〕

したがって，容器内の圧力は，

$P_{\mathrm{He}}+P_{\mathrm{H_2O}}=1.95\times10^5+3.8\times10^3$

$=1.988\times10^5$

$\fallingdotseq2.00\times10^5$〔Pa〕

(3) $C_{12}H_{22}O_{11}+H_2O\longrightarrow2C_6H_{12}O_6$

$C_6H_{12}O_6\longrightarrow2C_2H_5OH+2CO_2$

$\dfrac{1000}{342}\times2\times2\times46\fallingdotseq538$〔g〕

6

(1) 窒素：**6.4×10^4Pa**

酸素：**1.6×10^4Pa**

二酸化炭素：**2.0×10^4Pa**

(2) **31.8**

(3) **窒素：酸素＝$4a:b$**

(4) ① **$9.4P\times10^{-6}$〔L〕**

② **$\dfrac{9.4P\times10^{-6}}{22.4}$**

③ **1.8×10^4〔Pa〕**

解説

(1) 窒素：$1.0\times10^5\times\dfrac{6.4}{10}=6.4\times10^4$〔Pa〕

酸素：$1.0\times10^5\times\dfrac{1.6}{10}=1.6\times10^4$〔Pa〕

二酸化炭素：$1.0\times10^5\times\dfrac{2.0}{10}$

$=2.0\times10^4$〔Pa〕

(2) $28\times0.64+32\times0.16+44\times0.20$

$=31.84$

(3) 物質量の比：

$n_{\mathrm{N_2}}:n_{\mathrm{O_2}}=6.4\times10^4a:1.6\times10^4b$

$=4a:b$

(4) ① ヘンリーの法則より，

$0.94\times\dfrac{P}{1.0\times10^5}$

$=9.4P\times10^{-6}$〔L〕

②，③ $\dfrac{P\times10}{8.3\times10^3\times293}+\dfrac{9.4P\times10^{-6}}{22.4}$

$=\dfrac{1.0\times10^5\times2.0}{8.3\times10^3\times293}$

$\therefore\ P=1.8\times10^4$〔Pa〕

7

(1) **ブタン：45％　圧力：3.2×10^5Pa**

(2) **20g**　　(3) **109kJ/mol**

解説

(1) ブタンは容器内に$\dfrac{8.7}{58}=0.15$mol 入っている。液化したブタンを x〔mol〕とすると，

$2.0\times10^5\times1$

$=(0.15-x)\times8.3\times10^3\times(273+20)$

$\therefore\ x\fallingdotseq0.0676$

$$\frac{0.0676}{0.15}\times 100 = 45.1 \fallingdotseq 45〔\%〕$$

容器内の窒素は $\frac{1.4}{28} = 0.05\,\text{mol}$ なので，混合気体の圧力を P〔Pa〕とすると，

$$P\times 1 = (0.15 - 0.0676 + 0.05)\times 8.3\times 10^3\times (273+20)$$

$$\therefore\ P \fallingdotseq 3.2\times 10^5〔\text{Pa}〕$$

(2) 80℃の飽和溶液100gに溶けている塩は，

$$100\times\frac{150}{100+150} = 60〔\text{g}〕$$

50gの結晶が析出したことから，0℃の飽和溶液 x〔g〕には，

$$60 - 50 = 10〔\text{g}〕$$

の塩が溶けている。

$$x\times\frac{50}{100+50} = 60 - 50$$

$$\therefore\ x = 30〔\text{g}〕$$

したがって，蒸発させた水の量は，

$$100 - (30+50) = 20〔\text{g}〕$$

(3) $C(固) + \frac{1}{2}O_2(気) = CO(気) + Q\text{kJ}$……①

$CO(気) = C(気) + O(気) - 1071\,\text{kJ}$…②

$O_2(気) = 2O(気) - 494\,\text{kJ}$……………③

$C(固) = C(気) - 715\,\text{kJ}$…………………④

①＝④－②＋$\frac{1}{2}$×③より，

$$Q = 109〔\text{kJ}〕$$

8

(1) 全圧：**1.66×10^5 Pa**

CO_2 分圧：**2.08×10^4 Pa**

(2) **11.7**　(3) **75kJ**

(4) **40.6g**　(5) **90%**

(6) **82.2**

解説

(1) 気体の全圧を P とすると，

$$P\times 6.0 = (0.15+0.050+0.20)\times 8.3\times 10^3\times (273+27)$$

$$\therefore\ P = 1.66\times 10^5〔\text{Pa}〕$$

また，二酸化炭素の分圧は，

$$1.66\times 10^5\times\frac{0.050}{0.15+0.050+0.20} = 2.08\times 10^4〔\text{Pa}〕$$

(2) $[H^+] = \frac{10^{-14}}{[OH^-]} = \frac{10^{-14}}{3.0\times 10^{-3}\times 0.90\times 2}$

$$\therefore\ \text{pH} = -\log[H^+] = -\log\frac{10^{-14}}{3.0\times 10^{-3}\times 0.90\times 2} \fallingdotseq 11.74$$

(3) $C(固体) + 2H_2(気体) = CH_4 + Q\text{kJ}$

$$Q = 572 + 394 - 891 = 75〔\text{kJ}〕$$

(4) 80℃の飽和溶液中の$CuSO_4$は，

$$100\times\frac{56}{100+56} \fallingdotseq 35.9〔\text{g}〕$$

よって，

$$\frac{35.9 - \frac{160}{250}x}{100 - x} = \frac{20}{100+20}$$

$$\therefore\ x = 40.6〔\text{g}〕$$

(5) CO_2：$\frac{15.12}{22.4} = 0.675〔\text{mol}〕$

$CaCO_3$：$100\times 0.675 = 67.5〔\text{g}〕$

よって，

$$\frac{67.5}{75}\times 100 = 90〔\%〕$$

(6) 求める分子量を M とすると，

$$1.0\times 10^5\times 1 = \frac{3.3}{M}\times 8.3\times 10^3\times (273+27)$$

$$\therefore\ M = 82.17$$

9

(1) ア．四酸化三鉄

イ．ハーバー・ボッシュ

(2) **46kJ/mol**　(3) **0.6mol**

(4) N_2：減少する　NH_3：増加する

平衡定数：変化なし

(5) N_2：増加する　NH_3：減少する

平衡定数：減少する

解 説

(2)　アンモニアの生成熱をQ_0〔kJ/mol〕とすると，

$$\frac{1}{2}N_2+\frac{3}{2}H_2=NH_3+Q_0$$

Q_0＝(生成物の結合エネルギーの総和)
　－(反応物の結合エネルギーの総和)

$$=3\times386-\left(\frac{1}{2}\times928+\frac{3}{2}\times432\right)$$

$=46$〔kJ/mol〕

(3)　N_2 α〔mol〕とH_2 3α〔mol〕が反応してNH_3 2α〔mol〕生成したとすると，

$$\frac{2\alpha}{(1-\alpha)+(3-3\alpha)+2\alpha}=\frac{25}{100}$$

∴　$\alpha=0.4$

∴　$n_{N_2}=1-0.4=0.6$〔mol〕

(4)　圧力が増加したので圧力を減少させる方向，すなわち右に平衡が移動する。

(5)　温度が上がったので温度を下げる方向，すなわち吸熱の方向である左に平衡が移動する。

　発熱反応では高温ほど平衡定数は小さくなる。

10

(1)　$K=\dfrac{b^2}{4(100-b)^2}$　　(2)　**71.4％**

(3)　触媒のない場合：**177.9kJ**
　　白金触媒のある場合：**58.6kJ**

(4)　ウ，カ，キ

解 説

(1)　$$K=\frac{\dfrac{ab}{200}\cdot\dfrac{ab}{200}}{\left\{a\left(1-\dfrac{b}{100}\right)\right\}^2}=\frac{b^2}{4(100-b)^2}$$

(2)　$$0.04=\frac{b^2}{4(100-b)^2}$$

∴　$b=28.6$

よって，

$100-28.6=71.4$〔％〕

(3)　触媒のない場合：

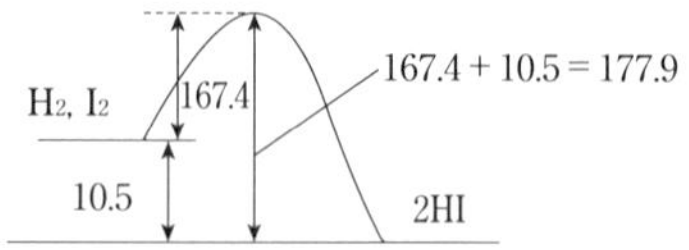

白金触媒のある場合：

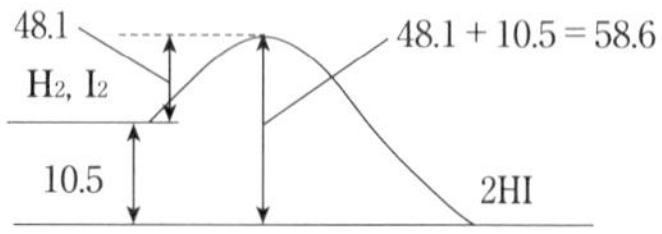

11

(1)　①　$\mathbf{6.0\times10^{-3}Pa^{-1}}$
　　②　$\mathbf{2.0\times10^{4}L/mol}$

(2)　①　ア．$\dfrac{K_w}{K_a}$
　　　　イ．$\sqrt{[CH_3COO^-]K_h}$
　　　　ウ．$-\log\dfrac{K_w}{[OH^-]}$
　　②　**8.9**

解 説

(1)　①

	A	＋	B	⇄	C
平衡前	4.0×10^3		3.0×10^3		2.0×10^3
平衡時	$4.0\times10^3-x$		$3.0\times10^3-x$		$2.0\times10^3+x$

平衡時の全圧が6.5×10^3Paなので，

$(4.0\times10^3-x)+(3.0\times10^3-x)$
$+(2.0\times10^3+x)=6.5\times10^3$

∴　$x=2.5\times10^3$〔Pa〕

よって，

$$K_P=\frac{P_C}{P_A\times P_B}$$

$$=\frac{4.5\times10^3}{1.5\times10^3\times0.5\times10^3}$$

$=6.0\times10^{-3}$〔Pa^{-1}〕

②　$$K_P=\frac{[C]RT}{[A]RT\times[B]RT}$$

$=K_C\times(RT)^{-1}$

∴　$K_C=K_p\times RT$

$=6.0\times10^{-3}\times8.3\times10^3\times400$

$\fallingdotseq2.0\times10^4$〔L/mol〕

(2)　②　$[\mathrm{OH^-}]=\sqrt{[\mathrm{CH_3COO^-}]K_\mathrm{h}}$

$$=\sqrt{0.10\times\frac{K_\mathrm{w}}{K_\mathrm{a}}}$$

$$=\sqrt{0.10\times\frac{1.0\times10^{-14}}{1.8\times10^{-5}}}$$

$$=\frac{1.0\times10^{-5}}{\sqrt{1.8}}$$

よって，

$$[\mathrm{H^+}]=\frac{K_\mathrm{w}}{[\mathrm{OH^-}]}=\frac{1.0\times10^{-14}}{\dfrac{1.0\times10^{-5}}{\sqrt{1.8}}}$$

$$=\sqrt{1.8}\times10^{-9}$$

$$\mathrm{pH}=-\log[\mathrm{H^+}]$$

$$=-\log(\sqrt{1.8}\times10^{-9})$$

$$=9-\frac{1}{2}\log1.8$$

$$\fallingdotseq 8.9$$

12

(1)　**3.1×10^{-2} mol/L**

(2)　$\mathrm{H_2CO_3}\longrightarrow\mathrm{HCO_3^-}+\mathrm{H^+}$

(3)　**$\dfrac{C\alpha^2}{1-\alpha}$ mol/L**　(4)　**5.0×10^{-7} mol/L**

(5)　**3.9**

解説

(1)　二酸化炭素の物質量を n とすると，

$$1.0\times10^5\times0.759\times10^{-3}=n\times8.3\times10^3\times(273+25)$$

$\therefore\ n\fallingdotseq3.1\times10^{-5}$〔mol〕

よって，炭酸のモル濃度は，

$$3.1\times10^{-5}\times10^3=3.1\times10^{-2}\text{〔mol/L〕}$$

(3)

	$\mathrm{H_2CO_3}$	$\longrightarrow$	$\mathrm{HCO_3^-}$	$+\mathrm{H^+}$
平衡時	$C(1-\alpha)$		$C\alpha$	$C\alpha$

$$K=\frac{C^2\alpha^2}{C(1-\alpha)}=\frac{C\alpha^2}{1-\alpha}\text{〔mol/L〕}$$

(4)　$3.4\times10^{-2}\times C(1-\alpha)=6.8\times10^4\times C^2\alpha^2$

より，

$$K=\frac{C^2\alpha^2}{C(1-\alpha)}=\frac{3.4\times10^{-2}}{6.8\times10^4}$$

$$=5.0\times10^{-7}\text{〔mol/L〕}$$

(5)　$K=\dfrac{C\alpha^2}{1-\alpha}$ において，$\alpha\ll1$ なので，$1-\alpha\fallingdotseq1$ と近似できる。したがって，

$$K=C\alpha^2\qquad\therefore\ \alpha=\sqrt{\frac{K}{C}}$$

よって，

$$[\mathrm{H^+}]=C\alpha=C\sqrt{\frac{K}{C}}=\sqrt{CK}$$

$$=\sqrt{3.1\times10^{-2}\times5.0\times10^{-7}}$$

$$=\sqrt{16\times10^{-9}}\text{〔mol/L〕}$$

$$\mathrm{pH}=-\log[\mathrm{H^+}]=-\log\sqrt{16\times10^{-9}}$$

$$=4.5-2\log2=4.5-2\times0.3$$

$$=3.9$$

13

(1)　ア．**$\mathrm{Cr_2O_7^{2-}}$**　イ．**$\mathrm{Ag_2O}$**

(2)　**1.8×10^{-2} mol/L**

(3)　**8.5×10^{-6} mol/L**

解説

(2)　塩化ナトリウム水溶液の濃度を C〔mol/L〕とすると，

$$C\times\frac{10.0}{1000}=0.020\times\frac{9.0}{1000}$$

$\therefore\ C=0.018$〔mol/L〕

(3)　クロム酸銀が沈殿し始めたときの $[\mathrm{Ag^+}]$ は，

$$[\mathrm{Ag^+}]^2\times\frac{1}{1000}\times\frac{1000}{40}\times0.1=1.0\times10^{-12}$$

$\therefore\ [\mathrm{Ag^+}]=2.0\times10^{-5}$〔mol/L〕

このとき溶液中に残っている $[\mathrm{Cl^-}]$ は，

$$2.0\times10^{-5}\times[\mathrm{Cl^-}]=1.7\times10^{-10}$$

$\therefore\ [\mathrm{Cl^-}]=8.5\times10^{-6}$〔mol/L〕

14

(1)　**2.2×10^{-2} g**

(2)　塩酸は還元剤としてはたらき，過マ

ンガン酸カリウムと反応してしまうから。

硝酸は酸化剤としてはたらき，過酸化水素と反応してしまうから。

(3) **0.28 mol/L**

(4) $\mathbf{MnO_2 + 2KI + 2H_2SO_4}$
$\mathbf{\longrightarrow MnSO_4 + K_2SO_4 + 2H_2O + I_2}$

解説

(1) 陽極の炭素棒では次の2つの酸化反応が起こる。

$$\begin{cases} 2H_2O \longrightarrow O_2 + 4H^+ + 4e^- \cdots\cdots ① \\ Mn^{2+} + 2H_2O \\ \qquad \longrightarrow MnO_2 + 4H^+ + 2e^- \cdots\cdots ② \end{cases}$$

陽極を流れた e^- の全物質量は，

$$\frac{0.50\times(4\times60+50)}{96500} \fallingdotseq 1.5\times10^{-3}〔\mathrm{mol}〕$$

このうち，①の反応による e^- の物質量は，

$$\frac{5.6\times10^{-3}}{22.4}\times4 = 1.0\times10^{-3}〔\mathrm{mol}〕$$

したがって，②の反応による e^- の物質量は，

$$1.5\times10^{-3} - 1.0\times10^{-3} = 0.50\times10^{-3}〔\mathrm{mol}〕$$

以上より，陽極の炭素棒に付着した MnO_2 の質量は，$MnO_2 = 87$ より，

$$\frac{0.50\times10^{-3}}{2}\times87 \fallingdotseq 2.2\times10^{-2}〔\mathrm{g}〕$$

(3) 過酸化水素と過マンガン酸カリウムは，次のように反応する。

$$2MnO_4^- + 5H_2O_2 + 6H^+ \longrightarrow 2Mn^{2+} + 8H_2O + 5O_2$$

よって，求める過酸化水素水のモル濃度を x〔mol/L〕とすると，

$$0.010\times\frac{11.20}{1000} : \frac{x}{10}\times\frac{10.0}{1000} = 2 : 5$$

$$\therefore\ x = 0.28〔\mathrm{mol/L}〕$$

15

(1) ③　(2) メスフラスコ

(3) **4**　(4) **青紫色⟶無色**

(5) **0.120 mol/L**　(6) **30.0 g**

解説

(1) 下線のS原子の酸化数を x とすると，

$$(+1)\times2 + 4x + (-2)\times6 = 0$$

$$\therefore\ x = \frac{10}{4} = 2.5$$

(3) 半反応式 $\begin{cases} 2I^- \longrightarrow I_2 + 2e^- \\ Cu^{2+} + e^- \longrightarrow Cu^+ \end{cases}$

から e^- を消去すると，

$$2Cu^{2+} + 2I^- \longrightarrow 2Cu^+ + I_2$$

両辺に $2SO_4^{2-}$，$4K^+$，$2I^-$ を加えると，

$$2CuSO_4 + 4KI \longrightarrow Cu_2I_2 + 2K_2SO_4 + I_2$$

(5) 求める濃度を x〔mol/L〕とすると，生成した I_2 の物質量は，

$$x\times\frac{10.0}{1000}\times\frac{1}{2}〔\mathrm{mol}〕$$

であるから，

$$x\times\frac{10.0}{1000}\times\frac{1}{2} : 0.100\times\frac{12.0}{1000} = 1 : 2$$

$$\therefore\ x = 0.120〔\mathrm{mol/L}〕$$

(6) $CuSO_4$ の分子量は160，
$CuSO_4\cdot5H_2O$ の分子量は250より，

$$1.2\times\frac{100}{1000}\times160\times\frac{250}{160} = 30.0〔\mathrm{g}〕$$

16

(1) ③　(2) ②

解説

(2) $$\frac{286\times10^3}{2\times96500} = 1.48\cdots \fallingdotseq 1.5〔\mathrm{V}〕$$

17

A. (1) ① $\mathbf{2Cu_2S + 3O_2 \longrightarrow 2Cu_2O + 2SO_2}$

② $\mathbf{Cu_2S + 2Cu_2O \longrightarrow 6Cu + SO_2}$

(2) 亜鉛などの銅よりイオン化傾向の大きい金属は，イオンとなって水溶液中に溶け出し，銀や金のよ

うにイオン化傾向の小さい金属は，イオンにならず陽極の下に沈殿し，銅は陰極に析出する。

(3)　98.4％

B．(1)　(a)　$CaF_2 + H_2SO_4 \longrightarrow CaSO_4 + 2HF$

(b)　$FeS + 2HCl \longrightarrow FeCl_2 + H_2S$

(c)　$2Al + 2NaOH + 6H_2O \longrightarrow 2Na[Al(OH)_4] + 3H_2$

(d)　$2KClO_3 \longrightarrow 2KCl + 3O_2$

(2)　H_2Sは水溶液中で，

$$H_2S \rightleftarrows 2H^+ + S^{2-}$$

のように電離している。

この反応における平衡は，アルカリ性条件下の方が酸性条件よりも$[H^+]$が小さいので，右に移動する。よって，アルカリ性条件下の方が$[S^{2-}]$は大きくなり，亜鉛イオンとの間で硫化物の沈殿を生じやすくする。

解説

A．(3)　通じた電気量は，

$$1.00 \times (10 \times 3600 + 43 \times 60 + 20) = 38600〔C〕$$

$Cu \longrightarrow Cu^{2+} + 2e^-$ より，反応した銅の質量は，

$$\frac{38600}{9.65 \times 10^4} \times \frac{1}{2} \times 63.5 = 12.7〔g〕$$

粗銅中の銅の割合は，

$$\frac{12.7}{12.9} \times 100 \fallingdotseq 98.4〔\%〕$$

18

(1)　ア．小さ　　イ．酸化

ウ．酸化バナジウム（V）

エ．接触法

(2)　a．$NaCl + H_2SO_4$（濃）$\longrightarrow NaHSO_4 + HCl$

b．$C_6H_{12}O_6 \longrightarrow 6C + 6H_2O$

c．$Cu + 2H_2SO_4$（濃）$\longrightarrow CuSO_4 + 2H_2O + SO_2$

d．$Na_2SO_4 + H_2SO_4$（希）$\longrightarrow Na_2SO_4 + H_2O + SO_2$

(3)　濃硫酸を水に注いだときに発生する溶解熱が非常に大きく，加えた水を急激に沸騰させて，その勢いで濃硫酸を飛散させるため。

(4)　90％　　(5)　129 g

解説

(4)　二酸化硫黄が三酸化硫黄に変化するときの反応式は，

$$2SO_2 + O_2 \longrightarrow 2SO_3$$

二酸化硫黄 x〔mol〕が変化したとすると，

$$(8 - x) + \left(13 - \frac{1}{2}x\right) + 79 + x = 100 \times 0.964$$

$$\therefore\ x = 7.2〔mol〕$$

したがって，

$$\frac{7.2}{8} \times 100 = 90〔\%〕$$

(5)　求める質量を x〔g〕とすると，$H_2SO_4 = 98$，$SO_3 = 80$より，

$$(1100 + x) \times \frac{98.0}{100} = 1100 \times \frac{10.9}{100} \times \frac{98}{80} + 1100 \times \frac{89.1}{100} + x \times \frac{60}{100}$$

$$\therefore\ x \fallingdotseq 129〔g〕$$

19

(1)　$CaCO_3 + 2HCl \longrightarrow CaCl_2 + H_2O + CO_2$

(2)　$CaSO_4 \cdot 2H_2O \longrightarrow CaSO_4 \cdot \frac{1}{2}H_2O + \frac{3}{2}H_2O$

(3)　$ZnS + H_2SO_4 \longrightarrow ZnSO_4 + H_2S$

(4)　$2I^- + Br_2 \longrightarrow I_2 + 2Br^-$ により，ヨウ素が遊離したため。

(5)　$AgCl + 2NH_3 \longrightarrow [Ag(NH_3)_2]^+ + Cl^-$

解説

（実験１）生じた沈殿は，$CaCO_3$，$CaSO_4$

（実験３）$Zn^{2+}+S^{2-} \longrightarrow ZnS\downarrow$

（実験５）四塩化炭素CCl_4は，無極性溶媒である。

20

(1) 操作１：①　操作２：④
操作３：②　操作４：③

(2) Fe^{3+}はH_2Sで還元されてFe^{2+}になっているので，Fe^{3+}に戻すため。

(3) 沈殿Ｂ　化学式：CuS
色：黒色
沈殿Ｃ　化学式：$Fe(OH)_3$
色：赤褐色
沈殿Ｄ　化学式：ZnS
色：白色
沈殿Ｅ　化学式：$BaCO_3$
色：白色

(4) 8.5×10^{-10} mol/L

(5) $Fe(OH)_3+3HCl \longrightarrow FeCl_3+3H_2O$

(6) $BaCO_3+2HCl \longrightarrow BaCl_2+H_2O+CO_2$

(7) 炎色反応を調べる。

解説

(3) Ｂ：酸性下においてH_2Sで沈殿を生じるのはCu^{2+}のみである。
Ｄ：塩基性下ではZn^{2+}もH_2Sで沈殿する。

(4) $K_{SP}=[M^+][Cl^-]=1.7\times10^{-10}$
ろ液Ｆ中の塩化物イオン濃度は0.20mol/Lなので，

$$[M^+]=\frac{1.7\times10^{-10}}{0.20}=8.5\times10^{-10}\,[\mathrm{mol/L}]$$

(7) 残ったのはK^+なので，炎色反応で赤紫を示す。

21

④

解説

黄リンの自然発火を防ぐため。

22

(1) 理由：試料を完全燃焼させるため。
色の変化：黒色から赤褐色になる。

(2) 気体吸収管Ａ：塩化カルシウム
気体吸収管Ｂ：ソーダ石灰
理由：ソーダ石灰は水も吸収するため，塩化カルシウム管のあとにつなぐ。

(3) C_2H_4O

(4) ア，ウ，オ，カ，キ，ク，ケ，コ

(5) 名称：酢酸エチル
構造式：

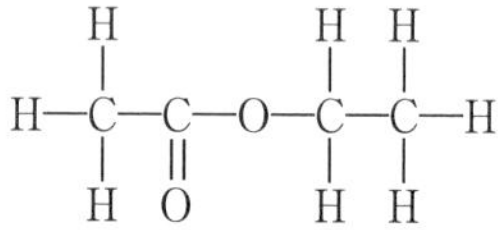

解説

(3) $H：10.8\times\frac{2}{18}=1.2$

$C：26.4\times\frac{12}{44}=7.2$

$O：13.2-(1.2+7.2)=4.8$

$C：H：O=\frac{7.2}{12}：\frac{1.2}{1}：\frac{4.8}{16}$
$=2：4：1$

よって，実験式は，C_2H_4O

(4) $C_2H_4O=44$より，分子式は，$C_4H_8O_2$とわかる。

23

(1) ３種類　(2) ４種類

(3) 無水酢酸　(4) エタン

(5) 2.5mol

(6) Ｅ．$CH_3CH_2OCH_2CH_3$
Ｈ．$CH_3COOCH_2CH_3$

解説

分子量28より，ＡはC_2H_4である。

(1)

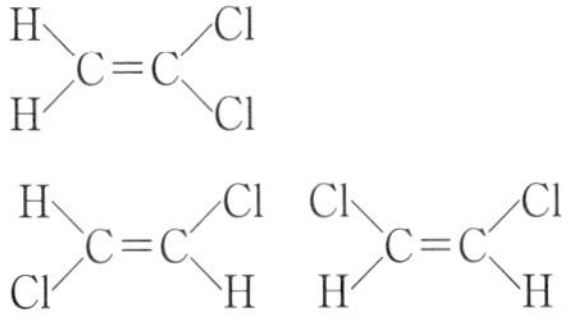

（トランス）　　（シス）

(2)

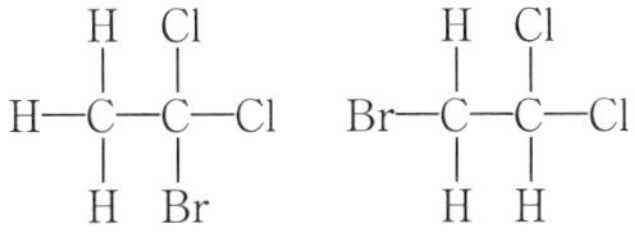

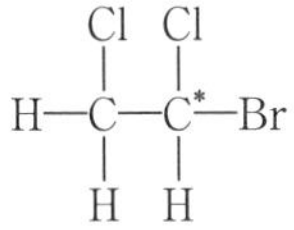

（C* は不斉炭素を表す）

(3)　無水酢酸の構造式は，

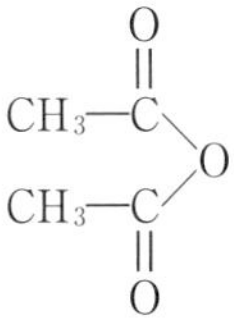

(4)　生成する気体とは水素である。

(5)　Fの示性式は，CH_3CHOより，

$$C_2H_4O + \frac{5}{2}O_2 \longrightarrow 2CO_2 + 2H_2O$$

よって，2.5 mol である。

24

A．(1)　ヨードホルム反応

(2)　CHI_3

(3)

B．(1)　5種類

(2)

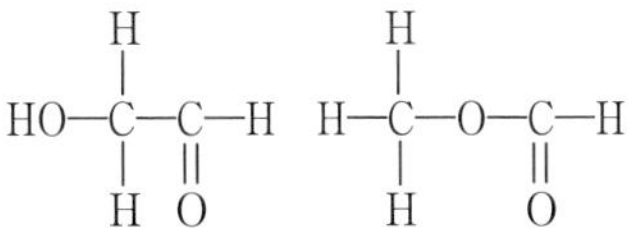

(3)　C_3H_8

C．(1)　α-グルコース

(2)　b．

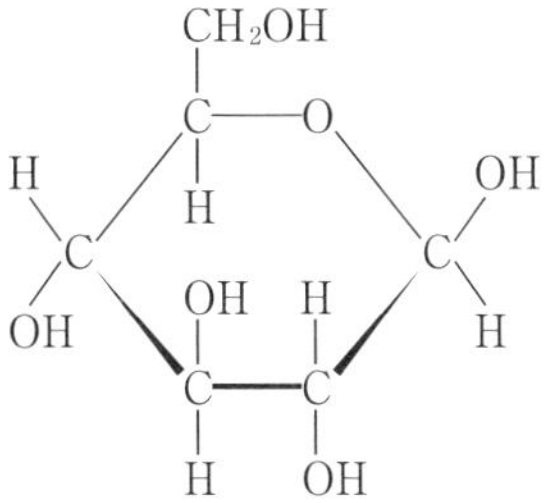

c．

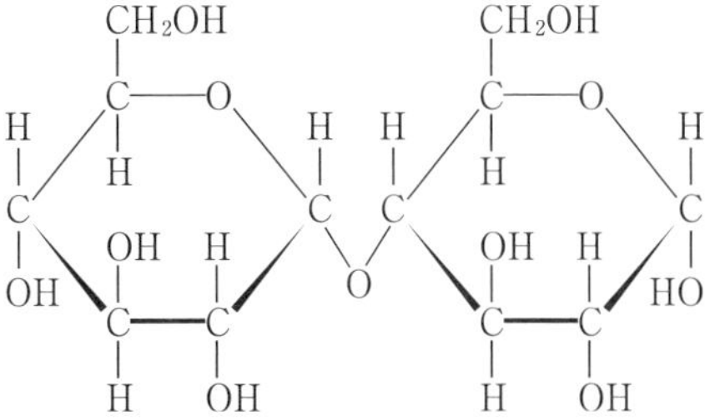

(3)　$C_6H_{12}O_6 \longrightarrow 2C_2H_5OH + 2CO_2$

解説

B．(3)　アルカンの化学式をC_nH_{2n+2}とおく。アルカン 0.100 mol を完全燃焼させたら酸素11.2 L = 0.5 mol必要だったので，アルカンと酸素との物質量の比は，1：5である。

$$C_nH_{2n+2} + 5O_2 \longrightarrow nCO_2 + (n+1)H_2O$$

$$10 = 2n + (n+1)$$

$$\therefore\ n = 3$$

よって，求めるアルカンはC_3H_8

C．(2)　a．α-グルコース

b．β-グルコース

25

(1)　エステル

(2)　ホルムアルデヒド（ホルマリンも可）

(3)　共重合　　(4)　アジピン酸

(5)　付加重合

26

②

解説

フェニルアラニン

などがある。

第4編

生物

1 細胞の構造とはたらき

傾向と対策

この分野は，細胞の構造とはたらき，動物・植物の組織，体細胞分裂のしくみ，さらに浸透圧などに関する問題が出題されている。それと関連して顕微鏡の取り扱いと観察の手順，倍率と視野に見える物体の大きさ，ミクロメーターの使い方と物体の大きさの測定方法などの問題も見られる。覚えれば確実に解答できる問題が多いので，しっかりと学習し得点源にしていこう。また，体細胞分裂の観察と関連させて，プレパラートを作る際の細胞の固定・解離，染色などの処理方法，浸透圧を中心に細胞膜の性質とはたらきについても押さえておきたい。

例題 1　細胞の構造

右の図は，細胞内の細胞小器官などを模式的に表したものである。次の(1)〜(3)に答えよ。

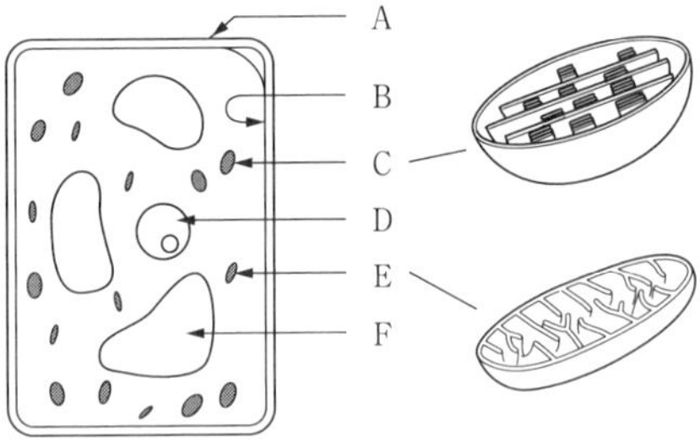

(1)　A〜F の名称を答えよ。

(2)　A〜F に関係の深いものを，次のア〜カから 1 つずつ選び，その記号を答えよ。

ア．セルロース　　イ．光合成
ウ．染色体　　エ．呼吸
オ．細胞液・不要物の貯蔵　　カ．選択的透過性

(3)　A〜F のうち，動物の細胞には見られず，植物の細胞だけに見られるものはどれか。その記号をすべて答えよ。

〈愛媛県〉

解答　(1)　A．細胞壁　　B．細胞膜　　C．葉緑体　　D．核
E．ミトコンドリア　　F．液胞

(2)　A．ア　　B．カ　　C．イ　　D．ウ　　E．エ　　F．オ

(3)　A，C

例題 2　顕微鏡の使い方

図のような顕微鏡を使ってある生物を観察した。次の各問いに答えよ。

(1)　顕微鏡観察に関する次の①～⑥の文のうち，正しいものには○，誤っているものには×を記せ。

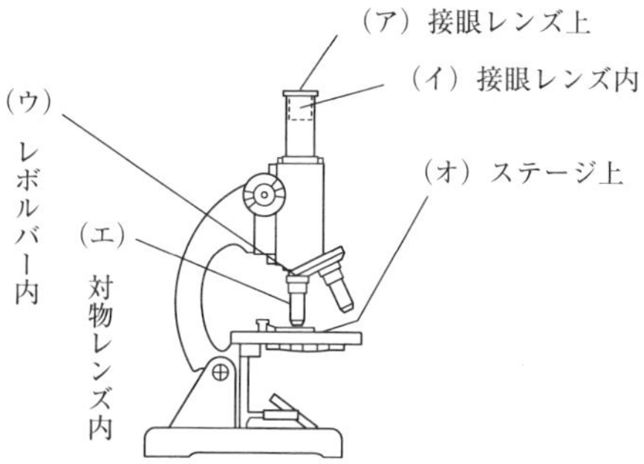

① 顕微鏡観察では，まず低倍率で観察し，必要に応じて高倍率にする。

② 高倍率の対物レンズほどレンズとプレパラート間の距離が長くなるので，観察には注意を要する。

③ 接眼レンズは変えず，対物レンズを 10 倍から 40 倍にすると，視野の明るさは変わらないが広さは狭くなる。

④ 焦点を合わせるときは，対物レンズをプレパラートから遠ざけながら行う。

⑤ 光量が多いときには，反射鏡は平面鏡を用いる。

⑥ 視野の左端に見える物体を視野中央に移動させるためには，プレパラートを右に移動させればよい。

(2)　10 倍の接眼レンズと 10 倍の対物レンズの組み合わせで，ミクロメーターを用いて，この生物の長さを測定することにした。このとき接眼ミクロメーターの 20 目盛が，対物ミクロメーターの 24 目盛と一致した。また，この生物の体長は接眼ミクロメーターの 16 目盛分であった。対物ミクロメーターの 1 目盛は 1mm を 100 等分してある。次の問いに答えよ。

① 対物ミクロメーターは図のどこに設置するか。(ア) ～ (オ) の記号で答えよ。

② この倍率での接眼ミクロメーターの 1 目盛は何 μm か。また，この生物の体長は何 μm か求めよ。

③ 対物レンズを 40 倍に変えたとき，接眼ミクロメーター 1 目盛は何 μm か。また，この生物の体長は接眼ミクロメーターの何目盛分に相当するか答えよ。

〈沖縄県改題〉

解答 (1) ① ○　② ×　③ ×　④ ○　⑤ ○　⑥ ×

(2) ① オ　② 接眼ミクロメーターの1目盛：12μm　体長：192μm

③ 接眼ミクロメーター：3μm　体長：64目盛分

解説 (2) ② 対物ミクロメーターの1目盛の長さは10μmだから，接眼ミクロメーターの1目盛の長さは，$\frac{10\times 24}{20}=12$〔$\mu$m〕である。

よって，生物の体長は，$12\times 16=192$〔μm〕である。

③ 対物レンズを10倍から40倍に変えたので，接眼ミクロメーターの1目盛の長さは1/4になる。

例題3　体細胞分裂

下の図A～Eは，光学顕微鏡で植物の体細胞分裂を観察したときのようすを模式的に示したものである。次の各問いに答えよ。

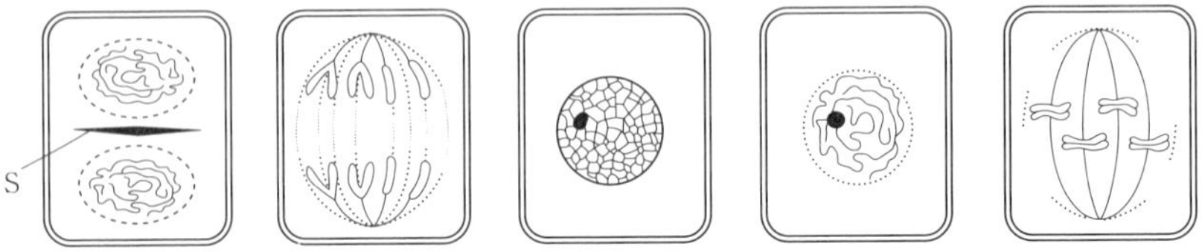

A　B　C　D　E

(1) 図A～Eを，細胞分裂の進行順に並べよ。

(2) 光学顕微鏡で観察した場合，図A～Eのうちどの状態のものが最も多く観察されるか。記号で答えよ。

(3) (2)の時期のものが多数観察されるのは，どのような理由によるか。簡潔に答えよ。

(4) 図AのSは，植物細胞の分裂期に特有にみられる構造である。この構造を何というか答えよ。

(5) 一般に，染色体の数や形，大きさを確認するのに最も適当な時期は，分裂期の何期か答えよ。

〈佐賀県改題〉

解答 (1) C→D→E→B→A　(2) C

(3) DNAの複製など分裂の準備期間であり，最も長い期間のため。

(4) 細胞板　(5) 中期

解説 (1) Aは終期，Bは後期，Cは間期，Dは前期，Eは中期の模式図である。

演習問題

1　★☆☆

ある被子植物の細胞を，光学顕微鏡と電子顕微鏡で観察し，図１～図３のような像を確認した。なお，図２と図３は電子顕微鏡によるもので，それぞれの倍率はすべて異なる。次の⑴～⑷の各問いに答えよ。

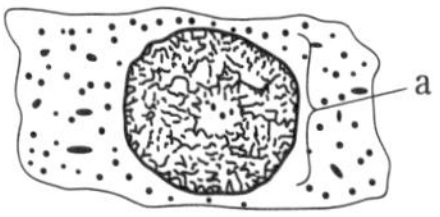

図１

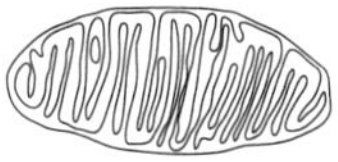

図２

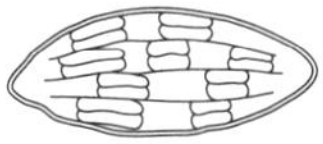

図３

⑴　図１のａの構造は染色されやすく，普通は細胞内に１個見られるが，これが見られない生物もある。ａが見られない生物の組合せを次の①～⑤から選び，その記号を記せ。

①　ネンジュモと大腸菌　　②　乳酸菌と酵母菌　　③　大腸菌とアメーバ
④　ゾウリムシとイモリ　　⑤　ミドリムシとカサノリ

⑵　図２と図３の細胞小器官の名称を記せ。

⑶　図２を光学顕微鏡で観察するために，一般的に使われる染色液の名称を記せ。

⑷　図２と図３は，図１のａを持つ生物だけに見られる。このことから，「図１の細胞に下等な生物が取り込まれて図２と図３の細胞小器官が生じた」と考えられている。このような考えを何説というか答えよ。

〈愛媛県改題〉

2　★☆☆

植物細胞と浸透圧に関する次の文を読んで，後の問いに答えよ。

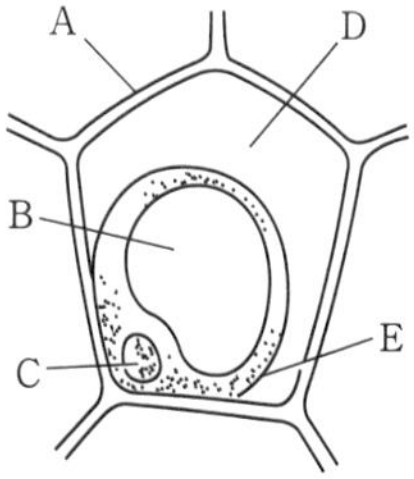

植物細胞は（　ア　）やペクチンを主成分とする丈夫な細胞壁によって細胞膜が取り囲まれているため，（　イ　）に入れると水が細胞内へ浸透し，細胞壁を押し広げようとする（　ウ　）が生じる。（　ウ　）に引き伸ばされた細胞がもとに戻ろうとし，（　ウ　）と等しくなる力が生じ，それが細胞内への水の浸透を妨げるようにはたらく。ゆえに，植物細胞は細胞の浸透圧と（　ウ　）の差に相当する（　エ　）をもつ。

ユキノシタの葉の裏面の表皮細胞（赤く着色したもの）を，約20%のスクロース溶液に浸したところ，図のような細胞が観察された。

(1) 文中の空欄に当てはまる適切な語句を答えよ。

(2) 顕微鏡でプレパラートを観察している生徒が，「図のような細胞が観察できました。この現象を何といい，なぜこのような現象が起こるのですか。」と質問してきた。この質問に対してあなたはどのように答えるか，図中の記号とその名称を使って簡潔に説明せよ。

(3) 図中のDは何によって満たされているか。

(4) 図の細胞の細胞質の浸透圧 f，Dの浸透圧 d 及びBの浸透圧 b の大小関係を，等号または不等号を用いて表せ。

〈兵庫県改題〉

3 ★★☆

図は，ある植物細胞をいろいろな濃度のスクロース溶液に浸したときの細胞（細胞膜に包まれた部分）の体積と浸透圧および膨圧との関係を示したものである。これについて，次の各問いに答えよ。

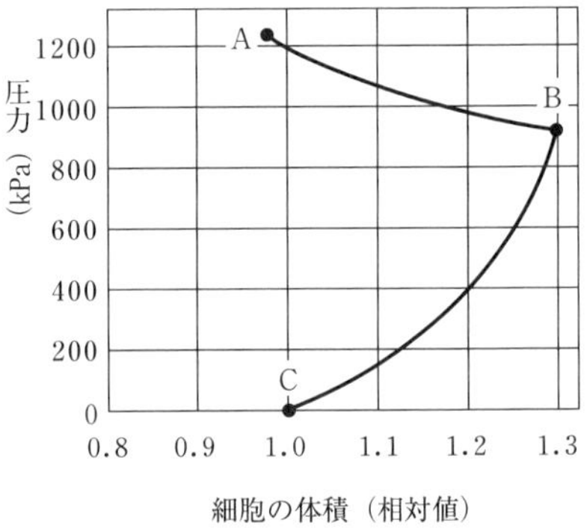

(1) 曲線ABおよび曲線CBは，それぞれ細胞の何の変化を表しているか答えよ。

(2) 細胞の体積が1.0のとき，細胞はどのような状態にあるか答えよ。

(3) この細胞を蒸留水に浸しておくと，吸水力はいくらになるか答えよ。

(4) 植物において，細胞の膨圧の変化が直接の原因となって起こると考えられている現象を次の中から2つ選んで答えよ。

ア．かえでの落葉　　イ．オジギソウの葉の就眠　　ウ．気孔の開閉

エ．種子の発芽　　オ．幼葉鞘の光方向の屈曲

(5) 浸透圧を P，溶液のモル濃度〔mol/L〕を C，比例定数を R（＝8.3），絶対温度を T とすると，溶液の浸透圧の大きさは，どのような式で表されるか答えよ。

(6) スクロースの化学式を $C_{12}H_{22}O_{11}$，原子量をC＝12，H＝1，O＝16とした場合，8.5％のスクロース溶液（比重1.02とする）の20℃における浸透圧を有効数値2桁で求めよ。

(7)　(6)のとき，細胞の体積は理論的には，どのようになっていると考えられるか答えよ。

〈鳥取県〉

4　★☆☆

図1は，光学顕微鏡を模式的に示したものである。図を参考にして，顕微鏡の操作に関する各問いに答えよ。ただし，操作A～Gは順不同で述べている。

図1

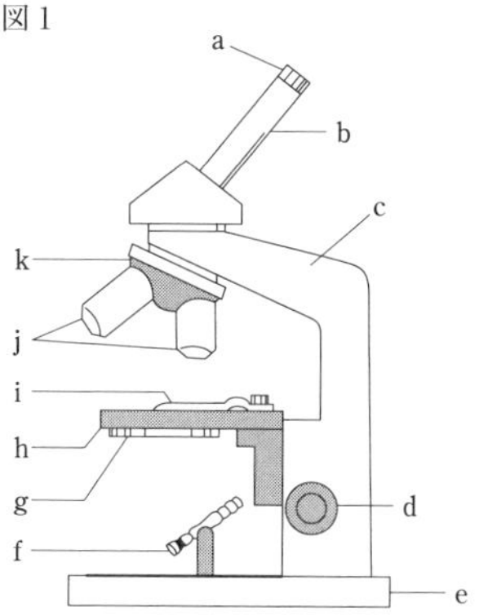

【操作】

A. （　ア　）を顕微鏡の真横から見ながら，その先端をプレパラートに近づける。その後，接眼レンズをのぞき，（　イ　）をまわしてゆっくりと（　ア　）とプレパラートを遠ざけながらピントを合わせる。

B. はじめに接眼レンズをつけ，次に（　ア　）をつける。

C. （　ウ　）を開き，（　エ　）を動かして視野全体が最も明るくなるようにする。

D. 顕微鏡の（　オ　）を片方の手でしっかり握り，もう一方の手を（　カ　）に添えて運び，机上に置く。

E. 必要に応じて，（　キ　）をまわして高倍率にかえて観察する。

F. プレパラートを（　ク　）にのせ，観察部分が（　ア　）の真下にくるように位置を合わせて（　ケ　）でとめる。

G. 観察するものをさがしだし，見やすいように（　ウ　）を調節する。

(1)　文中の空欄ア～ケに当てはまる顕微鏡の各部の名称を記し，図1のa～kよりその部分を選び，解答例にならって答えよ。

《解答例》　接眼レンズ　—　a

(2)　顕微鏡操作A～Gを正しい順に並び換えよ。

(3)　操作Aにおいて，（　ア　）とプレパラートを遠ざけながらピントを合わせる理由を簡単に説明せよ。

(4)　操作Bの理由を簡単に説明せよ。

(5)　操作Eのように低倍率から観察を行う理由を簡単に説明せよ。

(6)　「p」という文字を顕微鏡で観察すると，どのように見えるか。次の中から選び番号で答えよ。

① p　　② b　　③ d　　④ q

(7) 顕微鏡である試料を観察したところ，図2のように見えた。この試料（図2の●）を視野の中心に移動させるには，プレパラートをどの方向に動かせばよいか。図3のa～hより選び記号で答えよ。

図2

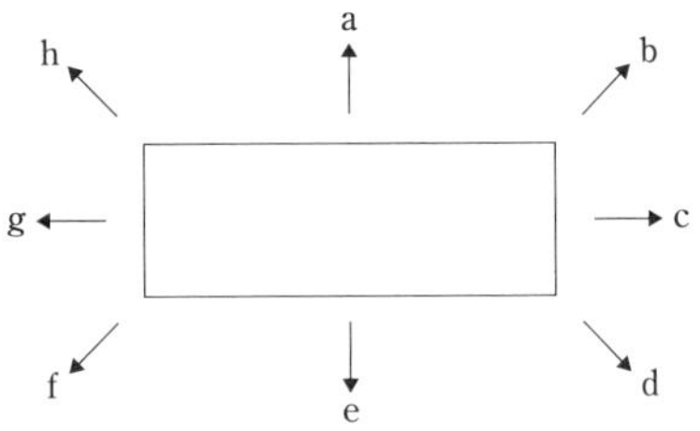

図3

(8) ある植物のプレパラートを（　ア　）の10倍で観察したところ視野の中に2000個の細胞が観察された。（　キ　）をまわして（　ア　）を40倍にかえて観察すると，視野の中に何個の細胞が観察されることになるか答えよ。なお，細胞は視野全体に均一に分布していたものとする。

(9) あるプレパラートを観察したときに視野の中にゴミが見えた。このゴミは接眼レンズあるいはプレパラートのどちらに付着したものかを区別する方法を述べよ。

〈岩手県〉

5 ★★☆

タマネギの根端を用いて，次の実験手順で体細胞分裂の観察を行った。図A～Fは観察された細胞を分裂の順に並べた模式図である。これについて，後の各問いに答えよ。

【実験手順】

① 栽培したタマネギの根の先端を切り取り，ア酢酸とエタノール（1：3の割合）を混合した溶液につける。

② アの溶液から取り出し，水洗する。

③ 水洗後，60℃の希塩酸で5分間浸漬する。

④ さらに水洗し，イ染色液で5分間染色する。

⑤ カバーガラスをかけ，ろ紙をのせ親指で押しつぶす。

⑥ 顕微鏡で観察する。

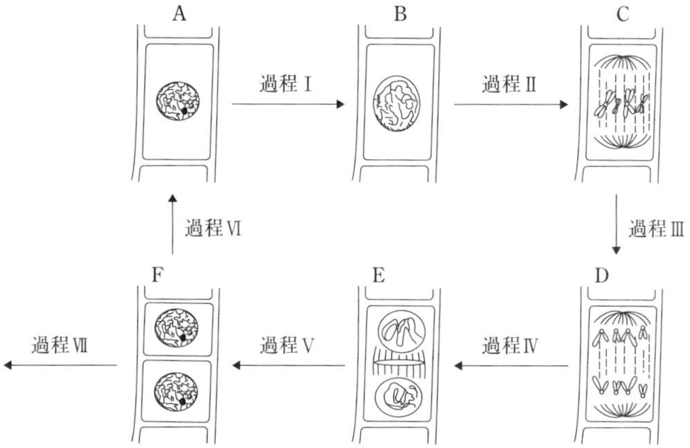

⑴　手順①で用いた混合溶液（下線部ア）の名称を答えよ。

⑵　手順①の操作の名称とその操作を行う目的を30字以内で答えよ。

⑶　手順③の操作の名称とその操作を行う目的を20字以内で答えよ。

⑷　手順④で用いられる染色液（下線部イ）の名称を１つ答えよ。

⑸　手順⑤で特に注意することを簡潔に答えよ。

⑹　図中のＡとＢの間（過程Ⅰ）で起こっている現象を簡単に説明せよ。

⑺　図の過程Ⅶは分裂後の細胞が特定の組織や器官の細胞へと変化する過程を示している。この現象の用語を答えよ。

⑻　ある倍率で細胞分裂を観察してA～Fの細胞数を数えたところ，表の結果を得た。

	A	B	C	D	E	F
細胞数	2048	187	36	30	41	58

分裂周期の中で最も短い段階はA～Fの中でどの時期かをその時期の名称で答えよ。また，その所要時間は何分か計算せよ。ただし，細胞周期（過程Ⅰ～Ⅳ）を16時間と仮定し，計算の過程も答えよ。

⑼　植物細胞の細胞分裂と動物細胞の細胞分裂の大きな違いを，核分裂と細胞質分裂の観点からそれぞれ説明せよ。

〈岩手県〉

演習問題　解答・解説

1

(1)　①

(2)　図2：ミトコンドリア
　　図3：葉緑体

(3)　ヤヌスグリーン

(4)　共生説

解説

(1)　細菌類，シアノバクテリアは原核生物で，核膜で包まれた核をもっていない。

(3)　ヤヌスグリーンでミトコンドリアは青緑色に染色される。また，TTC溶液が使用される場合は，赤色に染色される。

2

(1)　ア．セルロース　　イ．低張液
　　ウ．膨圧　　エ．吸水力

(2)　原形質分離という現象である。Aの細胞壁が全透性であるため，半透性であるEの細胞膜を通して細胞外に水が出て細胞が収縮するから。

(3)　約20％のスクロース溶液

(4)　$f = d = b$

3

(1)　AB：浸透圧　　CB：膨圧

(2)　限界原形質分離

(3)　0kPa　　(4)　イ，ウ

(5)　$P = CRT$

(6)　6.2×10^2kPa

(7)　吸水して膨張し，緊張状態である。

解説

(6)　スクロースの分子量は，

$$12 \times 12 + 1 \times 22 + 16 \times 11 = 342$$

8.5％スクロース溶液のモル濃度は，

$$\frac{1000 \times 1.02 \times 0.085}{342} \text{〔mol/L〕}$$

したがって，(5)より

$$P = \frac{1000 \times 1.02 \times 0.085}{342} \times 8.3 \times (273 + 20)$$

$$\fallingdotseq 6.2 \times 10^2 \text{〔kPa〕}$$

4

(1)　ア．対物レンズ―j
　　イ．調節ねじ―d
　　ウ．絞り―g
　　エ．反射鏡―f
　　オ．アーム―c
　　カ．鏡台―e
　　キ．レボルバー―k
　　ク．ステージ―h
　　ケ．クリップ―i

(2)　D→B→C→F→A→G→E

(3)　近づけながらピントを合わせると，対物レンズとプレパラートが当たって対物レンズに傷をつけたり，プレパラートを破損するおそれがあるため。

(4)　対物レンズを先につけると，鏡筒内にゴミがたまるため。

(5)　低倍率の方が高倍率よりも視野が広く，目的物を見つけやすいから。

(6)　③　　(7)　b

(8)　125個

(9)　接眼レンズとプレパラートを片方ずつ動かして，ゴミがどちらを動かしたときに動いたかを見る。

解説

(8)　倍率が4倍になると，視野に入る長さは1/4倍，面積は1/16倍になる。よって，細胞数は，

$$2000 \times \frac{1}{16} = 125 \text{〔個〕}$$

5

(1)　カルノア液

(2)　名称：固定

目的：細胞を生きた状態に近いままで殺し，腐敗・自己分解を防ぐ。

(3)　名称：解離

目的：細胞どうしを結合している物質を分解する。

(4)　酢酸カーミン，酢酸オルセイン

から１つ

(5)　カバーガラスを破損しないように指の腹で押し，また，気泡が入らないようにする。

(6)　DNA が複製され，染色体が棒状に変化し，核膜，核小体が消失する。

(7)　分化

(8)　時期：後期

所要時間：$16 \times 60 \times \dfrac{30}{2400} = 12$〔分〕

(9)　動物細胞では核分裂時に中心体が二分した星状体が現れるが，植物細胞では見られない。また，細胞質分裂時に植物細胞では細胞板が形成されて細胞質が二分されるが，動物細胞では細胞膜がくびれて細胞質が二分される。

2 代謝

傾向と対策

この分野では，酵素の組織とはたらき，光合成，窒素同化，呼吸，発酵の反応過程など，代謝とエネルギー代謝に関する内容が全般に渡って出題されている。したがって，まずはこの分野の基礎知識を理解した上で，本試験で狙われやすいカタラーゼの実験，ツンベルク管を使った脱水素酵素のはたらきを調べる実験，発芽種子や酵母菌を材料として呼吸と発酵での気体の体積，呼吸商と呼吸基質との関連について取り組んでおく必要がある。さらに，光合成曲線，呼吸のグルコース量の計算問題の解法もマスターしておきたい。

例題 1　酵素

次の文を読んで，各問いに答えよ。

酵素は生体内の化学反応を促進する（　①　）としてはたらくが，無機の（　①　）とは異なるいくつかの性質をもっている。たとえば，酵素は特定の基質にしかはたらかない。このような性質を（　②　）という。これは酵素が基質と結合する部位である（　③　）の立体構造が基質と鍵と鍵穴の関係になっているからである。酵素が高い活性を示す温度や pH をそれぞれ（　④　），（　⑤　）という。これは酵素の主成分である（　⑥　）の立体構造が，高温や強酸，強塩基によって変化するためである。これを（　⑦　）という。また，酵素には本体の（　⑥　）の他に熱に強く酵素本体から離れやすい（　⑧　）を含むものもある。

(1)　文中の（　①　）～（　⑧　）に当てはまる適切な語句を答えよ。

(2)　酵素が化学反応を促進するしくみを，エネルギーの面から説明せよ。

(3)　次に挙げる 3 種のヒトの消化酵素のはたらきについて説明せよ。

　ア．だ液中に含まれるアミラーゼ　　イ．胃液中に含まれるペプシン

　ウ．すい液中に含まれるリパーゼ

(4)　(3)イのペプシンはどのような pH で高い活性を示すか。はたらく場所との関係から説明せよ。

(5)　けがをしたときに傷口にオキシドールをつけて消毒すると傷口から泡が発生する。どのような酵素反応が起こっているのか説明せよ。

(6)　文中（　⑧　）の 1 つとして NAD^+ とよばれる物質がある。この物質

の酵素反応における役割を説明せよ。

(7)　生体内でのエネルギーの受け渡しを行う化学反応においては，酵素の他に重要な役割をする，エネルギーの通貨とよばれる物質がある。

問1　この物質は何か。その正式名称と略称を答えよ。

問2　この物質のなかにどのようにエネルギーが蓄えられているのか説明せよ。

問3　この物質のもつエネルギーは，生体内のどのような生命活動に利用されているか，具体例を1つ答えよ。

〈三重県〉

解答　(1)　①　触媒　②　基質特異性　③　活性部位　④　最適温度
⑤　最適 pH　⑥　タンパク質　⑦　変性　⑧　補酵素

(2)　物質が化学反応を起こすためには活性化エネルギーが必要である。酵素は物質の活性化エネルギーを小さくするため，化学反応を促進する。

(3)　ア．デンプンをマルトースに分解する。
イ．タンパク質をペプトンに分解する。
ウ．脂肪を脂肪酸とモノグリセリドに分解する。

(4)　ペプシンがはたらく場所は胃で，pH2 付近で高い活性を示す。

(5)　傷口の組織に含まれるカタラーゼがオキシドールに含まれる過酸化水素と反応して酸素を発生するため。

(6)　脱水素酵素（デヒドロゲナーゼ）が基質から奪った水素を受け取る。

(7)　問1　正式名称：アデノシン三リン酸　　略称：ATP
問2　高エネルギーリン酸結合とよばれるリン酸どうしの結合に，化学エネルギーとして蓄えられている。
問3　生体物質の合成，能動輸送，筋収縮，神経の興奮 などから1つ

解説　(5)　$2H_2O_2 \longrightarrow 2H_2O + O_2$

(6)　脱水素酵素に結合しているNAD^+は水素イオンH^+と電子e^-，エネルギーを受けとり，NADH となる。

(7)　問3　ATP は，ホタルの発光やデンキウナギの発電などにもエネルギーとして使用される。

例題 2　光合成の過程

次の図1は緑色植物の光合成の過程を模式的に示し，図2は光の強さと光合成量（CO_2吸収量）の関係を示したものである。図1，2を参考に，各問いに答えよ。

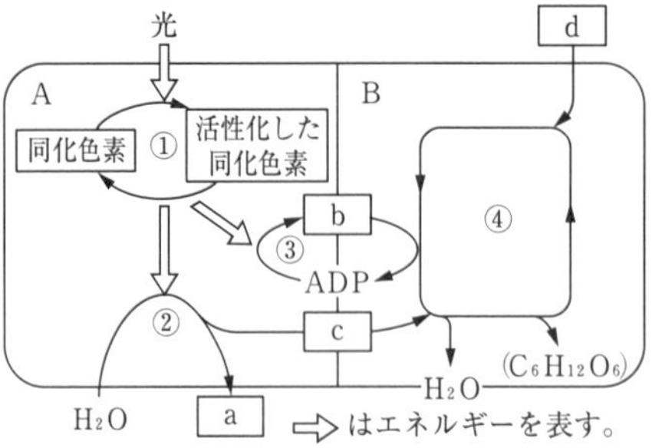

図1

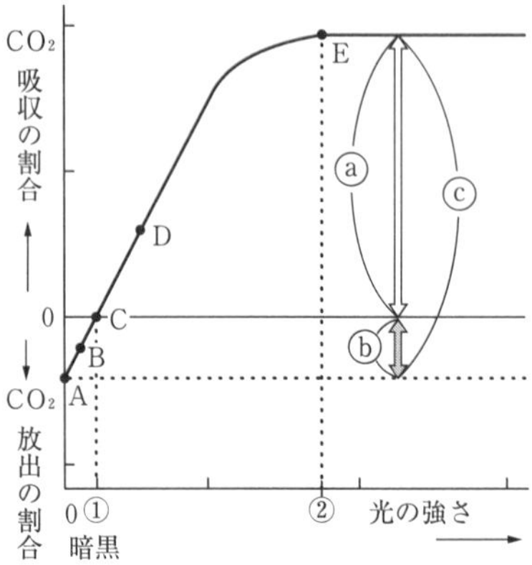

図2

(1)　図1の①～④の過程を説明した内容として適当なものを下記の語群から選び，記号で答えよ。

ア．水の分解　　　イ．光エネルギーの吸収

ウ．ATP の合成　　エ．CO_2 の固定

(2)　図1のA，Bの反応過程は，それぞれ葉緑体のどの部分で行われるか。下記の語群から選び，記号で答えよ。

ア．ストロマ　　イ．チラコイド　　ウ．ミトコンドリア

(3)　図1の④の反応経路は，特に何とよばれるか。適当なものを下記の語群から選び，記号で答えよ。

ア．クエン酸回路　　　　　　イ．オルニチン回路

ウ．カルビン－ベンソン回路　　エ．ヒル反応

(4)　図1のa～dに当てはまる物質名を下記の語群から選び，記号で答えよ。

ア．O_2　　イ．2H　　ウ．ATP　　エ．CO_2　　オ．$(C_6H_{12}O_6)$

(5)　次の光合成の化学反応式の空欄①～③に適当な化学式を，(4)の語群から選び，記号で答えよ。

6(　①　) + $12H_2O$ + 光エネルギー → (　②　) + 6(　③　) + $6H_2O$

(6)　図2中のⓐⓑⓒはそれぞれ何の量を示しているか。適当なものを語群から選び，記号で答えよ。

ア．光合成量（速度）　　イ．見かけの光合成量（速度）

ウ．呼吸量（速度）

(7)　図２の①②の光の強さを特に何とよんでいるか。適当なものを下記の語群から選び，記号で答えよ。

ア．光補償点　　イ．光飽和点　　ウ．成長点

(8)　図２のＡ～Ｅの各点における植物の状況を説明する文として適当なものを下記から選び，記号で答えよ。

ア．光合成も呼吸も行われていない。

イ．呼吸は行われているが，光合成は行われていない。

ウ．光合成は行われているが，呼吸は行われていない。

エ．光合成も呼吸も同時に行われているが，呼吸量がまさっている。

オ．光合成も呼吸も同時に行われ，光合成量がまさっている。ただし，これ以上光を強くしても光合成量はほとんど増さない。

カ．光合成も呼吸も同時に行われ，光合成量がまさっている。光合成量は光の強さに比例して増していく。

キ．光合成も呼吸も同時に行われ，その量はほぼ等しい。

〈沖縄県〉

解答　(1)　①　イ　　②　ア　　③　ウ　　④　エ

(2)　Ａ．イ　　Ｂ．ア　　(3)　ウ

(4)　ａ．ア　　ｂ．ウ　　ｃ．イ　　ｄ．エ

(5)　①　エ　　②　オ　　③　ア

(6)　ⓐ　イ　　ⓑ　ウ　　ⓒ　ア　　(7)　①　ア　　②　イ

(8)　Ａ．イ　　Ｂ．エ　　Ｃ．キ　　Ｄ．カ　　Ｅ．オ

例題３　呼吸

次の図は，呼吸による物質代謝を模式的に示したものである。Ⅰ～Ⅲは呼吸における３段階の反応系を，ａ～ｆは主要な物質をそれぞれ示している。各問いに答えよ。

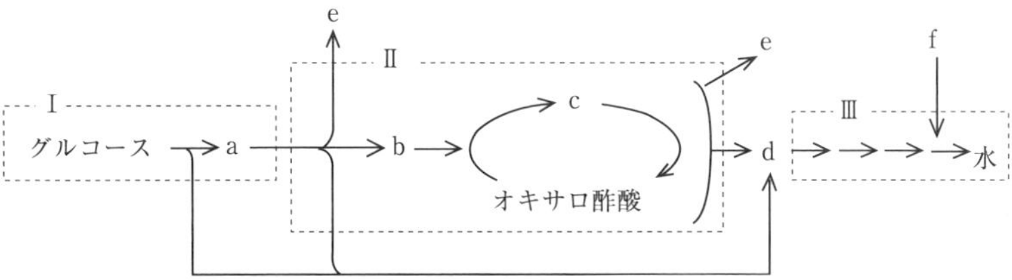

(1) a～eに適する物質をア～キからそれぞれ選び，記号で答えよ。

ア．酸素　　イ．水素　　ウ．窒素　　エ．二酸化炭素

オ．活性酢酸（アセチルCoA）　　カ．クエン酸　　キ．ピルビン酸

(2) 次の①～⑤の各文はⅠ～Ⅲのどの反応系について説明したものか。Ⅰ～Ⅲからそれぞれ選び，番号で答えよ。

① ATPが消費される

② 酸化的リン酸化が起こる

③ 水が取り込まれる

④ 発酵と共通する

⑤ ミトコンドリアのクリステで行われる

(3) 無酸素条件下で，aが水素によって直接還元され，その結果生じる物質は何か答えよ。

(4) fがdと化合するときにはたらく酵素は何か答えよ。

(5) 一連の反応系で発生した水素イオンが内膜を越えてマトリックス側へ戻る際の通り道となる酵素は何か答えよ。

〈佐賀県改題〉

解答 (1) a．キ　b．オ　c．カ　d．イ　e．エ

(2) ① Ⅰ　② Ⅲ　③ Ⅱ　④ Ⅰ　⑤ Ⅲ

(3) 乳酸　(4) シトクロム酸化酵素

(5) ATP合成酵素

解説 (2) ① 解糖系でグルコース1molを分解するとき，グルコースからフルクトース二リン酸が生成する過程で2molのATPを消費し，グリセルアルデヒドリン酸を経てピルビン酸に分解される過程で4molのATPを生成する。

演習問題

1　★☆☆

細胞内の反応に関する次の文を読んで，後の問いに答えよ。

一般に，細胞内で起こるほとんどの反応は（　ア　）によるものである。（　ア　）は主として，アミノ酸が（　イ　）結合した（　ウ　）からできている。また，一般に（　ア　）は特定の基質にしかはたらかない性質があり，その反応には最もよく進む温度がある。さらに（　ア　）のうちの１つである肝臓片に含まれる物質Ａの性質を調べるため，次の実験をした。

〔実験〕 試験管ａ～ｈにそれぞれ３％過酸化水素水を５mL ずつ入れ，試験管ａ～ｄには蒸留水を，ｅ，ｆには５％塩酸を，ｇ，ｈには５％水酸化ナトリウム水溶液をそれぞれ２mL ずつ加える。これらの試験管に下図のように肝臓片１g，または無機触媒である酸化マンガン(IV) 0.5g を入れ，気泡が発生するようすを調べた。

実験の結果，気泡が発生した試験管はａ，ｂ，ｃ，ｅ，ｇで，試験管ｄ，ｆ，ｈはほとんど発生しなかった。

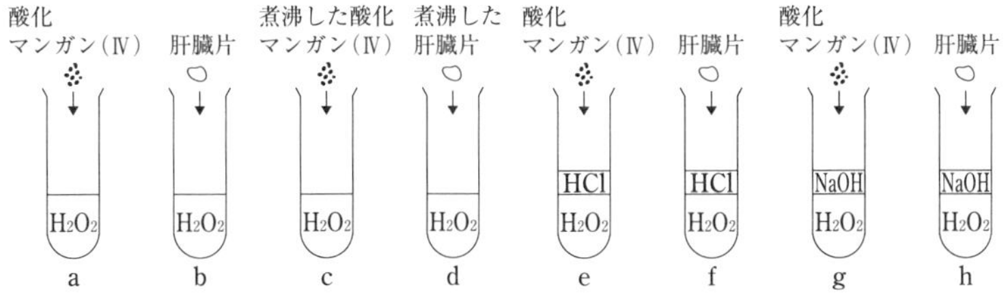

⑴　文の空欄に当てはまる適切な語句を答えよ。

⑵　下線部の性質を答えよ。

⑶　この実験で，気体が発生している試験管内で起こっている反応の化学反応式を答えよ。

⑷　肝臓片に含まれる物質Ａは何か答えよ。

⑸　実験結果から，次の表の①～③について，正誤を判断したい。例にならって，正しいものには○を，誤っているものには×をつけ，その根拠となった試験管をａ～ｈから選び，その記号を答えよ。

	○か×　試験管
〈例〉無機触媒は熱に強い	○　で　a，c
①無機触媒は pH の影響を受ける	で
②酵素は熱すると活性を失う	で
③酵素は中性付近で最もよく働く	で

〈兵庫県〉

2 ★☆☆

次の文を読んで，各問いに答えよ。

光合成は葉緑体中で行われている。葉緑体の内部はチラコイドとよばれる膜構造と，（　ア　）とよばれる基質からなる。チラコイドではクロロフィルが光エネルギーを吸収する光化学系と，水の分解によって得られた電子が重要なはたらきをする（　イ　）系とよばれる酸化還元反応が行われている。（　ア　）ではカルビン・ベンソン回路により二酸化炭素の固定が行われ，有機物が合成される。

トウモロコシなど熱帯原産の植物には，二酸化炭素をリンゴ酸などの有機酸として固定し，そこから高濃度の二酸化炭素をカルビン・ベンソン回路に渡すことができるものが多く知られている。このようなしくみをもつ植物は（　ウ　）とよばれている。

(1)　文中の空欄に当てはまる語句をそれぞれ答えよ。

(2)　植物を光補償点より弱い光の強さで栽培した場合，その植物は生育できない。その理由を説明せよ。

(3)　図1は，カルビン・ベンソン回路の概略を示したものである。また，図2のグラフは，ある植物に二酸化炭素と光を十分に与えて光合成をさせた後，急に光を消したときの，図1の物質w～zのいずれかの量的変化を示したものである。次の各問いに答えよ。

図1

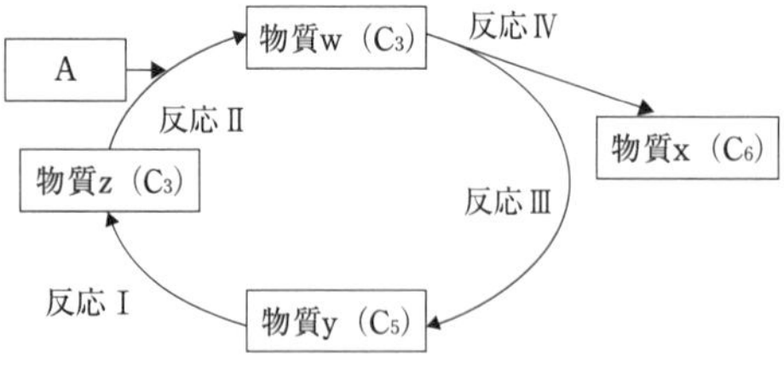

図2

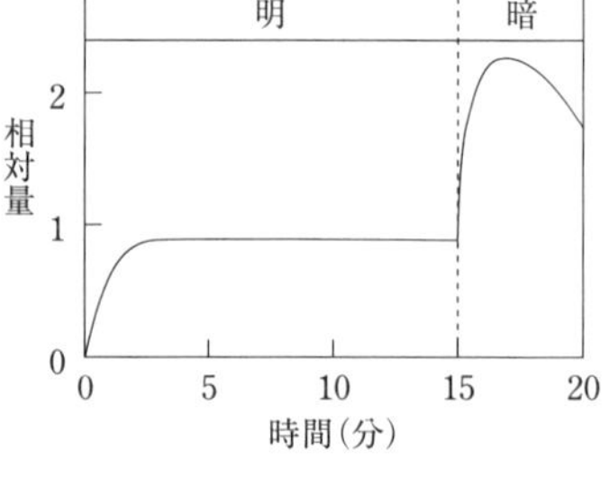

問１　図１のＡはチラコイドで生じた物質である。この物質は何か。

問２　二酸化炭素が取り込まれる反応を，図１の反応Ⅰ～Ⅳから選び，番号で答えよ。

問３　図２のグラフに示されている物質を，図１のｗ～ｚから選び，記号で答えよ。また，光を消したとき，その物質の量が増加した理由を説明せよ。

問４　図２のグラフに示されている物質の量は，３～15分の間変化していない。その理由を説明せよ。

⑷　トウモロコシと通常の光合成経路のみをもつ植物の光合成速度を，光が弱いときと光が強いときとで比較すると，どちらに大きな差が生じると期待されるか。その理由を含めて答えよ。

〈佐賀県〉

3　★☆☆

次の図は，いろいろな呼吸や発酵についてまとめたものである。各問いに答えよ。

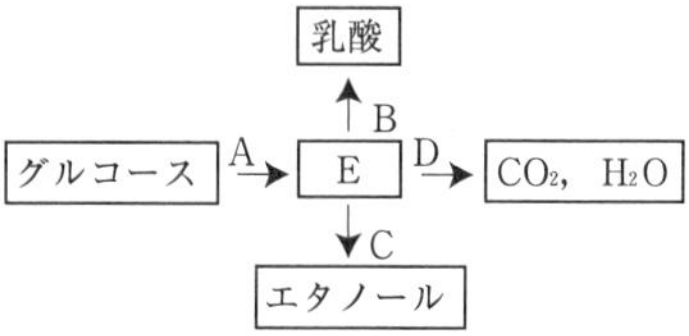

⑴　Ｅの物質名をア～オから１つ選び，記号で答えよ。

ア．クエン酸

イ．ピルビン酸

ウ．アミノ酸

エ．リンゴ酸

オ．酢酸

⑵　Ｄの反応の名称をア～オから２つ選び，記号で答えよ。

ア．クエン酸回路　　イ．解糖系　　ウ．電子伝達系

エ．カルビン・ベンソン回路　　オ．オルニチン回路

⑶　ＡからＢの反応を行う微生物を１つ答えよ。

⑷　反応Ａが行われているところをア～オから１つ選び，記号で答えよ。

ア．ゴルジ体　　イ．細胞膜　　ウ．ミトコンドリアのクリステ

エ．ミトコンドリアのマトリックス　　オ．細胞質基質

⑸　Ｄの過程のATPの生成量は，最大でＡ～Ｃの反応の生成量の何倍か。

〈長野県〉

4 ★☆☆

次の文を読んで，各問いに答えよ。

図は，ヒトの物質の酸化分解経路を模式的に示したものである。

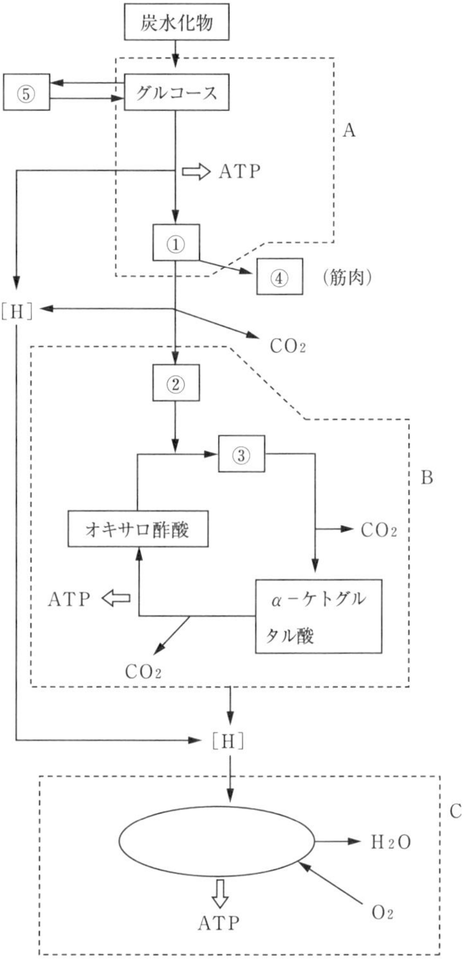

食物中のデンプンなどの消化，吸収によって細胞内に入ったグルコースは，まず嫌気的にAとよばれる過程で（　①　）に分解される。（　①　）は，肝臓のように酸素が十分に供給される組織では，（　②　）に変化し，そしてオキサロ酢酸と反応し（　③　）となる。（　③　）は，幾つかの段階を経て再びオキサロ酢酸へと戻る。この過程をBという。Bの過程で（　①　）は完全に二酸化炭素にまで分解され，生じた水素は補酵素に渡される。

次に水素はCとよばれる反応系を次々と受け渡されて，最終的に酸素と結合して水になる。

運動時の筋肉では酸素が不足するため，グルコースは（　①　）を経て，（　④　）に変化する。また，グルコースは多糖類である（　⑤　）の合成に使われ，肝臓や筋肉に蓄えられる。

(1)　文中の空欄に当てはまる適切な語句を答えよ。ただし，文中の①～⑤は，図中の①～⑤に相当するものとする。

(2)　Aの反応過程を何とよぶか，名称を答えよ。またその過程は細胞内のどの部位で進行するか，その部位の名称を答えよ。

(3)　Bの過程ではたらいている代表的な酵素の種類を２つ答えよ。

〈青森県改題〉

5　★☆☆

酵母菌は，酸素のあるところでは，呼吸とアルコール発酵を同時に行うことができる。次の各問いに答えよ。

(1)　アルコール発酵の化学反応式を答えよ。

(2)　アルコール発酵に関係する酵素を総称して何というか答えよ。

(3)　酵母菌をグルコースを含んだ培養液中に入れ，ある条件下で培養したところ，96mg の酸素を吸収し，264mg の二酸化炭素を放出した。これに関して，次の各問いに答えよ。

問 1　酵母菌によって消費されたグルコースの総量は何 mg か。ただし，原子量はH＝1，C＝12，O＝16 とする。

問 2　アルコール発酵によって生成された ATP は何 mol か。

〈群馬県改題〉

6　★☆☆

次の文を読んで，各問いに答えよ。

多くの植物は根から，①無機窒素化合物を窒素源として取り入れ，有機窒素化合物を合成している。土の中のアンモニウムイオンは土壌中の微生物である②亜硝酸菌，硝酸菌により順次酸化され（　A　）に変化する。植物が根から吸収した（　A　）は，生体内で再びアンモニウムイオンとなり，グルコースが呼吸の過程で分解されて生じた有機酸と結合して，アミノ酸の一種であるグルタミン酸になる。このグルタミン酸から，（　B　）酵素のはたらきでアミノ基は他の有機酸に移され，いろいろなアミノ酸がつくられる。このようにしてつくられたアミノ酸から種々の③有機窒素化合物が合成される。

また，ふつうの植物は空気中の窒素（N_2）を直接利用できないが，細菌のクロストリジウムやアゾトバクターは単独で，（　C　）はマメ科植物と共生したとき空気中の窒素（N_2）をとりこみ，細胞内でアミノ酸をつくることができる。このはたらきを（　D　）とよぶ。

(1)　空欄に当てはまる適切な語句を答えよ。

(2)　下線部①のはたらきを何というか答えよ。

(3)　下線部②の酸化反応式を答えよ。

(4)　下線部③の有機窒素化合物をア～オよりすべて選び，その記号を答えよ。

ア．酢酸　　イ．ATP　　ウ．ピルビン酸　　エ．デンプン

オ．クロロフィル

〈群馬県〉

演習問題　解答・解説

1

(1)　ア．酵素　　イ．ペプチド
　ウ．タンパク質

(2)　基質特異性

(3)　$2H_2O_2 \longrightarrow 2H_2O + O_2$

(4)　カタラーゼ

(5)　①　×で a，e，g
　②　○で b，d
　③　○で b，f，h

2

(1)　ア．ストロマ　　イ．電子伝達
　ウ．C_4 植物

(2)　呼吸によって消費されるグルコース量が光合成によって生産されるグルコース量を上回るため。

(3)　問 1　水素　　問 2　I
　問 3　z
　理由：光で進行する反応で生じる物質 A が供給されなくなり，反応Ⅱが進まなくなるから。
　問 4　光を消す前までに生じた物質 A を使って，反応が進んだため。

(4)　光が弱い場合，光の強さが限定要因となるので，両者の光合成速度にあまり差は生じない。光が強い場合，二酸化炭素濃度が限定要因となるので，効率よく二酸化炭素を取り込むことのできるトウモロコシの方が光合成速度が大きくなる。したがって，光が強い場合に両者の光合成速度に大きな差が生じると期待される。

3

(1)　イ　　(2)　ア，ウ　　(3)　乳酸菌
(4)　オ　　(5)　18 倍

解説

(5)　$\dfrac{2+34}{2}=18$〔倍〕

4

(1)　①　ピルビン酸
　②　活性酢酸（アセチル CoA）
　③　クエン酸　　④　乳酸
　⑤　グリコーゲン

(2)　反応過程：解糖系
　部位：細胞質基質

(3)　・脱水素酵素（デヒドロゲナーゼ）
　・脱炭酸酵素（デカルボキシラーゼ）

5

(1)　$C_6H_{12}O_6 \longrightarrow 2C_2H_5OH + 2CO_2$

(2)　チマーゼ

(3)　問 1　360 mg
　問 2　3×10^{-3} mol

解説

(3)　問 1　呼吸で吸収した酸素が 96 mg である。反応式より，呼吸で消費されたグルコース量を求めると

$$\frac{180\times96}{32\times6}=90\text{〔mg〕}$$

呼吸で酸素を 96 mg 吸収したので，放出した二酸化炭素量を求めると

$$\frac{44\times6\times96}{32\times6}=132\text{〔mg〕}$$

酵母菌は，酸素があれば呼吸とアルコール発酵を同時に行う。両方の反応により，二酸化炭素を 264 mg 放出したので，アルコー

ル発酵で放出した二酸化炭素量を求めると，

$264-132=132$〔mg〕

よって，アルコール発酵で消費されたグルコース量を求めると，

$\frac{180\times132}{44\times2}=270$〔mg〕

したがって，酵母菌によって消費されたグルコース量は，

$90+270=360$〔mg〕

問2　グルコース1molからアルコール発酵によって生成されるATPは2molなので，

$2\times\frac{270\times10^{-3}}{180}=3\times10^{-3}$〔mol〕

6

(1)　A.　硝酸イオン

B.　アミノ基転移　　C.　根粒菌

D.　窒素固定

(2)　窒素同化

(3)　$2NH_4{}^+ + 3O_2 \longrightarrow 2NO_2{}^- + 2H_2O + 4H^+$

$2NO_2{}^- + O_2 \longrightarrow 2NO_3{}^-$

(4)　イ，オ

3 生命の連続性

傾向と対策

遺伝・ＤＮＡと形質の発現に関する問題は最も頻出の内容であるが，その他にも動物の発生のしくみ，生活環，植物の配偶子形成，生物の系統，進化なども出題されている。遺伝については，メンデルの法則，連鎖と組換えを確実に理解して基本的な問題を数多く解き，その解法を確実にマスターしておくことが重要である。生殖・発生については，ウニ・カエルの発生過程や原基分布図，交換移植実験，シダ植物・コケ植物の生活環などの基礎知識を確実に押さえておくこと。さらに，植物・動物の系統樹，五界説も確実に覚えておきたい。

例題１　動物の発生

次のＡ～Ｃの各問いに答えよ。

Ａ．動物の発生は，卵と精子が受精することによって始まる。受精卵は分裂（卵割）を繰り返し，桑実胚，胞胚を経て，原腸胚となる。原腸胚期には３胚葉の分化がみられる。

(1)　ウニとカエルの発生において，割球の大きさから初めて動物極，植物極の判別が可能となるのはどの時期か。ア～オからそれぞれ選び，記号で答えよ。

ア．２細胞期　　イ．４細胞期　　ウ．８細胞期　　エ．16 細胞期
オ．32 細胞期

(2)　ウニとカエルの胞胚期の違いについて正しく述べた文をア～エから選び，記号で答えよ。

ア．胞胚腔はウニでは植物極よりにあり，カエルでは胚の中央にある。
イ．胞胚腔の周囲の細胞層はウニでは一層であり，カエルでは多層である。
ウ．ウニは繊毛をもたないが，カエルはもつ。
エ．ウニはふ化し，カエルは変態する。

(3)　ウニとカエルの原腸胚において，原腸を囲んでいるのは何胚葉か。それぞれ答えよ。

B．次の図１はイモリの胞胚の各部域が将来何になるかを表したものである。また，図２～図４はイモリの初期発生のある時期の外形図または断面図である。

図１

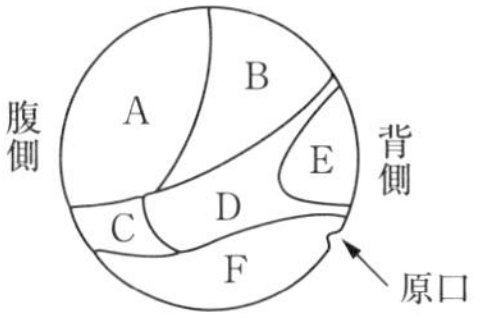

図２

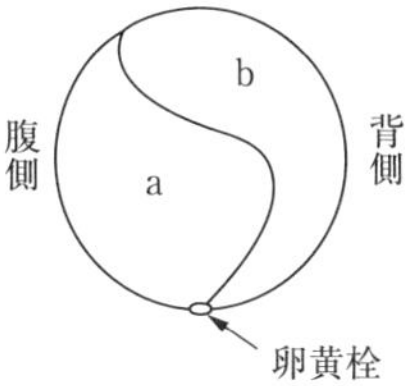

図３

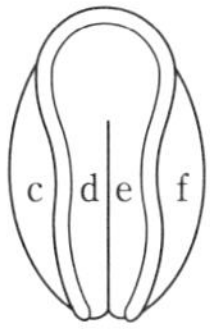

図４

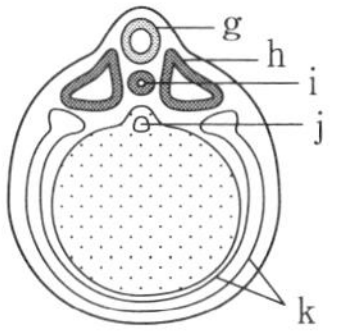

(4)　フォークトは，イモリの胞胚の表面の各部分に色素をつけ，各部分から生体のどの部分が形成されるかを調べて，図１を作成した。

①　図１を何というか答えよ。

②　このような実験に用いる色素として不適切なものをア～オから選び，記号で答えよ。また，その色素が不適切な理由を簡潔に述べよ。

ア．中性赤　　イ．ナイル青　　ウ．ビスマルクブラウン
エ．酢酸カーミン　　オ．ヤヌスグリーン

③　将来，中胚葉に分化する部分を図１のＡ～Ｆからすべて選び，記号で答えよ。

④　図１のＢの部分は，図２～図４の各時期においてどの部分に移動するか。図２～図４のａ～ｋからそれぞれ選び，記号で答えよ。

⑤　図４のｈから分化してくるものをア～オから選び，記号で答えよ。

ア．表皮　　イ．骨格筋　　ウ．肺　　エ．心臓　　オ．平滑筋

C．シュペーマンは初期原腸胚のある部分を，同じ時期の他の胚の胞胚腔内に移植した。その結果，正常な個体の構造のほかに，移植片を中心として二次胚が形成された。

(5)　文中の下線部は何とよばれるか。

(6)　二次胚のうち，移植片に由来する部分をア～オから選び，記号で答えよ。

ア．神経管　　イ．表皮　　ウ．脊索　　エ．側板　　オ．腎節

(7)　文中の下線部のように誘導能力をもつ胚域を何というか。

(8) 次の図は，脊椎動物の眼の形成を模式的に示したものである。図中の①，②に適する語句をそれぞれ答えよ。

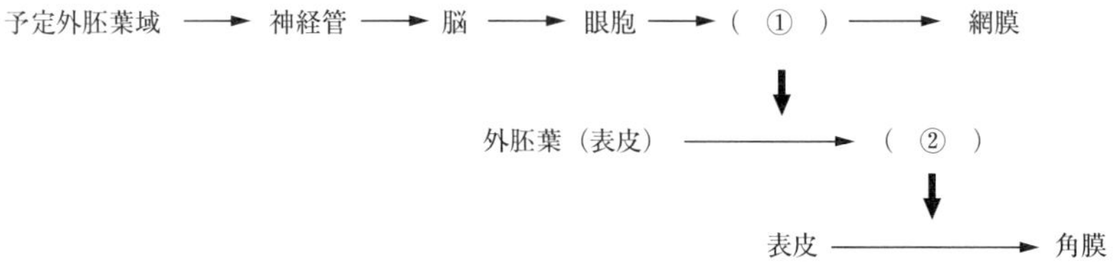

〈佐賀県〉

解答 (1) ウニ：エ　カエル：ウ　(2) イ
(3) ウニ：内胚葉　カエル：中胚葉，内胚葉
(4) ① 原基分布図（予定運命図）
② 記号：エ　理由：胚が死んでしまうため　③ C，D，E
④ 図2：b　図3：d，e　図4：g　⑤ イ
(5) 原口背唇部　(6) ウ
(7) 形成体（オーガナイザー）
(8) ① 眼杯　② 水晶体

例題2 遺伝①

次の文は，ある植物の種子の形と子葉の色の二遺伝子雑種についての説明である。文を読んで，各問いに答えよ。

ある植物の種子の形が丸く子葉の色が黄色［丸・黄］と，種子の形がしわで子葉の色が緑［しわ・緑］の純系同士を交配すると雑種第一代（F_1）はすべて［丸・黄］のみが出現した。F_1 同士の自家受精で生じた雑種第2代（F_2）では［丸・黄］［丸・緑］［しわ・黄］［しわ・緑］の4つの表現型が表れた。種子の形に関する遺伝子をRおよびr，子葉の色に関する遺伝子をYおよびyとし，各問いに答えよ。

(1) 雑種第一代（F_1）の遺伝子型を答えよ。

(2) この植物の種子の形と子葉の色はそれぞれ独立に遺伝をしたものとして，各問いに答えよ。

① F_1 のつくる配偶子の遺伝子型をすべて書き，分離比も示せ。

② F_2 に表れる表現型の分離比を答えよ。

③ いま F_1 に(ア)～(エ)の個体を交雑したところ次表のような表現型の分離比が得られた。各個体(ア)～(エ)の遺伝子型を求めよ。

④　検定交雑と同じ結果が得られるものを次表の(ア)～(エ)から１つ選び，記号で答えよ。

	丸・黄	丸・緑	しわ・黄	しわ・緑
(ア)	1	1	1	1
(イ)	3	1	3	1
(ウ)	1	1	0	0
(エ)	3	0	1	0

(3)　この植物の種子の形と子葉の色に関する遺伝子が連鎖するものとして，次の各問いに答えよ。

①　F_1 に［しわ・緑］の個体を交配したら，その子の表現型の分離比が［丸・黄］:［丸・緑］:［しわ・黄］:［しわ・緑］＝４：１：１：４となった。連鎖している遺伝子の組み合わせとして適当なものを次の(ア)～(ウ)から１つ選べ。

(ア)　RとY（rとy）　　(イ)　Rとy（rとY）　　(ウ)　Rとr（Yとy）

②　①の場合，組換え価はいくらになるか。

③　①のように連鎖している遺伝子が完全連鎖のとき，F_1 のつくる配偶子の遺伝子型をすべて書き，分離比も示せ。

〈沖縄県〉

解答　(1)　RrYy

(2)　①　RY：Ry：rY：ry＝1：1：1：1

②［丸：黄］:［丸・緑］:［しわ：黄］:［しわ・緑］＝9：3：3：1

③　(ア)　rryy　　(イ)　rrYy　　(ウ)　RRyy　　(エ)　RrYY　　④　(ア)

(3)　①　(ア)　　②　20％　　③　RY：ry＝1：1

解説　(1)(2)

P　　［丸・黄］　×　［しわ・緑］

RRYY　|　rryy

配偶子　RY　|　配偶子　ry

F_1　　［丸・黄］

RrYy

配偶子　RY：Ry：rY：ry＝1：1：1：1

F_1　×　F_1

RrYy　|　RrYy

F_2

F_2

	RY	Ry	rY	ry
RY	RRYY	RRYy	RrYY	RrYy
Ry	RRYy	RRyy	RrYy	Rryy
rY	RrYY	RrYy	rrYY	rrYy
ry	RrYy	Rryy	rrYy	rryy

［丸・黄］：［丸：緑］：［しわ・黄］：［しわ・緑］＝9：3：3：1

⑵　③　子の表現型　顕性(優性)：潜性(劣性)＝1：1

⇩

親の遺伝子型　ヘテロ×潜性ホモ

子の表現型　顕性：潜性＝3：1

⇩

親の遺伝子型　ヘテロ×ヘテロ

(イ)　親　F_1　×　(イ)

RrYy

子　丸・黄：丸・緑：しわ・黄：しわ・緑

3　：　1　：　3　：　1

種子の形について考えると，

子の表現型は，丸：しわ＝4：4＝1：1となり，

親の遺伝子型は，Rr×rr

子葉の色について考えると，

子の表現型は，黄：緑＝6：2＝3：1となり，

親の遺伝子型は，Yy×Yy

したがって，(イ)の遺伝子型はrrYyである。

⑶　②　$\frac{1+1}{4+1+1+4}\times 100=20$〔%〕

例題 3　遺伝②

次の図は，ABO 式血液型に関するある家族の家系図である。次の①～④のうち，この図の説明として正しくないものを１つ選び，記号で答えよ。

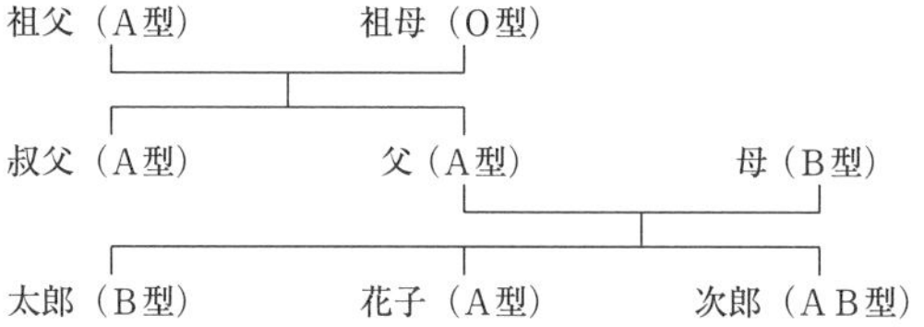

① 父と叔父の遺伝子型はともに AO である。
② 祖父の遺伝子型は，AA であるか AO であるか不明である。
③ 母の遺伝子型は，BB であるか BO であるか不明である。
④ 次郎は，どんな血液型の女性と結婚しても，O 型の子は生まれない。

〈埼玉県・さいたま市改題〉

解答 ③

解説 ③ 母の遺伝子型が BB のとき，A 型の子は生まれない。

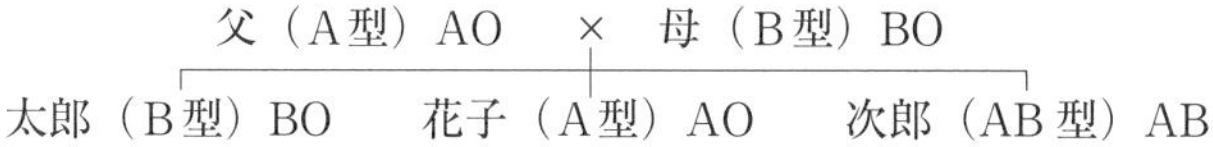

例題 4　遺伝情報と形質発見

次の各問いに答えよ。

(1) 次の文の空欄に当てはまる適当な言葉を答えよ。
　ある遺伝子が働くときには，その DNA のもつ情報が（　①　）に（　②　）されてから，リボソームで（　③　）されてタンパク質が合成される。この概念は（　④　）とよばれ，大腸菌からヒトにまで当てはまる生命の基本であると考えられている。

(2) 下の図は，ある DNA 鎖の塩基配列の一部を示したものである。この DNA 鎖と相補的な DNA 鎖の塩基配列を答えよ。

〈愛媛県〉

解答 (1) ① mRNA（伝令 RNA） ② 転写 ③ 翻訳
④ セントラルドグマ
(2) GCTCTCGGTA

例題5 植物の分類

次の図は，緑色植物の分類を模式的に示したものである。(1)〜(3)の各問いに答えよ。

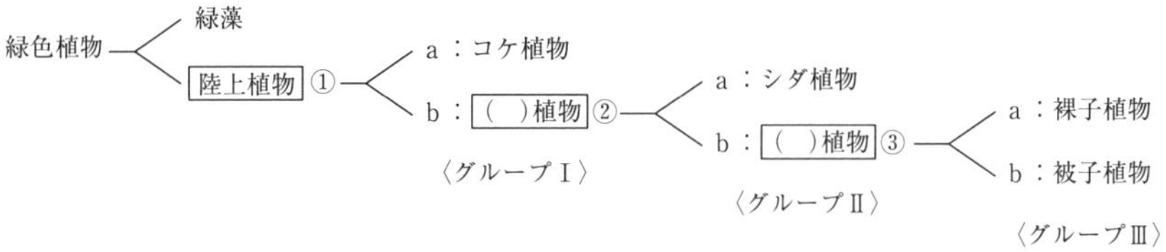

(1) 図中の①〜③は［　　］の植物を分類するときの観点である。①〜③に適する観点をア〜オからそれぞれ選び，記号で答えよ。
ア．種子を作るか，作らないか。
イ．世代交代と核相交代が一致するか，しないか。
ウ．維管束をもつか，もたないか。
エ．胚珠が子房に被われているか，いないか。
オ．減数分裂で胞子を作るか，配偶子を作るか。

(2) 図中のグループⅠ〜Ⅲのａ，ｂの植物の一般的な相違点として適するものをア〜オからそれぞれ選び，記号で答えよ。
ア．花を咲かせない植物と，咲かせる植物
イ．維管束に分裂組織をもたない植物と，もつ植物
ウ．道管をもたない植物と，もつ植物
エ．本体が配偶体である植物と，胞子体である植物
オ．雄性配偶子が精子である植物と，精細胞である植物

(3) 次の（ⅰ），（ⅱ）の２種の植物の相違点として適するものを(2)のア〜オからそれぞれ選び，記号で答えよ。
（ⅰ）イネとアサガオ　　（ⅱ）イチョウとスギ

〈佐賀県〉

解答 (1) ① ウ ② ア ③ エ (2) Ⅰ．エ Ⅱ．ア Ⅲ．ウ
(3) （ⅰ）イ （ⅱ）オ

解説 (2) 裸子植物は，道管と同様の機能をもつ仮道管がある。

例題 6　植物の生活環

植物の世代交代や生活環について，次の各問いに答えよ。

(1)　多くの植物では，配偶子をつくって有性生殖を行う有性世代と，胞子をつくって無性生殖を行う無性世代を交互にくり返す世代交代が見られる。

この様子は，模式的に図のように表すことができる。図のａ～ｆに当てはまる語句の組み合わせとして正しいものを①～⑤の中から１つ選べ。

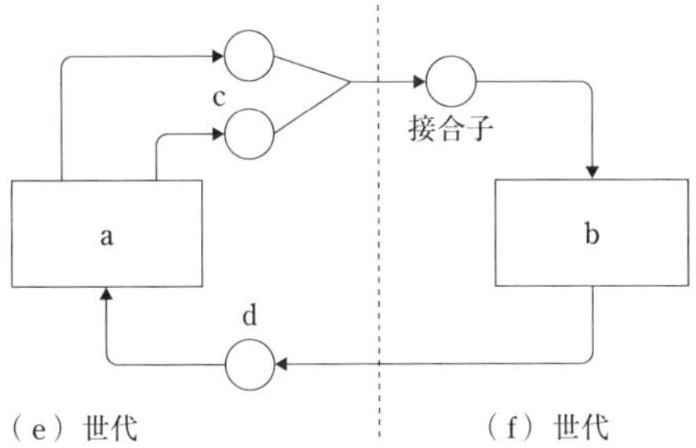

	a	b	c	d	e	f
①	配偶体	胞子体	胞子	配偶子	有性	無性
②	胞子体	配偶体	胞子	配偶子	有性	無性
③	配偶体	胞子体	配偶子	胞子	有性	無性
④	胞子体	配偶体	配偶子	胞子	無性	有性
⑤	配偶体	胞子体	胞子	配偶子	無性	有性

(2)　次のＡ～Ｄの生活環にあてはまる植物の組み合わせとして正しいものを①～⑤の中から１つ選べ。

Ａ．配偶体だけで胞子体がみられない。

Ｂ．胞子体に比べて配偶体がよく発達している。

Ｃ．配偶体と胞子体が同程度に発達している。

Ｄ．配偶体に比べて胞子体がよく発達している。

	A	B	C	D
①	シイタケ	サクラ	アオサ	ワラビ
②	シイタケ	ゼニゴケ	マコンブ	イネ
③	アオミドロ	ワラビ	マコンブ	コスギゴケ
④	アオミドロ	コスギゴケ	アオサ	シイタケ
⑤	アオミドロ	クラマゴケ	イネ	ワラビ

〈三重県〉

解答　(1)　③　　(2)　④

演習問題

1　★☆☆

次の文を読んで，各問いに答えよ。

めしべの柱頭に付着した花粉は，発芽して花粉管を生じる。花粉管は子房内の胚珠をめざして花柱内を伸長する。花粉内の（　ア　）は，花粉管の伸長と前後して2個の精細胞に分裂する。それらは，花粉管の伸長とともに移動して，胚のうに達する。1個の精細胞の核（精核）は胚のうの卵細胞の核と合体して受精卵に，他の精核は胚のう内にある中央細胞の2個の（　イ　）と合体して胚乳核となる。

(1)　文中の空欄に当てはまる語句を答えよ。

(2)　このような被子植物の受精形式を何というか答えよ。

(3)　被子植物の花のつくりの模式図（垂直断面図）を描き，次の部分を矢印で示し，名称を答えよ。

〔花弁　　がく　　子房　　胚珠　　やく〕

(4)　遺伝子型 Aa の植物がこの受精のしかたで自家受粉すれば，次の(a)・(b)の遺伝子型はどうなるか，すべて答えよ。

(a)　受精卵　　(b)　胚乳核　　〈徳島県〉

2　★☆☆

次の文を読んで，各問いに答えよ。

細胞は，「分裂」により増殖する。$_a$単細胞生物では，体細胞分裂自体が個体の増殖につながる。一方，多細胞生物では，$_b$体細胞分裂とは異なる特殊な分裂により生殖細胞がつくられ，形や大きさの異なる2種類の生殖細胞が合体することにより，新しい個体が誕生する。特に，精子と卵の合体を受精という。

(1)　文中下線部aのような生殖方法は無性生殖とよばれるが，分裂の他に(ア)出芽，(イ)栄養生殖，(ウ)胞子生殖　などが挙げられる。次の①～⑥の生物の生殖法は(ア)～(ウ)のどれに該当するか記号で答えよ。

①　ヒドラ	②　スギナ	③　酵母菌
④　オランダイチゴ	⑤　シイタケ	⑥　ユキノシタ

(2)　文中下線部bの分裂を何とよぶか答えよ。

(3)　文中下線部bの分裂によってつくられる生殖細胞の染色体数は，体細胞分裂によってつくられる細胞の半分になっている。染色体数が半減するしくみを40字以内で説明せよ。　〈静岡県・静岡市改題〉

3 ★☆☆

次の図は，シダ植物の生活環を模式的に示している。これについて，各問いに答えよ。

(1)　減数分裂が起こるのはどこか，例のように答えよ。

　〈例〉 F → G

(2)　無性世代に属するものは，図中のA～Jのどれか，該当するものをすべて選び記号で答えよ。

(3)　生活環の中で，A 前葉体 のことを一般に何というか答えよ。

(4)　次の①～③に相当するものは，図中のA～Jのどれか，最も適当なものを１つずつ選び記号で答えよ。

　①　緑藻植物の遊走子　　②　コケ植物の雌株・雄株

　③　アオミドロの本体

(5)　被子植物の生活環の中で，次の①，②に相当するものの名称をそれぞれすべて答えよ。

　①　図中のA 前葉体　　②　図中のJ 胞子

〈富山県〉

4 ★☆☆

次の図は，ウニの発生過程を示したものである。これについて，各問いに答えよ。

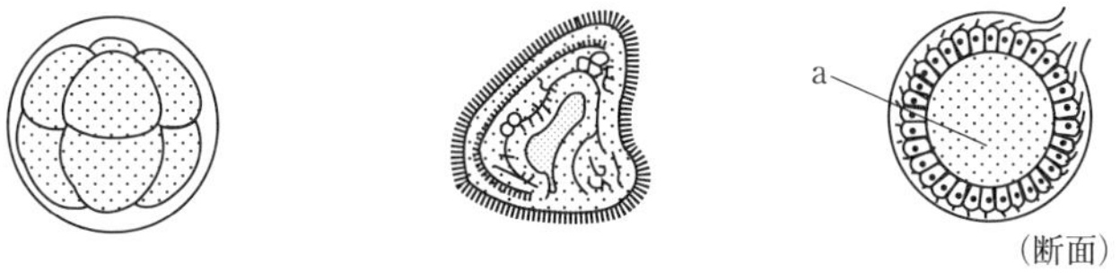

A　　B　　C

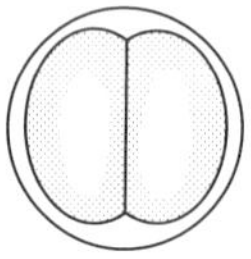

D

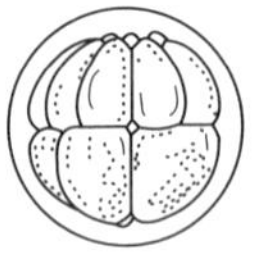

E

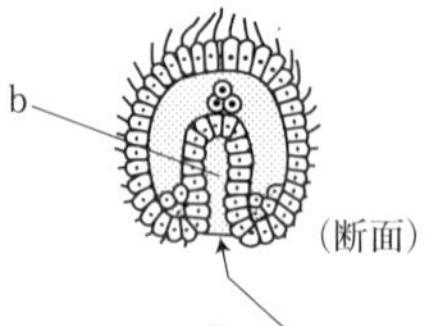

F

⑴　A～Fを正しい発生順序に並べ，記号で答えよ。
⑵　Fの胚の名称を答えよ。
⑶　a～cの名称を答えよ。
⑷　卵黄の分布状態からみた，ウニの卵の種類を答えよ。
⑸　ウニは分類学上どの門に属するか。次のア～エから正しいものを選び，記号で答えよ。
ア．節足動物　　イ．キョク皮動物　　ウ．原索動物　　エ．環形動物

〈愛媛県〉

5　★★☆

発生の仕組みの解明のために20世紀初頭に行われた実験1～3について，次の各問いに答えよ。

【実験1】
〔　A　〕は，イモリの初期原腸胚の表面を無害の色素で部分的に染色し，染色された細胞群がどのように移動するかを追跡することによって，初期原腸胚のどの部分がどの器官になるかを解明し，原基分布図（予定運命図）を表した。

【実験2】
〔　B　〕は，色の異なる2種類のイモリの初期原腸胚を用い，一方から予定神経域の一部を切り取り，他方から予定表皮域の一部を切り取って交換移植したところ，移植した予定神経片は表皮になり，予定表皮片は神経になった。また同様の実験を，初期神経胚を用いて行ったところ，移植した予定神経片は神経に，予定表皮片は表皮になった。

【実験3】
〔　B　〕は，イモリの初期原腸胚の原口背唇部を切り取り，同じ時期の胚の胞胚腔の中に移植すると，二次胚が形成されることから，原口背唇部はまわりの細胞の分化を引き起こし，器官を形成させるはたらきをもつことを発見し，このようなはたらきをもつ部分を形成体（オーガナイザー）と名付けた。

⑴　イモリの卵の種類と卵割の様式を答えよ。

(2)〔　A　〕〔　B　〕に適当な人物名を答えよ。

(3)【実験1】で用いられた実験方法名を答えよ。また，イモリの初期原腸胚を左側面から見たときの原基分布図を描け。

(4)【実験2】の結果からわかることを述べよ。

(5)【実験3】の下線部のはたらきを何とよぶか答えよ。

(6) 次の図は，【実験3】の下線部のはたらきの連鎖によって目が形成されていく過程を示している。図中の〔　ア　〕～〔　ウ　〕に適語を答えよ。

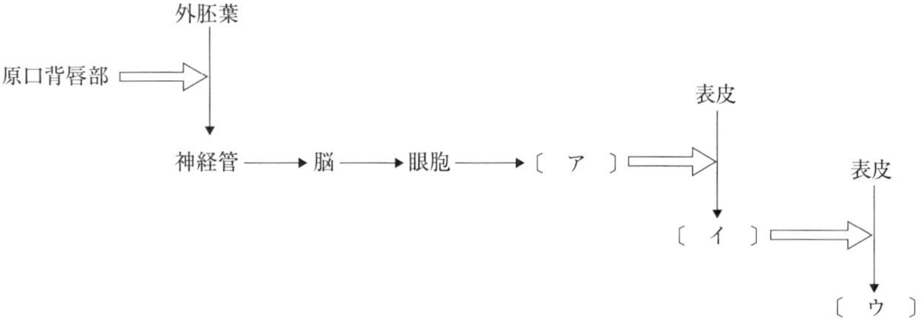

〈長崎県〉

6　★★☆

次の文を読んで，各問いに答えよ。

Ⅰ．エンドウの種子が丸くて子葉が緑色の品種と，種子にしわがあって子葉が黄色の品種を交配すると，F_1では，すべて丸くて黄色のものだけができた。F_1を自家受精させ，F_2をつくったところ，丸・黄色：丸・緑：しわ・黄：しわ・緑のものが，9：3：3：1の比に分離した。

丸にする遺伝子をA，しわにする遺伝子をa，黄色にする遺伝子をB，緑色にする遺伝子をbとする。

(1) 親のうち，①丸くて子葉が緑色の遺伝子型，②しわがあって子葉が黄色の遺伝子型を答えよ。

(2) F_2で生じる「丸・黄」には4種類の遺伝子型がある。すべて答えよ。

(3) F_2で生じる「丸・緑」をすべて選び出し，それぞれ自家受精すると生じる子はどうなるか。その表現型とその分離比を答えよ。

Ⅱ．キイロショウジョウバエの野生型の複眼の色は赤色であるが，突然変異体の中には，白眼のものがある。これらのキイロショウジョウバエについて，次の実験を行った。

〔実験〕 赤眼の雌と白眼の雄を交配すると，F_1では，すべて赤眼であった。

このF$_1$どうしを交配して得たF$_2$では，下表に示す結果が得られた。

	個　体　数			
交配	赤眼の雌	赤眼の雄	白眼の雌	白眼の雄
F$_1$×F$_1$	242	120	0	118

ショウジョウバエの性決定の様式はXY型で，X染色体上にある赤眼遺伝子をX^A，白眼遺伝子をX^aで表すものとし，遺伝子型をX^AX^a，X^AYなどで答えよ。

(4)　実験で用いた赤眼の雌の遺伝子型を答えよ。

(5)　別に飼育していた白眼の雌に上の交配で得られた赤眼の雄を交配させると，生じる子の表現型はどうなるか。ただし，雌雄の別も含めて答えること。

〈神戸市〉

7 ★★★

スイートピーの花の色に関する文を読んで，各問いに答えよ。

ある品種のスイートピーは，白色の花どうしを交配すると，F$_1$はすべて紫色の花を咲かせる。このF$_1$を自家受精すると，F$_2$では紫色の花と白色の花が9:7の割合で現れる。これは花の色の発現にかかわる遺伝子が2対あり，顕性（優性）遺伝子が2つそろったときに紫色の花になると考えればうまく説明できる。なお，色素原をつくる遺伝子をC（対立遺伝子をc），これを色素に変える遺伝子をP（対立遺伝子をp）とすると，紫色の花は〔CP〕，白色の花は〔Cp〕，〔cP〕，〔cp〕と表すことができる。

(1)　遺伝子Cと遺伝子Pのようなはたらきをして形質を表す遺伝子を何というか答えよ。

(2)　F$_2$の白色の花どうしを自由に交配すると，F$_3$では，紫色の花と白色の花はどのような割合で現れるか。分離比を求めよ。

(3)　F$_1$の個体について，染色体を模式的に示し，その染色体上に遺伝子C，c，P，pの位置を図示せよ。

(4)　遺伝子Cと遺伝子Pが2つそろったときにスイートピーの花の色が発現することについて，色素原前駆体，色素原，色素，遺伝子C，遺伝子Pの関係はどのように表せるか。図を描いて，説明を加えよ。

〈山口県改題〉

8 ★★☆

次の文を読んで，各問いに答えよ。ただし，遺伝子記号を赤花R，柿色花ｒ，緑葉G，黄葉ｇとする。

アサガオの花色と葉色に関する遺伝を調べるため以下の交配を行った。

純系の赤花・緑葉のものと純系の柿色花・黄葉のものを交配すると，F_1では赤花・緑葉のもののみが生じた。(A)このF_1に親の柿色花・黄葉のものを交配したところ，(B)赤花・緑葉，赤花・黄葉，柿色花・緑葉，柿色花・黄葉のものが24：1：1：24の割合で生じた。

(1)　純系の赤花・緑葉，純系の柿色花・黄葉の遺伝子型を答えよ。

(2)　F_1のもつ遺伝子のうち連鎖しているのはどれとどれか，すべて答えよ。

(3)　下線部(A)の交配は何とよばれるか答えよ。

(4)　下線部(B)の組換え価（%）を求めよ。

(5)　F_1どうしをかけあわせてF_2をつくれば，柿色花・黄葉のものは全体の何%と予想されるか。小数第1位を四捨五入し整数で答えよ。

〈徳島県〉

9 ★★★

次のA，Bの各問いに答えよ。

A．キイロショウジョウバエの翅形，体色および眼色の3つの形質について調べると，次のような野生型の個体と突然変異型の個体があることがわかった。

翅形		体色		眼色	
突然変異型	先切れ	突然変異型	黒色	突然変異型	朱色
野生型	正常	野生型	褐色	野生型	赤色

この3つの形質について，野生型（正常翅・褐体色・赤眼）と突然変異型（先切れ翅・黒体色・朱眼）を交配した結果，F_1はすべて野生型（正常翅・褐体色・赤眼）となった。次に，F_1に突然変異型を交配すると，表のような結果が得られた。

表　現　型	個　体　数	表　現　型	個　体　数
正常翅・褐色体・赤眼	392	先切れ翅・褐色体・赤眼	74
正常翅・褐色体・朱眼	1	先切れ翅・褐色体・朱眼	24
正常翅・黒色体・赤眼	26	先切れ翅・黒色体・赤眼	1
正常翅・黒色体・朱眼	77	先切れ翅・黒色体・朱眼	405

(1)　下線部のような交配を何というか答えよ。

(2)　キイロショウジョウバエにX線を照射することにより，最初に人為突然変異を起こさせるのに成功した学者名を答えよ。

(3)　翅形と体色の遺伝子間の組換え価は何％か。小数第1位まで答えよ。

(4)　上記の実験結果から染色体地図を描いた。最も適当なものをア～カから選び，記号で答えよ。

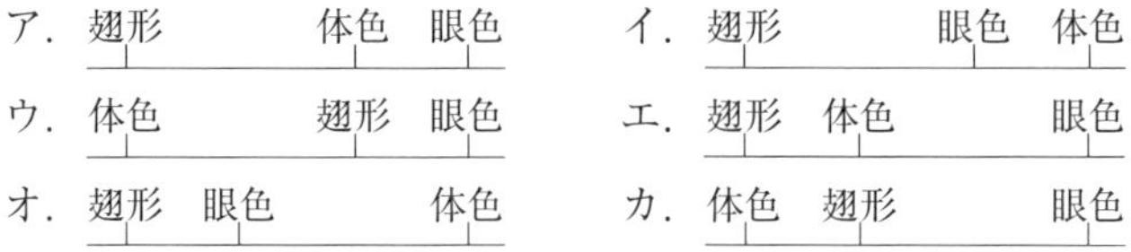

(5)　同一連鎖群に属する3種類の遺伝子を対象にして，各遺伝子間の組換え価を求め，遺伝子の相対的な位置を調べていく方法を何というか。

B．1952年，2名の学者が ^{32}P と ^{35}S で標識したバクテリオファージを大腸菌に感染させる実験を行った。その結果，菌体内に入るのはバクテリオファージのDNAのみであり，これにより多数の子ファージが増殖することを明らかにした。

(6)　^{32}P と ^{35}S は，バクテリオファージを構成する何という物質をそれぞれ標識したか答えよ。

(7)　上記の実験を行った学者を2名答えよ。

(8)　DNAは，ヌクレオチドが多数連なったヌクレオチド鎖2本からできている。

問1　DNAのヌクレオチドを構成する物質は，塩基，デオキシリボースと何か。

問2　塩基間の結合を何というか。

問3　ワトソンとクリックが提唱したDNAの立体構造を何というか。

問4　ある生物のDNAを取り出して，これを構成する4種類の塩基の組成を調べたところ，アデニンのモル比（分子数の比）が30.2％であった。グアニンのモル比は何％か。

〈佐賀県〉

10 ★★★

次に示すのは，ある細菌がつくる正常なタンパク質のアミノ酸配列の一部とそれぞれのアミノ酸を指定する鋳型 DNA の塩基配列（A はアデニン，T はチミン，G はグアニン，C はシトシンを表す），及び突然変異タンパク質のこの部分に相当するアミノ酸配列である。また，表は mRNA（伝令 RNA）の遺伝暗号表である。各問いに答えよ。

正常　　－プロリン－アラニン－チロシン－システイン－アルギニン－セリン－
鋳型 DNA　GGC　CGA　ATG　ACA　GCT　AGT
突然変異　－プロリン－バリン－トレオニン－バリン－アスパラギン酸－

mRNA の遺伝暗号表

1番目の塩基	2番目の塩基 U	2番目の塩基 C	2番目の塩基 A	2番目の塩基 G	3番目の塩基
U	フェニルアラニン フェニルアラニン ロイシン ロイシン	セリン セリン セリン セリン	チロシン チロシン 停止 停止	システイン システイン 停止 トリプトファン	U C A G
C	ロイシン ロイシン ロイシン ロイシン	プロリン プロリン プロリン プロリン	ヒスチジン ヒスチジン グルタミン グルタミン	アルギニン アルギニン アルギニン アルギニン	U C A G
A	イソロイシン イソロイシン イソロイシン メチオニン	トレオニン トレオニン トレオニン トレオニン	アスパラギン アスパラギン リシン リシン	セリン セリン アルギニン アルギニン	U C A G
G	バリン バリン バリン バリン	アラニン アラニン アラニン アラニン	アスパラギン酸 アスパラギン酸 グルタミン酸 グルタミン酸	グリシン グリシン グリシン グリシン	U C A G

(1)　タンパク質合成の場となる細胞小器官の名称を答えよ。

(2)　遺伝暗号表中 U で表した塩基の名称を答えよ。

(3)　DNA，RNA はどちらも，糖，塩基，リン酸が結合した構成単位からなる。この構成単位の名称を答えよ。また，DNA，RNA 分子中の糖の名称をそれぞれ答えよ。

(4)　タンパク質合成には，mRNA とともに tRNA（転移 RNA）が重要な役割を担っている。tRNA のタンパク質合成におけるはたらきを簡潔に説明せよ。

(5)　前に示した突然変異は，正常な鋳型 DNA にどのような変化が起こった結果生じたものかを説明せよ。

(6)　このタンパク質の分子量は，24,000 である。アミノ酸の平均分子量を 120，DNA の塩基間の距離を 0.34nm（ナノメーター）とすると，このタンパク質をつくり出す遺伝子の長さは何 nm か答えよ。

(7)　このタンパク質をつくり出す mRNA の塩基組成（物質量の割合（%））を調べたところ，Aが 32%，Uが 28%，Gが 18%，Cが 22%であった。このタンパク質をつくり出す遺伝子（二重鎖）中のAとGの物質量の割合はそれぞれ何%か答えよ。

(8)　CとAだけを含み，その物質量の比がC：A＝5：1で，両塩基の配列がランダムである人工の mRNA を用いてタンパク質を合成したところ，このタンパク質は6種類のアミノ酸でつくられていた。この6種類のアミノ酸を多い順に左から並べて示せ。

〈長崎県〉

11 ★★☆

右図は，一般的な動物の系統樹である。これをもとに答えよ。

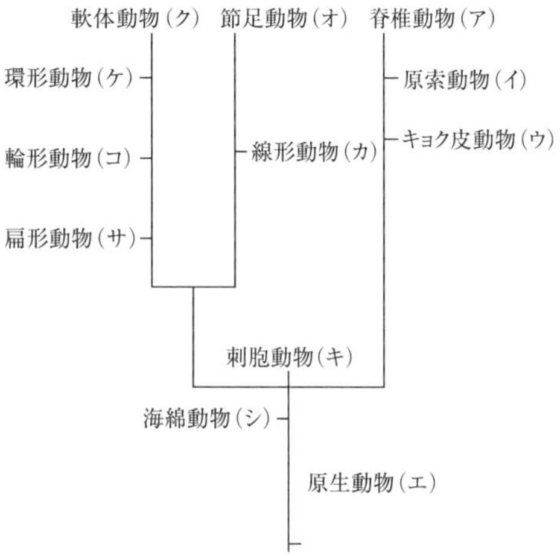

(1)　次の項目に当てはまるものをすべて記号で答えよ。

①　真体腔からなり「水管系」をもつもの。

②　胚葉の分化がなく「えり細胞」をもつもの。

③　幼生の時代に，ノープリウス，ゾエアなどの時期がある類を含むもの。

④　排出器として「原腎管」をもつもの。

⑤　発生の途中を含め，「脊索」が形成されるもの。

⑥　刺胞細胞をもち「二胚葉性」であるもの。

(2)　動物の分類でみられる三胚葉性で真体腔からなる生物にキョク皮動物がある。この生物の発生過程であらわれる中胚葉は，どこから生じるか簡潔に答えよ。

〈岩手県改題〉

演習問題　解答・解説

1

(1)　ア．雄原細胞　　イ．極核

(2)　重複受精

(3)

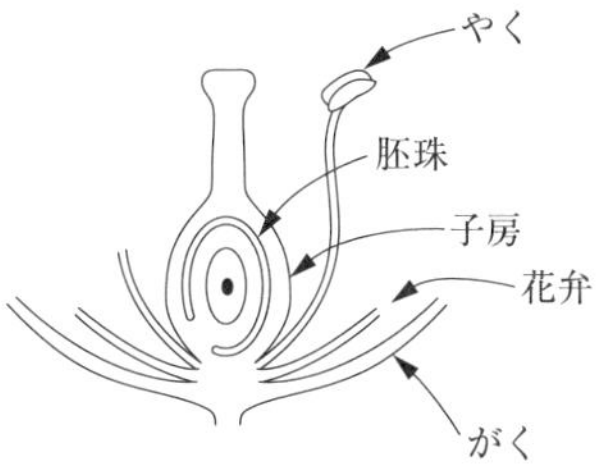

(4)　(a)　AA，Aa，aa

　　(b)　AAA，AAa，Aaa，aaa

解説

(a)　受精卵の遺伝子型は，

	A	a
A	AA	Aa
a	Aa	aa

(b)　胚乳核の遺伝子型は，

	AA	aa
A	AAA	Aaa
a	AAa	aaa

2

(1)　①　(ア)　　②　(ウ)　　③　(ア)

　　④　(イ)　　⑤　(ウ)　　⑥　(イ)

(2)　減数分裂

(3)　1回目の分裂で対合した相同染色体が分かれ，2回目の分裂でさらに染色体が分かれる。

3

(1)　I→J　　(2)　F，G，H，I

(3)　配偶体

(4)　①　J　　②　A　　③　A

(5)　①　胚のう，花粉

　　②　胚のう細胞，花粉四分子

4

(1)　D→A→E→C→F→B

(2)　原腸胚

(3)　a．胞胚腔　　b．原腸

　　c．原口

(4)　等黄卵　　(5)　イ

5

(1)　卵の種類：端黄卵

　　卵割の様式：不等割

(2)　A．フォークト

　　B．シュペーマン

(3)　局所生体染色法

＜原基分布図＞

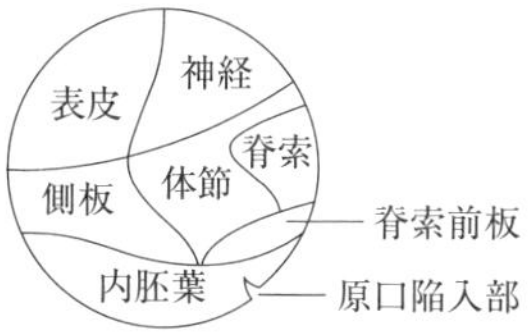

(4)　イモリの胚の表皮域と神経域の予定運命の決定は，初期原腸胚と初期神経胚の間で起こる。

(5)　誘導

(6)　ア．眼杯　　イ．水晶体

　　ウ．角膜

6

(1)　①　AAbb　　②　aaBB

(2)　AABB，AaBB，AABb，AaBb

(3)　丸・緑：しわ・緑＝5：1

(4)　X^AX^A

(5)　赤眼の雌：赤眼の雄：白眼の雌：白眼の雄＝1：0：0：1

解説

(1)，(2)

P　丸・緑×しわ・黄

AAbb　|　aaBB

配偶子　Ab　|　配偶子　aB

F_1　丸・黄

AaBb

配偶子　AB：Ab：aB：ab

＝　1：1：1：1

F_2

	AB	Ab	aB	ab
AB	AABB	AABb	AaBB	AaBb
Ab	AABb	AAbb	AaBb	Aabb
aB	AaBB	AaBb	aaBB	aaBb
ab	AaBb	Aabb	aaBb	aabb

丸・黄：丸・緑：しわ・黄：しわ・緑

＝　9　：　3　：　3　：　1

(3)　F_2で生じる丸・緑はAAbbが1個体，Aabbが2個体である。

AAbb×AAbb

配偶子 Ab　|　配偶子 Ab

	Ab	Ab
Ab	AAbb	AAbb
Ab	AAbb	AAbb

4AAbb…①

Aabb×Aabb

配偶子　Ab：ab＝1：1

	Ab	ab
Ab	AAbb	Aabb
ab	Aabb	aabb

AAbb，2Aabb，aabb

↓ Aabbは2個体だから，2倍する。

2AAbb，4Aabb，2aabb…②

①，②より，生じる子の表現型とその分離比は，

AAbb：Aabb：aabb＝6：4：2

＝3：2：1

丸・緑：しわ・緑＝5：1

(4)　P　赤眼・雌×白眼・雄

X^AX^A　|　X^aY

F_1　赤眼・雌　　赤眼・雄

X^AX^a　　X^AY

(5)　P　白眼・雌×赤眼・雄

X^aX^a　|　X^AY

子　赤眼・雌　　白眼・雄

X^AX^a　　X^aY

7

(1)　補足遺伝子

(2)　紫色：白色＝8：41

(3)

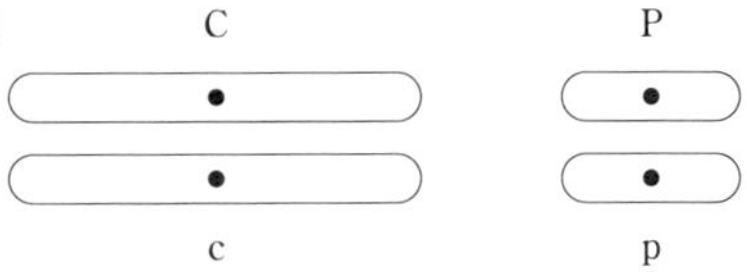

(4)　〈図〉

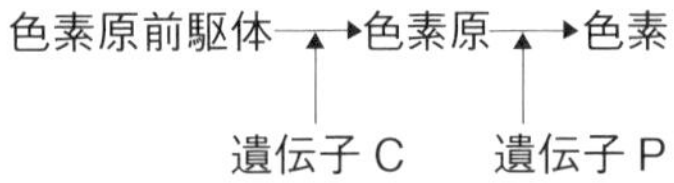

〈説明〉

遺伝子Cのはたらきによって色素原前駆体から色素原が作られ，遺伝子Pのはたらきによって色素原が色素に変えられ，花の色が発現する。

解説

(2)　F_2の白色は，

CCpp：Ccpp：ccPP：ccPp：ccpp

＝1：2：1：2：1

である。配偶子は，

Cp：cP：cp＝8：8：12

＝2：2：3

F_3

	2Cp	2cP	3cp
2Cp	4CCpp	4CcPp	6Ccpp
2cP	4CcPp	4ccPP	6ccPp
3cp	6Ccpp	6ccPp	9ccpp

よって，紫色：白色＝8：41

8

(1)　純系の赤花・緑葉：RRGG
　　純系の柿色花・黄葉：rrgg

(2)　R と G，r と g

(3)　検定交雑　　　(4)　4 %

(5)　23 %

解説

(4)　$\dfrac{1+1}{24+1+1+24}\times 100=4$〔%〕

(5)　$\dfrac{576}{2500}\times 100=23.04$〔%〕

9

(1)　検定交雑　　　(2)　マラー

(3)　20.1 %　　　(4)　イ

(5)　三点交雑（三点実験）

(6)　^{32}P：DNA　　　^{35}S：タンパク質

(7)　ハーシー，チェイス

(8)　問 1　リン酸　　問 2　水素結合
　　問 3　二重らせん構造
　　問 4　19.8 %

解説

(3)　$\dfrac{26+77+74+24}{1000}\times 100=20.1$〔%〕

(8)　問 4　50－30.2＝19.8〔%〕

10

(1)　リボソーム　　(2)　ウラシル

(3)　構成単位：ヌクレオチド
　〈糖の名称〉
　DNA：デオキシリボース
　RNA：リボース

(4)　特定のアミノ酸を結合して，リボソームへ運搬する。

(5)　アラニンに対応する塩基配列 CGA のうち，G が欠失した。

(6)　204 nm

(7)　A：30 %　　G：20 %

(8)　プロリン，トレオニン，ヒスチジン，グルタミン，アスパラギン，リシン
（グルタミンとアスパラギンは順不同）

解説

(5)　正常な鋳型 DNA から合成される mRNA の塩基配列を示すと，次のようになる。

DNA　GGC CGA A TGA CAG CTA GT
mRNA　CCG GCU U ACU GUC GAU CA
　　　　↑
　　　　欠失

アラニンに対応する DNA の塩基配列 CGA の G が欠失したので，その後の塩基が 1 つずつ前にずれて，突然変異で現れるアミノ酸に相当する塩基配列となる。

(6)　$\dfrac{24000}{120}\times 3\times 0.34=204$〔nm〕

(7)　二本鎖 DNA 全体の中で，1 つの塩基の占める割合は，その塩基とそれに相補的な塩基の割合を合計したものの平均値となる。

$$A:\frac{32+28}{2}=30〔\%〕$$

$$G:\frac{18+22}{2}=20〔\%〕$$

(8)　C：A＝5：1 に含まれる mRNA によって作られる遺伝暗号（コドン）とその確率を求める。

CCC…$\left(\dfrac{5}{6}\right)^3$
CCA…$\left(\dfrac{5}{6}\right)^2\times\dfrac{1}{6}$
　　　　プロリン

CAC…$\frac{5}{6}\times\frac{1}{6}\times\frac{5}{6}$　ヒスチジン

CAA…$\frac{5}{6}\times\left(\frac{1}{6}\right)^2$　グルタミン

ACC…$\frac{1}{6}\times\left(\frac{5}{6}\right)^2$
ACA…$\frac{1}{6}\times\frac{5}{6}\times\frac{1}{6}$　トレオニン

AAC…$\left(\frac{1}{6}\right)^2\times\frac{5}{6}$　アスパラギン

AAA…$\left(\frac{1}{6}\right)^3$　リシン

プロリン：ヒスチジン：グルタミン：
トレオニン：アスパラギン：リシン
=150：25：5：30：5：1

11

(1)　①　(ウ)　②　(シ)
③　(オ)　④　(コ),　(サ)
⑤　(ア),　(イ)　⑥　(キ)

(2)　細胞の陥入が起こる植物極側の細胞から遊離してできる。

4 恒常性の調節と維持

傾向と対策

本試験においては，免疫，腎臓のはたらき，ホルモンと自律神経系の協調による恒常性の維持，花芽形成のしくみなどがよく出題されている。この分野では，ヒトに関わる基礎知識をそのしくみとはたらきを関連させて確実に覚えることが重要である。免疫について，そのしくみ，抗体の構造，自己・非自己の識別の成立時期などを詳しく理解しておくこと。その他，フィードバックによるホルモン濃度の調節，明暗周期と花芽形成の有無，オーキシンの性質と屈性について確実に理解しておく必要がある。

例題 1　ヒトの血液

ヒトの血液に関して，次の各問いに答えよ。

(1)　血液から有形成分を除いた液体成分を何というか答えよ。

(2)　大静脈から心臓に入る血液が大動脈に至るまでの経路について，次のア～カを血液が通過する順に並べ，その記号を記入せよ。

ア．肺動脈　　イ．肺静脈　　ウ．右心房
エ．右心室　　オ．左心房　　カ．左心室

〈高知県改題〉

解答　(1)　血しょう
(2)　ウ→エ→ア→イ→オ→カ

例題 2　生体防御

生体防御について，次の各問いに答えよ。

自己と非自己を識別し非自己を排除する仕組みを生体防御という。生体防御の一つとして体液性免疫が挙げられる。抗原が体内に侵入すると，抗体とよばれるタンパク質がつくられる。体内に侵入してくる非自己のうち抗原となる物質は，タンパク質，脂質，核酸，（　①　）などが主体である。抗体を産生する細胞は（　②　）である。病原体などの異物が体内に侵入して（　③　）に食べられ，細胞内消化された後，（　③　）や樹状細胞の細胞表面に抗原が提示され，抗原の情報がある種の（　④　）に伝えられる。

（　④　）の刺激により，（　②　）は分化し抗原に特異的な抗体を大量に産生するようになる。（　②　）と（　④　）の一部は記憶細胞として体内に残り，再び同一抗原が侵入したときに備えている。生体防御のしくみを利用して，病気を予防する方法や病気を治療する方法が考えられ，実用化されている。予防接種は，人工的に免疫を獲得させる方法で，そのときに用いられるのが（　⑤　）である。一方，毒ヘビにかまれたときなどに行われる(ア)血清療法は，主として治療に用いられる。

このように，生体防御の仕組みによって私たちは守られているが，この仕組みは人体に害を引き起こすこともある。臓器移植の際に問題となる(イ)拒絶反応や，花粉やハウスダストに対する（　⑥　）がその代表的な例である。

(1)　文中の空欄①～⑥に適する語句を，それぞれ記入せよ。

(2)　下線部(ア)の血清療法はどのような治療法か，簡潔に説明せよ。

(3)　下線部(イ)の拒絶反応は，細胞性免疫という生体防御の仕組みで起こる。細胞性免疫を利用した医療上の検査に，ツベルクリン反応がある。ツベルクリン液を皮下に注射した際，数日経っても注射した所に変化が表れない人がいる。この人に変化が表れなかったのはなぜか，簡潔に説明せよ。

〈山形県改題〉

解答　(1)　①　多糖類　②　(リンパ球) B細胞　③　マクロファージ
④　(リンパ球) T細胞　⑤　ワクチン　⑥　アレルギー

(2)　ウマなどヒト以外の動物に病原体や毒素を注射して多量に抗体を作らせ，その抗体が含まれた血清を注射することによって治療を行う。

(3)　マクロファージの働きが活発で，ツベルクリン液に含まれていた異物をすべて取り込んで消化・処理したために抗原提示されず，リンパ球T細胞が活性化されなかったから。

例題3　腎臓の構造

次の図は，ヒトの腎臓の一部を模式的に示したものである。各問いに答えよ。

(1)　A～Dの名称を答えよ。

(2)　CとDを合わせた名称を答えよ。

(3)　CとDで行われるはたらきは次のア～エのどれか。最も適当なものを1つずつ選び，記号で答えよ。

ア．浸透圧の差によって溶媒が移動する。

イ．細い管を通り抜けるときの圧力によって，溶液がろ過される。

ウ．エネルギーを消費して，能動輸送によって選択的に物質が運ばれる。

エ．一定以上の大きさの分子を，膜が選択的に透過させる。

(4)　腎臓において，水分の再吸収を促進し，尿量を減少させるホルモンと，それを分泌する内分泌腺の名称をそれぞれ答えよ。

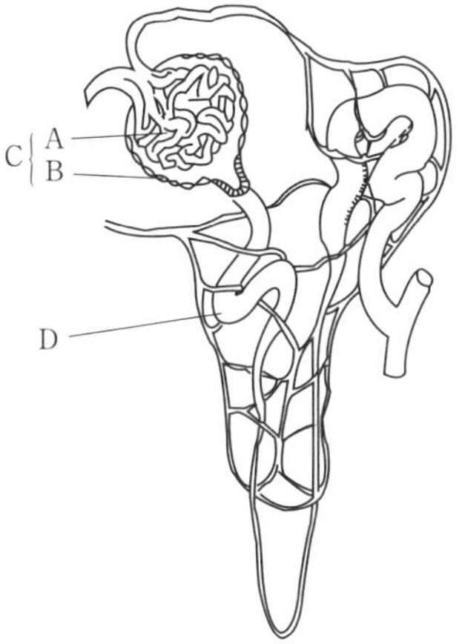

〈愛媛県〉

解答　(1)　A．糸球体　　B．ボーマンのう

C．腎小体（マルピーギ小体）　　D．細尿管（腎細管）

(2)　ネフロン（腎単位）　　(3)　C．イ　　D．ウ

(4)　ホルモン：バソプレシン（抗利尿ホルモン）

内分泌腺：脳下垂体後葉

例題4　血糖量の調節

次の文を読み，各問いに答えよ。

血液中には通常100mL中に約100mgのグルコースが血糖として含まれている。食事をとることによって血糖値が高くなるとその血液が脳の血糖値調節の中枢へ流れ，副交感神経を通じて膵臓の（　ア　）にある（　イ　）細胞からの（　ウ　）の分泌を促す。また，（　イ　）細胞自体も血糖値の増加を直接感知し，（　ウ　）を分泌する。（　ウ　）は，各組織でのグルコースの吸収と分解を促進し，肝臓や筋肉でのグルコースの（　エ　）への合成を促すので，血糖量が減少する。

一方，空腹時には血糖値の低い血液が脳へ流れ，血糖値調節中枢は交感神経を通じて，副腎髄質からの（　オ　）の分泌を促進する。（　オ　）は，肝臓に蓄えられている（　エ　）の分解を促進する。また，血糖値の低い血液や交感神経の刺激が引き金になり，膵臓の（　ア　）にある（　カ　）細胞から分泌される（　キ　）も（　エ　）の分解を促進する。このほかに，副腎皮質から分泌される（　ク　）や，（　ケ　）から分泌されるチロキシン，脳下垂体前葉から分泌される（　コ　）なども，血糖量の増加にはたらくホルモンである。

(1)　文中の空欄ア～コに適する語句を答えよ。

(2)　下線部の脳の血糖値調節の中枢は脳のどの部分か，名称を答えよ。

(3)　交感神経と副交感神経における神経伝達物質の違いについて説明せよ。

(4)　脳下垂体後葉からのホルモンの分泌について，脳下垂体前葉のホルモンの分泌との違いがわかるように，簡潔に説明せよ。

〈群馬県〉

解答　(1)　ア．ランゲルハンス島　イ．B　ウ．インスリン
エ．グリコーゲン　オ．アドレナリン　カ．A
キ．グルカゴン　ク．糖質コルチコイド　ケ．甲状腺
コ．成長ホルモン

(2)　間脳視床下部

(3)　交感神経の末端からはノルアドレナリン，副交感神経の末端からはアセチルコリンが分泌される。

(4)　脳下垂体前葉のホルモンは，間脳視床下部からの放出ホルモンや抑制ホルモンによって分泌が調節される。一方，脳下垂体後葉はそれ自体はホルモンを作っておらず，ホルモンは視床下部の神経分泌細胞で作られ，後葉に蓄えられて分泌される。

例題5　植物ホルモン

次の文は，植物ホルモンA～Fについて説明したものである。後の各問いに答えよ。

A．落葉・落果の促進（離層の発達），根における伸長成長の抑制などに作用するとともに，気孔を閉じさせるはたらきをもつ。

B．植物の成長を抑制したり，果実の成熟を促進する。

C．茎や根の先端でつくられ，適正な濃度では細胞の伸長を促進する。しかし，①濃度が高すぎると抑制的にはたらく。

D．②種子の休眠の打破・発芽や，節間伸長を促進するはたらきをもつ。単為結実を誘導する際にも用いる。

E．細胞分裂の促進や，葉の老化を抑制する作用をもつ。

F．花芽の形成を促進する。

(1)　A～Fの植物ホルモンの名称をそれぞれ答えよ。

(2)　気孔の開閉について，植物ホルモンAと逆の作用をもつ植物ホルモンを

B～Fから選び，記号で答えよ。

(3)　タバコのカルスを再分化させる際には，２種の植物ホルモンを用いる。この２種のホルモンをA～Fから選んだうえで，茎を分化させる際のそれらの濃度の大小を解答例にならって示せ。

［解答例］　A<B

(4)　植物ホルモンCについて，ボイセン＝イエンセンはマカラスムギの幼葉鞘を用いて実験を行い，このホルモンが幼葉鞘の先端部で合成されることを明らかにした。次の①～③の各問いに答えよ。

①　このホルモンは何という物質か，ア～オから選び，記号で答えよ。

ア．GAP　　イ．FAD　　ウ．IAA　　エ．NADP　　オ．PGA

②　次のａ，ｂについて，下線部①のはたらきを具体的に説明せよ。

ａ．光屈性　　ｂ．頂芽優勢

③　このホルモンについて，次の実験を行った。下の問いに答えよ。

［実験］

トウモロコシの幼葉鞘を用いて図１のような操作を行い，ア～クの寒天片を得た。ただし，ガラス片は，ａ，ｃについては寒天のみを二分し，ｂ，ｄについては幼葉鞘，寒天ともに二分している。この寒天片を，それぞれ図２のように先端が切断された幼葉鞘にのせ，その屈曲角を測定した。

［問い］　屈曲角が寒天片ウと異なるものをア～クからすべて選び，記号で答えよ。

図１

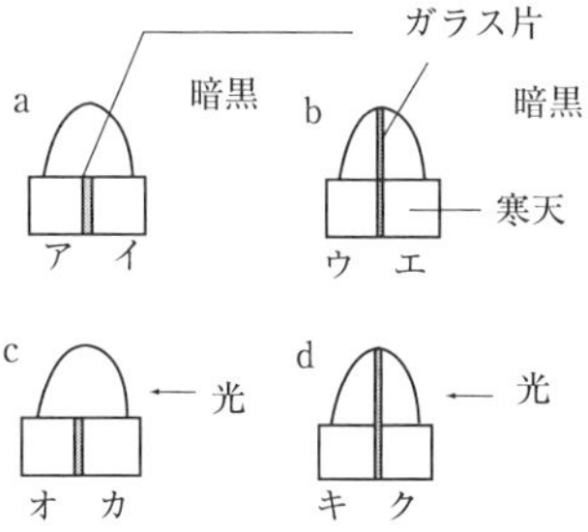

図２

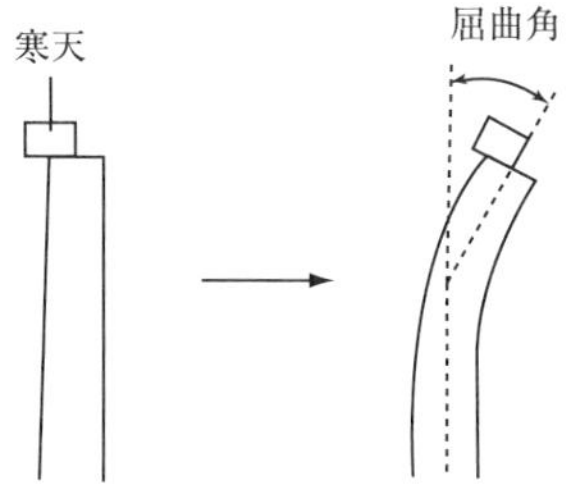

(5)　下線部②について，オオムギの種子の植物ホルモンDは，糊粉層において何という酵素の合成を促進するか。

(6)　ホルモンFは，光や温度の条件が満たされたときに生成され，花芽の分化を促進する。次の①～④の各問いに答えよ。

①　このホルモンはどの器官で生成され，何という通道組織を通って移動するか。

② 連続暗期が限界暗期以上にならないと花芽を形成しない植物を何というか。

③ ②の植物における1日の明期の長さと開花までに要する日数の関係を示したものとして正しいものを，図3のア～ウから選び，記号で答えよ。

図3

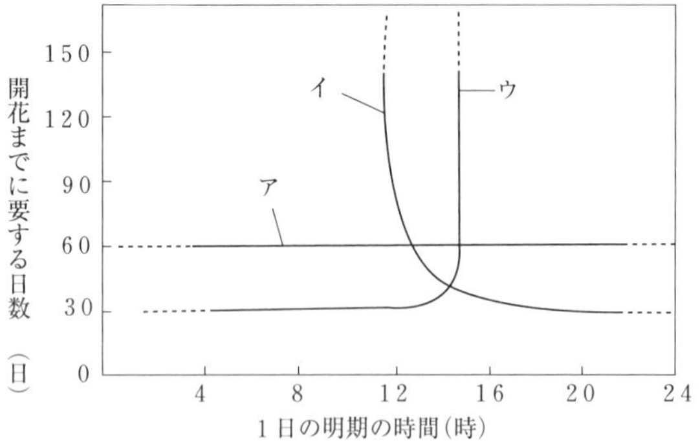

④ 秋まきコムギは，春にまいても，一定期間低温（約4℃）で処理すると開花結実する。このように，低温処理によって花芽形成させることを何というか答えよ。

〈佐賀県〉

解答 (1) A．アブシシン酸　B．エチレン　C．オーキシン
D．ジベレリン　E．サイトカイニン　F．フロリゲン

(2) E　(3) C<E

(4) ① ウ

② a．オーキシンは光の当たらない側へ移動する性質があり，光を当てるとその反対側の部分のオーキシン濃度が高くなる。茎では濃度が高くなった部分の成長が促進されるが，根では濃度が高くなった部分の成長が抑制されるので，光の当たらない方向に屈曲する。

b．頂芽で作られるオーキシンにより，濃度は高くなる。頂芽の成長は促進されるが，側芽には過剰のため成長は抑制される。

③ オ，カ

(5) アミラーゼ

(6) ① 器官：葉　通道組織：師管

② 短日植物　③ ウ　④ 春化処理

演習問題

1　★★☆

次の図1～図3は，ヒトのヘモグロビン等について，酸素分圧とオキシヘモグロビンの割合（酸素飽和度）の関係を表したグラフ（酸素解離曲線）である。これについて，各問いに答えよ。

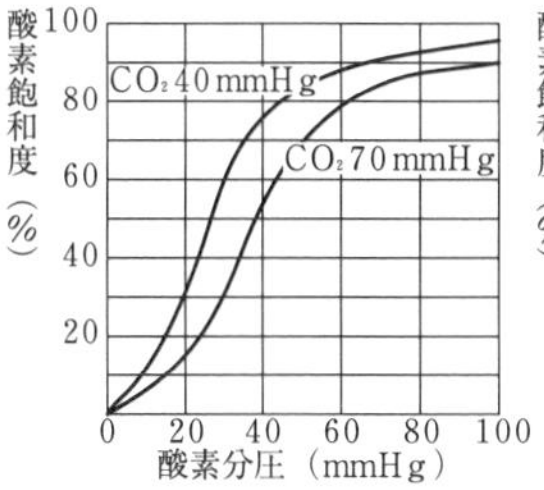

図1

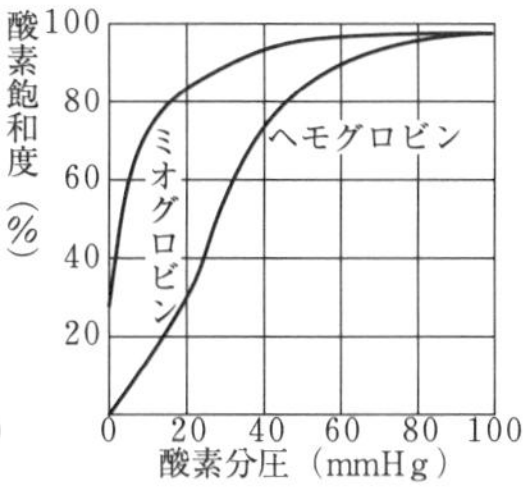

図2

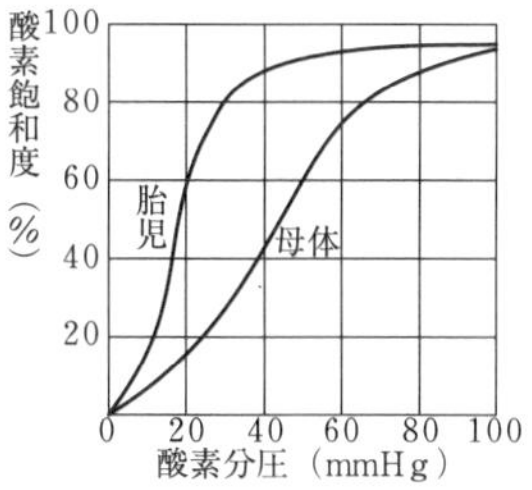

図3

(1)　図1から CO_2 分圧とヘモグロビンと酸素の結合についてわかることを説明せよ。

(2)　肺胞での CO_2 分圧と O_2 分圧をそれぞれ40mmHg，100mmHg，組織での CO_2 分圧と O_2 分圧をそれぞれ70mmHg，30mmHgとすると，肺胞でヘモグロビンと結合した酸素の何%が組織に運ばれることになるか答えよ。

(3)　図2はミオグロビンの酸素解離曲線をヘモグロビンと比較して示したものである。

問1　このグラフからミオグロビンの酸素との結合の性質は，ヘモグロビンとどのように違うか説明せよ。

問2　また，この性質は筋肉中でのはたらきの上でどのように役立っているか説明せよ。

(4)　図3はヒトの胎児と母体のヘモグロビンの酸素解離曲線を示したものである。胎児のヘモグロビンがこのような曲線を示すことは，胎児にとってどのように役立っているのか説明せよ。

(5)　酸素はヘモグロビンに結合して運ばれるが，組織で発生した二酸化炭素は血液中をどのように運ばれるか。この場合の赤血球のはたらきも含めて説明せよ。

〈三重県改題〉

2 ★★☆

マウスは体内に異物が侵入した場合，それを排除する生体防御機構をもっている。その機構には，a抗体を産生することによって対応するb体液性免疫と，抗体によらないc細胞性免疫とがある。成体マウスに異系統マウスの皮膚を移植したとき移植皮膚がはがれてしまう拒絶反応は，後者によるものである。皮膚移植について，次の実験を行った。下の各問いに答えよ。

［実験１］

出生直後のＡ系統マウスに，Ｂ系統マウスのひ臓細胞を注射して育てた。このＡ系統マウスが成体となったとき，Ｂ系統マウスの皮膚を移植すると移植皮膚は生着した。移植前のこのＡ系統マウスのリンパ節中のＢ細胞とＴ細胞は正常であり，抗体産生能も正常であった。

［実験２］

出生直後に胸腺を摘出して育てたＡ系統マウスに，Ｂ系統マウスの皮膚を移植すると移植皮膚は生着した。移植前のこのＡ系統マウスのリンパ節中のＢ細胞は正常であったが，Ｔ細胞の数は非常に少なく，抗体産生能は胸腺を摘出していないマウスと比べて低下していた。

［実験３］

Ｂ系統マウスの皮膚を移植して移植皮膚がはがれたＡ系統マウスに，再び同じＢ系統マウスの皮膚を移植した場合，初めの移植と比べて早く拒絶反応がおこった。

⑴　下線部ａの抗体は右図のような構造をしたタンパク質である。次の各問いに答えよ。

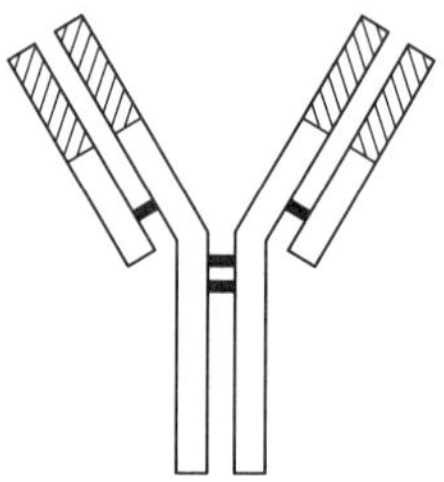

問１　何とよばれるタンパク質か。

問２　斜線の部分は抗原に対応してさまざまなアミノ酸配列をもっている。この部分を何というか。

問３　抗体を産生する細胞は何というリンパ球から分化するか。

問４　抗体の多様性が遺伝子の再編成によることを示し，1987年にノーベル生理学医学賞を受賞した日本人学者は誰か。

⑵　下線部ｂの体液性免疫のしくみについて説明せよ。ただし，次の語群を必ず用いることとし，その他必要と思われる語についても適宜用いること。

語群〔マクロファージ，ヘルパーＴ細胞〕

⑶　下線部ｃに関係の深いものをア～エから選び，記号で答えよ。

ア．ぜんそく　　イ．血液凝固　　ウ．ツベルクリン反応　　エ．血液凝集

(4) 実験1において，移植皮膚が生着したのはなぜか。
(5) 実験2において，移植皮膚が生着したのはなぜか。
(6) 実験3において，早く拒絶反応がおこったのはなぜか。
(7) ヘビ毒に対して血清療法は効果の高い治療法である。しかし，異種の動物の抗血清（抗体を含む血清）を過去に一度使用した場合，再度その抗血清を用いると重篤な副作用が起きることがある。その理由を答えよ。

〈佐賀県〉

3 ★★☆

成分	血しょう濃度(mg/100 mL)	尿中濃度(mg/100 mL)
タンパク質	8000	0
ブドウ糖	100	0
尿素	30	2000
尿酸	2	50
Na^+	330	333
K^+	17	147
Ca^{2+}	10	13
Cl^-	365	600

右表は健康なヒトの血しょうと尿の成分を比較したものである。次の各問いに答えよ。

ヒトの腎臓は，尿素などの不用の分解産物の排出の他に，水分や塩分の調節を行い，体液の浸透圧調節のはたらきをしている。

腎臓の構造とはたらきのうえの単位を（　ア　）といい，（　イ　）と（　ウ　）からなる。（　イ　）は毛細血管が球状になっている（　エ　）と，それを囲む（　オ　）からなる。腎動脈から（　エ　）に送り込まれた血液の成分のうち，血球や分子量の大きい物質を除いた低分子の物質は，すべて（　オ　）へろ過される。ろ過されたものは原尿とよばれる。原尿中のブドウ糖は，すべて（　ウ　）を取り巻く毛細血管へ再吸収されるが，水や無機塩類などは，血液の量と濃度を一定に保つように選択的に再吸収される。（　イ　）で生成される原尿は，多量に生じるが，水分の99％が再吸収されるため，体外に排出される尿量は，1日約1.5Lにすぎない。一方，尿素などは，あまり再吸収されずに濃縮されて尿中に排出される。

(1) 文中の空欄に当てはまる適切な語句を答えよ。
(2) アンモニアを尿素に変える器官名を答えよ。
(3) (2)の作用をおこなう反応系の名称を答えよ。
(4) 下線部の1日に生ずる原尿量は，何Lになるか求めよ。
(5) 尿素の濃縮率を求めよ。(小数第1位まで求めよ)
(6) 腎臓において，水分の再吸収を促進するホルモン名を答えよ。

⑺　腎臓において，ナトリウムイオンの再吸収を促進するホルモン名を答えよ。

〈山梨県改題〉

4　★★☆

次の表は，フナ，カエル，ニワトリ，クジラの成体の排出物に含まれる窒素化合物成分の割合を示したものである。また，図は，ニワトリの発生過程での窒素排出物の変化を表している。このことについて，各問いに答えよ。

排出物中の窒素化合物（%）

動物	アンモニア	尿素	尿酸
A	15.0	82.0	なし
B	56.0	5.7	0.2
C	1.5	90.0	3.0
D	17.3	10.4	62.9

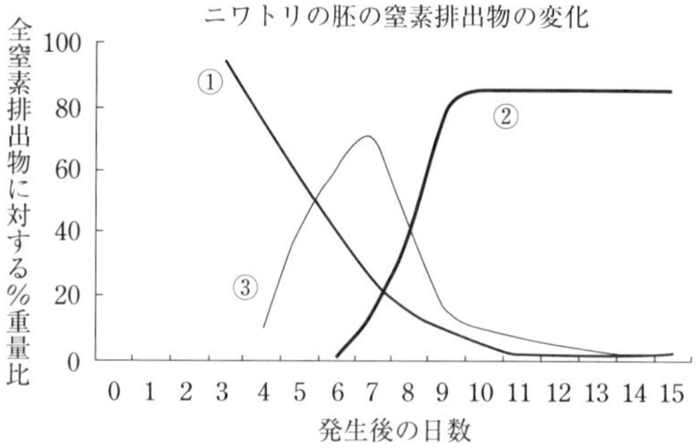

⑴　表のA～Dは，それぞれフナ，カエル，ニワトリ，クジラのうちのどれか答えよ。

⑵　哺乳類の体内で，タンパク質などの分解で生じたアンモニアを尿素につくりかえる器官は何か答えよ。また，反応回路を何というか答えよ。

⑶　アンモニアと二酸化炭素と水から，尿素 $CO(NH_2)_2$ ができる化学反応式を答えよ。

⑷　図の①～③の物質は何か，最も適当なものを次のア～ウから選び，その記号を答えよ。

ア．アンモニア　　イ．尿素　　ウ．尿酸

⑸　ニワトリの胚の発生後，日数の経過とともに，最終的に胚の窒素排出物が②のグラフのようになった。②の物質がもっている利点を簡潔に説明せよ。

⑹　鳥類の進化について，窒素排出物の変化から簡潔に説明せよ。

〈新潟県〉

5 ★★☆

次の各文は，恒常性について述べたものである。これについて，各問いに答えよ。

［文１］

体内には血液中のグルコース量の変動を調節するしくみがあり，１日に摂取する糖分の量が変化しても血糖量はほぼ一定に保たれている。

いま，マウスに高濃度のグルコースを注射すると，Ｘに存在する内分泌腺である（　a　）から（　b　）というホルモンが分泌され始めた。その結果血糖量は正常値に回復した。

一方，マウスに（　b　）を注射すると，血糖量は平常値より低下した。まもなく，（　a　）からは（　c　），Ｙの皮質からは（　d　），Ｙの髄質からは（　e　）というホルモンがそれぞれ分泌され始めた。その結果，血糖量は平常値に回復した。

［文２］

マウスの視床下部の冷感受部位を電気刺激すると，脳下垂体前葉からＺ刺激ホルモンの分泌量が増加し，チロキシン分泌量が増加した。しばらくすると，Ｚ刺激ホルモンの分泌量が減少していた。

⑴　文中の（　a　）～（　e　）に適する語をそれぞれ答えよ。

⑵　Ｘ，Ｙ，Ｚは器官である。それぞれの名称を答えよ。

⑶　ヒトの血糖量は血液100mLあたり約何mg含まれているか。ア～オから選び，記号で答えよ。

ア．0.1mg　　イ．1mg　　ウ．10mg　　エ．100mg　　オ．1000mg

⑷　血糖量が一定の限界を超え，常時尿中にグルコースが検出されるようになると糖尿病と呼ばれる。この糖尿病について誤っている文をア～エから選び，記号で答えよ。

ア．細胞の（　b　）に対する感受性が低下したために起こる場合があり，このときは正常な個体より血液中の（　b　）が増加していることがある。

イ．血糖量が増加しているにもかかわらず，正常な個体より細胞内のグルコース利用量が低下している。

ウ．正常な個体と違い，原尿にグルコースが含まれる。

エ．血液に含まれるグルコース量が多いため，正常な個体より血液の浸透圧が上昇することがある。

(5)　タンパク質を糖化するはたらきを持つホルモンを文中の（　b　）～（　e　）から選び，記号で答えよ。

(6)　ヒトのX，Yはそれぞれ図①～⑥のどれか。番号で答えよ。

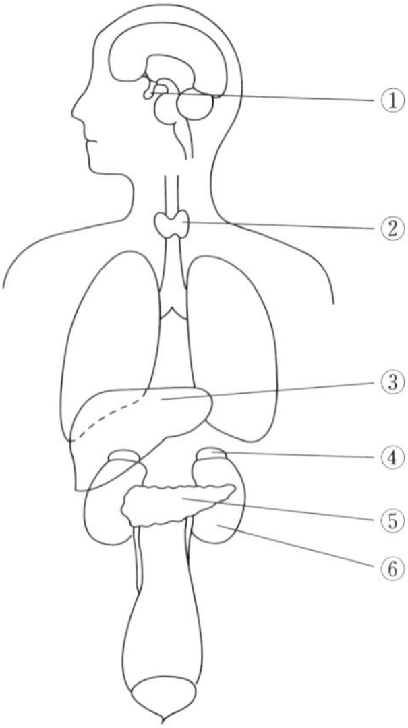

(7)　Xに作用し，（　b　）の分泌を促す自律神経の名称を答えよ。

(8)　(7)の末端から分泌される神経伝達物質の名称を答えよ。

(9)　(7)のはたらきとして正しいものをア～エから選び，記号で答えよ。

ア．胃腸のぜん動を抑制する

イ．消化液の分泌を促進する

ウ．排尿を抑制する

エ．ひとみを拡大する

(10)　下線部の処理を行うと，視床下部は自律神経を通じて内分泌腺以外にもはたらきかけを行う。その結果として正しいものをア～エから選び，記号で答えよ。

ア．体表の血管が弛緩する　　イ．心臓の拍動数が減少する

ウ．立毛筋が収縮する　　エ．血圧が低下する

(11)　下線部の処理を行うと発熱量が増加する。発熱量が増加する主要な器官および組織の名称をそれぞれ答えよ。

(12)　Zは視床下部や脳下垂体の支配を受けるが，逆にZから分泌されるチロキシンは脳下垂体前葉のZ刺激ホルモンの分泌を抑制している。このように，最終産物やはたらきの効果がはじめの段階に戻って作用を及ぼすことを何作用というか。

〈佐賀県〉

6 ★☆☆

次の図は，ヒトが寒冷刺激を受けた場合の神経やホルモンのはたらきを模式的に示したものである。これについて，各問いに答えよ。

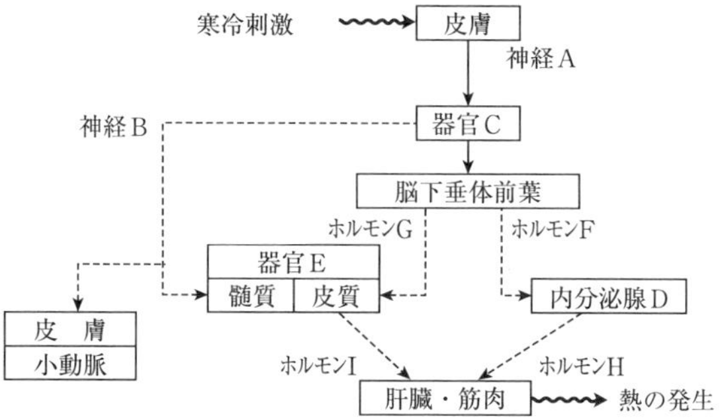

(1)　図の体性神経の１つの神経Aは，何といわれる神経か，その名称を答えよ。

(2)　神経Aは脊髄のどの部分に接続しているか。次から選び記号で答えよ。

ア．背根　　　イ．腹根　　　ウ．背腹の両根

(3)　神経Bは，皮膚の小動脈に対してどのようにはたらくか，簡潔に説明せよ。

(4)　図の器官Cとは何か答えよ。

(5)　図の内分泌腺Dとは何か答えよ。

(6)　図の器官Eとは何か名称を答えよ。

(7)　図のホルモンFとGは，内分泌腺Dと器官Eの皮質のはたらきに対してどのように作用するか，10字以内で説明せよ。

(8)　図のホルモンHとIは，ホルモンFとGの影響を受けながら全身の組織の調節をするが，同時にその分泌の状態は，常に器官Cや脳下垂体前葉にも伝えられている。恒常性の維持に関して重要なこのしくみを何というか用語で答えよ。

(9)　図のホルモンHとIは，器官Cや脳下垂体前葉のはたらきに対してどのように作用しているか。10字以内で答えよ。

(10)　一般に，組織器官の一部を除去手術をすると残った部分はやがてどのようになるか。恒常性のはたらきを考慮し20字以内で答えよ。

〈岩手県〉

7 ★★☆

オナモミを用いた実験について，次の各問いに答えよ。

〔実験１〕

① 鉢植えにしたオナモミを４個体（a ～ d）用意し，明期（L）：暗期（D）＝16：8の条件で栽培する。

② 次に，a ～ dのオナモミに対し，それぞれ表のような処理を行った。

	処　　理
a	葉をつけたまま，L：D＝16：8の条件で栽培する。
b	葉をつけたまま，L：D＝14：10の条件で栽培する。
c	葉をすべて除去し，L：D＝16：8の条件で栽培する。
d	葉をすべて除去し，L：D＝14：10の条件で栽培する。

〔実験２〕

次図のように，オナモミの一方の枝の葉をL：D＝16：8条件で，もう一方の枝の葉をL：D＝14：10（網掛けの部分）の条件で栽培した。

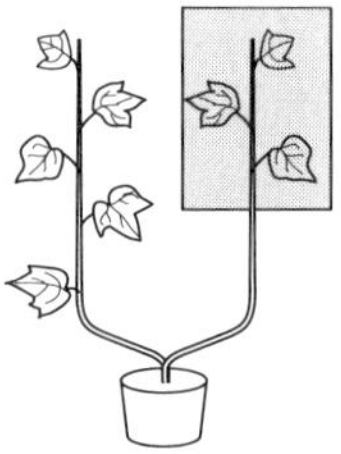

⑴ 実験１で，花芽が形成され，開花・結実したのはどれか。a ～ dの中から１つ選び，記号で答えよ。

⑵ 実験１で，bとdの結果を比較することでどのようなことが分かるか答えよ。

⑶ 実験２では，L：D＝16：8の枝に，花芽が形成された。このことから，どのようなことが分かるか答えよ。

⑷ 実験２と同じ条件で栽培したオナモミを用い，L：D＝14：10で処理した方の枝を，右図のように環状除皮をしたところ，L：D＝16：8の枝には花芽が形成されなかった。このことからどのようなことが分かるか答えよ。

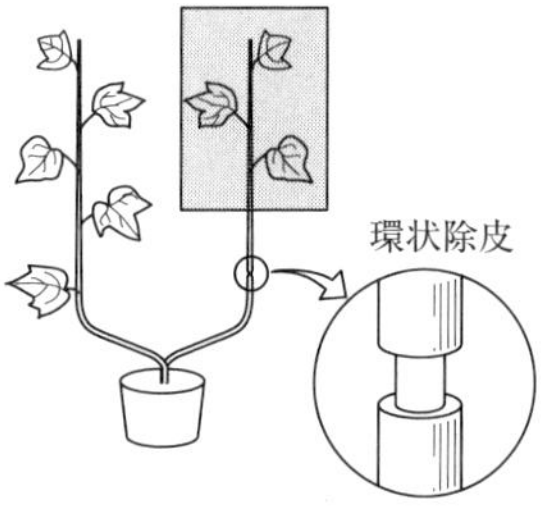

⑸ 花芽形成における日長と温度との関係を，次のグラフをもとに説明せよ。

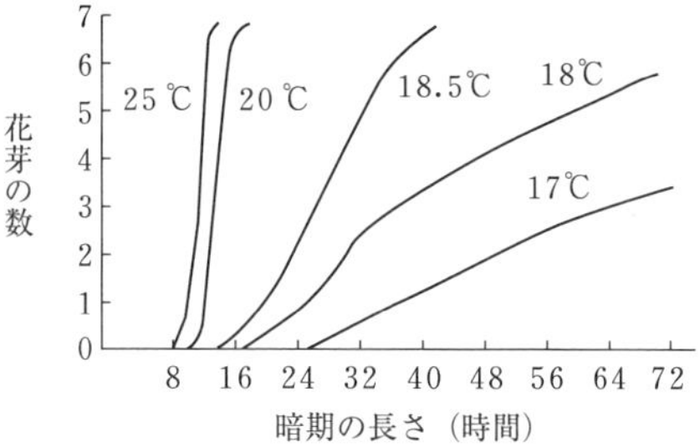

(6)　図のように，明期：暗期＝8：16の条件でオナモミを栽培し，途中で光中断をするという実験を行ったとき，花芽が形成すると考えた生徒がいた。この生徒がなぜそのように考えたのか説明せよ。ただし，光中断を行う時間は5分間とする。

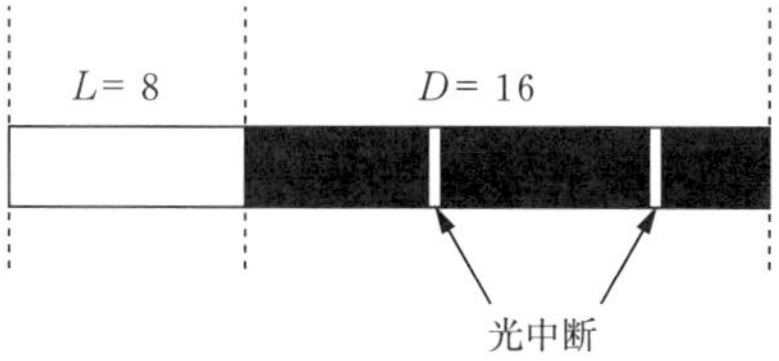

〈青森県〉

演習問題　解答・解説

1

(1)　ヘモグロビンはCO_2分圧が低いほど酸素と結合しやすい。

(2)　68％

(3)　問1　酸素に対する親和性が高い。
　　問2　筋肉細胞内での酸素の貯蔵に役立っている。

(4)　胎児のヘモグロビンは酸素に対する親和性が高いので，母体の血液から容易に酸素を吸収することができる。

(5)　組織で発生した二酸化炭素は，血しょうから赤血球に入り炭酸になる。炭酸は炭酸水素イオンと水素イオンに電離し，炭酸水素イオンは血しょう中のナトリウムイオンと結合して炭酸水素ナトリウムの形で運ばれる。

解説

(2)　$\dfrac{95-30}{95}\times 100 \fallingdotseq 68$〔％〕

2

(1)　問1　免疫グロブリン
　　問2　可変部　　問3　B細胞
　　問4　利根川進

(2)　体内に抗原となる異物が侵入すると，マクロファージがこれを取り込み，その情報はヘルパーT細胞に伝えられる。ヘルパーT細胞はB細胞を刺激し，刺激されたB細胞は増殖・分化して形質細胞となり抗体を産生する。抗体は体液中に分泌され，抗原抗体反応を起こして抗原を排除する。抗体が必要な量だけ生産されるとサプレッサーT細胞が抑制物質を分泌し反応は停止する。

(3)　ウ

(4)　免疫系が未熟な出生直後にB系統のひ臓細胞を注射したので，免疫寛容となり，B系統を自己と認識したため。

(5)　早期に胸腺が除去されたため，T細胞が分化・腺殖できず細胞性免疫が起こらないため。

(6)　1回目の免疫が記憶されているから。

(7)　異種の動物の抗血清に対し免疫が過敏に反応してアナフィラキシーショックが起きるため。

3

(1)　ア．ネフロン（腎単位）
　　イ．腎小体（マルピーギ小体）
　　ウ．細尿管（腎細管）
　　エ．糸球体
　　オ．ボーマンのう

(2)　肝臓　　(3)　オルニチン回路

(4)　**150 L**　　(5)　**66.7**

(6)　バソプレシン（抗利尿ホルモン）

(7)　鉱質コルチコイド

解説

(4)　$1.5\times 100=150$〔L〕

(5)　$\dfrac{2000}{30}\fallingdotseq 66.7$

4

(1)　A．カエル　　B．フナ
　　C．クジラ　　D．ニワトリ

(2)　器官：肝臓
　　反応回路：オルニチン回路

(3)　$2NH_3+CO_2+H_2O \longrightarrow CO(NH_2)_2+2H_2O$

(4)　①　ア　　②　ウ　　③　イ

(5)　尿酸は水に溶けないので，卵殻内の浸透圧を変化させず，発生に影響を及ぼさない。

(6)　鳥類はアンモニアを排出する魚類か

ら尿素を排出する両生類，尿酸を排出するは虫類を経て進化したと考えられる。

5

⑴　a．ランゲルハンス島
　　b．インスリン
　　c．グルカゴン
　　d．糖質コルチコイド
　　e．アドレナリン

⑵　X．すい臓　　Y．副腎
　　Z．甲状腺

⑶　エ　　⑷　ウ

⑸　d

⑹　X．⑤　　Y．④

⑺　副交感神経（迷走神経）

⑻　アセチルコリン

⑼　イ　　⑽　ウ

⑾　器官：肝臓　　組織：筋肉

⑿　フィードバック作用

6

⑴　感覚神経　　⑵　ア

⑶　皮膚の小動脈を収縮させる。

⑷　間脳視床下部　　⑸　甲状腺

⑹　副腎

⑺　はたらきを促進する。

⑻　フィードバック調節

⑼　はたらきを抑制する。

⑽　組織の再生・活性化によって回復する。

7

⑴　b

⑵　葉で暗期の長さを受容している。

⑶　短日処理された葉で花芽形成促進物質が作られ，それが植物体全体に運ばれ花芽が形成される。

⑷　短日処理された葉で作られた花芽形成促進物質は師管を通って運ばれる。

⑸　温度が 20℃以上の場合，約 12 時間の暗期で十分花芽形成が行われるが，20℃を下回ると，24 時間以下の暗期ではほとんど花芽が形成されず，通常の短日条件では花芽形成は行われない。

⑹　暗期の途中で光中断を行っても，光中断の前後の暗期の長さを合わせて，限界暗期より長ければ花芽を形成すると考えたため。

5　刺激の受容と反応

傾向と対策

この分野では，受容器と効果器，神経系について，全般に渡って出題されている。受容器は眼の構造と視神経を中心に，効果器は横紋筋の筋原繊維の構造と収縮のしくみについて，しっかりと理解しておく必要がある。神経系は興奮の伝導と伝達のしくみ，中枢神経系のはたらきを押さえた上で，オシロスコープで観測される電位変化，興奮伝達速度の計算問題の解法についても理解しておくこと。動物の行動についてはその具体例，ミツバチの８の字ダンスでの太陽と餌場の位置関係について，などは確実に押さえておく必要がある。

例題１　ヒトの眼の構造

図１は，上から見たヒトの眼の水平断面図を示したものである。また図２は，Ｆの部分を拡大したものである。次の各問いに答えよ。

図１

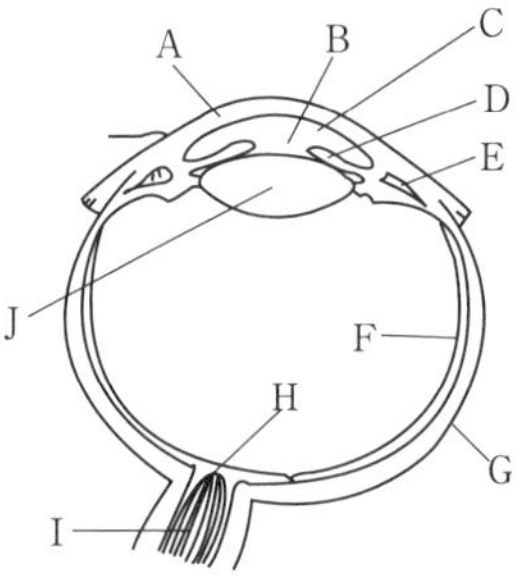

図２

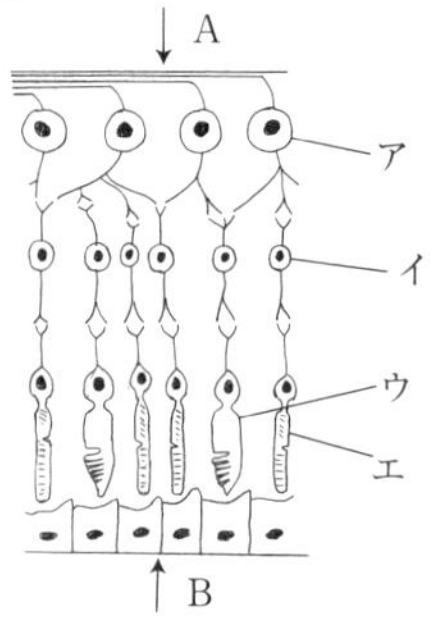

(1)　図１のＡ，Ｄ，Ｆ，Ｈ，Ｊの名称を答えよ。

(2)　次の①～④と最も関係の深い部分を図１のＡ～Ｊから１つずつ選び，記号で答えよ。

①　光を感じる細胞が分布している。

②　光を屈折させ，物体の像を結ばせる。

③　物体の像を結んでも，感覚できない。

④　眼に入る光の量を調節する。

(3)　図１は左眼，右眼のどちらか。

(4)　図2のア，ウ，エの名称を答えよ。
(5)　視細胞のうちで，光に鈍感だが色の識別ができる細胞の名称を答えよ。
(6)　外から光が入ってくる方向は，図2の矢印A，Bのうちのどちらか。

〈愛媛県改題〉

解答　(1)　A．角膜　D．こう彩（虹彩）　F．網膜　H．盲斑
J．水晶体
(2)　①　F　②　J　③　H　④　D
(3)　右眼
(4)　ア．視神経細胞　ウ．錐体細胞　エ．桿体細胞
(5)　錐体細胞
(6)　A

例題2　筋肉の構造

筋肉に関するA～Cの問いに答えよ。

A．次の文は筋肉の種類と構造に関するものである。（　①　）～（　⑥　）に当てはまる最も適当な語句を答えよ。

筋肉はその構造から（　①　）と（　②　）に分けられる。脊椎動物では，骨格筋は（　①　）であり，短時間で強い力を出せるが持続性は小さい。内臓筋は（　②　）であり，収縮力は弱いが持続性がある。

骨格筋は（　③　）神経の支配を受ける（　④　）筋であるが，内臓筋は（　⑤　）神経の支配下にあり，（　⑥　）筋である。

無脊椎動物の筋肉は，多くは（　②　）であるが，二枚貝の貝柱，節足動物の外骨格に付随している筋肉は（　①　）である。

B．図1～3は電気刺激装置でカエルの神経筋標本を刺激し，その結果を，すすを塗った記録用紙を円筒に巻き付けて一定の速度で回転させ，収縮を記録する装置で記録したものである。図1は電気刺激を1秒間に2回の割合で，図2は1秒間に15回の割合で，図3は1秒間に30回の割合で刺激した結果を，横軸を時間，縦軸を収縮の程度となるよう記録したものである。次の問いに答えよ。

図1　図2　図3

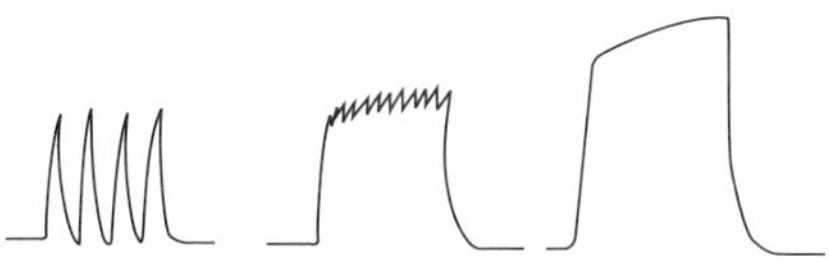

(1)　下線部は何とよばれる記録装置か，その名称を答えよ。
(2)　図1～3のような収縮はそれぞれ何とよばれるか，最も適当な語句を答えよ。

(3) 次に刺激の回数を１回にして，電気刺激を弱いものから徐々に強いものに変えながら収縮の程度を記録した。するとある強さの刺激で小さな収縮が起こり，刺激の強さを大きくして行くにつれ，収縮の大きさも増した。さらに刺激の強さを大きくしていくと，収縮の大きさは一定となり，変化しなくなった。筋繊維は「全か無かの法則」に従って収縮することをふまえて，収縮の変化が見られる理由を説明せよ。

C．次の文は骨格筋の構造と収縮のメカニズムに関するものである。図４，５を参考に（ ① ）～（ ⑤ ）に当てはまる最も適当な語句を答えよ。なお，図中の①～⑤は文中の①～⑤と同じ語句を指すものとする。

図４

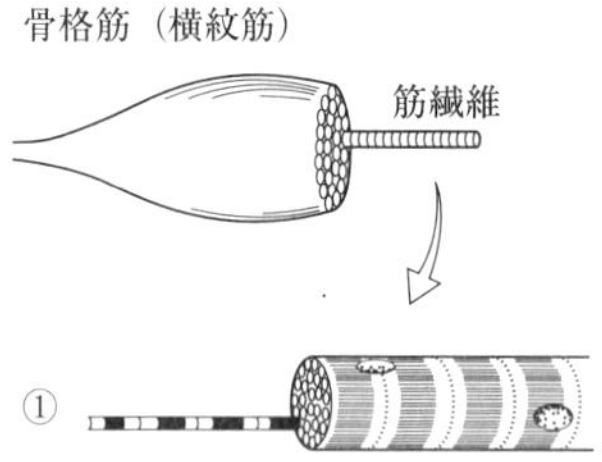

図５

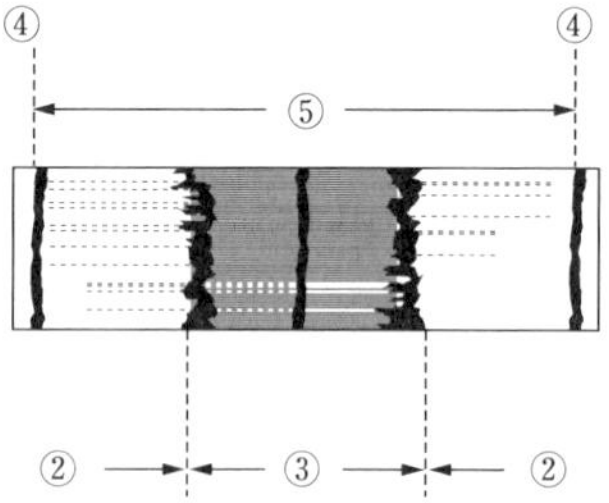

骨格筋は多数の筋繊維から構成され，筋繊維の中にある多数の（ ① ）を光学顕微鏡で観察すると，明るく見える（ ② ）と暗く見える（ ③ ）が交互に並んでいる。（ ② ）の中央には（ ④ ）と呼ばれる仕切りがある。この（ ④ ）と（ ④ ）に挟まれた部分が収縮の単位となる構造で，（ ⑤ ）とよばれる。

（ ① ）を電子顕微鏡で観察すると，２種類のフィラメントが立体的に，規則正しく配列していることが分かる。太い方のフィラメントは（ ③ ）に存在し，細いフィラメントは（ ② ）に存在し，太いフィラメントの中にも入り込んでいる。

筋肉が収縮するとき，２種類のフィラメントの長さは変化せず，両方のフィラメントの重なりの部分が多くなるため，（ ③ ）の長さは変化せず，（ ⑤ ）の長さが短くなる。

〈茨城県改題〉

解答 A．① 横紋筋　② 平滑筋　③ 体性　④ 随意
⑤ 自律　⑥ 不随意

B.⑴　キモグラフ

⑵　図１：単収縮　　図２：不完全強縮　　図３：強縮

⑶　筋繊維１本１本は「全か無かの法則」に従うが，筋繊維によって閾値（限界値）が異なるので弱い刺激では収縮するものとしないものとがあり，収縮は小さい。刺激を強くしていくと，興奮する筋繊維が増えて収縮も大きくなり，全ての筋繊維が興奮する刺激の強さより大きい刺激を与えると，収縮の大きさは一定となる。

C.①　筋原繊維　　②　明帯　　③　暗帯　　④　Z膜

⑤　サルコメア（筋節）

例題３　ニューロンと神経系

次の文の空欄①～⑩に当てはまる最も適当な言葉を，下のア～シから１つずつ選び，その記号を書け。

ニューロンの細胞膜の内側は，外側に対して，通常は（　①　）の（　②　）電位とよばれる電圧をもつ。軸索を刺激すると膜電位が逆転して（　③　）電位が生じる。これを細胞膜の興奮といい，軸索での興奮の伝わりを（　④　）とよぶ。このとき，（　⑤　）より大きな刺激に対しての興奮の大きさは一定で，これを（　⑥　）の法則とよぶ。また，（　⑦　）では，アセチルコリンやノルアドレナリンなどの化学物質によって興奮が伝わる。この興奮の伝わりを（　⑧　）とよぶ。

神経系には，脳や脊髄から成る（　⑨　）神経系と，感覚神経繊維や運動神経繊維などから成る（　⑩　）神経系とがある。

ア．プラス　　イ．マイナス　　ウ．細胞体　　エ．活動　　オ．末梢
カ．伝導　　キ．全か無か　　ク．静止　　ケ．シナプス　　コ．伝達
サ．中枢　　シ．閾値

〈愛媛県〉

解答　①　イ　　②　ク　　③　エ　　④　カ　　⑤　シ　　⑥　キ　　⑦　ケ
⑧　コ　　⑨　サ　　⑩　オ

例題 4　動物の行動

次の動物の行動を最も適切に表している言葉を，下の語群から選び，ａ～ｈの記号で答えよ。

(1)　生まれて間もないアヒルは生まれて最初に見る動く物体を親と見る。親の代わりに動くおもちゃを見せてやると，この動くおもちゃの後を追う行動に出る。

(2)　ウサギの眼球に空気を素早く吹き付けると，ウサギは目を閉じる。

(3)　ミツバチが仲間にえさのありかを知らせるため，巣箱の中で８の字ダンスをする。

(4)　チンパンジーが，手の届かないところにあるバナナを，近くにあったいすを利用して取った。このとき，前にいすを使った経験のあるチンパンジーは，いすの利用が早くなる。

(5)　ネズミを迷路に入れると，何度も挑戦してついに迷路を出た。

(6)　ある種のガが光に集まる。

〈語群〉

ａ．試行錯誤　　ｂ．情報伝達（コミュニケーション）
ｃ．条件づけ　　ｄ．刷込み
ｅ．知能行動（洞察学習）　　ｆ．走性
ｇ．慣れ　　ｈ．反射

〈名古屋市〉

解答　(1)　ｄ　(2)　ｈ　(3)　ｂ　(4)　ｅ　(5)　ａ　(6)　ｆ

演習問題

1　★★☆

ヒトの刺激の受容と反応に関して，次の各問に答えよ。

(1)　いま，ある受容器を刺激し，与えた刺激の強さと受容器の反応の大きさの関係をグラフ化した。適切なグラフは，次の①～④のうちのどれか。

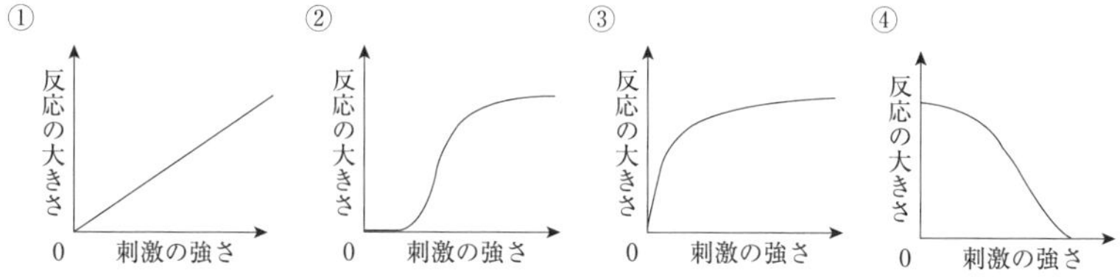

(2)　図は，ヒトの眼の網膜にある2種類の視細胞の分布を示したものである。ヒトの眼の特徴として適切なものは，次の①～④のうちのどれか。

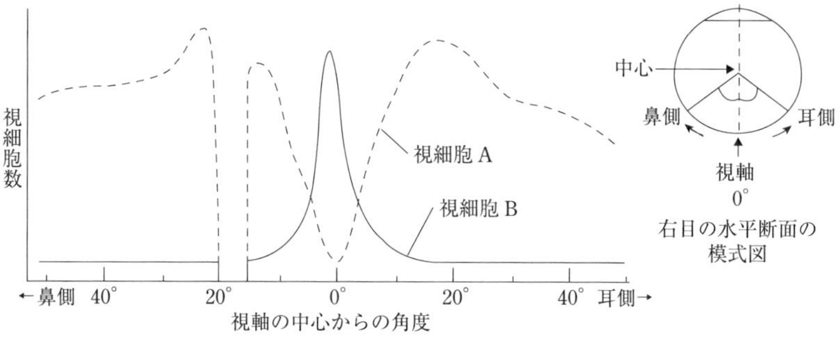

① 盲斑は視軸上にあり，像を結ぶが刺激を受容できないため視覚・色覚が生じない。

② 黄斑は視軸上にあり，色の区別をする桿体細胞が多いので視覚・色覚が生じやすい。

③ 明るいところでは，網膜の中央部は周辺部にくらべ視覚・色覚が生じやすい。

④ 暗いところでは，網膜の周辺部は中央部にくらべ視覚・色覚が生じやすい。

(3)　虹彩の動きに関係する末梢神経系と同じ種類の神経系が興奮の伝達経路として用いられているものとして適切なものは，次の①～④のうちのどれか。

①　姿勢の保持　　　　②　小腸の蠕動《ぜんどう》運動

③　膝蓋腱《しつがいけん》反射　　④　屈筋反射

〈東京都〉

2 ★★★

横紋筋の筋原繊維には２種類のフィラメントがあり，Ａ帯に局在する太いフィラメント（フィラメントａ）の表面には，中央部のごく限られた範囲（0.2μm）をのぞいて小さい突起が一様に分布している。この突起がもう１つの細いフィラメント（フィラメントｂ）をＡ帯中央方向に引き込むように動かし，筋肉を短縮させ張力を発生させる。

図１

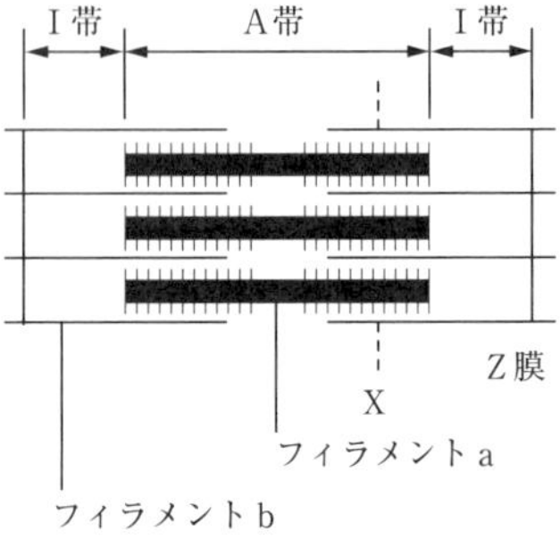

筋肉の張力は，突起が分布する範囲のフィラメントの重なりに比例して発生する。したがって，フィラメントの重なりがなくなるまで筋肉を引き伸ばすと張力は発生しなくなる。

図１は筋節におけるフィラメントの配置を模式的に示したものであり，図２は筋節の長さと筋肉の張力との関係を示したものである。

図２

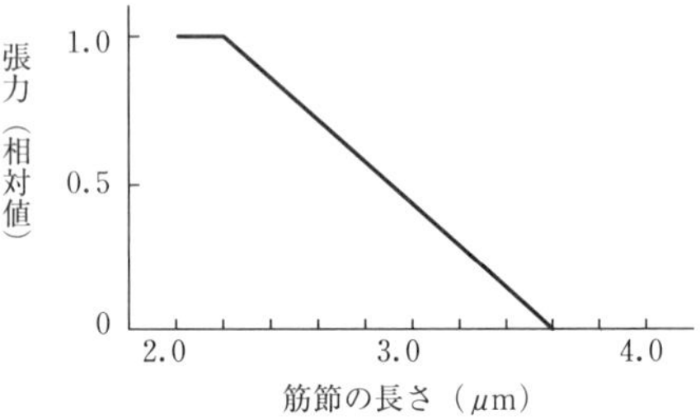

次の各問いに答えよ。

(1)　フィラメントａを構成するタンパク質の名称を答えよ。

(2)　フィラメントｂを構成するタンパク質の名称を答えよ。

(3)　フィラメントａの長さは何μmか求めよ。

(4)　フィラメントｂの長さは何μmか。ただし，Ｚ膜を起点として求めよ。

(5)　筋繊維は多くの筋節が並ぶ構造をしているため，２種類のフィラメントのゆっくりした滑り運動を筋繊維の早い収縮に変換することができる。次の各問いに答えよ。

①　筋繊維が10cmであるときの筋節の長さが平均2.5μmであるとすると，筋繊維が8cmになったときの筋節の長さは平均何μmになるか。

②　フィラメントａに対するフィラメントｂの滑る速度が10μm/秒であったとすると筋繊維が10cmから8cmに収縮するのに何秒かかるか。

③　このときの筋繊維の収縮速度は何cm/秒となるか。

(6)　２種類のフィラメントの配列を図１のＸの断面で見るとどのように見えるか。次の文を参考にして図示せよ。ただし，フィラメントａの断面は●，フィラメントｂの断面は○で表すこととする。

［参考文］

断面では，フィラメントａはおよそ三角形の各頂点にあり，その中心にフィラメントｂがみられる。したがって，フィラメントａを囲んでフィラメントｂが正六角形に配列することになる。

(7)　筋肉は無酸素状態で，かつ解糖系を阻害してもATPを再合成して収縮することができる。このときのATPが再合成されるしくみを述べよ。

〈佐賀県〉

3 ★★★

次の文章を読み，各問いに答えよ。

カエルのふくらはぎの筋肉に座骨神経のついている神経筋標本をつくり，神経および筋肉の収縮に関する実験を行った。

図１

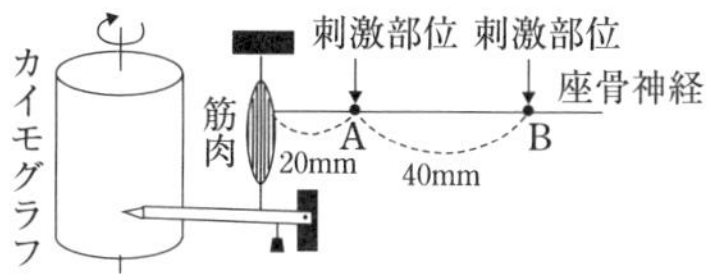

〈実験１〉

図１の神経と筋肉の接合部から20mm離れた座骨神経上のＡ点と，接合部から60mm離れたＢ点にそれぞれ別々に閾値以上の電気刺激を与え，筋肉の収縮を調べた。その結果，Ａ点を刺激した場合は12ミリ秒後に，Ｂ点を刺激した場合は14ミリ秒後に，それぞれ筋肉が収縮をはじめた。なお，この実験は全装置を20℃に保ち行った。

〈実験２〉

運動神経と骨格筋の信号の授受にイオンがどのように関与するかを調べるため，シナプスに細いガラス管を近づけ，そこにだけ溶液が投与されるよう工夫した（図２）。そして表１のような溶液の組み合わせで軸索を電気刺激し，筋細胞に電気的反応が現れるかどうかを観測した。その結果を表１の実験番号１～５に示す。次に，軸索を電気刺激せず，アセチルコリンをガラス管から直接シナプスに投与した。なお，Na^+，Ca^{2+} 以外の溶液イオン組成は実験番号１～６で共通であるものとする。

図２　シナプスがガラス管内の溶液だけに接するように工夫した実験装置

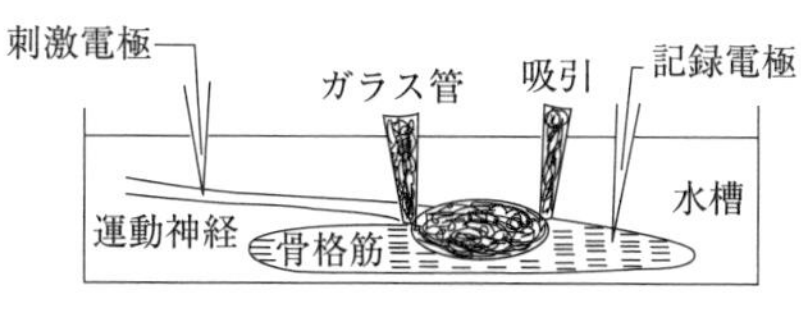

表1　いろいろな実験条件下における筋細胞の電気的反応

実験番号		1	2	3	4	5	6
ガラス管内の溶液	Na^+	+	−	+	+	+	+
	Ca^{2+}	+	+	−	+	+	−
	アセチルコリン	−	−	−	−	−	+
水槽の溶液	Na^+	+	+	+	−	+	+
	Ca^{2+}	+	+	+	+	−	+
筋細胞の電気的反応		ある	ある	ない	ない	ある	

+；イオンまたはアセチルコリンがある　−；イオンまたはアセチルコリンがない

(1)　興奮の伝導について

①　静止電位が発生するしくみについて説明せよ。なお，カッコ内の語句を必ず使うこと。(Na^+，K^+，ナトリウムポンプ)

②　興奮が隣接部に伝わるしくみについて説明せよ。なお，カッコ内の語句を必ず使うこと。(活動電流，ナトリウムチャネル)

(2)　実験1の結果より，この神経の興奮の伝導速度（m/s）を求めよ。

(3)　この神経に関して，神経と筋肉の接合部からの距離と，その点を刺激してから筋肉が収縮し始めるまでの時間の関係をグラフ化せよ。

(4)　筋肉部分のみを温度25℃，神経部分は20℃に保って実験を行った場合，どのようなグラフが書けるか。なお筋肉に神経興奮が到着後筋肉が収縮するまでの時間は25℃では20℃のときの2/3倍であるとする。

(5)　神経部分のみを温度25℃，筋肉部分は20℃に保って実験を行った場合，どのようなグラフが書けるか。なお，神経の興奮伝導速度は，25℃では20℃のときの1.5倍であるとする。

(6)　ガラス管内の溶液中のCa^{2+}はどのような役割を持っているか答えよ。

(7)　表1中の実験番号6の結果はどうなるか。「ある」，「ない」のいずれかを答えよ。

(8)　下図は筋肉部の電子顕微鏡写真の模式図である。(あ)，(い)の名称を答えよ。また，筋繊維が収縮したとき長さが変化するのはどちらか。記号で答えよ。

(9)　下図中(a)，(b)の断面図として最も適当なものを(A)，(B)，(C)より選べ。

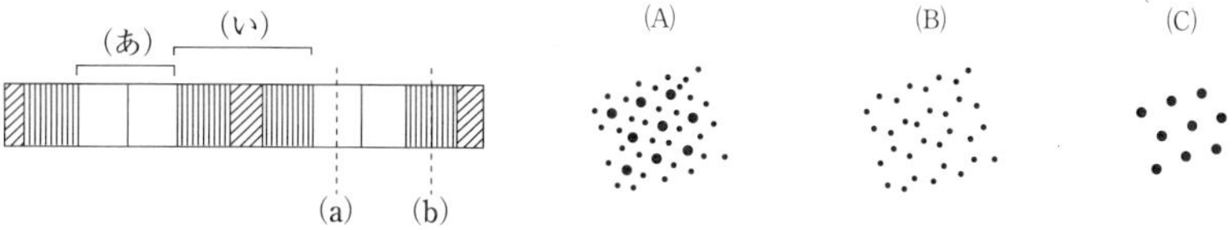

〈鳥取県〉

4　★★☆

次図は，複数のニューロンと筋肉とのつながりを示した模式図である。図を見て興奮の伝わり方に関する後の問いに答えよ。ただし，S_1～S_3は神経を刺激する部位をあらわす。また，筋肉と神経の接合部とS_3との距離は20mm，S_2との距離は60mmとする。

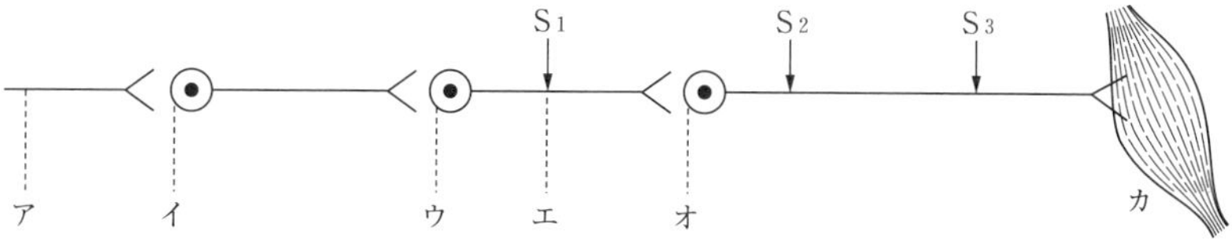

(1)　S_1を刺激すると興奮はどこからどこまで伝わるか，ア～カの記号でその範囲を示せ。

(2)　ニューロン間の接続部のことを何というか答えよ。

(3)　興奮の伝達のしくみについて，簡潔に説明せよ。

(4)　S_2とS_3をそれぞれ1回ずつ刺激すると，14ミリ秒後と12ミリ秒後にそれぞれ筋肉が収縮した。このときの興奮の伝導速度は何m/秒か，求めよ。

(5)　神経の興奮が筋肉と神経の接合部に達してから筋肉の収縮が起こるまでの反応の潜伏時間を求めよ。

(6)　興奮が筋細胞に到達してから収縮が起こるまでの間に，筋細胞内でどのような現象が起きているか，簡潔に説明せよ。

〈兵庫県〉

5 ★☆☆

次の記述は，動物の様々な行動について述べたものである。これらの行動について，各問いに答えよ。

A．一定方向の水流があるところでは，メダカは水流に向かって泳ぐ。

B．迷路の出口にえさを置き，迷路にネズミを入れると，はじめは何度も壁にぶつかりながらようやくえさにたどり着くが，同じことを繰り返すと早くえさにたどり着けるようになる。

C．イヌにえさを与えると同時にベルの音を聞かせることを何度も繰り返すと，やがてイヌはベルの音を聞くだけでだ液を分泌するようになる。

D．ミツバチは仲間にえさ場の位置を伝えるために巣板の垂直面で８の字ダンスをする。

E．チンパンジーをおりの中に入れ，手の届かないところにえさを置き，手元に棒を置いておくと棒を使ってえさを引き寄せる。

F．カモやアヒルなどは，ふ化後まもなく初めて見た動くものを親と思いこみ，それ以後それについて歩く。

G．マイマイを机の上にはわせ，机を軽くたたき続けると，はじめはからだを引っこめるが，やがて反応しなくなる。

(1)　A～Gの行動と最も関係の深い用語を次のア～セから１つずつ選び，記号で答えよ。

ア．恒常性	イ．条件づけ	ウ．刷込み	エ．慣れ	オ．屈性
カ．環境変異	キ．情報伝達	ク．知能行動	ケ．極性	コ．試行錯誤
サ．光周性	シ．生物時計	ス．反射	セ．走性	

(2)　A～Gのうち，生得的（先天的）行動に含まれるものをすべて選び，記号で答えよ。

(3)　Aの行動と同じ様式の行動を，ゾウリムシを例に挙げて１つ示せ。

(4)　Cの行動に関して，

①　だ液分泌の中枢はどこか答えよ。

②　「ベルの音を聞くだけでだ液を分泌する」ときの中枢はどこか答えよ。

(5)　Dの８の字ダンスに関して，

①　巣からえさ場までの距離とダンスの速さとの関係を説明せよ。

②　ミツバチはえさ場の方向をどのようにして仲間に伝えるか。図を描いてわかりやすく説明せよ。

〈長崎県〉

演習問題　解答・解説

1

(1)　②　　(2)　③

(3)　②

2

(1)　ミオシン　　(2)　アクチン

(3)　1.6 μm　　(4)　1.0 μm

(5)　①　2.0 μm　　②　0.025 秒

　③　80 cm/秒

(6)

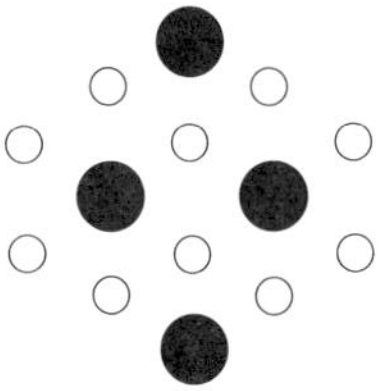

(7)　クレアチンリン酸の形で貯えてあるエネルギーを用いて，ADP から ATP を合成する。

解説

(3)，(4)　フィラメント a の長さを x，フィラメント b の長さを y とする。

$$\begin{cases} x+2y=3.6 \\ 2y+0.2=2.2 \end{cases}$$

これを解くと，

$x=1.6$〔μm〕，$y=1.0$〔μm〕

(5)　①　$2.5\times\dfrac{8}{10}=2.0$〔μm〕

②　筋節は 2.5 μm から 2.0 μm になったので，両側で 0.5 μm 収縮したことになる。片側のフィラメントが滑る長さは 0.25 μm であるから，

$\dfrac{0.25}{10}=0.025$〔秒〕

③　$\dfrac{2}{0.025}=80$〔cm/秒〕

3

(1)　①　細胞膜はナトリウムポンプによって Na^+ をくみ出し，K^+ をくみ入れているので，細胞外には Na^+ が多く，細胞内には K^+ が多いが，細胞膜は比較的 K^+ を透過しやすいので，K^+ が細胞外に流出し，外側が正，内側が負に帯電している。

②　刺激を受けると細胞膜のナトリウムチャネルが開き，細胞内に Na^+ が急激に流入するので細胞内外の電位が逆転する。これと隣接する部分の間では微弱な活動電流が流れ，それが刺激となって隣接部が興奮し，それが次々と細胞内を伝わっていく。

(2)　20 m/s

(3)～(5)

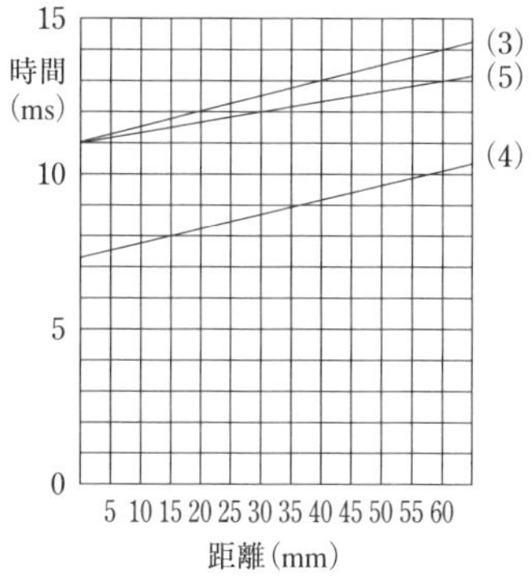

(6)　シナプス小胞をシナプス前膜に融合させ，シナプス小胞内の神経伝達物質を分泌させる。

(7)　ある

(8)　(あ)　明帯　　(い)　暗帯

長さが変化する：(あ)

(9)　(a)　(B)　　(b)　(A)

解説

(2)　$\dfrac{(60-20)\times10^{-3}}{(14-12)\times10^{-3}}=20$〔m/s〕

4

(1)　ウ～カ　　(2)　シナプス

(3)　シナプスでは神経末端から分泌されるアセチルコリンなどの神経伝達物質が，隣接するニューロンの細胞体で受容されることによって興奮が伝達される。

(4)　20 m/秒

(5)　11ミリ秒

(6)　興奮が筋細胞に伝わると，筋小胞体からカルシウムイオンが放出される。これが引き金となって，ミオシンのもつ ATP 分解酵素のはたらきによって ATP が分解される。

解説

(4)　$\dfrac{(60-20)\times10^{-3}}{(14-12)\times10^{-3}}=20$〔m/秒〕

(5)　S_2 を刺激する場合で考えると，

$$14-\frac{60\times10^{-3}}{20}\times10^{3}=11\text{〔ミリ秒〕}$$

5

(1)　A. セ　　B. コ　　C. イ
　　D. キ　　E. ク　　F. ウ
　　G. エ

(2)　A，D

(3)・ゾウリムシのいる水中に電極を入れて弱い電流を流すと，ゾウリムシは負極に集まる。
・ゾウリムシの培養液にうすい酢酸を滴すと，ゾウリムシがそこに向かって集まる。　　などから1つ

(4)　①　延髄　　②　大脳

(5)　①　巣からえさ場までの距離が遠いほど，ダンスの速度が遅くなる。

②

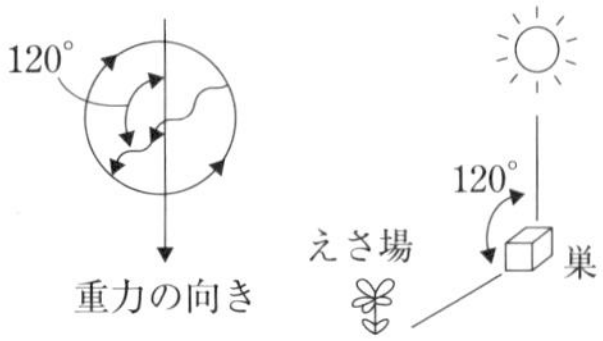

8の字ダンスでは重力の逆向きと8の字ダンスの直進する向きとがなす角は巣から見た太陽の方向とえさ場の方向とがなす角を示している。図の場合，えさ場は巣から見て，太陽の 120° 左の方向にあることを示している。

6 生物の集団

傾向と対策

個体群密度と個体群の成長，競争，捕食・被捕食の関係など，個体群の相互関係，生態系，植生の遷移などがよく出題されている。競争，すみわけ，捕食・被捕食の関係などによる個体群密度の変化，生態系のしくみ，生態ピラミッドの各栄養段階における総生産量・純生産量などの関係，物質循環とエネルギーの流れについて理解しておく必要がある。また，植生の遷移について理解し，森林の成立の時間的経過について推定できるようにしておくこと。その他，生産構造図，気候とバイオームの関係についても覚えておこう。

例題1　個体群とその変動

次の文を読み，各問いに答えよ。

一定地域に生活するすべての生物の集団を（　a　）といい，それを構成している同一種の個体の集団を（　b　）という。（　b　）の大きさは，その個体数または単位空間当たりの個体数すなわち（　c　）で表される。個体数または（　c　）の増加を（　b　）の成長といい，それを示したグラフを（　d　）という。

次の図1～3は，ゾウリムシを容器で飼育したときの個体数の変化を示したものである。

図1

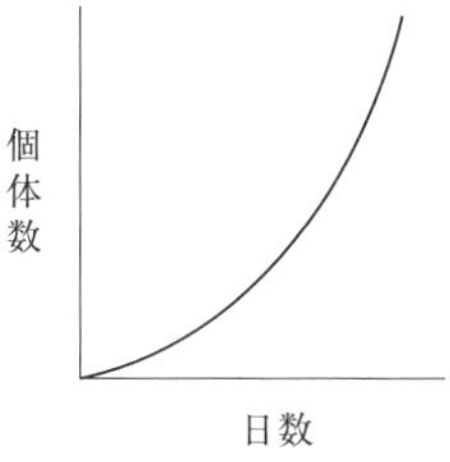

図2

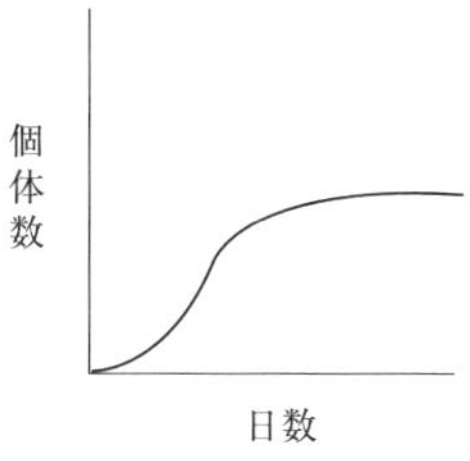

図3

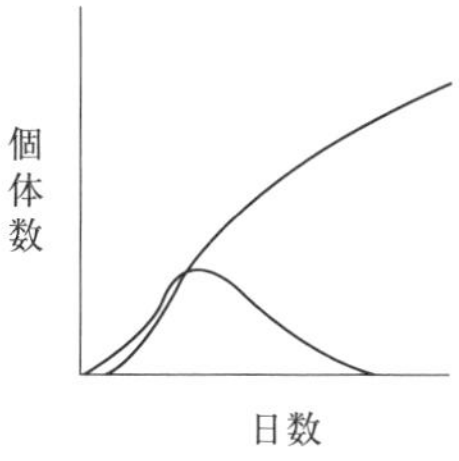

図1は，はじめにゾウリムシ1個体を大きな容器に入れ20日間飼育したときのもので，①個体数は5日ごとに4倍の割合で増加した。

図2は，はじめにゾウリムシ1個体を小さな容器に入れ20日間飼育したときのものである。このとき，最初は急速に個体数が増加したが，その後

は②次第に増殖のペースが落ち一定の個体数で安定した。③個体当たりの増殖率を調べたところ，個体数が10個体増加するごとに50％の割合で減少していた。

図3は，④異なる2種のゾウリムシそれぞれ1個体ずつを1つの容器で飼育したときのものである。

なお，図1～3のいずれの場合も，えさは一定量を一定の間隔で与えた。

(1) 文中の空欄a～dに適する語をそれぞれ答えよ。

(2) 下線部①について，飼育開始から15日後における個体数を求めよ。

(3) 下線部②について，次の①～③の各問いに答えよ。

① 増殖のペースが落ちた原因として何が考えられるか2つ挙げよ。

② ①のような，個体数の増加を抑制する環境要因を何というか答えよ。

③ 図2における個体数の最大値を何というか答えよ。

(4) 下線部③について，最初の個体当たりの増殖率を100として，増殖率の変化を示すグラフを描け。

(5) 下線部④について，この2種のゾウリムシに見られる相互作用を何というか答えよ。

(6) 自然界では異種生物間にさまざまな相互作用をみることができる。次のⅠ，Ⅱはその例である。①，②の問いに答えよ。

Ⅰ．生物Aと生物Bとは生活様式が似ているため，互いに食性を違えて共存している。

Ⅱ．生物Aと生物Bは密接な関係をもちつつ一緒に生活し，両方の種が利益を受けている。

① Ⅰ，Ⅱに最も関係が深いと思われる語をア～オからそれぞれ選び，記号で答えよ。

ア．すみわけ　　イ．中立　　ウ．共生　　エ．寄生　　オ．食いわけ

② Ⅰ，Ⅱがよくみられる生物の組み合わせとして，最も適当なものをア～オからそれぞれ選び，記号で答えよ。

ア．クロオオアリとアリマキ　　イ．シマウマとダチョウ

ウ．イワナとヤマメ　　エ．ウシとミゾサナダムシ

オ．カワウとヒメウ

(7) あるため池に生息するフナの個体数を標識再捕法により調査した。まず，池にわなを仕掛け40個体を捕獲した。これらの個体に標識をつけて池に戻した。次の日，再びわなを仕掛けたところ50個体が捕獲され，そのうちの4個体に標識があった。この池に生息しているフナの個体数はいくらと推定されるか。〈佐賀県〉

解答　(1)　a．生物群集　　b．個体群　　c．個体群密度
d．成長曲線

(2)　64 個体

(3)　①　生活空間の不足，食物の不足，老廃物の増加　などから 2 つ
②　環境抵抗　　③　環境収容力

(4)

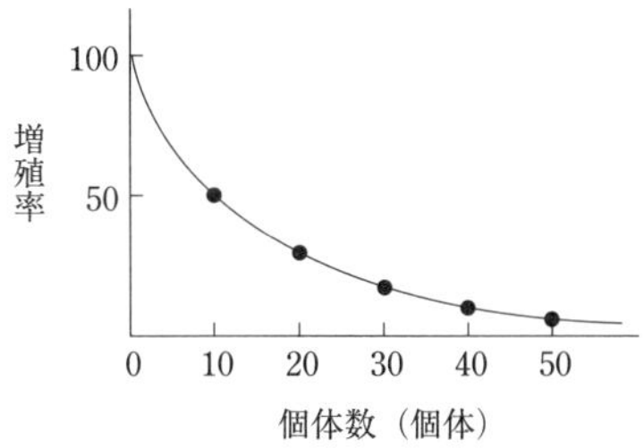

(5)　競争

(6)　①　Ⅰ．オ　　Ⅱ．ウ　　②　Ⅰ．オ　　Ⅱ．ア

(7)　500 個体

解説　(2)　5 日ごとに個体数が 4 倍増加するので，$1\times4^{\frac{15}{5}}=64$〔個体〕

(7)　問題文より，$50\times\frac{40}{4}=500$〔個体〕

例題 2　生態系

次の表は，湖沼生態系に見られる食物連鎖の例である。これを見て，各問いに答えよ。

A	三次消費者	ウナギ，ナマズ
	↑	
B	二次消費者	ドジョウ，フナ
	↑	
C	一次消費者	イトミミズ，スジエビ，ミジンコ
	↑	
D	（　ア　）	クロモ，マコモ，ケイソウ

(1)　表中の空欄アに当てはまる適切な語句を答えよ。

(2)　メダカは，A～Dのどのグループに当てはまるか，記号で答えよ。

(3)　植食性動物とよばれるのは，どのグループか。次の①～⑤から選び，番号で答えよ。

①　B　　②　BとC　　③　C　　④　CとD　　⑤　D

(4)　ある年，この湖でスジエビが大発生した。このとき起こる個体数の変化を述べた次の文中の空欄イ～オに当てはまる生物の組み合わせで正しいのはどれか。次の①～④から選び，番号で答えよ。

　スジエビの大発生にともない，（　イ　）は減少，（　ウ　）は増大した。続いて（　エ　）も増大したが，やがて（　オ　）が減少し始め，次第にすべてのグループの個体数が元の状態に戻り安定した。

①　イ：B　　ウ：D　　エ：A　　オ：D

②　イ：D　　ウ：C　　エ：B　　オ：A

③　イ：D　　ウ：B　　エ：A　　オ：C

④　イ：B　　ウ：D　　エ：A　　オ：B

(5)　生態系の平衡が崩れる例として，赤潮の発生が挙げられるが，その理由について述べよ。

(6)　生態系の構造を表す３種類の生態ピラミッドのうち，逆ピラミッドの形になりうるものを１つ挙げ，その名称を答えよ。また，その例を簡単に述べよ。

〈宮城県・仙台市〉

解答　(1)　生産者　　(2)　B　　(3)　③　　(4)　③

(5)　赤潮は特殊なプランクトンが大発生する現象であるが，このプランクトンのもつ毒素の作用やそれ自身がえらにつまることによって，多くの魚介類が死滅する。通常，低次消費者の増加は高次消費者の増加を促すが，赤潮では逆に高次消費者を減少させるため，生態系の平衡が崩れる。

(6)　個体数ピラミッド

例：サクラとその葉を食べるガの幼虫，また，それに寄生する原生動物（１本の木にケムシがついて葉を食べ，そのケムシにコマユバチが寄生し，さらにコマユバチにダニが寄生する場合　など）

例題３　植生（植物群落）の遷移

生態系に関する次の文を読み，各問いに答えよ。

日本では火山の溶岩などで完全な裸地ができると，貧栄養や（　①　）という厳しい環境条件に耐えられる（　②　）やコケ類が侵入してくる。やがて一年生草木，そして$_{a}$多年生草本が生え，徐々に土壌が形成されていく。それらの草の間をよく見ると，たいてい陽樹の芽生えがあちこちに混生している。そのうち成長の（　③　）い陽樹は次第に成長し，草の上に伸び上がる。そして数十年もたつと b陽樹林となる。陽樹がまばらに生えているうちは，陽樹の芽生えが引き続き見られる。しかし，陽樹が密生してくるにつれて陽樹の芽生えが見られなくなり，かわって陰樹の芽生えが見られるようになる。陰樹は次第に伸びるが，陽樹の大木がある間はその上に出ることはできない。やがて陽樹が風で倒れたり，害虫などの原因で枯れてなくなると，陽樹にかわって陰樹の林になる。そして陰樹の芽生えは林床でよく育つため，親木が倒れても陽樹の場合のように樹種がかわることはない。林はこうして安定した状態の陰樹林となる。このように安定した状態を（　④　）という。

⑴　文中の空欄①～④に当てはまる適当な言葉を答えよ。

⑵　植生が同一場所において時間的に変化していくことを何というか答えよ。

⑶　植生が陽樹から陰樹へ移り変わっていく理由を 20 字以内で述べよ。

⑷　下線部 a の植物例として最も適当なものを次のア～エから 1 つ選び，その記号を答えよ。

ア．ツユクサ　　イ．ブタクサ　　ウ．ベニバナボロギク　　エ．ススキ

⑸　下線部 b の植物例として適当なものを次のア～オから 2 つ選び，その記号を答えよ。

ア．タブノキ　　イ．アカマツ　　ウ．ヒノキ

エ．シラカンバ　　オ．ヤブツバキ

〈愛媛県〉

解答　⑴　①　乾燥　　②　地衣類　　③　速　　④　極相（クライマックス）

⑵　遷移

⑶　陽樹の幼木は光が不足すると生育できない。

⑷　エ　　⑸　イ，エ

例題 4　バイオームの分布

植物の分布に関する次の文を読み，各問いに答えよ。

陸上のバイオームは大別して，森林，草原，〔　a　〕に分けられる。さらにこれらを，優占種となる植物種によって次のように細かく分けることできる。

A．乾季と雨季が交代する地域に見られる落葉広葉樹を主とする。

B．夏の雨量が多く，冬の低温が厳しい地域に発達する落葉広葉樹を主とする。

C．一年を通して寒さが厳しく，コケ植物，地衣類を主とする。

D．気温が高く，乾季の乾燥の激しい地域に発達し，イネ科植物の草原に

丈の低い樹木が点在する。

E．一年を通して雨量が少なく，耐乾燥性の特殊な植物のみが生育可能である。

F．一年を通して高温で雨量が多い地域に発達し，常緑広葉樹を主とした密林を形成する。

G．雨量が多い暖温帯に発達し，クチクラが発達した光沢のある葉をもつ常緑広葉樹を主とする。

H．雨量が少ない温帯地域に見られ，イネ科植物を主とする草原で，樹木はほとんど見られない。

I．夏は高温で乾燥し，冬は温暖で雨が多い気候帯で発達し，含水量の少ない硬い葉をもつ樹木を主とする。

J．冬の寒さが厳しい地域に見られ，常緑または落葉針葉樹を主とする。

(1) 文中の〔　a　〕に入る語句を答え，これに該当するものをA～Jよりすべて選び記号で答えよ。

(2) A，C，E，G，Iのバイオームの名称を答えよ。

(3) 次の植物は，A～Jのどのバイオームを代表する植物か。記号で答えよ。

(a) ブナ，ナラ　(b) オリーブ，コルクガシ　(c) チーク

(d) シラビソ，コメツガ　(e) シイ，カシ

〈長崎県改題〉

解答 (1) 荒原，C，E

(2) A．雨緑樹林　C．ツンドラ　E．砂漠　G．照葉樹林

I．硬葉樹林

(3) (a) B　(b) I　(c) A　(d) J　(e) G

演習問題

1　★★☆

次の文を読んで，各問いに答えよ。

生物の個体数は，指数関数的に増加する。しかし，実際には個体群密度が増加すると，ある時点から増殖速度が低下しやがて個体群密度は一定値に収束する。

(1)　30 分に 1 度，2 分裂する細菌がある。この細菌は 1 日後に計算上，何個体となるか。指数を用いて示せ。

(2)　増殖速度の低下が生じる理由を述べよ。

(3)　個体群の成長曲線は何とよばれるか答えよ。

(4)　1 個体あたりの増殖率と個体群密度との関係はどうなるか説明せよ。

〈徳島県〉

2　★★☆

個体群について，次の各問に答えよ。

(1)　次の図 1，図 2，図 3 は，6 種類の原生動物 A，B，C，D，E，F を 2 種類ずつ別々の水槽（1 ～ 3）で飼育し，一定時間ごとに，それぞれの生存個体数を調べた結果を示したものである。捕食者と被食者の関係にある種と，同じえさをめぐって共存関係にある種の組み合わせとして適切なものは，①～④のうちのどれか。ただし，各水槽とも，ある 1 種類のえさを一定量ずつ，一定時間ごとに与え，捕食者などから身を隠す場所はないものとする。

図 1

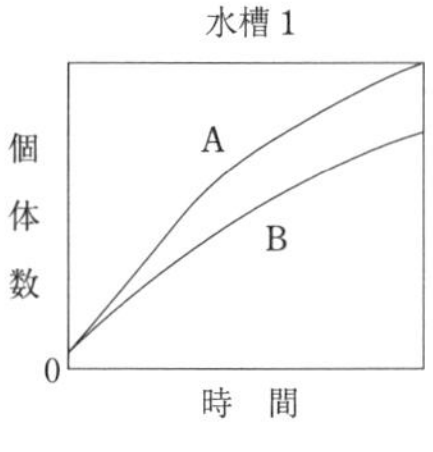

図 2

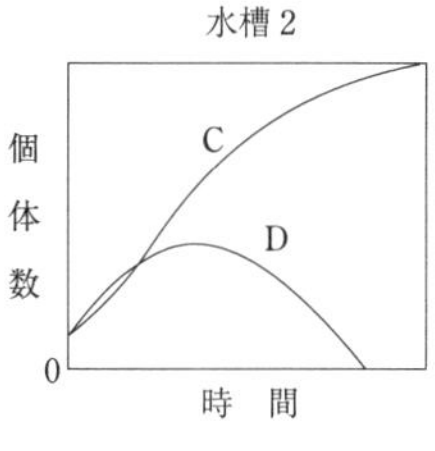

図 3

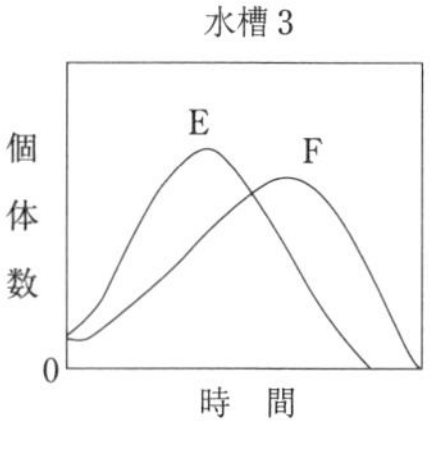

①　捕食者：C　　被食者：D　　共存関係にある 2 種：A と B

②　捕食者：C　　被食者：D　　共存関係にある 2 種：E と F

③　捕食者：F　　被食者：E　　共存関係にある 2 種：A と B

④　捕食者：F　　被食者：E　　共存関係にある 2 種：C と D

(2)　個体群の相互作用のうち，相利共生の例として適切なものは，次の①～④

のうちのどれか。

① アリとアリマキ　　② カクレウオとフジナマコ

③ ゾウリムシとミズケムシ　　④ ゾウリムシとヒメゾウリムシ

(3) ある池のメダカの個体群の大きさを調べるため，標識再捕法を用いて推定を行った。捕獲したメダカのうち 20 匹に標識を付けて放逐した。翌日，同じ捕獲方法で再びメダカを捕らえる実験を 3 回繰り返したところ，結果は平均で 80 匹あたり 8 匹の割合で標識が付いていた。この池のメダカの全数（推測値）として適切なものは，次の①～④のうちのどれか。

① 160　　② 200　　③ 640　　④ 1600

〈東京都〉

3 ★★★

次の文を読んで，後の各問いに答えよ。

生物群集は，相互に深い関係をもつ多数の種によって構成されている。この生物群集は(a)非生物的環境のはたらきかけを受けて成立するものであるが，逆に(b)生物群集が非生物的環境にはたらきかけ，環境を変化させながら生活している。この生物群集と非生物的環境の相互依存によって作られる系を生態系という。

生態系は，非生物的環境と生物群集の構成者の間を流れる物質とエネルギーのはたらきによって維持されている。まず，生物群集内で太陽エネルギーを吸収し，このエネルギーを使って無機物を有機物に変えるのは光合成を行う緑色植物である。これを生産者という。動物は直接，間接に食物を緑色植物に依存しているので消費者といい，腐生動物，土壌動物，土壌や水中の微生物は遺体や排出物を分解して土壌や空気中，あるいは水中に還元するので（　1　）という。消費者は植物を食べる草食動物を一次消費者，草食動物を食べる肉食動物を二次消費者，肉食動物はさらに三次消費者，四次消費者などに分けることができる。

生物群集内の生物を生産者，一次消費者，二次消費者，……というように物質とエネルギーの流れの順に並べるとき，この順位を栄養段階といい，一連の栄養段階のつながりを（　2　）という。しかし，自然界では物質とエネルギーを通しての各栄養段階は，網目のように複雑につながり合っており，これを（　3　）という。また，各栄養段階の順に個体数，生物量やエネルギー量で積み上げてみると，一般に上位のものほど小さくなる。この関係を（　4　）とよんでいる。

生産者である緑色植物は生態系の中で太陽エネルギーを固定し，無機物から有機物を生産している。この有機物生産を物質生産といい，個体や植物群集が光合成によって一定期間中に作る有機物総量を総生産量という。植物体の維持に使われる有機物量を（　5　）といい，総生産量からこれを除いた量を純生産量という。(c)単位面積当たりの総生産量，純生産量は群集の種類，密度，環境条件などの違いなどで様々な値を示す（表1）。

地球の植物による純生産量及び植物現存量を表2に示した。地球全体の年間純生産量は1.6×10^{11}〔t〕で，年々膨大な有機物が植物によって生産されている。このうち，地球の表面積の2/3以上を占める海では純生産量の（　ア　）%が，残りは狭い陸上で固定される。また，森林の面積は全陸地面積の（　イ　）%であるが，現存量では陸地の植物の（　ウ　）%を占め，陸地の年間純生産量の（　エ　）%をまかなっている。このことから，森林が物質生産の上でいかに重要な役割を果たしているかがわかる。

年間の純生産量のうち，各器官の（　6　）と動物による（　7　）を除いた有機物量が植物群集の成長量になる。純生産量と成長量の関係も様々で，たとえば，幼齢林では（　6　）が少ないため純生産量の大部分が成長量となるが，高齢林では（　6　）が多く成長量は少ない。

緑色植物によって有機物として，また，有機物中の化学エネルギーとして蓄えられた物質とエネルギーは，一部は一次消費者，二次消費者へと次々に食物として取りこまれ利用される。また，各栄養段階の生物体の多くは遺体として，また，動物の排泄物として地表や水中で微生物に利用される。このような過程を経て最終的に有機物は無機物になり，化学エネルギーは最終的に（　8　）として生物を取り巻く環境，すなわち土壌，大気，水中へ放出される。

生態系	純生産量〔t/ha/年〕	総生産量〔t/ha/年〕
ブナ林	19.3	44.1
トドマツ林	23.8	50.2
熱帯多雨林	28.6	123.2
セイタカアワダチソウ群落	17.8	39.9

表1　生産量の推定値

生態系	面積 $\times10^6$km^2	現存量 $\times10^9$t	純生産量 $\times10^9$t年
熱帯林	24.5	1022	45
温帯林	12.5	388	14.9
亜寒帯林	12.0	240	9.6
草原・荒原	82.0	140	22.9
農耕地	14.0	16	9.0
湿原・陸水	4.0	30	6.3
全陸地小計	149	1836	107.7
全海洋小計	361	4	55.3
総計	510	1840	163

表2　地球の植物による純生産量及び植物現存量

⑴　下線部⒜，⒝のはたらきをそれぞれ何というか。
⑵　文中の（　1　）～（　8　）に当てはまる語句を答えよ。
⑶　下線部⒞に関して，熱帯多雨林の総生産量は，他のバイオームに比べて著しく大きいが，純生産量は総生産量ほどの差がないことが表1からわかる。この理由を述べよ。
⑷　文中の（　ア　）～（　エ　）に当てはまる数値を答えよ。割り切れない場合は小数第1位を四捨五入して整数で答えよ。

〈長崎県〉

4　★☆☆

右図の生態系における窒素循環の模式図をもとに問いに答えよ。

図

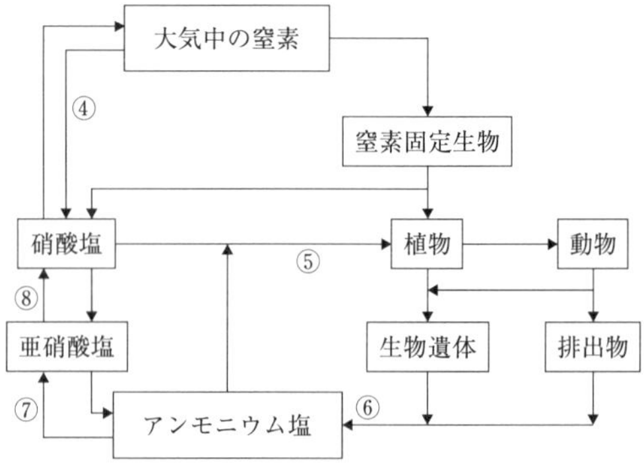

窒素はタンパク質の構成元素であるばかりでなく，さまざまな①生体物質に含まれている。地球上の②窒素固定細菌および（　③　）によってアンモニア，硝酸塩として固定され植物体内に吸収される。また，自然または工業的に生成される（図④）アンモニアや硝酸塩も同様に吸収され，生体物質に合成されていく（図⑤）。植物体中の窒素成分は食物として動物体に入り，植物や動物の遺体や排出物中の窒素はさまざまな生物によって生体物質の形から無機物へ，最終的にはアンモニウム塩へと分解される（図⑥）。アンモニウム塩は土壌中の細菌によって亜硝酸塩へ（図⑦），さらに硝酸塩（図⑧）と変えられる。

⑴　下線部①の窒素を含む「生体物質」でタンパク質やアミノ酸以外のものを1つ答えよ。
⑵　下線部②の「窒素固定細菌」のうち3つの生物種を答えよ。
⑶　文中の空欄③に当てはまる植物門名を答えよ。
⑷　図の④は，非生物的な生成過程である。具体的な例を答えよ。
⑸　図の⑤は，アミノ酸合成で代表される。植物体内のアミノ酸合成のうち，新たに生じる最初のアミノ酸名を1つ答えよ。
⑹　図の⑥の作用を営む生物は，生態系における役割から何とよばれているか

答えよ。

(7)　図の⑦，⑧の作用をまとめて何とよぶか。また，⑦，⑧ではたらく細菌名をそれぞれ答えよ。

〈岩手県〉

5　★★☆

次の図1は，自然界における炭素の循環を示す模式図であり，図2は，ハワイ島マウナロア（1958年より），岩手県の綾里（1987年より），南極点（1957年より）で観測された大気中二酸化炭素濃度の月平均濃度の変化を示したものである。(1)〜(4)の問いに答えよ。

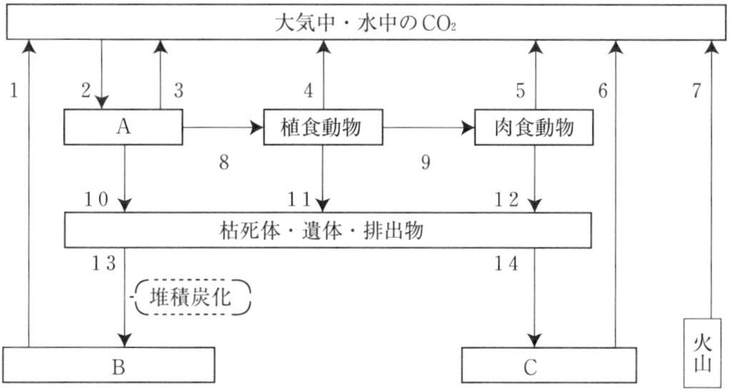

図1

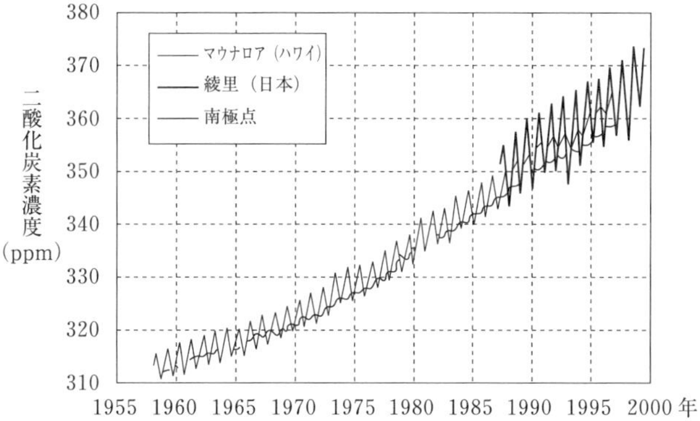

図2

(1)　図1のA，B，Cに当てはまる語句を答えよ。

(2)　炭素は生物から直接大気中・水中に無機質として戻るが，これは生物のどのような作用によるものか。また，その作用を示す図１の矢印の番号をすべて答えよ。

(3)　図２の二酸化炭素濃度は，１年周期で波状に変化しているが，その理由を簡潔に答えよ。

(4)　図２から大気中の二酸化炭素の濃度が年々増加していることがわかる。その主な原因として考えられることを簡潔に述べよ。

〈茨城県改題〉

6 ★★☆

右のグラフは，有機物の汚水が河川に流入したときの川の水質の変化と生物への影響を表したものである。これについて，次の問いに答えよ。

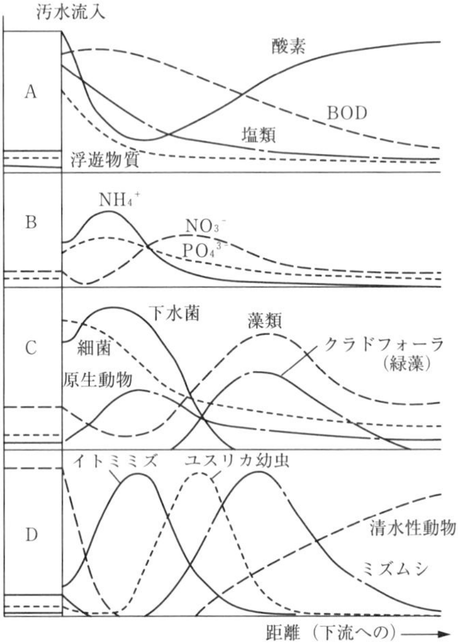

(1)　グラフＡ中の BOD（生物化学的酸素要求量）とは何を表している数値なのか説明せよ。

(2)　グラフＡで水中の酸素が汚水の流入によって急激に下がるのはなぜか説明せよ。

(3)　グラフＡで下流にいくにしたがって水中の酸素が回復する理由を，グラフにみられる生物との関係から答えよ。

(4)　グラフＢで，窒素の化合物である NH_4^+ の減少と NO_3^- の増加は，どのような生物（２種）の，何とよばれるはたらきによるのか答えよ。

(5)　グラフＣで，藻類とクラドフォーラ（緑藻）の増減に大きく影響しているのは何か答えよ。

(6)　グラフＣの原生動物の食物は何と考えられるか答えよ。

(7)　グラフＤのイトミミズ，ユスリカ幼虫，ミズムシは，どのような順で汚濁に弱いか，弱い順に並べよ。

(8)　多量の窒素やリンを含む排水が湖沼や海に流入すると，ある種のプランクトンが大発生することがある。こうした現象を何とよぶか，湖沼，海それぞれについて答えよ。また，その際に大発生するプランクトンの代表的な仲間はそれぞれどのような仲間か，１つずつ分類群名を答えよ。

(9) (8)が起こるといずれも魚類などの死滅が起こり問題となる。魚類などが死滅する理由を説明せよ。

〈三重県〉

7 ★★☆

次の表に示されたある地域での生物の体内に含まれるDDT（有機塩素系殺虫剤）の濃度について，各問いに答えよ。ただし，表中の相対的なDDT濃度は水中のDDT濃度を１としたときの割合を表したものである。また，生物名において同じアルファベットは同じ栄養段階の生物を示しているものとする。

生物名	A_1	C_1	B_1	A_2	D_2	B_2	C_2	D_1
相対的なDDT濃度	28700	95400	780	41500	4550	990	72200	3900

(1) このとき生態ピラミッドが４つの栄養段階であるとすると，三次消費者に相当する表中の生物をすべて記号で答えよ。

(2) 生物の体内のDDT濃度が，水中のDDT濃度よりも非常に高くなっている理由を簡潔に説明せよ。

〈山口県〉

8 ★★☆

次の文を読んで，各問いに答えよ。

植生は，その相観も種組成も時間とともに，ある一定の方向へ変化していく。植生が変化することを遷移とよぶ。遷移には，溶岩の上や岩石地の状態から始まる一次遷移と，ア自然林が伐採された跡地，山火事の跡地，あるいは放棄された畑で始まる二次遷移がある。遷移では，植生の変化は緩やかであり，非常に長い年月をかけて植生は極相に達して安定する。

一次遷移では，植生の変化は一般的に次のように表される。

裸地→地衣類・コケ植物→草原→イ陽樹林→陰樹林

ウこの植生の変化では，最終的に陰樹林となり安定するが，このように安定した植生の状態を極相とよぶ。極相が森林の場合には，極相林とよばれる。この一次遷移の過程では，土壌も形成され発達する。遷移の過程では，植生の変化によって土壌が形成され発達し，土壌の形成と発達によって植生が変化するという相互関係がある。

極相林は，陰樹が優占する森林である。極相林で高木層の枝葉が連続しておおっているところでは，林内が暗く陽樹の幼木は生育できないが，陰樹の幼木は生育できる。エ極相林では，台風などさまざまな要因によって高木層の樹林が倒れ，高木層が部分的に破壊されたところが生じる。そのような場所では，陰樹の幼木とともに陽樹の幼木がみられることもある。このようにして，部分的に森林の再生が起こり極相林は維持される。また，極相林では必ずしも陰樹だけがみられるのではなく，陽樹もところどころみられる。

(1) 下線部アについて，二次遷移では比較的短い期間で植生が回復する。その理由を，一次遷移と二次遷移の違いをもとに答えよ。

(2) 一次遷移の初期に現れる種の特徴を答えよ。

(3) 下線部イについて，陽樹林で安定せず，陰樹林へ変化する理由を，陽樹林内の環境条件，陽樹と陰樹の性質の違いをもとに答えよ。

(4) 下線部ウに関して，アカマツ・コナラ・クリなどの林からなる一般に雑木林とよばれる日本の里山のように，人為的関与により遷移を陽樹林の状態で止めることができる。どのような方法があるか，その理由とともに答えよ。

(5) 下線部エに関して，温帯地域の極相林を調べた。実際に高木層の樹木が倒れ，高木層が部分的に破壊された場所があり，そこには陰樹の幼木とともに陽樹の幼木が見られた。そこで，生徒に高木層が部分的に破壊された時期を，その場所に生息している植物を用いて「何年以上前に高木層が部分的に破壊された」というように推定させたい。

① 何を調査させればよいと考えられるか答えよ。

② その理由を答えよ。

(6) 遷移は，数百年単位の長い年月をかけて進行するため，遷移の過程を遡って具体的に推定することは困難である。しかし，調査場所を適切に選べば，その場所の現在の植生を調査することで，ある程度正確に数百年前に遡って遷移の過程を推定することができる。生徒に野外調査を計画させる場合，どんな場所が調査に適していると考えられるか答えよ。また，その調査方法と遷移の過程の推定方法を答えよ。

〈鳥取県〉

9 ★★☆

世界のバイオームについて，次の各問いに答えよ。

(1) 図１は，年平均気温と年降水量により，バイオームをまとめたものである。次のア～オのバイオームは，図１のＡ～Ｋのどれに該当するか，最も適当なものを１つずつ選び，その記号を答えよ。

ア．ツンドラ　　イ．砂漠　　ウ．照葉樹林
エ．夏緑樹林　　オ．熱帯多雨林

図1

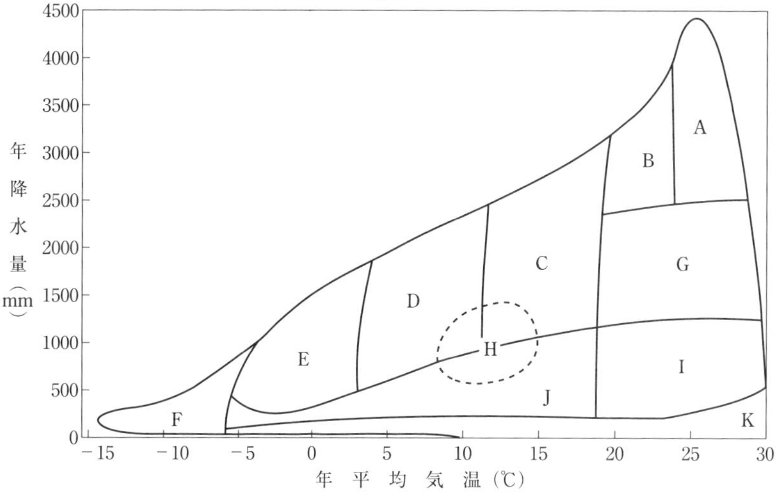

⑵　次の表2は，⑴のア～オのバイオームにみられる地域の植物をラウンケルの生活形に分類して，その種数の割合（%）を示したものである。ア～オのバイオームに該当する最も適当なものを，表2のa～eから1つずつ選び，その記号を答えよ。

表2

	一年生植物	地中（水生）植物	半地中植物	地表植物	地上植物
a	0	2	0	2	96
b	4	9	24	9	54
c	7	12	54	17	10
d	2	15	60	22	1
e	73	0	6	17	4

⑶　一般に高山では，半地中植物の割合が多く一年生植物が少ない。この理由を簡潔に説明せよ。

⑷　森林を伐採すると，二次遷移により森林の再生がみられる場合と，二次遷移が進まず砂漠化してしまう場合がある。どのような環境条件の違いがこのような異なる結果を生むか，簡潔に説明せよ。

〈新潟県〉

1

(1) 2^{48} 個体
(2) 1個体あたりの食物や生活空間が減少するから。
(3) ロジスティック曲線
(4) 1個体あたりの増殖率は個体群密度が小さいときは一定であるが，個体群密度が高くなると低下する。

2

(1) ③　(2) ①　(3) ②

解説

(3) $20 \times \frac{80}{8} = 200$〔匹〕

3

(1) a. 作用
b. 環境形成作用（反作用）
(2) 1．分解者　2．食物連鎖
3．食物網
4．生態ピラミッド
5．呼吸量　6．枯死量
7．被食量
8．熱エネルギー
(3) 熱帯雨林は呼吸量も大きいため。
(4) ア．34　イ．33　ウ．90
エ．65

解説

(4) ア．$\frac{55.3}{163} \times 100 \fallingdotseq 34$〔%〕
イ．$\frac{24.5+12.5+12.0}{149} \times 100 \fallingdotseq 33$〔%〕
ウ．$\frac{1022+388+240}{1836} \times 100 \fallingdotseq 90$〔%〕
エ．$\frac{45+14.9+9.6}{107.7} \times 100 \fallingdotseq 65$〔%〕

4

(1) 核酸，ATP，クロロフィルなど
(2) アゾトバクター
クロストリジウム，根粒菌
(3) シアノバクテリア（ラン藻類）
(4) 雷などの空中放電
(5) グルタミン
(6) 分解者
(7) 作用：硝化作用
⑦ 亜硝酸菌
⑧ 硝酸菌

5

(1) A.（光合成，緑色）植物
B. 化石燃料
C. 菌類・細菌類
(2) 作用：呼吸
番号：3，4，5，6
(3) 二酸化炭素は植物の光合成に利用されるので，夏の光合成が盛んな時期は大気中の二酸化炭素が減少し，逆に冬は増加するため。
(4) 化石燃料の燃焼による二酸化炭素の放出の増加，森林破壊における光合成による二酸化炭素の吸収の減少。

6

(1) 水の汚染度を示す指標のひとつで，細菌が水中の有機物の分解で消費する酸素量（ppm）を表している。
(2) 汚水の流入によって細菌が増殖し，有機物の分解に大量の酸素が消費されるため。
(3) 下流では光合成を行って酸素を放出する藻類が増加するため。
(4) 生物：亜硝酸菌，硝酸菌
はたらき：硝化作用

(5)　細菌のはたらきによるNO_3^-やPO_4^{3-}の増加。

(6)　細菌，下水菌

(7)　ミズムシ→ユスリカ幼虫→イトミミズ

(8)　〈湖沼〉

現象：青粉（アオコ，水の華）

代表種：シアノバクテリア（ラン藻類）

〈海〉

現象：赤潮

代表種：ケイ藻類

(9)　原因となるプランクトンが出す毒素の作用や，プランクトンがえらにつまることによって呼吸ができなくなるため。

7

(1)　C_1，C_2

(2)　DDT は生物の体内に取り込まれても，分解・排出されない物質で，それを蓄積した生物を食物として繰り返し取込むことによって体内に濃縮されたから。

解説

(1)　高次の生物であるほど生物濃縮が起こるため，DDT 濃度が高い。

この生態ピラミッドは，生産者→一次消費者→二次消費者→三次消費者となっており，その順は，B → D → A → C である。

8

(1)　一次遷移は裸地への新たな植物の侵入から始まり土壌の形成に時間がかかるが，二次遷移はすでに土壌のある状態から始まるから。

(2)　高温・乾燥・貧栄養に耐えて生育でき，胞子や種子が短期間に多数形成され，散布能力が高い。

(3)　陽樹林が発達すると下層に到達する光が弱くなるので，陽樹の芽ばえは生育しにくくなるが，陰樹の芽ばえはその光の強さでも生育できるため。

(4)　方法：樹木の間伐，枝打ち，落葉の除去，下草刈りなど。

理由：林床に到達する光が強くなるので，陽樹の芽ばえが生育できるようになるため。

(5)　①　陽樹の幼木の年齢数を調べる。

②　高木層の破壊により林内に光が入り，陽樹の生育が始まったため。

(6)　〈場所〉

過去の河川のはんらん記録と，地層との関係が明白な河川の流域。

〈方法〉

河川のはんらんにより，成立年代の異なる地域に調査区を設け，それぞれ各種の植物の被度を調べる。その調査結果をグラフなどで表し，はんらん原の成立年代順に並べて検討する。

9

(1)　ア．F　イ．K　ウ．C
エ．D　オ．A

(2)　ア．d　イ．e　ウ．b
エ．c　オ．a

(3)　一年生植物は発芽して結実するまでにある程度の時間がかかるが，半地中植物は寒さに強く，好条件下では速やかな成長ができる。夏の短い高山では半地中植物が適している。

(4)　熱帯多雨林のようなところは，落葉も多いが，気温が高く分解が速いため，落葉層が発達せず土壌が薄い。そのため，伐採後の降雨で土壌が流され，強い日射しで土地が乾燥し砂漠化が進む。一方，照葉樹林や夏緑樹林は比較的土壌の発達がよく，伐採後の降雨でも土壌が残るため，二次林への遷移が進む。

7 実践問題

1 ★★☆

細胞に関する次の文を読み，各問いに答えよ。

Ⅰ．細胞小器官は，種々の手法で大きさや密度の違いによって分けることができる。その1つに図1に示した細胞分画法（遠心分離法）がある。この方法で，以下に示すように植物細胞の細胞小器官の分離・精製を行った。

植物細胞を十分に破砕して細胞破砕液（ホモジェネート）をつくり，それを遠心管に移して，段階的に順次回転速度を速くして沈殿と上澄みに分け，上澄みをさらに遠心分離していく。すると，図1のように異なる細胞小器官を含む4つの分画（沈殿してくる順にA，B，C，Dとする）と最後の上澄み（分画E）を得ることができた。

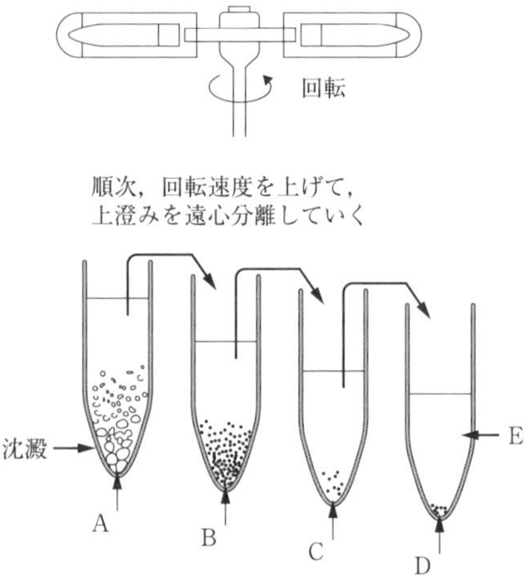

図1

〔語群〕

(a)　核
(b)　ミトコンドリア
(c)　リボソーム　(d)　液胞
(e)　中心体　(f)　小胞体
(g)　葉緑体

(1)　分画A～Dに含まれる細胞小器官を〔語群〕の(a)～(g)からすべて選び，記号で答えよ。

(2)　〔語群〕の(a)～(g)の細胞小器官の中から，次の①～③に該当するものをそれぞれすべて選び，記号で答えよ。

①　2枚の膜に包まれている。
②　光学顕微鏡で観察できない。
③　ATP合成の機能をもつ。

(3)　文中の下線部について，細胞破砕液を作る際は，ホモジナイザーという機械（器具）を用い，低温条件下で行う。低温条件下で行う理由は2つあり，その1つは「破砕作業による発熱で溶液が高温になり，タンパク質が変性することを防ぐため」である。もう1つの理由を答えよ。

Ⅱ．図2のような鏡筒上下式の光学顕微鏡を用いて顕微鏡観察を行った。接眼レンズを10倍，対物レンズを40倍にし，さらに接眼ミクロメーターを接眼レンズにつけ，対物ミクロメーターをステージに置き観察をしたところ，図3のような像が見えた。次に，対物ミクロメーターをはずし，対物レンズを10倍に変え，あるプレパラートを観察したところ，図4のような像が見えた。

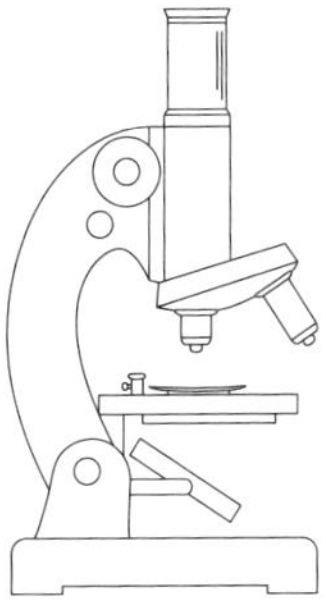

図2

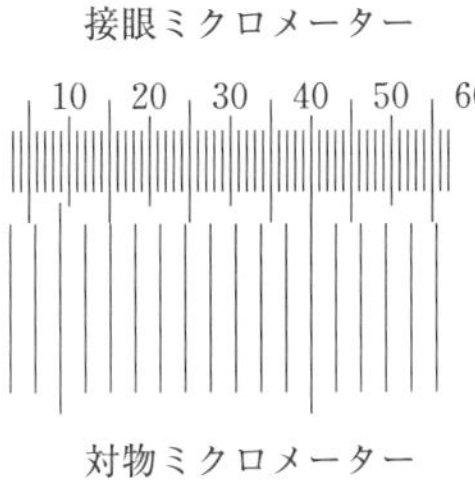

図3

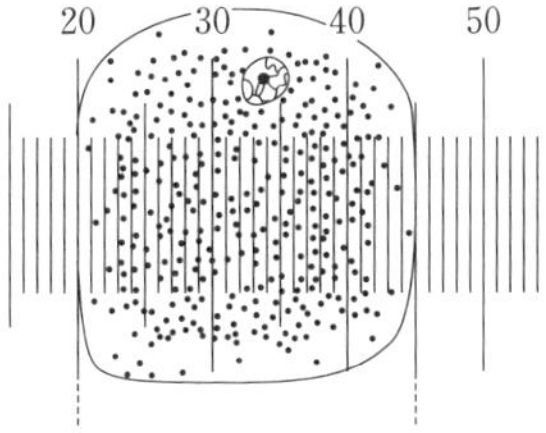

図4

(4)　顕微鏡で観察した像の長さを測定する際には，接眼ミクロメーターを使用し，対物ミクロメーターは使用しない。対物ミクロメーターを使用しない理由を答えよ。

(5)　文中の下線部について，対物レンズを40倍から10倍にかえると見える範囲はどのように変化するか答えよ。

(6)　図4で観察された細胞の長さは何 μm となるか答えよ。ただし，対物ミクロメーター1目盛りの長さは1mm の1/100の長さとする。

(7)　顕微鏡観察においてピントを合わせる際には，ステージをなるべく対物レンズに近づけた後，ステージを対物レンズから遠ざけるようにしてピントを合わせていくのが基本である。

ある植物の葉を水で封じてプレパラートを作成し，上述の基本操作に従ってピントを合わせていったところ，図5のような像を最初に見ることができた。図中のX―Y 間の断面図をステージ側の面を下，対物レンズ側の面を上にして描け。ただし，この植物の葉は細胞が2層になっており，各細胞の断面は正方形をしているものとする。

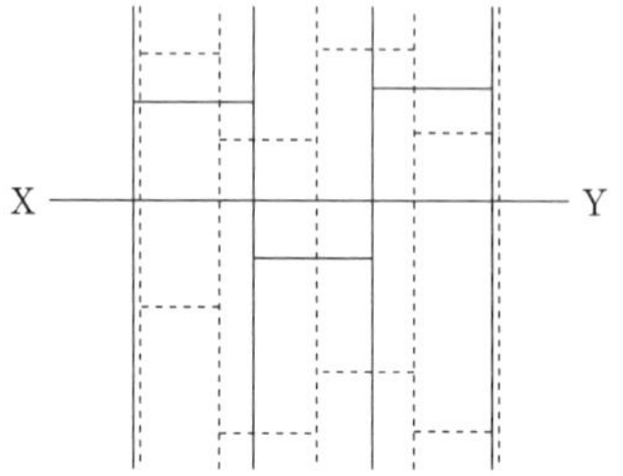

図5

注1)　実線はピントの合った細胞層の細胞境界を示す。
注2)　波線はピントの合わなかった細胞層の細胞境界を示す。

〈岩手県〉

2 ★★☆

次の実験について，(1)〜(6)に答えよ。

〔実験〕

取り出したヒトの赤血球を，体液と同じイオン組成の溶液に浮遊させ，4℃で数日間放置すると，右のグラフのように赤血球中のK^+濃度は減少した。

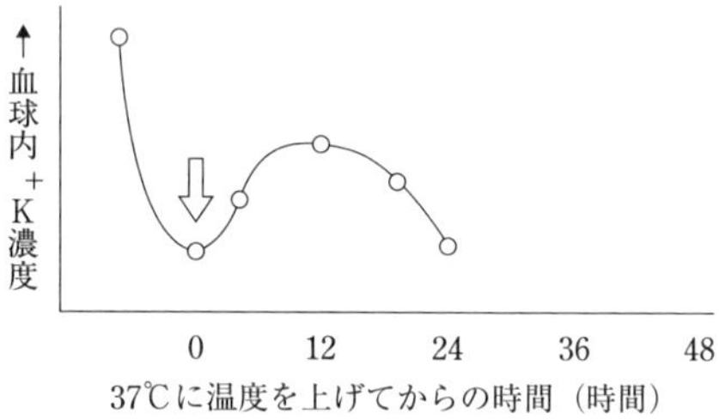

そこで，赤血球の浮遊液の温度を37℃に上げたところ（右グラフ中の⇩の部分以降），数時間で赤血球内のK^+濃度は増加した。しかし，約12時間を経過した頃には，赤血球内のK^+濃度は再び減少した。

(1)　この実験に用いた体液と同じ組成の溶液の浸透圧は，ある濃度の食塩水と同じになっている。この食塩水の濃度は何%か答えよ。

(2)　実験で，4℃で放置していた赤血球中ではK^+濃度が減少するとともに，あるイオンが増加している。そのイオンとは何か答えよ。

(3)　実験で，赤血球の浮遊液の温度を37℃に上げたところ，K^+濃度が徐々に増加していった。赤血球中のK^+濃度が増加したのはなぜか説明せよ。

(4)　実験で，⬇の時にグルコースを加えると，K^+濃度はどのように変化すると考えられるか。次のア〜エの中から適切なものを1つ選び，記号を答えよ。

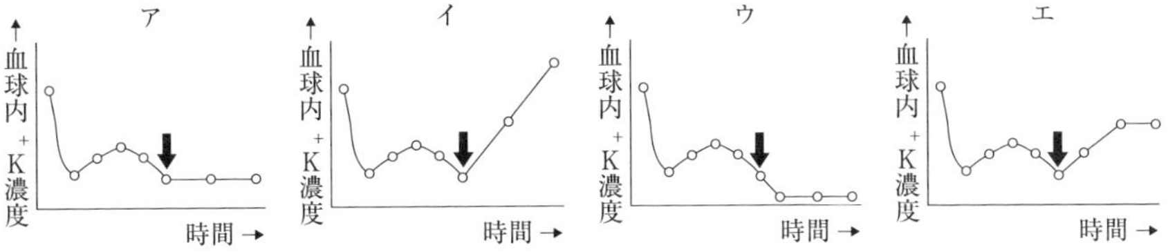

(5)　(4)で，グルコースの代わりにピルビン酸を加えた場合，K^+濃度はどのようになるか答えよ。またそのようになる理由を説明せよ。

(6)　赤血球の膜のような生体膜は，シンガーとニコルソンによって提唱された膜構造を持つと考えられている。この膜構造を，物質の移動という視点で説明せよ。

〈青森県改題〉

3　★☆☆

次の図1～3は，それぞれ植物の葉，茎および根の断面を模式的に示したものである。下の(1)～(4)の各問いに答えよ。

図1

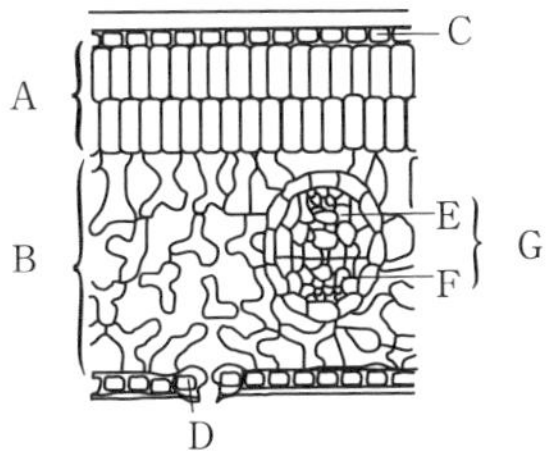

図2

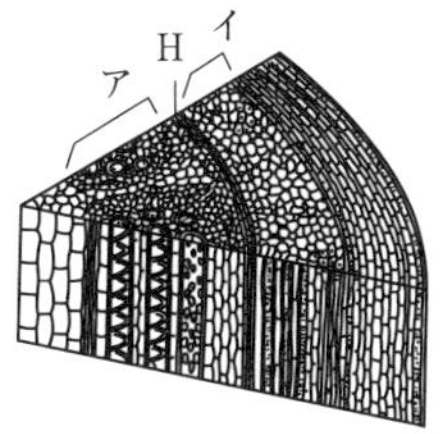

図3

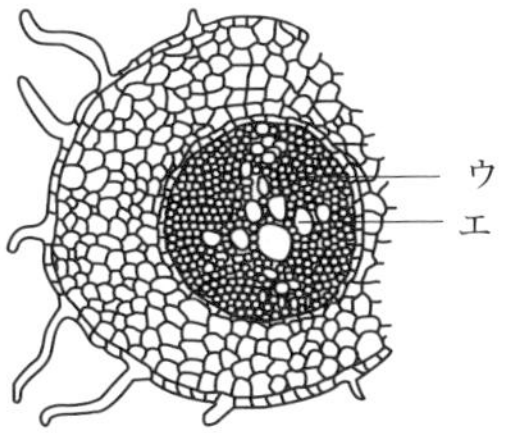

(1)　葉緑体をもつ細胞を含むものを図1のA～Fからすべて選び，記号で答えよ。

(2)　図1のGが属する組織系を何というか。

(3)　図2のHのような肥大成長を行う分裂組織をもつ植物をア～オからすべて選び，記号で答えよ。

ア．コンブ　　　イ．ゼニゴケ　　　ウ．ホウセンカ

エ．トウモロコシ　　　オ．イチョウ

(4)　図1のEと同じ部分を，図2，3中のア～エからすべて選び，記号で答えよ。

〈佐賀県改題〉

4 ★★★

次の文を読んで，各問いに答えよ。

酵素反応は，一般に温度が高いほど速いが，ある一定温度以上になるとむしろ遅くなる。この高温での酵素活性の低下は，折りたたまれていた（　A　）の鎖がほどけ，基質が結合する部位である（　B　）の形が変化して酵素の基質への作用が弱まることによる。

また，一部の酵素は，（　B　）とは別に調節部位と呼ばれる結合部位をもち，その調節部位にある特定の低分子物質が結合すると，（　B　）の形が変化し，酵素活性が変化する。このような酵素は（　C　）酵素という。

これらの酵素のはたらきや性質を調べるため，次の実験を行った。

【実験1】

ある酵素Xとその基質を一定量含む溶液を，一定温度に保った後，反応してできた生成物の量を測定した。この実験を5℃から65℃まで5℃間隔で，3時間，10時間，26時間，50時間の各反応時間について行い，図1に示す結果を得た。

図1

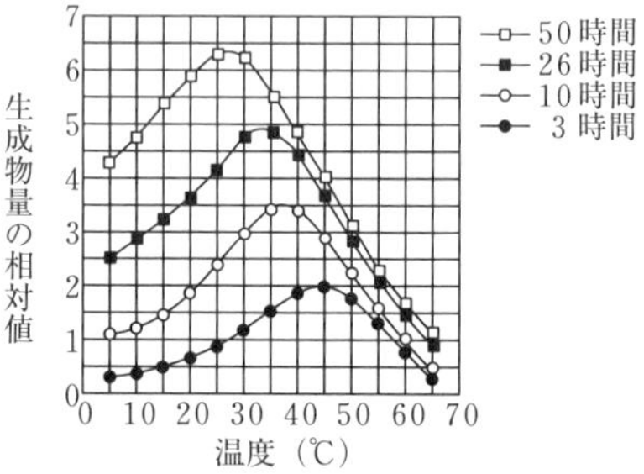

【実験2】

ある酵素Yは，次の□の反応で触媒としてはたらく。この酵素Yを用い，ATP濃度を一定にして反応速度を測定し，図2に示す結果を得た。

果糖リン酸＋ATP→果糖二リン酸＋ADP

曲線1はATP濃度を低濃度にしたときの反応速度，曲線2はATP濃度を低濃度にし，さらにある濃度のADPを加えたときの反応速度を示す。また曲線3はATP濃度を高濃度にしたときの反応速度，曲線4はATP濃度を高濃度にし，さらにある濃度のADPを加えたときの反応速度を示す。

図2

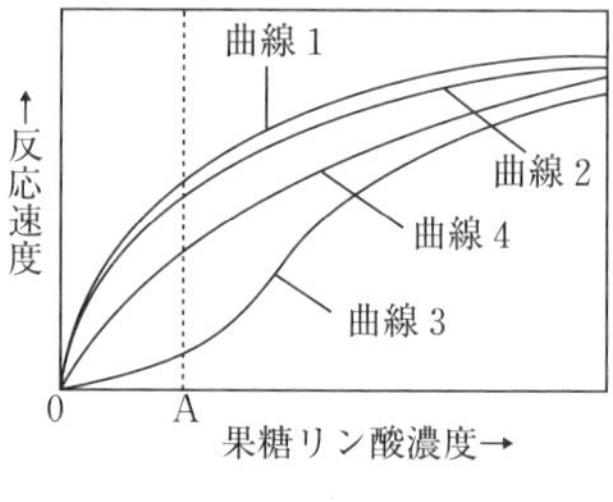

(1)　文中の空欄A～Cに適する語句を答えよ。

(2)　実験1の結果より，酵素Xの15℃と50℃での反応速度は，時間の経過とともにどのように変化するか，ア～エから選べ。

ア．反応速度は，15℃，50℃ともに上がる。

イ．反応速度は，15℃，50℃ともに下がる。

ウ．反応速度は，15℃では上がり，50℃では下がる。

エ．反応速度は，15℃ では下がり，50℃ では上がる。

⑶　次の文の（　a　），（　b　）に適する語句を答えよ。

実験２の結果が図２のようになった理由は，次のように考えられている。酵素Ｙは基質との結合部の他，調節部位をもつ。酵素Ｙの調節部位に（　a　）が結合すると，酵素Ｙの基質との結合部に構造変化が起こり，そのため酵素反応が低下する。一方，（　b　）は酵素Ｙの調節部位の結合により適しているが，これが調節部位に結合しても酵素Ｙの基質との結合部に構造変化は誘導されない。

⑷　酵素Ｙの濃度を一定にし，果糖リン酸の濃度を図２のＡに設定した。このときATPの濃度と反応速度の関係を示すグラフはどのようになると考えられるか，ア～エから選べ。

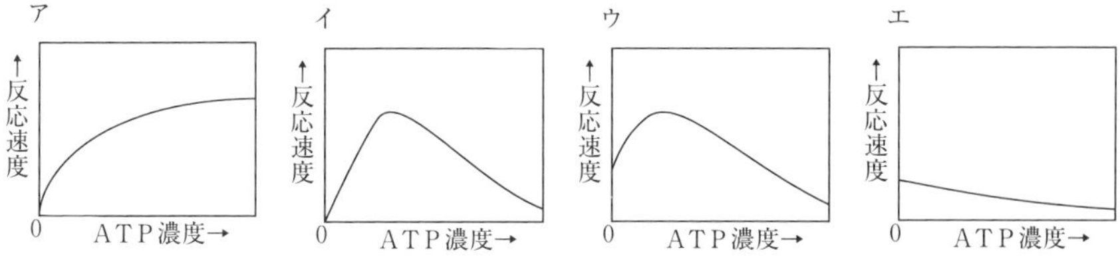

〈北海道・札幌市〉

5 ★★☆

発酵について調べるため，次のＡ液～Ｆ液を用意し，これらに糖液を加えておいたところ，Ａ液では発酵が起こった。次の各問いに答えよ。

Ａ液：酵母菌をすりつぶした液

Ｂ液：Ａ液をセロハンの袋に入れて，ビーカーの中で一昼夜水に浸した後のビーカー内の液

Ｃ液：Ａ液をセロハンの袋に入れて，ビーカーの中で一昼夜流水中に浸した後の袋内の液

Ｄ液：Ａ液を煮沸した液　　Ｅ液：Ｂ液を煮沸した液

Ｆ液：Ｃ液を煮沸した液

⑴　Ｂ液の中にあり，発酵に関与する物質は一般に何と呼ばれているか。

⑵　Ｃ液の中にあり，発酵に関与する物質は一般に何と呼ばれているか。

⑶　Ｂ液～Ｆ液のうちの２液の混合液に糖液を加えたとき，発酵が起こるのは「Ｂ液とＣ液の混合液に糖液を加える」場合がある。これ以外で，Ｂ液～Ｆ液のうちの２液を混合して糖液を加えたとき，発酵が起こるのはどのような場合があるか。Ｂ～Ｆの記号を用いて，可能な組合せをすべて答えよ。

〈愛媛県〉

6 ★★☆

空気の入口と出口をつけた透明の箱に植物を入れ，光を照射しながら一定の速度で空気を送り込む。このとき，入る空気と出る空気のCO_2濃度を測定することにより，植物の見かけの光合成速度を測定することができる。この装置を用いて温度一定のもとでA，B，2種類の植物について，光の強さと見かけの光合成速度との関係を調べたところ下表のような結果を得た。表中の数値は，それぞれの植物の葉$100cm^2$が1時間当たりに吸収するCO_2の質量（mg）である。A，B両植物とも光飽和に達するまで光の強さと光合成速度は比例関係にあり，呼吸速度は光の強さと無関係であるとして，次の各問いに答えよ。

光の強さ(キロルクス)	0	5	10	15	20	25	30	35
A植物	−4.0	0	4.0	8.0	12.0	13.6	13.6	13.6
B植物	−2.0	3.0	5.0	5.0	5.0	5.0	5.0	5.0

(1)　森林の林床でよく見られるのはA，Bのどちらの植物と考えられるか，また，このような植物を何と呼ぶか。

(2)　15キロルクスの光を当てたとき，両植物の光合成の限定要因はそれぞれ何か。次のア～ウより考えられるものをすべて選び記号で答えよ。

ア．光の強さ　　　イ．温度　　　ウ．CO_2濃度

(3)　A植物で見かけの光合成速度が光合成速度の半分になる光の強さは何キロルクスか。

(4)　A，B両植物の光補償点及び光飽和点はそれぞれ何キロルクスか。

(5)　次の①～③の強さの光を，同じ面積のA，B両植物の葉に同じ時間照射したとき，それぞれが蓄える有機物についてどのようなことがいえるか。ア～カより最もふさわしいものを選び，記号で答えよ。ただし，両植物の同化産物は同じ物質である。

①　3キロルクス　　　②　7キロルクス　　　③　16キロルクス

ア．どちらの植物も有機物を蓄えることはできない。
イ．Aは有機物を蓄えるが，Bは蓄えることができない。
ウ．Bは有機物を蓄えるが，Aは蓄えることができない。
エ．A，Bともに有機物を蓄え，蓄える量はAがBよりも大きい。
オ．A，Bともに有機物を蓄え，蓄える量はBがAよりも大きい。
カ．A，Bともに有機物を蓄え，蓄える量はほぼ等しい。

(6)　Aの葉$100cm^2$に18キロルクスの光を2時間照射したとき，光合成に利用されたCO_2は何mgか。

(7)　Bの葉$100cm^2$に18キロルクスの光を6時間照射したとき，この間に蓄

積される有機物は何 mg か。原子量を H＝1.0，C＝12，O＝16 とし，合成される有機物はグルコースであるとして計算し，小数第2位を四捨五入して答えよ。

〈長崎県〉

7 ★★☆

高等学校における生物の授業で，呼吸に関する実験A，Bを実施した。それぞれの実験について，次の各問いに答えよ。

［実験A］

種子が発芽する際の呼吸に伴うガス交換を，図のような装置を用いて，適当な室温（一定）で測定した。吸水・発芽させたヒマの種子とコムギの種子をそれぞれ別のフラスコに入れ，ともに目盛付きガラス管につないで，実験を開始した。フラスコ内に置いた小試験管の中には，KOH 水溶液または水を入れておいた。それぞれの場合について，フラスコ内の気体の体積の一定時間の減少量は，目盛付きガラス管内の指示液の移動量から，表1のように求められた。

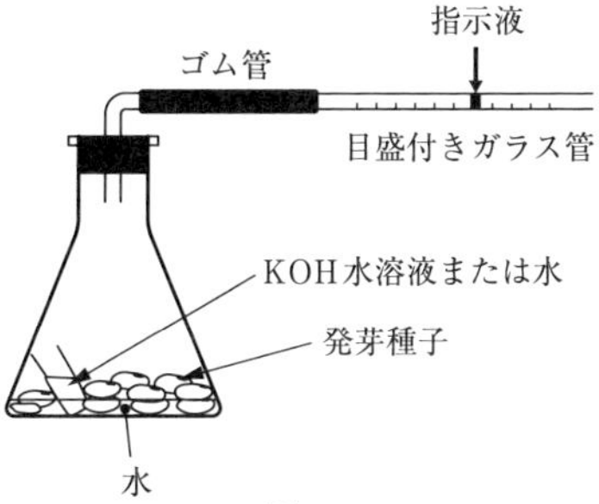

図

フラスコ内の気体の体積の減少量（相対値）

条　件	ヒ　マ	コムギ
KOH 水溶液	10.0	9.9
水	2.9	－0.1

表1

(1)　この実験における KOH 水溶液のはたらきを答えよ。

(2)　ヒマの種子とコムギの種子の呼吸商は，それぞれいくらか求めよ。答えは，小数第2位を四捨五入して小数第1位まで書け。

(3)　ヒマの種子とコムギの種子の呼吸商から，それぞれの種子が発芽する際に，呼吸に用いている主な栄養素は何か答えよ。

［実験B］

ニワトリのささみを用いて酵素液をつくり，表2のとおり実験区 No. 1～No. 3のツンベルク管の主室と副室にそれぞれ液を入れ，アスピレーターを用いて管内の空気を十分に減圧した後，主室と副室の液を混合し色の変化を観察した。その結果は，表2のようになった。

実験区	主　室	副　　室	結果
No. 1	酵　素　液	メチレンブルー＋蒸留水	青色
No. 2	酵　素　液	メチレンブルー＋コハク酸ナトリウム水溶液	無色
No. 3	煮沸酵素液	メチレンブルー＋コハク酸ナトリウム水溶液	青色

表2

(4) この実験において色の変化が見られたとき，その化学反応には何という酵素が関係しているか，酵素名を答えよ。

(5) この酵素を多く含む細胞小器官の名称を答えよ。

(6) 細胞内で実験に用いたメチレンブルーと同じはたらきをしている物質名を答えよ。

(7) この酵素は，生体内のどの反応経路ではたらいているか。ア～オのうち最も適当なものを1つ選び，その番号を答えよ。

ア．カルビン・ベンソン回路　　イ．オルニチン回路　　ウ．クエン酸回路
エ．解糖系　　オ．電子伝達系

(8) 実験区 No. 1，No. 3の結果において，メチレンブルーが無色にならなかったのはなぜか。それぞれの実験区について，その理由を簡潔に答えよ。

〈千葉県・千葉市〉

8 ★★☆

次の文は，ウニの受精と発生の観察方法について，その手順を述べたものである。これについて，各問いに答えよ。

〔手順1〕生殖時期にあるウニを準備し，ウニの口を上にして口器をはさみで切り取る。

〔手順2〕ウニをこの状態のまま海水を入れたビーカーの上にのせ，口から塩化カリウム溶液を注入する。

〔手順3〕しばらくすると反対側の①生殖孔より雌からは卵が，雄からは精子が放出されるのが観察される。雌ではそのままビーカーの海水中に放卵させ，②採卵できたらきれいな海水で洗浄する。雄の場合は乾いた時計皿に移し，③ドライ精液（未希釈精液）として採取する。この④ドライ精液は海水でうすめ精子液とする。

〔手順4〕採卵した未受精卵を海水とともに少量時計皿にとり，⑤希釈した精子液を少量加え直ちに顕微鏡で観察をはじめる。受精後の時間を記録しながら卵の変化を観察，スケッチする。

〔手順5〕プルテウス幼生まではそのまま発生の様子を観察できるが，その後

の後期発生を観察する場合は，藻類などの餌を与えて飼育する。幼生成長過程で⑥変態し，稚ウニへと成長する。

(1)　ウニが発生の生徒実験の材料として適している点を２つ答えよ。

(2)　実験に通常よく利用されるウニの種類を２種，利用できる季節とともに答えよ。

(3)　塩化カリウム溶液を注入する以外の方法で，卵や精子を放出させる方法にはどのようなものがあるか説明せよ。

(4)　下線部①について，卵か精子かを見分ける方法について説明せよ。

(5)　下線部②について，きれいな海水で洗浄する理由を説明せよ。

(6)　下線部③について，精子はドライ精液として採取する理由を説明せよ。

(7)　下線部④のドライ精液を希釈する理由について説明せよ。

(8)　下線部⑤で観察される未受精卵と受精卵の違いを簡潔に説明せよ。

(9)　下線部⑥の稚ウニに至る変態ではウニの体にどのような変化が起こるのか説明せよ。

〈三重県〉

9　★★☆

両生類を材料にして，次の実験Ⅰ，Ⅱを行った。各問いに答えよ。

［実験Ⅰ］

イモリの胞胚の表面に局所生体染色法を施し，染色された細胞が胚の発生に伴ってどのような組織や器官に分化するかを追跡し，原基分布図（予定運命図）を得た。

［実験Ⅱ］

アフリカツメガエルの未受精卵を多数採取し，紫外線を照射した。それらの卵に，さまざまな発生段階の胚の細胞の核および幼生の小腸上皮細胞の核をそれぞれ移植し，その後の発生のようすを観察した。その結果，正常に発生した胚の割合は，図のようになった。

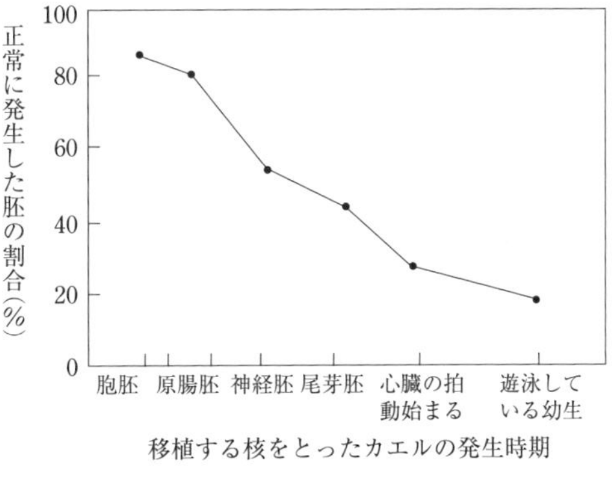

(1) 局所生体染色法に用いられる色素には，生体に無害で発生に影響を与えないことのほかにどのような性質が必要か，２つ答えよ。

(2) イモリの胞胚期における原基分布図（予定運命図）を描け。

(3) イモリの後期原腸胚の縦断面図を描け。また，その図において，将来脊索に分化する部分がどこか分かるように図示せよ。

(4) イモリの胚の内胚葉から分化して生じる器官を，ア～カからすべて選び，記号で答えよ。

ア．甲状腺　　イ．脊髄　　ウ．心臓

エ．生殖腺　　オ．すい臓　　カ．腎臓

(5) 実験Ⅱにおいて，未受精卵に紫外線を照射した目的を説明せよ。

(6) 実験Ⅱの結果から，分化した細胞の核がもつ遺伝情報についてどのようなことが考えられるか。

〈佐賀県改題〉

10 ★★☆

次のⅠ，Ⅱの文を読んで，各問いに答えよ。

Ⅰ．メンデルは異なる形質をもつ数種類のエンドウを（　1　）により純系として選別し，対立形質をもつ個体の交雑実験を行った。その後結果を解析し，1865年に遺伝の法則を導きだし，論文として発表したが，当時の学者達には認められなかった。しかし，遺伝の法則は1900年になって他の学者らによって再発見され，さまざまな遺伝現象を説明するための基礎となった。1903年に［　　］は，減数分裂の際の（　2　）染色体の行動に基づき，各々の形質を子に伝える要素，すなわち遺伝子は染色体の中にあるという概念を打ち出した。

Ⅱ．ある動物の体表の毛の色には白色，黒色，野生型色があり，この遺伝にはそれぞれ異なる常染色体上に存在する２つの遺伝子が関係していることが知られている。毛の色は，ある遺伝子（顕性（優性）遺伝子A，潜性（劣性）遺伝子a）の潜性ホモ接合体は全て白色になった。また，別の遺伝子（顕性遺伝子B，潜性遺伝子b）の潜性ホモ接合体は，aa個体を除いて，全て黒色となった。さらに，aa及びbb以外の遺伝子型の個体は全て野生型色になった。毛の色の発現に関しては，色素ができないと白色になること，また，野生型色は，色素原となる物質からいくつかの物質を経て発現することがわかっている。

この動物を用いて次の交配１と交配２を行った。

【交配１】

毛の色が野生型色の個体どうしを交配すると，野生型色の毛をもつ個体，黒色の毛をもつ個体，白色の毛をもつ個体がそれぞれ生まれた。

【交配２】

毛の色が白色の個体と黒色の個体を交配すると，野生型色の毛をもつ個体，黒色の毛をもつ個体，白色の毛をもつ個体がそれぞれ生まれた。

(1)　文中の（　１　），（　２　）に適する語句を答えよ。

(2)　文中の［　　］に当てはまる人物名を答えよ。

(3)　ある個体の毛の色が白色だった場合，その個体の遺伝子型はどのように推定されるか，可能性のある遺伝子型をすべて答えよ。

(4)　交配１では，生まれてくる子の体表の毛の色は理論的にはどのような分離比になるか，白色：黒色：野生型色の分離比を答えよ。

(5)　交配２に用いた白色の個体と黒色の個体の遺伝子型をそれぞれ答えよ。

(6)　野生型色が発現する過程に遺伝子はどのようにかかわっていると考えられるか，ア～エから選べ。

ア．野生型色が発現する過程に遺伝子Ａだけがかかわり，遺伝子Ｂはかかわっていない。

イ．野生型色が発現する過程に遺伝子Ｂだけがかかわり，遺伝子Ａはかかわっていない。

ウ．野生型色が発現する過程の前半で遺伝子Ａ，後半で遺伝子Ｂがかかわっている。

エ．野生型色が発現する過程の前半で遺伝子Ｂ，後半で遺伝子Ａがかかわっている。

〈北海道・札幌市〉

11 ★★★

あるイネ科植物の種子の遺伝で，胚乳の形質にウルチＡとモチａがある。また，えい（もみがら）にのぎのあるものＢとないものｂとがある。図はこれを模式的に示したものであり，図の（　）内はそれぞれの細胞の遺伝子型を示している。なお，遺伝子Ａ，Ｂは別々の染色体上にあることが分かっている。

図

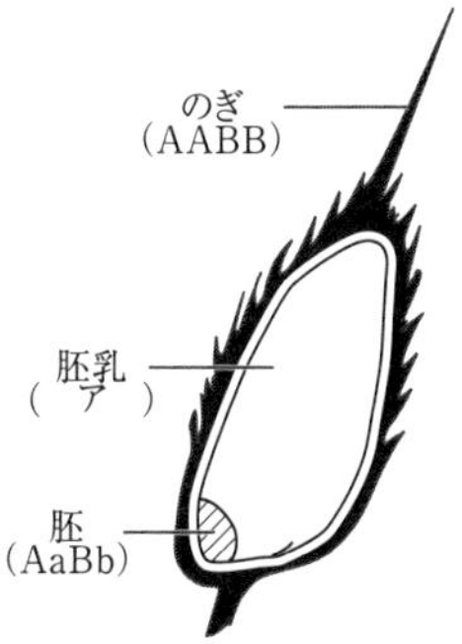

(1)　図の種子は，どのような遺伝子型をもつ純系の両親から生じたものか，それぞれの親の胚を答えよ。

(2)　図の胚乳の遺伝子型アを答えよ。

⑶　図の種子を育て，それから得られた花粉を aaBb の遺伝子をもつ植物に交配して得られた種子のうち，ウルチを示す種子の胚乳の遺伝子型だけを答えよ。

〈岩手県改題〉

12 ★★★

次の文を読み，各問いに答えよ。

ある野生動物の集団において，酵素Aの遺伝はハーディ・ワインベルクの法則「集団内における対立遺伝子の頻度は世代を越えて一定に保たれる」に従っている。酵素Aは3つの対立遺伝子からなる1組の複対立遺伝子よって，次の世代に伝えられている。これらの対立遺伝子はa，b，cで表され，常染色体上に存在している。

⑴　①　この集団内で任意交配が行われたとき，次の世代に現れる酵素Aの遺伝子型をすべて答えよ。

②　n 個の対立遺伝子からなる1組の複対立遺伝子によって遺伝する形質を考えたとき，次の世代に現れる遺伝子型は全部で何種類になるか。答えを n を用いた最も簡単な式で答えよ。

⑵　集団内におけるa，b，c遺伝子の頻度をそれぞれ，p，q，r とするとき，次の世代に現れる酵素Aの遺伝子型のうち，a遺伝子のヘテロ接合体とb遺伝子のホモ接合体の頻度を答えよ。なお，複対立遺伝子の遺伝子型の頻度は，2個の対立遺伝子の場合と同様に考えることができる。

⑶　任意交配のあとで出現した次世代集団においても，集団内におけるc遺伝子の頻度が r であることを，数式を用いて証明せよ。ただし，$p+q+r=1$ とする。

ABO 式血液型は，Landsteiner が 1901 年に発見した現象である。その現象とは，ヒトの血清が他のヒトの血球を凝集させるというものであった。今日では，ABO 式血液型は特異な変異型を除きA型，B型，O型および AB 型の4種類に分類されている。

ある民族における ABO 式血液型を調べた結果，表現型の分布はA型が 42％，B型が 18.75％，AB 型が9％，O型が 30.25％であった。

⑷　この民族におけるO遺伝子の頻度はいくらになるか数式も含めて答えよ。

⑸　この民族におけるA遺伝子とB遺伝子の頻度はいくらになるか数式も含めて答えよ。

⑹　A型とB型の両親からO型の子どもが生まれた。この両親の遺伝子型を答えよ。

(7)　この民族においてA型とB型の両親からO型の子どもが生まれる確率を，遺伝子の頻度をもとに予測して求める数式を答えよ。ただし，その式を計算して数値を求める必要はない。

〈鳥取県〉

13 ★★☆

ある細菌の1個の2本鎖DNAについて調べたところ，総ヌクレオチドの分子量は2.6×10^{9}であり，DNAの1塩基対の平均分子量は660であった。タンパク質の平均分子量を4.8×10^{4}，ペプチド結合以前のアミノ酸1個の平均分子量を138として，次の各問いに答えよ。ただし，原子量をH＝1，O＝16とし，有効数字2桁とする。

(1)　DNAの10塩基対が占める長さは3.4×10^{-6}mmである。このDNAの全長は何mmか。

(2)　DNAのもつ塩基対の数はどれだけか。

(3)　DNAがすべてタンパク質情報をもっているとすると，このDNAは何種類のタンパク質の遺伝情報をもつことになるか。

(4)　次の語をすべて用い，タンパク質の合成について説明せよ。（説明に図などを用いてもよい。）

〔ヌクレオチド　　リボソーム　　ペプチド結合〕

〈和歌山県〉

14 ★★☆

野生型ショウジョウバエの眼色は茶色と朱色の2つの色素が混ざった赤褐色をしており，この2つの色素はそれぞれ異なる経路で合成される。2つの色素のうち，茶色の色素はトリプトファンから次に示す経路で合成される。その経路には遺伝子1～3からつくられる酵素1～3によって触媒される反応が含まれている。

A系統，B系統およびC系統のショウジョウバエは，茶色の色素の合成を支配する遺伝子のうち，それぞれ遺伝子1，2，3が突然変異を起こしており，眼色はすべて朱色である。

これらの突然変異によって生じた遺伝子はすべて潜性であり，遺伝子1はX染色体上に，遺伝子2，3は異なる常染色体上に存在することがわかっている。次の各問いに答えよ。

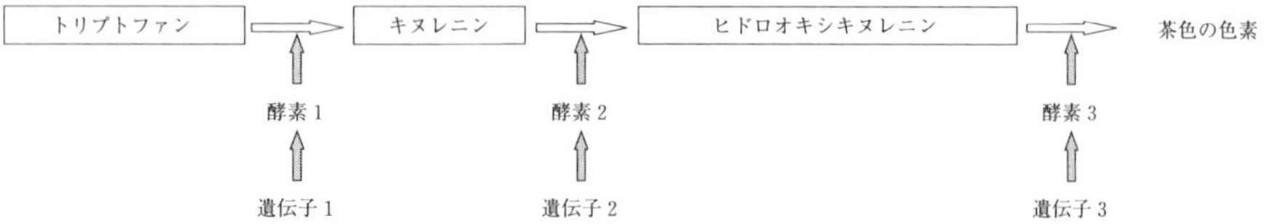

(1) 遺伝子突然変異の例として適当なものをア～オからすべて選び，記号で答えよ。

ア．アルビノ　　イ．ダウン症　　ウ．タネナシスイカ

エ．フェニルケトン尿症　　オ．ショウジョウバエの棒眼

(2) 茶色の色素の合成過程にみられるような，「1つの遺伝子が1つの酵素の合成を支配する」という説を何というか答えよ。

(3) (2)の説を最初に唱えた学者は誰か。2人答えよ。

(4) B系統とC系統を交配した。F_1 の表現型を答えよ。

(5) (4)の F_1 より得られる F_2 の表現型とその分離比を答えよ。

(6) A系統の雄とB系統の雌を交配した。F_1 の表現型を雄と雌についてそれぞれ答えよ。

(7) (6)の F_1 より得られる F_2 の表現型とその分離比を，雄と雌についてそれぞれ答えよ。

〈佐賀県〉

15 ★★☆

生物の分類に関する次の文を読み，各問いに答えよ。

地球上の多種多様な生物を合理的に整理し，適切に分類しようとする試みは古代からなされてきた。古代ギリシアの科学者アリストテレスは，生物を植物と動物に分け，その中で当時知られていた生物を階層的に分類した。すべての生物を植物と動物に大別する二界説による分類方法はごく最近まで用いられてきたが，個々の生物の研究が飛躍的に発展し，二界説による分類では多くの矛盾が生じるようになった。

18 世紀半ばに，「分類学の父」とよばれる（　ア　）は著書「自然の体系」の中で「種」を基本単位とした分類法を発表し，さらに学名の表記に関して，属名と種名を並記する二名法を提案した。この表記は現在でも使われている。また，現在の分類階層である界，〔　A　〕，綱，目，科，属なども（　ア　）が考案したものである。

19 世紀半ばには，（　イ　）によって「種の起源」が出版され，進化という考え方が世に知られるようになった。この頃，「個体発生は系統発生を繰り返

す」という反復説を唱えたドイツの生物学者（　ウ　）は，生物が進化の結果として現在の様相を示すようになったのであれば，過去をさかのぼれば全生物の共通祖先に行きつくはずだという考えから，生物を樹木の枝になぞらえて分類しようとし，系統樹を作成した。（　ウ　）の系統樹では，生物を植物，動物，および原生動物の3群に大別している。

現在の分類学では生物を植物，動物，菌，原生生物，〔　B　〕の五界に分類する五界説が基礎となっている。五界説は1969年に（　エ　）によってはじめて提唱され，のちに他の研究者によって修正された。

また，近年rRNAの塩基配列を比較し，界より上位の分類階級としてドメインが提唱されている。これにより全生物は3つのグループに分類されるという3ドメイン説が支持されている。

⑴　文中の（　ア　）～（　エ　）に当てはまる適当な人名を下記より選び，記号で答えよ。

a．ヘッケル　　b．ラマルク　　c．マーグリス（マルグリス）
d．リンネ　　e．メンデル　　f．ダーウィン　　g．モーガン
h．ホイッタカー

⑵　文中の〔　A　〕，〔　B　〕に当てはまる語句を答えよ。

⑶　次にあげる生物種は，「綱」の分類階級でいうと何という綱に属するかを記せ。

a．ヒト　　b．イモリ　　c．アサガオ

⑷　五界説によって〔　B　〕界に分類される生物は，他の界の生物とは細胞の構造が根本的に異なっている。この界に属する生物の，細胞の特徴を簡単に説明せよ。

⑸　菌界には，アオカビ，シイタケなど二界説では植物とみなされていた生物群が含まれる。これらが植物界から切り離された理由を栄養面から説明せよ。

⑹　次の図は，植物・動物の系統樹である。③⑤⑦⑩⑰に適当な生物群の名称を答えよ。また，次記の生物種がどの生物群に属するかを丸数字で答えよ。

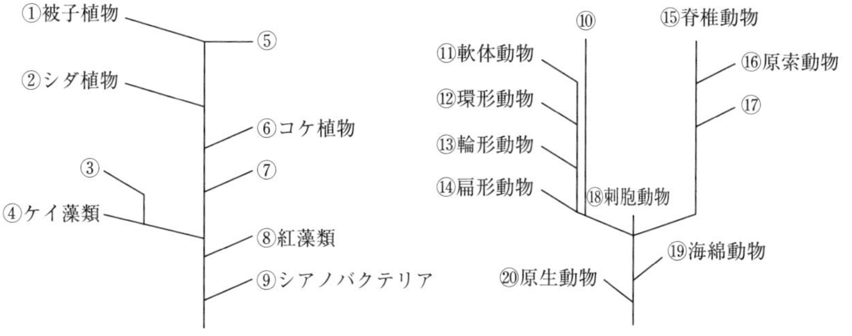

a．プラナリア　b．ワカメ　c．アオミドロ　d．メダカ
e．イチョウ　f．ミズクラゲ　〈長崎県〉

16 ★★☆

血液凝固に関する実験について，次の各問いに答えよ。

〈実験１〉

血液凝固防止剤（　a　）を入れたウシの血液3mLを試験管にとり蒸留水3mLを加え，５分間，35～40℃に保ったところ，血液は凝固しなかった。

〈実験２〉

実験１と同じ血液凝固防止剤を入れたウシの血液3mLを試験管にとり，0.025mol/Lの（　b　）水溶液3mLを加え，５分間，35～40℃に保ったところ，血液が凝固した。

〈実験３〉

実験２と同様に血液凝固防止剤を入れたウシの血液3mLと0.025mol/Lの（　b　）水溶液3mLを試験管にとり，ガラス棒でかき混ぜながら５分間保温したところ，血液の凝固は見られなかった。かき混ぜに用いたガラス棒を取り出し，水洗いして観察したところ白い繊維状のものがみられた。

〈実験４〉

実験１と同じ血液凝固防止剤を入れたウシの血液10mLを遠心分離して，血しょうと血球に分離させる。上層の血しょう3mLを試験管にとり，0.025mol/Lの（　b　）水溶液3mLを加え，５分間，35～40℃に保ったところ，血しょうは凝固した。

〈実験５〉

実験４と同様に遠心分離したウシの血液の下層の血球3mLを試験管にとり，0.025mol/Lの（　b　）水溶液3mLを加え，５分間，35～40℃に保ったところ，血球は凝固しなかった。しかし，その後そのまま放置すると凝固するのが見られた。

(1)　この実験に用いた血液凝固防止剤（　a　）および（　b　）水溶液として，適当なものを①～⑤の中から１つ選べ。

	a	b
①	ヘパリン	塩化カルシウム
②	ヘパリン	クエン酸ナトリウム
③	塩化カルシウム	クエン酸ナトリウム
④	クエン酸ナトリウム	塩化カリウム
⑤	クエン酸ナトリウム	塩化カルシウム

(2)　この実験に関する記述のうち，正しいものの組合せを①～⑤の中から1つ選べ。

ア．実験1で血液が凝固しなかったのは，実験3でみられた白い繊維状物質が血液凝固防止剤で分解されたためである。

イ．実験2で，血液が凝固したことから，(　b　)水溶液には血球を凝固させる成分が含まれていることがわかる。

ウ．実験3で凝固しなかったことから，血液凝固はこの実験でガラス棒に付着した白い繊維状の物質が関係していることがわかる。

エ．実験4・5から，実験3でガラス棒に付着した繊維状の物質が血しょう中に存在しており，その凝固には(　b　)水溶液の成分が必要であることがわかる。

オ．実験5で，5分間では凝固が見られなかったが，そのまま放置すると凝固が見られたのは，時間の経過によって血液を凝固させる物質が血球から分離されたためである。

①　アとウ　　②　イとエ　　③　ウとオ　　④　ウとエ

⑤　ウとエとオ

〈三重県〉

17 ★★★

次の文を読み，各問いに答えよ。

外界からの感染などから逃れるというのがそもそも「免疫」の意味であった。外傷を伴う細菌感染やウイルス，寄生虫などの感染から身を守るために免疫系は重要な役割を果たす。また，免疫系は自己と非自己を区別し，非自己由来の組織を拒絶する機能をもつ。一方，外来抗原に反応するという免疫系の特性は場合によってはア我々の身体に害をも与える。

免疫反応には大きく分類して2種類ある。イ一つは自然免疫と呼ばれ，もう一方は適応免疫（獲得免疫）と呼ばれる。前者は系統発生上初期から存在したと考えられ，好中球やマクロファージに代表される貪食性白血球が中心的な役割を果たし，ともに貪食により異物を排除するほかに，さまざまな炎症性サイトカインを生産しウ炎症作用を亢進する。後者もやはり白血球の一種である(　1　)やB細胞などのリンパ球が重要な役割を果たしている。免疫系に関わる臓器としては，B細胞の分化の場である(　2　)や(　1　)の成熟に必要な(　3　)などがある。

(1)　文中の空欄に当てはまる最も適切な語句を答えよ。

(2)　下線部アと関係した免疫反応のうち，次の①～③はそれぞれ何と呼ばれているか答えよ。

① 免疫の過剰反応が生体に害を及ぼす。

② 自分のからだの成分を非自己と誤認して攻撃することで起こる病気。

③ 移植した臓器が破壊される。

(3) 下線部イに関して，自然免疫と適応免疫の違いは何か答えよ。

(4) 下線部ウに関して，自然免疫における炎症反応は生体防御に有意なものである。どのような点で有意であるのか，簡潔に述べよ。

(5) 免疫応答は，細胞性免疫応答と体液性免疫応答の2つに大別される。次の各問いに答えよ。

① 体液性免疫応答において用いられる抗体は，タンパク質からできているが，このタンパク質のことを特に何というか答えよ。

② 体液性免疫応答において，抗原の侵入から抗体が生産されるまでの仕組みを簡潔に述べよ。

③ 同じ抗原が同じ個体に再度侵入してきたときの抗体産生パターンを右のグラフに書き入れよ。

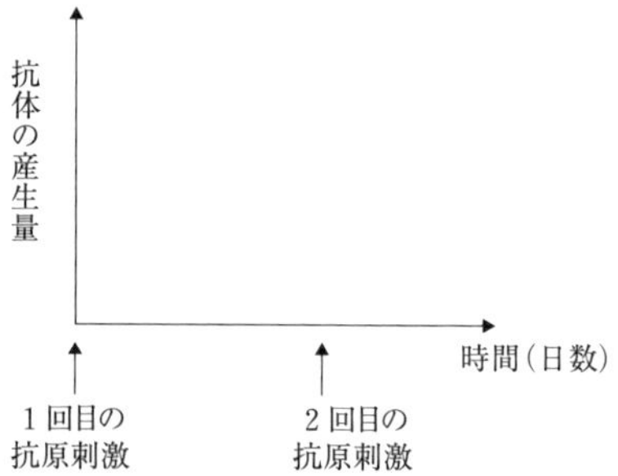

④ 抗体は，H鎖とL鎖2本ずつから構成されている。抗体遺伝子のうち，H鎖の可変部は3つの，L鎖の可変部は2つの領域からなり，さらに，これらの領域は多数の小領域からなる。これらの可変部では，それぞれの領域から小領域が1つずつ選択されて連結され，抗体を産生する情報を持つ新たな遺伝子となる。ある生物で，H鎖のそれぞれの領域が100種類，10種類及び4種類，L鎖が300種類及び5種類の小領域から構成されていたとする場合，何種類の抗体を産生する事ができるか答えよ。なお，2本のH鎖及びL鎖はそれぞれ同一な構造を持つものとする。

(6) マクロファージにおける異物排除の仕組みを知るために次の実験を行った。次の各問いに答えよ。

〈実験〉

3羽のウサギA，B，Cを用意した。ウサギAには生理食塩水に懸濁した酵母の死菌を1週間おきに4回皮膚下に注射した。ウサギBには生理食塩水だけを同様に注射した。ウサギAとウサギBから血清を分離した。ウサギCには何も注射せず，マクロファージと白血球の単離に用いた。

蛍光色素で一様に色づけした酵母の死菌をウサギAの血清と混合し，37℃で30分間おいた。その後遠心分離器にかけて血清から分離した酵母の死菌を，ウサギCから単離したマクロファージに加え，37℃で2時間培養液中で培養した後，マクロファージ1000個について，細胞ごとの蛍光強度を測定した。ウサギBの血清でも同様の実験を行った。結果は次の表の通りである。

表）マクロファージ1個あたりの蛍光強度（相対値）測定結果（※表中ほどの斜線は該当細胞が存在しないため省略。）

マクロファージ1個あたりの蛍光強度（相対値）	1〜3	〜5	〜7	〜9	〜11	／	43〜45	〜47	〜49	〜51	〜53	〜55
ウサギAの血清を用いた場合の細胞数	0	0	0	0	0	／	10	55	235	390	220	90
ウサギBの血清を用いた場合の細胞数	45	210	480	255	10	／	0	0	0	0	0	0

①　下線部に関して，この実験には蒸留水ではなく，適切な糖や塩類を含んだ培養液を使わなければならない。培養液に糖を加える理由と，塩類を加える理由をそれぞれ答えよ。

②　表中の「マクロファージ1個あたりの蛍光強度」は何を示していると考えられるか答えよ。

③　表で，ウサギAとBとで結果に違いが生じた理由として考えられることを述べよ。

④　ウサギAの血清を大量の酵母の死菌と混合し，37℃で30分間おいた。そこから，酵母の死菌を取り除いた血清を用いて前述の実験と同様の実験をおこなった。結果はどのようになるか。理由とともに答えよ。

〈鳥取県〉

18 ★★☆

ヒトの血糖量の調節の仕組みについて，次の各問いに答えよ。

(1)　図1〜3は，健康な人が，50gのグルコース（ブドウ糖）を溶かした水溶液を飲んだ前後の血液中のグルコース，インスリンおよびグルカゴンの濃度の変化を表したものである。図を参考に，各問いに答えよ。

図1

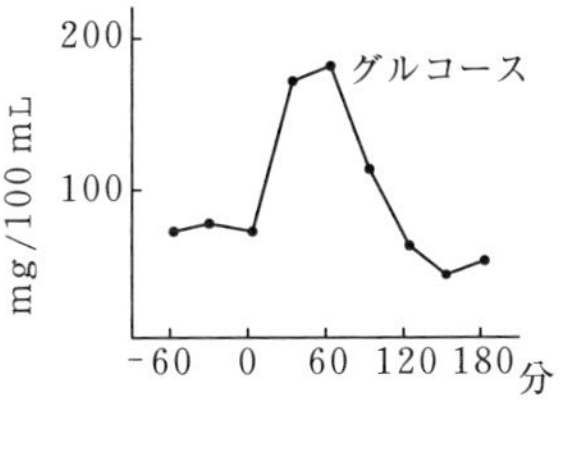

図2

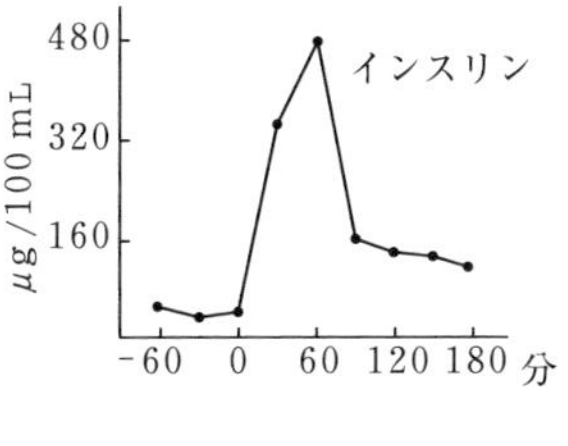

図3

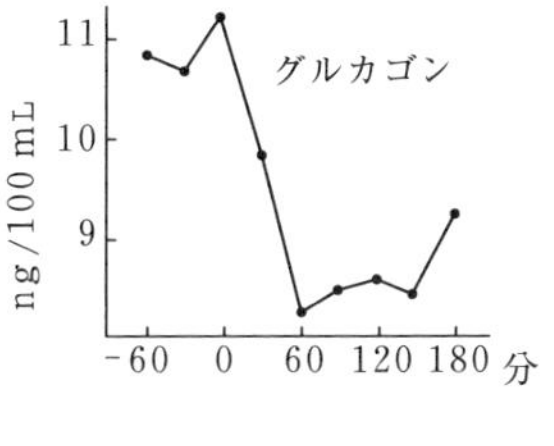

①　グルコースを飲むと血液中のグルコースは増加し始めるが，約1時間後には減少に転じている（図1）。その仕組みについて，図1〜3を参考に内分泌腺やホルモンのはたらきから簡潔に説明せよ。その際，グルコース

はどのように変化して減少したのかについても触れよ。

② また，2～3時間後にはグルコースを飲む以前より一時的に減少するが，やがて増加に転じている（図1）。その仕組みについて，内分泌腺やホルモンのはたらきから簡潔に説明せよ。その際，増加したグルコースはどんな物質が変化して生じたのかについても触れよ。

③ なぜ，この実験では甘味料として一般的な砂糖（スクロース）を用いずに，グルコースを用いたのか，その理由を答えよ。

④ 図2の濃度の単位はμg/100mL，図3の濃度の単位はng/100mLである。インスリンの最大濃度とグルカゴンの最大濃度の比（X）を有効数字1桁で求めよ。

［インスリンの最大濃度］：［グルカゴンの最大濃度］＝X：1

(2) 次の文を読み，空欄に当てはまる最も適当な語句を答えよ。

ヒトの血糖量を調節しているホルモンの中には神経系と協調してはたらくものがあることが知られている。高血糖の場合にはたらき，(1)で濃度変化を調べた（ ア ）や，激しい運動などによって急激に血糖量が減少した場合にはたらく（ イ ）などがあげられる。

（ イ ）を例にあげると，低血糖の刺激は血流によって（ ウ ）で感知され，興奮が（ エ ）を通じて（ オ ）からの（ イ ）の分泌が（ カ ）される。（ イ ）の分泌が（ カ ）されると血液中のグルコースが増加するので，血糖量は正常値に回復する。

〈茨城県改題〉

19 ★★☆

次の実験1～実験3について，各問いに答えよ。

【実験1】

十二指腸につながるすべての神経を切断して，塩酸を図1のように十二指腸の内壁に注入すると，すい液の分泌が起こった。

【実験2】

次に十二指腸の内壁を取り出し，塩酸を加え，しばらくしてからすりつぶした。そのしぼり汁を，図2のようにすい臓につながる血管に注入したところ，（　　　　　）。

【実験3】

2匹のカエルの心臓を人工的な血管でつなぎリンガー液を一方の心臓から他方の心臓へ循環させる図3のような装置を用意した。次に，カエル心臓Ⅰにつながる神経に電気刺激を与えると，カエル心臓Ⅰの拍動数が減少した。

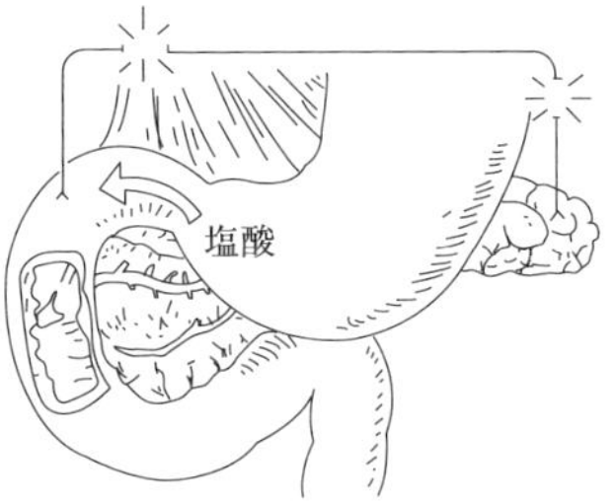

図1

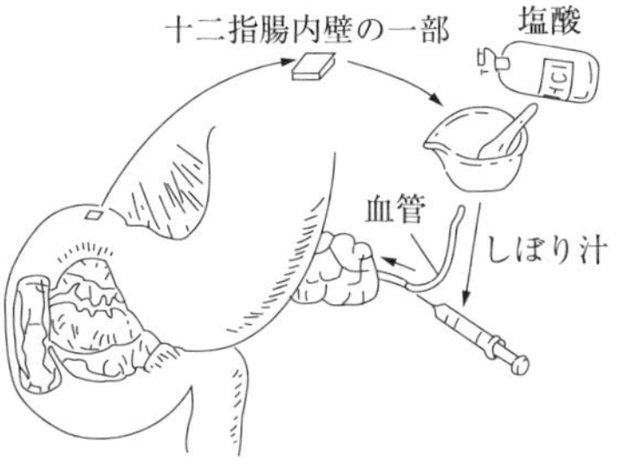

図2

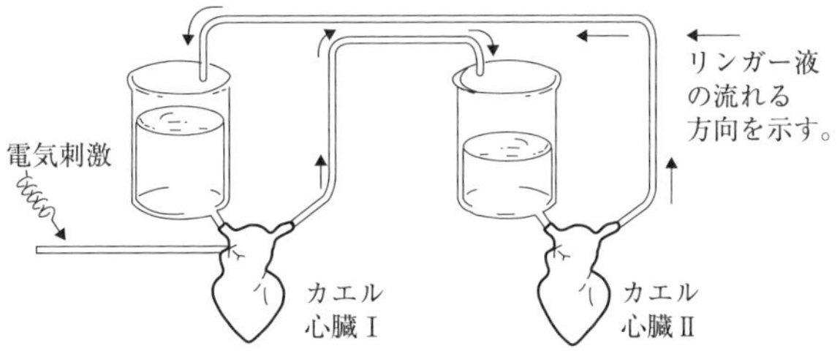

図3

(1)　実験1で，分泌されたすい液の役割として間違っているものを，次のア～エから1つ選び記号を答えよ。

ア．十二指腸に流れ込む内容物のアルカリ化　　イ．脂肪の乳化

ウ．ペプチドの分解　　エ．核酸の分解

(2)　実験2の空欄に入る適切な文を答えよ。

(3)　実験1と実験2から，ベイリスとスターリングはどのような結論を導き出したか，説明せよ。

(4)　実験3で用いたカエルの心臓のつくりを説明せよ。

(5)　実験3で電気刺激を与えた神経は何という神経か答えよ。

(6)　実験3で，やがてカエル心臓Ⅱの拍動数も減少した。なぜカエル心臓Ⅱの拍動数が減少したのか説明せよ。

(7)　ヒトの内部環境がほぼ一定に維持されているのは，2種類の調節方法，つまり実験2で示された調節方法と実験3で示された調節方法によって制御されているからである。ヒトの体温調節，特に体温上昇の仕組みを2種類の調節方法を用いて説明せよ。

〈青森県〉

20 ★★☆

花芽形成について，次のⅠ～Ⅳの実験を行った。図1は実験Ⅰの結果を，図2は実験Ⅲの結果をグラフに表したものである。また，表は実験Ⅱの結果を示したものである。各問いに答えよ。

〔実験Ⅰ〕

ダイズを明期の長さが4時間の群と16時間の群とに分け，暗期の長さをそれぞれ変えて，各群10個体当たりの花芽をつけた節の数を調べた。

〔実験Ⅱ〕

ダイズに8時間の明期に続いて8時間の暗期を与えた。次に赤色光と近赤外光をそれぞれ5分間ずつさまざまな順序で照射した後，8時間の暗期を与えて，花芽形成の有無を調べた。

〔実験Ⅲ〕

ダイズに8時間の明期と，8～66時間までのさまざまな長さの暗期からなる明暗周期を7回繰り返して与えて，10個体当たりの花芽をつけた節の数を調べた。

〔実験Ⅳ〕

1つの個体のシソの葉を1枚だけ短日条件において（短日処理），他の葉は長日条件に保った。その後，短日条件におかれた葉を，長日条件に4週間おいた後切り取り，長日条件で育てた別のシソの個体に接いで，花芽形成の有無を調べた。

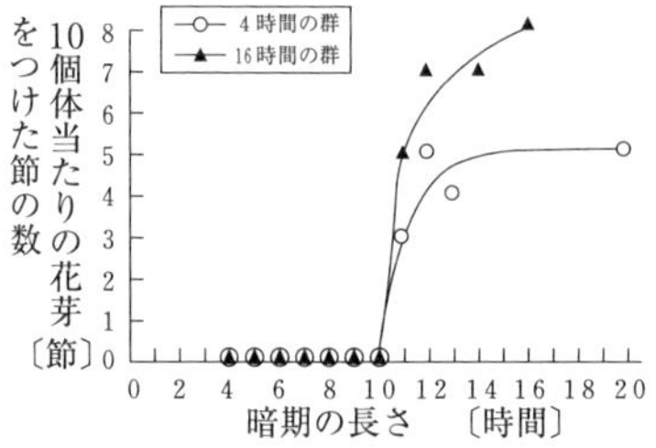

図1

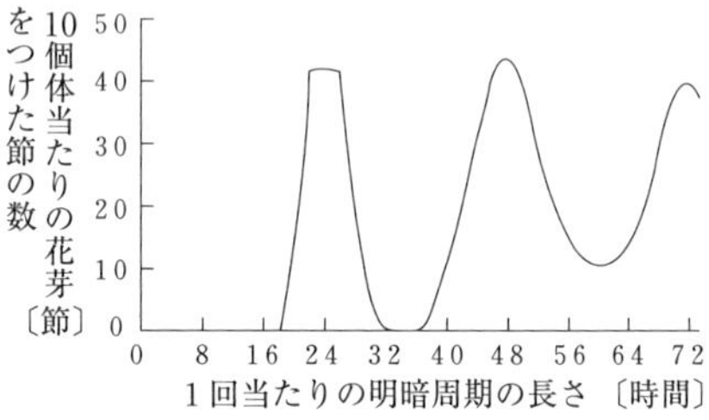

図2

光の照射順序	花芽形成の有無
光照射なし	+
赤	−
赤→近赤外	+
赤→近赤外→赤	−
赤→近赤外→赤→近赤外	+
赤→近赤外→赤→近赤外→赤	−
赤→近赤外→赤→近赤外→赤→近赤外	+

赤：赤色光　近赤外：近赤外光　+：有　−：無

(1) 実験Ⅰの結果から，ダイズの花芽形成について推論できることを答えよ。

(2) 実験Ⅱの結果について，「フィトクロム」という語を用いて説明せよ。

(3) 実験Ⅲから，花芽形成を極大にする１回当たりの明暗周期の長さはおよそ何時間か。すべて答えよ。また，この実験結果から，ダイズの花芽形成について推論できることを答えよ。

(4) 実験Ⅳの結果，葉を接がれたシソの個体では花芽が形成された。このことは，接いだ葉は長日条件に４週間おかれた後も，葉中に花芽形成ホルモンが存在していたことを示している。この結果を説明するために，次の２つの仮説が考えられるが，どちらが正しいかを証明するためには，シソを用いてどのような実験を行えばよいか。その実験方法を具体的に答えよ。

仮説①：短日処理によって，多量の花芽形成ホルモンが葉中に蓄えられた。

仮説②：短日処理によって，長日条件でも，葉で花芽形成ホルモンを生産することができるようになった。

〈奈良県〉

21 ★★★

次のＡとＢについて，各問いに答えよ。

Ａ．神経の興奮のしくみは，イカの巨大軸索を用いて解明された。図は，イカの巨大軸索の活動電位の記録である。イカの巨大軸索の細胞内外のイオン濃度分布は，K^+（内 400 mol/m^3，外 20 mol/m^3），Na^+（内 50 mol/m^3，外 440 mol/m^3）である。

このイオン濃度分布から平衡電位を計算で求めると，K^+の平衡電位（E_K）は−75 mV，Na^+の平衡電位（E_{Na}）は 55 mV となる。

これらのイオンの平衡電位と実際の活動電位を示したのが図(a)，そのときのナトリウムチャネルとカリウムチャネルの開閉を示したのが図(b)である。

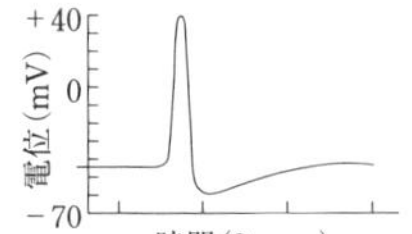

(ホジキンとハックスレー，1939)

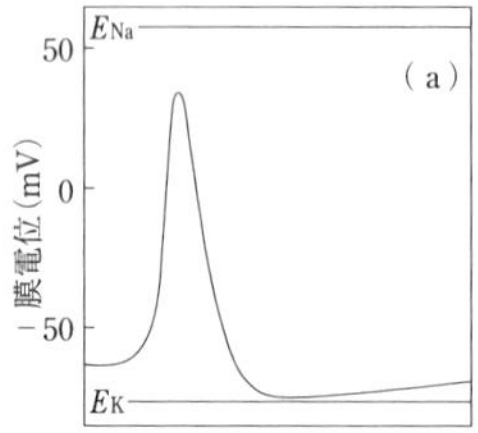

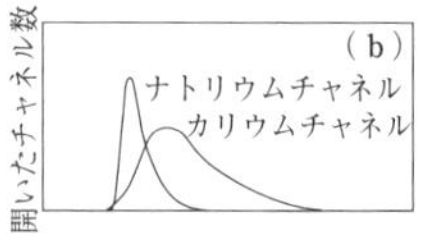

(1)　K^+，Na^+を能動輸送する担体として機能している酵素は何か答えよ。

(2)　静止電位の測定値はK^+の平衡電位とほぼ等しく−60mVである。細胞外液にK^+を加え，細胞内外K^+の濃度差をなくす処理をした。そのとき，静止電位はどのようになるか。ア～ウより選び，記号で答えよ。

ア．大きくなる　　イ．小さくなる　　ウ．変わらない

(3)　細胞外液のNa^+を除き，外液のNa^+濃度を減少させる処理をした。そのとき，活動電位の大きさはどのようになるか。(2)のア～ウより選び，記号で答えよ。

(4)　図(a)(b)を参考に，活動電位の上昇期と下降期のK^+やNa^+の動きを述べ，活動電位の発生の仕組みについて説明せよ。

(5)　軸索を代謝阻害剤で処理し，K^+，Na^+の能動輸送を抑制した場合でも，数時間は正常な活動電位の発生が見られる。この結果からどのようなことがわかるか述べよ。

B．シャジクモの節間細胞は巨大な単一の細胞で，動物の神経細胞と同じように興奮するが，興奮の伝導速度ははるかに遅い。シャジクモの節間細胞を，次の左図のように刺激電極S，測定電極AとBの3つの電極と接するように横たえ，1.0秒間隔で刺激の大きさを徐々に大きくして繰り返し電気刺激を与えたところ，4番目の刺激で次の右図のような電位変化が記録された。

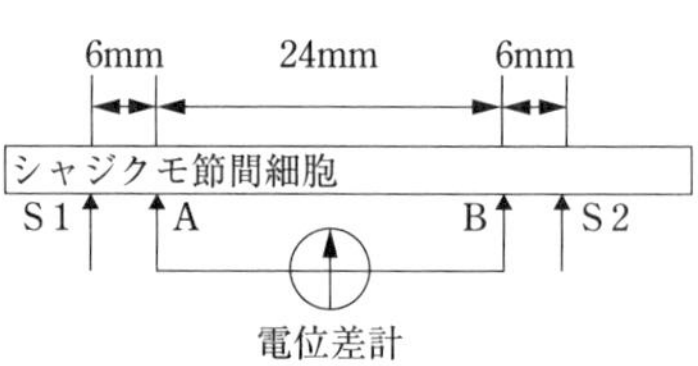

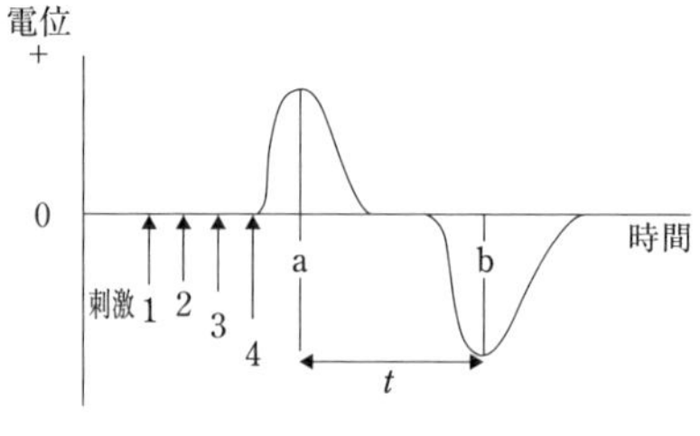

⑹　しばらく細胞を休ませた後，より大きな５番目の刺激を与えたとき，どのような電位変化が記録されるか答えよ。

⑺　しばらく細胞を休ませた後，1.0秒間隔でさらに大きな６番目から９番目の刺激を４回連続して与えた。しかし，そのとき記録された電位変化は１回のみであった。電位変化が１回しか測定されなかった理由を説明せよ。

⑻　右図の電位変化のピークａからピークｂまでの時間 t は4.0秒であった。このときの興奮の伝導速度を求めよ。

⑼　測定電極ＡとＢの距離を近づけて，8mm にし，刺激電極Ｓより電気刺激を与えた。このとき記録される電位変化はどのようになるか。正しいものをア～エより１つ選び，記号で答えよ。

ア．電位変化の大きさは変わらず時間 t は短くなる

イ．電位変化の大きさは小さくなり時間 t は短くなる

ウ．電位変化の大きさは大きくなり時間 t は長くなる

エ．電位変化の大きさは小さくなり時間 t は長くなる

⑽　測定電極ＡとＢの間で細胞表面を乾燥させ興奮が伝導しないように処理し，刺激電極Ｓより刺激を与えた。このとき記録される電位変化はどのようになるか，図で示せ。

〈宮城県・仙台市〉

22　★★☆

次の図のように神経細胞の軸索に刺激装置とオシロスコープを配置して単一の刺激を刺激装置から与えると，オシロスコープではどのような電位変化が測定されるか，①～⑤の中から適当なものを１つ選べ。ただし，オシロスコープは図のＢ点に対してＡ点が＋の時，輝点が上にふれるものとする。

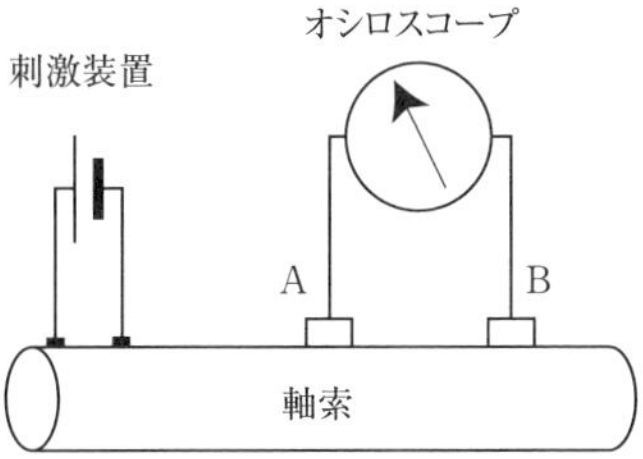

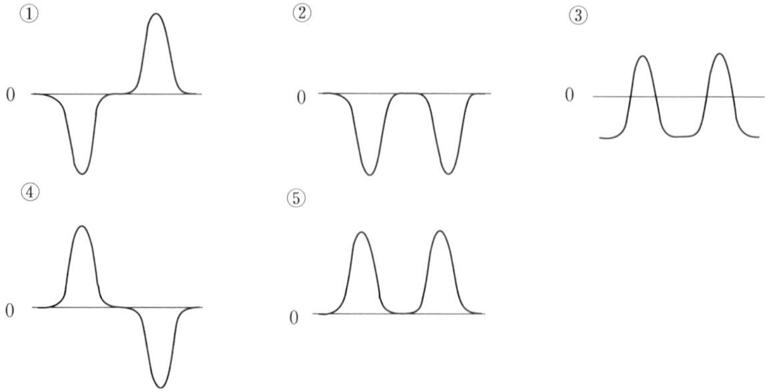

〈三重県〉

23 ★★☆

次の実験1，実験2について，各問いに答えよ。

【実験1】

羽化したばかりの未交尾のカイコガの雄と雌を用意し，図1のように，カイコガの雌を紙の上に置くとともに雄を，①カゴ，②ふたをした透明容器，③ふたのないボール紙製の箱の中に入れ，10cm の距離を置いた。その後，雄の行動を観察した。

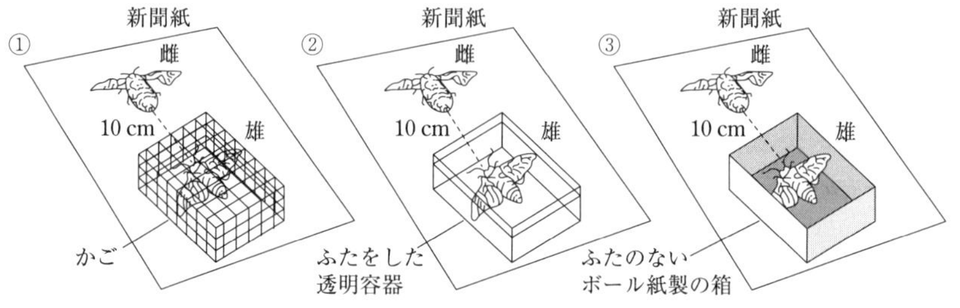

図1

【実験2】

雌から 10cm ほど離れた位置に，正常な雄A，触角のない雄B，触角が片方しかない雄Cを，図2のように放ち，雄の行動を観察した。その結果，雌にたどり着いたのは雄Aのみで，雄Bも雄Cもたどり着くことはできなかった。

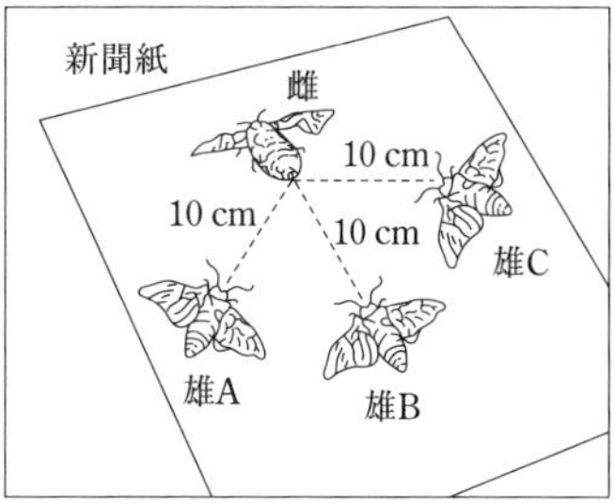

図2

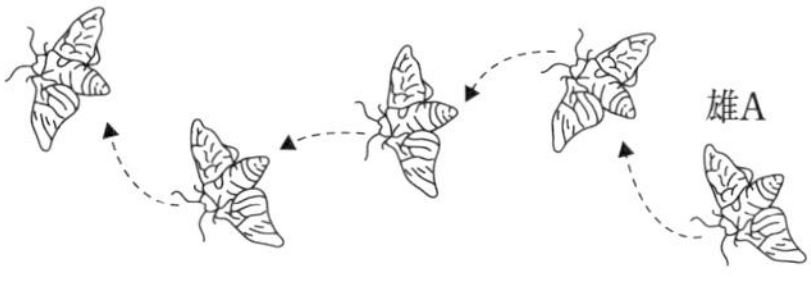

図3

⑴　実験1で，雄の行動に変化が見られたのはどれか。次のア～カから1つ選び，記号で答えよ。

ア．①　　イ．②　　ウ．③　　エ．①と②　　オ．①と③　　カ．②と③

⑵　実験1から，雄の行動を誘発した原因についてどのようなことが推測されるか説明せよ。

⑶　実験2で，雄Aと雄Bの結果からどのようなことがわかるか答えよ。

⑷　実験2で，雄Cはどのような行動を示したか答えよ。

⑸　実験2で，雄Aは図3に示すようにジグザグに動いた。雄Aが図3のような動きをしたのはなぜか説明せよ。

⑹　実験2で，雄Aが雌にたどり着いた行動は，生得的行動の一種であると考えられる。雄Aが示した生得的行動と同じ種類の行動はどれか。次のア～エから1つ選び，記号を答えよ。

ア．カエルが乗っている板を，前方に滑り落ちるように傾けると，カエルは頭を持ち上げる。

イ．ハイイロガンのヒナは，生後最初に出会った動く物を親と認知し，その後を追いかけるようになる。

ウ．迷路に入れられたネズミは，最初はエサになかなか達しないが，やがて容易にエサにたどり着くようになる。

エ．ゾウリムシが入っているペトリ皿に，薄い酢酸水溶液を滴下するとゾウリムシは近づいてくる。

〈青森県〉

24 ★★☆

ミツバチは，えさ場が巣箱から比較的距離が遠い場合，垂直な巣板の面で8の字のダンスをしてえさ場の方向や距離をなかまに伝えていることが知られている。重力と反対の方向を太陽の方向とした場合，8の字ダンスの直進方向

(中央線）がえさ場の方向を表すとすると，次のA～Dが示すえさ場の方向は図のａ～ｈのどれになるか。また，〈グラフ〉より巣箱からえさ場までの距離はどうなるか。正しい組合せを１つ選び，番号で答えよ。

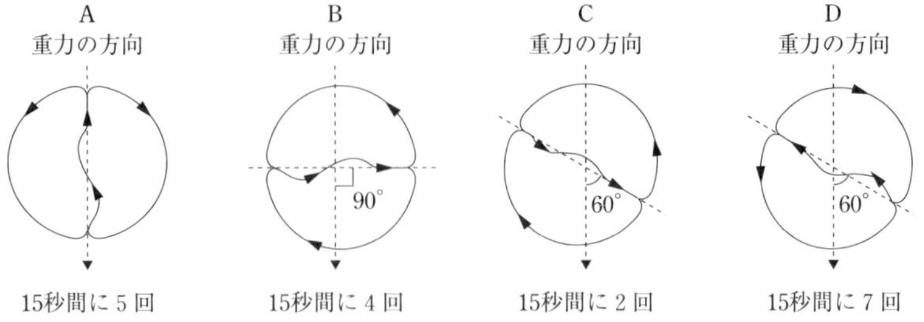

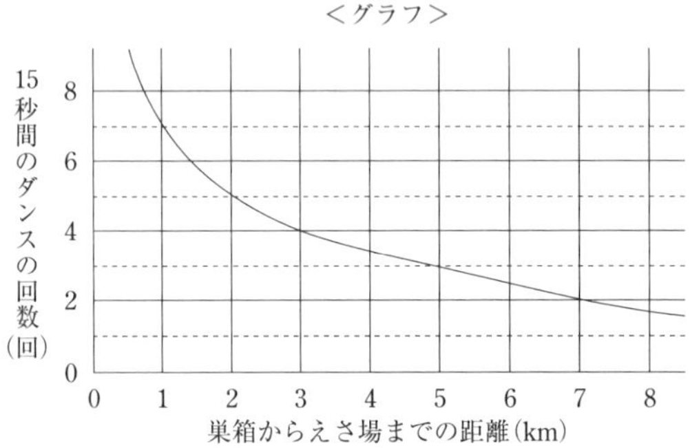

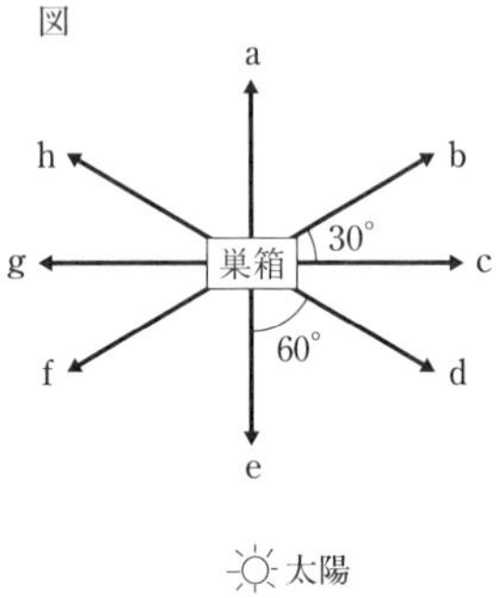

	A	B	C	D
	方向—距離	方向—距離	方向—距離	方向—距離
①	a—2 km	c—3 km	d—7 km	h—1 km
②	e—5 km	g—4 km	d—2 km	h—7 km
③	e—2 km	g—3 km	h—7 km	d—1 km
④	e—2 km	g—3 km	d—7 km	h—1 km
⑤	e—3 km	g—3.5km	h—5 km	d—2 km

〈愛知県〉

25 ★★☆

アユとオイカワの生態に関する文を読み，次の各問いに答えよ。

アユは川の石に付着するケイ藻やラン藻（以下，「藻類」という。）を食べる。オイカワはアユと同様，主に藻類を食べるが，アユがいると藻類の乏しい場所に追われ，そこに藻類がなければ昆虫を食べる。

また，アユは藻類の豊富な瀬になわばりを作る（以下，「なわばりアユ」という。）が，なわばりをもてないアユは藻類の乏しい淵や川岸近くで群れを作る（以下，「群れアユ」という。）

(1) アユがいる時のオイカワの行動を，ニッチ（niche）という言葉を用いて説明せよ。

(2) 図1はある川において，3つの個体群密度別に体長毎の個体数の割合をなわばりアユと群れアユについて表したものである。また，図2は，なわばりアユの攻撃回数と摂食回数との関係を表したものである。アユの個体群密度の違いによる体長の変化となわばり行動の変化について説明せよ。

図1

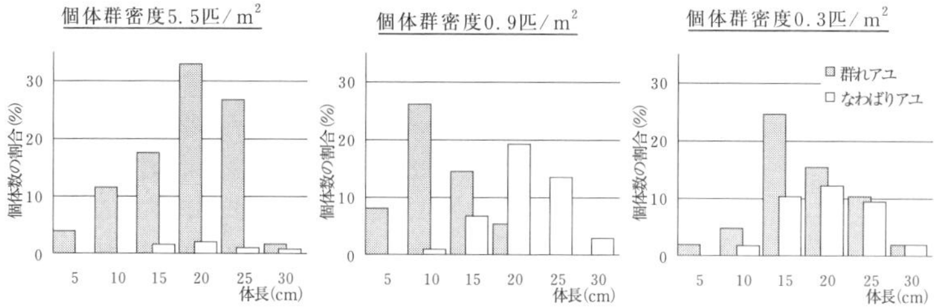

図2

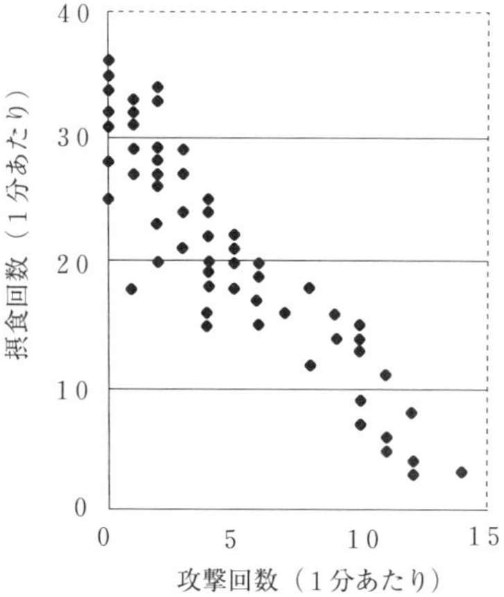

〈新潟県〉

26 ★★☆

図は，ＡとＢの異なる相観をもつ植生を対象にして，層別刈取法を用いて調査した結果を模式的に示したものである。次の各問いに答えよ。

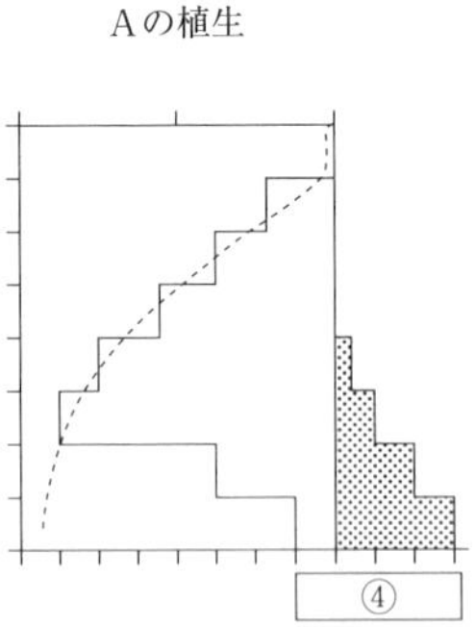

図１

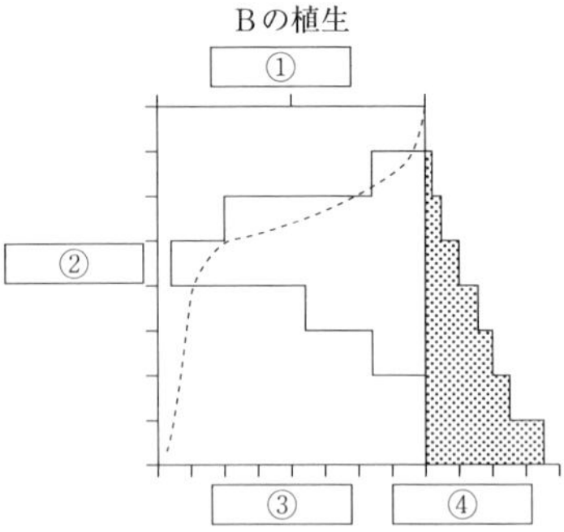

図２

⑴　層別刈取法という調査方法は，植生の何を調べる目的で用いられる方法か答えよ。

⑵　生徒に層別刈取法を指導する場合，照度を測定する際の留意点を２つ答えよ。

⑶　図中の①～④に入る適切な語句を答えよ。

⑷　図１は，一般に何型と呼ばれるか答えよ。また，調査結果が２つの型に分けられるのは，ＡとＢの植物の何が異なるためか説明せよ。

⑸　図２のような型になる植物はどれか。次のア～オから１つ選び，記号を答えよ。

ア．アカザ　　イ．ススキ　　ウ．チカラシバ　　エ．オオムギ
オ．チガヤ

⑹　Ａの植物を，Ｂの植生内に移植した場合，どのようになると予想されるか答えよ。またその理由を説明せよ。

〈青森県〉

27 ★★★

次の図は，生態系における窒素の循環を模式的に示したものである。次の各問いに答えよ。なお，図中で窒素は矢印方向へ移動するものとする。

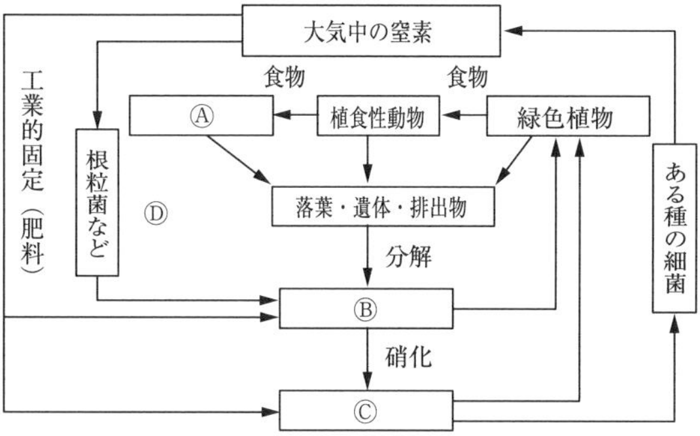

図　窒素の循環

⑴　図のAに最も適する語句を答えよ。また，BとCに適するイオン名を答えよ。

⑵　根粒菌などの行っている図中のDの作用は何と呼ばれているか。また，生態系中における土壌中の根粒菌の役割について説明せよ。

⑶　図中のDの作用を行うことのできる光合成生物で，比較的身近に見られる生物について，一般的な植物分類上の名称を答えよ。

⑷　生物は窒素を様々な形で利用している。下記の有機物の中で窒素を含むものをすべて選び，記号で答えよ。

ア．乳酸　　イ．酢酸　　ウ．アミノ酸　　エ．エチルアルコール
オ．ATP　　カ．DNA　　キ．RNA　　ク．デンプン

〈茨城県〉

28 ★★☆

次の文を読み，各問いに答えよ。

産業の発達に伴い，大量のエネルギーが消費されるようになったが，エネルギーの大部分は，石油・石炭・（　ア　）などの化石燃料に依存している。化石燃料は，燃焼によって二酸化炭素や水蒸気の他に（　イ　），（　ウ　）等の大気汚染物質を放出する。そして，これらの汚染物質は，ヒトの生活や自然の生態系にさまざまな悪影響を及ぼしている。

例えば，大気中に放出された（　イ　），（　ウ　）は空気中の成分と反応し，

それぞれ硫酸，硝酸に変わることがある。これらが雨滴に溶けると，普通の雨よりも強い酸性を示す雨となる。これを酸性雨といい，$_{a}$湖沼の生態や土壌の性質に影響を与えている。

また，化石燃料の燃焼とともに放出される二酸化炭素と水蒸気は，地表面から（　エ　）される熱を吸収する性質があるため$_{b}$温室効果ガスとも呼ばれ，気温を上昇させるはたらきをしている。化石燃料の大量消費や$_{c}$熱帯雨林の減少などは，大気中の二酸化炭素を増加させる原因となり，これが地球温暖化の一因であると現在では考えられている。

(1)　文中の空欄の中に当てはまる適切な語句を答えよ。

(2)　酸性雨の下線部aに対する影響について，図1及び図2をもとに説明せよ。

湖水のpHと植物プランクトンの種類

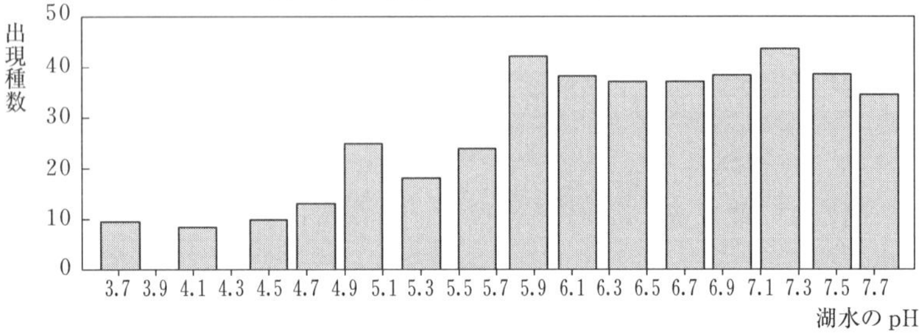

図1

湖水のpHと魚の生息状況

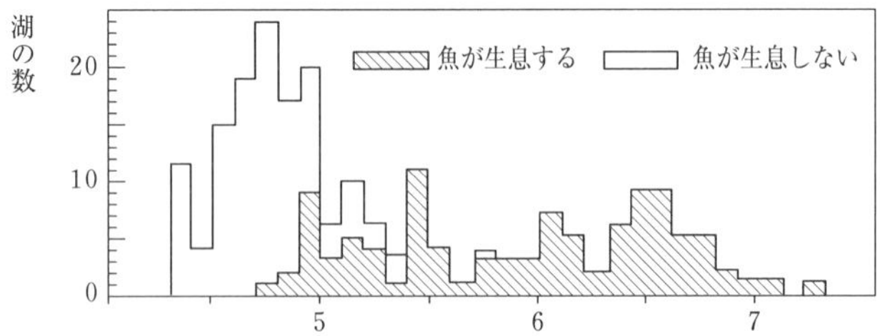

図2

(3)　下線部bの中には，地上に降り注ぐ紫外線量の増加を引き起こす種類も存在する。そのようなガスが紫外線を増加させる仕組みについて説明せよ。

(4)　地球上の生物種の半数は熱帯雨林に生息していると言われており，下線部cは野生生物種の減少や絶滅の原因にもなっている。この野生生物種の減少や絶滅は，人類にとって貴重な資源の喪失になっているという。貴重な資源とは何か答えよ。

〈青森県改題〉

29 ★★☆

伊豆大島で，噴出年代が違う 4 地点の火山溶岩の上に成立している植生の様子や環境条件などを 1958 年〜1960 年に調査した内容を表にまとめた。表を見て，次の各問いに答えよ。

調査項目＼調査地点	A	B	C	D
溶岩噴出年代	1950年	1778年	684年	約4000年前
植物種数〔種〕	3	21	42	33
群落の高さ〔m〕	0.6	2.8	9.2	12.5
現存量〔トン/ha〕	2	42	213	439
地表の照度〔%〕	90	23	2.7	1.8
土壌の厚さ〔cm〕	0.1	0.8	40	37
土壌有機物〔%〕	1.1	6.4	20	31

(1)　A〜Dの各地点において，地表の照度が違うのはなぜか。その理由を説明せよ。

(2)　A〜Dの各地点において，土壌の発達の状態が違うのはなぜか。その理由を説明せよ。

(3)　植物種数が，C地点よりD地点の方が少ないのはなぜか。その理由を説明せよ。

(4)　D地点のように，長い年月の後に形成された植生の状態を何というか答えよ。

(5)　A〜Dの各地点はどのような植生か。また，主な植物はどれか。〈語群Ⅰ〉，〈語群Ⅱ〉からそれぞれ選び，記号で答えよ。

〈語群Ⅰ〉

ア．照葉樹林　　イ．荒原　　ウ．低木林
エ．常緑落葉混交林　　オ．亜熱帯多雨林

〈語群Ⅱ〉

① オオシマザクラ，ヤブツバキ　② シマタヌキラン，ススキ
③ シイ，タブ　④ オオバヤシャブシ，ハコネウツギ
⑤ ソテツ，ヒルギ

(6)　A地点の植物種は，D地点の植物種に比べ，次のア〜コの項目についてどのように違うか答えよ。

ア．光飽和点　　イ．光補償点　　ウ．光合成速度
エ．呼吸速度　　オ．蒸散速度　　カ．植物体の大きさ
キ．光による種子発芽　　ク．温度変動による種子発芽　　ケ．成長速度
コ．寿命

⑺　Ａ地点の植物種はＤ地点の植物種と比較して，種子に関してどのような特徴と利点をもつか説明せよ。

⑻　このような伊豆大島のＡ～Ｄの火山溶岩上に成立している植生には，どのような生物学的価値があるか説明せよ。

⑼　山火事の後に起こる植生の移り変わりは，火山溶岩上から始まる植生の移り変わりと比べ，どのような点が異なるか。理由をつけて説明せよ。

〈山口県〉

実践問題　解答・解説

1

(1)　A. (a)　　B. (g)　　C. (b)
D. (c), (f)

(2)　① (a), (b), (g)　　② (c), (f)
③ (b), (g)

(3)　細胞に含まれる酵素の活性を抑えるため。

(4)　対物ミクロメーターと観察の対象物の両方にピントを合わせることができず，どちらか一方がぼやけるため。

(5)　16 倍になる。

(6)　320 μm

(7)

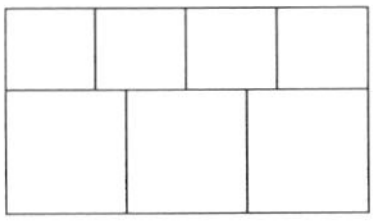

解 説

(5)　対物レンズを 40 倍から 10 倍に変えると，視野の広さは $4^2 = 16$ 倍になる。

(6)　$\frac{10\times 8}{25}\times 4\times 25 = 320$ 〔μm〕

2

(1)　0.9％　　(2)　ナトリウムイオン

(3)　赤血球の細胞膜にある ATP アーゼの活性が高まり，ATP を分解して得たエネルギーを使って能動輸送を行い，赤血球内の Na^+ をくみ出し，細胞外の K^+ を取り入れたため。

(4)　エ

(5)　K^+ 濃度：変化しない。
理由：赤血球はミトコンドリアを持っておらず，ATP は解糖系だけで生産される。そのため，ピルビン酸を加えても ATP が生産されないから。

(6)　脂質二重層の中にタンパク質が浮かんでいるとする流動モザイクモデルでは，脂質二重層を貫くタンパク質が物質輸送のチャネルやポンプの役目をする。

3

(1)　A, B, D　　(2)　維管束系

(3)　ウ，オ　　(4)　ア，エ

4

(1)　A. ポリペプチド
B. 活性部位
C. アロステリック

(2)　イ

(3)　a. ATP　　b. ADP

(4)　イ

解 説

(2)　15℃と 50℃について，時間の経過に伴う生成物質の変化を示すグラフを表すと，次のようになる。

＜ 15℃ ＞

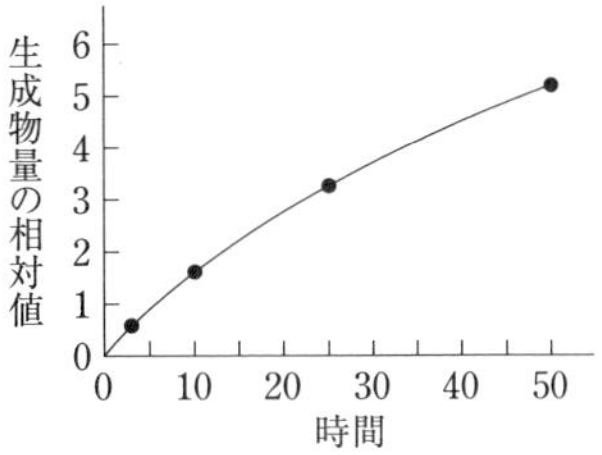

＜ 50℃ ＞

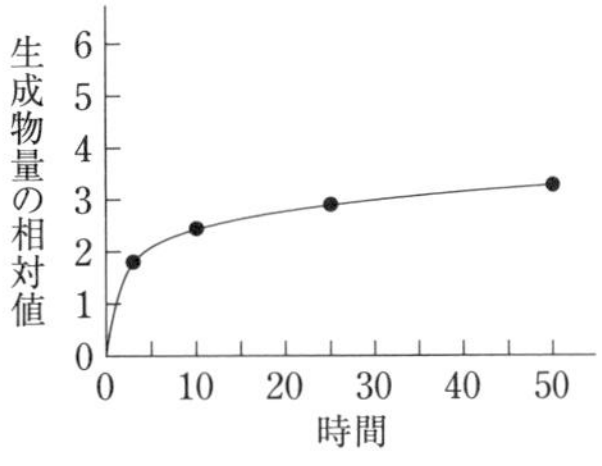

15℃，50℃ともに時間が経過するに

従い，グラフの勾配がゆるやかになっている。グラフの勾配は反応速度を表しており，反応速度が下がっていることがわかる。

(3) 図2より，ATPが高濃度であるとき，反応速度の低下が見られるので，ATPは酵素の活性を低下させる物質であると考えられる。また，ATPが高濃度の場合でも，ADPを加えると反応速度が上昇するので，ADPはATPと同様に酵素の調節部位に結合するが，酵素の構造を変化させるはたらきはしないと考えられる。

(4) 原点を通り，ATP濃度が高濃度ほど反応速度が低下するグラフを選ぶ。

5

(1) 補酵素

(2) タンパク質（アポ酵素）

(3) CとD，CとE

解説

(3) 酵素タンパク質は熱に弱く変性してはたらきを失うが，補酵素は熱に強い。

6

(1) 植物：B　　名称：陰生植物

(2) A. ア　　B. イ，ウ

(3) 10キロルクス

(4)〈光補償点〉

A. 5キロルクス

B. 2キロルクス

〈光飽和点〉

A. 22キロルクス

B. 7キロルクス

(5) ① ウ　　② オ　　③ エ

(6) 28.8mg　　(7) 20.5mg

解説

(4) 縦軸にCO_2吸収量，横軸に光の強さをとり，表をグラフにすると，次のようになる。

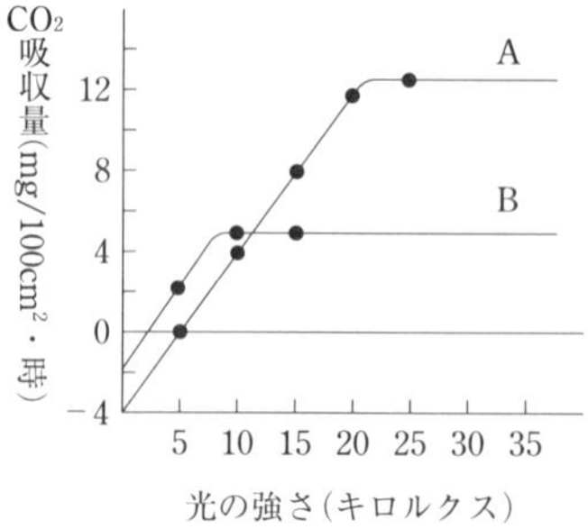

(6) 問題文より，

$$(4.0+12.0)\times\frac{18}{20}\times 2=28.8\ \text{〔mg〕}$$

(7) 問題文より，

$$\frac{180\times 5.0\times 6}{44\times 6}\fallingdotseq 20.5\ \text{〔mg〕}$$

7

(1) 発芽種子が呼吸によって放出した二酸化炭素を吸収する。

(2) ヒマ：0.7　　コムギ：1.0

(3) ヒマ：脂肪　　コムギ：炭水化物

(4) コハク酸脱水素酵素

(5) ミトコンドリア

(6) FAD　　(7) ウ

(8)〈No.1〉

水素の供給源であるコハク酸がなかったから。

〈No.3〉

煮沸によって酵素が失活したから。

解説

(2) KOH水溶液を入れたフラスコの気体の減少量は消費した酸素の体積を示している。また，水を入れたフラスコの気体の減少量は，消費した酸素の体積－放出した二酸化炭素の体積を示している。

$$\text{ヒマ}：\frac{10.0-2.9}{10.0}=0.71$$

$$\text{コムギ}：\frac{9.9-(-0.1)}{9.9}\fallingdotseq 1.01$$

(8)　ツンベルク管内でおこった反応を模式的にまとめると，次のようになる。

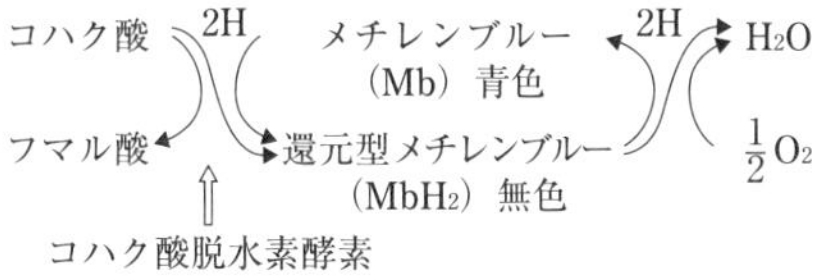

8

(1)・卵黄が少ない。
・透明なので内部構造を観察するのが容易である。
・薬品や電気刺激などで放卵，放精を行わせることができ，人工受精が容易である。　など

(2)　バフンウニ　1～4月
　　ムラサキウニ　6～7月

(3)　ウニの口に電気刺激を与える方法。

(4)　ウニの卵は黄色の顆粒状，精子は白色の液状で放出されるので，色と形態によって見分ける。

(5)　卵に付着している塩化カリウムを取り除くため。

(6)　冷蔵庫などで保存できるため。

(7)　希釈せずにそのまま精液を使うと，精子の数が多くて観察しにくいため。

(8)　受精卵は未受精卵には見られない受精膜をもつ。

(9)　とげ，節足，口器などができ，体制に変化を生じる。

9

(1)・拡散しないこと。
・細胞分裂によって色が薄くならないこと。

(2)

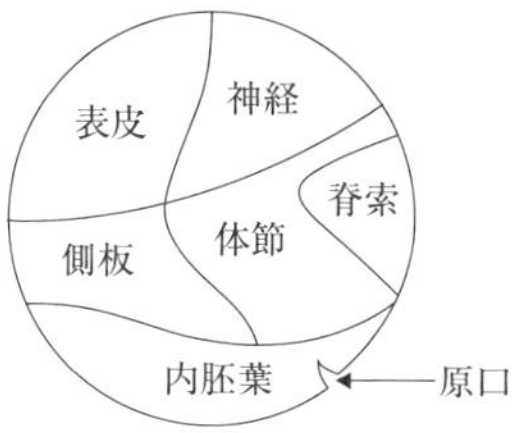

(3)

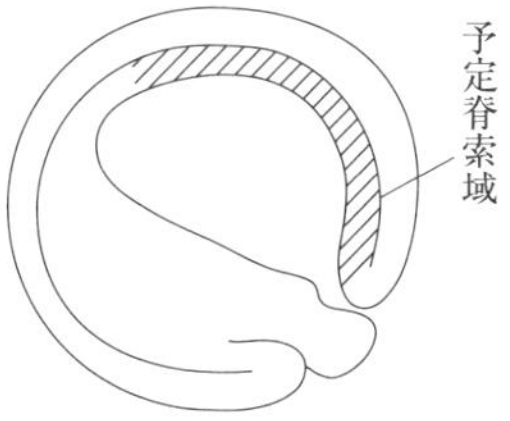

(4)　ア，オ

(5)　未受精卵の核を壊すこと。

(6)　発生時期が早いほど，核の遺伝情報が発現しやすいと考えられる。

10

(1)　1．自家受精　　2．相同

(2)　サットン

(3)　aaBB　aaBb　aabb

(4)　4：3：9

(5)　白色：aaBb
　　黒色：Aabb

(6)　ウ

解説

(3)　問題文Ⅱより，遺伝子 A，a は色素合成の有無，遺伝子 B，b は野生型色の発現の有無に関わると考えられる。よって，〔AB〕は野生型色，〔Ab〕は黒色，〔aB〕，〔ab〕は白色になる。白色の個体の表現型〔aB〕及び〔ab〕に相当する遺伝子型は，aaBB，aaBb，aabb である。

(4) 子に黒色の個体と白色の個体が生まれているので，両親の遺伝子型はどちらもAaBbである。

P　AaBb　×　AaBb
｜
子　〔AB〕：〔Ab〕：〔aB〕：〔ab〕
　＝9　：　3　：　3　：　1
　野生型色：黒色：白色
　＝　9　：　3　：　4

(5) 親として，白色の個体と黒色の個体を交雑すると，野生型色の個体が生まれたので，親の白色の個体は遺伝子Bを少なくとも1つもち，黒色の個体は遺伝子Aを少なくとも1つもっていなくてはならない。また，黒色の個体が生まれたので，親の白色の個体は遺伝子bを少なくとも1つもっている。さらに，白色の個体が生まれたので，親の黒色の個体は遺伝子aを少なくとも1つもっていなくてはならない。以上より，親の白色の個体はaaBb，黒色の個体はAabbである。

(6) 黒色色素 ──→ 野生型色色素
　⇑　　　⇑
遺伝子A　酵素
　　　　⇑
　　遺伝子B

よって，野生型色を発現する過程の前半で遺伝子A，後半で遺伝子Bがかかわっている。

11

(1) 雄親：aabb
　雌親：AABB
(2) AAaBBb
(3) AaaBBB，AaaBBb，AaaBbb，Aaabbb

解説

(1) 種子のえいは雌親の遺伝子型が現れているので，雌親の遺伝子型はAABBである。胚の遺伝子型はAaBbであり，雄親からabを受け継いでいるので，雄親の遺伝子型は，aabbである。

(2) 精細胞1個と極核2個が受精して胚乳核となる。

精細胞の遺伝子型はab，極核2個の遺伝子型はAABBであるから，胚乳核の遺伝子型はAAaBBbである。

(3) 雄親はAaBbだから，精細胞（花粉）の遺伝子型は，

AB：Ab：aB：ab＝1：1：1：1

である。雌親はaaBbだから，極核2個の遺伝子型は，

aaBB：aabb＝1：1

である。ウルチを示す種子は遺伝子Aを少なくとも1つもつので，ウルチを示す種子が生じる組み合わせは，次のようになる。

精細胞＼極核	aaBB	aabb
AB	AaaBBB	AaaBbb
Ab	AaaBBb	Aaabbb

12

(1) ① aa，ab，ac，bb，bc，cc
　② $\dfrac{n(n+1)}{2}$
(2) a. $2pq + 2pr$
　b. q^2
(3) aa：ab：ac：bb：bc：cc
$= p^2 : 2pq : 2pr : q^2 : 2qr : r^2$
より，
a：b：c
$= p^2+pq+pr : pq+q^2+qr : pr+qr+r^2$
$= p(p+q+r) : q(p+q+r) : r(p+q+r)$
$= p : q : r$

したがって，集団内におけるc遺伝子の頻度はrである。

(4) A遺伝子の頻度をp，B遺伝子の頻度をq，O遺伝子の頻度をrとすると，

AA：AO：BB：BO：AB：OO

$= p^2 : 2pr : q^2 : 2qr : 2pq : r^2$

より，

$$r^2 = 0.3025 \qquad \therefore\ r \fallingdotseq 0.55$$

よって，O 遺伝子の頻度は 0.55 である。

(5) (4)より，$p^2 + 2pr = 0.42$

$r = 0.55$ だから，

$$p^2 + 1.1p - 0.42 = 0$$

$$(p + 1.4)(p - 0.3) = 0$$

$p > 0$ より，$p = 0.3$

よって，A 遺伝子の頻度は 0.3 である。

同様に，$2pq = 0.09$ より，$p = 0.3$ だから，

$$0.6q = 0.09 \qquad \therefore\ q = 0.15$$

よって，B 遺伝子の頻度は 0.15 である。

(6) AO，BO

(7) AO の頻度は，

$$0.3 \times 0.55 \times 2 = 0.33$$

BO の頻度は，

$$0.15 \times 0.55 \times 2 = 0.165$$

AO と BO の両親から O 型の子が産まれる確率は$\dfrac{1}{4}$だから，

$$0.33 \times 0.165 \times \frac{1}{4}$$

解説

(2)

	pa	qb	rc
pa	p^2aa	pqab	prac
qb	pqab	q^2bb	qrbc
rc	prac	qrbc	r^2cc

(4)

	pA	qB	rO
pA	p^2AA	pqAB	prAO
qB	pqAB	q^2BB	qrBO
rO	prAO	qrBO	r^2OO

$$\begin{cases} p^2 + 2pr = 0.42 \\ q^2 + 2qr = 0.1875 \\ r^2 = 0.3025 \\ 2pq = 0.09 \end{cases}$$

13

(1) 1.3mm　(2) 3.9×10^6 対

(3) 3.8×10^3 種類

(4) DNA の二重らせんの一部がほどけて一方の鎖が鋳型となり，その塩基配列に対応したヌクレオチドが順番に結合して，mRNA（伝令 RNA）が合成される。mRNA は核膜孔から細胞質中に出て，その一端はリボソームに付着する。リボソームは mRNA の上を動きながらコドンと対応するアンチコドンをもつ tRNA（転移 RNA）を次々と結合させ，tRNA によって運ばれたアミノ酸どうしが互いにペプチド結合して，特定のタンパク質が合成される。

解説

(1) $\dfrac{2.6 \times 10^9}{660} \times \dfrac{3.4 \times 10^{-6}}{10} \fallingdotseq 1.3$〔mm〕

(2) $\dfrac{2.6 \times 10^9}{660} \fallingdotseq 3.9 \times 10^6$〔対〕

(3) $\dfrac{2.6 \times 10^9}{660} \times \dfrac{1}{3} \times 138 \times \dfrac{1}{4.8 \times 10^4}$

$\fallingdotseq 3.8 \times 10^3$〔種類〕

14

(1) ア，エ　(2) 一遺伝子一酵素説

(3) ビードル，テータム

(4) 赤褐色

(5) 赤褐色：朱色＝9：7

(6) 〈雄〉赤褐色　〈雌〉赤褐色

(7) 〈雄〉赤褐色：朱色＝3：5

〈雌〉赤褐色：朱色＝3：1

解説

遺伝子1をA(a)，遺伝子2をB(b)，遺伝子3をD(d)とする。いずれかの遺伝子を潜性ホモでもつと，眼色は朱色になる。

(4) P　B系統　×　C系統
　　　bbDD　　　BBdd
　　　　　　｜
F_1　　赤褐色
　　　　BbDd

(5) (4)のF_1が作る配偶子はBD：Bd：bD：bd＝1：1：1：1だから，F_2は〔BD〕：〔Bd〕：〔bD〕：〔bd〕＝9：3：3：1となる。このうち〔BD〕は赤褐色，他は朱色になるので，F_2の表現型は，赤褐色：朱色＝9：7である。

(6) A系統の雄はBBX^aY，B系統の雌はbbX^AX^Aであるから

F_1

♀＼♂	BX^a	BY
bX^A	BbX^AX^a	BbX^AY

F_1の雄はBbX^AYだから赤褐色，雌はBbX^AX^aだから赤褐色である。

(7) F_1の雄はBbX^AYだから，配偶子はBX^A：bX^A：BY：bY＝1：1：1：1である。雌はBbX^AX^aだから，配偶子はBX^A：BX^a：bX^A：bX^a＝1：1：1：1である。

F_2

♂＼♀	BX^A	BX^a	bX^A	bX^a
BX^A	BBX^AX^A	BBX^AX^a	BbX^AX^A	BbX^AX^a
bX^A	BbX^AX^A	BbX^AX^a	bbX^AX^A	bbX^AX^a
BY	BBX^AY	BBX^aY	BbX^AY	BbX^aY
bY	BbX^AY	BbX^aY	bbX^AY	bbX^aY

F_2の雄の表現型は赤褐色：朱色＝3：5，雌の表現型は赤褐色：朱色＝6：2＝3：1である。

15

(1) ア．d　　イ．f
　ウ．a　　エ．h

(2) A．門　　B．原核生物

(3) a．哺乳綱　　b．両生綱
　c．双子葉綱（双子葉植物綱）

(4) 核膜に包まれた核がない。

(5) 植物は光合成により独立栄養を行うが，アオカビやシイタケなどは光合成を行わない従属栄養生物だから。

(6) ③　褐藻類　　⑤　裸子植物
　⑦　緑藻類　　⑩　節足動物
　⑰　キョク皮動物
　a．⑭　　b．③　　c．⑦
　d．⑮　　e．⑤　　f．⑱

16

(1) ⑤　　(2) ④

解説

(1) クエン酸ナトリウムは，トロンビンの生成に必要なCa^{2+}を取り除くことで血液凝固を防止する。そのため，塩化カルシウム水溶液を加えると，再び凝固する。ヘパリンはトロンビンの生成と活性を阻害することで血液の凝固を防止するが，実験3で白い繊維状のもの（フィブリン）がみられたことから当てはまらないといえる。

17

(1) 1．T細胞　　2．骨髄
　3．胸腺

(2) ①　アレルギー
　②　自己免疫疾患　　③　拒絶反応

(3) 自然免疫は生物が生まれつきもっている免疫で，非特異的にはたらく。異物が体内に侵入する前に粘膜などで防御したり，侵入した細菌を分解したり，食細胞が体内に侵入した異物を取り込

んで消化したりする。適応免疫は脊椎動物で特に発達した特異的にはたらく免疫で，リンパ球が関係する。

(4)　血管が拡張して血流が緩やかとなり，血しょうや好中球などの血液成分が組織内へ浸出して，組織に侵入した病原体などに対処する。

(5)　①　免疫グロブリン

②　抗原が体内に侵入すると，樹状細胞やマクロファージがこれを捕食してT細胞に抗原提示する。これを受けたT細胞はB細胞を刺激し，B細胞は増殖して形質細胞に分化する。形質細胞は抗体を産生して体液中に分泌する。

③

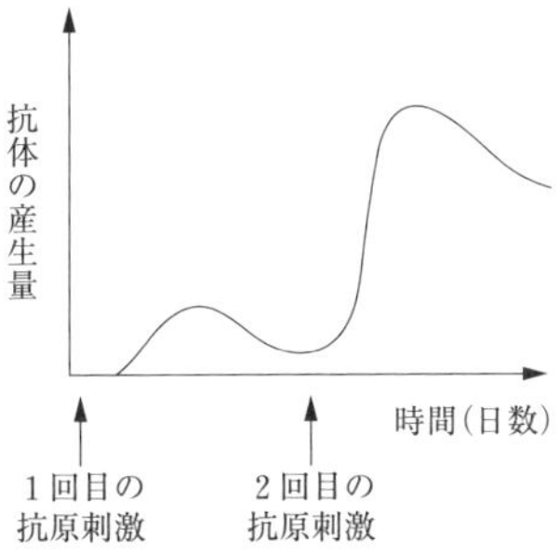

④　**6×10^6種類**

(6)　①　糖：細胞が呼吸するための基質として。

塩類：細胞の浸透圧と同じ浸透圧の溶液にするため。

②　マクロファージが取り込んだ酵母の死菌の数（相対値）を示している。

③　ウサギAでは血清中に酵母の死菌に特異的に結合する抗体が産生され，酵母の死菌と結合し，マクロファージに捕食され，マクロファージの蛍光強度が大きくなった。しかし，ウサギBでは抗体が産生されなかったので，マクロファージの蛍光強度が小さくなった。

④　再び同じ抗原が侵入したので，抗体が速やかに多量産生されるので，前述の実験結果よりもマクロファージはより強い蛍光強度を示すものが多くなる。

解説

(5)　④　$100 \times 10 \times 4 \times 300 \times 5$

$= 6 \times 10^6$〔種類〕

18

(1)　①　血糖量が増加した血液がすい臓を流れると，ランゲルハンス島B細胞からインスリンが分泌され，また間脳視床下部を流れると副交感神経が興奮しインスリンの分泌を促進するので，血液中のインスリン濃度が増加する。インスリンは細胞中のグルコースの消費を促すと同時に，肝臓でグルコースをグリコーゲンに合成し，その結果血液中のグルコースが減少する。

②　インスリンのはたらきにより，血糖量が低下し，やがて正常値より低い血糖値の血液が体内を流れると，すい臓ではランゲルハンス島A細胞からグルカゴンが分泌され，肝臓でのグリコーゲンの分解が促進される。また，間脳視床下部から交感神経を通じて副腎髄質からアドレナリンが分泌され，肝臓でのグリコーゲンの分解が促進される。さらに，脳下垂体前葉から副腎皮質刺激ホルモンが分泌され，これにより副腎皮質から分泌される糖質コルチコイドは組織でのタンパク質の糖化を促す。主にこれらの3つのホルモンにより，

血液中のグルコースが増加する。

③　スクロースは小腸でグルコースとフルクトースに分解されて吸収される。血糖値を上昇させるホルモンには糖代謝を促進するものもあり，フルクトースが吸収されると，グルカゴンの反応が明確に見られない場合もあるので，グルコースを用いた。

④　4×10^4

(2)　ア．インスリン

イ．アドレナリン

ウ．間脳視床下部

エ．交感神経　　オ．副腎髄質

カ．促進

解説

(1)　④　図2より，インスリンの最大濃度は，

$480\,\mu g/100\,mL = 480000\,ng/100\,mL$

グルカゴンの最大濃度は，図3よりおよそ 11ng/100mL だから，グルカゴンを1としたときのインスリン濃度は，

$$\frac{480000}{11} \fallingdotseq 43636$$

19

(1)　イ

(2)　すい液の分泌が起こった

(3)　胃から送り出された酸性の物質が十二指腸の内壁に触れると，そこからある種のホルモンが分泌され血液を通じてすい臓にはたらきかけ，すい液の分泌を促す。

(4)　2心房1心室

(5)　副交感神経（迷走神経）

(6)　心臓Ⅰの副交感神経末端から分泌されたアセチルコリンがリンガー液に溶け込み，それが心臓Ⅱに流れ込んで作用したため。

(7)　寒いときには間脳視床下部からの刺激を受けて交感神経が興奮し立毛筋や皮膚の血管を収縮させ，熱の放散を抑制する。また，交感神経や脳下垂体前葉から分泌される刺激ホルモンのはたらきによって副腎髄質からアドレナリン，副腎皮質から糖質コルチコイド，甲状腺からチロキシンなどのホルモンが分泌されることによって筋肉や肝臓での代謝が促進され，熱の発生が増加する。

20

(1)　ダイズは暗期の長さが 10 時間以上になると花芽を形成する。

(2)　植物はフィトクロムという色素タンパク質で明暗周期を感知しており，赤色光を当てると光中断の効果が現れるが，近赤外光を当てると光中断の効果がなくなる。したがって，光を当てた回数に関わらず，最後に照射した光が赤色光であれば光中断の効果によって，ダイズは限界暗期より短い 8 時間の暗期しか感知していないことになり，花芽は形成されない。近赤外光を最後に当てると，照射前の 8 時間と合わせて限界暗期より長い 16 時間の暗期を感知したことになり，花芽が形成される。

(3)〈時間〉

24 時間，48 時間，72 時間

〈推論〉

ダイズの花芽形成には 10 時間以上の暗期と 24 時間間隔の明暗周期のリズムが必要である。

(4)　実験Ⅳで処理したシソの葉を，さらに別の個体に接いで長日条件で花芽形成が起こるか確かめる。

21

(1)　Na^+-K^+-ATP アーゼ

(2)　イ　　　　(3)　イ

(4)　興奮が起こると，細胞膜のナトリウムチャネルが開き，細胞外の Na^+ が大量に細胞内に流入して外側が負，内側が正に帯電して電位が逆転し，活動電位が生じる。その後，カリウムチャネルが開き K^+ が細胞外へ流出して電位が元に戻り，ナトリウムポンプが回復して細胞内の Na^+ が細胞外へくみ出されてイオンの分布が回復する。

(5)　活動電位の発生には能動輸送のはたらきは関わらない。能動輸送が停止した静止状態の拡散のみでは数時間は細胞内外のイオン濃度差が維持されていることがわかる。また，活動電位の発生に伴うイオンの移動量はごくわずかであり，興奮に伴うイオンの移動によって細胞内外のイオン濃度は大きく変化しない。

(6)　4番目の刺激と同じ電位変化が記録される。

(7)　一度刺激を受けて興奮が起こると，電位が回復するまでは不応期となり，残りの刺激を受けても興奮が起こらないため。

(8)　6mm/秒

(9)　ア

(10)
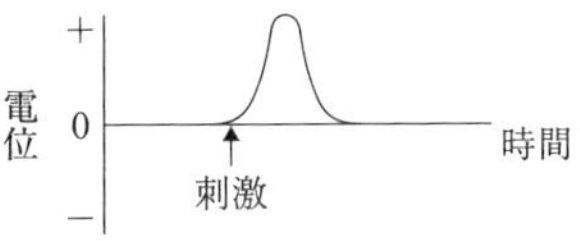

解説

(8)　$\dfrac{24}{4.0} = 6$〔mm/秒〕

22

①

23

(1)　オ

(2)　雌が雄を誘うのは，ある化学物質によってであり，それは空気中を漂うことが推測される。

(3)　雄は触角で雌の分泌する化学物質を感知する。

(4)　雄は触角のある方向へと回転する。

(5)　2本の触角に誘引する物質が同じ程度に受容されるよう調整しながら進むため。

(6)　エ

24

③

25

(1)　オイカワはアユと生息場所と食料を同じくするので，ニッチが同じである。ニッチが同じ異種は共存が難しいので，すみわけや食いわけを行って競争を避け，同じ川に住むことができるようになる。

(2)　個体群密度が低いときは群れアユとなわばりアユは食料が十分にあるため体長の差は小さい。個体群密度が中程度のときはなわばりアユの方が多くの食料を獲得するため体長が大きい。個体群密度が高くなると，なわばりアユは攻撃に時間をとられ，摂食回数が減り，なわばりの維持が困難になり，群れアユとなる。

26

(1)　同化組織である葉とその他の非同化組織の空間的な配置を調べる。

(2)・層別刈り取りを行う前，地表面から群落の最上部まで一定の間隔で照度を測定する。

・同一平面上の何点かで照度を測定して，測定値を平均して用いる。

(3)　①　相対照度　　　②　高さ

③　光合成器官の重量

④　非光合成器官の重量

(4)　型：イネ科型

違い：葉の形と付く位置

(5)　ア

(6)　予想：枯れる。

理由：光が上層部の広葉にさえぎられ下層まで届かず，下層まで葉を分布させているＡの植物は十分に光合成を行えないから。

27

(1)　A.　肉食性動物

B.　アンモニウムイオン

C.　硝酸イオン

(2)　作用：窒素固定

役割：マメ科植物の根の細胞に入り込んで根粒を作り，その中で空気中の窒素をアンモニウムイオンに変えて，宿主に与える。

(3)　シアノバクテリア

(4)　ウ，オ，カ，キ

28

(1)　ア．天然ガス　　イ．硫黄酸化物

ウ．窒素酸化物　　エ．放射

(2)　図１より，湖水のpHが低くなるほど植物プランクトンの種類が減少することがわかる。図２より，湖水のpHがおよそ4.75以下では魚が生息できないことがわかる。これらのことから酸性雨が湖に降り注ぐと，湖水のpH値が下がるため，湖に生息する生物の種類が減少する恐れがある。

(3)　スプレーなどに使われていたフロンガスは，大気中に放出されると上空でオゾン層のオゾン分解を引き起こす。オゾン層は，生物に有害な紫外線を吸収するはたらきをしているが，フロンによって層が薄くなると，地表に達する紫外線が増加する。

(4)　遺伝子

29

(1)　植生の遷移の進行状況によって，地表を被っている植物種が異なるため。

(2)　植生の遷移が進むにつれて，風化や腐植などによって，土壌が形成されるため。

(3)　Ｃは陽樹林から陰樹林へ移行する時期の混交林であり，Ｄは極相（クライマックス）の陰樹林であるので，Ｃの方が植物種数は多くなる。

(4)　極相（クライマックス）

(5)　Ａ地点：イ，②　Ｂ地点：ウ，④

Ｃ地点：エ，①　Ｄ地点：ア，③

(6)　ア．高い　　イ．高い

ウ．大きい　　エ．大きい

オ．大きい　　カ．小さい

キ．影響する　　ク．変わらない

ケ．速い　　コ．短い

(7)　小さな種子を短期間で多数形成し，散布能力も高いので，短い期間に生育場所を広範囲に広げることができる。

(8)　過去の噴火年代がはっきりしているので，その後の植生の遷移の様子を詳しく調べることができる。

(9)　すでに土壌が形成されている状態から遷移が始まるので，比較的短い期間で極相（クライマックス）に達する。

第5編

地学

1 地球の構造

傾向と対策

この分野で出題頻度が高いのは，地震波，地震に関する問題である。まずは基本的な事項である地震波の特徴は必ず覚えておくこと。また，グラフや表などのデータから，地震波の速度や地震発生時刻を求める問題，大森公式を導いて震源までの距離を求める問題のほか，アイソスタシーの計算問題もよく見られる内容である。その他，出題頻度の高い語句として，ジオイド，転向力，地磁気の３要素，モホ面といった言葉が挙げられる。

いずれの内容に関する問題もそれ程難しくはないため，基礎的な知識を押さえておくことである。

例題　地震波

次の図は，ある地震の震央距離と地震波の到達時間との関係を示したグラフである。これについて，各問いに答えよ。

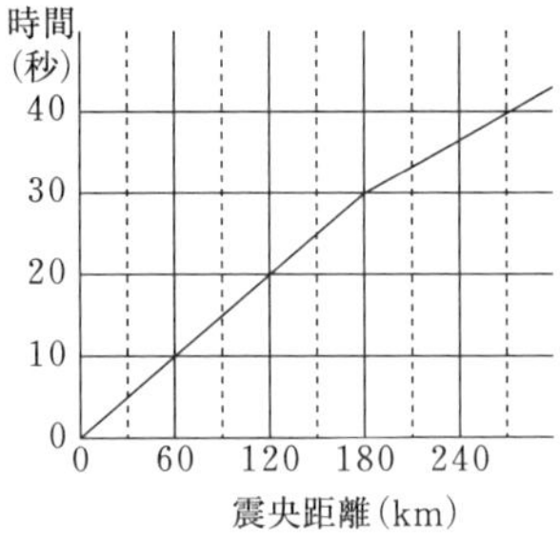

(1)　このような震央距離と地震波の到達時間との関係を示したグラフを何というか答えよ。

(2)　次の文は，グラフが途中で折れ曲がっている理由を説明したものである。文中の空欄に当てはまる語句・数値を入れよ。

折れ曲がっているのは，地下で地震波の速度が急に変化する境界があるためである。この境界を（　①　）と呼び，この境界より上を（　②　），下を（　③　）と呼ぶ。

また，このグラフから（　②　）を伝わる地震波の速さは（　④　）km/s であることがわかる。

〈徳島県〉

解答　(1)　走時曲線

(2)　①　モホロビチッチ不連続面（モホ面）

②　地殻

③　マントル

④　6

解説　(1)　地震波には，地震が起こって最初に到達する波であるP波と，その後に到達するS波，及び表面波がある。P波・S波の到達時間と震央からの距離の関係を表したグラフが走時曲線である。

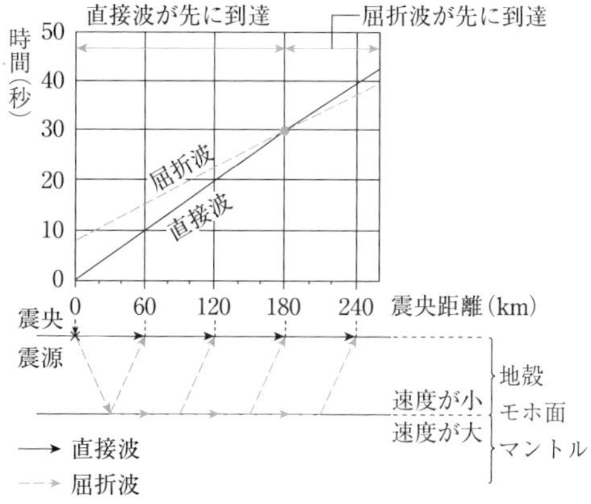

〈走時曲線の折れ曲がり〉

(2)　地下にある地震波の伝わる速さが不連続に変わる面をモホロビチッチ不連続面（モホ面）といい，その上の層が地殻，下の層がマントルである。

地震波は，地殻内よりマントル内を速く伝わる。地殻だけを通って地表に達する地震波を直接波といい，地殻からマントルに入り，再び地殻を通って地表に達する地震波を屈折波という。震央からある程度離れた地点では，屈折波の方が，直接波より先に地表に到達する。つまり，グラフが折れ曲がる地点は直接波と屈折波が同時に到達する地点である。

④　地殻内のみを伝わる地震波は，直接波である。震央に近い地点では，直接波が屈折波より先に到達する。

直接波の速さは，震央から180kmまでの走時曲線の傾きに等しいので，

$180 \div 30 = 6$〔km/s〕

演習問題

1 ★★☆

地球の形は回転楕円形に近いが，古代には球と考えられていた。紀元前 230 年頃，エラトステネスは地球を球であるとして，2 地点の距離と，太陽の南中高度の差によって地球の半径を求めた。この方法で，同一子午線上にある 2 地点間の距離を d〔km〕，太陽の南中高度の差を θ〔°〕，円周率を π とするとき，地球の半径 r〔km〕を式で表せ。

〈福岡県・福岡市・北九州市〉

2 ★★★

次の各問いに答えよ。

(1) 図は，地表にある物体にはたらく力を表した模式図である。①～③の力の名称を答えよ。

(2) 地球を覆う平均海水面がつくる仮想の曲面を何というか答えよ。また，この曲面の凹凸を知ることによってわかることを答えよ。

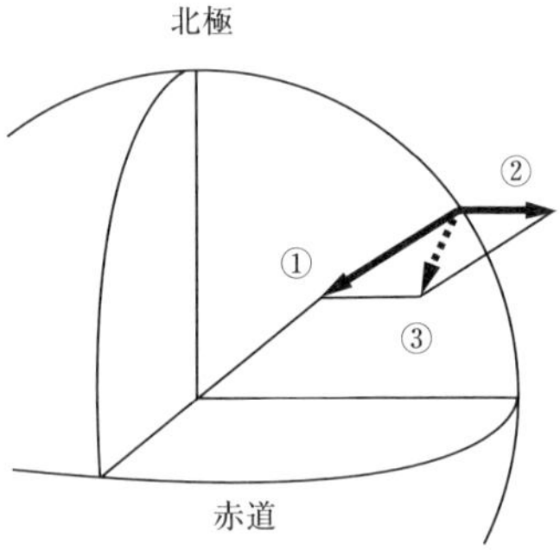

〈石川県〉

3 ★☆☆

ある地震で観測されたＰ波およびＳ波の観測地点での到着時刻は，それぞれ 9 時 59 分 59 秒，10 時 00 分 02 秒であった。この地震の震源から観測地点までの距離を大森公式により算出せよ。ただし，大森係数は 8 とする。

〈石川県〉

4 ★★★

次の図は，５つの物理量が地球内部の地下深度によって，どのように変化するかを示したものである。これについて，各問いに答えよ。

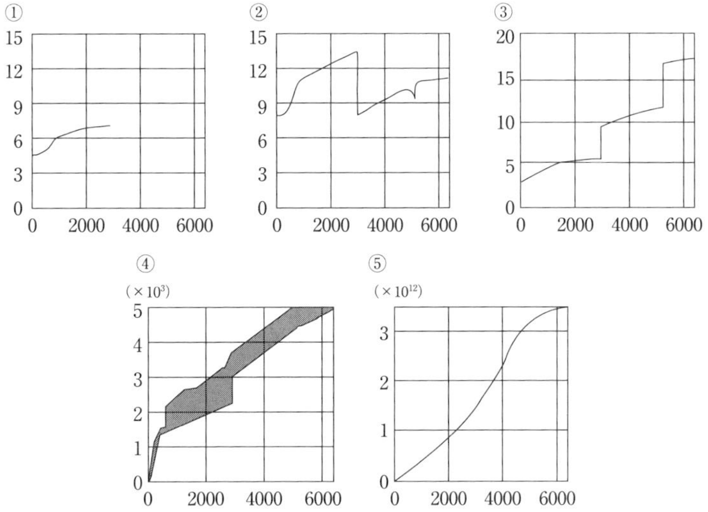

⑴　図①～⑤はそれぞれどのような物理量を表したものか。ア～クから選べ。ただし，縦軸は物理量，横軸は地表からの深さ〔km〕を表すものとする。

ア．温度　　イ．圧力　　ウ．密度　　エ．重力　　オ．P 波の速さ

カ．S 波の速さ　　キ．P 波の走時曲線　　ク．S 波の走時曲線

⑵　図①～③において，深さ 2900km を境にグラフに急激な変化が見られるが，ここはどのような場所か。次のア～オから選べ。

ア．大陸地殻と海洋地殻の境界

イ．地殻と上部マントルの境界

ウ．上部マントルと下部マントルの境界

エ．マントルと外核の境界

オ．外核と内核の境界

5 ★☆☆

次の文を読んで，各問いに答えよ。

地球の表層部はいくつかに分かれたプレートで覆われており，A それらが相互に運動することにより地震活動，火山活動，造山運動などが起こったりしている。

⑴ 下線部 A の理論を何というか答えよ。

⑵ プレートどうしの境界には次の 3 つのパターンがある。

ア．2 つのプレートが新たに形成され，互いに遠ざかる境界

イ．2 つのプレートどうしが接近し，ぶつかり合う境界

ウ．プレートどうしがすれ違う境界

次の場所は，ア〜ウのどれに当てはまるかそれぞれ答えよ。

① ヒマラヤ山脈　② 大西洋中央海嶺

③ 日本列島　④ サンアンドレアス断層

演習問題　解答・解説

1

$r = \dfrac{180d}{\pi\theta}$〔km〕

解説

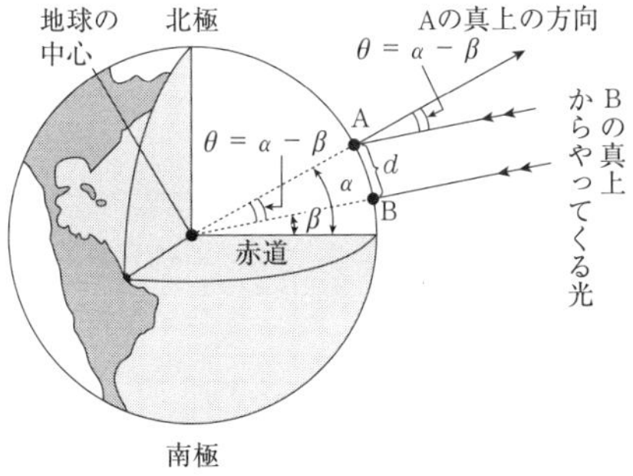

南中高度の差は，2地点の緯度の差に等しい。地球の半径を r とすると，

$$d = 2\pi r \times \frac{\theta}{360}$$

$$\therefore\ r = \frac{180d}{\pi\ \theta}\ 〔\mathrm{km}〕$$

2

(1)　①　(万有) 引力　　②　遠心力
③　重力

(2)　〈曲面〉
ジオイド
〈わかること〉
地下の物質の密度の大小がわかる。例えば，ジオイドが盛り上がるところは，地下に密度の大きい岩体がある。

解説

(1)　地球上のすべての物体には，地球に向かって引っ張る重力がはたらく。重力は，地球上の物体と地球の間にはたらく万有引力と，地球の自転によって生じる遠心力の合力である。

引力は地球の重心に向かうが，遠心力は地球の自転軸に直角外向きにはたらく。また，遠心力の大きさは，緯度によって異なり，自転軸からの距離に比例して大きくなるため，赤道上で最大となり，極点では0となる。したがって，重力は，赤道上で最も小さくなり，両極上で最も大きくなる。

(2)　ジオイドとは，平均海水面を陸地にも延長してできた，地球表面を表す曲面である。

3

24km

解説

大森公式　$D = k \cdot T$ (D：震源までの距離，T：初期微動継続時間) より，

$$D = 8 \times 3 = 24\ 〔\mathrm{km}〕$$

4

(1)　①　カ　　②　オ
③　ウ　　④　ア
⑤　イ

(2)　エ

解説

①　S波は，液体状態の外核を伝わらない。
②　P波は，マントル・外核境界面，および外核･内核境界面で速度が急変する。
③　平均密度は，地殻が約 2.7g/cm^3，マントルは約 4.5g/cm^3，核は約12g/cm^3 と推定されている。
④　温度は，地球内部を構成する物質の融点や圧力から推定されるが，誤差が大きいため推定値には幅がある。
⑤　地球は，内部ほど圧力が高くなっている。中心部では 400 万気圧と推定されて

いる。

重力は，地球の中心では0になる。

5

(1) プレートテクトニクス

(2) ① イ　② ア

③ イ　④ ウ

2 地殻

傾向と対策

この分野では，火成岩に関する内容が頻出である。特に火成岩及びそれを構成する造岩鉱物の種類や分類名はよく出題されている。したがって，まずはマグマの性質は SiO_2 の量で決まることを押さえた上で，マグマの性質の違いによってできる火山地形，造岩鉱物を含めた火成岩の分類，生成要因を必ず覚えておくこと。

また，堆積岩の分類や地質年代との関係，堆積作用と堆積岩との関係も押さえておきたい内容である。その他，地形に関する内容や変成作用にも注意しておきたい。

例題　火成岩

次の図は，２種類の火成岩を顕微鏡で観察し，組織を模式的に示したものである。図１の火成岩には，長石，石英，黒雲母などの結晶が入っており，図２の火成岩には，長石，角閃石の大きな結晶が入っている。

図１　　　図２

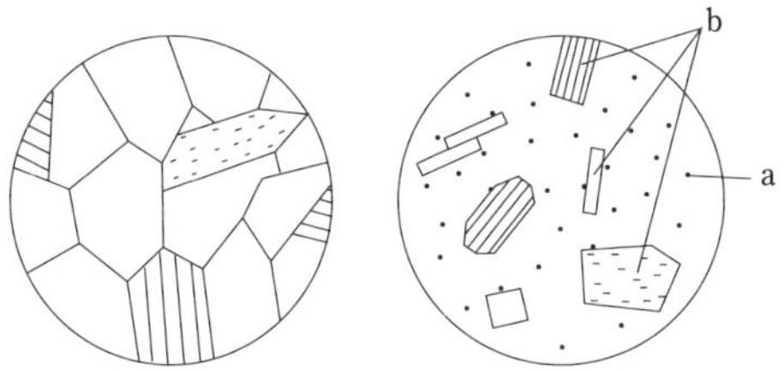

(1)　図１，２の火成岩の組織をそれぞれ何というか答えよ。
(2)　図２のａ，ｂの部分をそれぞれ何というか答えよ。
(3)　図１の火成岩の名称として最も適切なものを次の中から選べ。
ア．斑れい岩　　イ．安山岩　　ウ．花こう岩　　エ．玄武岩

解答
(1)　図１：等粒状組織　　図２：斑状組織
(2)　a．石基　　b．斑晶
(3)　ウ

解説 (1) マグマが冷却されて固化すると火成岩となる。マグマが冷える場所によって冷却速度が異なり，火成岩は2つに大別される。図1の火成岩は，ほぼ同じ大きさの鉱物が集まっている（このような組織を等粒状組織という）ので，地下深くでゆっくり冷やされてできた深成岩である。また，図2の火成岩は，細かな結晶やガラス質の中に大きな結晶が点在している（このような組織を斑状組織という）ので，急に冷却されてできた火山岩である。

(3) 石英，黒雲母が含まれることから，ケイ長質岩であることがわかる。長石はほとんどの火成岩にみられるが，ケイ長質岩では Na を多く含み，苦鉄質岩では Ca を多く含む。このように，結晶するときの条件に応じて，2つ以上の原子が自由な割合で混ざり合い，化学組成が一定の幅をもつ鉱物を固容体という。

火成岩の分類を表にすると，次のようになる。

火山岩 （急冷，斑状組織）		玄武岩	安山岩	デイサイト・流紋岩
深成岩 （徐冷，等粒状組織）	かんらん岩	斑れい岩	閃緑《せんりょく》岩	花こう岩
岩石の分類	超苦鉄質岩	苦鉄質岩（塩基性岩）	中間質岩（中性岩）	ケイ長質岩（酸性岩）
SiO_2の割合〔質量%〕	少	45	52	66　多
主な造岩鉱物の量（体積比）	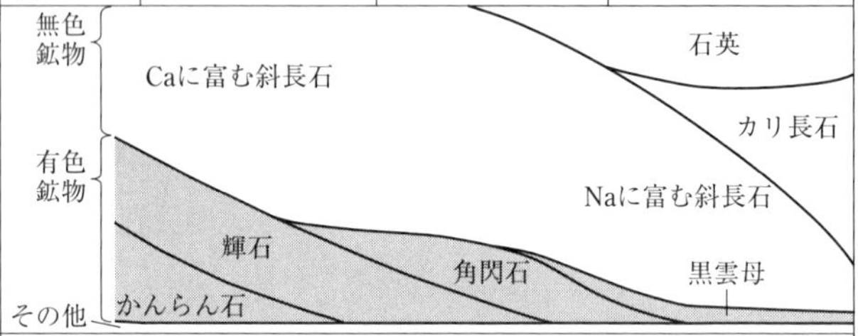			
色調	黒っぽい ←→ 白っぽい			
色指数〔体積%〕		約70	約35	約10
岩石の密度〔g/cm^3〕	(約3.3)大きい ←→ 小さい(約2.7)			

演習問題

1 ★☆☆

次の文の空欄に当てはまる語句を答えよ。

火山の噴火の形式は，火山の形にも現れてくる。すなわち溶岩の中に含まれる（　①　）が多いと，粘性が（　②　）くなり，噴火が（　③　）くなる。これに対して，（　①　）の割合が少ないと，噴火は（　④　）である。後者の場合の火山地形は，（　⑤　）や溶岩台地となる。

2 ★☆☆

次の表の空欄に当てはまる語句を答えよ。

二酸化ケイ素の含有量			45%　　　52%　　　66%			
組成による分類			①	②	③	ケイ長質岩
火山岩	組織	④		玄武岩	⑥	⑦
深成岩	組織	⑤	⑧	⑨	⑩	⑪
造岩鉱物	無色鉱物			⑫		⑬ ⑭
造岩鉱物	有色鉱物		⑮	⑯	⑰	⑱

3 ★☆☆

地形に関して，次の各問いに答えよ。

(1)　河川の侵食作用によって作られた地形はどれか。ア～クから選べ。

(2)　河川の堆積作用によって作られた地形はどれか。ア～クから選べ。

(3)　海水の侵食作用によって作られた地形はどれか。ア～クから選べ。

(4)　石灰岩地域に見られる地形はどれか。ア～クから選べ。

(5)　氷河によって作られた地形はどれか。ア～クから選べ。

ア．V字谷　　イ．三角州　　ウ．カルスト地形　　エ．河岸段丘
オ．U字谷　　カ．扇状地　　キ．カール　　ク．海岸段丘

4 ★☆☆

次の文の空欄に当てはまる語句を答えよ。

堆積岩は，堆積物の起源や種類によって，次のように分類することができる。

砕せつ岩は，（　①　），（　②　）によってできた砕せつ物が堆積したもので，粒子の大きさによって泥岩，（　③　），れき岩などに分けられる。

（　④　）は，おもに火山灰が堆積したものである。

生物岩は生物の遺がいが堆積したもので，フズリナやサンゴの遺がいが堆積した（　⑤　），放散虫の遺がいが堆積した（　⑥　）などがある。

化学岩は水中の溶解物が沈殿してできたもので，（　⑤　），（　⑥　），岩塩などがある。

5 ★☆☆

次の各文の空欄に当てはまる語句を答えよ。

(1) マグマが貫入して，まわりの岩石がマグマの（　①　）によって変成作用を受けることを（　②　）作用という。泥岩や砂岩がこの作用を受けると，ち密で（　③　）い（　④　）と呼ばれる岩石になる。石灰岩がこの作用を受けると，（　⑤　）と呼ばれる結晶質石灰岩になる。

(2) （　⑥　）運動による大規模な圧力や熱によって変成作用を受けることを（　⑦　）作用という。再結晶作用により鉱物が平行に並ぶために，縞状構造を示し，薄く板状にはがれる（　⑧　）という性質をもつ。（　⑧　）が発達している（　⑨　）や縞状構造が発達している（　⑩　）などがある。

演習問題　解答・解説

1

① 二酸化ケイ素（SiO_2）
② 大き　③ 激し
④ 穏やか　⑤ 盾状火山

2

① 超苦鉄質岩　② 苦鉄質岩
③ 中間質岩　④ 斑状組織
⑤ 等粒状組織　⑥ 安山岩
⑦ 流紋岩　⑧ かんらん岩
⑨ 斑れい岩　⑩ 閃緑岩
⑪ 花こう岩　⑫ 斜長石
⑬ 石英
⑭ カリ長石(正長石)
⑮ かんらん石　⑯ 輝石
⑰ 角閃石　⑱ 黒雲母

解説

造岩鉱物とは，火成岩を構成する主要鉱物のことで，主な鉱物は，ケイ酸塩鉱物である。ケイ酸塩鉱物は，ケイ素と酸素が結合してできるSiO_2四面体が主要な骨格になっている。

3

(1) ア，エ　(2) イ，カ
(3) ク　(4) ウ
(5) オ，キ

解説

V字谷は，川底を侵食する作用が大きい河川上流で形成される。

扇状地は，山間部から平地に出るところで，土砂が堆積して形成される。

河岸段丘は，河川の氾濫により谷底にできた平地が，隆起し，河川の侵食を受けることをくり返し，階段状の地形となったものである。

三角州は，運搬力が小さくなる河口付近で，土砂が堆積して形成される。

カルスト地形は，石灰岩地域の侵食作用によって形成される。

U字谷は，氷河により谷の両側が侵食されて形成される。カールは，氷河により馬蹄形に大きくえぐられた地形である。その他氷河によってできる地形には，モレーン（氷河が運んできた岩片・砂・れきなどの堆積物あるいは堆積した地形），フィヨルド（U字谷に海水が入り込んだ深い入り江）がある。

海岸の地盤が隆起して，海水による侵食作用がはたらくと，海岸段丘やリアス式海岸などの地形が形成される。

4

①・② 風化・侵食（順不同）
③ 砂岩　④ 凝灰岩
⑤ 石灰岩　⑥ チャート

解説

砕せつ岩は，構成粒子の大きさによって，泥岩（1/16mm 以下），砂岩（1/16～2mm），れき岩（2mm 以上）に区分される。

生物岩は，どのような古生物が含まれているかで細分される。フズリナ石灰岩，サンゴ石灰岩，放散虫チャート，けい藻土などがある。

5

① 熱　② 接触変成
③ かた　④ ホルンフェルス
⑤ 大理石　⑥ 造山
⑦ 広域変成　⑧ 片理
⑨ 結晶片岩　⑩ 片麻岩

解説

変成岩は，堆積岩や火成岩が地下の高い熱や圧力により，母岩が変成したものである。変成鉱物の組み合わせから，変成時の環境を知ることができる。

	広域変成作用	接触変成作用
泥岩	片麻岩 結晶片岩	ホルンフェルス
砂岩	片麻岩 結晶片岩	ホルンフェルス
石灰岩	結晶質石灰岩	結晶質石灰岩
チャート	石英片岩 けい岩	けい岩

3 地殻変動と地球の歴史

傾向と対策

地層については，整合・不整合，断層，貫入関係などの状況から，地層の新旧関係が判別できるようにしておくこと。近年，クリノメーターの使い方，地質断面図の作図などの出題も見られるため，注意する必要がある。その他，示準化石・示相化石の条件，代表的な化石も整理して覚えておくこと。

地質年代については，主な動植物がどの時代に出現したかを押さえておくとよい。また，放射性元素の半減期に関する計算問題も見られるため，求め方を覚えておくこと。

例題　地層の重なり

右の図は，ある地域の地質断面図である。A・Bは火成岩，C・D・E・Fは堆積岩である。これについて，次の各問いに答えよ。

(1)　この地域に分布する岩石の中で，最も古いものはどれか。A～Fの中から1つ選べ。

(2)　堆積岩相互の間で，不整合関係にある堆積岩はどれとどれか。その組み合わせを記号を用いてすべて答えよ。

(3)　この地域は過去に何回隆起したと考えられるか答えよ。

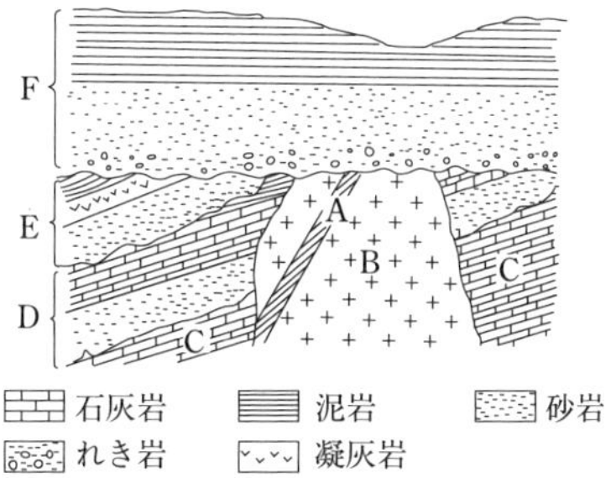

(4)　Eの砂岩の中からビカリアと呼ばれる貝化石が見つかった。Eが堆積した地質年代として適切なものは，次のア～エのうちのどれか選べ。

ア．古生代石炭紀　　イ．中生代三畳紀

ウ．中生代白亜紀　　エ．新生代第三紀

〈埼玉県・さいたま市〉

解答 (1) C

(2) CとD，DとE，DとF，EとF

(3) 4回

(4) エ

解説 (1) 地層累重の法則より，地層は上の方ほど新しいので，C→D→E→Fの順に形成された。

火成岩A，BはC，D，Eを切っており，Fを切っていないので，C，D，Eの後，Fの堆積前に貫入した。

また，火成岩AはBを切っているので，Bの後に貫入している。

(2) CとDの間の面は凹凸になっていることから，CとDは不整合である。

Dの石灰岩と泥岩を切った凹凸のある面の上に，Eの砂岩が重なっているので，DとEは不整合である。

D，EとFは明らかに傾斜が違うこと，Fの下部にれきが見られることから，DとE，DとF，EとFはそれぞれ不整合である。

(3) 不整合は，2つの地層の間に長期間の堆積の中断があったり，侵食作用により地層の一部が失われたりした後に見られる，不連続な地層の接し方である。それぞれの不整合の境界部分が，隆起して地上に現れたときに侵食され，またFも海底で堆積したものと考えるとき，この地域の地質現象を古い方から順に並べると，

Cの堆積→隆起・侵食・沈降→Dの堆積→隆起・侵食・沈降→Eの堆積→Bの貫入→Aの貫入→隆起・侵食・沈降→Fの堆積→隆起

となる。

(4) ビカリアのように，地層の堆積した時代を決定するのに役立つ化石を示準化石という。示準化石となるための条件として，①生存期間が短い，②地理的分布が広い，③個体数が多いことが挙げられる。示準化石の例として，次のものが挙げられる。

- 古生代…三葉虫，ウミユリ，クサリサンゴ，フズリナ（紡錘虫）　など
- 中生代…アンモナイト，トリゴニア（二枚貝），ハ虫類，恐竜　など
- 新生代…貨幣石，ビカリア，ホ乳類（デスモスチルス，マンモスなど）　など

なお，地層が堆積した環境を知るのに役立つ化石を示相化石という。示相化石の例として，次のものが挙げられる。

サンゴ（暖かくきれいな浅海），カキ（汽水域），ホタテ貝（冷たい浅海），ヤシ科の植物（熱帯，亜熱帯）　など

演習問題

1 ★☆☆

次の図は，地層の模式図である。これについて，各問いに答えよ。

図1

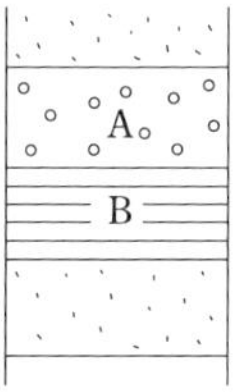

図2

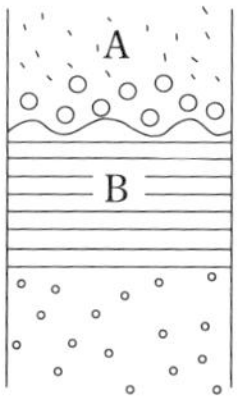

図3

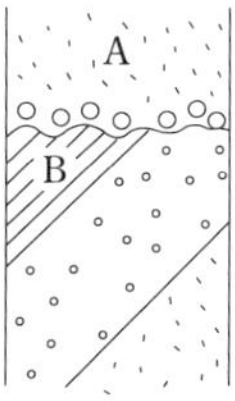

(1)　図1～図3について，A，B両層の重なり方を何というか答えよ。

(2)　図1～図3について，どのような地殻変動があったと推定できるか，簡潔に答えよ。

(3)　図2と図3のA層の下部にある「れき」を何というか答えよ。

2 ★★☆

次の文は，クリノメーターの使用方法を示したものである。空欄に当てはまる語句を答えよ。

クリノメーターは，磁針と垂針，目盛り，(　①　) から構成されている。地層の (　②　) を測定するためには，まず，図1のようにクリノメーターの長辺を層理面に接するようにあて，(　①　) を見て，クリノメーターが水平になるように調節してから目盛りを読む。図2のとき，走向は (　③　) である。

地層の (　④　) を測定するためには，図3のようにクリノメーターの長辺を走向に (　⑤　) に層理面に当て，目盛りを読む。

図1

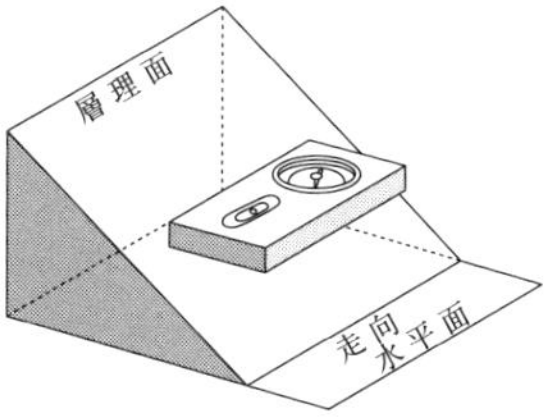

図2

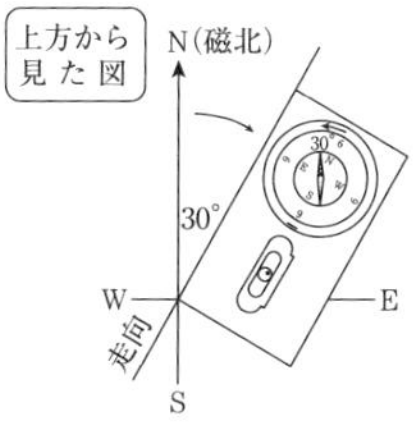

図3

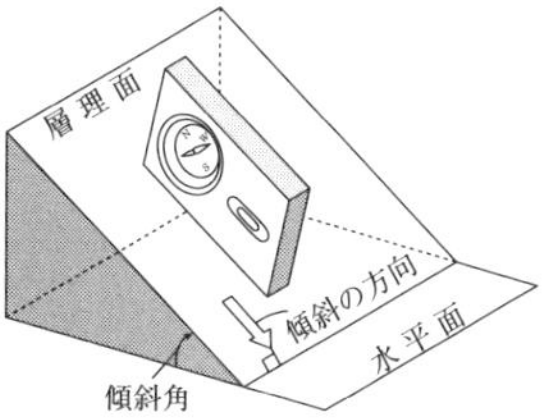

3 ★☆☆

次の文の空欄に適語を入れ，あとの各問いに答えよ。

地層が堆積した当時の自然環境を知るのに役立つ化石を（　①　）化石という。また，地層の堆積した時代を決定するのに役立つ化石を（　②　）化石という。

⑴（　①　）化石として適当なものは，ア～オのどれか答えよ。

⑵（　②　）化石として適当なものは，ア～オのどれか答えよ。

ア．アンモナイト　　イ．ビカリア　　ウ．フズリナ

エ．造礁サンゴ　　オ．カキ（牡蠣）

4 ★★☆

次の文の空欄に適する語句を入れ，あとの各問いに答えよ。

地層から産する古生物の変遷をもとに行った時代区分を（　①　）といい，これに対して，現代からさかのぼった具体的年数で示したものを（　②　）という。（　②　）は，（　③　）の崩壊する速さから求める方法が最も正確である。

⑴　空欄③が初めにあった量の半分になる期間を何というか答えよ。

⑵　^{14}Cは，⑴で答えた期間5.7×10^3年で放射性崩壊して^{14}Nになる。^{14}Cがもとの量の$\frac{1}{8}$になるには，何年かかるか答えよ。

演習問題　解答・解説

1

(1)　図1：整合
　　図2：不整合
　　図3：不整合（傾斜不整合，斜交不整合）

(2)　図1：大きな地殻変動がなく，連続して堆積した。
　　図2：B層堆積後，静かに隆起し，B層が侵食された後，再び沈降してA層が堆積した。
　　図3：B層堆積後，傾きながら激しく隆起し，B層が侵食された後，再び沈降してA層が堆積した。

(3)　基底れき岩

解説

不整合面の上部に基底れき岩があるのは一度隆起して，再び沈降した場合，最初のうちは浅い海であるからである。砂や泥に対して粒径の大きいれきは重いので，河口近くの浅海に堆積する。

2

①　水準器　　②　走向
③　N30°E　　④　傾斜
⑤　垂直

解説

走向は，磁針が示す角度を文字盤の外側の目盛りで読む。傾斜は，ハート形の垂針の示す角度を文字盤の内側の目盛りで読む。

クリノメーターの文字盤は，東西が逆になっている。これは，クリノメーターで走向を測るとき，走向が北からどちら側にあるかを，そのまま読み取ることができるようにするためである。

なお，地層の走向と傾斜の表示の仕方は下記を参照。

3

①　示相　　②　示準
(1)　エ，オ
(2)　ア，イ，ウ

解説

示相化石の条件は，特定の環境に生息し，現地性であることである。

示準化石の条件は，種の生存期間が短いこと，広範囲に分布していること，産出する個体数が多いことである。

ア．アンモナイトは，中生代の示準化石である。

イ．ビカリアは，新生代第三紀の示準化石

地層の走向と傾斜の表示

測　定　値		測定値の記録	記　号
走　向	傾　斜		
北より30°東向き	南東に60°	N30°E・60°E	 30 60
東　西	北に20°	EW・20°N	20 
北より45° 西向き	垂　直	N45°W・90°	45 

である。

ウ．フズリナは，古生代の示準化石である。フズリナには，たくさんの属があり，属によって生存期間が異なる。これを利用して年代を決定することができる。

エ．造礁サンゴは，温かい浅海だけに生息する。

オ．カキは，内湾・入り江などの汽水域に生息する。

4

① 相対年代

② 放射年代（数値年代，絶対年代）

③ 放射性元素

(1) 半減期

(2) 1.7×10^4年

解説

(1) 半減期の式

$N=N_0\left(\frac{1}{2}\right)^{\frac{t}{T}}$において，

$N=\frac{1}{8}N_0=\left(\frac{1}{2}\right)^3N_0$

また$T=5.7\times10^3$より，

$$\frac{t}{5.7\times10^3}=3$$

$$t=(5.7\times10^3)\times3$$

$$=1.7\times10^4\text{〔年〕}$$

4 大気と水

傾向と対策

フェーン現象に関する問題は出題頻度が高い。湿度を求めたり，乾燥断熱減率と湿潤断熱減率を用いたりする計算問題は，パターンが決まっているので必ず得点したいところである。太陽放射に関しては，太陽定数から地球全体が受けるエネルギーを求められるようにしておこう。天気に関しては，主な天気図記号を再確認して，前線に伴う天気の変化，四季の天気の特徴と天気図を結びつけて学習してほしい。

その他，大気圏の各層の名称や特徴，地衡風と地表風の風向きと力の関係，温室効果の原因もよく出題される。ひねった問題は少ないので，重要語句をチェックして基本を押さえておくとよい。

例題 1　フェーン現象

右の図は，太平洋側の A 地点（高度 0 m）から，温度 26 ℃の空気塊が中央山脈を越えて日本海側の D 地点（高度 0 m）に達したようすを示している。このとき，空気塊は高度 600m の B 地点で雲を生じ，雨を降らせながら，高度 1800m の山頂（C 地点）まで上昇した。このとき，乾燥断熱減率を 1.0 ℃/100m，湿潤断熱減率を 0.5 ℃/100m とする。

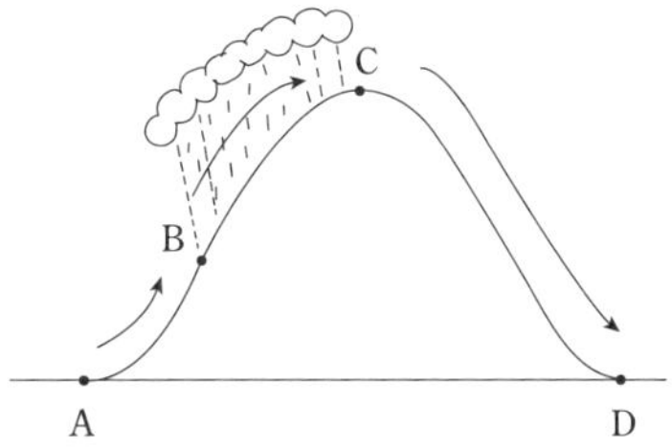

温度(℃)	飽和水蒸気圧(hPa)	温度(℃)	飽和水蒸気圧(hPa)
10	12.2	26	33.8
12	14.1	28	37.6
14	15.9	30	42.5
16	18.3	32	47.3
18	20.4	34	53.1
20	23.5	36	59.3
22	26.7	38	66.4
24	29.6	40	78.9

(1) C 地点での空気塊の温度を求めよ。

(2) D 地点での空気塊の温度を求めよ。

(3) 右の表を使って，A 地点と D 地点の湿度を求めよ。

(4) このように D 地点側の気温が高くなる現象を何と呼ぶか答えよ。

(5) 湿潤断熱減率が，乾燥断熱減率に比べて小さい理由を簡潔に述べよ。

解答 (1) 14℃　(2) 32℃　(3) A地点：70％　D地点：34％

(4) フェーン現象

(5) 水蒸気が凝結するとき，凝結熱（潜熱）を放出し，まわりの大気を暖めるから。

解説 乾燥断熱減率とは，湿度100％未満の飽和していない空気塊が，断熱的に上昇するときの温度の減率である。湿潤断熱減率とは，飽和して水蒸気の凝結を伴う（雲が発生する）ときの温度の減率である。水蒸気が凝結するときには，潜熱（凝結熱）が放出され，空気が暖められるために，温度の減率が小さくなる。

(1) 600m までは1.0℃/100m で下がり，雲ができてからは0.5℃/100m で下がるから，C 地点での温度は，

$$26-\left(1.0\times\frac{600}{100}+0.5\times\frac{1800-600}{100}\right)=14〔℃〕$$

(2) C 点からD 点までは，1℃/100m で温度が上がるから，

$$14+1.0\times\frac{1800}{100}=32〔℃〕$$

(3) A 地点：B 地点の温度（26 − 6 = 20〔℃〕）が露点であるから，A 地点の水蒸気圧は23.5hPa である。

$$\frac{23.5}{33.8}\times100\fallingdotseq70〔\%〕$$

D 地点：D 地点の水蒸気圧は温度14℃のC 地点の飽和水蒸気圧と等しく，15.9hPa である。

$$\frac{15.9}{47.3}\times100\fallingdotseq34〔\%〕$$

例題2　気圧と風

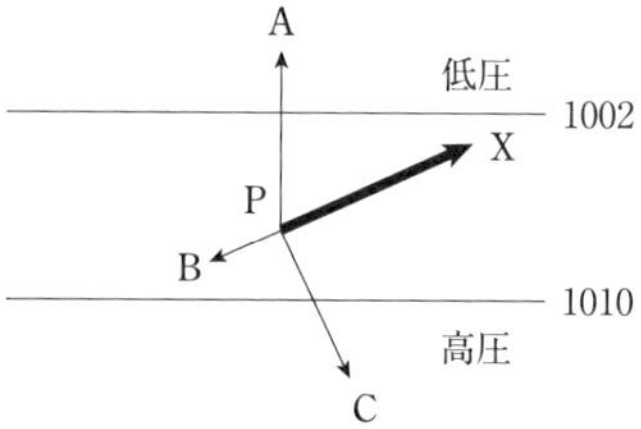

右の図は，北半球において，等圧線が平行になっている場合の模式的な地上天気図である。点P の空気塊には，気圧傾度力，転向力（コリオリの力），摩擦力の3つの力がはたらいており，空気塊は➡X の向きに動いている。これについて，次の各問いに答えよ。

(1) 転向力に関する記述のうち，正しいものを次の中から1つ選べ。

① 転向力は，常に等圧線と直角方向に，気圧の高い方から低い方に向かってはたらく。

② 転向力は，地球が自転しているために現れる見かけの力である。

③　転向力の大きさは，風速によらず一定である。
④　北極では転向力ははたらかない。

(2)　図のＡ・Ｂ・Ｃで表されている力はそれぞれ何か。正しい組み合わせを１つ選べ。

	A	B	C
①	気圧傾度力	転向力	摩擦力
②	気圧傾度力	摩擦力	転向力
③	転向力	摩擦力	気圧傾度力
④	転向力	気圧傾度力	摩擦力

(3)　北半球の上空5000mにおける風の吹き方について，最も適切なものを１つ選べ。
①　上空では摩擦力がはたらかないので，等圧線に沿って風が吹いている。
②　上空では転向力がはたらかないので，等圧線に沿って風が吹いている。
③　上空では摩擦力がはたらかないので，等圧線と直角方向に風が吹いている。
④　上空では転向力がはたらかないので，等圧線と直角方向に風が吹いている。

解答　(1)　②　　(2)　②　　(3)　①

解説　(1)　地球は自転しているために，自転による見かけの力がはたらいているが，これを**転向力**という。転向力は，北半球では物体の進行方向の直角右向き，南半球では直角左向きにはたらく。転向力の大きさは，赤道で０，高緯度ほど大きくなり，極で最大となる。

(2)　水平方向２地点間の気圧差（気圧傾度）が，風を起こす原動力になる。気圧傾度によってはたらく力を**気圧傾度力**という。

地表付近の大気の動きには，地表との摩擦力がはたらく。したがって，地上付近の風は，気圧傾度力と，転向力と摩擦力の合力がつり合っている。風は等圧線に対して斜めの方向に吹く。

(3)　地表から約1km上空では，大気と地表の間に摩擦力がはたらかない。上空で吹く風は，気圧傾度力と転向力がつり合っている。

演習問題

1 ★☆☆

次の文の空欄に適する語句を答えよ。

大気圏は，高度に対する気温区分で区分することができ，下から（ ① ），（ ② ），（ ③ ），（ ④ ）に区分できる。（ ⑤ ）は上下方向の大気の移動が著しく，そのためにいろいろな気象現象が起きる。（ ⑥ ）には，（ ⑦ ）があり，太陽からの（ ⑧ ）を吸収している。そのため（ ⑨ ）は上部ほど（ ⑩ ）になっている。（ ⑪ ）では，流星現象が起こる。（ ⑫ ）では，高度約 100km から上空に緯度 60° ～70° 付近で（ ⑬ ）が発生する。中間圏上部から熱圏には，イオン密度や電子密度が大きい（ ⑭ ）が形成され，下位のものから順に D 層，E 層，F 層（F_1，F_2）がある。このうち，D 層は中間圏に存在する。外気圏では，地球を二重の環状に取り囲む（ ⑮ ）がある。

2 ★★☆

次の文について，あとの各問いに答えよ。

太陽光線に垂直な面が，単位時間に受ける太陽の放射エネルギー量を，直達日射量という。大気圏最上部での直達日射量は（ ① ）と呼ばれ，その値は約（ ② ）kw/m^{2}である。太陽からの放射エネルギーは連続した波長をもっているが，最大のエネルギーは可視光線のうちでは（ ③ ）色の光である。波長の短い（ ④ ）線は成層圏にある（ ⑤ ）で吸収される。

(1) 文中の空欄に適する語句と数値を答えよ。

(2) 地球の半径を 6.4×10^6m とすると，地球全体が 1 秒間に受ける太陽エネルギーの総量は何 J になるか求めよ。ただし，1W＝1J/s であるとし，円周率は 3.14 を用いよ。

(3) 地球が 1 秒間に受ける太陽エネルギーの量は，地球表面全体で平均すると 1 m^{2}あたり何 J になるか求めよ。ただし，円周率は 3.14 を用いよ。

3 ★☆☆

次の図は，大気の大循環を模式的に表したものである。これについて，各問いに答えよ。

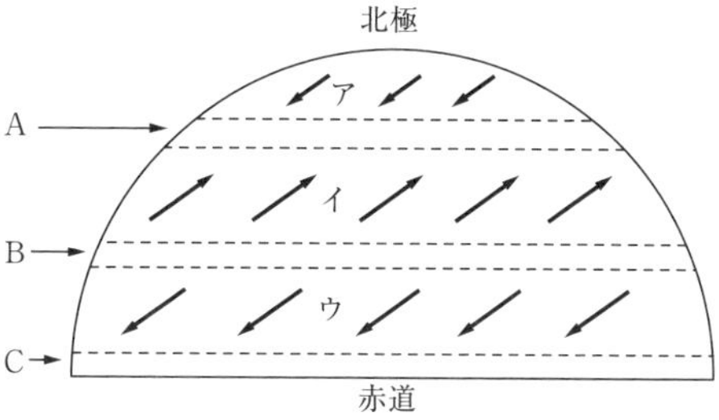

⑴　大気の循環は地球の自転の影響を強く受けている。自転によって生ずる見かけ上の力を何と呼んでいるか答えよ。

⑵　図中のア～ウは，地表における３つの風系を表している。偏西風を表しているのは，ア～ウのどれか答えよ。

　また，偏西風帯の圏界面付近の高さを流れる強い風を何と呼んでいるか，その名称を答えよ。

⑶　図中のAは，上昇気流が生じている領域で，寒帯前線帯と呼ばれており，雨量の多い気候になっている。次の文中の空欄に適する語句を答えよ。

・図中のBは，（　①　）気流が生じている領域で，（　②　）と呼ばれており，乾燥した気候になっている。

・図中のCは，（　③　）気流が生じている領域で，（　④　）と呼ばれており，雨量の多い気候になっている。

〈名古屋市〉

4 ★★☆

右のグラフは，気温と飽和水蒸気圧との関係を示したものである。このとき，次の各問いに答えよ。

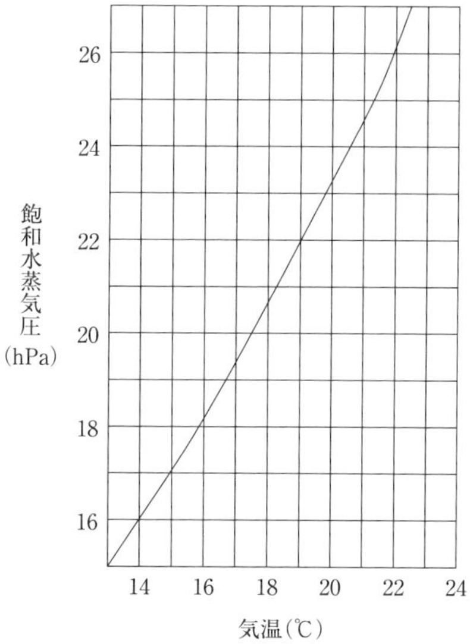

⑴　気温が21℃のとき，実際に大気に含まれる水蒸気の水蒸気圧は，18hPaであった。相対湿度は何％になるか答えよ。

⑵　⑴の大気を冷却して，露点に達する温度は何℃か。

⑶　露点が16℃，気温が19℃のとき，相対湿度は何％になるか答えよ。

5 ★☆☆

ある日の気象観測をしたら，要素は右の図のようになった。このときの，風向，風力，天気，気圧，気温を答えよ。

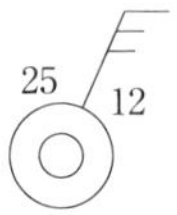

〈埼玉県・さいたま市〉

6 ★☆☆

次の各文は，前線の特徴を述べたものである。それぞれの内容に当てはまる前線名と記号を答えよ。

(1)　寒冷な空気塊が温暖な空気塊を押しのける形で下にもぐり込み，その先端の狭い地域に気流の上昇域が形成され，積雲・積乱雲が発達する。

(2)　温暖な空気塊が寒冷な空気塊を押しのける形で寒気の斜面を吹き上がり，広い範囲に上昇気流が形成され，層雲が発達する。

(3)　寒冷前線が温暖前線に追い付き，暖気が低気圧の中心から押し上げられ，低気圧が閉塞されている。

7 ★★☆

次の図は，日本の季節の特徴的な気圧配置を示したものである。これについて，各問いに答えよ。

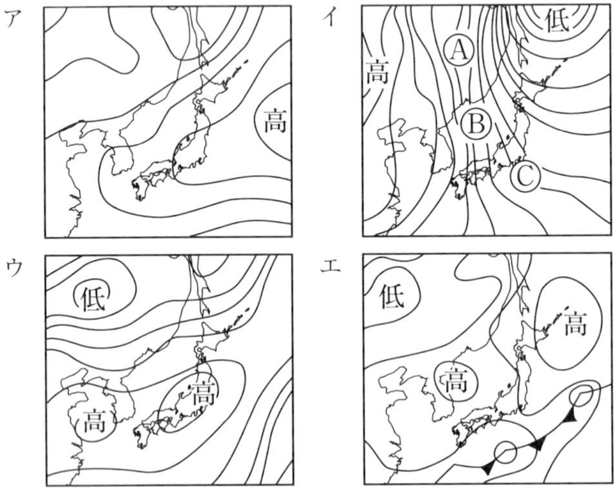

(1)　次の①～④は，ア～エの天気図の季節の特徴を表したものである。ア～エに当てはまるものを①～④の中からそれぞれ1つずつ選べ。また，文中の空欄X，Yに当てはまる語句をそれぞれ漢字4文字と6文字で答えよ。

①　シベリア高気圧が発達して（　X　）の気圧配置になる。

②　オホーツク高気圧と北太平洋高気圧が日本付近で接する。

③　北太平洋高気圧が日本付近を長期間にわたっておおう。

④　高気圧の一部が（　Y　）となって日本付近を通過する。

(2)　イの天気図のⒶ付近の空気は，Ⓑ付近，Ⓒ付近へと移動していく。このとき，Ⓐ付近，Ⓑ付近，Ⓒ付近では，空気は「乾いている」か「湿っている」か，答えよ。また，なぜそのようになるか，簡単に説明せよ。

(3)　ア～エの天気図の中で，北海道の上空（地上から約1.5 km付近）で南西の風が吹いていると考えられるものはどれか答えよ。また，それを選んだ理由を述べよ。

〈福島県〉

8　★★☆

次の文は，地球の大気環境について述べたものである。空欄①，②に当てはまる適当な語句を答えよ。また，空欄③に当てはまるものをア～エから選べ。

人間の活動によって地球の大気環境は大きく変化した。化石燃料の燃焼などによって大量に増加した（　①　）や，発泡剤や冷媒として用いられてきた（　②　）は，強い温室効果をもたらしている。さらに（　②　）によってオゾン層が破壊され，オゾンホールが形成されていることも大きな問題になっている。オゾンホールには（　③　）という特徴があると考えられている。

ア．そこから地球大気が宇宙空間に逃げ出す

イ．そこにオゾンが蓄積する

ウ．紫外線を透過しやすい

エ．北極上空に現れ，他の領域には現れない

〈神戸市〉

演習問題　解答・解説

1

① 対流圏　② 成層圏
③ 中間圏　④ 熱圏
⑤ 対流圏　⑥ 成層圏
⑦ オゾン層　⑧ 紫外線
⑨ 成層圏　⑩ 高温
⑪ 中間圏　⑫ 熱圏
⑬ オーロラ　⑭ 電離層
⑮ バンアレン帯

2

(1) ① 太陽定数　② **1.37**
　③ 青　④ 紫外
　⑤ オゾン層

(2) **1.8×10^{17}J**　(3) **3.5×10^{2}J**

解説

(2) 太陽定数×地球の断面積×1秒の値を求める。

$$1.37 \times 10^3 \times 3.14 \times (6.4 \times 10^6)^2 \times 1 \fallingdotseq 1.8 \times 10^{17} \text{〔J〕}$$

(3) (2)の値÷地球の表面積の値を求める。
地球の表面積は，

$$4 \times 3.14 \times (6.4 \times 10^6)^2 \fallingdotseq 5.1 \times 10^{14} \text{〔m}^2\text{〕}$$

であるから，

$$\frac{1.8 \times 10^{17}}{5.1 \times 10^{14}} \fallingdotseq 3.5 \times 10^2 \text{〔J〕}$$

3

(1) 転向力（コリオリの力）
(2) 記号：イ　名称：ジェット気流
(3) ① 下降
　② 中緯度高圧帯（亜熱帯高圧帯）
　③ 上昇
　④ 赤道低圧帯（熱帯収束帯）

解説

赤道付近の低圧帯で熱せられて上昇した大気は，緯度20°～30°の亜熱帯高圧帯で下降する。地表付近では，中緯度から低緯度へ吹き出す東風（貿易風）と，高緯度へ吹き出す西風（偏西風）が存在し，寒帯前線帯で上昇する。さらに高緯度では，もう一つの循環があり，地表付近では，極高圧帯から吹き出す東風が存在する。

(2) アは極偏東風，ウは北東貿易風。
　ジェット気流は，ふつうは南北にうねりながら波状に吹いており，この波動を偏西風波動という。低緯度の鉛直循環による大気の循環をハドレー循環，中緯度の偏西風波動による水平方向の大気の循環をロスビー循環と呼ぶ。

4

(1) **73.5%**　(2) **16℃**
(3) **81.8%**

解説

(1) 相対湿度〔%〕

$$= \frac{\text{水蒸気圧}}{\text{その温度の飽和水蒸気圧}} \times 100$$

　グラフより，21℃のとき飽和水蒸気圧は24.5hPaだから，

$$\text{相対湿度} = \frac{18}{24.5} \times 100 \fallingdotseq 73.5 \text{〔%〕}$$

(2) 露点とは飽和水蒸気圧に達する温度だから，グラフより18hPaが飽和水蒸気圧となる温度は16℃である。

(3) 露点が16℃であるから，実際に含まれる水蒸気圧は18hPa，気温19℃のときの飽和水蒸気圧は22hPaであるから，

$$\text{相対湿度} = \frac{18}{22} \times 100 \fallingdotseq 81.8 \text{〔%〕}$$

5

風向：北北東　　風力：3
天気：曇　　気圧：1012hPa
気温：25℃

6

(1)　寒冷前線：
(2)　温暖前線：
(3)　閉塞前線：

7

(1)　ア．③　　イ．①
　　ウ．④　　エ．②
　　X．西高東低　　Y．移動性高気圧
(2)　Ⓐ　乾いている　Ⓑ　湿っている
　　Ⓒ　乾いている
　〈理由〉
　大陸上では水蒸気の供給がないので空気は乾燥しているが，日本海上で水蒸気を受け取るため，湿った空気となる。そして，供給された水蒸気を日本海側で雪として降らせ，山を越えると，太平洋側では雲が消えて乾燥した空気となるため。
(3)　記号：イ
　　理由：低気圧の中心に向かって風が反時計回りに吹きこんでいるため。

8

①　二酸化炭素　　②　フロン
③　ウ

5 太陽系と宇宙

傾向と対策

会合周期，ケプラーの法則や等級と明るさ・等級と距離・年周視差と距離の関係が頻出である。基本的な内容を整理して理解した上で，公式を見直し，問題演習をして解法を身に付けておく必要がある。HR 図の読みとりは，恒星の進化と絡めて理解しておくこと。

また，地球の自転・公転，太陽系の惑星に関する内容など，中学校理科で学習する程度の問題も見られるので，基礎的知識をしっかりと身に付けておきたい。

例題 1　惑星の運動

惑星について，次の各問いに答えよ。

(1)　内惑星が，太陽から東に最も離れて見えるときを何というか答えよ。

(2)　外惑星が地球から見て太陽と反対側にあるときを何というか答えよ。

(3)　火星の地球に対する会合周期を答えよ。ただし，火星の公転周期を 1.9 年とし，求め方も含めて小数点以下第 1 位まで求めよ。

解答　(1)　東方最大離角

(2)　衝

(3)　火星は外惑星であるので，

$$\frac{1}{\text{会合周期}}=\frac{1}{\text{地球の公転周期}}-\frac{1}{\text{火星の公転周期}}$$

より，

$$\frac{1}{\text{会合周期}}=\frac{1}{1}-\frac{1}{1.9}$$

$$\text{会合周期}=\frac{1.9}{1.9-1}$$

$$\fallingdotseq 2.1\text{〔年〕}$$

解説　地球と内惑星・外惑星の関係は，次の通り。

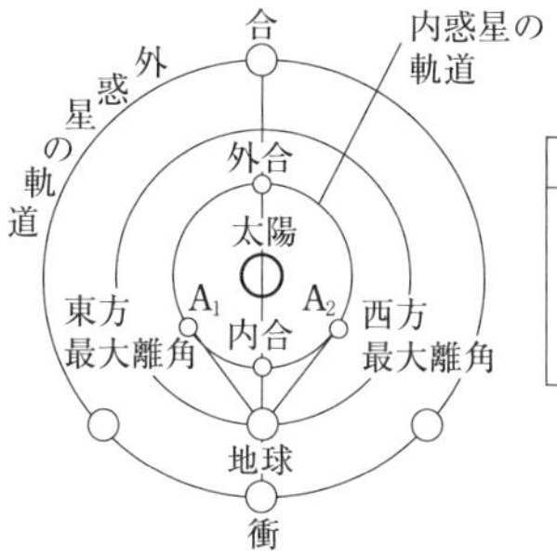

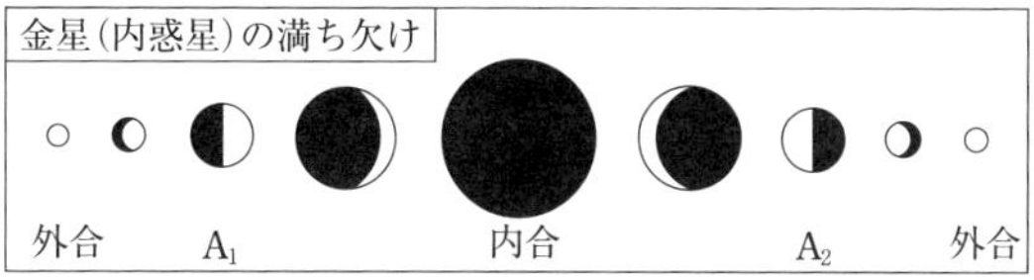

(3)　会合周期とは，外惑星の衝（合）から再び衝（合）になるまでの期間，または内惑星の内合（外合）から再び内合（外合）になるまでの期間のことである。惑星の会合周期の求め方は次の通り。

外惑星：$\dfrac{1}{S}=\dfrac{1}{E}-\dfrac{1}{P}$

内惑星：$\dfrac{1}{S}=\dfrac{1}{P}-\dfrac{1}{E}$

（S：会合周期，E：地球の公転周期，P：惑星の公転周期）

例題 2　恒星の距離と明るさ

恒星の距離と明るさについて，次の各問いに答えよ。

(1)　－2等星は，4等星の約何倍の明るさか求めよ。

(2)　年周視差が0.762″の恒星までの距離は何光年か。四捨五入して小数第1位まで求めよ。

(3)　南十字星α座の実視等級は1.5等で，年周視差は0.01″である。この星を年周視差0.1″のところに移動すると，明るさは何倍になるか求めよ。

解答　(1)　約250倍

(2)　4.3光年

(3)　100倍

解説　(1)　1等星と6等星のように，5等級の差があると，明るさは約100倍になる。

m 等星と m' 等星（$m > m'$）の明るさをそれぞれ l，l'（$l < l'$）とすると，

$$\frac{l'}{l}=100^{\frac{m-m'}{5}}=100^{\frac{4-(-2)}{5}}=100^{\frac{6}{5}}$$

$$=100\times100^{\frac{1}{5}}\fallingdotseq 250〔倍〕$$

(2) (3) 年周視差 P'' である星の距離は，$\dfrac{1}{P}$〔パーセク〕$=\dfrac{3.26}{P}$〔光年〕である から，

$$\frac{3.26}{0.762} \fallingdotseq 4.3 \text{〔光年〕}$$

α 座の距離は，

$$\frac{1}{P}=\frac{1}{0.01}=100 \text{〔パーセク〕}$$

年周視差 $0.1''$ では，

$$\frac{1}{P}=\frac{1}{0.1}=10 \text{〔パーセク〕}$$

明るさは距離の 2 乗に反比例するから，

$$\frac{1}{\left(\dfrac{10}{100}\right)^2}=100 \text{〔倍〕}$$

演習問題

1 ★☆☆

次の文を読んで，あとの各問いに答えよ。

日本のある地点で，南の空を長期間にわたって，同じ時刻に観測したところ，恒星の位置が少しずつ（　A　）にずれることがわかった。これは恒星の見かけの運動である（　①　）運動の周期が24時間より約4分短いからである。

また，天球上の太陽の位置は，1日に約1°ずつ（　B　）へ移動して，1年かけて天球上を1周する。この太陽の天球上の通り道を（　②　）という。

(1)　文中の空欄①，②に適切な語句を答えよ。

(2)　文中の空欄A，Bに該当する方位を，次のア～エからそれぞれ1つずつ選べ。

ア．東　　イ．西　　ウ．南　　エ．北

〈高知県〉

2 ★☆☆

夏至の日，北回帰線（北緯23.4度）上にある地点では，太陽の南中高度が90°になる。この日，北緯35度の地点での太陽の南中高度はいくらか求めよ。

〈神戸市〉

3 ★★☆

次の文は，ケプラーの法則をまとめたものである。これについて，次の各問いに答えよ。

第1法則：惑星は，太陽を1つの（　①　）とする（　②　）軌道を描く。

第2法則：惑星は，惑星と太陽を結ぶ線分が（　③　）。

第3法則：惑星と太陽の平均距離の3乗と，惑星の公転周期の2乗の比は，すべての惑星で一定である。

(1)　空欄①，②に適切な語句をそれぞれ答えよ。

(2)　空欄③にあてはまる適切な文を簡潔に答えよ。

(3)　ケプラーの第3法則に関する次の文中の空欄に適切な単位を答えよ。

惑星と太陽の平均距離を a（　④　），公転周期を P（　⑤　）とすると，第3法則は $\frac{a^3}{P^2} = 1$ と表すことができる。

4 ★★☆

次の各問いに答えよ。

(1) 地球と太陽との平均距離を1とすると，木星と太陽との平均距離はおよそ5となる。このとき，木星の公転周期として最も適当な値は次のうちのどれか選べ。

① 3年　② 5年　③ 7年　④ 9年　⑤ 11年

(2) 太陽から4天文単位の距離に，人工惑星を打ち上げて公転させると，公転周期は何年になるか求めよ。ただし，1天文単位とは，地球と太陽との平均距離であるものとする。

5 ★☆☆

木星型惑星は，地球型惑星と比べてどのような特徴があるか。ア～エから正しいものを1つ選べ。

ア．質量は小さく，平均密度は大きい。　イ．質量は小さく，平均密度も小さい。
ウ．質量は大きく，平均密度は小さい。　エ．質量は大きく，平均密度も大きい。

〈埼玉県・さいたま市〉

6 ★☆☆

惑星について述べた次の文のうちで正しいものはどれか。

① 水星は，太陽に最も近い惑星で，大気も水もほとんど存在しない。表面には無数のクレーターが見られ，月面と非常によく似ている。

② 金星は，地球に最も近い惑星で，明けの明星・宵の明星として知られている。表面での気圧は0.9気圧，気温は－50℃～0℃であると測定されている。

③ 火星の極地方には，白く輝いて見える極冠がある。大気は地球に比べて非常に濃密であり，純粋なCO_2に近いが，わずかにN_2も含んでいる。

④ 木星は，惑星の中で最も大きく，表面は厚い雲におおわれ，大気のほとんどはCO_2である。

⑤ 土星は，環をもつことで知られ，惑星の中で2番目に大きい。木星型惑星に属するが，衛星はもたない。

7 ★☆☆

満月の7日後の夜に，日本のある地点で南中している月を観測した。このとき観測される月の形を，ア～オから選べ。

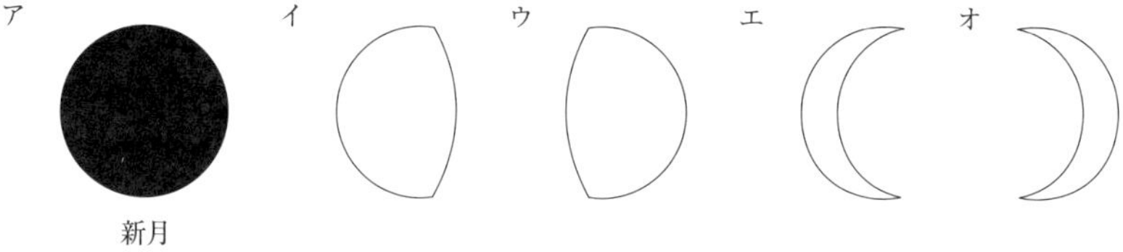

8 ★☆☆

次の文は，太陽のエネルギー源について説明したものである。空欄に当てはまる語句を答えよ。

太陽の中心部では，水素原子核が質量数4の（　①　）原子核に変化する（　②　）反応が起きており，エネルギーが放出される。

9 ★★☆

次の文中の空欄に適当な数値を入れよ。

年周視差が0.1″ 見かけの等級が4等級の星Aと，年周視差が0.01″ 見かけの等級が8等級の星Bがある。見かけの明るさはAがBより約（　①　）倍明るい。また，星Aの絶対等級は（　②　）等級である。

〈愛知県〉

10 ★★☆

次の文は，右のHR図について述べたものである。文中の空欄に当てはまる語句を答えよ。

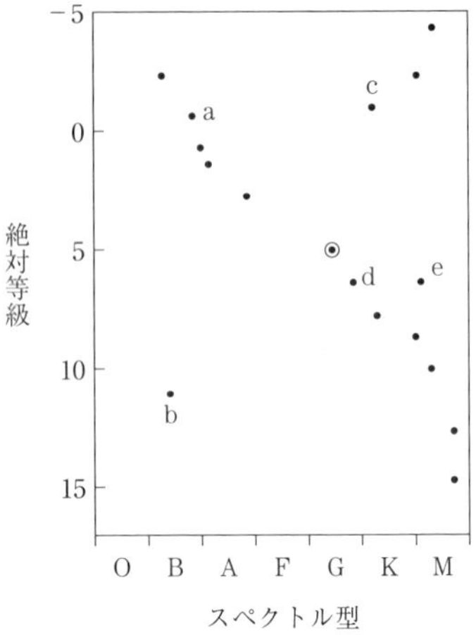

図のO〜Mは，恒星の光のスペクタクル型を表し，表面温度と対応している。恒星aとbは表面温度が等しいが，bの方が絶対等級が大きく，(　①　)い星なので，星の大きさは，bの方が(　②　)い。これと同じ関係になるのは，恒星dと(　③　)である。恒星aとcは，絶対等級が等しいが，表面温度はaの方が(　④　)いので，星の大きさは，cの方が(　⑤　)い。

11 ★★☆

次のHR図は，銀河系の多くの恒星を，絶対等級とスペクトル型で表したものである。その恒星の特徴から，A・B・Cの3つのグループに分けられる。

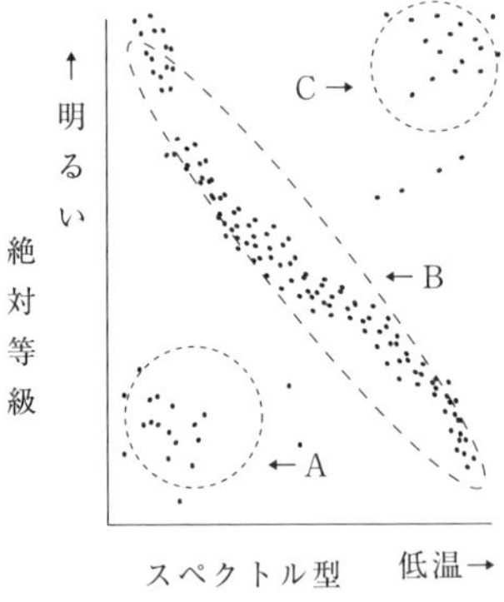

次の文は，現在の太陽の図中の位置とグループ，そして，これからの変化について述べている。文中の空欄に適当な語句を入れよ。

現在，太陽は，図中の記号(　①　)のグループに属している。このグループの恒星を(　②　)という。太陽が誕生して，約(　③　)億年が経つが，今後，太陽の体積は膨張し，50億年後ぐらいには，図中の記号(　④　)のグループに進化し，最後は，図中の記号(　⑤　)のグループに属する道をたどる。　〈長崎県〉

演習問題　解答・解説

1

(1)　①　日周　　②　黄道

(2)　A．イ　　B．ア

2

78.4°

解説

太陽は，夏至には北回帰線の真上，春分・秋分には赤道の真上，冬至には南回帰線の真上にある。

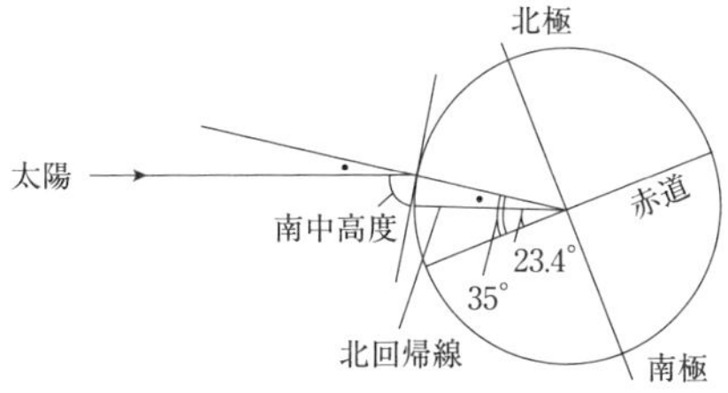

南中高度 = 90 − 35 + 23.4

= 78.4〔°〕

地球は，地軸が公転面の垂線と約23.4°傾いた状態で公転しているため，季節によって太陽の南中高度が変化する。

・春分・秋分の南中高度 = 90° − 緯度

・夏至の南中高度 = 90° − 緯度 + 23.4°

・冬至の南中高度 = 90° − 緯度 − 23.4°

3

(1)　①　焦点　　②　楕円

(2)　単位時間に一定面積を描くように動く。

(3)　④　天文単位　　⑤　年

4

(1)　⑤　　(2)　8年

解説

(1)　木星の公転周期を T とすると，ケプラーの第3法則より，

$$\frac{l^3}{l^2}=\frac{5^3}{T^2}\qquad\therefore\ T^2=125$$

$$T=\sqrt{125}\fallingdotseq 11.2\ 〔年〕$$

(2)　人工惑星の公転周期を T とすると，ケプラーの第3法則より，

$$\frac{l^3}{l^2}=\frac{4^3}{T^2}\qquad\therefore\ T^2=64$$

$$T=\sqrt{64}=8\ 〔年〕$$

5

ウ

解説

〈地球型惑星〉

水星・金星・地球・火星

ケイ酸塩のマントル・金属鉄の核があり，二酸化炭素・窒素などの大気（水星には大気なし）におおわれている。

〈木星型惑星〉

木星・土星・天王星・海王星

水素・ヘリウムなどのガスの割合が多く，岩石と氷の核をもつ。

6

①

解説

①　水星は，1番小さい惑星で月より少し大きい程度なので，重力は小さく，大気も水もほとんど存在しない。

②　金星表面の気圧は約90気圧，気温は450～500℃の高温である。

③　火星の大気は，非常に希薄であり，主成分は CO_2（90％以上）であり，わずかに N_2 も含んでいる。

④　木星の大気は，おもにH_2からなり，次いでHeを含む。

⑤　土星は65個以上の衛星をもっている。

	地球型惑星	木星型惑星
赤道半径	小	大
質量	小	大
密度	約5g/cm^3	約1g/cm^3
自転周期	1日以上	半日程度
衛星数	0または少	多

7

イ

8

①　ヘリウム　　②　核融合

9

①　40　　②　4

解説

①　星の明るさは，等級に5等級の差があると，明るさは100倍になる。1等級の差があると，明るさは2.5倍になる。

$$\frac{l_A}{l_B} = 10^{\frac{2}{5}(m_B - m_A)} = 100^{\frac{8-4}{5}}$$

$$= 100 \times 100^{-\frac{1}{5}}$$

$$= \frac{100}{2.5} = 40$$

②　絶対等級とは，恒星を年周視差0.1″の距離に置いたときの明るさである。星Aは年周視差が0.1″であるから，見かけの等級と絶対等級は等しい。

10

①　暗　　②　小さ

③　c　　④　高

⑤　大き

11

①　B　　②　主系列星

③　50　　④　C

⑤　A

6 実践問題

1 ★☆☆

次の文の空欄に適する語句を入れよ。

(1) 地球の形は平均海水面とその陸地への延長で表される。これを（ ① ）と呼び，（ ① ）は（ ② ）方向に垂直な曲面である。地球の形や大きさに最も合う回転楕円体を地球楕円体といい，平均半径は約（ ③ ）km である。地球の赤道半径を a，極半径を b とするとき偏平率は（ ④ ）と表される。子午線1°あたりの弧の長さは（ ⑤ ）緯度の方が長い。

(2) 地殻とマントルの境界を（ ⑥ ）という。マントルと核の境界を（ ⑦ ）といい，深さ約 2900 km のところにある。

(3) 大陸の地殻は，上部が（ ⑧ ）質岩石，下部が（ ⑨ ）質岩石で構成されている。一方，海洋の地殻は（ ⑩ ）質岩石で構成されている。マントル上部は（ ⑪ ）質岩石で構成されて，核は（ ⑫ ）やニッケルから構成されている。

(4) 地球の磁場は北極付近に（ ⑬ ）極があり，南極付近に（ ⑭ ）極がある。地磁気の3要素という場合は，真北からのずれの角度の（ ⑮ ），水平面からの傾きの角度の（ ⑯ ），地磁気の強さの全磁力を用いることが多い。

〈京都市〉

2 ★★☆

次の文は，重力についての記述である。これについて，各問いに答えよ。

地球上の物体には，引力（万有引力）と地球の自転による遠心力がはたらく。引力の大きさは（ ① ）し，遠心力の大きさは（ ② ）する。この引力と遠心力の合力が重力である。地球の形は赤道方向に膨らんだ楕円体である。このため，緯度により引力や遠心力が異なり，それらの合力である重力も緯度によって異なる。

(1) 文中の空欄に入れるのに適するものを，次のア～クからそれぞれ1つずつ選べ。

ア．地球の中心からの距離に比例

イ．地球の中心からの距離に反比例

ウ．地球の中心からの距離の２乗に比例

エ．地球の中心からの距離の２乗に反比例

オ．地軸からの垂直距離に比例

カ．地軸からの垂直距離に反比例

キ．地軸からの垂直距離の２乗に比例

ク．地軸からの垂直距離の２乗に反比例

(2) 地球上の物体にはたらく引力，遠心力，重力について述べた文のうち正しいものを，次のア〜エから１つ選べ。

ア．引力は高緯度ほど大きく遠心力は高緯度ほど大きくなるので，重力は高緯度ほど小さくなる。

イ．引力は高緯度ほど大きく遠心力は高緯度ほど小さくなるので，重力は高緯度ほど大きくなる。

ウ．引力は高緯度ほど小さく遠心力は高緯度ほど大きくなるので，重力は高緯度ほど小さくなる。

エ．引力は高緯度ほど小さく遠心力は高緯度ほど小さくなるので，重力は高緯度ほど大きくなる。

〈佐賀県〉

3 ★☆☆

次の文の空欄に当てはまる適切な語句を答えよ。

(1) 地球の深さ数百 km までの表層部は２つの部分に分けられる。上部をリソスフェア，下部を（　①　）という。

(2) 玄武岩質のマグマは粘性が低く，なだらかな斜面の火山ができる。この火山地形を（　②　）火山という。

(3) 地球の自転によって起こる見かけの力を（　③　）という。北半球では進行方向に対して右向きの力がはたらく。

(4) 大気や地表に吸収された太陽放射は，最終的に（　④　）として大気圏外に放出される。この放射を地球放射という。

(5) 透明な方解石の板（へき開片）を通してものを見ると，二重に見える。この現象を（　⑤　）という。

(6) 火成岩中の有色鉱物の体積百分率の数値を（　⑥　）といい，これにより火成岩を分類することもある。

(7) 造岩鉱物には２種類以上の鉱物成分が混じりあってできるものがある。このような物質を（　⑦　）という。

(8) 混濁流によって堆積した地層には，水中の沈降速度と粒子の大きさの関係から（　⑧　）層理を形成することがある。

(9)　内惑星が太陽から最も離れて見えるときを（　⑨　）という。

〈鳥取県〉

4 ★☆☆

右の図は，震源からの距離が異なる3つの地点における地震波を測定した結果である。地震波の伝わり方について，次の各問いに答えよ。ただし，地殻の内部は一様であるとする。

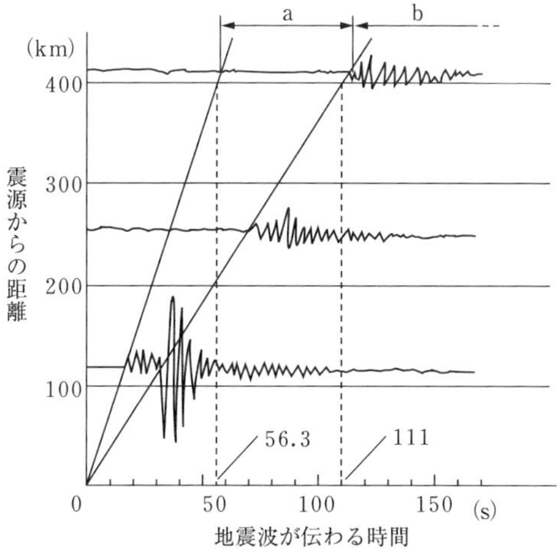

(1)　図中aを初期微動というのに対して，bを何というか答えよ。

(2)　地震波にはP波，S波の2種類があることが知られている。次のア～カからP波の特徴として適切なものをすべて選べ。

ア．S波に比べて速い　　イ．S波に比べて遅い

ウ．縦波　　エ．横波

オ．固体及び液体中を伝わる　　カ．固体中のみ伝わる

(3)　図の400km地点に注目して，P波，S波の進む速さをそれぞれ求めよ。

(4)　震源からの距離をd，P波の進む速さをp，S波の進む速さをsとして，初期微動継続時間を求める式を導け。

(5)　A地点での初期微動継続時間をt，また，A地点から震央までの距離をxとする。このことから，震源の深さをt，x，p，sを用いて表せ。

〈兵庫県〉

5 ★★★

次の各問いに答えよ。

(1)　氷が水に浮くのと同じように，地殻がマントルの上に浮いており，つりあいを保っているという考え方を何というか答えよ。

(2)　氷河で覆われた地域がある。この氷河が100mの厚さだけ融け去ったとす

ると，地殻は何 m 隆起するか求めよ。ただし，(1)の理論が成り立っているものとし，氷の密度を $0.9 g/cm^3$，地殻の密度を $2.7 g/cm^3$，マントルの密度を $3.3 g/cm^3$とする。

6 ★★☆

マグニチュードと震度の違いを簡潔に述べよ。

7 ★★★

マグニチュードの大きさが1だけ大きくなると，地震で放出されるエネルギーは何倍になるか，小数第2位を四捨五入して求めよ。ただし，地震のエネルギーを E，マグニチュードを M とした場合，$\log_{10}E = 11.8 + 1.5M$ の式が成立するものとし，$\sqrt{10} = 3.16$ とする。

〈秋田県〉

8 ★★☆

日本列島の周りには，4枚のプレートが存在している。それぞれ何というか答えよ。また，日本列島のようにプレートの沈み込み帯に形成される弓なりの島を何というか答えよ。

〈福井県〉

9 ★☆☆

火山の噴火に関する文のうち，正しいものはどれか。次の①～⑤から1つ選べ。

① 流紋岩質マグマは溶岩円頂丘を形成することがある。
② 流紋岩質マグマは爆発的な噴火を起こすことはない。
③ 玄武岩質マグマは溶岩台地を形成することはない。
④ 玄武岩質マグマは割れ目噴火を起こすことはない。
⑤ 玄武岩質マグマは火砕流を伴う噴火を起こす。

〈神奈川県・横浜市・川崎市〉

10 ★★☆

次の文を読んで，各問いに答えよ。

右の図は，マグマの発生を説明するものである。この図から，海洋地域の地下深部は通常（　①　）の状態にあると考えられる。X の状態にある物質が何らかの理由で（　②　）という変化をうけると，マグマが発生する可能性が高くなる。

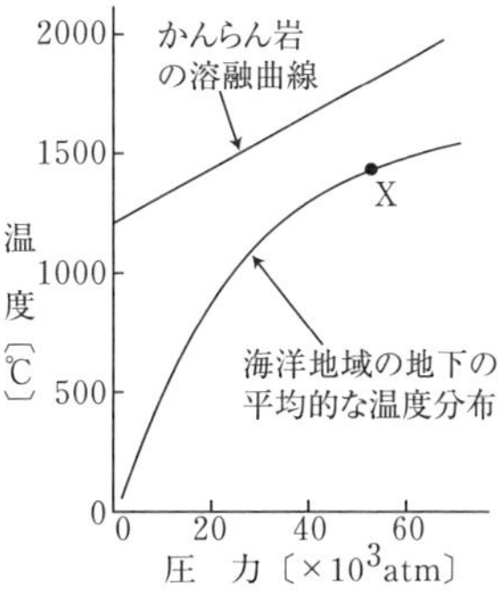

③発生したマグマの温度が下がると，マグマの中に結晶が生じてくる。はじめにできる結晶は，Mg・（　④　）・Ca に富み，マグマより密度が大きいので下の方に沈む。その結果，⑤残ったマグマの化学組成ははじめと異なってくる。

(1)　空欄①に当てはまる適当な語句を答えよ。

(2)　空欄②に当てはまる適当な説明文を次のア～エから選べ。

ア．圧力と温度が上がる　　イ．圧力が下がるか温度が上がる

ウ．圧力が上がるか温度が下がる　　エ．圧力と温度が下がる

(3)　下線部③について，最初に結晶する鉱物を次のア～エから１つ選べ。

ア．石英　　イ．角閃石　　ウ．黒雲母　　エ．かんらん石

(4)　空欄④に当てはまる，適当な元素を元素記号で答えよ。

(5)　下線部⑤について，このような一連の作用を何というか答えよ。

(6)　マグマが冷え固まってできた火成岩を，顕微鏡を用いて分類するには何を観察すればよいか。簡潔に述べよ。

〈鹿児島県改題〉

11 ★☆☆

火成岩をケイ長質岩，中間質岩，苦鉄質岩，超苦鉄質岩に分類することがある。これはどのようにして決まるものか。次の①～④から１つ選べ。

①　岩石をすりつぶして処理した水溶液の水素イオン濃度による。

②　岩石の SiO_2 の含有量による。

③　含有する苦鉄質鉱物の種類数による。

④　アルカリ金属元素の含有量による。

〈愛知県改題〉

12 ★☆☆

次の文を読んで，各問いに答えよ。

岩石は，（　①　）岩・堆積岩・変成岩の３つのグループに大きく分けられる。

（　①　）岩の仲間は，おおまかに，その造岩鉱物の結晶のでき方で火山岩と（　②　）岩の２種類に，さらに，造岩鉱物の種類と割合で３種類に分類されている。火山岩の違いは，a昭和新山や富士山などの火山の形の違いに関係している。具体的には，昭和新山は（　③　）岩，富士山は（　④　）岩で形成されており，溶岩台地という地形は（　⑤　）岩でできている。

火山灰が堆積してできた（　⑥　）岩の層が，堆積岩の地層の中にはさまっていると，広範囲の地層の対比ができる。このような（　⑥　）岩の層を，（　⑦　）と呼ぶ。

変成岩の仲間は，地下の高温・高圧状態によって，（　①　）岩や堆積岩が再結晶してできる岩石である。堆積岩のひとつである石灰岩は，熱の影響を受けると，（　⑧　）石という岩石になる。

⑴　文中の空欄に当てはまる語句を答えよ。

⑵　下線部ａのような火山の形の違いを左右する物質は何か。化学式で答えよ。

〈長崎県改題〉

13 ★★☆

地質調査について書かれた文を読んで，各問いに答えよ。

地層の様子を調べることを地質調査といい，ある地域の地質の状態を地形図に記入したものを地質図という。この場合，野外調査のルートに従って，①地質構造を記録したものを②ルートマップという。

⑴　下線部①には地層の走向・傾斜が記録される。地層の走向の定義を簡潔に答えよ。

⑵　地層の走向・傾斜を測定するための器具名を答えよ。

⑶　下線部②について，次のように記入してある地層があった。この地層の走向・傾斜を答えよ。

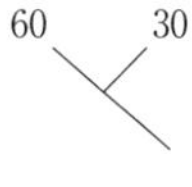

14 ★★☆

右の図は，ある地域の地質図である。図中のａ－ａ′はＡ層とＢ層との地層境界線を示し，ｂ－ｂ′はＢ層とＣ層との地層境界線を示している。このＸ－Ｙに沿う地質断面図として適切なものは，次の①～④のうちのどれか１つ選べ。

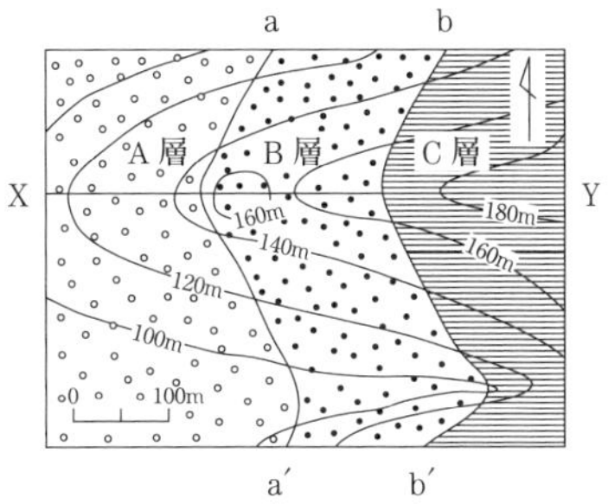

①
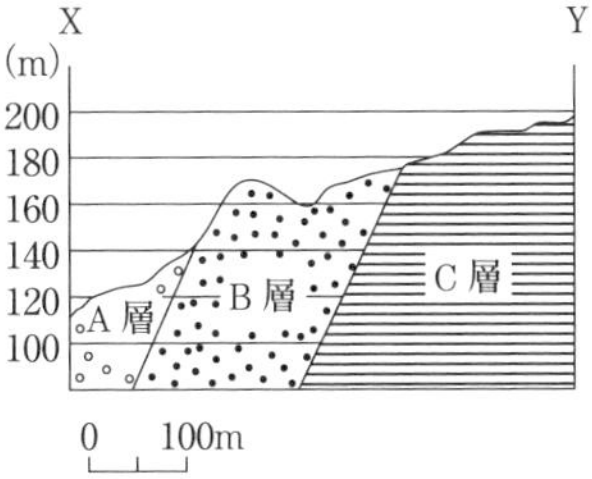

②
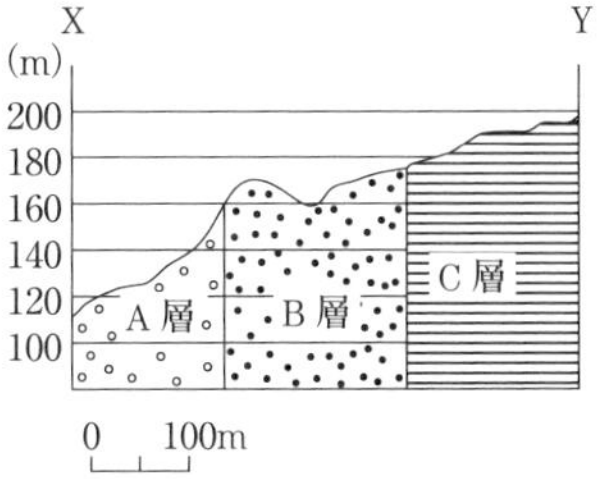

③
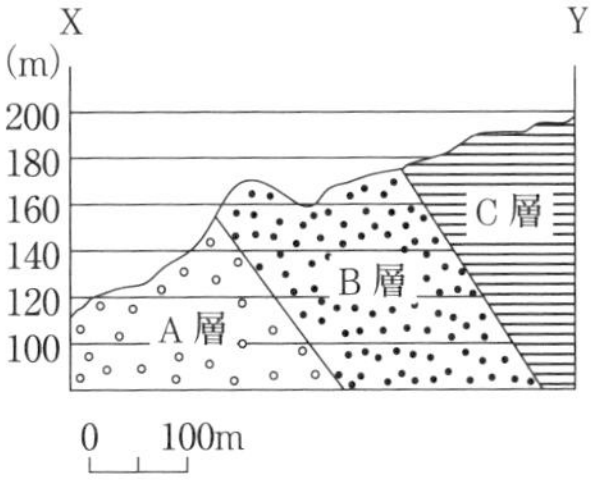

④
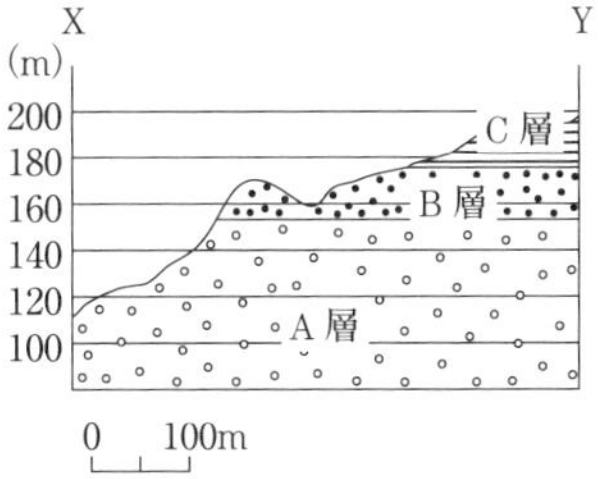

〈東京都〉

15 ★★☆

図１は，ある地域の地層の分布を調べた時の観察地点を地図上に表したものである。また，図２はＡ地点における柱状図である。この中のアの地層がB, C, Ｄの地点で見られ，その走向・傾斜はN50° E・45° Sであった。

この地域には断層やしゅう曲，地層の逆転はないものとして，次の各問いに答えよ。

(1)　アの地層は，白色細粒で，手で押すとぼそぼそにくずれた。これを顕微鏡で観察すると，図３のようにいくつかの鉱物の結晶が見られた。この地層を構成する岩石は，次の①～⑤のうちのどれか１つ選べ。

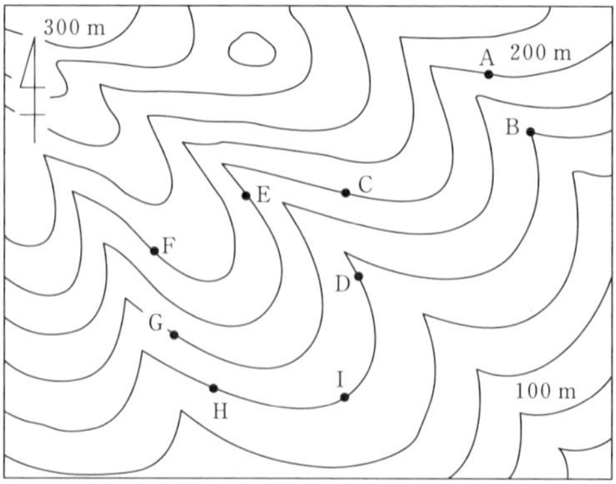

図1

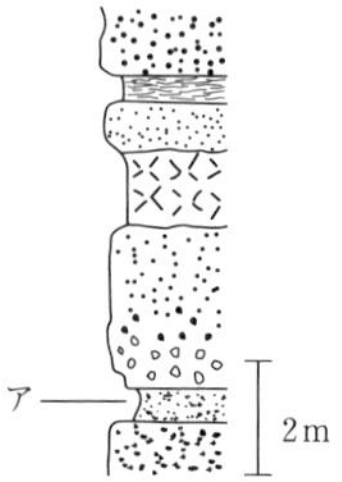

図2

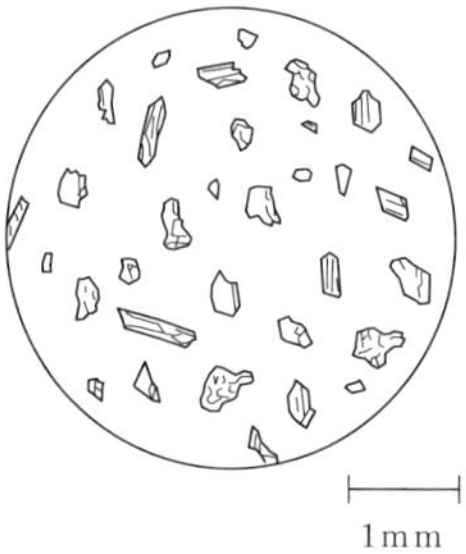

図3

① 細粒砂岩
② 石灰岩
③ 凝灰岩
④ 泥岩
⑤ チャート

(2) アの地層のように，特徴があり，地層のつながりを追うのに使われる地層を鍵層と呼ぶが，鍵層となりうる条件を1つ答えよ。

(3) 他の地点でアの地層が見られるのはどこか。E～Iの中から選べ。

(4) この地域の西方の地域では，東に行くほどアの地層が多少厚くなることがわかった。その理由として考えられることを1つ述べよ。

(5) この地域で最も古い地層が地表で見られるのは，次の①～⑤のどの地域か選べ。

① 北東部　② 北西部　③ 南東部　④ 南西部　⑤ 中心部

〈宮城県・仙台市〉

16 ★★☆

次の表は，地質年代の大区分を表したものである。これについて，各問いに答えよ。

(1) 表中の①に当てはまる数値を次の中から選べ。

ア．140　イ．66
ウ．10　エ．6

相対年代	主なできごと	放射年代
新生代	ホ乳類と人類の発展	（ ① ）
中生代	（ ② ）	252
古生代	（ ③ ）	
	海生無セキツイ動物の発展	541
先カンブリア時代	（ ④ ）	
	生物の誕生	

単位：百万年

(2)　表中の②～④に当てはまるものを次の中から選べ。

ア．多細胞生物の出現

イ．セキツイ動物の出現

ウ．大型ハ虫類とアンモナイトの発展

エ．魚類と両生類の発展

(3)　古生代の前半に出現し繁栄した代表的な節足動物を次の中から選べ。

ア．ウミユリ

イ．三葉虫

ウ．カッチュウ魚

エ．アンモナイト

17 ★★★

右の図は，大気の構造及び大気中の気温の標準的な高度分布を示したものである。これについて，次の各問いに答えよ。

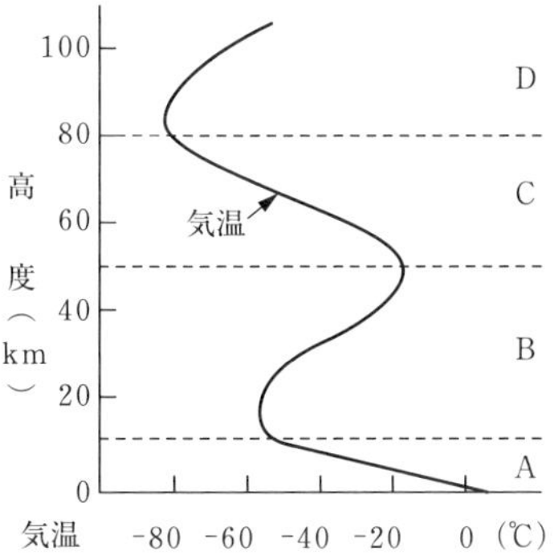

(1)　水蒸気を除いた地表近くの大気の組成成分の割合は，高さが 80km 近くまではほとんど変わらない。大気を組成する成分名を，組成比の大きい順に 4 つ化学式で答えよ。

(2)　大気圏は，気温の変化をもとに A～D の 4 つの圏に区分されている。図中の A～D の圏の名称を答えよ。

(3)　A 圏の特徴を簡潔に述べよ。

(4)　気温は地表から 11km 程度の高さまで，高さとともに低下するが，B 圏では上昇する。特に，B 圏の上部は高温層となっているが，その理由を述べよ。

(5)　A 圏と B 圏の境界面を特に何というか答えよ。また，この境界面の赤道付近と両極付近での高さの違いについて簡潔に述べよ。

〈新潟県改題〉

18 ★☆☆

次の各文の空欄に最も適するものをそれぞれア～エから１つ選べ。

⑴　地球は自転の影響で回転楕円体になっている。その偏平率で赤道半径300 mm の地球儀を作ると，極半径は（　　　）mm になる。

ア．310　　イ．300　　ウ．299　　エ．295　　オ．290

⑵　北太平洋西部に発生した熱帯低気圧のうちで風速が約（　　　）m/s 以上のものを台風という。

ア．12　　イ．17　　ウ．22　　エ．27　　オ．32

⑶　太陽がある銀河系の半径は約（　　　）光年である。

ア．５　　イ．500　　ウ．５万　　エ．500 万　　オ．５億

⑷　石灰岩をつくっている主な鉱物は（　　　）である。

ア．方解石　　イ．珪灰石　　ウ．長石　　エ．石英　　オ．蛍石

⑸　初期微動継続時間が 10 秒の場合，震源までの距離はおよそ（　　　）km である。ただし，P 波，S 波の速さをそれぞれ 5.0 km/s，3.1 km/s とする。

ア．５　　イ．20　　ウ．80　　エ．300　　オ．1000

〈富山県〉

19 ★★☆

次の文を読んで，各問いに答えよ。

①同一水平面内での気圧の差によって生じる空気塊にはたらく力は，等圧線に直角に，高圧側から低圧側に向かってはたらく。そのため，空気は等圧線に直角に低圧側に向かって動くはずである。しかし，地上天気図や高層天気図で見られる風向は，②等圧線に直角になっていない。

⑴　下線部①の力の名称を答えよ。

⑵　下線部②の原因を簡潔に述べよ。

⑶　北半球の地上天気図で見られる風向と等圧線は図のような関係になっている。この風にはたらいている力を，つりあいを考慮して模式的に描け。また，力の名称も記入せよ。

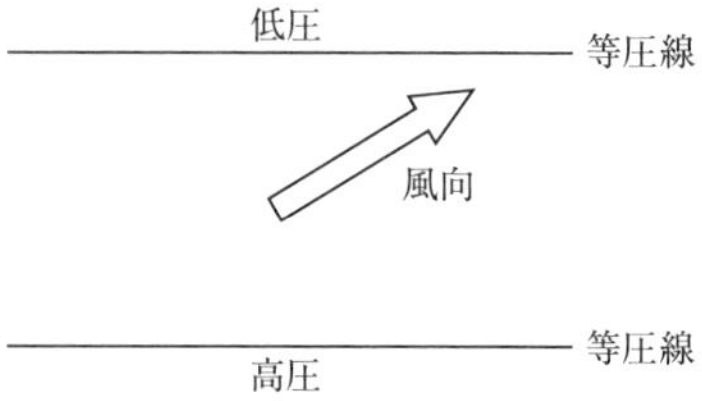

⑷　北半球と南半球で低気圧に吹く風はどのように違うか。理由も含めて簡潔に述べよ。

〈鹿児島県〉

20 ★☆☆

次の文の空欄に当てはまる語句を答えよ。

赤道海域を流れる南東貿易風が何らかの原因で弱まり，ペルー沖で海面の水温が（　①　）くなることを（　②　）現象と呼ぶ。世界各地で異常気象をもたらすことが多い。日本では，夏や秋に平年より気温が低くなる傾向がある。これとは逆に，貿易風が強まり，ペルー沖の海面の水温が（　③　）くなることを（　④　）現象という。

21 ★☆☆

次の文を読んで，各問いに答えよ。

地球が誕生したころの原始大気には，多量の二酸化炭素が含まれていた。しかし，地球が徐々に冷え始め，やがて海が誕生すると，二酸化炭素の多くは海水に溶けていった。さらに時間が経過すると，海の中には（　　　）をする生物が誕生し，大気中の二酸化炭素がさらに減少していった。一方，もともと地球上に存在しなかった酸素が海中を満たし，さらに大気中へ放出されていった。その後，上空にオゾン層が形成され，生物が陸上で生活できるようになった。そして，大量の二酸化炭素が生物体として固定され，地中に埋積されていった。現在は，これを掘り出して化石燃料としてさまざまな分野で使用している。

(1)　文中の空欄に当てはまる最も適当な語句を答えよ。

(2)　オゾン層が形成されたことによって，初めて生物の上陸が可能となった。その理由を簡潔に答えよ。

(3)　現在オゾン層中のオゾン量が減少している。その原因となる物質は一般に何と呼ばれているか。

(4)　化石燃料を燃焼させることにより，大気中の二酸化炭素濃度が上昇し，地球温暖化の原因となっている。大気中の二酸化炭素濃度の上昇が地球温暖化を引き起こすメカニズムを簡潔に答えよ。

〈千葉県・千葉市〉

22 ★★★

北極星（赤緯＋90°）の高度が35°の地点で真南を見たら，さそり座のアンタレスがちょうど南中したところであった。アンタレスの天球上の位置を赤経16時30分，赤緯－26°とすると，アンタレスのこのときの高度はいくらか求めよ。

〈愛知県〉

23 ★★☆

地球が太陽の周りを１年かかって１周している「公転」を証明するためには，精度が高い観測機械が必要で，歴史的に難しかった。天動説では説明できない地球の公転の具体的な証拠を①〜⑤から１つ選べ。

① 季節によって見える星座が変化すること。

② 惑星が見かけ上，複雑な動きをすること。

③ 見かけ上，太陽やほとんどの惑星が天球上の一定の線上（黄道）を通過すること。

④ 太陽に近い距離の恒星が，太陽から遠い恒星を背景に１年の周期で円運動をしているように見えること。

⑤ １太陽日と１恒星日が一致しないこと。

〈神戸市〉

24 ★★☆

太陽系の天体に関する記述として正しいものを選べ。

① 月は，半径が地球の約半分で，水星よりも大きい。自転していないため，常に同じ面を地球に向けている。表面には，多くのクレーターがあり，特に海とよばれている比較的暗い部分に多い。

② 金星は，地球の２倍程度の半径をもち，地球から観測される惑星の中で，最も明るい惑星である。望遠鏡で見ると，極冠とよばれる白い模様と運河とよばれる緑色の筋が確認できる。また，衛星として月とほぼ同じ大きさのフォボスとダイモスの２つがある。

③ 火星は，地球のすぐ外側の軌道をまわっている惑星で，大きさは地球とほぼ同じである。大気の成分は，主に酸素と二酸化炭素で，生物生息の可能性が考えられる。また，いわゆるガリレオ衛星などの多くの衛星をしたがえている。

④ 小惑星は，主に木星と土星の軌道の間を公転している小天体で，現在約200個が確認されている。細長い軌道をもったものが太陽に接近すると，長い尾をもったすい星として，肉眼で観察されることもある。

⑤ 水星は，最も内側の軌道をまわる惑星である。大気がないため，昼側と夜側との表面温度の差が大きい。その表面は，月と同じようにクレーターにおおわれている。なお，太陽に近いために，明け方の東の空か夕方の西の空にしか見ることができない。

25 ★☆☆

次の図は，ある年の火星の天球上の位置を示したものである。これについて，各問いに答えよ。

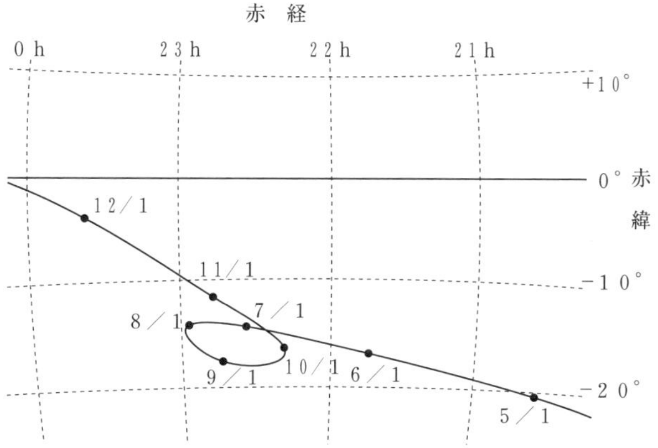

(1)　次の文の①，②の（　）内で正しいものを１つずつ選べ。

火星は地球の①（ア．内側　イ．外側）を公転する②（ア．地球型　イ．木星型）惑星である。

(2)　図の毎月１日の位置のうち，火星が地球に最接近した日に最も近いものはどれか。

(3)　(2)の頃，南中した火星を観測できるのはいつ頃か。ア〜ウの中から選べ。

ア．夕方　　イ．真夜中　　ウ．明け方

〈鹿児島県改題〉

26 ★★☆

赤道儀式の天体望遠鏡を使い，太陽面の観察を生徒と行った。これについて，次の各問いに答えよ。

(1)　太陽の動きを追いかけるためのモータードライブを付けず，微動ハンドルも操作しなかったとすると，太陽面はどの方位に動いていくか。次のア〜オから選べ。

ア．北　　イ．南　　ウ．東　　エ．西

オ．季節により変わる

(2)　図のような望遠鏡と投影盤で，南中の頃の太陽を映した。太陽を背にして投影盤を見たとき，投影された太陽面の方位はどのようになるか。次のア～エから正しいものを１つ選べ。

ア
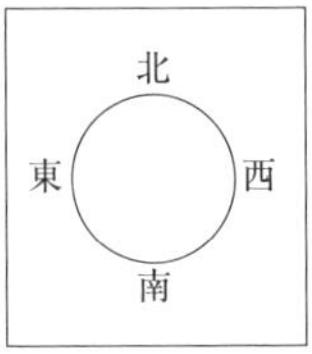

イ
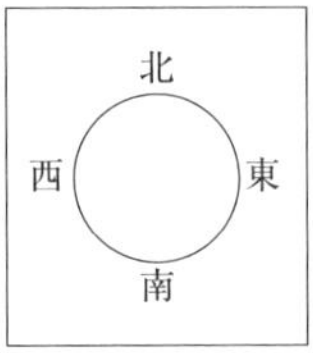

ウ
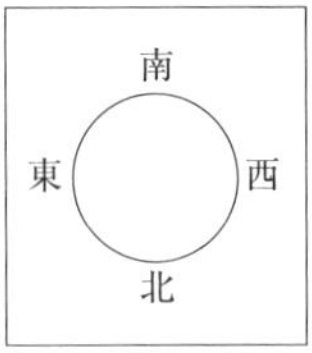

エ
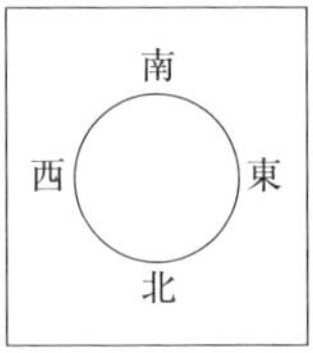

(3)　太陽を望遠鏡に導くには，ファインダーをのぞいて行うことはできない。どのような方法で行えば，安全に太陽を導くことができるか説明せよ。

(4)　ある大きな黒点群が，太陽の縁に出現してから反対の縁に隠れるまでの日数を観測したところ，13日目に見えなくなった。この数値を用い，太陽面の恒星に対する自転周期が何日になるか，四捨五入して整数で答えよ。ただし，地球の１日あたりの公転角度は１°とする。

(5)　投影盤の中心に縦（日周運動と垂直な方向）に直線を引き，日周運動で太陽がその直線を通過する時間を測定した。太陽の視直径を30′とすると，太陽の端が直線に接触してから完全に通過するまでの時間は，次のア～エの中でどれが最も近いか選べ。

ア．１分　　イ．２分　　ウ．３分　　エ．４分

〈宮城県・仙台市〉

27 ★★☆

気象衛星ひまわりなどの静止衛星は，赤道上空約36000 kmの軌道上にある。また，月は地球のまわりを約27日で公転している。このことから，ケプラーの第３法則を利用して，地球と月の平均距離を計算により求めよ。ただし，地球の半径は6400 kmとする。

〈和歌山県〉

28 ★★☆

図は，太陽付近の恒星のHR図で，a～fはある恒星を表している。この図について，次の文中の空欄に当てはまる適切な語句を入れ，各問いに答えよ。

図のO～Mの記号は，恒星の表面温度と対応する分類をあらわすもので，(　①　)型といわれている。O型は表面温度が最も高く，最大のエネルギーを出す波長は（　②　）色であり，M型は表面温度が最も低く，最大のエネルギーを出す波長は（　③　）色である。

また，恒星 a と b は表面温度がほぼ等しいので，(④)の法則により，表面の同じ面積から放射されるエネルギーはほぼ等しい。

⑴　絶対等級とは何か，簡潔に述べよ。

⑵　図の a〜f の恒星の中で，半径が最も大きい恒星はどれか。その記号と理由を述べよ。

⑶　図の a〜f の恒星の中で，最も密度が大きい恒星はどれか選べ。

⑷　恒星 f と恒星 b が同じ距離にある場合，恒星 f の明るさは恒星 b の明るさの何倍か求めよ。

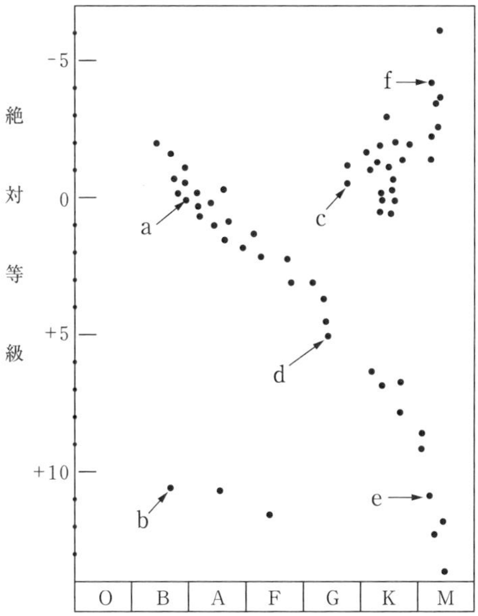

⑸　恒星 a と恒星 d が，ある地点から同じ明るさで観測された。このとき，2つの星の実際の距離の違いについて述べよ。

〈千葉県・千葉市〉

29 ★★☆

シリウスは，シリウス A とシリウス B との連星である。シリウス A は，年周視差が 0.376″，視半径が 0.00305″ である。また，シリウス A とシリウス B の実視等級は，それぞれ − 1.5 等と + 8.5 等であり，スペクトルの型は同じであるとする。これについて，次の各問いに答えよ。

⑴　地球からシリウス A までの距離は，何パーセクか求めよ。

⑵　シリウス A の明るさは，シリウス B の明るさの何倍か求めよ。

⑶　シリウス A の半径は，シリウス B の半径の何倍か求めよ。

〈山梨県〉

30 ★★★

比較的近い恒星までの距離を求めるためには年周視差を測定し，遠距離の天体についてはHR図などを利用して距離を求める。これについて，次の各問いに答えよ。

(1) 1989年に打ち上げられたヒッパルコス衛星は，北極星の年周視差を7.56ミリ秒と測定した。北極星までの距離は何パーセクになるか求めよ。

(2) ある銀河に新星が発見され，極大光度が18等であった。この新星の極大光度の絶対等級が－7等と推定される場合，銀河までの距離は何パーセクになるか求めよ。

(3) 恒星を分離できないほど遠方の銀河までの距離を求めるにはハッブルの法則が利用される。

① ハッブルの法則を利用するためには，どのような観測をすればよいか求めよ。

② ハッブルの法則によれば，観測できる距離には限りがある。その理由を簡潔に述べよ。

〈鹿児島県〉

31 ★★☆

恒星の進化に関する次の文を読んで，次の各問いに答えよ。

星間雲のうち，密度の高い分子雲中には，①原始星が誕生する。原始星は，比較的短い時間で②主系列星に進化する。恒星は，一生のうち最も長い時期を，主系列星の段階で過ごす。その後，主系列星は，外側が膨張し，③巨星の段階に入る。このうち，重い星は④超新星爆発を起こし，中性子星やブラックホールになり，軽い星は⑤白色わい星となり，星の一生を終える。

(1) 下線部①の原始星が輝くしくみについて，簡単に述べよ。

(2) 太陽は，下線部②の主系列星に属するが，そのスペクトル型は何か答えよ。

(3) 下線部②の主系列星のエネルギー源について，簡単に述べよ。

(4) 下線部②の主系列星の期間は，質量の3乗に反比例する。太陽質量の2倍の星が主系列星でいられる期間は何年か。太陽の主系列星である期間を100億年として求めよ。

(5) 次のア～オの中で，下線部③の巨星に属するのはどれか選べ。

ア．おおいぬ座のシリウス　イ．おとめ座のスピカ

ウ．さそり座のアンタレス　エ．わし座のアルタイル

オ．こと座のヴェガ

⑹　下線部④の超新星爆発は，星間物質の元素組成にどのような影響を与えるか。簡潔に述べよ。

⑺　下線部⑤の白色わい星は，HR 図上では次のア～オのどこに位置するか答えよ。

ア．右上　　イ．右下　　ウ．左上　　エ．左下　　オ．中央

〈福島県〉

実践問題　解答・解説

1

① ジオイド　② 重力

③ 6370　④ $\dfrac{a-b}{a}$

⑤ 高

⑥ モホロビチッチ不連続面（モホ面，モホ不連続面）

⑦ グーテンベルグ面　⑧ 花こう岩

⑨ 玄武岩　⑩ 玄武岩

⑪ かんらん岩　⑫ 鉄

⑬ S　⑭ N

⑮ 偏角　⑯ 伏角

2

(1) ① エ　② オ

(2) イ

解説

(1) $F = G\dfrac{m_1 m_2}{r^2}$

（F：万有引力　G：定数
m_1，m_2：質量
r：物体間の距離）

$f = mr\omega^2$

（f：遠心力　r：円運動の半径
m：質量　ω：角速度）

自転による地表での遠心力を計算するときには，r および ω は，次のようになる。

$\omega = \dfrac{2\pi}{24 \times 60 \times 60}$

$r = R\cos\theta$

（R：地球の半径　θ：緯度）

3

① アセノスフェア　② 盾状

③ 転向力（コリオリの力）

④ 赤外線　⑤ 複屈折

⑥ 色指数　⑦ 固溶体

⑧ 級化　⑨ 最大離角

4

(1) 主要動　(2) ア，ウ，オ

(3) P波：7.1km/s
S波：3.6km/s

(4) 初期微動継続時間$=\dfrac{d}{s}-\dfrac{d}{p}$

$=\dfrac{d(p-s)}{ps}$

(5) $\sqrt{\left(\dfrac{pst}{p-s}\right)^2 - x^2}$

解説

(5) (4)の式を d について解くと，震源距離は，

$d = \dfrac{ps}{p-s}t$

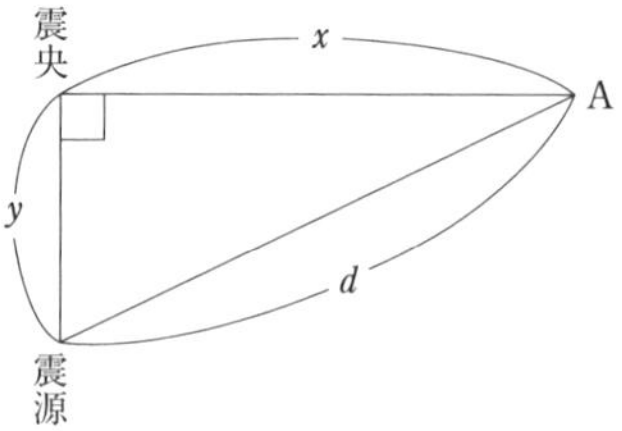

震央距離は図の x なので，震源の深さを y とすると，

$x^2 + y^2 = d^2$

$y = \sqrt{\left(\dfrac{pst}{p-s}\right)^2 - x^2}$

5

(1) アイソスタシー

(2) 27.3m

解説

(2) 氷が 100m 融け去ったために，地殻が

x〔m〕上昇したとすると，その下のマントルも x〔m〕上昇することになる。アイソスタシーの原理より，100 m の氷と x〔m〕のマントルの重さが等しいので，

$$0.9 \times 100 = 3.3x$$

$$\therefore\ x \fallingdotseq 27.3\ \text{〔m〕}$$

6

マグニチュード：地震の規模を表す量。

震度：地震のゆれの強さ。

解 説

震度は，0，1，2，3，4，5弱，5強，6弱，6強，7の10段階に分けられた気象庁震度階級で表される。

7

31.6倍

解 説

マグニチュードが1のときは，

$$\log E_1 = 11.8 + 1.5 \times 1$$
$$= 13.3$$
$$\therefore\ E_1 = 10^{13.3}$$

マグニチュードが2のときは，

$$\log E_2 = 11.8 + 1.5 \times 2$$
$$= 14.8$$
$$\therefore\ E_2 = 10^{14.8}$$

よって，

$$\frac{10^{14.8}}{10^{13.3}} = 10^{1.5} = 10\sqrt{10}$$
$$= 10 \times 3.16$$
$$= 31.6\ \text{〔倍〕}$$

8

プレート名：太平洋プレート，フィリピン海プレート，ユーラシアプレート，北米プレート

名称：弧状列島

解 説

日本列島を取り巻くプレート及び地震の震央は，次のとおりである。

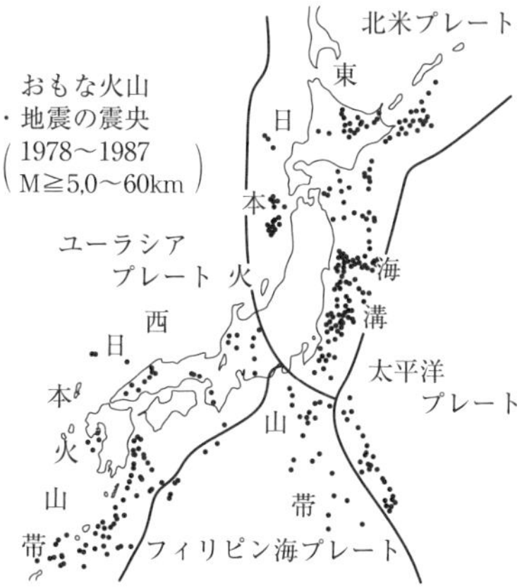

9

①

解 説

流紋岩質マグマは粘性が大きいので，噴火は，爆発的で火砕流を伴うことがある。

玄武岩質マグマは粘性が小さいので，噴火は，穏やかで割れ目噴火を起こすこともある。溶岩台地や盾状火山を形成する。

10

(1)　固体　　(2)　イ

(3)　エ　　(4)　Fe

(5)　（マグマの）結晶分化作用

(6)　岩石の組織と鉱物の色，形，へき開の方向を観察する。

解 説

玄武岩質マグマが冷却する場合，有色鉱物では，かんらん石→輝石→角閃石→黒雲母の順に晶出する。無色鉱物では，Ca に富む斜長石→ Na に富む斜長石→カリ長石・石英の順に晶出する。温度の低下とともにマグマの組成は，玄武岩質→安山岩質→流紋岩質と変化していく。

11

②

12

(1) ① 火成　② 深成
③ 流紋　④ 安山
⑤ 玄武　⑥ 凝灰
⑦ 鍵層　⑧ 大理

(2) SiO_2

13

(1) 地層の層理面と水平面との交線の方向

(2) クリノメーター

(3) 走向：N 60° W　傾斜：30° NE

解説

地層の走向は，北を基準にして，東または西に何度かを測る。

傾斜は，走向の方向に対して直角の方向になる。

14

③

解説

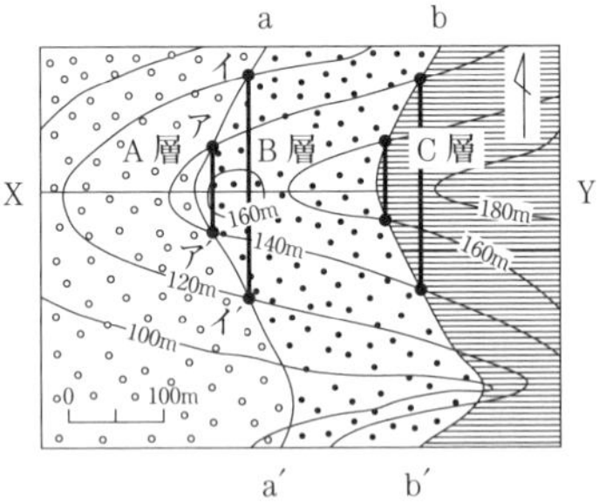

a − a′と等高線の交点を結んだ線が走向となる。ア−ア′は標高 140m で，イ−イ′は 120m であるから，a − a′は Y の方向に傾いていることがわかる。同様に，b − b′も Y の方向に傾いていることがわかる。

15

(1) ③

(2) ・短期間に広範囲に堆積した地層
・特徴的で見分けやすい地層
・示準化石を含む地層
などから 1 つ

(3) H

(4) 火山灰を供給した火山がこの地域の東方にある。

(5) ②

解説

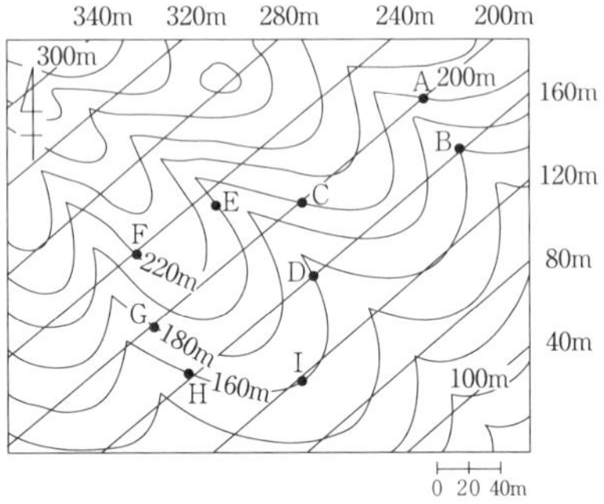

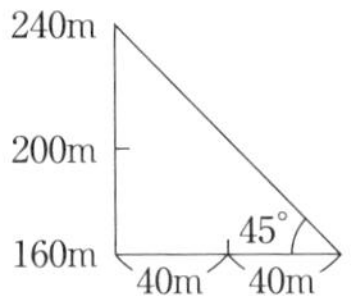

16

(1) イ

(2) ② ウ　③ エ　④ ア

(3) イ

解説

(1) 新生代とは約 6500 万年前から現在までの時代をいう。

(2) セキツイ動物の出現は古生代（オルドビス紀）である。

17

(1)　N_2，O_2，Ar，CO_2

(2)　A．対流圏　　B．成層圏
　　C．中間圏　　D．熱圏

(3)　雲の発生や降水などの気象現象が見られる。

(4)　成層圏上部では，オゾン層が紫外線を吸収し，大気を加熱するため。

(5)　名称：圏界面
　　違い：赤道付近の方が両極付近よりも高い。

解説

(1)　大気の組成は高さ 80km までは，窒素（約 80％）と酸素（約 20％），アルゴン，二酸化炭素の混合気体である。

(2)〈対流圏〉
　地表～平均約 11km。高さとともに気温が下がる。
〈成層圏〉
　約 11km～約 50km。高さ約 20km までは，気温は一定で，その上空では，気温は上がる。
〈中間圏〉
　約 50km～約 80km。高さとともに気温が下がる。
〈熱圏〉
　約 80km～数 100km。高さとともに気温が急激に上がる。

(5)　圏界面の高さは，赤道付近では約 16km，高緯度では約 8km である。
　また，冬より夏の方が高いというように変動している。

18

(1)　ウ　　(2)　イ
(3)　ウ　　(4)　ア
(5)　ウ

19

(1)　気圧傾度力

(2)　地球が自転することによって起こる転向力がはたらくから。

(3)

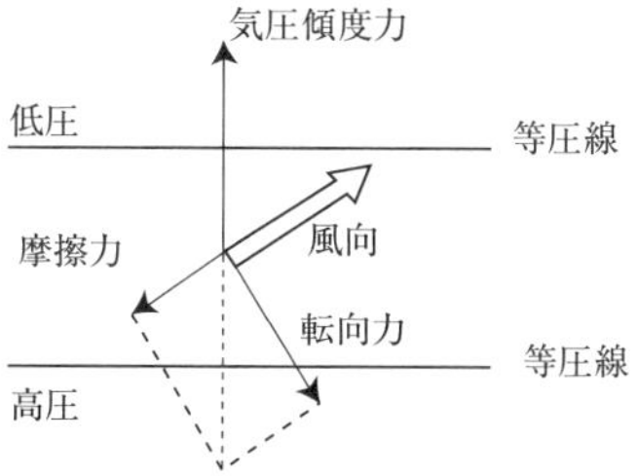

(4)　転向力は，北半球では進行方向に対して直角右向きに作用し，南半球では左向きに作用する。そのため低気圧中心に吹く風は，北半球では反時計回り，南半球では時計回りになる。

20

①　高　　②　エルニーニョ
③　低　　④　ラニーニャ

21

(1)　光合成

(2)　生物にとって有害な紫外線が吸収されたため生物の生存可能な範囲が広がったため。

(3)　フロンガス（フロン）

(4)　二酸化炭素は温室効果ガスの一つで，地表からの赤外線を吸収し，再度赤外線を放射する。そのため地表付近は保温される。この効果は温室効果と呼ばれる。石油や石炭のような化石燃料の消費量が増大して大気中の二酸化炭素の濃度が上昇しているため，温室効果が著しくなり，気温が上昇していることが温暖化の原因となっている。

22

29°

解説

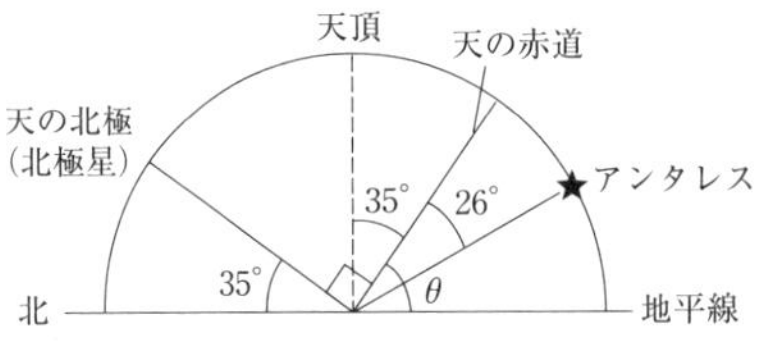

アンタレスの南中高度 θ は,

$90° - 35° - 26° = 29°$

23

④

解説

太陽や恒星の年周運動と地球の公転は,相対的な運動であるから,太陽や地球以外のもので,絶対に動かないものが動くように見える現象が,地球の公転の証拠となる。④の年周視差と年周光行差がその証拠となる。

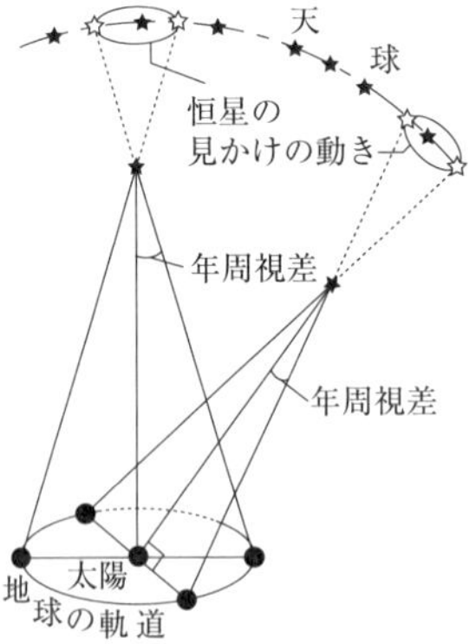

年周視差

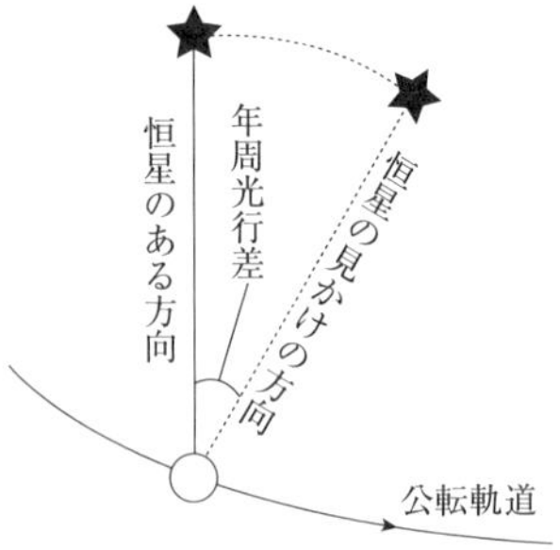

年周光行差

24

⑤

解説

① 月は,半径が地球の約 1/4 の大きさで,水星よりも小さい。海とよばれる比較的平面な地形や,高地にはクレーターと呼ばれる噴火口に似た地形がある。月の自転周期と公転周期が等しいため,地球にいつも同じ面を向けている。

② 金星は,半径が約 6100 km で,地球の約 6400 km に最も近い。極冠ならびにフォボス,ダイモスという衛星をもつのは火星である。金星は衛星をもたない。

③ 火星は,地球のすぐ外側を公転している惑星で,半径は地球のおよそ半分の約 3400 km である。大気はうすく,その成分は 90 % 以上が,二酸化炭素である。ガリレオという衛星をもつのは,木星である。

④ 小惑星は,火星と木星の軌道の間に散らばっている小天体で 50 万個以上確認されている。

25

(1) ① イ　② ア

(2) 9月1日　(3) イ

解説

⑵　火星が最も地球に接近するのは，地球から見て太陽と正反対のところにくる衝である。衝のころは地球が火星を追い抜いて先に進むので，火星は天球上を逆行する。

26

⑴　エ　　　⑵　イ

⑶　鏡筒を太陽に向け，鏡筒の影が最も小さくなるようにする。

⑷　24 日　　　⑸　イ

解説

⑷　太陽の見かけの自転周期 S は，

$$13 \times 2 = 26 \text{〔日〕}$$

であり，これは太陽面と地球の会合周期に等しい。地球の公転周期 $E = 365$ 日であるから，太陽面の恒星に対する自転周期を P とすると，会合周期の公式

$$\frac{1}{S} = \frac{1}{P} - \frac{1}{E}$$

より，

$$\frac{1}{26} = \frac{1}{P} - \frac{1}{365}$$

$$\therefore\ P \fallingdotseq 24 \text{〔日〕}$$

⑸　求める時間は，地球が $30' = 0.5°$ 自転するのに要する時間に等しいから，

$$\frac{24}{360} \times 60 \times 0.5 = 2 \text{〔分〕}$$

27

381600 km

解説

地球と月の平均距離を x〔km〕，地球の中心から静止衛星までの距離を a〔km〕とすると，ケプラーの第 3 法則より，

$$\frac{x^3}{27^2} = \frac{a^3}{1^2} \qquad \therefore\ \frac{x^3}{(9)^3} = a^3$$

$$x = 9a = 9 \times (36000 + 6400)$$

$$\therefore\ x = 381600 \text{〔km〕}$$

28

①　スペクトル　　　②　青白

③　赤

④　ステファン・ボルツマン

⑴　距離 **10** パーセク（**32.6** 光年）のところに星をおいたと考えて，星の明るさを等級で表したもの。

⑵　記号：f

理由：恒星の明るさは，表面温度の 4 乗と半径の 2 乗に比例する。f は表面温度が低いのに明るい。このことは半径が大きいことを示している。

⑶　b　　　⑷　**100** 万倍

⑸　恒星 a は，恒星 d より **10** 倍遠い距離にある。

解説

⑷　図より，恒星 f は − 5 等級，恒星 b は 10 等級である。

$$\frac{l_{\mathrm{f}}}{l_{\mathrm{b}}} = 100^{\frac{1}{5}\{10-(-5)\}} = 100^3$$

⑸　恒星 a と恒星 d は，絶対等級の差が 5 等級あるので，明るさは a の方が 100 倍明るい。また，明るさは距離の 2 乗に反比例するので，

$$L_{\mathrm{a}} = 100L_{\mathrm{d}} \cdots ①$$

$$L_{\mathrm{a}} \cdot \frac{1}{{D_{\mathrm{a}}}^2} = L_{\mathrm{d}} \cdot \frac{1}{{D_{\mathrm{d}}}^2} \cdots ②$$

②に①を代入して，

$$100L_{\mathrm{d}} \cdot \frac{1}{{D_{\mathrm{a}}}^2} = L_{\mathrm{d}} \cdot \frac{1}{{D_{\mathrm{d}}}^2}$$

$$\frac{{D_{\mathrm{a}}}^2}{{D_{\mathrm{d}}}^2} = 100$$

$$\therefore\ \frac{D_{\mathrm{a}}}{D_{\mathrm{d}}} = 10$$

29

⑴　**2.66** パーセク　　　⑵　$\mathbf{10^4}$ 倍

⑶　**100** 倍

解 説

(1)　年周視差が P'' の恒星までの距離は，

$\frac{1}{P}$〔パーセク〕で求められるから，

$$\frac{1}{0.376} \fallingdotseq 2.66 \text{〔パーセク〕}$$

(2)　シリウスA，シリウスBの明るさをそれぞれ l，l' とすると，

$$\frac{l}{l'} = 100^{\frac{1}{5}\{8.5-(-1.5)\}} = 100^{\frac{10}{5}}$$

$$= 10^4$$

(3)　表面温度が同じであるから，明るさは表面積（半径の2乗）に比例する。シリウスAはシリウスBの 10^4 倍明るいから，シリウスAの表面積もシリウスBの 10^4 倍。したがって，シリウスAの半径はシリウスBの半径の 10^2 倍。

30

(1)　**132パーセク**

(2)　**10^6パーセク**

(3)　①　赤方偏移を調べる。

②　光速より速い速度で遠ざかっていると光が到達しないので，観測できないため。

解 説

(1)　$\frac{1}{0.00756} \fallingdotseq 132$〔パーセク〕

(2)　絶対等級を M，見かけの等級を m，距離を d〔パーセク〕とすると，

$M - m = 5 - 5\log d$ より，

$$-7 - 18 = 5 - 5\log d$$

$$\log d = 6$$

$$\therefore\ d = 10^6$$

31

(1)　収縮のために放出される重力エネルギーによって発熱するため。

(2)　G

(3)　水素がヘリウムに変わる核融合反応

(4)　**12億5千万年**

(5)　ウ

(6)　鉄などの重い元素を含む割合が多くなる。

(7)　エ

解 説

(4)　太陽の質量を1とすると，2倍の質量の星の寿命は，

$$10^{10} \times \frac{1}{2^3} = 1.25 \times 10^9 \text{〔年〕}$$

教員採用試験対策　オープンセサミシリーズ
ステップアップ問題集⑥　専門教科　高校　理科

発　行　2023年10月20日　第1版第1刷
　　　　2024年 9月20日　第1版第2刷

編　著　東京アカデミー
発行人　佐川泰宏
発行所　株式会社ティーエーネットワーク
〒450-6306 名古屋市中村区名駅1-1-1
ＪＰタワー名古屋６Ｆ
電話：052-586-7805㈹
FAX：052-563-2109
発売元　東京アカデミー七賢出版株式会社
〒171-0021 東京都豊島区西池袋1-11-1
メトロポリタンプラザビル13F
電話：03-6852-0803
FAX：03-6852-0180

ISBN978-4-86455-624-8　C7337

●出版案内，テキストの追補等の情報については東京アカデミー七賢出版のホームページをご覧ください。

https://www.shichiken.co.jp